Schriften zum Stiftungs- und Gemeinnützigkeitsrecht

Reihe herausgegeben von

Stefan Geibel, Ruprecht-Karls-Universität Heidelberg, Heidelberg, Deutschland

Das Recht der Non-Profit-Organisationen und der Zivilgesellschaft, man könnte auch sagen das Recht des Dritten Sektors insgesamt, wirft besondere Fragen in fast allen Rechtsbereichen auf, kristallisiert sich aber vor allem in den Bereichen des Organisations- und des Steuerrechts. Die Reihe „*Schriften zum Stiftungs- und Gemeinnützigkeitsrecht*" greift zwei besonders kennzeichnende Rechtsgebiete heraus, die als eine Art *pars pro toto* für das gesamte Recht der Non-Profit-Organisationen und der Zivilgesellschaft herangereift sind. In der Schriftenreihe zum Stiftungs- und Gemeinnützigkeitsrecht werden deshalb Dissertationen gerade in diesen Bereichen veröffentlicht, die Reihe nimmt aber auch Arbeiten insbesondere zum Vereinsrecht, Gesellschaftsrecht und Genossenschaftsrecht, zum Recht des Ehrenamts oder der Sozialunternehmer, zu wirtschaftsrechtlichen oder zu internationalen, europarechtlichen oder rechtsvergleichenden Themenstellungen mit Bezug zum Dritten Sektor auf.

Felicia Lurz

Die Gesellschaft in der Gesellschaft

Springer

Felicia Lurz
Ruprecht-Karls Universität Heidelberg
Heidelberg, Deutschland

zugl.: Heidelberg, Univ., Diss. iur. 2025

ISSN 2522-5944 ISSN 2522-5952 (electronic)
Schriften zum Stiftungs- und Gemeinnützigkeitsrecht
ISBN 978-3-658-51536-2 ISBN 978-3-658-51537-9 (eBook)
https://doi.org/10.1007/978-3-658-51537-9

Die Deutsche Nationalbibliothek verzeichnet diese Publikation in der Deutschen Nationalbibliografie; detaillierte bibliografische Daten sind im Internet über https://portal.dnb.de abrufbar.

Springer ist ein Imprint der eingetragenen Gesellschaft Springer Fachmedien Wiesbaden GmbH und ist ein Teil von Springer Nature.
Die Anschrift der Gesellschaft ist: Abraham-Lincoln-Str. 46, 65189 Wiesbaden, Germany

Meinen Eltern

Vorwort

Die vorliegende Arbeit wurde im Wintersemester 2025/26 von der Juristischen Fakultät der Ruprecht-Karls-Universität Heidelberg als Dissertation angenommen. Das Manuskript wurde im Juni 2023 abgeschlossen. Später erschienene Literatur und Rechtsprechung wurde, soweit möglich, noch berücksichtigt.

Mein besonderer Dank gilt meinem Doktorvater, Herrn Prof. Dr. Stefan J. Geibel, Maître en droit (Université Aix-Marseille III), dem ich für seine fachliche Begleitung, seine hilfreichen Hinweise und seine Unterstützung sehr verbunden bin. Ebenso danke ich Herrn Prof. Dr. Dr. h.c. mult. Peter Hommelhoff für die zügige Erstellung des Zweitgutachtens sowie Herrn Prof. Dr. Dirk A. Verse, M. Jur. (Oxford) für die Übernahme des Vorsitzes der Prüfungskommission der mündlichen Doktorprüfung. Den Herausgebern dieser Schriftenreihe danke ich für die freundliche Aufnahme meiner Arbeit.

Meinen Freundinnen und Freunden danke ich herzlich für ihre Unterstützung und ihren Zuspruch während der Entstehung dieser Arbeit. Insbesondere danke ich Dr. Nina Balta und Dr. Sebastian Oliver Dietz für ihren fachlichen Blick und die wertvollen Anregungen, die die Weiterentwicklung dieser Arbeit entscheidend bereichert haben.

Mein tiefster Dank gilt meiner Familie, meinen Eltern Sibylle und Jürgen Lurz, meiner Schwester Athina Lurz sowie meinen Großeltern Felicitas und Max Weber. Sie haben mich zu jeder Zeit mit liebevollem Rückhalt, beständigem Zuspruch und verlässlicher Unterstützung getragen. Meinem Vater danke ich darüber hinaus für seine kritischen Anregungen, sein großes Interesse und seine Verlässlichkeit, die mich auf meinem gesamten Weg entscheidend gestärkt haben.

Von Herzen möchte ich meinem Verlobten Michael Gräf danken, dessen Geduld, Zuversicht und beständige Unterstützung mir großen Halt gegeben haben. Er hat mir zugehört, mich in schwierigen Momenten begleitet, für Ausgleich gesorgt und mir den Rücken freigehalten.

Stuttgart, im März 2026 *Felicia Lurz*

Inhaltsverzeichnis

Einleitung

A. Thematische Einführung und Relevanz

Es ist allgemein anerkannt, dass innerhalb einer Gesellschaft (im Folgenden „Hauptgesellschaft“ [1] genannt) durch einen Zusammenschluss mehrerer Gesellschafter mittels einer Gesellschaftervereinbarung gemäß §§ 705 ff. BGB, eine Gesellschaft bürgerlichen Rechts entstehen kann (im Folgenden „Gesellschaft in der Gesellschaft“ genannt).[2] Dies kann sowohl in einer Kapital- als auch in einer Personengesellschaft erfolgen.[3] Die „Gesellschaft in der Gesellschaft“ ist nicht selbst Gesellschafterin, wie etwa in einer konzernrechtlichen Struktur. Sie tritt grundsätzlich nicht nach außen auf,[4] sondern besteht – oft auch im Verborgenen – neben der Hauptgesellschaft.[5] Dieses Phänomen des Bestehens zweier voneinander abgrenzbarer Verbände, die einen inneren Bezug zueinander aufweisen, wird teilweise in der Literatur als „Doppelgesellschaft“[6] bezeichnet.

---

1 Diesen Begriff verwendet der BGH auch in seiner Entscheidung „Schutzgemeinschaftsvertrag II“, BGH Urteil vom 24.11.2008 – II ZR 116/08 (OLG Karlsruhe) = NJW 2009, 669, 671; auch verwendet von *Noack,* Gesellschaftervereinbarungen bei Kapitalgesellschaften (1994), 7.

2 BGH Urt. v. 24.11.2008 – II ZR 116/08, NZG 2009, 183, 184; *Noack,* Gesellschaftervereinbarungen bei Kapitalgesellschaften (1994), 47 ff.; *Holler*, ZIP 2018, 553, 561; BeckFormB BHW-*Scholz/Vesper-Gräske*, Form. VIII A. 3., Anm. Rn. 1, Form. VIII A. 4., Anm. Rn. 1; *Ulmer,* FS Hommelhoff (2012), 1249, S. 1249 f.

3 Für Kapitalgesellschaften *Noack, Gesellschaftervereinbarungen bei Kapitalgesellschaften (1994)*, S. 47 ff.; für Personengesellschaften *Holler, ZIP 2018, 553*, 561; *Reich/Bode*, DStR 2018, 305, 307.

4 BGH Urt. v. 13.06.1994 – II ZR 38/93, NJW 1994, 2536, 2538; *Holler*, ZIP 2018, 553, 561; *H. Fleischer*, ZIP 2016, 1509-1519, 1515.

5 Vgl. *Noack,* Gesellschaftervereinbarungen bei Kapitalgesellschaften (1994), 8; *Berger,* Nebenverträge im GmbH-Recht. Vereinbarungen außerhalb des Gesellschaftsvertrags zwischen Gesellschaftern bzw. zwischen Gesellschaftern und Dritten, insbesondere Stimmrechtsvereinbarungen (1995), 3 f.; *Zöllner,* RWS-Forum 8, Gesellschaftsrecht 1995, 89, 94; *Hoffmann-Becking*, ZGR 1994, 442, 445 f.

6 *Naegeli,* Die Doppelgesellschaft als rechtliche Organisationsform der Kartelle, Konzerne und anderen Unternehmenszusammenschlüsse nach deutschem und schweizerischem Recht (1936), 1 ff., der unter der Doppelgesellschaft eine Verknüpfung einer GbR mit einer juristischen Person versteht, bei der „das Schwergewicht des ganzen Gebildes“ auf der GbR liegt, „während die jur. Person (…) lediglich als etwas Untergeordnetes, als ein bloßes Hilfsgebilde erscheint“. So diene die juristische Person lediglich als Rechtsträger und Organ der GbR. Dieses Konstrukt ist jedoch veraltet; zum inzwischen weiter gefassten Begriff der Doppelgesellschaft *Noack,* Gesellschaftervereinbarungen bei Kapitalgesellschaften (1994), 42 f., der den Begriff jedoch auf solche gesellschaftsrechtlich organisierten Gesellschaftervereinbarungen beschränkt, an denen sämtliche Gesellschafter der Hauptgesellschaft beteiligt sind; *Söntgerath,* Vermittelte Mehrheit. Eine systematische Untersuchung des Rechts der satzungsergänzenden Nebenverträge, Beteiligungsgesellschaften und Vertreterklauseln (2010), 36, 67, der den Begriff auch für solche gesellschaftsrechtlich organisierten Gesellschaftervereinbarungen verwendet, an denen nur ein Teil der Gesellschafter der Hauptgesellschaft beteiligt sind.

F. Lurz, *Die Gesellschaft in der Gesellschaft*, Schriften zum Stiftungs- und Gemeinnützigkeitsrecht, https://doi.org/10.1007/978-3-658-51537-9_1

Die Bedeutung einer „Gesellschaft in der Gesellschaft" ist nicht zu unterschätzen. So kann ihre Gründung maßgebliche Auswirkungen auf die Machtverhältnisse innerhalb der Hauptgesellschaft haben.[7] Mittels einer „Gesellschaft in der Gesellschaft" kann beispielsweise eigene Macht gebündelt und ausgeübt, die Macht anderer eingeschränkt und somit Einfluss auf die Hauptgesellschaft genommen werden.[8] Dies ist insbesondere deshalb beachtlich, weil eine „Gesellschaft in der Gesellschaft" regelmäßig nicht nach außen im Rechtsverkehr auftritt und die Abreden in Bezug auf die Hauptgesellschaft für den Rechtsverkehr oder sogar für einen Teil der Gesellschafter verborgen bleiben kann.[9] Eine „Gesellschaft in der Gesellschaft" weist regelmäßig die Rechtsform einer Innen-GbR auf und unterliegt somit grundsätzlich nicht dem Kapitalgesellschaftsrecht und insbesondere nicht der kapitalgesellschaftsrechtlichen Publizitätspflicht. Gerade auch aus diesem Grund erfreut sich das Instrument der „Gesellschaft in der Gesellschaft" in der Praxis großer Beliebtheit.[10] Regelmäßig nutzen Gesellschafter schuldrechtliche Gesellschaftervereinbarungen als Regelungsort für die für das Gesellschaftsleben maßgeblichen und prägenden Regelungen.[11] Dies kann dazu führen, dass die lediglich mit dem zwingenden Inhalt ausgestattete Satzung zu einer inhaltsleeren Hülle wird.[12]

Von besonderer Bedeutung ist deshalb die rechtliche Einordnung des Verhältnisses der beiden Gesellschaften zueinander. Da die „Gesellschaft in der Gesellschaft" in Bezug auf die Hauptgesellschaft gegründet und ihr Gesellschaftsvertrag die Struktur der Hauptgesellschaft maßgeblich mitgestalten kann, sie aber dennoch als eigenständiger Verband einzuordnen ist, entsteht ein Spannungsverhältnis zwischen der rechtlichen Selbstständigkeit der

---

7 So liegt der Zweck der „Gesellschaft in der Gesellschaft" regelmäßig darin, gemeinsam auf die übergeordnete Gesellschaft Einfluss zu nehmen, die Herrschaft der Gesellschaft zu übernehmen, *Noack,* Gesellschaftervereinbarungen bei Kapitalgesellschaften (1994), 48; näher zur möglichen Zweckausrichtung Kapitel 1 A.I.2., S. 13 ff.

8 *Noack,* Gesellschaftervereinbarungen bei Kapitalgesellschaften (1994), 19 ff.

9 Ist jedoch nur ein Teil des Gesellschafterkreises der Hauptgesellschaft an der „Gesellschaft in der Gesellschaft" beteiligt, beschränkt sich der Einfluss entsprechend der beteiligten Stimmenanzahl. Der beschriebene Einfluss ist insbesondere dann von Bedeutung, wenn die beschlussfähige Mehrheit an der „Gesellschaft in der Gesellschaft" beteiligt ist.

10 *Hoffmann-Becking*, ZGR 1994, 442, 445 f.; *Zöllner,* RWS-Forum 8, Gesellschaftsrecht 1995, 89, 94; *Winter,* RWS Forum 8, Gesellschaftsrecht 1995, 131, 132 ; *Priester,* FS Claussen (1997), 319, 322; *Söntgerath,* Vermittelte Mehrheit. Eine systematische Untersuchung des Rechts der satzungsergänzenden Nebenverträge, Beteiligungsgesellschaften und Vertreterklauseln (2010), 64.

11 *Schön,* Schuldrechtliche Gesellschaftervereinbarungen in der Gesellschaft mit beschränkter Haftung unter besonderer Berücksichtigung der Rechtsnachfolge (2018), 21.

12 *Noack,* Gesellschaftervereinbarungen bei Kapitalgesellschaften (1994), 34, der von einer „Schattensatzung" spricht; *Schön,* Schuldrechtliche Gesellschaftervereinbarungen in der Gesellschaft mit beschränkter Haftung unter besonderer Berücksichtigung der Rechtsnachfolge (2018), 21 f.

beiden Verbände und ihrer tatsächlichen Nähe. Es stellt sich die Frage, ob die beiden Verbände trotz tatsächlicher Nähe rechtlich unabhängig voneinander sind oder ob aufgrund der beschriebenen Nähe der beiden Gesellschaften tatsächliche oder sogar rechtliche Wechselwirkungen stattfinden. So sind viele Problemkonstellationen denkbar, in welchen das Verhältnis der beiden Regelungsebenen – der Satzung der Hauptgesellschaft und des Gesellschaftsvertrags der „Gesellschaft in der Gesellschaft" – ausschlaggebend ist. Beispielsweise ist zu untersuchen, ob Gesellschafter im Rahmen einer Gesellschaftervereinbarung von der Satzung der Hauptgesellschaft abweichende bzw. dieser widersprechende Regelungen vereinbaren können. Im Rahmen derartiger Problemkonstellationen stellt sich die Frage, ob möglicherweise der Gesellschaftsvertrag der „Gesellschaft in der Gesellschaft" der Satzung der Hauptgesellschaft hierarchisch unterzuordnen ist oder ob von einer gleichrangigen Konkurrenz der Regelungen auszugehen ist.

Insgesamt hat das Thema schuldrechtliche Gesellschaftervereinbarungen und ihr Verhältnis zur Hauptgesellschaft und dem Kapitalgesellschaftsrecht bereits viel Aufmerksamkeit in der Literatur und Rechtsprechung erhalten.[13] Insbesondere in den Jahren nach der umstrittenen „Kerbnägel"-Rechtsprechung[14] kam es zu einer Welle an Literaturbeiträgen, die sich mit dem Verhältnis der beiden Regelungsebenen – der Ebene der Hauptgesellschaft und der Ebene der Gesellschaftervereinbarungen – auseinandersetzten und dieses dogmatisch einordneten. Bis dato gibt es jedoch keinen Beitrag, der sich auf solche Gesellschaftervereinbarungen spezialisiert, welche Grundlage einer Binnengesellschaft sind. So konzentriert sich die vorliegende Arbeit erstmals gänzlich auf das Phänomen der „Doppelgesellschaft" im Zusammenhang mit schuldrechtlichen Gesellschaftervereinbarungen und den hiermit einhergehenden gesellschaftsrechtlichen Problematiken. Hierfür wird der Begriff „Gesellschaft in der Gesellschaft" als neue gesellschaftsrechtliche Kategorie verschiedener Gesellschafterverbindungen eingeführt.

B. Eingrenzung des Untersuchungsgegenstandes

Zwar kann eine „Gesellschaft in der Gesellschaft" – wie bereits erläutert – sowohl im Rahmen einer Kapitalgesellschaft als auch im Rahmen einer Personengesellschaft entstehen. Da die Bedeutung eines derartigen Zusammenschlusses im Zusammenhang mit

---

13 Vgl. hierzu ausführlich Kapitel 2, S. 52 ff.

14 BGH, Urteil vom 20.01.1983 – II ZR 243/81 (Nürnberg) = NJW 1983, 1910 f.

Personengesellschaften jedoch von untergeordneter Bedeutung ist,[15] beschränkt sich die vorliegende Arbeit lediglich auf solche Binnengesellschaften, die im Rahmen einer Kapitalgesellschaft gegründet werden. Die deutlich geringere Relevanz im Personengesellschaftsrecht lässt sich unter anderem auf die Struktur der Kapital- bzw. Personenhandelsgesellschaften zurückführen.[16] Während bei einer Kapitalgesellschaft das Kapital beziehungsweise die Beteiligung im Vordergrund steht, liegt bei einer Personengesellschaft bereits der Schwerpunkt auf dem Willen der Gesellschafter.[17]

Darüber hinaus erfreut sich das Instrument der Gesellschaftervereinbarungen deshalb im Kapitalgesellschaftsrecht einer besonders großen Beliebtheit, da damit die kapitalgesellschaftsrechtliche Publizitätspflicht vermieden werden kann.[18] Hinzu kommt im Aktienrecht, dass die Gesellschafter aufgrund der aktienrechtlichen Satzungsstrenge gemäß § 23 V AktG nur begrenzte Regelungsmöglichkeiten im Rahmen der Satzung haben. Gesellschaftervereinbarungen stellen somit ein flexibles Regelungsinstrument im starren Aktienrecht dar.[19]

Im Rahmen einer Personengesellschaft unterscheiden sich die Wirksamkeitsanforderungen an eine Gesellschaftervereinbarung und an den Gesellschaftsvertrag der Hauptgesellschaft nicht durch besondere Form- und Publizitätsanforderungen. Aus diesem Grund kann – anders als im Kapitalgesellschaftsrecht – eine allseitige Gesellschaftervereinbarung im Rahmen einer Personengesellschaft unproblematisch auf der Hauptgesellschaftsebene ihre Wirkung entfalten.[20] Deshalb ist im Rahmen einer Personengesellschaft die Abgrenzung zwischen Gesellschaftervereinbarung und Gesellschaftsvertrag nicht immer klar möglich.[21] Da

---

15 Hierzu ausführlich beispielsweise *Söntgerath,* Vermittelte Mehrheit. Eine systematische Untersuchung des Rechts der satzungsergänzenden Nebenverträge, Beteiligungsgesellschaften und Vertreterklauseln (2010), 420 ff.

16 *Söntgerath,* Vermittelte Mehrheit. Eine systematische Untersuchung des Rechts der satzungsergänzenden Nebenverträge, Beteiligungsgesellschaften und Vertreterklauseln (2010), 420.

17 *A. Hueck,* FS Nipperdey (1965), 401, 408; *Schön,* Schuldrechtliche Gesellschaftervereinbarungen in der Gesellschaft mit beschränkter Haftung unter besonderer Berücksichtigung der Rechtsnachfolge (2018), 23.

18 *Schön,* Schuldrechtliche Gesellschaftervereinbarungen in der Gesellschaft mit beschränkter Haftung unter besonderer Berücksichtigung der Rechtsnachfolge (2018), 23; vgl. hierzu auch *Söntgerath,* Vermittelte Mehrheit. Eine systematische Untersuchung des Rechts der satzungsergänzenden Nebenverträge, Beteiligungsgesellschaften und Vertreterklauseln (2010), 420 f.

19 Vgl. ähnlich *Winter,* RWS Forum 8, Gesellschaftsrecht 1995, 131, 132.

20 *T. Hueck,* Die Familienverfassung - rechtliche Konturen eines Instruments der Governance in Familienunternehmen (2017), 247

21 *T. Hueck,* Die Familienverfassung - rechtliche Konturen eines Instruments der Governance in Familienunternehmen (2017), 247.

eine allseitige Gesellschaftervereinbarung somit im Ergebnis die gleiche Wirkung wie eine Gesellschaftsvertragsänderung entfalten kann, ist die Abgrenzung im Personengesellschaftsrecht von untergeordneter Bedeutung.

C. Ziel der Untersuchung

Wie einleitend erläutert, handelt es sich bei der „Gesellschaft in der Gesellschaft" zwar um einen von der Hauptgesellschaft klar abgrenzbaren Verband. Dieser kann jedoch keinesfalls völlig unabhängig von der Hauptgesellschaft betrachtet werden, da er in Bezug auf die Hauptgesellschaft gegründet wird. Es soll herausgefunden werden, wie das beschriebene Spannungsverhältnis zwischen Selbstständigkeit und Einheit bzw. Abhängigkeit aufzulösen ist. Ziel der Untersuchung ist es festzustellen, wie weit die Selbstständigkeit der „Gesellschaft in der Gesellschaft" reicht und inwiefern sie als Teil der Hauptgesellschaft betrachtet werden muss und durch diese oder das Kapitalgesellschaftsrecht rechtliche Grenzen erfährt. Um diese Einordnung vornehmen zu können, bedarf es einer problemorientierten Untersuchung der gesellschaftsrechtlichen Konstellation der „Gesellschaft in der Gesellschaft". Hierbei soll der im Zusammenhang mit schuldrechtlichen Gesellschaftervereinbarungen bereits bestehende Streitstand aus einem neuen Blickwinkel betrachtet und die vertretenen Thesen hinterfragt werden.

D. Gang der Untersuchung

Die Arbeit gliedert sich in drei Kapitel. Einleitend erfolgt eine rechtliche Qualifikation der „Gesellschaft in der Gesellschaft". Der Fokus liegt hierbei auf der Rechtsform der Gesellschaft bürgerlichen Rechts, welche strukturiert anhand der „causa societatis"[22] – der Wesensmerkmale der Gesellschaft bürgerlichen Rechts – genauer untersucht wird. Zentrales Wesensmerkmal ist hierbei der gemeinsame Zweck. Auf diesem liegt der Schwerpunkt des ersten Kapitels, da anhand der möglichen Zweckausrichtungen „steckbriefartig" die häufigsten Ausprägungen der „Gesellschaft in der Gesellschaft" dargestellt werden. Im Übrigen gilt es insbesondere zu klären, ob eine „Gesellschaft in der Gesellschaft" in Gestalt einer Gesellschaft bürgerlichen Rechts in Vollzug gesetzt wird oder ob sie als reine Innengesellschaft lediglich Innenwirkung entfaltet. Im Anschluss an die Qualifizierung der „Gesellschaft in der Gesellschaft" als BGB-Gesellschaft ist der Frage nachzugehen, ob neben der (Innen-)Gesellschaft bürgerlichen Rechts auch andere gesellschaftsrechtliche Rechtsformen in Frage kommen. So

---

22 *Noack,* Gesellschaftervereinbarungen bei Kapitalgesellschaften (1994), 118.

stellt *Noack* zum Beispiel die Frage, ob sich stets eine Verbandsuntergruppe in der Rechtsform der übergeordneten Gesellschaft bildet.[23] Im Anschluss hieran wird die Rechtsfigur der „Gesellschaft in der Gesellschaft“ abschließend von anderen Konstellationen unterschieden, indem diese insbesondere zur Konzernstruktur und zur Treuhand abgegrenzt wird.

Das zweite Kapitel ist dem in der Literatur bestehenden Streitstand in Bezug auf Gesellschaftervereinbarungen und ihrem Verhältnis zu Kapitalgesellschaften und dem Kapitalgesellschaftsrecht gewidmet. Im Rahmen dieses Kapitels werden die wichtigen Einzelansichten des Streitstands dargestellt und eingeordnet. Außerdem erfolgt eine kritische Analyse der bestehenden Theorien. Hierbei soll insbesondere die Grundlage für eine eigene kritische Untersuchung des Verhältnisses im Rahmen des dritten Kapitels geschaffen werden.

Das darauffolgende, dritte Kapitel stellt den thematischen Schwerpunkt der Arbeit dar. Ausgehend von dem im ersten und zweiten Kapitel gebildeten Grundgerüst wird nun anhand konkreter Problematiken das Verhältnis der „Gesellschaft in der Gesellschaft" zu der Hauptgesellschaft und dem Kapitalgesellschaftsrecht eingeordnet. Im Rahmen dieses Kapitels werden zunächst Problemkonstellationen gebildet und anschließend rechtlich erörtert. Anhand der hierbei gefundenen Ergebnisse gilt es dann das Verhältnis zwischen den Gesellschaften abschließend einzuordnen, somit im Rahmen des zuvor beschriebenen Streitstandes Stellung zu beziehen und den eigenen Ansatz zu erläutern.

---

23 *Noack*, Gesellschaftervereinbarungen in Kapitalgesellschaften, S. 50 f., i.E. jedoch ablehnend.

1. Kapitel: Die Qualifizierung der „Gesellschaft in der Gesellschaft"

A. Die Hauptmerkmale der „Gesellschaft in der Gesellschaft"

Es ist – wie bereits erwähnt – allgemein anerkannt, dass sich innerhalb einer Hauptgesellschaft durch einen Zusammenschluss mehrerer Gesellschafter mittels einer Gesellschaftervereinbarung eine Binnengesellschaft – meist in Form einer (Innen-)Gesellschaft bürgerlichen Rechts gemäß §§ 705 ff. BGB – bilden kann („Gesellschaft in der Gesellschaft").[24] Zunächst erfolgt eine gesellschaftsrechtliche Qualifizierung der „Gesellschaft in der Gesellschaft", im Rahmen welcher die Hauptmerkmale einer solchen Gesellschaft näher beleuchtet werden.

Welche Hauptmerkmale der Gesellschaftsvertrag einer „Gesellschaft in der Gesellschaft" erfüllen muss, ist davon abhängig, welches „Rechtskleid" sie trägt. Als Rechtsform kommen mangels Rechtsformzwangs sämtliche Gesellschaftsformen in Betracht.[25] Ihre Gesellschafter haben die Wahl und können die Gesellschaftsform bzw. Verbandsform wählen, die ihren Ansprüchen, beispielsweise hinsichtlich Anteilsbindung oder Flexibilität, gerecht wird.[26] Die in diesem Zusammenhang am häufigsten anzutreffende Gesellschaftsform ist die Gesellschaft bürgerlichen Rechts gemäß §§ 705 ff. BGB.[27] Diese Rechtsform entspricht regelmäßig den Bedürfnissen der Gesellschafter. Charakteristisch für die Gesellschaft bürgerlichen Rechts ist ihre hohe Flexibilität, die im Rahmen einer „Gesellschaft in der Gesellschaft" gerne genutzt wird. Die Abdingbarkeit nahezu aller gesetzlicher Regelungen bietet ein besonders hohes Maß an Gestaltungsfreiheit und ermöglicht eine spezielle Anpassung an die jeweiligen Bedürfnisse.[28] Aus diesem Grund wird in der vorliegenden Arbeit ein Schwerpunkt auf die GbR gelegt und im Folgenden auf diese Rechtsform als „Rechtskleid" der „Gesellschaft in der Gesellschaft" eingegangen. Ausführungen zu anderen Verbandsformen erfolgen an

---

[24] BGH Urt. v. 24.11.2008 – II ZR 116/08, NZG 2009, 183, 184; BeckFormB BHW-*Scholz/Vesper-Gräske*, Form. VIII A. 3., Anm. Rn. 1, Form. VIII A. 4., Anm. Rn. 1; *Holler*, ZIP 2018, 553, 561; *Noack*, Gesellschaftervereinbarungen bei Kapitalgesellschaften (1994), 47 ff.; MüKoBGB-*Schäfer*, vor § 705, Rn. 69 f.; *Ulmer*, FS Hommelhoff (2012), 1249 f.

[25] *Noack*, Gesellschaftervereinbarungen bei Kapitalgesellschaften (1994), 47; BeckOK GmbHG-*Trölitzsch*, § 53 Anhang Gesellschaftervereinbarungen, Rn. 9; *Schön*, Schuldrechtliche Gesellschaftervereinbarungen in der Gesellschaft mit beschränkter Haftung unter besonderer Berücksichtigung der Rechtsnachfolge (2018), 73.

[26] Vgl. *Noack*, Gesellschaftervereinbarungen bei Kapitalgesellschaften (1994), 47.

[27] Vgl. *Noack*, Gesellschaftervereinbarungen bei Kapitalgesellschaften (1994), 47.

[28] Vgl. *Noack*, Gesellschaftervereinbarungen bei Kapitalgesellschaften (1994), 47.

F. Lurz, *Die Gesellschaft in der Gesellschaft*, Schriften zum Stiftungs- und Gemeinnützigkeitsrecht, https://doi.org/10.1007/978-3-658-51537-9_2

späterer Stelle und beschränken sich auf das Wesentliche, da ihre praktische Relevanz von geringer Bedeutung ist.

I. Die „essentialia societatis“ der „Gesellschaft in der Gesellschaft“ als GbR

Die zu erfüllenden Hauptmerkmale einer Gesellschaft bürgerlichen Rechts gemäß § 705 BGB grenzen den ihr zugrundeliegenden Gesellschaftsvertrag von anderen Vertragstypen und die Personengesellschaft von juristischen Personen ab.[29] Sie können in Anlehnung an die essentialia negotii eines Vertrages als sogenannte „essentialia societatis“[30] bezeichnet werden. Letztere setzen sich zusammen aus dem wirksamen Abschluss eines Gesellschaftsvertrags, der Verfolgung eines gemeinsamen Zwecks und der Förderung dieses Zwecks durch Beitragsleistungen oder in sonstiger Weise. Zentrale Voraussetzung ist hierbei die Verfolgung eines gemeinsamen Zweckes (§ 705 Abs. 1 BGB).

1. Der Gesellschaftsvertrag einer „Gesellschaft in der Gesellschaft“

Um eine „Gesellschaft in der Gesellschaft“ zu gründen, müssen die beteiligten Gesellschafter einen Gesellschaftsvertrag wirksam abschließen.[31] Hervorzuheben ist, dass es sich bei diesem Gesellschaftsvertrag um einen, neben der Satzung bzw. dem Gesellschaftsvertrag der Hauptgesellschaft selbstständig bestehenden Gesellschaftsvertrag einer zweiten Gesellschaft – der „Gesellschaft in der Gesellschaft“ – handelt. Der Gesellschaftsvertrag einer solchen Binnengesellschaft wird in Gestalt einer Gesellschaftervereinbarung abgeschlossen.

a) Die Gesellschaftervereinbarung

aa) Definition und Begriffsbestimmung

Da es sich also bei dem Gesellschaftsvertrag einer „Gesellschaft in der Gesellschaft“ um eine Gesellschaftervereinbarung handelt, stellt sich zunächst die Frage, was unter dem Begriff einer Gesellschaftervereinbarung zu verstehen ist. *Noack* begreift Gesellschaftervereinbarungen „in erster Linie (als) Verträge der Gesellschafter untereinander (…), welche die Ausübung der Mitgliedschaftsrechte, die Mitgliedschaft selbst oder die Regelung der Beziehungen zu der Gesellschaft bzw. der Verhältnisse der Gesellschaft betreffen.“[32] Es handelt

---

29 BeckOGKBGB-*Geibel*, § 705, Rn. 45; ähnlich auch „Essentialia“ MüKoBGB-*Schäfer*, § 705 BGB, Überschrift vor Rn. 6 ff.

30 BeckOGKBGB-*Geibel*, § 705, Rn. 45.

31 Vgl. zu wirksamen Abschluss eines Gesellschaftsvertrags als „essentiale societatis“ BeckOGKBGB-*Geibel*, § 705, Rn. 46.

32 *Noack*, Gesellschaftervereinbarungen bei Kapitalgesellschaften (1994), 6.

sich also um außerhalb des Gesellschaftsvertrags oder der Satzung bestehende Vereinbarungen zwischen zwei oder mehreren – möglicherweise sogar allen – Gesellschaftern eines privatrechtlichen Verbandes mit Bezug auf Angelegenheiten der Gesellschaft.[33] Sind alle Gesellschafter einer Gesellschaft an der Vereinbarung beteiligt, ist von einer „omnilateralen Gesellschaftervereinbarung“[34] oder vorliegend von einer „allseitigen Gesellschaftervereinbarung“[35] die Rede. Möglich ist jedoch auch, dass sich lediglich Teile des Gesellschafterkreises der Hauptgesellschaft in einer Gesellschaftervereinbarung zusammenschließen.[36]

Der Begriff „Gesellschaftervereinbarung“ ist im Gesetzestext nicht zu finden. Es besteht eine Begriffsvielfalt in der Literatur die von Bezeichnungen wie „Gesellschaftervereinbarungen“, Gesellschafterabreden“ und „Gesellschafterabsprachen“ bis hin zu Begriffen, wie „Nebenabreden“, „Nebenverträgen“[37], „Nebenordnung“ oder auch „Beistatute“[38] reichen. Die erwähnten Begriffe findet man oft in Kombination mit weiter konkretisierenden Adjektiven wie zum Beispiel „schuldrechtlich“, „satzungsergänzend“ oder „satzungsgleich“.[39] All diese Bezeichnungen stellen Synonyme dar, da sich ihre Definitionen nur marginal unterscheiden.[40] Vorzuziehen ist Bezeichnung „Gesellschaftervereinbarung“, da hier das Präfix „neben“ vermieden wird, das den missverständlichen Eindruck der Nebensächlichkeit der Abreden erwecken könnte.[41] Dies wird der Realität nicht gerecht, da schuldrechtliche Gesellschaftervereinbarungen regelmäßig sogar die „Hauptordnung“ darstellen und die Satzungen

---

33 *Dürr,* Nebenabreden im Gesellschaftsrecht (1994), 9; ähnlich *Schön,* Schuldrechtliche Gesellschaftervereinbarungen in der Gesellschaft mit beschränkter Haftung unter besonderer Berücksichtigung der Rechtsnachfolge (2018), 31 f.

34 Begriffsbildung „omnilaterale Gesellschaftervereinbarung“ durch *Noack,* Gesellschaftervereinbarungen bei Kapitalgesellschaften (1994), 33; Verwendung auch durch *Schön,* Schuldrechtliche Gesellschaftervereinbarungen in der Gesellschaft mit beschränkter Haftung unter besonderer Berücksichtigung der Rechtsnachfolge (2018), 91.

35 So z.B. auch *Noack,* NZG 2010, 1017.

36 Für einen solchen Zusammenschluss bestehen verschiedene Begriffe in der Literatur, die in der vorliegenden Arbeit jedoch nicht verwendet werden. So etwa „Gesellschafterfraktion“, *Noack,* Gesellschaftervereinbarungen bei Kapitalgesellschaften (1994), 33; ferner „fraktionierende Gesellschaftervereinbarung“, *Schön,* Schuldrechtliche Gesellschaftervereinbarungen in der Gesellschaft mit beschränkter Haftung unter besonderer Berücksichtigung der Rechtsnachfolge (2018), 91.

37 *Dürr,* Nebenabreden im Gesellschaftsrecht (1994), 9.

38 *Ehricke,* Schuldvertragliche Nebenabreden zu GmbH-Gesellschaftsverträgen. Deutsches Schweizer und englisches Recht im Vergleich (2004), 13.

39 Vgl. *Priester,* FS Claussen (1997), 319, S. 319 ff.

40 Vgl. auch *Söntgerath,* Vermittelte Mehrheit. Eine systematische Untersuchung des Rechts der satzungsergänzenden Nebenverträge, Beteiligungsgesellschaften und Vertreterklauseln (2010), 44.

41 Diese Bedenken auch äußernd *Noack,* Gesellschaftervereinbarungen bei Kapitalgesellschaften (1994), 6; *Schön,* Schuldrechtliche Gesellschaftervereinbarungen in der Gesellschaft mit beschränkter Haftung unter besonderer Berücksichtigung der Rechtsnachfolge (2018), 30 f.

häufig nur den gesetzlichen Mindestanforderungen entsprechen.[42] Eine Bezeichnung als „*schuldrechtliche* Gesellschaftervereinbarungen“ erscheint sinnvoll, da so der schuldrechtliche Charakter der Abreden betont wird.[43] Um Missverständnisse zu vermeiden, wird jedoch auf Adjektive, wie „satzungsergänzend“[44] und „satzungsgleich“[45] verzichtet. Auch diese könnten auf eine unwesentliche, *ergänzende* Funktion der Gesellschaftervereinbarungen hinweisen, obwohl sie jedoch häufig die Hauptregelungen enthalten. [46]

bb) Rechtliche Einordnung

Mangels spezieller gesetzlicher Regelungen haben Gesellschafter beim Abschluss einer Gesellschaftervereinbarung im Rahmen ihrer Privatautonomie weitreichende Gestaltungsfreiheit.[47] Eine einheitliche rechtliche Einordnung der Gesellschaftervereinbarungen ist nicht möglich, da sie je nach konkreter Ausgestaltung unter jeden Vertragstyp fallen können.[48] Welche Regelungen anwendbar sind, hängt von der konkreten Ausgestaltung der Gesellschaftervereinbarung im Einzelfall ab.[49] Gegenstand der vorliegenden Arbeit sind ausschließlich Gesellschaftervereinbarungen, die als Gesellschaftsverträge einer Gesellschaft bürgerlichen Rechts gemäß §§ 705 ff. BGB einzuordnen sind. Es finden demnach die speziellen Regelungen aus §§ 705 ff. BGB Anwendung.

cc) Form

Schuldrechtliche Gesellschaftervereinbarungen bedürfen grundsätzlich keiner Form,[50] weshalb sie mündlich und auch konkludent vereinbart werden können.[51] In der Praxis werden die Vereinbarungen regelmäßig schriftlich abgeschlossen.[52] Die grundsätzliche Formfreiheit

---

42 *Zöllner,* RWS-Forum 8, Gesellschaftsrecht 1995, 89, 89; *Schön,* Schuldrechtliche Gesellschaftervereinbarungen in der Gesellschaft mit beschränkter Haftung unter besonderer Berücksichtigung der Rechtsnachfolge (2018), 30 f. ; ähnlich auch *Dürr,* Nebenabreden im Gesellschaftsrecht (1994), 9.

43 So auch *Groß-Bölting,* Gesellschaftervereinbarungen in der Aktiengesellschaft (2011), 25.

44 So z.B. Grigoleit AktG-*Vedder*, § 23, Rn. 44.

45 So z.B. *Priester,* FS Claussen (1997), 319, 330.

46 Vgl. *Schön,* Schuldrechtliche Gesellschaftervereinbarungen in der Gesellschaft mit beschränkter Haftung unter besonderer Berücksichtigung der Rechtsnachfolge (2018), 31.

47 Hierzu auch *Schön,* Schuldrechtliche Gesellschaftervereinbarungen in der Gesellschaft mit beschränkter Haftung unter besonderer Berücksichtigung der Rechtsnachfolge (2018), 64 f.

48 *Schön,* Schuldrechtliche Gesellschaftervereinbarungen in der Gesellschaft mit beschränkter Haftung unter besonderer Berücksichtigung der Rechtsnachfolge (2018), 71 f.

49 *König,* Der satzungsergänzende Nebenvertrag. Eine rechtsvergleichende Untersuchung zum außerstatutarischen Gesellschaftsorganisationsrecht nach deutschem, französischem und schweizerischem Recht (1996), 40; *Schön,* Schuldrechtliche Gesellschaftervereinbarungen in der Gesellschaft mit beschränkter Haftung unter besonderer Berücksichtigung der Rechtsnachfolge (2018), 72.

50 *Noack,* Gesellschaftervereinbarungen bei Kapitalgesellschaften (1994), 197.

51 Vgl. BGH NJW 1983, 1910 f.

52 *Noack,* Gesellschaftervereinbarungen bei Kapitalgesellschaften (1994), 197.

muss gelegentlich besonderen Formpflichten weichen, je nach konkreter Ausgestaltung der schuldrechtlichen Vereinbarung. Eine Pflicht zur notariellen Beurkundung kann sich beispielsweise daraus ergeben, dass Erwerbsvorrechte an GmbH-Anteilen in die Gesellschaftervereinbarung aufgenommen werden.[53]

Die Frage, ob darüber hinaus eine generelle Aufnahmebedürftigkeit in die Satzung der Hauptgesellschaft notwendig ist, wird nach heute herrschender Meinung abgelehnt. Zwar weisen schuldrechtliche Gesellschaftervereinbarungen eine besondere Nähe zum Gesellschaftsvertrag der Hauptgesellschaft auf, jedoch verfolgen beide Regelungswerke verschiedene Zwecke, weshalb die gegebenenfalls für den Gesellschaftsvertrag bestehenden Formanforderungen der Hauptgesellschaft nicht einfach auf die Gesellschaftervereinbarung ausgeweitet werden können.[54]

b) Wirksamer Gesellschaftsvertragsabschluss

Damit eine „Gesellschaft in der Gesellschaft“ entstehen kann, müssen die beteiligten Gesellschafter den Gesellschaftsvertrag wirksam abschließen. Bei dem Gesellschaftsvertrag einer Gesellschaft bürgerlichen Rechts handelt es sich um ein Rechtsgeschäft, auf das die allgemeinen Regelungen gemäß §§ 104-185 BGB grundsätzlich anwendbar sind.[55] Voraussetzung eines wirksamen Vertragsabschlusses ist demnach eine von Rechtsbindungswillen getragene Einigung der beteiligten Gesellschafter über einen gemeinsam zu fördernden Zweck.[56] Die Einigung erfolgt durch die Abgabe übereinstimmender Willenserklärungen der beteiligten Gesellschafter und den Zugang bei den jeweils anderen Gesellschaftern.[57] Im Hinblick auf den Inhalt müssen die Willenserklärungen der Gesellschafter hinreichend bestimmt

---

53 RG JW 1916, 575, 576; *Noack,* Gesellschaftervereinbarungen bei Kapitalgesellschaften (1994) , 197; BeckOK GmbHG-*Trölitzsch* , § 53 Anhang Gesellschaftervereinbarungen, Rn. 8a; vgl. auch *Schön,* Schuldrechtliche Gesellschaftervereinbarungen in der Gesellschaft mit beschränkter Haftung unter besonderer Berücksichtigung der Rechtsnachfolge (2018), 86.

54 Vgl. hierzu ausführlicher RGZ 112, 273, 278; BGH NJW 1977, 1151; *Zluhan*, AcP 1928, 62, 86 f.; *Noack,* Gesellschaftervereinbarungen bei Kapitalgesellschaften (1994), 197 ff.; *König,* Der satzungsergänzende Nebenvertrag. Eine rechtsvergleichende Untersuchung zum außerstatutarischen Gesellschaftsorganisationsrecht nach deutschem, französischem und schweizerischem Recht (1996), 41 f.; BeckOK GmbHG-*Trölitzsch*, § 53 Anhang Gesellschaftervereinbarungen, Rn. 7 f.; *Schön,* Schuldrechtliche Gesellschaftervereinbarungen in der Gesellschaft mit beschränkter Haftung unter besonderer Berücksichtigung der Rechtsnachfolge (2018), 84 f.

55 BeckOGKBGB-*Geibel*, § 705, Rn. 52.

56 Henssler/Strohn-*Servatius*, § 705 BGB, Rn. 13.

57 BeckOGKBGB-*Geibel*, § 705 BGB, Rn. 55.

in Bezug auf alle „essentialia societatis“ – insbesondere auf den gemeinsamen Zweck – abgegeben werden.[58]

Zwar bedarf der Gesellschaftsvertrag einer GbR keiner Form,[59] in der Praxis werden die Gesellschaftsverträge einer „Gesellschaft in der Gesellschaft“ – wie bereits oben erwähnt – jedoch überwiegend schriftlich abgeschlossen.[60] Unterschreiben alle beteiligten Gesellschafter den schriftlichen Gesellschaftsvertrag, wird regelmäßig ein wirksamer Vertragsabschluss anzunehmen sein. Außerdem wird bei einer derartigen Vereinbarung häufig auch schriftlich geregelt, dass es sich bei dieser um einen Gesellschaftsvertrag einer Gesellschaft bürgerlichen Rechts handelt.[61]

Bei zeitlich begrenzten Vereinbarungen hingegen ist genau zu prüfen, ob die Gesellschafter mit Rechtsbindungswillen gehandelt haben oder lediglich ein Gefälligkeitsverhältnis vorliegt. Die Abgrenzung zwischen einer Gelegenheitsgesellschaft und einem Gefälligkeitsverhältnis kann im Einzelfall Schwierigkeiten bereiten. In einem solchen Grenzfall ist mittels Auslegung zu ergründen, ob die Gesellschafter mit Rechtsbindungswillen handeln, sich also rechtlich – zumindest für einen gewissen Zeitraum – gegenseitig verpflichten wollen oder ob sie lediglich eine „außerrechtliche“[62] Gefälligkeit erbringen wollen.[63] Denkbar ist außerdem der Fall, in dem die beteiligten Gesellschafter zwar unproblematisch mit Rechtsbindungswillen handeln, aber nicht wissen, dass es sich bei der abgeschlossenen Gesellschaftervereinbarung um einen Gesellschaftsvertrag einer „Gesellschaft in der Gesellschaft“ in Gestalt einer Gesellschaft bürgerlichen Rechts handelt. Dieses Unwissen steht der Wirksamkeit des Gesellschaftsvertrags jedoch nicht entgegen. Die Gesellschafter müssen kein Bewusstsein

---

58 BeckOGKBGB-*Geibel*, § 705 BGB, Rn. 53.

59 Vgl. *Noack,* Gesellschaftervereinbarungen bei Kapitalgesellschaften (1994), 197; BeckOGKBGB-*Geibel*, § 705, Rn. 29.

60 Vgl. *Noack,* Gesellschaftervereinbarungen bei Kapitalgesellschaften (1994), 197.

61 So zum Beispiel in den Vertragsformularen vorgesehen BeckFormB BHW-*Scholz/Vesper-Gräske*, Form. VIII. Personengesellschaftsrecht, 3. Schutzgemeinschaftsvertrag eines Familienstamms betreffend die Beteiligung an einer Kommanditgesellschaft, 4. Poolvertrag zwischen mit Mehrheit beteiligten Aktionären, für Schutzgemeinschaften und Poolverträge als spezielle Ausprägungen einer „Gesellschaft in der Gesellschaft“.

62 BGH NJW-RR 2006, 117, 120, Rn. 37.

63 Zur Abgrenzung zwischen Gelegenheitsgesellschaften und reinen Gefälligkeitsverhältnissen BeckOGKBGB-*Geibel*, § 705, Rn. 59 f.

aufweisen, dass der von ihnen abgeschlossene Vertrag rechtlich als ein Gesellschaftsvertrag einer GbR einzuordnen ist.[64]

2. Gemeinsamer Zweck

Das zentrale Hauptmerkmal einer „Gesellschaft in der Gesellschaft" ist gemäß § 705 BGB der im Gesellschaftsvertrag festzulegende gemeinsame Zweck. Dieser ist eher weit gefasst zu verstehen, möglich ist jeder gesetzlich erlaubte Zweck;[65] es kommen also sowohl wirtschaftliche als auch ideelle Zwecke in Betracht.[66] Auch an die Gemeinsamkeit des Zwecks sind keine hohen Anforderungen zu stellen, so ist diese nur dann abzulehnen, wenn der Gesellschaftsvertrag nur die Wahrung der Interessen eines Vertragspartners bezweckt oder „sich der Interessenausgleich schon im gegenseitigen Vertrag vollzogen hat, wie es beispielsweise bei (isolierten) Vorkaufs- und Ankaufsabsprachen möglich ist"[67]. Verfolgen die Gesellschafter hingegen mit der Einräumung eines solchen Sicherungsrechts einen übergeordneten Zweck, wie beispielsweise die Erhaltung des Gesellschafterkreises, so ist wiederum von einem gemeinsamen Zweck auszugehen.[68]

Nicht mit dem Zweck zu verwechseln sind die Motive bzw. „Endzwecke" der einzelnen Gesellschafter, die diese dazu veranlassen den Gesellschaftsvertrag abzuschließen.[69] Somit ist es durchaus möglich, dass die Gesellschafter verschiedene Beweggründe und Motive verfolgen, sich aber dennoch zu einem gemeinsamen Zweck zusammenschließen und sich dazu verpflichten, diesen zu fördern.[70] Regelmäßig ist der Zweck der „Gesellschaft in der Gesellschaft" in der gemeinsamen Verwaltung und Interessenwahrnehmung zu sehen, insbesondere im koordinierten Ausüben der Mitgliedschaftsrechte und der hierdurch ermöglichten Einflussnahme auf die Hauptgesellschaft.[71] Jedoch handelt es sich hierbei um eine

---

64 BGH NJW 1957, 218 f. (OHG); MüKoBGB-*Schäfer*, § 705, Rn. 28.

65 Statt vieler *Ballerstedt*, JuS 1963, 253, 253 ff.; BeckOGKBGB-*Geibel*, § 705, Rn. 190; MüKoBGB-*Schäfer*, § 705, Rn. 147; Staudinger BGB-*Habermeier*, § 705, Rn. 18.

66 MüKoBGB-*Schäfer*, § 705, Rn. 147.

67 *Schön*, Schuldrechtliche Gesellschaftervereinbarungen in der Gesellschaft mit beschränkter Haftung unter besonderer Berücksichtigung der Rechtsnachfolge (2018), 75; ähnlich auch *Noack*, Gesellschaftervereinbarungen bei Kapitalgesellschaften (1994), 48; *Joussen*, Gesellschafterabsprachen neben Satzung und Gesellschaftsvertrag (1995), 61.

68 *Joussen*, Gesellschafterabsprachen neben Satzung und Gesellschaftsvertrag (1995), 61 f.

69 BGH NJW 1951, 308; MüKoBGB-*Schäfer*, § 705, Rn. 150.

70 *Ballerstedt*, JuS 1963, 253, 254 f.

71 Vgl. RG DNotZ 1936, 564, 569; *Zluhan*, AcP 1928, 62, 83; *Noack*, Gesellschaftervereinbarungen bei Kapitalgesellschaften (1994), 48, 197; *Söntgerath*, Vermittelte Mehrheit. Eine systematische Untersuchung des Rechts der satzungsergänzenden Nebenverträge, Beteiligungsgesellschaften und Vertreterklauseln (2010), 70; *Groß-Bölting*, Gesellschaftervereinbarungen in der Aktiengesellschaft (2011), 28.

vereinfachte Darstellung, da eine Vielfalt an möglichen Zweckausrichtungen besteht.[72] Es ist nicht möglich, die Zwecke aller „Gesellschaften in der Gesellschaft“ mit einer Definition allgemein zu beschreiben. Deshalb sollen zunächst die klassischen Ausgestaltungen der „Gesellschaft in der Gesellschaft“ näher betrachtet werden. Anschließend können anhand der hierbei ermittelten Zwecke der klassischen „Gesellschaften in der Gesellschaft“ allgemeine Kategorien skizziert werden.[73]

a) Die klassischen Formen der „Gesellschaft in der Gesellschaft“

Es stellt sich die Frage, welche klassischen Erscheinungsformen der „Gesellschaft in der Gesellschaft“ bestehen, wie diese also typischerweise ausgestaltet und wie sie in den Rahmen der Hauptgesellschaft eingebunden sind und funktionieren. Ziel der folgenden – gewissermaßen steckbriefartigen – Darstellung ist eine Typisierung der verschiedenen „Gesellschaften in der Gesellschaft“ unter Berücksichtigung der gängigen Zwecksetzungen. Im Rahmen dieser Skizzierung soll bereits das Bewusstsein für mögliche Problematiken im Zusammenhang mit der Entstehung einer „Gesellschaft in der Gesellschaft“ geschärft werden. Die Probleme sollen jedoch nur thematisch eingeordnet und angerissen werden. Eine ausführliche Behandlung der Problematiken erfolgt im dritten Kapitel der Arbeit. Im Mittelpunkt dieses Abschnitts stehen also die typischen Formen der „Gesellschaft in der Gesellschaft“ und ihre Zwecke.

aa) Der Stimmrechtspool

(1) Die Grundform des Stimmrechtspools

Die häufigste und bedeutendste Erscheinungsform der „Gesellschaft in der Gesellschaft“ ist der sogenannte „Stimmrechtspool“. Ein Stimmrechtspool, in der Literatur auch teilweise als „Stimmrechtskonsortium“ bezeichnet, [74] ist eine „Gesellschaft in der Gesellschaft“ bei der sich die beteiligten Gesellschafter dazu verpflichten, ihr Stimmrecht in der Mitgliederversammlung der Hauptgesellschaft einheitlich so auszuüben, wie sie dies zuvor im Stimmrechtspool – meist mehrheitlich – beschlossen haben.[75] Somit verlagert sich die

---

72 Vgl. *Söntgerath,* Vermittelte Mehrheit. Eine systematische Untersuchung des Rechts der satzungsergänzenden Nebenverträge, Beteiligungsgesellschaften und Vertreterklauseln (2010), 28.

73 So hat *Noack* drei Bereiche für die mit Gesellschaftervereinbarungen verfolgten Zwecke entworfen, *Noack,* Gesellschaftervereinbarungen bei Kapitalgesellschaften (1994), 18 ff.

74 Zur synonymen Verwendung der beiden Begriffe *Habersack,* ZHR 164 (2000), 1, 2; *S. Schneider,* Der Stimmbindungsvertrag (2017), 11, 25; MüKoGmbHG-*Drescher,* § 47, Rn. 238.

75 *Overrath,* Die Stimmrechtsbindung (1973), 1 zum Stimmrechtskonsortium.

Willensbildung für Abstimmungen in der Hauptgesellschaft in die „Gesellschaft in der Gesellschaft“ vor.

Der gemeinsame Zweck eines Stimmrechtspools liegt regelmäßig darin, eine koordinierte Stimmrechtsausübung der beteiligten Gesellschafter sicherzustellen, um in der Hauptgesellschaft gemeinsam Einfluss zu erlangen und beizubehalten.[76] Der Beitrag, mit dem die Gesellschafter den Zweck gemäß § 705 BGB fördern, besteht regelmäßig in dem Zurverfügungstellen ihrer jeweiligen Stimmrechtsmacht.[77]

Wie genau die vorgelagerte Entscheidungsfindung abläuft, wird in dem Gesellschaftsvertrag der „Gesellschaft in der Gesellschaft“ festgelegt.[78] Dieser wird in der Literatur als Poolvereinbarung, Stimmbindungsvertrag, Stimmbindungsabrede oder Konsortialvertrag bezeichnet.[79] Zwar werden die Bezeichnungen „Konsortialvertrag“ und „Poolvertrag“ teilweise als Oberbegriffe für Gesellschaftervereinbarungen verwendet,[80] jedoch weisen diese Begriffe in ihrem Wortlaut eine organisationsrechtliche Komponente auf. So lassen die Begriffe „Pool“ und „Konsortium“ auf eine Verbandsstruktur schließen.[81] Aus diesem Grund beschreiben sie nach hier vertretener Ansicht ausschließlich gesellschaftskonstituierende Vereinbarungen. Die Begriffe Stimmbindungsvereinbarung und -abrede hingegen haben einen neutralen Wortlaut und können auch für solche Abreden stehen, die zwar als schuldrechtlicher

---

76 Vgl. RG DNotZ 1936, 564, 569; BGH NJW 2009, 669, 670 (Schutzgemeinschaftsvertrag II); *Baumann/Reiß*, ZGR 1989, 175, 200; *Noack*, Gesellschaftervereinbarungen bei Kapitalgesellschaften (1994), 48;, 1791; *S. Schneider*, Der Stimmbindungsvertrag (2017), 26.

77 RG DNotZ 1936, 564, 569; *Noack*, Gesellschaftervereinbarungen bei Kapitalgesellschaften (1994), 48.

78 Vgl. *Zöllner*, FS Ulmer (2003), 725, 725 f.; *S. Schneider*, Der Stimmbindungsvertrag (2017), 11; *Simon/Rubner*, NJW 2005, 27.

79 „Konsortialvertrag“, *Overrath*, Die Stimmrechtsbindung (1973), 1; *S. Schneider*, Der Stimmbindungsvertrag (2017), 11; „Poolvereinbarung“, *Simon/Rubner*, NJW 2005, 27; „Stimmbindungsvertrag“, MüKoBGB-*Schäfer*, vor § 705, Rn. 69; „Stimmbindungsabrede“, *Schön*, Schuldrechtliche Gesellschaftervereinbarungen in der Gesellschaft mit beschränkter Haftung unter besonderer Berücksichtigung der Rechtsnachfolge (2018), 36.

80 *Schön*, Schuldrechtliche Gesellschaftervereinbarungen in der Gesellschaft mit beschränkter Haftung unter besonderer Berücksichtigung der Rechtsnachfolge (2018), 29 f.; ähnlich auch *Joussen*, Gesellschafterabsprachen neben Satzung und Gesellschaftsvertrag (1995), 2 f.; Zur Problematik der Terminologie insgesamt außerdem auch *Schrötter*, NJW 1979, 2592, 1592 f.

81 „Konsortium“ und „Pool“ werden in der Literatur als Bezeichnungen für eine „Gesellschaft in der Gesellschaft“ verwendet; *Lübbert*, Abstimmungsvereinbarungen in den Aktien- und GmbH-Rechten der EWG-Staaten, der Schweiz und Großbritanniens (1971), 82, der in Fn. 49 auch das Problem anspricht, dass die meisten Arbeiten (aus der Zeit 1945) die verschiedensten Begriffe ohne Bedenken verwenden; *Kleinherne*, Erscheinungsformen und Gestaltungsmöglichkeiten personenbezogener Aktiengesellschaften unter besonderer Berücksichtigung der neueren rechtstatsächlichen Entwicklung (1989), 111; *Schön*, Schuldrechtliche Gesellschaftervereinbarungen in der Gesellschaft mit beschränkter Haftung unter besonderer Berücksichtigung der Rechtsnachfolge (2018), 38 f.

Vertrag aber nicht als Gesellschaftsvertrag zu qualifizieren sind. Diese Begriffe stellen deshalb Oberbegriffe für vertragliche Stimmbindungen dar.[82] Gegenstand der vorliegenden Arbeit sind nur solche Stimmbindungsvereinbarungen und -abreden, die einen Gesellschaftsvertrag einer „Gesellschaft in der Gesellschaft“ darstellen, weshalb die für die vorliegende Untersuchung präziseren Bezeichnungen Konsortialvertrag und Poolvereinbarung verwendet werden. Eine klare Definition dieser Begriffe ist aufgrund der unterschiedlichen Verwendung in der Literatur unentbehrlich. So wird teilweise unter einem Poolvertrag neben der „Poolung“ der Stimmrechtsmacht auch die „Poolung“ der Erträge von zusammengefassten Beteiligungen verstanden.[83] Außerdem existieren Pools und Konsortien auch im Insolvenzrecht und im Bankwesen und unterscheiden sich von den hier umfassten „Gesellschaften in der Gesellschaft“.[84] Vorliegend sind Poolverträge und Konsortialverträge immer als Gesellschaftsvertrag eines Stimmrechtspools bzw. Stimmrechtskonsortiums zu verstehen, welche in ihrer Grundform ausschließlich der „Poolung“ der Stimmrechtsmacht der beteiligten Gesellschafter und damit einer Fraktionsbildung dienen.[85]

Eine Poolvereinbarung kann Regelungen über die Einberufung von Poolversammlungen, Beschlussfähigkeitsanforderungen, Stimmrechtsregelungen und Mehrheitserfordernisse enthalten.[86] Häufig wird zum Beispiel im Rahmen eines Poolvertrags auf das Einstimmigkeitsprinzip nach §§ 714, 715 Abs. 1 BGB verzichtet das Mehrheitsprinzip eingeführt.[87] Hierbei kann sich das Problem ergeben, dass im Stimmrechtspool mit einer einfachen Mehrheit über einen in der Hauptgesellschaft anstehenden Beschluss entschieden werden kann, der in der Hauptgesellschaft einer qualifizierten Mehrheit bedarf. Ob die speziellen Beschlussregeln der Hauptgesellschaft – insbesondere qualifizierte Mehrheitserfordernisse – auf die „Gesellschaft in der Gesellschaft“ durchschlagen oder ob in der „Gesellschaft in der Gesellschaft“

---

82 *Lübbert,* Abstimmungsvereinbarungen in den Aktien- und GmbH-Rechten der EWG-Staaten, der Schweiz und Großbritanniens (1971), 87; die Begriffe werden durchaus auch bei Entstehen einer „Gesellschaft in der Gesellschaft“ verwendet. So zum Beispiel MüKoGmbHG-*Drescher*, § 47, Rn. 238.

83 *Lübbert,* Abstimmungsvereinbarungen in den Aktien- und GmbH-Rechten der EWG-Staaten, der Schweiz und Großbritanniens (1971), 87.

84 Vgl. *Joussen,* Gesellschafterabsprachen neben Satzung und Gesellschaftsvertrag (1995), 2 f.; Zu Emissionskonsortien und Finanzierungskonsortien im Bankwesen vgl. *K. Schmidt,* Gesellschaftsrecht (2002), § 58 III Nr. 6, 1709 m.w.N.; zum Sicherheitenpoolvertrag in der Insolvenz und zum sogenannten Versicherungspool vgl. *K. Schmidt,* Gesellschaftsrecht (2002), § 58 III Nr. 7, 1710 m.w.N.;

85 Vgl. *K. Schmidt,* Gesellschaftsrecht (2002), § 58 III Nr. 7, 1710.

86 *Simon/Rubner*, NJW 2005, 27; *Klein-Wiele*, NZG 2018, 1401-1407, 1403 f.

87 Grundlegend BGHZ 179, 13 (Schutzgemeinschaftsvertrag II) = ZIP 2009, 216 ff.; *Habersack*, ZHR 164 (2000), 1, 3 ff.; Vgl. *Simon/Rubner*, NJW 2005, 27.

von den speziellen Regeln abgewichen werden kann, ist umstritten. Im Rahmen dieser Problematik spielt eine wichtige Rolle, in welchem Verhältnis die beiden Gesellschaften zueinanderstehen. Sind beide Ebenen strikt voneinander zu trennen oder ist ein übergreifender Einfluss – hier von der Ebene der Hauptgesellschaft auf die der Binnengesellschaft – möglich? Diese Frage soll hier zunächst offengelassen und an späterer Stelle erörtert werden.[88]

Ist im Rahmen des Stimmrechtspools ein Beschluss bezüglich eines Abstimmungsverhaltens für die Hauptgesellschaft gefasst worden, gilt dieser nicht unmittelbar auf der Ebene der Hauptgesellschaft, sondern muss daraufhin noch durch eine entsprechende Stimmabgabe der beteiligten Gesellschafter auf der übergeordneten Ebene umgesetzt werden.[89] Halten sich Gesellschafter nicht an ihre schuldrechtliche Verpflichtung aus dem Poolvertrag und stimmen sie entgegen eines im Stimmrechtspool gefassten Beschlusses in der Hauptgesellschaft, so ist ihre vertragswidrige Stimmabgabe grundsätzlich trotzdem wirksam.[90]

Inzwischen ist jedoch weitgehend anerkannt, dass die sich aus einem Stimmrechtspool konkret ergebende Verpflichtung zu einer bestimmten Stimmabgabe im Wege einer Leistungsklage einklagbar und ein ergehendes Urteil auf vertragsgemäße Stimmabgabe auch vollstreckbar ist.[91] Zwar ist die Art und Weise der Vollstreckung weiterhin umstritten, jedoch gehen der BGH und ein großer Teil der Literatur davon aus, dass es sich bei einer Stimmabgabe um eine Willenserklärung handelt, die eine Zwangsvollstreckung gemäß § 894 ZPO

---

88 Hierzu ausführlich Kapitel 3, S. 132 ff.

89 *Simon/Rubner*, NJW 2005, 27 f.

90 RGZ 119, 386, 388 f.; 133, 90, 93; 145, 99, 105; *Peters*, AcP 1957, 311, 313; *Boesebeck*, NJW 1960, 7; *Overrath*, Die Stimmrechtsbindung (1973), 2 f.; *Simon/Rubner*, NJW 2005, 27 f.; *Ripka*, Poolverträge und die neueren Entwicklungen im Gesellschaftsrechts (2000), 29.

91 So im Grundsatzurteil BGH Urteil v.B 29.5.1967 – II ZR 105/66, BGHZ 48, 163 ff, 170 ff = NJW 1967, 1963, 1965 f.; *Wolff*, JW 1929, 2115-2117, 2116 f.; *Fischer*, GmbHR 1953, 65-70, 69; *Noack*, Gesellschaftervereinbarungen bei Kapitalgesellschaften (1994), 68 ff.; *Berger*, Nebenverträge im GmbH-Recht. Vereinbarungen außerhalb des Gesellschaftsvertrags zwischen Gesellschaftern bzw. zwischen Gesellschaftern und Dritten, insbesondere Stimmrechtsvereinbarungen (1995), 121; *Joussen*, Gesellschafterabsprachen neben Satzung und Gesellschaftsvertrag (1995), 217; *König*, Der satzungsergänzende Nebenvertrag. Eine rechtsvergleichende Untersuchung zum außerstatutarischen Gesellschaftsorganisationsrecht nach deutschem, französischem und schweizerischem Recht (1996), 89; *Rodemann*, Stimmbindungsvereinbarungen in den Aktien- und GmbH-Rechten Deutschlands, Englands, Frankreichs und Belgiens (1998), 119 ff.; *Mühlhäuser*, Stimmrechtsbindung in der Personengesellschaft und Nachlaßplanung (1999), 250 ff. *Simon/Rubner*, NJW 2005, 27 f.; Scholz GmbHG-*K. Schmidt/Bochmann*, § 47, Rn. 55; aA in ständiger Rechtsprechung RGZ 160 , 257, 262; RGZ 112, 273, 279; RGZ, 119, 386, 389 f.; die Möglichkeit einer Leistungsklage auch verneinend *Brodmann*, JuS 1929, 615 ff; *Cahn*, JZ 1932, 1324, 1326; *Overrath*, Die Stimmrechtsbindung (1973),101 ff.; *Dürr*, Nebenabreden im Gesellschaftsrecht (1994), 157, 223; zu der Problematik der gerichtlichen Durchsetzbarkeit an späterer Stelle noch ausführlich Kapitel 3, D.V.2.a), S. 243 ff.

erfordert.[92] Ein Teil der Literatur äußert weiterhin Bedenken, einen derartigen mittelbaren Einfluss schuldrechtlicher Vereinbarung auf die Ebene der Hauptgesellschaft zuzulassen.[93] Hier spielt erneut das Verhältnis zwischen der Ebene der Hauptgesellschaft und der Ebene der „Gesellschaft in der Gesellschaft“ eine zentrale Rolle, das an späterer Stelle genauer zu erörtern ist.[94] Im Hinblick darauf, dass die gerichtliche Durchsetzung regelmäßig zeitintensiv sein wird und eine Vollstreckung gemäß § 894 ZPO den Eintritt der Rechtskraft voraussetzt, stellt sich darüber hinaus die umstrittene Frage, ob den Gläubigern auch ein einstweiliger Rechtsschutz zustehen soll.[95]

Ausnahmsweise will der BGH von der Regel abweichen, dass eine schuldrechtliche Vereinbarung keine direkte Wirkung auf der Ebene der Hauptgesellschaft entfaltet: Ein Beschluss auf der Ebene der Hauptgesellschaft sei anfechtbar, „wenn der Beschluss gegen eine von allen Gesellschaftern eingegangene Bindung verstößt.“[96] Eine Vereinbarung oder folgerichtig ein Beschluss auf der Ebene der „Gesellschaft in der Gesellschaft“ könne dementsprechend – ganz ohne „den umständlichen Weg der Klage gegen die Mitgesellschafter“[97] – Auswirkungen auf einen Beschluss auf der Ebene der Hauptgesellschaft haben.[98] Während im

---

92 Zur Vollstreckung von Stimmbindungsvereinbarungen ausführlich an späterer Stelle Kapitel 3, D.V.2.a)cc), 248 ff.; Unterlassungsanspruch bei Stimmverbot unkritisch gemäß § 890 ZPO vollstreckbar, so BGHZ 48, 163, 170 ff. = NJW 1967, 1963, 1966; BGH GmbHR 1990, 68; *Lübbert,* Abstimmungsvereinbarungen in den Aktien- und GmbH-Rechten der EWG-Staaten, der Schweiz und Großbritanniens (1971), 186; Vollstreckung eines Leistungsanspruchs umstritten; für eine Vollstreckung nach § 894 ZPO BGHZ 48, 163, 170 ff. = NJW 1967, 1963, 1966; *Loewenheim*, JuS 1969, 260-165, 264; *Overrath,* Die Stimmrechtsbindung (1973), 114 ff.; *Gerkan*, ZGR 1985, 167, 180; *Zutt*, ZHR 155 (1991), 190, 196 f.; *Rodemann,* Stimmbindungsvereinbarungen in den Aktien- und GmbH-Rechten Deutschlands, Englands, Frankreichs und Belgiens (1998), 118 ff., 126 ff.; *K. Schmidt,* Gesellschaftsrecht (2002), § 21 II 4, 617; *Zutt*, ZHR 155 (1991), 190, 197; Habersack/Casper/Löbbe GmbHG-*Hüffer/C. Schäfer*, § 47, Rn. 88; Kölner Kommentar AktG-*Tröger*, § 136, Rn. 154; Noack/Servatius/Haas GmbHG-*Noack*, § 47, Rn. 121; MHLS GmbHG-*Römermann*, § 47, Rn. 546; BeckOK GmbHG-*Schindler*, § 47, Rn. 74; Altmeppen GmbHG-*Altmeppen*, § 47, Rn. 77; Habersack/Casper/Löbbe GmbHG-*Hüffer/C. Schäfer*, § 47, Rn. 88; Rowedder/Pentz GmbHG-*Ganzer*, § 47, Rn. 45; Lutter/Hommelhoff GmbHG-*Lutter/Hommelhoff*, § 47, Rn. 22; für eine Vollstreckung gemäß § 888 ZPO *Wolff*, JW 1929, 2115-2117, 2116 f.; *Fischer*, GmbHR 1953, 65-70, 69 f.; Kölner Kommentar AktG, 1. Auflage (1985)-*Zöllner*, § 136, Rn. 116; *Zöllner*, ZHR 1991, 168, 187 f.; für eine Vollstreckung nach 887 ZPO *Peters*, AcP 1957, 311, 341, 345; *Mertens*, JR 1967, 462, 462.

93 Habersack/Casper/Löbbe GmbHG-*Hüffer/C. Schäfer*, § 47, Rn. 87; Noack/Servatius/Haas GmbHG-*Noack*, § 47, Rn. 120; kritisch auch *Overrath,* Die Stimmrechtsbindung (1973), 101 ff., 108, 114.

94 Zum Streitstand s. Kapitel 2, S. 52 ff., zum eigenen Ansatz s. Kapitel 3, E., S. 260 ff.

95 Vgl. *Lübbert,* Abstimmungsvereinbarungen in den Aktien- und GmbH-Rechten der EWG-Staaten, der Schweiz und Großbritanniens (1971), 193 f., auch hierzu ausführlich an späterer Stelle Kapitel 3, D.V.2.a)dd), S. 251 ff.

96 BGH Urt. v. 20.01.1983 – II ZR 243/81 (Nürnberg), NJW 1983, 1910, 1911, „Kerbnägel“-Urteil.

97 BGH Urt. v. 20.01.1983 – II ZR 243/81 (Nürnberg), NJW 1983, 1910, 1911, „Kerbnägel“-Urteil.

98 So zum Beispiel BGH Urt. v. 20.01.1983 – II ZR 243/81 (Nürnberg), NJW 1983, 1910, 1911, „Kerbnägel“- Urteil und dies bestätigend BGH, NJW 1987, 1890 ff.; ähnlich nach Umdeutung eines formlosen Gesellschafterbeschlusses in eine Gesellschaftervereinbarung gemäß § 140 BGB BGH, Beschluss vom

Rahmen der Mehrheitserfordernisse in einem Stimmrechtspool ein Durschlagen der übergeordneten Ebene auf die Binnengesellschaft diskutiert wird, stellt sich hier die Frage, ob in einem Konfliktfall ein unmittelbares Durchschlagen der untergeordneten Ebene auf die übergeordnete Ebene möglich ist. Auch diese Problemstellung ist eng verwoben mit der Frage nach dem Verhältnis der beiden Ebenen, die an späterer Stelle erörtert werden soll.

Im Falle einer vertragswidrigen Stimmabgabe seitens der an dem Stimmrechtspool beteiligten Gesellschafter innerhalb der Hauptgesellschaft können außerdem Schadensersatzpflichten entstehen.[99] Da die Feststellung von Schadensersatzansprüchen regelmäßig hinsichtlich ihrer Höhe und ihrem Umfang Schwierigkeiten bereitet,[100] vereinbaren die Gesellschafter eines Stimmrechtspools häufig eine Vertragsstrafe.[101] In diesem Rahmen kann auch geregelt werden, ob ein hieraus entstehender Anspruch jedem Gesellschafter einzeln oder allen gemeinsam zustehen soll.[102] Besteht keine solche Regelung, ist im Zweifel von einem Anspruch aus dem Gesellschaftsverhältnis auszugehen, der im Rahmen einer „actio pro socio“ geltend gemacht werden kann.[103]

(2) Besondere Formen des Stimmrechtspools

(a) Die Schutzgemeinschaft

Die sogenannte „Schutzgemeinschaft“ ist eine besondere Form des Stimmrechtspools.[104] Teilweise werden in der Literatur die Begriffe Schutzgemeinschaft,

---

15.3.2010 – II ZR 4/09 = NZG 2010, 988, 989; Ein Durchschlagen bei organisationsrechtlichen Regelungen verneinte der BGH jedoch in der Entscheidung BGH Urteil v. 07.06.1993 – II ZR 81/92 (Karlsruhe) = NJW 1993, 2246 ff.

99 Vgl. *Overrath,* Die Stimmrechtsbindung (1973), 2; *Söntgerath,* Vermittelte Mehrheit. Eine systematische Untersuchung des Rechts der satzungsergänzenden Nebenverträge, Beteiligungsgesellschaften und Vertreterklauseln (2010), 263 f.

100 Vgl. *Lübbert,* Abstimmungsvereinbarungen in den Aktien- und GmbH-Rechten der EWG-Staaten, der Schweiz und Großbritanniens (1971), 124 f.; *Mühlhäuser,* Stimmrechtsbindung in der Personengesellschaft und Nachlaßplanung (1999), 248; *Ripka,* Poolverträge und die neueren Entwicklungen im Gesellschaftsrechts (2000), 29.

101 RGZ 133, 90, 95 (AG); *Lübbert,* Abstimmungsvereinbarungen in den Aktien- und GmbH-Rechten der EWG-Staaten, der Schweiz und Großbritanniens (1971), 125; *Noack,* Gesellschaftervereinbarungen bei Kapitalgesellschaften (1994), 219; *K. Schmidt,* Gesellschaftsrecht (2002), § 47, Rn. 61; *Ripka,* Poolverträge und die neueren Entwicklungen im Gesellschaftsrechts (2000), 29.

102 *Söntgerath,* Vermittelte Mehrheit. Eine systematische Untersuchung des Rechts der satzungsergänzenden Nebenverträge, Beteiligungsgesellschaften und Vertreterklauseln (2010), 264.

103 *Odersky,* FS Lutter (2000), 557, 562; *Söntgerath,* Vermittelte Mehrheit. Eine systematische Untersuchung des Rechts der satzungsergänzenden Nebenverträge, Beteiligungsgesellschaften und Vertreterklauseln (2010), 264.

104 *S. Schneider,* Der Stimmbindungsvertrag (2017), 11;So wird in MünchHdB GesR VII-*Holler*, § 75, Rn. 135 der Schutzgemeinschaftsvertrag auch als Konsortialvertrag, Poolvertrag und

Stimmrechtspool und Stimmrechtskonsortium synonym verwendet.[105] Der Zweck einer Schutzgemeinschaft geht jedoch über die Bündelung von Stimmrechtsmacht hinaus und ist deutlich weiter als der eines Stimmrechtspools.[106] Aus diesem Grund soll die Schutzgemeinschaft vorliegend als eigenständige Form der „Gesellschaft in der Gesellschaft“ dargestellt werden. Die sich bindenden Gesellschafter wollen im Rahmen einer Schutzgemeinschaft nicht nur ihre Stimmrechte gemeinsam ausüben, sondern verfolgen darüber hinaus den Zweck, ihren gemeinsamen Einfluss auf das Beteiligungsunternehmen – die Hauptgesellschaft – dauerhaft zu sichern oder zu verstärken und eine Fremdsteuerung zu verhindern.[107] Die beteiligten Gesellschafter wollen die Hauptgesellschaft vor dem Einfluss Dritter schützen.[108] Bei einer Schutzgemeinschaft liegt der von § 709 Abs. 1 BGB vorausgesetzte Beitrag der beteiligten Gesellschafter demnach neben dem Zurverfügungstellen ihrer Stimmrechtsmacht auch in der Unterwerfung ihrer Anteile unter die vereinbarten Verfügungsbeschränkungen und einem möglicherweise damit einhergehenden Vertragsstrafeversprechen.[109]

Die sogenannte „Schutzgemeinschaft“ wird aufgrund ihrer überwiegend defensiven Ausrichtung in der deutschen Wirtschaft als Instrument der Einflusswahrung genutzt.[110] Schutzgemeinschaften treten sowohl innerhalb von Personen- als auch von Kapitalgesellschaften auf, spielen aber besonders in Familiengesellschaften – häufig in der Rechtsform einer Aktiengesellschaft – eine große Rolle.[111] Regelmäßig wird die Schutzgemeinschaft als

---

Stimmbindungsvertrag bezeichnet; Schutzgemeinschaftsvertrag als spezielles Stimmrechtskonsortium, BGH Urteil v. 24.11.2008 – II ZR 116/08, NJW 1009, 670.

105 Gleichstellung von „Stimmrechtskonsortium“, „Stimmrechtspool“ und „Schutzgemeinschaft“ in MHLS GmbHG-*Römermann*, § 47, Rn. 475; eine Gleichstellung der Begriffe „Schutzgemeinschaftsvertrag“, „Konsortialvertrag“, „Poolvertrag“ und Stimmbindungsvertrag“ erfolgt z.B. in BeckFormB BHW-*Scholz/Vesper-Gräske*, VIII A. 3. Anm. 1; zu dieser verschiedenen Begriffsverwendung auch *S. Schneider,* Der Stimmbindungsvertrag (2017), 11, Fn. 37; so wird in MünchHdB GesR VII-*Holler*, § 75, Rn. 135 der Schutzgemeinschaftsvertrag auch als Konsortialvertrag, Poolvertrag und Stimmbindungsvertrag bezeichnet; Schutzgemeinschaftsvertrag als spezielles Stimmrechtskonsortium in BGH Urteil v. 24.11.2008 – II ZR 116/08, NJW 1009, 670.

106 *S. Schneider,* Der Stimmbindungsvertrag (2017), 11; ähnlich *Ulmer,* FS Hommelhoff (2012), 1249, 1250 in Fn. 3.

107 BGH Urteil v. 24.11.2008 – II ZR 116/08, NJW 1009, 669, 670; BGH Urt. v. 24.11.2008 – II ZR 116/08, NZG 2009, 183, 184; *Ulmer,* FS Hommelhoff (2012), 1249, 1253; MüKoBGB-*Schäfer*, vor § 705 BGB, Rn. 70.

108 *Ulmer,* FS Hommelhoff (2012), 1249, 1253; MüKoBGB-*Schäfer*, vor § 705, Rn. 70.

109 *Ulmer,* FS Hommelhoff (2012), 1249, 1254.

110 *Noack,* Gesellschaftervereinbarungen bei Kapitalgesellschaften (1994), 41.

111 *Noack,* Gesellschaftervereinbarungen bei Kapitalgesellschaften (1994), 41; BeckFormB BHW-*Scholz/Vesper-Gräske*, Form. VIII A. 3., Anm. Rn. 1; MünchHdB GesR VII-*Holler*, § 75, Rn. 135.

Innengesellschaft ohne Gesellschaftsvermögen ausgestaltet,[112] möglich ist aber auch eine Ausgestaltung als Außengesellschaft und die Bildung eines Gesellschaftsvermögens.[113]

Die mit einer Schutzgemeinschaft angestrebte Bindung kann mittels Regelungen über die Veräußerung von Gesellschaftsanteilen erreicht werden (z.B. Vorkaufsrechte) und soll für die Erhaltung des an der Hauptgesellschaft beteiligten Gesellschafterkreises sorgen.[114] Dementsprechend werden in Familienunternehmen häufig Verfügungsbeschränkungen vereinbart, um den Familieneinfluss auf das Unternehmen langfristig zu sichern.[115] Verbreitet ist zum Beispiel die Vereinbarung einer Andienungspflicht des Veräußerungswilligen gegenüber den beteiligten Familienmitgliedern und eines entsprechenden Ankaufsrechts letztgenannter Familienmitglieder.[116] Solche schuldrechtlichen Vereinbarungen hindern den Veräußernden jedoch nicht an der dinglich wirksamen Übertragung der Anteile an einen Familienfremden. Handelt es sich bei der Hauptgesellschaft um eine Kapitalgesellschaft, deren Anteile grundsätzlich frei übertragbar sind, wird diese Andienungspflicht häufig durch eine Vinkulierung der Anteile in der Satzung der Hauptgesellschaft ergänzt.[117]

Die Schutzgemeinschaft fungiert unter anderem – wie der klassische Stimmrechtspool – als Rahmen für eine vorgelagerte Willensbildung, auf dessen Grundlage die beteiligten Gesellschafter in der Hauptgesellschaft tätig werden.[118] Wie genau diese Willensbildung im Einzelfall ablaufen soll, regelt der Schutzgemeinschaftsvertrag regelmäßig detailliert.[119] Häufig findet diese im Rahmen von Gesellschafterversammlungen der Schutzgemeinschaft in Form von Mehrheitsbeschlüssen statt, welche die beteiligten Gesellschafter zu einem entsprechenden Stimmverhalten verpflichtet.[120] Im Rahmen des Urteils „Schutzgemeinschaftsvertrag II“ stellte der BGH fest, dass im Gesellschaftsvertrag einer Schutzgemeinschaft gemäß § 709

---

112 So auch z.B. BGH Urteil v. 24.11.2008 – II ZR 116/08, NJW 2009, 669 und 670.

113 BGH Urteil v. 13.06.1994 – II ZR 38/93 (Karlsruhe), NJW 1994, 2536.

114 *Noack,* Gesellschaftervereinbarungen bei Kapitalgesellschaften (1994), 41; MüKoBGB-*Schäfer*, vor § 705, Rn. 70; *Ulmer,* FS Hommelhoff (2012), 1249, 1249.

115 MünchHdB GesR VII-*Holler*, § 75, Rn. 138.

116 BGH Urteil v. 13.06.1994 – II ZR 38/93 (Karlsruhe), NJW 1994, 2536, 2538; MünchHdB GesR VII-*Holler*, § 75, Rn. 138; *S. Schneider,* Der Stimmbindungsvertrag (2017), 11 f.; MüKoBGB-*Schäfer*, vor § 705, Rn. 70.

117 MünchHdB GesR VII-*Holler*, § 75, Rn. 138; MüKoBGB-*Schäfer*, vor § 705, Rn. 70.

118 Vgl. z.B. BeckFormB BHW-*Scholz/Vesper-Gräske*, VIII A. 3., § 3 und § 4; vgl. BGH Urteil v. 24.11.2008 – II ZR 116/08, NJW 1009, 669, 671.

119 Vgl. BeckFormB BHW-*Scholz/Vesper-Gräske*, VIII A 3. Schutzgemeinschaftsvertrag eines Familienstamms betreffend die Beteiligung an einer Kommanditgesellschaft.

120 Vgl. BeckFormB BHW-*Scholz/Vesper-Gräske*, VIII A. 3., § 3.

II BGB a.F. (vgl. § 714 BGB n.F.) vom Einstimmigkeitsprinzip abweichende Mehrheitserfordernisse festgelegt werden können, auch wenn diese sich von den Mehrheitsanforderungen aus dem Gesellschaftsvertrag der Hauptgesellschaft unterscheiden und möglicherweise geringere Mehrheitserfordernisse für Beschlüsse vorsehen.[121] Dies ist jedoch umstritten und wird daher an späterer Stelle aufgegriffen.[122] Im Anschluss an die Beschlussfassung innerhalb der Schutzgemeinschaft sind – wie auch im klassischen Stimmrechtspool – die beteiligten Gesellschafter schuldrechtlich dazu verpflichtet, im Rahmen der Hauptgesellschaft entsprechend dem Beschluss zu handeln, beispielsweise durch eine dem Beschluss entsprechende Stimmabgabe.[123] Auch in den Schutzgemeinschaftsvertrag können hinsichtlich der schweren Nachweisbarkeit eines Schadens Vertragsstrafen für den Fall einer vertragswidrigen Abstimmung vereinbart werden.[124] Als Konsequenz der besonderen Zweckverfolgung in der Schutzgemeinschaft kommen zudem Vertragsstrafen für den Fall einer vertragswidrigen Anteilsverfügung an einen Dritten in Betracht.[125]

(b) Der Stimmrechtspool mit steuerlicher Zweckausrichtung

In der Literatur zu Gesellschaftervereinbarungen bzw. zu Stimmrechtspools wird häufig nicht erwähnt, dass mit der Gründung einer derartigen „Gesellschaft in der Gesellschaft“ auch der Zweck der steuerlichen Begünstigung verfolgt werden kann. So können die Gesellschafter einer Kapitalgesellschaft mit der Gründung eines Stimmrechtspools unter anderem eine Stimmenanrechnung gemäß § 13 b I Nr. 3 S. 2 ErbStG bezwecken, um eine steuerliche Begünstigung gemäß §§ 13 a, 19 a ErbStG für zukünftige Verfügungen – seien sie schenkweise oder erbrechtlich – zu erlangen.[126]

Das ErbStG sieht für die Übertragung von begünstigtem Vermögen einen 85%igen, bzw. unter höheren Anforderungen sogar einen 100%igen steuerrechtlichen

---

121 So BGH Urteil v. 24.11.2008 – II ZR 116/08, NJW 1009, 669 und 671.

122 Vgl. hierzu Kapitel 3, C.II.5., S. 167 ff. und D.II.4, S. 201 ff.

123 So z.B. BGH Urteil v. 24.11.2008 – II ZR 116/08, NJW 1009, 669.

124 So z.B. BGH Urteil v. 24.11.2008 – II ZR 116/08, NJW 1009, 669; *Ulmer,* FS Hommelhoff (2012), 1249, 1250; BeckFormB BHW-*Scholz/Vesper-Gräske*, VIII A. 3., § 8 und Anm. 27.

125 Vgl. *Ulmer,* FS Hommelhoff (2012), 1249, 1250; so bspw. BeckFormB BHW-*Scholz/Vesper-Gräske*, VIII A. 3., § 8 und Anm. 27.

126 So beispielsweise ausdrücklich in einem Musterformular BeckFormB GmbHR-*Lorz/Klein-Wiele*, C. II., Gesamtpoolvertrag, Anm. 1, § 1 (1) „ Gleichzeitig wird mit dieser Vereinbarung eine Zurechnung der Gesellschaftsanteile im Sinne von § 13 b Abs. 1 Nr. 3 Satz 2 ErbStG bezweckt, um auf die Weise im Falle einer schenkweisen oder erbrechtlichen Übertragung von Anteilen die erbschaftsteuerliche Begünstigung für die Übertragung von Betriebsvermögen (derzeit §§ 13 a bis 13c, 19 a, 28a ErbStG) in Anspruch nehmen zu können.“

Begünstigungsabschlag vor, der bei der Übertragung von Kapitalgesellschaftsanteilen gemäß § 13b I Nr. 3 S. 1 ErbStG nur vorgesehen ist, wenn der Erblasser bzw. Schenker eine unmittelbare Mindestbeteiligung von 25% an der Gesellschaft innehält.[127] Überschreitet ein Gesellschafter die Beteiligungshürde von 25% nicht, sieht § 13 I Nr. 3 ErbStG die Möglichkeit vor, dass ihm Stimmen anderer Gesellschafter zugerechnet werden. § 13 I Nr. 3 ErbStG normiert die Addition der Anteile verschiedener Gesellschafter, wenn diese untereinander verpflichtet sind, über die Anteile nur einheitlich zu verfügen oder ausschließlich auf andere derselben Verpflichtung unterliegende Anteilseigner zu übertragen und das Stimmrecht gegenüber nicht gebundenen Gesellschaftern einheitlich auszuüben. Der Zweck der steuerlichen Begünstigung kommt also ausschließlich dann in Betracht, wenn der Gesellschaftsvertrag einer „Gesellschaft in der Gesellschaft“ eine Stimmrechtspoolung zum Zweck einer einheitlichen Stimmrechtsausübung vorsieht und eine Verfügungsbeschränkung bzw. -regelung hinsichtlich der gebundenen Anteile enthält.[128]

bb) Die Familienverfassung

Eine weitere „Gesellschaft in der Gesellschaft“ unterscheidet sich von den bisher genannten Ausgestaltungsformen, ist jedoch – wie auch regelmäßig die Schutzgemeinschaft und der Stimmrechtspool – im Rahmen von Familienunternehmen zu finden. Obwohl die praktische Bedeutung der Familienverfassung immer mehr zunimmt und sie sich bei Familienunternehmen vermehrter Beliebtheit erfreut,[129] findet man in der Literatur nur äußerst selten Auseinandersetzungen mit gesellschaftsrechtlichen Fragen im Zusammenhang mit der Familienverfassung.[130] Hier ist – im Unterschied zum Stimmrechtspool und der Schutzgemeinschaft – die rechtliche Beurteilung besonders umstritten und weiterhin ungeklärt, denkbar ist jedoch eine Qualifizierung als „Gesellschaft in der Gesellschaft“. Bei der Familienverfassung handelt es sich um ein neben dem geschlossenen Gesellschaftsvertrag bestehendes Regelwerk, das Ziele und Werte der Familie formuliert und den langfristigen Erfolg des Unternehmens sichern soll.[131] In der Praxis hat dieses neue Regelwerk viele Namen. So wird die

---

127 BeckFormB GmbHR-*Klein-Wiele*; C. II. Gesamtpoolvertrag, Anm. 1.

128 Näher zu diesen Voraussetzungen zum Beispiel *Kreklau*, BB 2009, 748.

129 *H. Fleischer*, ZIP 2016, 1509-1519, 1514 f.; *Holler*, ZIP 2018, 553, 554; vgl. *Gläßer,* FS Binz (2014), 228, 230.

130 Vgl. MünchHdB GesR VII-*Holler*, § 75, Rn. 164; *Gläßer,* FS Binz (2014), 228, 239, „zu wenig erforscht“; *H. Fleischer*, ZIP 2016, 1509-1519, 1514, „Entdeckungsland“.

131 *Holler*, ZIP 2018, 553, 555.

Familienverfassung teilweise auch als Governance-Kodex,[132] Familienleitbild, Family Business Governance-Verfassung, Familiencharta,[133] Familien-Protokoll, Familienstrategie, Familienkodex oder als Inhaberstrategie bezeichnet.[134] Da immer mehr Gesellschafter von Familienunternehmen sich als Instrument der sogenannten Family Governance eine Familienverfassung geben,[135] besteht ein besonderes aktuelles Bedürfnis, sich mit den möglichen rechtlichen Konsequenzen und Problemen im Zusammenhang mit einer Familienverfassung auseinanderzusetzen. Eine Befragung von 148 Unternehmerfamilien im Rahmen einer Studie ergab, dass ein Viertel der befragten Unternehmen eine Familienverfassung besitzt.[136] Die weite Verbreitung der Familienverfassung lässt sich unter anderem darauf zurückführen, dass inzwischen bei Unternehmerfamilien die Maxime vorherrscht, dass ein erfolgreiches Familienunternehmen nicht nur einer guten Unternehmensführung (Corporate Governance), sondern auch einer guten Familienführung (Family Governance) bedarf. [137] So trägt der weiterentwickelte Ansatz zur Unternehmensleitung und Überwachung von Familienunternehmen, der auch als „family business governance“ bezeichnet wird, den Besonderheiten dieser Gesellschaftsform Rechnung und vereint alle Teilbereiche eines Familienunternehmens, das Unternehmen, die Gesellschafter und die Familie zu einem „integrativen Ordnungsrahmen“.[138] Als Pendant zum Corporate Governance Kodex entstand 2004 der sogenannte Governance Kodex für Familienunternehmen.[139] Dieser empfiehlt im 10. Abschnitt die Erstellung eines eigenen Governance-Kodex, also einer Familienverfassung, angelehnt an seine

---

132 Governance Kodex für Familienunternehmen, 10. Erstellung und Gültigkeit eines eigenen Governance Kodex, 47 f., abrufbar unter http://www.kodex-fuer-familienunternehmen.de (letzter Aufruf 26.02.2026).

133 *Kirchdörfer/Breyer*, FuS Sonderheft/2014, 13, 16.

134 MünchHdB GesR VII-*Holler*, § 75, Rn. 168; vgl. ferner *H. Fleischer*, ZIP 2016, 1509-1519, 1510; *Kirchdörfer/Lorz*, FuS 2011, 97; *Felden/Hack/Hoon,* Management von Familienunternehmen. Besonderheiten - Handlungsfelder - Instrumente (2019), 385.

135 *Holler*, ZIP 2018, 553, 554; *T. Hueck,* Die Familienverfassung - rechtliche Konturen eines Instruments der Governance in Familienunternehmen (2017), 9, 13 ff.; *Lange*, ZHR 181 (2017), 1014, 1015.

136 *Belz,* Die große Familienkommanditgesellschaft - Ausgewählte Probleme eines Gesellschaftstypus (2018), 60; *Schween et al.,* Studie: Die Familienverfassung. Zukunftssicherung für Familienunternehmen (2011), 14.

137 MünchHdB GesR VII-*Holler*, § 75, Rn. 165; ähnlich *Lange*, FS Hennerkes (2009), 135, 146 f. und 149; *Kirchdörfer/Breyer*, FuS Sonderheft/2014, 13, 13 ff.; *Breyer*, FuS 2015, 151.

138 *Kirchdörfer/Breyer*, FuS Sonderheft/2014, 13, 16.

139 MünchHdB GesR VII-*Holler*, § 75, Rn. 166; 4. Auflage des Governance Kodex für Familienunternehmen aus dem Jahr 2021 abrufbar unter www.kodex-fuer-familienunternehmen.de (letzter Aufruf 26.02.2026).

Regelungsabschnitte, aber individuell an die jeweiligen Bedürfnisse des einzelnen Familienunternehmens angepasst.[140]

Ob eine Familienverfassung als „Gesellschaft in der Gesellschaft“ zu qualifizieren ist, hängt davon ab, wie sie rechtlich einzuordnen ist. Hinsichtlich der Rechtsqualität der Familienverfassung gehen, wie bereits erwähnt, die Meinungen auseinander. Vorliegend bleibt eine detaillierte Streitdarstellung und eine ausführliche Auseinandersetzung mit den vertretenen, sich in Details unterscheidenden Einzelansichten aus. Es sollen lediglich die „Strömungen“ innerhalb des Konfliktes zusammengefasst dargestellt und umrissen werden. Im Detail werden ausschließlich die Qualifizierung der Familienverfassung als „Gesellschaft in der Gesellschaft“ und die Konsequenzen einer solchen rechtlichen Einordnung erörtert. Ein solches „Weiterspinnen“ einer Einzelauffassung soll den Streit um die Rechtsqualität der Familienverfassung befruchten und darauf aufmerksam machen, dass eine tiefergehende Auseinandersetzung auch mit einer gesellschaftsrechtlichen Einordnung der Familienverfassung wichtig ist.

Weite Teile der Literatur sprechen sich gegen eine rechtliche Verbindlichkeit der Familienverfassung aus und bezeichnen diese überwiegend als reine Absichtserklärung.[141] Sie fungiere lediglich als Fundament beziehungsweise Rahmen für rechtlich bindende Dokumente.[142] Auch ist von einer moralischen Verbindlichkeit die Rede.[143] Trotzdem wird der

---

140 Governance Kodex für Familienunternehmen, 10. Erstellung und Gültigkeit eines eigenen Governance Kodex, 47 f., abrufbar unter http://www.kodex-fuer-familienunternehmen.de (letzter Aufruf 26.02.2026).

141 *Fabis,* Konflikte in Familienunternehmen. Instrumente zur Vermeidung und Lösung (2009), 14; *Hennerkes/Kirchdörfer,* Die Familie und ihr Unternehmen. Strategie, Liquidität, Kontrolle (2015), 65; *Kirchdörfer/Lorz*, FuS 2011, 97, 101; *Kirchdörfer/Breyer*, FuS Sonderheft/2014, 13, 21; *Lange*, FS Hennerkes (2009), 135, 147; *Breyer*, FuS 2015, 151, 152; *Wedemann,* Gesellschafterkonflikte in geschlossenen Kapitalgesellschaften (2013), 97; *Fabis*, OSC 2007, 354, 362 f.; *Koeberle-Schmid/Schween/May*, BB 2011, 2499 f.; *Schulz/Werz*, ErbStB 2007, 310, 311; „keine verbindliche Rechtsakte“, Scherer/Blanc/Groth/Kormann/Wimmer-*Scherer*, Kapitel 3, Rn. 95; *Baus,* Die Familienstrategie. Wie Familien ihr Unternehmen über Generationen sichern (2023), 137; *Felden/Hack/Hoon,* Management von Familienunternehmen. Besonderheiten - Handlungsfelder - Instrumente (2019), 393 f.

142 *Hennerkes/Kirchdörfer,* Die Familie und ihr Unternehmen. Strategie, Liquidität, Kontrolle (2015), 65 f.; Schulz/Werz, ErbStB 2007, 310, 311; ähnlich *Kormann,* Zusammenhalt der Unternehmerfamilie. Verträge, Vermögensmanagement, Kommunikation (2018), 180; *Koeberle-Schmid/Schween/May*, BB 2011, 2499 f.

143 *Fabis,* Konflikte in Familienunternehmen. Instrumente zur Vermeidung und Lösung (2009), 15; *Hennerkes/Kirchdörfer,* Die Familie und ihr Unternehmen. Strategie, Liquidität, Kontrolle (2015), 65; *Kirchdörfer/Lorz*, FuS 2011, 97, 102; *Fabis*, OSC 2007, 354, 362 f.; *Koeberle-Schmid/Schween/May*, BB 2011, 2499 f.; *Schween et al.,* Studie: Die Familienverfassung. Zukunftssicherung für

Familienverfassung teils zumindest eine mittelbare Auswirkung zugesagt.[144] So sei sie beispielsweise bei der Auslegung des Gesellschaftsvertrags zu berücksichtigen.[145] Nach anderer Auffassung sind Familienverfassungen regelmäßig rechtlich verbindlich.[146] Konkreter wird teilweise vertreten, dass die Familienverfassung eine (Innen-)Gesellschaft bürgerlichen Rechts innerhalb des Familienunternehmens begründen kann.[147] Demzufolge wäre die Familienverfassung Grundlage einer „Gesellschaft in der Gesellschaft“. Kernvoraussetzung ist hierfür der gemeinsame Zweck gemäß § 705 BGB. Mit der Familienverfassung bezwecken die Gesellschafter neben der Sicherung von Frieden und Stabilität in der Familie, regelmäßig die Förderung und Stärkung des Zusammenhalts sowie die Identifikation mit dem Familienunternehmen.[148] Im Vordergrund des Zweckes steht also häufig die Konfliktvermeidung und -prävention innerhalb des Familienunternehmens.[149] Sie soll Leitlinien für die Familie, die Angehörigen und die Beschäftigten aufstellen und den Einfluss der Familie im Unternehmen angemessen wahren.[150] Ziel ist es auch, den Unternehmenserfolg langfristig zu sichern.[151] Somit kann der gemeinsame Zweck einer Familienverfassung darin liegen, dass die

---

Familienunternehmen (2011), 12; *Schulz/Werz*, ErbStB 2007, 310, 311 f.; „beruht auf Selbstbindung“ laut *Baus,* Die Familienstrategie. Wie Familien ihr Unternehmen über Generationen sichern (2023), 137.

144 So z.B. *Hennerkes/Kirchdörfer,* Die Familie und ihr Unternehmen. Strategie, Liquidität, Kontrolle (2015), 65.

145 Vgl. *Hennerkes/Kirchdörfer,* Die Familie und ihr Unternehmen. Strategie, Liquidität, Kontrolle (2015), 65; *Gläßer,* FS Binz (2014), 228, 238.

146 Überlegungen diesbezüglich und Einordnung als möglicher Rahmenvertrag bei *Uffmann*, ZIP 2015, 2441, 2449 ff.; für eine rechtliche Verbindlichkeit der Familienverfassung aber ohne konkrete Einordnung als GbR *Kalss,* FS Binz (2014), 343, 350 f.; im Einzelfall von einer rechtlichen Verbindlichkeit ausgehend *T. Hueck,* Die Familienverfassung - rechtliche Konturen eines Instruments der Governance in Familienunternehmen (2017), 336; MünchHdB GesR VII-*Holler*, § 75. Rn. 195 ff., 198; *Holler, ZIP 2018, 553*, 561; *Prütting/Schirrmacher*, ZGR 2017, 829, 837; *Reich/Bode*, DStR 2018, 305, 307; dies für möglich erachtend *H. Fleischer*, ZIP 2016, 1509-1519, 1515; Koeberle-Schmid/Fahrion/Witt, Family Business Governance-*T. Hueck*, IV Familienverfassung, 438.

147 MünchHdB GesR VII-*Holler*, § 75. Rn. 198; *Holler, ZIP 2018, 553*, 561, bezeichnet sie sogar als eine „typische Nebenvereinbarung in Gestalt einer omnilateralen Gesellschaftervereinbarung“, die „regelmäßig die Voraussetzungen der Innen-GbR mit der Folge der Anwendbarkeit der §§ 705 ff. BGB“ erfüllt; Vereinbarung sui generis, die „ggf. als als Innengesellschaft bürgerlichen Rechts zu qualifizieren sein kann“, *T. Hueck,* Die Familienverfassung - rechtliche Konturen eines Instruments der Governance in Familienunternehmen (2017), 336, 196; *Prütting/Schirrmacher*, ZGR 2017, 829, 837; *Reich/Bode*, DStR 2018, 305, 307; dies für möglich erachtend *H. Fleischer*, ZIP 2016, 1509-1519, 1515.

148 *Belz,* Die große Familienkommanditgesellschaft - Ausgewählte Probleme eines Gesellschaftstypus (2018), 61; *T. Hueck,* Die Familienverfassung - rechtliche Konturen eines Instruments der Governance in Familienunternehmen (2017), 328; *Schween et al.,* Studie: Die Familienverfassung. Zukunftssicherung für Familienunternehmen (2011), 20.

149 Vgl. MünchHdB GesR VII-*Holler*, § 75, Rn. 198; *Koeberle-Schmid/Schween/May*, BB 2011, 2499, 2502

150 *T. Hueck,* Die Familienverfassung - rechtliche Konturen eines Instruments der Governance in Familienunternehmen (2017), 5 ff.; *Lange*, ZHR 181 (2017), 1014, 1015; *Lange*, FS Hennerkes (2009), 135, 147.

151 *Lange*, FS Hennerkes (2009), 135, 147; MünchHdB GesR VII-*Holler*, § 75, Rn. 172;

Gesellschafter die in der Familienverfassung festgelegten Werte und Ziele im Familienunternehmen verfolgen und auf das Familienunternehmen Einfluss nehmen wollen.[152]

Bei einer Einordnung der Rechtsqualität der Familienverfassung ist zu beachten, dass eine große Vielfalt an Familienverfassungen besteht, die sich in ihren Regelungsinhalten unterscheiden. Während manche Familienverfassungen lediglich moralische Vorstellungen und gemeinsame Wünsche formulieren, enthalten andere sogar Regelungen zur konkreten Finanzpolitik mit Entnahmevorgaben und Thesaurierungspraxis.[153] Eine pauschale Einordnung – sowohl als rechtlich verbindlich als auch als rechtlich unverbindlich – ist aufgrund der großen Vielfalt der bestehenden Familienverfassungen abzulehnen.[154] Vielmehr muss eine Einzelfallbetrachtung erfolgen. Möglich ist auch, dass einzelne Klauseln rechtlich verbindlich sind, während anderen Klauseln keine rechtliche Verbindlichkeit zukommt. Es kann also eine Begutachtung und Einordnung der einzelnen Klauseln der Familienverfassung erforderlich sein.[155] Die Frage, ob eine Familienverfassung eine „Gesellschaft in der Gesellschaft“ gemäß § 705 BGB darstellt, kann demnach nicht allgemein beantwortet werden. Jedoch ist das Entstehen einer „Gesellschaft in der Gesellschaft“ durch Abschluss einer Familienverfassung nicht auszuschließen. Bereits die Bezeichnung als „Verfassung“ deutet auf eine rechtliche Verbindlichkeit hin,[156] weshalb bei einer rechtlich unverbindlichen Absichtserklärung wohl eher eine andere Bezeichnung wie beispielsweise „letter of intent“ oder „Entwurf“ empfehlenswert und passend erscheint.[157] Es ist davon auszugehen, dass die Kernvoraussetzung des gemeinsamen Zwecks regelmäßig in Gestalt der beabsichtigten Einflussnahme auf das Familienunternehmen vorliegt und den Anforderungen des § 705 BGB genügt.[158]

---

152 *T. Hueck,* Die Familienverfassung - rechtliche Konturen eines Instruments der Governance in Familienunternehmen (2017), 195; *Reich/Bode*, DStR 2018, 305, 307.

153 *Schulz/Werz*, ErbStB 2007, 353, 356, Muster einer Familienverfassung mit Ausschüttungssperre; MünchHdB GesR VII-*Holler*, § 75, Rn. 173.

154 So auch *H. Fleischer*, ZIP 2016, 1509-1519, 1515; „Die pauschale Beurteilung der Familienverfassung als unverbindliche Absichtserklärung greift mithin zu kurz“ *T. Hueck,* Die Familienverfassung - rechtliche Konturen eines Instruments der Governance in Familienunternehmen (2017), 336; „nicht unproblematisch“ laut *Uffmann*, ZIP 2015, 2441, 2448, „die“ Familienverfassung gibt es nicht.

155 So z.B. *H. Fleischer*, ZIP 2016, 1509-1519, 1515; „in Teilen“ *T. Hueck,* Die Familienverfassung - rechtliche Konturen eines Instruments der Governance in Familienunternehmen (2017), 336; *Mutter,* Vermögensmanagement für Familienunternehmer. Rechtsgestaltung, Steueroptimierung, Vermögensverwaltung (2011), 36 f.

156 MünchHdB GesR VII-*Holler*, § 74, Rn. 195; *Holler*, ZIP 2018, 553, 560; *Kormann,* Zusammenhalt der Unternehmerfamilie. Verträge, Vermögensmanagement, Kommunikation (2018), 180.

157 So MünchHdB GesR VII-*Holler*, § 74, Rn. 195.

158 So auch *Holler*, ZIP 2018, 553, 561; *T. Hueck,* Die Familienverfassung - rechtliche Konturen eines Instruments der Governance in Familienunternehmen (2017), 195.

Ausschlaggebend ist, ob die Gesellschafter zum Zeitpunkt der Erstellung beziehungsweise des Abschlusses der Familienverfassung mit Rechtsbindungswillen gehandelt haben.[159] Zur Ermittlung dieses Willens ist nach herrschender Meinung ein objektiv orientierter Ansatz zu wählen, wonach „entscheidend ist, wie sich das Verhalten der Beteiligten bei Würdigung aller Umstände nach Treu und Glauben mit Rücksicht auf die Verkehrssitte einem objektiven Betrachter darstellt“[160].[161] Hierfür sind objektive Kriterien heranzuziehen.[162] Für einen Rechtsbindungswillen bei Erstellung einer Familienverfassung kann zum Beispiel ein förmlicher Errichtungsakt in Form des Unterschreibens der Familienmitglieder sprechen.[163] Jedoch kann eine Klausel in die Familienverfassung aufgenommen werden, die die rechtliche Unverbindlichkeit klarstellt.[164] Eine solche Vereinbarung der Unverbindlichkeit oder Vereinbarung einer moralischen Verbindlichkeit schließt aber den Rechtsbindungswillen nicht per se aus.[165] Nehmen die Gesellschafter Regelungen in die Familienverfassung auf, gemäß welcher sie beispielsweise die Familienverfassung durch Mehrheitsbeschluss ändern können oder Vorgaben für die Unternehmenspolitik oder die Übertragung der Beteiligung treffen, so könnte der tatsächliche Wille der Gesellschafter diesbezüglich sehr wohl auf eine rechtliche Verbindlichkeit gerichtet sein.[166] Zu überlegen ist außerdem, ob die Gesellschafter bei Regelung einer solchen Unverbindlichkeit zumindest dieser Klausel Verbindlichkeit zusprechen.[167]

Auch wenn sich die Meinung bis jetzt nicht durchgesetzt hat, ist nicht ausgeschlossen, dass es sich zumindest bei der einen oder anderen Familienverfassung – nach der hier vertretenen Auffassung sogar regelmäßig – um eine „Gesellschaft in der Gesellschaft“ handelt. Familienverfassungen sollten deshalb mit einer gewissen Vorsicht verfasst werden und das

---

159 Vgl. zur Familienverfassung bereits Kapitel 1, A.I.2.a)bb), S. 23 ff.; Zur Abgrenzung zwischen rechtsverbindlichen Schuldverhältnissen und rechtlich unverbindlichen Gefälligkeitsverhältnissen MüKoBGB-*Bachmann*, § 241, Rn. 236; Vgl. konkret zur Familienverfassung MünchHdB GesR VII-*Holler*, § 75, Rn. 199 ff.

160 MüKoBGB-*Bachmann*, § 241, Rn. 240.

161 Vgl. auch BGHZ 21, 102 (106 f.) = NJW 1956, 1313; BGH NJW 2009, 1141, 1142; BGH NJW 2015, 2880.

162 BGH NJW 2009, 1141, 1142; MüKoBGB-*Bachmann*, § 241, Rn. 240.

163 MünchHdB GesR VII-*Holler*, § 75, Rn. 205; ähnliche Argumentation *Kormann,* Zusammenhalt der Unternehmerfamilie. Verträge, Vermögensmanagement, Kommunikation (2018), 184.

164 Zum Beispiel *Kirchdörfer/Breyer*, FuS Sonderheft/2014, 13, 21.

165 *Holler*, ZIP 2018, 553, 561; MünchHdB GesR VII-*Holler*, § 75, Rn. 200; *H. Fleischer*, ZIP 2016, 1509-1519, 1515; *Prütting/Schirrmacher*, ZGR 2017, 829, 848; *T. Hueck,* Die Familienverfassung - rechtliche Konturen eines Instruments der Governance in Familienunternehmen (2017), 136, 195.

166 *Holler*, ZIP 2018, 553, 1515

167 *T. Hueck,* Die Familienverfassung - rechtliche Konturen eines Instruments der Governance in Familienunternehmen (2017), 136.

Thema Bindungswirkung sollte schon bei der Erstellung besondere Aufmerksamkeit erlangen.[168] Da es kaum Literatur und keine Rechtsprechung zu diesem Thema gibt, sind gerichtliche Auseinandersetzungen im Streitfall unberechenbar.

cc) Die „personale Tätigkeitsgemeinschaft“

Als weitere Form der „Gesellschaft in der Gesellschaft“ kommt die von *Verhoeven* beschriebene „personale Tätigkeitsgemeinschaft“ in Betracht.[169] Diese ist deshalb interessant, weil es sich hierbei um eine „Gesellschaft in der Gesellschaft“ handelt, die laut *Verhoeven* die dogmatische Grundlage der gesellschaftsrechtlichen Treuepflicht der Gesellschafter einer personalistisch strukturierten GmbH darstellt.[170] Eine derartige „Gesellschaft in der Gesellschaft“ soll also keine bestehenden Mitgliedschaftsrechte der beteiligten Gesellschafter koordinieren. Vielmehr soll die elementare gesellschaftsrechtliche Treuepflicht der Gesellschafter dogmatisch begründet werden. [171] Wieso das Konstrukt der „persönlichen Tätigkeitsgemeinschaft“ jedoch abzulehnen ist, wird im Folgenden dargelegt.

Da die Gesellschafter einer GmbH neben dem gemeinsamen Zweck gemäß § 1 GmbHG eigene private Interessen im Rahmen ihrer Mitgliedschaft verfolgen, [172] bedarf es der Treuepflicht als gewisse Verhaltensregel für die Beziehungen zwischen den Gesellschaftern und der Gesellschaft und zwischen den Gesellschaftern untereinander. [173] Diese soll die verschiedenen Interessen in Ausgleich bringen und der Ausübung von Mitgliedschaftsrechten Schranken setzen.[174] Die gesellschaftsrechtliche Treuepflicht „hat (also) das Ziel, die Gesellschafter im offenen, normenlosen Gelände in ihrem Vertrauen auf die Mitgesellschafter und deren Loyalität bei der Zielverfolgung und in ihrem wechselseitigen Verhältnis zueinander ebenso zu schützen wie deren Einwirkungsmacht auf die eigene Mitgliedschaft zu begrenzen“[175]. Lange Zeit war die inzwischen anerkannte Treuepflicht zumindest im Verhältnis der Gesellschafter untereinander – in Abgrenzung zum Verhältnis der Gesellschafter zur

---

168 So auch *Kirchdörfer/Breyer*, FuS Sonderheft/2014, 13, 21.

169 Vgl. *Verhoeven,* GmbH-Konzern-Innenrecht. Grundsatzfragen des geltenden Rechts (1987), Rn. 195 ff., 204, für die personalbezogene Aktiengesellschaft Rn. 210.

170 *Verhoeven,* GmbH-Konzern-Innenrecht. Grundsatzfragen des geltenden Rechts (1987), Rn. 195 ff., 204, für die personalbezogene Aktiengesellschaft Rn. 210.

171 *Verhoeven,* GmbH-Konzern-Innenrecht. Grundsatzfragen des geltenden Rechts (1987), Rn. 195 ff., 204, für die personalbezogene Aktiengesellschaft Rn. 210.

172 AktG Großkomm.-*Hopt/Roth*, § 93, Rn. 226 (AG).

173 *Dreher*, DStR 1993, 1632; MüKoGmbHG-*Merkt*, § 13, Rn. 94.

174 *Dreher*, DStR 1993, 1632; MüKoGmbHG-*Merkt*, § 13, Rn. 94.

175 *Lutter*, ZHR 162 (1998), 164, 167.

Gesellschaft – und ihr Bestehen umstritten. Heutzutage ist zwar ihre Existenz verbandsübergreifend, also sowohl im Personen- als auch im Kapitalgesellschaftsrecht, anerkannt,[176] jedoch ist ihre dogmatische Grundlage weiterhin nicht abschließend geklärt.[177]

Verhoeven geht davon aus, dass der Zweck der Vorgründungsgesellschaft einer personalbezogenen GmbH in Form einer Gesellschaft bürgerlichen Rechts gemäß § 705 BGB zwar unter anderem die Gründung der Kapitalgesellschaft ist. Dies sei jedoch nur ein Teilzweck, der sich mit Eintragung der GmbH, wie allgemein anerkannt, erledigt. Darüber hinaus vereinbaren die Gesellschafter laut *Verhoeven* bereits im Vorgründungsstadium als weiteren Teilzweck ein vertrauensvolles Zusammenwirken und die Förderung des Unternehmenszwecks.[178] *Verhoeven* bezeichnet diesen durch die Abrede zustande kommenden Verband als „personale Tätigkeitsgemeinschaft“, die über die Eintragung hinaus bestehen bleiben und der die personengesellschaftliche Treuepflicht entspringen soll.[179] Demnach gelte „auf der Grundlage der BGB-Gesellschaft (…) zwischen den Gesellschaftern eine Verpflichtung zur Treue.“[180]

Wie jedoch *Verhoeven* selbst erkennt, erscheint die Konstruktion einer Gesellschaft bürgerlichen Rechts in diesem Zusammenhang als „gekünstelt“.[181] Zwar versucht er diesem Argument zu entgegnen, dass es sich bei der personenbezogenen GmbH aufgrund ihres ausgeprägten persönlichen Elements entgegen der rein kapitalistisch ausgestalteten GmbH um ein „Zwittergebilde“ bzw. „janusköpfige GmbH“ handele, die eng mit einer BGB-Gesellschaft verknüpft sei.[182] Dieses Argument ist jedoch nicht ausreichend, um eine Gesellschaft bürgerlichen Rechts zu konstruieren. Die besondere Nähe der personalistischen GmbH, wie zum Beispiel der Familien-GmbH,[183] zu einer Personengesellschaft ist in der Tat nicht zu

176 *K. Schmidt,* Gesellschaftsrecht (2002), § 20 IV, S. 589 ff.; früh bereits für Personengesellschaften anerkannt s. RGZ, 162, 388, 394; 169, 153, 155 f.; 171, 51, 54; für die GmbH seit sogenannte ITT-Entscheidung BGHZ 65, 15 = BB 1975, 1450*;* *Rehbinder*, ZGR, 386, 391; *H. Wiedemann*, JZ 1976, 392; auch anerkannt für AG seit sogenannte „Linotype“-Entscheidung BGHZ 103, 184 = NJW 1988, 1579 m.Anm. *Timm*; BGHZ 129, 136, „Girmes“;. Rowedder/Pentz GmbHG-*Pentz*, § 13, Rn. 35 f.

177 Kurzer Überblick zum Meinungsstand MüKoGmbHG-*Merkt*, § 13, Rn. 101 f.

178 *Verhoeven,* GmbH-Konzern-Innenrecht. Grundsatzfragen des geltenden Rechts (1987), Rn. 204.

179 *Verhoeven,* GmbH-Konzern-Innenrecht. Grundsatzfragen des geltenden Rechts (1987), Rn. 204.

180 *Verhoeven,* GmbH-Konzern-Innenrecht. Grundsatzfragen des geltenden Rechts (1987), Rn. 212.

181 So *Verhoeven,* GmbH-Konzern-Innenrecht. Grundsatzfragen des geltenden Rechts (1987), Rn. 206.

182 *Verhoeven,* GmbH-Konzern-Innenrecht. Grundsatzfragen des geltenden Rechts (1987), Rn. 206.

183 Vgl. *Raiser/Veil,* Recht der Kapitalgesellschaften (2015), § 4 Rn. 31; *K. Schmidt,* Gesellschaftsrecht (2002), § 33 III 2, S. 993.

leugnen. Wie *K. Schmidt* ausführt, ist die GmbH, obwohl sie eine Kapitalgesellschaft ist, sogar auf eine personalistische Struktur angelegt und stellt somit auch eine wichtige Alternative zur Kommanditgesellschaft für Familiengesellschaften dar.[184] Andere Autoren gehen davon aus, dass eine systematisch eindeutige Klassifikation der Gesellschaftsformen nach den Merkmalen der Mitgliedschaft nicht mehr möglich ist.[185] So sind ein Großteil der GmbHs personalistisch ausgestaltet, was bedeutet, dass die sich meist gut kennenden Gesellschafter einen überschaubaren Gesellschafterkreis bilden und die Unternehmensleitung unmittelbar oder mittelbar in ihren Händen liegt.[186] Der Gedanke, aufgrund der personenbezogenen Ausgestaltung der Kapitalgesellschaft Sonderregelungen oder gar eine eigenständige Rechtsform für Familiengesellschaften zu normieren, wurde in der Akademie für Deutsches Recht diskutiert und abgelehnt.[187] Die Gesellschafter können jedoch im Innenverhältnis aufgrund der hohen Flexibilität des GmbH-Rechts ihrer personalistischen Struktur Rechnung tragen, indem sie besondere Regelungen und Anpassungen in den Gesellschaftsvertrag aufnehmen.[188] Hierbei können sich die Gesellschafter bei bestehendem Interesse auch näher am Personengesellschaftsrecht orientieren.[189] Auch ist zu beachten, dass sich die Gesellschafter einer personenbezogenen GmbH bewusst für diese Rechtsform entschieden haben, weshalb es sinnwidrig erscheint, diese Wahl der Kapitalgesellschaftsform durch die „Konstruktion" einer GbR abzuändern. Es entspricht nicht der Realität und dem Regelfall, dass die Gesellschafter bereits im Vorgründungsstadium eine „personale Tätigkeitsgemeinschaft" gemäß § 705 ff. BGB gründen. Voraussetzung einer solchen „Gesellschaft in der Gesellschaft" ist der Abschluss eines Gesellschaftsvertrages, in dem sich die künftigen Gesellschafter dazu verpflichten, den gemeinsamen Zweck durch Beitragsleistung oder auf andere Weise zu fördern. Im Vorgründungsstadium einer GmbH vereinbaren die künftigen Gesellschafter, dass sie eine GmbH

---

184 *K. Schmidt,* Gesellschaftsrecht (2002), § 33 III 2, S. 993.

185 *Raiser/Veil,* Recht der Kapitalgesellschaften (2015), § 1, Rn. 4.

186 Vgl. MHLS GmbHG-*J. Schmidt*, Syst. Darst. 1 Rn. 29; *Raiser/Veil,* Recht der Kapitalgesellschaften (2015), § 1 Rn. 4; Habersack/Casper/Löbbe GmbHG-*Habersack*, Einl. A, Rn. A 8; Vgl. *Bayer/Hoffmann*, GmbHR 2014, 12 ff.; MüKoGmbHG-*H. Fleischer*, Einleitung, Rn. 37 f.; vgl. hierzu auch *Immenga,* Die personalistische Kapitalgesellschaft. Eine rechtsvergleichende Untersuchung nach deutschem GmbH-Recht und dem Recht der Corporations der Vereinigten Staaten (1970), 15 ff.

187 Näher *Klausing,* Die Neuordnung der Gesellschaft mit beschränkter Haftung. Erster Arbeitsbericht (1938), 42, „Der Ausschuß glaubt – in Uebereinstimmung mit den von ihm befragten Familienunternehmen –, nach Prüfung aller etwa gegebenen Möglichkeiten von der Aufnahme von Sondernormen für Familiengesellschaften in das neue GmbH-Gesetz abraten zu müssen."; zustimmend *Lieder,* Vogt/Fleischer/Kalss Recht der Familiengesellschaften (2017), 27, 57 f.; MüKoGmbHG-*H. Fleischer*, Einleitung, Rn. 40.

188 Vgl. MüKoGmbHG-*H. Fleischer*, Einleitung, Rn. 40.

189 Vgl. MüKoGmbHG-*H. Fleischer*, Einleitung, Rn. 38.

gründen und diesen Zweck durch verschiedene Leistungen fördern und erreichen wollen.[190] Die Vorgründungsgesellschaft löst sich regelmäßig bei Erreichung dieses Zweckes, also bei Abschluss des Gesellschaftsvertrags der GmbH, gemäß § 729 Abs. 2BGB auf.[191] Zwar ist das Fortbestehen der Vorgründungsgesellschaft neben der GmbH möglich, wenn die Gesellschafter einen weiteren Zweck als die Gründung der GmbH oder den Fortbestand von Pflichten aus dem Vorgründungsverhältnis vereinbart haben.[192] Ob die Gesellschafter jedoch tatsächlich neben der GmbH-Gründung einen weiteren Zweck vereinbart haben, ist im Einzelfall durch Auslegung zu ermitteln.[193] Es kann nicht ohne weitere Anhaltspunkte davon ausgegangen werden, dass sich die Gesellschafter bereits im Vorgründungsstadium über den weiteren „Teilzweck“ der gegenseitigen, anhaltenden Treueverpflichtung Gedanken machen. Es ist somit durchaus denkbar, dass bei Entstehen einer GmbH die Vorgründungsgesellschaft als „Gesellschaft in der Gesellschaft“ fortbesteht, jedoch ist das Konstrukt der „personalen Tätigkeitsgemeinschaft“ bei Gründung einer personalistischen GmbH aus den genannten Gründen abzulehnen. Letztendlich ist festzustellen, dass die Rechtsform der GmbH in der Regel nicht kapital-, sondern personenbezogen genutzt wird und die personalistisch strukturierte GmbH den heutigen Normalfall darstellt.[194] Jedoch muss deshalb nicht zu dem gekünstelten Hilfsmittel der „personalen Tätigkeitsgemeinschaft“ gegriffen werden. Die personalistisch strukturierte GmbH sollte nicht als „Zwittergebilde“, sondern als typische GmbH der heutigen Zeit charakterisiert werden.

Hinsichtlich der in der GmbH anerkannten Treuepflicht bieten die Literatur und die Rechtsprechung eine ausreichende Vielfalt an dogmatischen Herleitungsmöglichkeiten, die der künstlichen Konstruktion einer „personalen Tätigkeitsgemeinschaft“ vorzuziehen sind.[195] Während einige die Grundlage der Treuepflicht im mitgliedschaftlichen Gemeinschaftsverhältnis sehen,[196] leiten andere die Treuepflicht aus der gesellschaftsrechtlichen Förderpflicht

---

190 Scholz GmbHG-*K. Schmidt*, § 11, Rn. 10.

191 Noack/Servatius/Haas GmbHG-*Servatius*, § 11, Rn. 39; Scholz GmbHG-*K. Schmidt*, § 11, Rn. 14.

192 Scholz GmbHG-*K. Schmidt*, § 11, Rn. 14, 25; MüKoGmbHG-*Merkt*, § 11, Rn. 120; Noack/Servatius/Haas GmbHG-*Servatius*, § 11, Rn. 39.

193 MüKoGmbHG-*Merkt*, § 11, Rn. 120.

194 Vgl. MüKoGmbHG-*Liebscher*, § 45, Rn. 18.

195 Zusammenfassungen für Streitstand für die GmbH in Rowedder/Pentz GmbHG-*Pentz*, § 13, Rn. 36; MüKoGmbHG-*Merkt*, § 13, Rn. 101; Großkomm. HGB, 6. Aufl.-*C. Schäfer*, § 105, Rn. 268; *Hüffer*, FS Steindorff (1990), 59, 60 f.

196 Zur allgemeinen Herleitung der Treuepflicht aus dem Gemeinschaftsverhältnis *Kumpan*, Der Interessenkonflikt im deutschen Privatrecht (2014), 114; ausdrücklich für die GmbH *Henze*, FS Kellermann (1991), 141, 143 f. mit Verweis auf die Quellen dieser Meinung für das Personengesellschaftsrecht wie

nach § 705 BGB[197] oder aus dem Grundsatz von Treu und Glauben gemäß § 242 BGB her[198]. Die Meinungen lassen sich nicht immer eindeutig voneinander abgrenzen; so sehen einige Autoren die Grundlage der Treuepflicht nicht in einer der aufgeführten Möglichkeiten, sondern differenzieren je nach Problemlage.[199] *Hüffer* wiederum geht zum Beispiel davon aus, dass die gesellschaftsrechtliche Treuepflicht „die gedankliche und sprachliche Zusammenfassung im Gesetz vorhandener Teilelemente“[200] ist. Häufig wird außerdem von einer auf Richterrecht basierenden Generalklausel oder gar von einer gewohnheitsrechtlichen Grundlage der Treuepflicht ausgegangen.[201]

b) Kategorisierung der Zwecke

Aus der vorangegangenen Untersuchung geht hervor, dass der Stimmrechtspool und die Schutzgemeinschaft charakterisierende Gestaltungsformen der „Gesellschaft in der Gesellschaft“ sind. Als hierfür wesensmäßige Zweckverfolgungen wurden insbesondere die Bestrebungen nach Einfluss und Schutz ergründet. Weiterhin wurde die bislang eher unbeachtete Einordnung der Familienverfassung als „Gesellschaft in der Gesellschaft“ näher betrachtet. Im Ergebnis kann eine solche Einordnung nicht ausgeschlossen werden. Es ist sogar wahrscheinlich, dass in der Praxis eine Familienverfassung regelmäßig – sogar trotz Unkenntnis der beteiligten Gesellschafter – als „Gesellschaft in der Gesellschaft“ zu qualifizieren ist.

Auf dieser Grundlage kann nun, angelehnt an die Kategorisierung von *Noack*, im Ergebnis zwischen drei generellen Zweckausrichtungen der „Gesellschaft in der Gesellschaft“ unterschieden werden, die natürlich auch in Kombination auftreten können.[202]

Großkomm. HGB, 3. Auflage-*Fischer*, § 105 Anm. 31a.; *A. Hueck,* Der Treuegedanke im modernen Privatrecht (1946), 12 f.; Meinung wird zudem aufgeführt in MüKoGmbHG-*Merkt*, § 13, Rn. 101; Rowedder/Pentz GmbHG-*Pentz*, § 13, Rn. 36.

197 *Lutter*, AcP 1980, 84, 102 ff., der die Förderpflicht nach § 705 BGB nicht auf die Personengesellschaften beschränkt sieht, sondern ihr eine „Grundaussage für das gesamte Recht der privaten Verbände“ entnimmt.

198 *Schmiedel*, ZHR 134 (1970), 173, 182; *Hennrichs*, AcP 1995, 221, 229 ff.; Altmeppen GmbHG-*Altmeppen*, §13, Rn. 30 f.; MüKo BGB, 2. Aufl.-*Roth*, § 242, Rn. 117.

199 Vgl. *Häuser,* Unbestimmte "Maßstäbe" als Begründungselement richterlicher Entscheidungen. Dargestellt anhand von Entscheidungen des II. Zivilsenats des Bundesgerichtshofs zum Recht der Personengesellschaften (1981), 176 ff., insbes. „Ergebnis“ auf Seite 182; Rowedder/Pentz GmbHG-*Pentz*, § 13, Rn. 36; *Winter,* Mitgliedschaftliche Treubindungen im GmbH-Recht (1988), 12 ff.

200 *Hüffer,* FS Steindorff (1990), 59, 72.

201 Zur Treuepflicht als Generalklausel, *Hüffer,* FS Steindorff (1990), 59 , 73, 78, es sei eine Pflicht vertraglichen Ursprungs, die ihre Entstehung richterlicher Rechtsfortbildung verdankt; *Stimpel,* FS 25 Jahre BGB (1975), 19 zu der Entwicklung einer richterrechtlichen Generalklausel; bestätigend *Lutter*, ZHR 162 (1998), 164, 166 und *H. Wiedemann,* Gesellschaftsrecht II (2004), § 3 II 3a, S. 192.

202 Vgl. *Noack,* Gesellschaftervereinbarungen bei Kapitalgesellschaften (1994), 19 f.

Die erste Zweckvariante umfasst die gemeinschaftliche Einflussnahme auf die Hauptgesellschaft, die Kategorie könnte demnach als „aktive Einflussnahme“ bezeichnet werden. Hierunter werden in erster Linie die BGB-Gesellschaften gefasst, deren Gesellschaftsvertrag Regelungen bezüglich der Ausübung des Stimmrechts in der Hauptgesellschaft enthält.[203]

Die zweite Kategorie möglicher Zwecke der „Gesellschaften in der Gesellschaft“ kann mit dem Titel „passive Schutzmaßnahmen“ versehen werden.[204] Es geht den Gesellschaftern hier nicht darum, mehr Einfluss auf die Hauptgesellschaft zu erlangen, sondern vielmehr darum, ihren bestehenden Einfluss zu wahren. So können sich beispielsweise Minderheitsgesellschafter derartig organisieren, dass die Stimmrechtsmacht der einer „Gesellschaft in der Gesellschaft“ angehörenden Gesellschafter eine Sperrminorität bildet und hiermit gewisse Beschlüsse verhindert werden können.

Eine weitere Ausrichtungsmöglichkeit einer „Gesellschaft in der Gesellschaft“ ist die „Organisation des Gesellschafterkreises oder der Gesellschaft“.[205] Sie betrifft, wie die Bezeichnung vermuten lässt, die Zusammensetzung und die Strukturierung des Gesellschafterkreises und der Gesellschaft.[206] Beispielsweise kann die Aufrechterhaltung des bestehenden Gesellschafterkreises durch die Aufnahme schuldrechtlicher Vorkehrungen in den BGB-Gesellschaftsvertrag, wie etwa Ankaufs- oder Übernahmerechte für den Fall des Ausscheidens oder der Kündigung eines Gesellschafters, angestrebt werden.[207] Die Aufrechterhaltung der Binnenstruktur der Hauptgesellschaft hingegen kann beispielsweise im Rahmen einer Umstrukturierung, wie zum Beispiel einer Umwandlung, bezweckt werden.[208]

Der Zweck der steuerlichen Begünstigung ist nicht in eine eigene Kategorie einzuordnen, da dieser, wie bereits erläutert, eine Stimmpoolung zum Zwecke der gemeinsamen

---

203 Vgl. *Noack,* Gesellschaftervereinbarungen bei Kapitalgesellschaften (1994), 19 f.

204 *Noack* fasst diese beiden Kategorien in einen Bereich „Einflußnahme auf die Gesellschaft“ zusammen vgl. *Noack,* Gesellschaftervereinbarungen bei Kapitalgesellschaften (1994), 19 ff.

205 Vgl. *Noack,* Gesellschaftervereinbarungen bei Kapitalgesellschaften (1994), 24 ff., der diese Kategorie in zwei Bereiche unterteilt, „Organisation des Gesellschaftskreises“ und „Ordnung der Gesellschaftsstrukturen und -beziehungen“.

206 Vgl. *Noack,* Gesellschaftervereinbarungen bei Kapitalgesellschaften (1994), 24 ff.

207 So z.B. häufig in Schutzgemeinschaften vgl., z.B. BGH NJW 1987, 890; BGHZ 126, 226 = NJW 1994, 2536 f.; BGH NZG 2010, 62.

208 Vgl. *Noack,* Gesellschaftervereinbarungen bei Kapitalgesellschaften (1994), 27 f.

Stimmrechtsausübung bzw. Einflussnahme voraussetzt und somit nur in Kombination mit einem weiteren Zweck auftreten kann.[209]

3. Förderpflicht der Gesellschafter

Als weitere Voraussetzung des § 705 BGB müssen die Gesellschafter die vertragliche Pflicht zur Förderung des gemeinsamen Zweckes übernehmen.[210] Aufgrund der engen Verknüpfung mit der Hauptvoraussetzung des gemeinsamen Zweckes, wurden hierzu bereits im Rahmen der typischen „Gesellschaften in der Gesellschaft“ Ausführungen gemacht.[211] Welche konkrete Förderpflicht übernommen wird, ist von der Ausgestaltung der jeweiligen „Gesellschaft in der Gesellschaft“ abhängig. Wie bereits erläutert, kann die im Rahmen der Förderpflicht zu leistende Beitragsleistung der Gesellschafter zum Beispiel im Zurverfügungsstellen ihrer jeweiligen Stimmrechtsmacht oder in der Unterwerfung ihrer Anteile unter vereinbarte Verfügungsbeschränkungen und damit einhergehende Vertragsstrafeversprechen gesehen werden.[212]

4. Bildung eines Gesellschaftsvermögens: kein notwendiges Merkmal, aber möglich?

Sind die in § 705 BGB normierten „essentialia societatis“ erfüllt, kommt der BGB-Gesellschaftsvertrag der „Gesellschaft in der Gesellschaft“ mit Abschluss der schuldrechtlichen Gesellschaftervereinbarung wirksam und vertragsidentisch zustande.[213] Es stellt sich die Frage, ob eine „Gesellschaft in der Gesellschaft“ auch über ein Gesellschaftsvermögen verfügen kann. Mit Vertragsschluss entsteht die „Gesellschaft in der Gesellschaft“ regelmäßig in Form einer (Innen)-Gesellschaft bürgerlichen Rechts ohne Gesellschaftsvermögen.[214] Ob eine Innengesellschaft ein gesamthänderisch gebundenes Gesellschaftsvermögen halten kann, war vor Inkrafttreten des MoPeG umstritten und wurde überwiegend abgelehnt.[215] Mit der Umsetzung des MoPeG hat der Gesetzgeber erstmals Regelungen über die nicht rechtsfähige

---

209 So wie in folgendem Musterformular BeckFormB GmbHR-*Klein-Wiele*; C. II. Gesamtpoolvertrag, § 1.

210 BeckOGKBGB-*Geibel*, § 705, Rn. 156.

211211 Vgl. Kapitel 1, A.I.2, S. 13 ff.

212 Vgl. für den Stimmrechtspool RG DNotZ 1936, 564, 569; *Noack,* Gesellschaftervereinbarungen bei Kapitalgesellschaften (1994), 48; Schutzgemeinschaft *Ulmer,* FS Hommelhoff (2012), 1249, 1254.

213 BGH NZG 2013, 220, 221; *Wälzholz*, GmbHR 2009, 1020, 1023; *Joussen,* Gesellschafterabsprachen neben Satzung und Gesellschaftsvertrag (1995), 59; , 70; *Ehricke,* Schuldvertragliche Nebenabreden zu GmbH-Gesellschaftsverträgen. Deutsches Schweizer und englisches Recht im Vergleich (2004), 15; *Wicke*, DStR 2006, 1137, 1140; *Schön,* Schuldrechtliche Gesellschaftervereinbarungen in der Gesellschaft mit beschränkter Haftung unter besonderer Berücksichtigung der Rechtsnachfolge (2018), 73.

214 MüKoBGB-*Schäfer*, § 705, Rn. 5.

215 Statt aller BeckOK BGB-*Wenzel*, § 740, Rn. 7; *Flume,* Die Personengesellschaft (1977), § 1 III, 6; *K. Schmidt,* Gesellschaftsrecht (2002), § 43 II 3, 1288 ff.; im Zusammenhang mit Stimmrechtsbindungen vgl. *Wertenbruch*, NZG 2009, 645, 646.

Gesellschaft bürgerlichen Rechts geschaffen.[216] Hierbei hat der Gesetzgeber in § 740 Abs. 1 BGB die fehlende Vermögensfähigkeit der nicht rechtsfähigen (Innen-)Gesellschaft bürgerlichen Rechts gesetzlich normiert.[217] In der Literatur wird vertreten, dass mit Inkrafttreten des MoPeG klargestellt wurde, dass die Gesellschafter einer (Innen-)Gesellschaft bürgerlichen Rechts kein gesamthänderisch gebundenes Vermögen bilden können.[218] Nicht ausgeschlossen ist jedoch die Bildung eines Sondervermögens und dessen wirtschaftliche Zuordnung zur nicht rechtsfähigen Gesellschaft.[219]

Wie bereits erwähnt ist der Streit und dessen Entscheidung für eine Binnengesellschaft nicht von großer Bedeutung, da diese meist als Innengesellschaft ohne Sondervermögen ausgestaltet ist. Die einzige „Gesellschaft in der Gesellschaft" bei der regelmäßig ein Gesellschaftsvermögen begründet wird, ist die Beteiligungsgesellschaft. Bei dieser werden sämtliche Anteile an der Hauptgesellschaft von den beteiligten Gesellschaftern auf die „Gesellschaft in der Gesellschaft" übertragen.[220] Diese tritt jedoch im Rechtsverkehr als Gesellschafterin der Hauptgesellschaft auf und ist deshalb als Außen-GbR mit Gesellschaftsvermögen zu qualifizieren.[221]

5. Etwaige Rechtsfähigkeit der „Gesellschaft in der Gesellschaft"

In der Regel handelt es sich – wie bereits erläutert – bei einer „Gesellschaft in der Gesellschaft" um eine nicht rechtsfähige Innen-GbR ohne Vermögen.[222] Diese kommt bei

---

216 BeckOK BGB-*Wenzel*, § 740, Rn. 1.

217 MüKoBGB-*Schäfer*, § 740, Rn- 4.

218 BeckOK BGB-*Wenzel*, § 740, Rn. 7; MüKoBGB-*Schäfer*, § 740 Rn. 9.

219 Begr. RegE MoPeG, BT-Drs. 19/27635, 190; zur Gesellschaftergesamthand BeckOGKBGB-*Geibel*, § 705, Rn. 4; zu schuldrechtlichen Möglichkeiten in Gestalt von Bruchteilsrechten oder treuhänderischer Verwaltung MüKoBGB-*Schäfer*, § 740, Rn. 9; BeckOK BGB-*Wenzel*, § 740, Rn. 7.

220 Vgl. *Noack,* Gesellschaftervereinbarungen bei Kapitalgesellschaften (1994), 192 ff.; MüKoBGB-*Schäfer*, Vor § 705, Rn. 69, möglich sei außerdem die treuhänderische Verwaltung der Anteile durch die Gesellschaft; *Schön,* Schuldrechtliche Gesellschaftervereinbarungen in der Gesellschaft mit beschränkter Haftung unter besonderer Berücksichtigung der Rechtsnachfolge (2018), 74; ohne Bezeichnung als Beteiligungsgesellschaft *Ehricke,* Schuldvertragliche Nebenabreden zu GmbH-Gesellschaftsverträgen. Deutsches Schweizer und englisches Recht im Vergleich (2004), 16; *Joussen,* Gesellschafterabsprachen neben Satzung und Gesellschaftsvertrag (1995), 72.

221 BGH DStR 2009, 2382; *Ehricke,* Schuldvertragliche Nebenabreden zu GmbH-Gesellschaftsverträgen. Deutsches Schweizer und englisches Recht im Vergleich (2004), 16; BeckOK GmbHG-*Trölitzsch*, § 53 Anhang Gesellschaftervereinbarungen, Rn. 9.

222 Vgl. *Joussen,* Gesellschafterabsprachen neben Satzung und Gesellschaftsvertrag (1995), 72 f.; *Ehricke,* Schuldvertragliche Nebenabreden zu GmbH-Gesellschaftsverträgen. Deutsches Schweizer und englisches Recht im Vergleich (2004), 16; *S. Schneider,* Der Stimmbindungsvertrag (2017), 27; *Priester,* FS Reuter (2010), 1139, 1140.

Abschluss ihres Gesellschaftsvertrags wirksam zustande.[223] Soll die nicht rechtsfähige „Gesellschaft in der Gesellschaft" ihre Rechtsfähigkeit erlangen, stellt sich die Frage nach dem Zeitpunkt und den Voraussetzungen für das Entstehen einer „Außen-"„Gesellschaft in der Gesellschaft". Grundsätzlich wechselt eine nicht-rechtsfähige Innen-GbR in eine rechtsfähige Außen-GbR, wenn der Gesellschafterwille zur Verkehrsteilnahme gemäß § 705 Abs. 2 BGB bei Gründung der Gesellschaft zeitlich nach hinten verlegt wurde oder die Gesellschafter ihren Willen dahingehend ändern, dass die Gesellschaft künftig am Rechtsverkehr teilnehmen soll.[224] Maßgebliche Zäsur ist demnach nach neuer Rechtslage nicht mehr ein tatsächlicher Akt der Invollzugsetzung sondern der gemeinsame Wille der Gesellschafter.[225]

Die meisten „Gesellschaften in der Gesellschaft" bestehen in Form von nicht rechtsfähigen Innengesellschaften. Bei der bereits erwähnten „Beteiligungsgesellschaft", als besondere und eher seltene Ausprägung der „Gesellschaft in der Gesellschaft", liegt jedoch nach neuer Rechtslage immer eine am Rechtsverkehr beteiligte Außen-GbR vor.[226] Ihr werden sämtliche Anteile an der Hauptgesellschaft von den beteiligten Gesellschaftern auf die „Gesellschaft in der Gesellschaft" übertragen.[227] Sie soll nach dem Willen der Gesellschafter also als Gesellschafterin der Hauptgesellschaft nach außen auftreten und ist als rechtsfähige Gesellschaft bürgerlichen Rechts mit Gesellschaftsvermögen zu qualifizieren.[228] Im Rahmen der Stammesorganisation bei Familienunternehmen besteht zum Beispiel die Möglichkeit, dass jeder Familienstamm eine eigene Beteiligungsgesellschaft bildet.[229] Hierdurch wird zum

---

223 MüKoBGB-*Schäfer*, § 705, Rn. 5.

224 BeckOGKBGB-*Geibel*, § 705, Rn. 253, 267.

225 BeckOGKBGB-*Geibel*, § 705, Rn. 247 f.

226 Vgl. BGHZ 126, 226, Juris-Rn. 13 und 22 („Schutzgemeinschaftsvertrag I); *Noack*, Gesellschaftervereinbarungen bei Kapitalgesellschaften (1994), 192 ff.; *Schön*, Schuldrechtliche Gesellschaftervereinbarungen in der Gesellschaft mit beschränkter Haftung unter besonderer Berücksichtigung der Rechtsnachfolge (2018), 74; zur generellen Möglichkeit ohne Bezeichnung als Beteiligungsgesellschaft *Joussen*, Gesellschafterabsprachen neben Satzung und Gesellschaftsvertrag (1995), 72; *Ehricke*, Schuldvertragliche Nebenabreden zu GmbH-Gesellschaftsverträgen. Deutsches Schweizer und englisches Recht im Vergleich (2004), 16;

227 Vgl. BGHZ 126, 226, Juris-Rn. 13 und 22 („Schutzgemeinschaftsvertrag I); *Noack*, Gesellschaftervereinbarungen bei Kapitalgesellschaften (1994), 192 ff.; *Schön*, Schuldrechtliche Gesellschaftervereinbarungen in der Gesellschaft mit beschränkter Haftung unter besonderer Berücksichtigung der Rechtsnachfolge (2018), 74; ohne Bezeichnung als Beteiligungsgesellschaft *Ehricke*, Schuldvertragliche Nebenabreden zu GmbH-Gesellschaftsverträgen. Deutsches Schweizer und englisches Recht im Vergleich (2004), 16; *Joussen*, Gesellschafterabsprachen neben Satzung und Gesellschaftsvertrag (1995), 72.

228 BGHZ 126, 226, Juris-Rn. 13 und 22 („Schutzgemeinschaftsvertrag I"); *Ehricke*, Schuldvertragliche Nebenabreden zu GmbH-Gesellschaftsverträgen. Deutsches Schweizer und englisches Recht im Vergleich (2004), 16; *Schön*, Schuldrechtliche Gesellschaftervereinbarungen in der Gesellschaft mit beschränkter Haftung unter besonderer Berücksichtigung der Rechtsnachfolge (2018), 74.

229 Sudhoff Familienunternehmen-*Wälzholz*, § 4, Rn. 19.

Einen eine einheitliche Stimmabgabe innerhalb des jeweiligen Familienstammes gewährleistet und zum Anderen die familienstammübergreifende gegenseitige Kontrolle eingeschränkt.[230] Nachteil der Beteiligungsgesellschaft ist der Verlust der unmittelbaren Mitgliedschaft an der Hauptgesellschaft seitens der beteiligten Gesellschafter.[231] Auch ist bei einer Kapitalgesellschaft als Hauptgesellschaft nach Übertragung der Anteile auf die Beteiligungsgesellschaft im Todesfall keine Steuervergünstigung gemäß §§ 13a, 13b und 19a ErbStG möglich, da diese Vorschriften eine unmittelbare Beteiligung voraussetzen.[232] Aus diesen Gründen kommt die Beteiligungsgesellschaft in der Praxis eher selten vor.[233] So kann auch im Rahmen der Stammesorganisation eine alternative Gestaltung in Form einer Gesellschaftervereinbarung (beispielsweise in Gestalt eines Poolvertrags), bei der die Gesellschafter ihre Beteiligungen behalten und rein schuldrechtlich koordinieren, vorzugswürdig sein.[234]

6. Zwischenergebnis

Die Untersuchung der „essentialia societatis“ der „Gesellschaft in der Gesellschaft“ hat ergeben, dass diese meist in Form einer Innengesellschaft bürgerlichen Rechts ohne Gesellschaftsvermögen entsteht. Ihre Grundlage ist eine Gesellschaftervereinbarung, in welcher die beteiligten Gesellschafter einen gemeinsamen Zweck und die Pflicht, diesen zu fördern, vereinbaren. Besondere Relevanz haben der Stimmrechtspool, die Schutzgemeinschaft und die Familienverfassung, als typische Ausgestaltungsformen der „Gesellschaft in der Gesellschaft“. All diese drei Arten der „Gesellschaft in der Gesellschaft“ treten insbesondere im Rahmen von Familienunternehmen auf.

II. Andere Rechtsformen

Mangels Rechtsformzwangs kommen für eine „Gesellschaft in der Gesellschaft“ sämtliche Gesellschaftsformen in Betracht.[235] Ihre Gesellschafter können die

---

230 MünchHdB GesR VII-*Holler*, § 75, Rn. 98; Sudhoff Familienunternehmen-*Wälzholz*, § 4, Rn. 19 f.

231 *Westermann*, ZGR 1996, 272, 273 f.; *Ehricke,* Schuldvertragliche Nebenabreden zu GmbH-Gesellschaftsverträgen. Deutsches Schweizer und englisches Recht im Vergleich (2004), 16; Sudhoff Familienunternehmen-*Wälzholz*, § 4, Rn. 20.

232 BGHZ 126, 226, Juris-Rn. 22 („Schutzgemeinschaftsvertrag I“); *Lübbert,* Abstimmungsvereinbarungen in den Aktien- und GmbH-Rechten der EWG-Staaten, der Schweiz und Großbritanniens (1971), 83, 196; *Wälzholz*, GmbHR 2009, 1020, 1023; BeckOK GmbHG-*Trölitzsch*, § 53 Anhang Gesellschaftervereinbarungen, Rn. 9.

233 Vgl. *Schön,* Schuldrechtliche Gesellschaftervereinbarungen in der Gesellschaft mit beschränkter Haftung unter besonderer Berücksichtigung der Rechtsnachfolge (2018), 74.

234 Vgl. MünchHdB GesR VII-*Holler*, § 75, Rn. 99.

235 *Noack,* Gesellschaftervereinbarungen bei Kapitalgesellschaften (1994), 47; BeckOK GmbHG-*Trölitzsch*, § 53 Anhang Gesellschaftervereinbarungen, Rn. 9.

gesellschaftsrechtliche Rechtsform wählen, die ihren Ansprüchen, beispielsweise hinsichtlich der Anteilsbindung und Flexibilität, am besten gerecht wird.[236] Es ist auch eine Ausgestaltung als Kapitalgesellschaft oder als (nichtrechtsfähiger) Verein möglich, jedoch sind diese Verbandsformen für eine „Gesellschaft in der Gesellschaft“ ungeeignet.[237] So haben die Gesellschafter einer „Gesellschaft in der Gesellschaft“ in der Regel kein Interesse an einem freien Mitgliederwechsel, welcher bei einer Körperschaft regelmäßig möglich ist.[238] Ein Beispiel ist die Schutzgemeinschaft, bei der es den Gesellschaftern darauf ankommt, den Gesellschafterkreis in der ursprünglichen Konstellation zu erhalten, um eine Verschiebung der Machtverhältnisse zu verhindern. Die Rechtsform der AG bringt aufgrund der in § 23 V AktG geregelten Satzungsstrenge eine große gestalterische Inflexibilität mit sich, die jedoch im Rahmen von „Gesellschaften in der Gesellschaft“ unerwünscht ist.[239] Die Rechtsform der GmbH ist in dieser Hinsicht flexibler, jedoch unterliegt auch sie der Registerpublizität und ihr Gründungsaufwand ist im Vergleich zu dem einer GbR hoch.[240] Die (Innen)-GbR ist aufgrund der Abdingbarkeit des gesetzlichen Regelungswerkes besonders gestaltbar und deshalb die beliebteste Rechtsform für „Gesellschaften in der Gesellschaft“.[241] Eine anderweitige personengesellschaftsrechtliche Ausgestaltung, beispielsweise in Gestalt einer OHG oder einer KG, ist möglich, ist jedoch selten.[242]

1. Eigene Rechtsform für die „Gesellschaft in der Gesellschaft“

Interessant ist im vorliegenden Zusammenhang der Gedanke der „gesellschaftsrechtlichen Typendehnung“. In der älteren Literatur wurde angedacht und diskutiert, ob für einen auf einer Gesellschaftervereinbarung basierenden, gesellschaftsrechtlich organisierten Zusammenschluss ein eigener besonderer Gesellschaftstypus oder eine abgrenzbare Untergruppe einer BGB-Gesellschaft definiert werden sollte.[243] Es könnte überlegt werden, ob eine

---

236 Vgl. *Noack,* Gesellschaftervereinbarungen bei Kapitalgesellschaften (1994), 47.

237 Vgl. *Noack,* Gesellschaftervereinbarungen bei Kapitalgesellschaften (1994), 54 ff.; *Schön,* Schuldrechtliche Gesellschaftervereinbarungen in der Gesellschaft mit beschränkter Haftung unter besonderer Berücksichtigung der Rechtsnachfolge (2018), 77.

238 *Noack,* Gesellschaftervereinbarungen bei Kapitalgesellschaften (1994), 54.

239 Vgl. *Noack,* Gesellschaftervereinbarungen bei Kapitalgesellschaften (1994), 57.

240 *Schön,* Schuldrechtliche Gesellschaftervereinbarungen in der Gesellschaft mit beschränkter Haftung unter besonderer Berücksichtigung der Rechtsnachfolge (2018), 77.

241 Vgl. *S. Schneider,* Der Stimmbindungsvertrag (2017), 25 f.

242 *Noack,* Gesellschaftervereinbarungen bei Kapitalgesellschaften (1994), 51 f.; *Schön,* Schuldrechtliche Gesellschaftervereinbarungen in der Gesellschaft mit beschränkter Haftung unter besonderer Berücksichtigung der Rechtsnachfolge (2018), 76 f.

243 Hierzu vgl. *Noack,* Gesellschaftervereinbarungen bei Kapitalgesellschaften (1994), 49 ff; ähnlich *Ripka,* Poolverträge und die neueren Entwicklungen im Gesellschaftsrechts (2000), 19 f.

„Gesellschaft in der Gesellschaft“ derart von der gesetzlich normierten BGB-Gesellschaft abweicht, dass eine Neueinordnung erforderlich ist. Dies ist jedoch aufgrund der folgenden Überlegungen abzulehnen.

Der Gedanke „gesellschaftsrechtlicher Typendehnung“ wird im Zusammenhang mit Emissionskonsortien diskutiert.[244] Hierbei geht es um die Frage, ob es sich beim Emissionskonsortium noch um eine zulässige Typendehnung des Gesellschaftstypus der BGB-Gesellschaft handelt oder ob dieser in einen eigenständigen Vertragstyp eingeordnet werden muss. Die den Emissionskonsortien zugrundeliegenden Verträge weichen in den meisten Fällen von nahezu allen wesentlichen und als charakteristisch für das Personengesellschaftsrecht angesehenen gesetzlichen Regelungen ab.[245] Es bleibt als Gemeinsamkeit lediglich die gemeinsame Zweckverfolgung und die Pflicht, diesen durch eine Beitragspflicht zu fördern.[246] Bei Vorliegen einer vollständigen quotalen Ausrichtung liegt laut *Westermann* aufgrund der „Dezentralisierung der Gesellschaftsstruktur“ oft nicht mehr eine personalistische Struktur vor, sondern ein „lebensmäßig ausgebildete(r) Typus des Emissionskonsortiums“.[247] Ein Emissionskonsortium ist ein Mittel der Fremdemission, durch die Wertpapiere am Kapitalmarkt platziert werden.[248] Regelmäßig schließen sich hierfür mehrere Banken zu einer BGB-Gesellschaft gemäß §§ 705 ff. BGB zusammen, um die Wertpapiere von der Emittentin zu übernehmen und am Markt zu platzieren.[249]

Diese Überlegungen können nicht auf die Konstellation der „Gesellschaft in der Gesellschaft“ übertragen werden. Zwar wird auch im Rahmen von „Gesellschaften in der Gesellschaft“ regelmäßig von den gesetzlichen Regelungen in den §§ 705 ff. BGB abgewichen, allerdings handelt es sich bei der „Gesellschaft in der Gesellschaft“ um eine allgemeine

---

244 *Westermann*, AG 1967, 285, 285 ff; Ebenroth/Boujong HGB-*Groß*, Kap. 3 Bankrecht, Teil 2. Wertpapiergeschäfte, F.II.5., Rn. 29 f.; MüKoHGB-*Singhof*, Band 6, Teil 2, L. Emissionsgeschäft, Rn. 260; Langenbucher/Bliesener/Spindler BankR-*Groß*, 40. Kapitel, Rn. 29 f.

245 *Westermann*, AG 1967, 285, 291; Ebenroth/Boujong HGB-*Groß*, Kap. 3 Bankrecht, Teil 2. Wertpapiergeschäfte, F.II.5., Rn. 29 f.

246 *Westermann*, AG 1967, 285, 291; vgl. auch Ebenroth/Boujong HGB-*Groß*, Kap. 3 Bankrecht, Teil 2. Wertpapiergeschäfte, F.II.5., Rn. 29 f.

247 *Westermann*, AG 1967, 285, 291 f.

248 BeckHdB PersGes-*Bärwaldt*, § 21, Rn. 351.

249 BeckHdB PersGes-*Bärwaldt*, § 21, Rn. 351 ff.

Kategorie, die viele Untergruppen hat.[250] Darüber hinaus ist zu bedenken, dass das BGB bei einer GbR eine weite Gestaltungsfreiheit ermöglicht und dieser Gestaltungsfreiheit nur wenige gesetzliche Grenzen gesetzt sind, nämlich ausschließlich die Erfüllung der „essentialia societatis“.[251] Das Gesetz schafft somit gezielt Raum für individuell ausgestaltete Gesellschaften. Eine eigene Verbandsform oder Kategorie einer Verbandsform für die „Gesellschaft in der Gesellschaft“ ist demnach abzulehnen. Grundsätzlich bietet insbesondere das Personengesellschaftsrecht mit seinem überwiegend abdingbaren Regelungswerk genug Möglichkeiten der gesellschaftsrechtlichen Ausgestaltung.[252]

2. Verbandsuntergruppe

Der von *Noack* beschriebene Gedanke der Verbandsuntergruppe hebt die Besonderheit des „organisierten Konsortiums“ hervor.[253] Dieses besteht innerhalb einer anderen Gesellschaft und bezieht sich auf die Hauptgesellschaft. Deshalb sei das „Konsortium“ möglicherweise als Teil des übergeordneten Verbandes anzusehen.[254] Als Folge dieses Ansatzes könnte die „Gesellschaft in der Gesellschaft“ immer als Verbandsuntergruppe der Hauptgesellschaft einzuordnen sein und die Rechtsform der beiden Gesellschaften wäre demnach identisch.[255] Diese Sichtweise bedeutet jedoch keine Vereinfachung der Rechtslage bzw. „wenig Gewinn“ im Vergleich zur Einordnung als BGB-Gesellschaft und ist daher abzulehnen.[256] Außerdem lässt es den maßgeblichen Gründerwillen außer Acht.

B. Abgrenzung der „Gesellschaft in der Gesellschaft“ von anderen Vertragsgestaltungen

Nachdem eine Charakterisierung und Typisierung der „Gesellschaft in der Gesellschaft“ vorgenommen wurde, werden nun die Grenzen der Binnengesellschaft aufgezeigt. Die Abgrenzung der „Gesellschaft in der Gesellschaft“ von anderen vertraglichen Gestaltungen

---

250 Zu den verschiedenen Ausprägungen einer „Gesellschaft in der Gesellschaft“ bereits im Kapitel 1, A.I.2, S. 13 ff.; auch auf diese Schwierigkeit hinweisend *Ripka,* Poolverträge und die neueren Entwicklungen im Gesellschaftsrechts (2000), 19 f.

251 So auch für Emmissionskonsortien argumentierend MüKoHGB-*Singhof,* Band 6, Teil 2, L. Emmissionsgeschäft, Rn. 260; Vgl. auch *C. Schäfer*, ZGR 2008, 455, 492.

252 Vgl. *Noack,* Gesellschaftervereinbarungen bei Kapitalgesellschaften (1994), 47.

253 *Noack,* Gesellschaftervereinbarungen bei Kapitalgesellschaften (1994), 50 f.

254 In diesem Zusammenhang erscheint die hier gewählte Bezeichnung „Gesellschaft in der Gesellschaft“ besonders treffend und vorzugswürdig.

255 Vgl. *Noack,* Gesellschaftervereinbarungen bei Kapitalgesellschaften (1994), 50 f; *Ripka,* Poolverträge und die neueren Entwicklungen im Gesellschaftsrechts (2000), 20, den ähnlichen Gedanken auch ablehnend.

256 So selber ablehnend *Noack,* Gesellschaftervereinbarungen bei Kapitalgesellschaften (1994), 50 f.

bereitet teilweise Schwierigkeiten, weshalb einige Grenzfälle im Folgenden näher beleuchtet werden.

I. Schuldrechtliche Gesellschaftervereinbarungen ohne gesellschaftskonstituierende Wirkung

Nicht alle Gesellschaftervereinbarungen konstituieren eine „Gesellschaft in der Gesellschaft“. Die gesellschaftsrechtlich zu qualifizierenden Abreden sind von solchen Abreden abzugrenzen, die keinen gesellschaftsrechtlichen Zusammenschluss zum Gegenstand haben.[257] Dies ist beispielsweise dann der Fall, wenn die beteiligten Gesellschafter keinen gemeinsamen Zweck verfolgen. Solche „rein“ schuldrechtlichen Gesellschaftervereinbarungen können als „individualvertraglich“, „individuell-schuldvertraglich“ oder „individualrechtlich“ bezeichnet werden.[258] Sie fallen zwar unter die Kategorie der schuldrechtlichen Gesellschaftervereinbarungen, führen aber nicht zur Entstehung einer „Gesellschaft in der Gesellschaft“. Während Gesellschaftervereinbarungen ohne gesellschaftskonstituierende Wirkung meist die Regelung eines Einzelfalls zum Gegenstand haben, sind gesellschaftsrechtlich zu qualifizierende Gesellschaftervereinbarungen regelmäßig als dauerhafte Grundsatzvereinbarungen zur Koordinierung der Interessen der Gesellschafter oder zur Regelung einer gemeinsamen Zusammenarbeit ausgestaltet.[259] Erfüllt eine Gesellschaftervereinbarung die Entstehungsvoraussetzungen eines Gesellschaftstypus, so ist diese als Gesellschaftsvertrag einer „Gesellschaft in der Gesellschaft“ zu qualifizieren. Bei der Unterscheidung zwischen der „individualrechtlichen“ und gesellschaftsrechtlichen Qualifizierung einer Gesellschaftervereinbarung ist insbesondere bei Vorliegen einer Einzelfallregelung Vorsicht geboten. In solchen Fällen kann die Abgrenzung der Innengesellschaft zu einem rein „individualrechtlichen“ Schuldverhältnis Schwierigkeiten bereiten, weshalb die Voraussetzungen des § 705 BGB – insbesondere die des gemeinsamen Zwecks – einer strengen Prüfung zu unterziehen sind.[260] Speziell die Abgrenzung von „rein“ schuldrechtlichen Gesellschaftervereinbarungen zu

---

257 *Noack,* Gesellschaftervereinbarungen bei Kapitalgesellschaften (1994), 58; *Schön,* Schuldrechtliche Gesellschaftervereinbarungen in der Gesellschaft mit beschränkter Haftung unter besonderer Berücksichtigung der Rechtsnachfolge (2018), 78 f.

258 So auch *Noack,* Gesellschaftervereinbarungen bei Kapitalgesellschaften (1994), 58; *Schön,* Schuldrechtliche Gesellschaftervereinbarungen in der Gesellschaft mit beschränkter Haftung unter besonderer Berücksichtigung der Rechtsnachfolge (2018), 78 ff.; *S. Schneider,* Der Stimmbindungsvertrag (2017), 26.

259 *Ehricke,* Schuldvertragliche Nebenabreden zu GmbH-Gesellschaftsverträgen. Deutsches Schweizer und englisches Recht im Vergleich (2004), 15.

260 Zu den einzelnen Voraussetzungen im Zusammenhang mit der „Gesellschaft in der Gesellschaft“ Kapitel 1, A.I., S. 8 ff.; vgl. auch *S. Schneider,* Der Stimmbindungsvertrag (2017), 26.

„Gesellschaften in der Gesellschaft“ in Gestalt von Gelegenheitsgesellschaften[261] bereitet Schwierigkeiten. Letztere können nämlich auch schon dann entstehen, wenn ihr Zweck sich durch eine einzige Erfüllungshandlung erledigt.[262] So entsteht eine „Gesellschaft in der Gesellschaft“ in Form einer Gelegenheitsgesellschaft zum Beispiel auch dann, wenn zwei Aktionäre die Abrede treffen, im Rahmen des in der bevorstehenden Hauptversammlung zu fassenden Entlastungsbeschlusses gemäß § 119 I Nr. 3 AktG einheitlich gegen die Entlastung des Vorstandes zu stimmen.[263] Demnach muss eine „Gesellschaft in der Gesellschaft“ also nicht auf Dauer angelegt sein, auch wenn dies in der Praxis häufig der Fall ist. Sie kann sich auch in der Regelung eines Einzelfalls erschöpfen, solange ein gemeinsamer Zweck verfolgt wird. Auch Unwissen darüber, dass es sich bei der Gesellschaftervereinbarung um einen Gesellschaftsvertrag handelt, steht der Wirksamkeit des Gesellschaftsvertrags nicht entgegen, da es keines Bewusstseins über die rechtliche Einordnung als Gesellschaftsvertrag bedarf.[264] Werden hingegen ausschließlich Interessen *eines* Beteiligten verfolgt, liegt ein die GbR ausschließender Subordinationscharakter vor und es kommt eine individualrechtliche Abrede, beispielsweise in Gestalt des Auftrags, in Betracht.[265]

Die Kategorie der Gesellschaftervereinbarungen ohne gesellschaftskonstituierende Wirkung umfasst sowohl solche Abreden, die Bestandteil eines anderen Vertrags sind als auch solche Abreden, die unabhängig von einem anderen Vertrag eigenständig abgeschlossen werden.[266] Teil eines anderen Vertrages ist die Gesellschaftervereinbarung dann, wenn sie als vertragliche Nebenpflicht in einen Vertrag aufgenommen wurde. Ein Beispiel hierfür ist ein Kaufvertrag über einen vinkulierten GmbH-Geschäftsanteil mit der vertraglich vereinbarten Nebenpflicht des veräußernden Gesellschafters, der Abtretung zuzustimmen.[267] Besteht die Gesellschaftervereinbarung in Gestalt einer vertraglichen Nebenpflicht, richtet sich ihre

261 Vgl. *Lübbert,* Abstimmungsvereinbarungen in den Aktien- und GmbH-Rechten der EWG-Staaten, der Schweiz und Großbritanniens (1971), 145.

262 *S. Schneider,* Der Stimmbindungsvertrag (2017), 26.

263 Ähnliches Beispiel vgl. *S. Schneider,* Der Stimmbindungsvertrag (2017), 26.

264 Vgl. hierzu bereits Kapitel 1, A.I.1.b), S. 11 ff.

265 Vgl. *S. Schneider,* Der Stimmbindungsvertrag (2017), 26.

266 *Noack,* Gesellschaftervereinbarungen bei Kapitalgesellschaften (1994), 58; *Schön,* Schuldrechtliche Gesellschaftervereinbarungen in der Gesellschaft mit beschränkter Haftung unter besonderer Berücksichtigung der Rechtsnachfolge (2018), 78 ff.

267 BGH NJW 1967, 1963, 1964; Habersack/Casper/Löbbe GmbHG-*Hüffer/C. Schäfer*, § 47, Rn. 74; *Noack,* Gesellschaftervereinbarungen bei Kapitalgesellschaften (1994), 58; *Rodemann,* Stimmbindungsvereinbarungen in den Aktien- und GmbH-Rechten Deutschlands, Englands, Frankreichs und Belgiens (1998), 19.

rechtliche Beurteilung und Einordnung nach dem Hauptvertrag.[268] Schuldrechtliche Gesellschaftervereinbarungen, die weder die Voraussetzungen eines Verbandstypus erfüllen noch als Nebenpflicht eines Vertrages ausgestaltet sind, sind als eigenständige Schuldverträge einzuordnen.[269] Je nach Vereinbarungsgegenstand und Typus des Vertrags finden die einschlägigen Regelungen Anwendung.

II. Unternehmensverträge

Eine „Gesellschaft in der Gesellschaft“ auf der Grundlage einer schuldrechtlichen Gesellschaftervereinbarung kann Ähnlichkeiten zu einem Unternehmensvertrag aufweisen,[270] da auch Unternehmensverträge schuldrechtliche Elemente enthalten.[271] Aus diesem Grund ist eine Abgrenzung zwischen diesen beiden Vertragstypen unverzichtbar.

Um klar zwischen den Verträgen abgrenzen zu können, muss zunächst ein Blick auf die Rechtsnatur des Gesellschaftsvertrags der „Gesellschaft in der Gesellschaft“ geworfen werden, bevor eine nähere Betrachtung der Unternehmensverträge erfolgt. Der Gesellschaftsvertrag einer Gesellschaft bürgerlichen Rechts ist grundsätzlich schuldrechtlicher Natur. Jedoch ist er daneben regelmäßig auch als Organisationsvertrag einzuordnen, da auf dessen Grundlage, zumindest bei einer Außengesellschaft, ein rechtsfähiger Personenverband entsteht.[272] Die Schaffung von Organen und Zuständigkeiten zur inneren Willensbildung und äußeren Handlungsfähigkeit verleiht dem Gesellschaftsvertrag grundsätzlich Organisationscharakter.[273] Eine Innengesellschaft wie die „Gesellschaft in der Gesellschaft“ tritt gerade

268 *Zluhan*, AcP 1928, 62, 86; MHLS GmbHG-*Römermann*, § 47, Rn. 483.

269 *Schön*, Schuldrechtliche Gesellschaftervereinbarungen in der Gesellschaft mit beschränkter Haftung unter besonderer Berücksichtigung der Rechtsnachfolge (2018), 78 f.

270 Vgl. *Schön*, Schuldrechtliche Gesellschaftervereinbarungen in der Gesellschaft mit beschränkter Haftung unter besonderer Berücksichtigung der Rechtsnachfolge (2018), 25, Fn. 18 zur Ähnlichkeit mit Unternehmensverträgen gemäß § 292 AktG; Abgrenzung erfolgt beispielsweise auch in *Dürr*, Nebenabreden im Gesellschaftsrecht (1994), 11.

271 Hüffer/Koch AktG-*Koch*, § 291, Rn. 18; MüKoAktG-*Altmeppen*, § 291, Rn. 37; Grigoleit AktG-*Servatius*, § 291, Rn. 24; *Schön*, Schuldrechtliche Gesellschaftervereinbarungen in der Gesellschaft mit beschränkter Haftung unter besonderer Berücksichtigung der Rechtsnachfolge (2018), 25, Fn. 18.

272 Allgemein zur Rechtsnatur einer Gesellschaftsvertrags und der Einordnung als schuldrechtlich aber auch organisationsrechtlich vgl. *Würdinger*, Gesellschaften I, Recht der Personalgesellschaften (1937), § 8 II 3, 42; *K. Schmidt*, Gesellschaftsrecht (2002), § 59 I 2 c), 1733; *H. Wiedemann*, Gesellschaftsrecht II (2004), § 2 I, 90 f.; *H. Wiedemann*, Gesellschaftsrecht I (1980), § 3 II 1, 163 ff.; BeckOGKBGB-*Geibel*, § 705, Rn. 36, 161; MüKoBGB-*Schäfer*, § 705, Rn. 161 f.

273 Vgl. *Würdinger*, Gesellschaften I, Recht der Personalgesellschaften (1937), § 8 II 3, 42, „Der Gesellschaftsvertrag ist mithin ein Organisationsvertrag.“; *K. Schmidt*, Gesellschaftsrecht (2002), § 59 I 2 c), 1733 „ Soweit das Gesellschaftsverhältnis Organisationselemente enthält (…) ist der Gesellschaftsvertrag auch *Organisationsvertrag*“ ; *H. Wiedemann*, Gesellschaftsrecht II (2004), § 2 I, 90 f.; *H.*

nicht nach außen auf, weshalb ihr Gesellschaftsvertrag keine Regelungen zu handlungsfähigen Organen enthält.[274] Darüber hinaus hält die „Gesellschaft in der Gesellschaft“, wie bereits weiter oben erläutert, meist kein Gesellschaftsvermögen.[275] Der Gesellschaftsvertrag einer Innengesellschaft ist deshalb gesondert einzuordnen. Er hat mangels einer die schuldrechtlichen Beziehungen überlagernden Organisation grundsätzlich keinen Organisationscharakter und gehört somit zu den einfachen Schuldverhältnissen.[276] Im Rahmen von – als „Gesellschaften in der Gesellschaft“ ausgestalteten – Stimmrechtspools und Schutzgemeinschaften wird im Gesellschaftsvertrag jedoch regelmäßig eine Art Versammlungsorgan gebildet, bestehend aus den beteiligten Gesellschaftern, in welchem die Gesellschafter Beschlüsse gemäß dem Mehrheitsprinzip fassen können.[277] Mit diesem Versammlungsorgan, welches häufig von einem Vorsitzenden geleitet wird,[278] können die Gesellschafter der Innen-GbR im Vorfeld von Beschlüssen auf der Ebene der Hauptgesellschaft abstimmen und ein nach „außen“ homogenes Abstimmungsverhalten festlegen. Es verleiht der „Gesellschaft in der Gesellschaft“ zumindest organisationsrechtliche bzw. korporative Elemente.[279] Auch die Öffnung des Gesellschaftsvertrags einer Innengesellschaft für den Ein- und Austritt von Gesellschaftern verleiht dem Vertrag korporative Elemente.[280] Da eine „Gesellschaft in der Gesellschaft“ regelmäßig in Bezug auf eine Kapitalgesellschaft gegründet wird und letztere auf einen Mitgliederwechsel angelegt sein kann, ist es regelmäßig sinnvoll, die „Gesellschaft in der Gesellschaft“ einem Gesellschafterwechsel zu öffnen, um ihren Zweck zu sichern.[281]

Wiedemann, Gesellschaftsrecht I (1980), § 3 II 1, 163 ff.; BeckOGKBGB-*Geibel*, § 705, Rn. 36, 161; MüKoBGB-*Schäfer*, § 705, Rn. 161 f.

274 Vgl. hierzu auch *Güven,* Die Unterscheidung von Innen- und Außengesellschaft bürgerlichen Rechts. Eine Untersuchung mit dem Schwerpunkt auf der Frage der Gesamthandsfähigkeit von Innengesellschaften (2010), 228 f.

275 Lediglich die Beteiligungsgesellschaft hat als rechtsfähige Gesellschaft bürgerlichen Rechts ein Gesellschaftsvermögen.

276 *Flume,* Die Personengesellschaft (1977), 4 ff.; *K. Schmidt,* Gesellschaftsrecht (2002), § 5 I, 76 f.; *Habersack,* Die Mitgliedschaft - subjektives und "sonstiges" Recht (1996), 18 f., 102; *Güven,* Die Unterscheidung von Innen- und Außengesellschaft bürgerlichen Rechts. Eine Untersuchung mit dem Schwerpunkt auf der Frage der Gesamthandsfähigkeit von Innengesellschaften (2010), 228 f.; *Berghoff,* Die organschaftliche Vertretung der Gesellschaft bürgerlichen Rechts (2005), 25.

277 Beispielsweise eine „Poolversammlung“ die „Poolbeschlüsse“ mit einer einfachen oder gegebenenfalls qualifizierten Mehrheit fassen kann, so in den folgenden Formularen BeckFormB GmbHR-*Klein-Wiele*, C. II. Gesamtpoolvertrag, § 3; BeckFormB GmbHR-*Lorz/Klein-Wiele*, C. I. Stimmbindungs-/Poolvertrag, § 4.

278 So zb. in Formular von BeckFormB GmbHR-*Lorz/Klein-Wiele*, C. III. Gesamtpoolvertrag, § 3 2.

279 Vgl. zu Innengesellschaften mit korporativen Elementen *K. Schmidt,* Gesellschaftsrecht (2002), § 7 I 2, 170 f.; vgl. auch BeckOGKBGB-*Geibel*, § 705, Rn. 36; aA *Habersack,* Die Mitgliedschaft - subjektives und "sonstiges" Recht (1996), 18 f., demzufolge es einer Innen-GbR „an jedem organisationsrechtlichen Element“ fehlt.

280 *K. Schmidt,* Gesellschaftsrecht (2002), § 7 I, 170.

281 Hierzu später ausführlich Kapitel 3, B.II.1.b)aa)(2)(a), S. 139 ff.

Unternehmensverträge sind in §§ 291, 292 AktG normiert. Diese finden auf die GmbH entsprechende Anwendung.[282] Sie spielen im Konzernrecht eine zentrale Rolle, da die beteiligten Unternehmen gemäß § 15 AktG als verbundene Unternehmen gelten und an den Begriff der verbundenen Unternehmen wiederum ein großer Teil der konzernrechtlichen Normen anknüpft.[283] Bei Unternehmensverträgen handelt es sich um Verträge, die in der Regel zwischen Unternehmen abgeschlossen werden und regelmäßig die Unternehmensstruktur der beteiligten Gesellschaften ändern.[284] Ihr Abschluss bedarf gemäß § 293 AktG der Zustimmung der Hauptversammlung. Im Rahmen einer GmbH ist eine solche Zustimmung entsprechend §§ 53, 54 GmbHG zu fordern.[285]

Zunächst ist eine Abgrenzung zu den Beherrschungs- und Gewinnabführungsverträgen gemäß § 291 AktG erforderlich. Gemäß § 291 I AktG kann sich beispielsweise ein Unternehmen im Rahmen eines Vertragskonzerns auf der Grundlage eines Beherrschungsvertrages der Leitung eines anderen Unternehmens unterwerfen, wodurch sich die Zielbestimmung und die wirtschaftliche Ausrichtung der abhängigen Gesellschaft ändert.[286] Das herrschende Unternehmen kann nun dem abhängigen Unternehmen Weisungen erteilen, welche – solange sie im übergeordneten Interesse des herrschenden oder eines konzernverbundenen Unternehmens liegen – sogar nachteilig für die beherrschte Gesellschaft sein dürfen.[287] Da Unternehmensverträge gemäß § 291 AktG sowohl schuldrechtliche als auch organisationsrechtliche Elemente enthalten und somit beinahe einen hybriden Charakter aufweisen,[288] ist ihre dogmatische Einordnung umstritten. Während einige Stimmen in der Literatur unter Anerkennung schuldrechtlicher Elemente Unternehmensverträge trotz des strukturändernden Charakters zumindest auch als Schuldverträge einordnen,[289] werden sie nach überwiegender Auffassung als körperschaftsrechtliche Organisationsverträge qualifiziert.[290] Folgt man der

282 BGHZ 105, 324, 334 = NJW 1989, 295, 299 („Supermarkt“); BGH NJW 1992, 1452 („Siemens“).

283 *Raiser/Veil,* Recht der Kapitalgesellschaften (2015), § 58 I, Rn. 2.

284 MüKoAktG-*Altmeppen,* Vorbemerkung (Vor § 291), Rn. 2 f.

285 BGHZ 105, 324 = NJW 1989, 295.

286 *Raiser/Veil,* Recht der Kapitalgesellschaften (2015), § 62 I, Rn. 1.

287 *Raiser/Veil,* Recht der Kapitalgesellschaften (2015), § 62 I, Rn. 1.

288 *Servatius* spricht von einer „Doppelnatur“, Grigoleit AktG-*Servatius,* § 291, Rn. 22.

289 Für eine Einordnung des Beherrschungsvertrags zumindest auch als Schuldvertrag z.B. Emmerich/Habersack, Aktien- und GmbH-Konzernrecht-*Emmerich,* § 291, Rn. 39; AktG Großkomm.-*Mülbert,* § 291, Rn. 20 ff.

290 Vgl. BGH, Urt. v. 14.12.1987 – II ZR 170/87, NJW 1988, 1326; BGH, Beschluss v. 24.10.1988 – II ZB 7/88, NJW 1989, 295, 296; BGH Beschluss v. 30.01.1992 – II ZB 15/91, NJW 1992, 1452, 1454;

Einordnung als Organisationsvertrag, handelt es sich bei den Unternehmensverträgen gemäß § 291 AktG um eine eigenständige Vertragskategorie, die von schuldrechtlichen und dinglichen Verträgen zu unterscheiden ist und die besonderen Regelungen unterliegt.[291] Unabhängig davon, ob man Unternehmensverträge als Organisationsverträge einordnet, bewirken Unternehmensverträge gemäß § 291 AktG in jedem Fall eine Strukturänderung. Dies grenzt sie von – auf schuldrechtlichen Gesellschaftervereinbarungen basierenden – „Gesellschaften in der Gesellschaft“ ab.[292]

Weniger eindeutig verhält es sich bei der Abgrenzung zu den sogenannten „anderen Unternehmensverträgen“ nach § 292 AktG.[293] Hierunter werden die Gewinngemeinschaft (§ 292 I Nr, 1 AktG), der Teilgewinnabführungsvertrag (§ 292 I Nr. 2 AktG), der Betriebspacht- und der Betriebsüberlassungsvertrag (§ 292 I Nr. 3 AktG) verstanden, die wie die Beherrschungs- und Gewinnabführungsverträge zwar eine Anwendung des Regimes der §§ 293-299 AktG zur Folge haben, jedoch grundsätzlich keine besonderen Schutzvorrichtungen zugunsten der Gesellschaft, ihrer Gesellschafter und ihrer Gläubiger bieten.[294] Diese vier Unternehmensverträge werden nach allgemeiner Ansicht grundsätzlich als schuldrechtliche Austauschverträge qualifiziert[295] und können aufgrund ihrer ausgeprägten schuldrechtlichen Elemente eine besondere Ähnlichkeit zu schuldrechtlichen Gesellschaftervereinbarungen aufweisen.[296] Jedoch handelt es sich bei den hier abzugrenzenden schuldrechtlichen Gesellschaftervereinbarungen nicht nur um einfache Austauschverträge, sondern – wie bereits erläutert –

Praël, Eingliederung und Beherrschungsvertrag als körperschaftliche Rechtsgeschäfte (1978), 72 ff., 81 ff.; *Veil,* Unternehmensverträge (2003), 184, 200 ff.; *Raiser/Veil,* Recht der Kapitalgesellschaften (2015), § 62 I, Rn. 5; MüKoAktG-*Altmeppen*, § 291, Rn. 27; Hüffer/Koch AktG-*Koch*, § 291, Rn. 17; BeckOGKAktG-*Veil/Walla*, § 291 Beherrschungsvertrag. Gewinnabführungsvertrag, Rn. 30 f.; Grigoleit AktG-*Servatius*, § 291, Rn. 23; *Lutter/Hommelhoff*, NJW 1988, 1240, 1241.

291 *Raiser/Veil,* Recht der Kapitalgesellschaften (2015), § 62 I, Rn. 5; vgl. auch BGHZ 103, 1, Juris-Rn. 12; 105, 324, Juris-Rn. 10 ff.

292 So im Ergebnis auch BeckOK GmbHG-*Trölitzsch*, § 53 Anhang Gesellschaftervereinbarungen, Rn. 1b.1; *Dürr,* Nebenabreden im Gesellschaftsrecht (1994), 11 f.

293 Zu der Schwierigkeit die anderen Unternehmensverträge gemäß § 292 AktG von anderen Verträge abzugrenzen Grigoleit AktG-*Servatius*, § 292, Rn. 1; zu der Problematik insbesondere hinsichtlich schuldrechtlicher Gesellschaftervereinbarungen *Schön,* Schuldrechtliche Gesellschaftervereinbarungen in der Gesellschaft mit beschränkter Haftung unter besonderer Berücksichtigung der Rechtsnachfolge (2018), 25, Fn. 18.

294 Vgl. MüKoAktG-*Altmeppen*, § 292, Rn. 1.

295 RegBegr-*Kropff*, § 292, 378; *Emmerich/Habersack/Lüdeking,* Konzernrecht (2023), § 13, Rn. 2; MüKoAktG-*Altmeppen*, § 292, Rn. 7; Emmerich/Habersack, Aktien- und GmbH-Konzernrecht-*Emmerich*, § 292, Rn. 4, Grigoleit AktG-*Servatius*, § 292, Rn. 1.

296 Vgl. *Schön,* Schuldrechtliche Gesellschaftervereinbarungen in der Gesellschaft mit beschränkter Haftung unter besonderer Berücksichtigung der Rechtsnachfolge (2018), 25, Fn. 18.

um Gesellschaftsverträge einer BGB-Gesellschaft.[297] Im Rahmen eines Gesellschaftsvertrags erbringen die Gesellschafter zwar unter anderem – wie bei einem Austauschvertrag – deshalb ihre Beitragsleistung, damit ihre Mitgesellschafter auch leisten. Vor allem aber erbringen sie ihre Leistung, um die Erreichung des gemeinsamen Zwecks zu fördern.[298] Allerdings ist auch eine Gewinngemeinschaft gemäß § 292 I Nr. 1 AktG, die nicht nur der Konzerneingliederung einer der beteiligten Unternehmen dient, eine (Innen-)Gesellschaft gemäß § 705 BGB.[299] Somit ist zumindest dieser Unternehmensvertrag auch Gesellschaftsvertrag einer BGB-Gesellschaft.

Grundsätzlich führen andere Unternehmensverträge nach § 292 AktG weder zu einer Lockerung der gesetzlichen Vermögensbindung noch zu einer Durchbrechung der alleinigen Zuständigkeit des Vorstands gemäß § 76 I AktG, weshalb sie insofern die wirtschaftliche Eigenständigkeit der beteiligten Unternehmen unberührt lassen.[300] Sie bezwecken jedoch eine strukturelle Änderung der Organisations- und Finanzverfassung der Parteien.[301] Häufig kann auch der Abschluss eines anderen Unternehmensvertrags auf Grundlage des § 292 AktG mit „schwerwiegende(n) Eingriffe(n) in die Verfassung der Gesellschaft verbunden"[302] sein. Sie eignen sich durchaus auch zum Aufbau eines Konzerns.[303] Somit können Unternehmensverträge gemäß § 292 AktG – neben den schuldrechtlichen – zusätzlich organisationsrechtliche Elemente enthalten,[304] weshalb *Mülbert* die Bezeichnung „strukturänderungsgestaltender

---

297 Vgl. *Joussen,* Gesellschafterabsprachen neben Satzung und Gesellschaftsvertrag (1995), § 3, 64.

298 Vgl. BGH NJW 1951, 308; *Ballerstedt,* JuS 1963, 253 f.; *Westermann,* Vertragsfreiheit und Typengesetzlichkeit im Recht der Personengesellschaften (1970), 15 ff.; *Joussen,* Gesellschafterabsprachen neben Satzung und Gesellschaftsvertrag (1995), § 3, 64.

299 *Emmerich/Habersack/Lüdeking,* Konzernrecht (2023), § 13, Rn. 11; *Raiser/Veil,* Recht der Kapitalgesellschaften (2015), § 64 II, Rn. 7; Henssler/Strohn-*Paschos,* § 292 AktG, Rn. 5; Hüffer/Koch AktG-*Koch*, § 292, Rn. 2.

300 Vgl. Emmerich/Habersack, Aktien- und GmbH-Konzernrecht-*Emmerich*, § 292, Rn. 4.

301 AktG Großkomm.-*Mülbert*, § 292, Rn. 11.

302 *Emmerich/Habersack/Lüdeking,* Konzernrecht (2023), § 13, Rn. 3; Emmerich/Habersack, Aktien- und GmbH-Konzernrecht-*Emmerich*, § 292, Rn. 5.

303 *Emmerich/Habersack/Lüdeking,* Konzernrecht (2023), § 13 I, Rn. 3; Emmerich/Habersack, Aktien- und GmbH-Konzernrecht-*Emmerich*, § 292, Rn. 5; AktG Großkomm.-*Mülbert*, § 292, Rn. 10; Hüffer/Koch AktG-*Koch*, § 292, Rn. 2; aA lediglich eine Stabilisierung oder Verstärkung eines Konzerns durch die sogenannten anderen Unternehmensverträge annehmend *Raiser/Veil,* Recht der Kapitalgesellschaften (2015), § 64, Rn. 2.

304 Vgl. Emmerich/Habersack, Aktien- und GmbH-Konzernrecht-*Emmerich*, § 292. Rn. 6; *Schön,* Schuldrechtliche Gesellschaftervereinbarungen in der Gesellschaft mit beschränkter Haftung unter besonderer Berücksichtigung der Rechtsnachfolge (2018), mit Verweis auf die materielle Satzungsqualität der Unternehmensverträgen; ähnlich und darüber hinaus sogar teilweise Qualifizierung als Organisationsverträge BeckOGKAktG-*Veil/Walla*, § 291 Beherrschungsvertrag. Gewinnabführungsvertrag, Rn. 31; *Veil,* Unternehmensverträge (2003), 200 ff.; *Raiser/Veil,* Recht der Kapitalgesellschaften (2015), § 64, Rn. 2.

zweiseitiger Schuldvertrag“[305] wählt und andere Autoren zumindest auch eine Einordnung als Organisationsverträge vornehmen.[306] Auch andere Unternehmensverträge bewirken also eine Strukturänderung bei einer bestehenden Gesellschaft. Die korporativen Elemente des Gesellschaftsvertrags einer „Gesellschaft in der Gesellschaft“ hingegen beziehen sich auf die innere Struktur der Binnengesellschaft und bewirken keine Strukturänderung auf der Ebene der Hauptgesellschaft. Somit sind auch diese Unternehmensverträge von schuldrechtlichen Gesellschaftervereinbarungen in Gestalt von „Gesellschaften in der Gesellschaft“ abzugrenzen.[307]

III. Treuhand

Eine weitere Abgrenzung ist in diesem Zusammenhang zwischen der „Gesellschaft in der Gesellschaft“ und der fiduziarischen Treuhand bzw. Vollrechtstreuhand vorzunehmen. *Noack* weist in seiner Habilitation über Gesellschaftervereinbarungen darauf hin, dass die Beteiligung Dritter an Gesellschaftervereinbarungen in mehreren Konstellationen vorkommen kann und dass dieses „Geflecht (…) weiter kompliziert (wird) durch die Figur des mittelbaren Gesellschafters, also des Treugebers, Unterbeteiligten oder Nießbrauchers.“[308] Diese Ausführung bringt die Figur der „mittelbaren Beteiligung“[309] zwar in den Zusammenhang mit Gesellschaftervereinbarungen und einer Beteiligung Dritter, jedoch erfolgt keine weitere Einordnung oder Erläuterung. Es stellt sich die Frage, wie sich die Figur der Treuhand zu der Kategorie der „Gesellschaft in der Gesellschaft“ verhält.

Im Rahmen einer echten Treuhandvereinbarung ist der Treuhänder rechtlich gesehen Vollrechtsinhaber des Gesellschaftsanteils.[310] Dieser nach außen bestehende Überschuss an Rechtsmacht wird im Innenverhältnis durch die schuldrechtliche Treuhandvereinbarung mit dem Treugeber eingeschränkt.[311] Bei einer Treuhand an einem Gesellschaftsanteil wird regelmäßig zwischen dem Treugeber und dem Treuhänder die schuldrechtliche Vereinbarung

---

305 AktG Großkomm.-*Mülbert*, § 292, Rn. 10 f.

306 *Ulmer*, ZGR 1978, 457, 468 Fn. 54, der die Einordnung als reinen Organisationsvertrag vertritt; *Veil,* Unternehmensverträge (2003), 200 ff.; *Raiser/Veil,* Recht der Kapitalgesellschaften (2015), § 64, Rn. 2; AktG Großkomm.-*Mülbert*, § 292, Rn. 10.

307 So im Ergebnis auch *Ulmer*, NJW 1987, 1849, 1850; BeckOK GmbHG-*Trölitzsch*, § 53 Anhang Gesellschaftervereinbarungen, Rn. 1b.1; *Dürr,* Nebenabreden im Gesellschaftsrecht (1994), 11 f.

308 *Noack,* Gesellschaftervereinbarungen bei Kapitalgesellschaften (1994), 34.

309 Treuhand als Gestaltungsmittel der mittelbaren Beteiligung, MüKoHGB-*K. Schmidt*, vor § 230, Rn. 34.

310 *Breuer*, MittRhNotK 1988, 79.

311 *Breuer*, MittRhNotK 1988, 79.

getroffen, dass der Treuhänder zwar aus der rechtlichen Perspektive Gesellschafter ist, wirtschaftlich betrachtet jedoch der Treugeber behandelt wird, als sei dieser Gesellschafter.[312]

Der Unterschied zwischen einer treuhänderischen Übertragung eines Anteils und einer „Gesellschaft in der Gesellschaft“ besteht darin, dass die Vereinbarungen auf verschiedenen Ebenen stattfinden. Während bei einer Treuhand durch den Treugeber vertikal Rechte am eigenen Gesellschaftsanteil an den Treuhänder übertragen werden, koordinieren die Gesellschafter einer „Gesellschaft in der Gesellschaft“ auf horizontaler Ebene Mitgliedschaftsrechte und halten diese weiterhin in eigenen Händen. Bei einer Treuhand findet also eine tatsächliche Übertragung von Rechten auf den Treuhänder statt, wohingegen bei der „Gesellschaft in der Gesellschaft“ die Mitgliedschaftsrechte unverändert den Gesellschaftern zustehen, diese jedoch einer „Harmonisierung“ unterzogen werden.

IV. Die Beteiligung Dritter an einer „Gesellschaft in der Gesellschaft“

Der Gesellschafterkreis einer „Gesellschaft in der Gesellschaft“ besteht regelmäßig ausschließlich aus Teilen des Gesellschafterkreises der Hauptgesellschaft oder gleicht diesem. Die Aufnahme gesellschaftsfremder Dritter[313] schließt die Einordnung als „Gesellschaft in der Gesellschaft“ jedoch nach vorliegender Ansicht nicht aus. Letzterer Fall ist aber nicht Untersuchungsgegenstand der vorliegenden Arbeit. Es wird dennoch auf die hierzu geführte Diskussion eingegangen.

Ob eine Gesellschaftervereinbarung auch unter Beteiligung gesellschaftsfremder Dritter zustande kommen kann und wann die Grenze zu einem sogenannten „Drittgeschäft“ zu ziehen ist, ist umstritten. *Noack* beantwortet diese Frage nicht abschließend, sondern stellt lediglich fest, dass zumindest *ein* Gesellschafter an der Vereinbarung beteiligt sein muss, damit es sich hierbei um eine Gesellschaftervereinbarung handeln kann.[314] Als Dritte kämen beispielsweise die Gesellschaft selbst, der Gesellschaft nahestehende Dritte, wie zum Beispiel Organmitglieder, oder gesellschaftsfremde Dritte in Betracht.[315] In anderen Teilen der

---

312 MHLS GmbHG-*Ebbing*, § 15, Rn. 206; *Weigl,* Stille Gesellschaft, Treuhand und Unterbeteiligung (2012), A. IV. 1., 23.

313 „Gesellschaftsfremd“ gegenüber der Hauptgesellschaft.

314 *Noack,* Gesellschaftervereinbarungen bei Kapitalgesellschaften (1994), 33 f.

315 *Noack,* Gesellschaftervereinbarungen bei Kapitalgesellschaften (1994), 34; *Schön,* Schuldrechtliche Gesellschaftervereinbarungen in der Gesellschaft mit beschränkter Haftung unter besonderer Berücksichtigung der Rechtsnachfolge (2018), 92.

Literatur wird hingegen jede Beteiligung Dritter abgelehnt und der Begriff Gesellschaftervereinbarung wortgetreu als Vereinbarung verstanden, an der lediglich Gesellschafter beteiligt sein können.[316] Andere Stimmen lassen zwar eine Beteiligung von Nichtgesellschaftern zu, halten jedoch wiederum eine Beteiligung der Gesellschaft selbst und ihrer Organmitglieder für ausgeschlossen.[317] Eine Differenzierung nach der Person des beteiligten Dritten ist jedoch nicht sinnvoll, weil eine Gesellschaftervereinbarung nicht dadurch gekennzeichnet ist, dass ausschließlich Gesellschafter an ihr beteiligt sind. Charakteristisch für eine Gesellschaftervereinbarung ist, dass sie einen inneren Zusammenhang zu einer bestehenden Gesellschaft aufweist und in Bezug auf diese abgeschlossen wird. Dieses korporationsrechtliche Element liegt regelmäßig vor, wenn ausschließlich Gesellschafter der bestehenden Gesellschaft an der Vereinbarung beteiligt sind. Es ist demnach sinnvoll, die Beteiligung zumindest eines Gesellschafters zu verlangen.[318] Zu beachten ist jedoch, dass auch Gesellschafter sich „wie beliebige Dritte“ in einer Vereinbarung gegenüberstehen können.[319] Dies ist abhängig von dem Inhalt der konkreten Vereinbarung. Aus diesem Grund kann nicht der beteiligte Personenkreis als Abgrenzungskriterium dienen, vielmehr muss die Vereinbarung im Einzelfall auf einen Zusammenhang mit der Hauptgesellschaft und ihrer Satzung bzw. ihres Gesellschaftsvertrags untersucht werden.

Dieses Ergebnis lässt sich auf den Anwendungsbereich der „Gesellschaft in der Gesellschaft“ übertragen, weshalb auch eine Beteiligung Dritter an dieser möglich sein kann. Insbesondere aus der Hauptgesellschaft ausgeschiedene Gesellschafter können demnach Gesellschafter der Binnengesellschaft sein.[320] Die praktische Relevanz der Beteiligung Dritter ist jedoch nicht sehr hoch, weshalb auf ihre Möglichkeit zwar hingewiesen, auf eine weitere Vertiefung auch im Zusammenhang mit den folgenden Problematiken aber verzichtet wird.[321]

---

316 *Milch,* Schuldrechtliche Absprachen in der GmbH. Zur Reichweite des Trennungsprinzips (2004), 17.

317 *Ehricke,* Schuldvertragliche Nebenabreden zu GmbH-Gesellschaftsverträgen. Deutsches Schweizer und englisches Recht im Vergleich (2004), 18; Scholz GmbHG, 10. Auflage-*Emmerich*, § 3, Rn. 116; *Milch,* Schuldrechtliche Absprachen in der GmbH. Zur Reichweite des Trennungsprinzips (2004), 17, die beides für ausgeschlossen hält.

318 So auch i.E. *Noack,* Gesellschaftervereinbarungen bei Kapitalgesellschaften (1994), 34; *König,* Der satzungsergänzende Nebenvertrag. Eine rechtsvergleichende Untersuchung zum außerstatutarischen Gesellschaftsorganisationsrecht nach deutschem, französischem und schweizerischem Recht (1996), 22.

319 *Dürr,* Nebenabreden im Gesellschaftsrecht (1994), 9 f.

320 Vgl. *Ehricke,* Schuldvertragliche Nebenabreden zu GmbH-Gesellschaftsverträgen. Deutsches Schweizer und englisches Recht im Vergleich (2004), 18.

321 Vgl. zur Seltenheit auch *Ehricke,* Schuldvertragliche Nebenabreden zu GmbH-Gesellschaftsverträgen. Deutsches Schweizer und englisches Recht im Vergleich (2004), 18.

2. Kapitel: Der Streit zwischen Trennungs- und Einheitsthese

A. Allgemeines zu der Ebene der Hauptgesellschaft und der Ebene der „Gesellschaft in der Gesellschaft“

I. Die Unterscheidung zwischen zwei Ebenen und die Terminologie

Nachdem die „Gesellschaft in der Gesellschaft“ und ihre Hauptmerkmale sowie ihre verschiedenartigen Ausgestaltungsmöglichkeiten beleuchtet wurden, soll nun ein Schritt auf eine höhere Abstraktionsebene gemacht werden. Entsteht eine „Gesellschaft in der Gesellschaft“, existieren zwei Gesellschaften auf engstem Raum mit – zumindest partieller – Gesellschafteridentität. Beide Gesellschaften bilden eine Ebene mit einem jeweiligen Regelungsbereich. Es kann also zwischen der Ebene der Hauptgesellschaft und der Ebene der „Gesellschaft in der Gesellschaft“ unterschieden werden.[322] In welchem Verhältnis diese beiden Ebenen zueinanderstehen und ob und welche Wechselwirkungen zwischen den Regelungsbereichen stattfinden, ist Gegenstand eines langjährigen Theorienstreits. Die Diskussion wird vor allem für Hauptgesellschaften in Form von Kapitalgesellschaften geführt.[323] Dies ist unter anderem darauf zurückzuführen, dass Gesellschaftervereinbarungen bei Personengesellschaften aufgrund der fehlenden Publizitätspflichten sowie der Gestaltungsfreiheit und Flexibilität des Personengesellschaftsrechts hinsichtlich der Gesellschaftsverträge, seltener auftauchen.[324] Darüber hinaus ist gerade die für das Kapitalgesellschaftsrecht charakteristische Selbstständigkeit der juristischen Person der zentrale Anknüpfungspunkt der genannten Diskussion um das Verhältnis der Ebenen.[325] So wird im Rahmen des Theorienstreits darüber diskutiert, inwieweit sich das Trennungsprinzip und die hieraus resultierende Selbstständigkeit der juristischen Person gegenüber ihren Mitgliedern auf die rechtliche Behandlung von Abreden zwischen den

322 Nicht korrekt wäre die Unterscheidung zwischen einer schuldrechtlichen und korporativen Ebene, wie dies teilweise in der Literatur gemacht wird da auch die „schuldrechtliche“ Ebene der Gesellschaftervereinbarung korporativ ausgestaltet werden kann. Vorliegend sollen auch gerade nur die Gesellschaftervereinbarungen betrachtet werden, die korporativ ausgestaltet sind und Grundlage einer „Gesellschaft in der Gesellschaft“ sind.

323 *Söntgerath,* Vermittelte Mehrheit. Eine systematische Untersuchung des Rechts der satzungsergänzenden Nebenverträge, Beteiligungsgesellschaften und Vertreterklauseln (2010), 343 f.

324 Vgl. *Schön,* Schuldrechtliche Gesellschaftervereinbarungen in der Gesellschaft mit beschränkter Haftung unter besonderer Berücksichtigung der Rechtsnachfolge (2018), 23; auf die Seltenheit im Personengesellschaftsrecht hinweisend auch *Söntgerath,* Vermittelte Mehrheit. Eine systematische Untersuchung des Rechts der satzungsergänzenden Nebenverträge, Beteiligungsgesellschaften und Vertreterklauseln (2010), 31; vgl. auch *A. Hueck,* FS Nipperdey (1965), 401, 408.

325 Vgl. *Söntgerath,* Vermittelte Mehrheit. Eine systematische Untersuchung des Rechts der satzungsergänzenden Nebenverträge, Beteiligungsgesellschaften und Vertreterklauseln (2010), 343 f.

F. Lurz, *Die Gesellschaft in der Gesellschaft*, Schriften zum Stiftungs- und Gemeinnützigkeitsrecht, https://doi.org/10.1007/978-3-658-51537-9_3

Gesellschaftern auswirkt.[326] Deshalb wurde vorliegend der Untersuchungsgegenstand eingegrenzt.[327]

Terminologisch wird in der Literatur teilweise zwischen einer schuldrechtlichen Ebene der außerstatutarischen Gesellschaftervereinbarungen und einer korporativen Ebene der Hauptgesellschaft unterschieden.[328] Eine derartige Terminologie könnte den missverständlichen Eindruck vermitteln, die schuldrechtliche Ebene könne selbst keine organisationsrechtlichen Elemente aufweisen. Jedoch enthalten gerade die vorliegend untersuchten Gesellschaftervereinbarungen in der Rolle des Gesellschaftsvertrags einer BGB-Gesellschaft organisationsrechtliche Elemente.[329] Dementsprechend wird in dieser Arbeit von einer terminologischen Unterscheidung zwischen einer *schuldrechtlichen* und einer *korporativen* Ebene abgesehen.

II. Die Unterschiede der beiden Ebenen

Für den Fall, dass es sich bei der Hauptgesellschaft um eine Kapitalgesellschaft handelt, unterliegen die beiden Gesellschaften beziehungsweise Regelungsebenen verschiedenen Regelungswerken, die unterschiedliche Anforderungen beispielsweise an die Gründung, Änderung, Auslegung und Übertragung stellen.[330] Während für die „Gesellschaft in der Gesellschaft" regelmäßig das Personengesellschaftsrecht, genauer die §§ 705 ff. BGB, Anwendung finden, unterliegt die Hauptgesellschaft als juristische Person dem Kapitalgesellschaftsrecht. Juristische Personen haben im Gegensatz zu Personengesellschaften eine eigene Rechtspersönlichkeit (vgl. §§ 13 I GmbHG und §§ 1, 278 I AktG).[331] Eine Innengesellschaft

---

326 Vgl. *Söntgerath,* Vermittelte Mehrheit. Eine systematische Untersuchung des Rechts der satzungsergänzenden Nebenverträge, Beteiligungsgesellschaften und Vertreterklauseln (2010), 343 f.

327 Vgl. Kapitel 1, B., S. 41 ff.

328 So beispielsweise die Terminologie *Söntgerath,* Vermittelte Mehrheit. Eine systematische Untersuchung des Rechts der satzungsergänzenden Nebenverträge, Beteiligungsgesellschaften und Vertreterklauseln (2010), 344, der jedoch die Kritik an dieser Terminologie auch anschneidet; *Groß-Bölting,* Gesellschaftervereinbarungen in der Aktiengesellschaft (2011), 66.

329 Vgl. *Zöllner* empfiehlt den Begriff „schuldrechtlich" im Zusammenhang mit Gesellschaftervereinbarungen zu vermeiden, da er zu falschen Assoziationen führen könne, *Zöllner,* RWS-Forum 8, Gesellschaftsrecht 1995, 89, 90; diese Kritik anerkennend, weil ein Nebenvertrag korporative Elemente enthalten kann, *Söntgerath,* Vermittelte Mehrheit. Eine systematische Untersuchung des Rechts der satzungsergänzenden Nebenverträge, Beteiligungsgesellschaften und Vertreterklauseln (2010), 344; bereits ausführlich zu der Möglichkeit organisationsrechtlicher Elemente Kapitel 1, B.II., S. 44 ff.

330 *Ulmer*, NJW 1987, 1849, 1851; *Baumann/Reiß*, ZGR 1989, 175, 158 f.; *Winter*, ZHR 1990, 259, 263.

331 Vgl. *K. Schmidt,* Gesellschaftsrecht (2002), § 8 II, 186 ff.; *Drygala/Staake/Szalai,* Kapitalgesellschaftsrecht, Mit Grundzügen des Konzern- und Umwandlungsrechts (2012), § 1 II 1., 4, Rn. 3; zum historischen Streit ob juristische Person eine fingierte Rechtspersönlichkeit ist oder eine real existierende Verbandspersönlichkeit vgl. *Friedrich Carl von Savigny* (Fiktionstheorie), *Savigny,*

bürgerlichen Rechts kann ohne Einhaltung besonderer Form- oder Publizitätsvorschriften gegründet werden (§§ 705 ff. BGB), für juristische Personen hingegen sieht das Kapitalgesellschaftsrecht besondere Form- und Publizitätserfordernisse vor.[332] So kann eine Kapitalgesellschaft – anders als eine GbR – nicht alleine durch den übereinstimmenden Willen der Gesellschafter zustande kommen. Für die vorliegende Arbeit sind in erster Linie die Regelungen des GmbHG und des AktG von Interesse, da die Hauptgesellschaft bei einer „Gesellschaft in der Gesellschaft" regelmäßig als GmbH oder AG ausgestaltet ist.[333] Die Satzung einer AG bedarf gemäß § 23 I 1 AktG der notariellen Feststellung und der Gesellschaftsvertrag einer GmbH der notariellen Beurkundung gemäß § 2 I 1 GmbHG. Darüber hinaus bedarf es bei beiden Gesellschaftsformen einer Eintragung in das Handelsregister (§§ 41 I AktG, 11 I GmbHG). Durch die Eintragung in das Handelsregister verselbstständigt sich die Satzung und wird zur Verfassung der Kapitalgesellschaft.[334] Satzungsändernde Beschlüsse benötigen eine Dreiviertel-Mehrheit (§§ 179 II AktG, 53 II 1 GmbHG), müssen gemäß §§ 179 I 1, 130 I 1 AktG und § 53 II 1 GmbHG notariell beurkundet werden und bedürfen zu ihrer Wirksamkeit auch einer Eintragung in das Handelsregister (§§ 41 I AktG und § 11 I GmbHG). Die Änderung des Gesellschaftsvertrags einer GbR setzt – soweit keine andere Regelung besteht – Einstimmigkeit, jedoch keine besondere Form voraus.[335] Weitere Unterschiede zwischen dem personengesellschaftsrechtlichen und kapitalgesellschaftsrechtlichen Regelungswerken bestehen zum Beispiel im Hinblick auf das Beschlussmängelrecht, welches für die AG (nach herrschender Meinung in analoger Anwendung für die GmbH) umfassend in §§ 241 ff. AktG geregelt ist.[336] Demgemäß führen Satzungsverstöße nicht automatisch zur Nichtigkeit, vielmehr löst eine Vielzahl von Verstößen eine Anfechtbarkeit aus.[337] Im Rahmen des

---

System des heutigen römischen Rechts Bd. II (1973), 238 f.; *Otto von Gierke* in *Gierke,* Deutsches Privatrecht I, Allgemeiner Teil und Personenrecht (Nachdruck 1936), 470 ff.

332 Vgl. *Flume,* Die juristische Person (1983), § 5, 142 ff.; *Drygala/Staake/Szalai,* Kapitalgesellschaftsrecht, Mit Grundzügen des Konzern- und Umwandlungsrechts (2012), § 1 II 2., 5, Rn. 4.

333 Vgl. *Schön,* Schuldrechtliche Gesellschaftervereinbarungen in der Gesellschaft mit beschränkter Haftung unter besonderer Berücksichtigung der Rechtsnachfolge (2018), 23, die eine Relevanz insbesondere für mittelständische GmbHs annimmt; auf die Seltenheit im Personengesellschaftsrecht hinweisend auch , *Söntgerath,* Vermittelte Mehrheit. Eine systematische Untersuchung des Rechts der satzungsergänzenden Nebenverträge, Beteiligungsgesellschaften und Vertreterklauseln (2010), 31 f., 343 f.

334 Vgl. BGHZ 47, 172, 179, zur Verselbstständigung der Satzung als körperschaftliche Verfassung beim Verein; *Flume,* Die juristische Person (1983), § 9 I, 317; *Ulmer*, NJW 1987, 1849, 1850.

335 Vgl. *Noack,* Gesellschaftervereinbarungen bei Kapitalgesellschaften (1994), 62.

336 *Drygala/Staake/Szalai,* Kapitalgesellschaftsrecht, Mit Grundzügen des Konzern- und Umwandlungsrechts (2012), § 21, Rn. 284; analoge Anwendung für GmbH § 11, Rn. 167.

337 Vgl. *Drygala/Staake/Szalai,* Kapitalgesellschaftsrecht, Mit Grundzügen des Konzern- und Umwandlungsrechts (2012), § 21, Rn. 284 ff.

Personengesellschaftsrechts gab es bislang kein vergleichbares Beschlussmängelrecht, weshalb mangelhafte Beschlüsse grundsätzlich, soweit keine hiervon abweichenden Regelungen im Gesellschaftsvertrag bestanden, nichtig waren.[338] Mit dem MoPeG wurde jedoch ein Beschlussmängelrecht im Personenhandelsgesellschaftsrecht eingeführt. In den §§ 110 ff. HGB nF wird nun auch zwischen Nichtigkeit und Anfechtbarkeit von Beschlüssen unterschieden. Bei einer GbR bleibt es jedoch dabei, dass mangelhafte Beschlüsse grundsätzlich nichtig sind. Diese lediglich bespielhafte Aufzählung verdeutlicht die Verschiedenartigkeit der beiden Gesellschaften und demnach der beiden Ebenen.

III. Die Diskussion um das Verhältnis der beiden Ebenen

1. Einführung in die Problematik

Diese in ihrer Rechtsnatur unterschiedlichen Gesellschaften bestehen bei der Gründung einer „Gesellschaft in der Gesellschaft“ auf „engstem Raum“ nebeneinander. Zwischen ihnen besteht eine faktische Nähe: Zum einen handelt es sich bei dem Gesellschafterkreis der „Gesellschaft in der Gesellschaft“ regelmäßig um Teile oder die Gesamtheit des Gesellschafterkreises der Hauptgesellschaft. Zum anderen wird die „Gesellschaft in der Gesellschaft“ mittels des von den Gesellschaftern vereinbarten gemeinsamen Zwecks auf die Hauptgesellschaft ausgerichtet. Die „Gesellschaft in der Gesellschaft“ wird also in Bezug auf die Hauptgesellschaft gegründet,[339] beispielsweise, um auf Letztere Einfluss zu nehmen oder einen bestehenden Einfluss in der Hauptgesellschaft zu wahren.

Das zentrale und umstrittene Problem ist, wie diese tatsächliche Nähe der beiden Gesellschaften in Einklang mit den bestehenden Unterschieden der Ebenen zu bringen ist und welche Auswirkungen sowohl die rechtlichen Unterschiede als auch die faktische Nähe der Gesellschaften auf das Verhältnis der beiden Ebenen zueinander haben. Fraglich ist, wie die zwei Ebenen zueinander im Verhältnis stehen, ob beziehungsweise welche Wechselwirkungen zwischen den beiden Ebenen möglich sind. Das Verhältnis der Gesellschaften wird dann besonders relevant, wenn widersprüchliche Regelungen bestehen. Denkbar ist beispielweise,

---

338 *H. Wiedemann,* Gesellschaftsrecht II (2004), § 4 I 5, 322 f.

339 So zutreffend beschrieben als „causa societatis“ *Noack,* Gesellschaftervereinbarungen bei Kapitalgesellschaften (1994), 118; Ähnlich allgemein für alle Gesellschaftervereinbarungen *Söntgerath,* Vermittelte Mehrheit. Eine systematische Untersuchung des Rechts der satzungsergänzenden Nebenverträge, Beteiligungsgesellschaften und Vertreterklauseln (2010), 347, 370.

dass auf der Ebene der „Gesellschaft in der Gesellschaft“ Vereinbarungen getroffen werden, die Regelungen aus der Satzung der Hauptgesellschaft zuwiderlaufen. Im Hinblick auf derartige Konfliktfälle tauchen folgende Fragen auf: Handelt es sich um zwei völlig getrennt voneinander zu betrachtenden Ebenen, bei welchen Wechselwirkungen höchstens in Ausnahmefällen denkbar sind? Dominiert und verdrängt die eine Ebene möglicherweise die andere? Oder ist womöglich von einer, beide Gesellschaften umfassenden Einheit auszugehen, die von einem wechselseitigen Einfluss geprägt ist?

2. Historischer Überblick über die Diskussion und heutiger Stand

Diese Fragen werden in der Literatur und Rechtsprechung diskutiert. So ist das Verhältnis der beiden Gesellschaften Gegenstand einer langjährigen und weiterhin anhaltenden Debatte.[340] Die Diskussion wird allgemein für Gesellschaftervereinbarungen geführt. Es werden also auch solche Gesellschaftervereinbarungen umfasst, die keine „Gesellschaft in der Gesellschaft“ begründen. Somit ist der Streit weiter gefasst als der vorliegende Untersuchungsgegenstand.

Die Diskussion um das Verhältnis der beiden Ebenen wird weiterhin überwiegend für den Fall geführt, dass *alle* Gesellschafter der Hauptgesellschaft an der Gesellschaftervereinbarung beteiligt sind (sogenannte omnilaterale Gesellschaftervereinbarungen).[341] Die nachfolgenden Ausführungen sind also für solche „Gesellschaften in der Gesellschaft“ von Bedeutung, deren Gesellschafterkreis identisch mit dem der Hauptgesellschaft ist.

Als Ursprung der Debatte sind zwei BGH-Urteile aus den Jahren 1983[342] und 1987[343] zu nennen.[344] In diesen Entscheidungen bejahte der BGH die Anfechtbarkeit eines

[340] Die Frage wird meist im Zusammenhang mit Gesellschaftervereinbarungen generell diskutiert. Vorliegend sollen nur solche Gesellschaftervereinbarungen untersucht werden, die gleichzeitig den Gesellschaftsvertrag einer „Gesellschaft in der Gesellschaft“ darstellen, da es um das Verhältnis der zwei Gesellschaften gehen soll.

[341] Vgl. *Ulmer,* FS Röhricht (2005), 633, der darauf hinweist, dass die Einheitsthese überwiegend voraussetzt, dass alle Gesellschafter an der Vereinbarung beteiligt sind; *Schön,* Schuldrechtliche Gesellschaftervereinbarungen in der Gesellschaft mit beschränkter Haftung unter besonderer Berücksichtigung der Rechtsnachfolge (2018), 142, geht davon aus, dass die Diskussion ausschließlich für allseitige Gesellschaftervereinbarungen geführt wird. Dies ist zwar überwiegend der Fall, es gibt jedoch auch Überlegungen bezüglich fraktionierender Gesellschaftervereinbarungen s. *Zöllner,* RWS-Forum 8, Gesellschaftsrecht 1995, 89, 110.

[342] BGH Urt. v. 20.01.1983 – II ZR 243/81 (Nürnberg), NJW 1983, 1910, 1911, „Kerbnägel“.

[343] BGH, Urteil vom 27.10.1986 – II UR 240/85 (Frankfurt) = NJW 1987, 1890 ff., „Tunnelbau“.

[344] Vgl. *Ulmer,* FS Röhricht (2005), 633, 634.

Gesellschafterbeschlusses in einer GmbH, welcher unter Verstoß gegen eine Gesellschaftervereinbarung gefasst worden war, an der alle Gesellschafter der GmbH beteiligt waren. Der BGH nahm demnach einen Anfechtungsgrund für den Fall eines Verstoßes gegen eine allseitige Gesellschaftervereinbarung an. Er räumte damit allseitigen Gesellschaftervereinbarungen unmittelbaren Einfluss auf die Ebene der Hauptgesellschaft ein. Hieraus kann der Schluss gezogen werden, dass mit diesen Urteilen eine Anerkennung einer satzungsgleichen Qualität allseitiger Gesellschaftervereinbarungen einhergeht.[345]

Beide Entscheidungen wurden Gegenstand umfangreicher Kritik in der Literatur.[346] Bei Vertragsverstößen auf der Ebene der „Gesellschaft in der Gesellschaft" konnten nach allgemeiner Ansicht keine kapitalgesellschaftsrechtlichen Rechtsfolgen ausgelöst werden.[347] Demgemäß sollte bei einem vertragswidrigen, gegen eine Gesellschaftervereinbarung verstoßenden Abstimmen in der Hauptgesellschaft das kapitalgesellschaftsrechtliche Beschlussmängelrecht keine Anwendung finden, da es sich hierbei nicht um einen Verstoß gegen mitgliedschaftliche Rechte der Hauptgesellschaft handele.[348] Schließt man eine kapitalgesellschaftsrechtliche Rechtsfolge aus, ist bei einem Vertragsverstoß in der „Gesellschaft in der Gesellschaft" grundsätzlich das allgemeine Schuldrecht anwendbar, soweit die Regelungen für den Gesellschaftsvertrag geeignet sind, kein Ausschluss im Rahmen des Gesellschaftsvertrags stattfindet und keine spezielle Regelungen in den §§ 705 ff. BGB zu finden sind.[349] Ausgelöst werden können beispielsweise Erfüllungsansprüche oder Schadensersatzansprüche gemäß der §§ 280 ff. BGB.[350] Für eine mögliche Kündigung normieren §§ 725 und 726 BGB spezielle Regelungen.[351] Zurückbehaltungsrechte wie §§ 320 und 322 BGB finden hingegen nur bei typischen Austauschverträgen Anwendung und kommen für einen Gesellschaftsvertrag nicht in Betracht.[352] Diese, die Ebenen getrennt betrachtende Ansicht entspricht heute noch der herrschenden Meinung und wird inzwischen als *Trennungsthese* bezeichnet.[353] Es existieren viele unterschiedliche Ausprägungen dieser These. Der Grundkonsens der

---

345 *Winter*, ZHR 1990, 259, 260 f.; hierzu ausführlich an späterer Stelle Kapitel 3, D.III.1.a), S. 210 ff.
346 Vgl. *Ulmer,* FS Röhricht (2005), 633, 634.
347 Vgl. *Winter*, ZHR 1990, 259, 260 f., 264 f.
348 Vgl. *Winter*, ZHR 1990, 259, 264 f.
349 Allgemein zum anwendbaren Recht bei Vertragsverletzungen *H. Wiedemann,* Gesellschaftsrecht II (2004), § 2 I 2, 96 ff.; speziell bei Gesellschaftervereinbarungen *Winter*, ZHR 1990, 259, 264 f.
350 Allgemein zum anwendbaren Recht bei Vertragsverletzungen *H. Wiedemann,* Gesellschaftsrecht II (2004), § 2 I 2, 96 ff.; speziell bei Gesellschaftervereinbarungen *Winter*, ZHR 1990, 259, 264 f.
351 Vgl. Kündigung als Rechtsfolge *Winter*, ZHR 1990, 259, 264 f.
352 *H. Wiedemann,* Gesellschaftsrecht II (2004), § 2 II 1, 98.
353 Z.B. *Ulmer,* FS Röhricht (2005), 633, 652.

Trennungsthese besteht jedoch darin, dass Gesellschaftervereinbarung und Hauptgesellschaft parallel existieren, aber weitestmöglich strikt voneinander zu trennen sind.[354]

Im Jahre 1994 wandte sich *Noack* in seinem viel zitierten Werk „*Gesellschaftervereinbarungen bei Kapitalgesellschaften*" von der getrennten Einordnung der beiden Ebenen ausdrücklich ab.[355] In diesem Werk sprach er erstmals von einer „Verbandsordnung im weiteren Sinne"[356] und einer „Einheit und Hierarchie der verbandlichen Regelungsquellen"[357]. Damit wurde er zum Begründer des später als *Einheitstheorie*[358] bezeichneten Dogmas als Gegenstück zur *Trennungsthese*[359]. Dieses Werk entfachte die nach den Urteilen in den Jahren 1983 und 1987 bereits anklingende Diskussion um das Verhältnis der beiden Ebenen erneut. Der Meinungsstreit hatte daraufhin in den 1990er und den frühen 2000er Jahren seinen Höhepunkt. Veröffentlichungen aus den letzten Jahren und zwei jüngere Entscheidungen des BGH zeigen aber, dass das Thema nach wie vor hochaktuell ist und hinsichtlich der Frage nach dem Verhältnis der beiden Ebenen weiterhin Uneinigkeit und Diskussionsbedarf besteht.[360]

3. Komplexität des Streitstands und Kern der Problematik

Im Zuge der Quellensicht wurde deutlich, dass der Streit über das Verhältnis der Gesellschaftervereinbarungen zur Hauptgesellschaft komplex ist und aus vielen individuellen Ansichten besteht, die nicht immer eindeutig unter den zwei Theorien zusammengefasst werden können. So werden die Theorien und ihre Aussagen über das Verhältnis teilweise unterschiedlich interpretiert. Beispielsweise entnimmt *Söntgerath* der herrschenden Trennungsthese noch keine „unmittelbare Aussage über das Verhältnis der Ebenen", sondern lediglich

---

354 Zu den verschiedenen Ausprägungen der Trennungsthese Kapitel 2, B., S. 65 ff.

355 *Noack,* Gesellschaftervereinbarungen bei Kapitalgesellschaften (1994).

356 *Noack,* Gesellschaftervereinbarungen bei Kapitalgesellschaften (1994), 111.

357 *Noack,* Gesellschaftervereinbarungen bei Kapitalgesellschaften (1994), 118.

358 Zum Begriff beispielsweise *Ulmer,* FS Röhricht (2005), 633, 634 f.

359 Begriffsverwendung beispielsweise *Söntgerath,* Vermittelte Mehrheit. Eine systematische Untersuchung des Rechts der satzungsergänzenden Nebenverträge, Beteiligungsgesellschaften und Vertreterklauseln (2010), 350.

360 Vgl. BGH NZG 2010, 988; BGHZ 179, 13 – „Schutzgemeinschaftsvertrag II" = NZW 2009, 669; *Schön,* Schuldrechtliche Gesellschaftervereinbarungen in der Gesellschaft mit beschränkter Haftung unter besonderer Berücksichtigung der Rechtsnachfolge (2018), *Söntgerath,* Vermittelte Mehrheit. Eine systematische Untersuchung des Rechts der satzungsergänzenden Nebenverträge, Beteiligungsgesellschaften und Vertreterklauseln (2010) und *Groß-Bölting,* Gesellschaftervereinbarungen in der Aktiengesellschaft (2011), die zu unterschiedlichen Ergebnissen kommen; so auch *Schön,* Schuldrechtliche Gesellschaftervereinbarungen in der Gesellschaft mit beschränkter Haftung unter besonderer Berücksichtigung der Rechtsnachfolge (2018), 141.

eine Klarstellung der „Selbstständigkeit der korporativen Regelungssphäre“ und sieht in der Trennungsthese nicht automatisch einen Ausschluss jeglicher Wechselwirkungen zwischen den Ebenen.[361] Gemäß *Baumann* und *Reiß* hingegen sei nach der herrschenden Meinung das „Verhältnis klar“, da diese eine Trennung und ein „voneinander unabhängiges Eigenleben“ der beiden Ebenen beinhalte.[362] Dieses Beispiel zeigt, dass eine „klare“ Einigkeit innerhalb der Trennungsthese nicht besteht und die Positionen auch nicht klar voneinander abgegrenzt sind. So werden Fragen, inwiefern von einer strikten Trennung Ausnahmen zu machen sind und ob Wechselwirkungen zwischen den Ebenen stattfinden können, innerhalb der herrschenden Meinung und auch innerhalb des Einheitsdenkens unterschiedlich beantwortet.[363] Zwar kann der Trennungsthese – wie auch der Einheitsthese – nach vorliegender Ansicht durchaus eine Aussage über das Verhältnis der Ebenen im Grundsatz entnommen werden. Die Beantwortung der Frage, ob und welche Wechselwirkungen zwischen den Ebenen stattfinden, hat jedoch weitreichende Konsequenzen für das Verhältnis der beiden Regelungsebenen. Somit gehen zwar die Vertreter der jeweiligen These überwiegend von einem einheitlichen Grundsatz aus,[364] von dem sie aber – je nachdem wie viele Wechselwirkungen zwischen den Ebenen ausnahmsweise stattfinden sollen – in unterschiedlicher Weise abweichen. Dies führt dazu, dass innerhalb der jeweiligen Thesen völlig unterschiedliche Ansichten bestehen, wie das Verhältnis der Regelungsebenen konkret ausgestaltet ist.

Wie relevant die Frage nach den Wechselwirkungen für das konkrete Verhältnis der Regelungsbereiche ist, kann zum Beispiel anhand des Aspektes der Hierarchie veranschaulicht werden. Sowohl Vertreter der Einheits- als auch der Trennungsthese, gehen davon aus, dass die Regelungsebene der Gesellschaftervereinbarungen der Regelungsebene der Hauptgesellschaft unterzuordnen ist.[365] Andere Vertreter der beiden Theorien lehnen eine

---

361 *Söntgerath,* Vermittelte Mehrheit. Eine systematische Untersuchung des Rechts der satzungsergänzenden Nebenverträge, Beteiligungsgesellschaften und Vertreterklauseln (2010), 358.

362 *Baumann/Reiß*, ZGR 1989, 175, 212 mit Bezug auf , *Ulmer*, NJW 1987, 1849, 1850 f.

363 So zum Beispiel für die Trennungsthese zusammenfassend *Wicke*, DStR 2006, 1137, 1141; MüKoGmbHG-*Wicke*, § 3, Rn. 141; vgl. für die Einheitsthese die Ausführungen hierzu von *Schön,* Schuldrechtliche Gesellschaftervereinbarungen in der Gesellschaft mit beschränkter Haftung unter besonderer Berücksichtigung der Rechtsnachfolge (2018), 147 f.; allgemein hierzu auch *Ulmer,* FS Röhricht (2005), 633, 651.

364 So zum Beispiel zusammengefasst *Schön,* Schuldrechtliche Gesellschaftervereinbarungen in der Gesellschaft mit beschränkter Haftung unter besonderer Berücksichtigung der Rechtsnachfolge (2018), 143 mit Fn. 514; hierzu an späterer Stelle mehr.

365 Vgl. z.B. *Söntgerath,* Vermittelte Mehrheit. Eine systematische Untersuchung des Rechts der satzungsergänzenden Nebenverträge, Beteiligungsgesellschaften und Vertreterklauseln (2010) für die

grundsätzliche Subordination der Gesellschaftervereinbarungen ab und gehen von einem Gleichrang beider Regelungssphären aus.[366] Somit wird der Aspekt der Hierarchie innerhalb beider Thesen unterschiedlich behandelt. Ob von einem Subordinationsverhältnis oder einer Gleichordnung auszugehen ist, hat jedoch beachtliche Auswirkungen auf das konkrete Verhältnis der Regelungsebenen. Geht man von einer Trennung der Ebenen bei gleichzeitiger *Subordination* des Bereichs der Gesellschaftervereinbarungen aus, so schlagen im Falle widersprüchlicher Regelungen die Satzungsregeln der Hauptgesellschaft grundsätzlich durch. Geht man hingegen von einer Trennung und einer *Gleichordnung* der Regelungsquellen aus, wäre bei konsequenter und ausnahmsloser Anwendung dieser Ansicht von einer parallelen Wirksamkeit konkurrierender Regelungen im Rahmen des jeweiligen „Wirkungskreises" auszugehen. Dementsprechend könnten widersprüchliche Regelungen nebeneinander bestehen: Während den Satzungsregelungen hierbei korporative Wirkung zukäme, könnten widersprüchliche Gesellschaftervereinbarungen dennoch schuldrechtliche Wirkung entfalten. Gerade der Aspekt der Hierarchie verleiht also dem Verhältnis eine spezifische Struktur. Dennoch wird die Frage nach einer Hierarchie auch innerhalb der zwei „Lager" unterschiedlich beantwortet. Als Beispiel kann hierfür *Söntgerath* angeführt werden, der als Vertreter der Trennungsthese von einem Subordinationsverhältnis zwischen den Ebenen ausgeht,[367] während *Ulmer* und *Schön* beispielsweise zwar die Trennung der beiden Ebenen befürworten, aber eine Hierarchie zwischen ihnen ablehnen.[368] Dies zeigt auch, dass die Trennungsthese nicht unbedingt eine grundsätzliche Subordination der Gesellschaftervereinbarungen bedingt, wie dies *Westermann* beispielsweise annimmt.[369]

Trennungsthese, 370; vgl. z.B. *Noack,* Gesellschaftervereinbarungen bei Kapitalgesellschaften (1994), 118 für die Einheitsthese.

366 Vgl. *Ulmer,* FS Röhricht (2005), 633, 653 f. und *Schön,* Schuldrechtliche Gesellschaftervereinbarungen in der Gesellschaft mit beschränkter Haftung unter besonderer Berücksichtigung der Rechtsnachfolge (2018), 228 f.; vgl. ferner *Zöllner,* RWS-Forum 8, Gesellschaftsrecht 1995, 89, 111 für die Einheitsthese, der aber sowohl eine Subordination als auch eine Parallelität ablehnt; s. Kapitel 2, C.III.3., S. 121 ff.

367 Vgl. *Söntgerath,* Vermittelte Mehrheit. Eine systematische Untersuchung des Rechts der satzungsergänzenden Nebenverträge, Beteiligungsgesellschaften und Vertreterklauseln (2010), 370.

368 Vgl. *Ulmer,* FS Röhricht (2005), 633, 653 f.; *Schön,* Schuldrechtliche Gesellschaftervereinbarungen in der Gesellschaft mit beschränkter Haftung unter besonderer Berücksichtigung der Rechtsnachfolge (2018), 228 f.

369 *Westermann,* Hachenburg-Gedächtnisvorlesung 1994, 25, 32, ihm zufolge bedeute die Trennungsthese, dass Gesellschaftervereinbarungen nur dann ihre schuldrechtliche Wirkung entfalten, wenn sie nicht gegen Satzungsrecht verstoßen; er selbst vertritt jedoch eine eingeschränkte Form der Einheitsthese; hierzu mehr an späterer Stelle.

Weitere, für das Verhältnis der Ebenen maßgebliche Fragen sind zum Beispiel, ob die Satzung der Hauptgesellschaft im Lichte einer Gesellschaftervereinbarung ausgelegt werden kann, ob die gesellschaftsrechtliche Treuepflicht durch eine solche konkretisiert wird oder ob ein Verstoß gegen Gesellschaftervereinbarungen als potentieller Beschlussmangel anzusehen ist. Auch diese Probleme werden innerhalb der jeweiligen Thesen unterschiedlich behandelt.[370]

Nach außen hin scheint zwar eine Diskussion geführt zu werden, ob Gesellschaftervereinbarungen und dementsprechend „Gesellschaften in der Gesellschaft" strikt von der Hauptgesellschaft zu trennen oder ob sie einheitlich zu betrachten sind. Dahinter verbirgt sich jedoch der eigentliche Kern der Diskussion und die eigentliche Problematik: Wie ist – von dem Grundsatz der Trennung oder der Einheit ausgehend – mit Problemkonstellationen zu verfahren und welche Ausnahmen oder Abweichungen vom Grundsatz sind im Einzelfall zu machen? Welche Wechselwirkungen – rechtlicher, tatsächlicher, mittelbarer und/oder unmittelbarer Natur –[371] sind zwischen den Ebenen zuzulassen?

Um den aktuellen Streitstand abbilden zu können, reicht es daher nicht, die Meinungen in ihrer Grundaussage generell zusammenzufassen. Im Folgenden soll deshalb über die Zusammenfassung der Grundthesen des Streits hinaus eine ausführliche Untersuchung einzelner Ansichten erfolgen. Es gilt herauszufinden, was genau hinter den Begriffen „Trennungsthese" und „Einheitsthese" steht.

Im Lager der Trennungstheorie wird die Einheitsthese zwar manchmal als eine Art „Gespenst" dargestellt, welches das Kapitalgesellschaftsrecht und seine zentrale Wertungen auf den Kopf stelle.[372] Vorab wird hier jedoch die These aufgestellt, dass ein

---

370 So auch ähnlich *Wicke*, DStR 2006, 1137, 1141; MüKoGmbHG-*Wicke*, § 3, Rn. 141.

371 Unterscheidung rechtlicher und tatsächlicher Wechselwirkungen *Söntgerath,* Vermittelte Mehrheit. Eine systematische Untersuchung des Rechts der satzungsergänzenden Nebenverträge, Beteiligungsgesellschaften und Vertreterklauseln (2010), 347 f. und 375 f.; faktisch bzw. tatsächlich wird die Ebene der Hauptgesellschaft dadurch beeinflusst, dass Gesellschafter im Rahmen der „Gesellschaft in der Gesellschaft" eine Vorabstimmung treffen und sich an diese im Rahmen der Hauptgesellschaft halten; nach vorliegender Ansicht stellt auch die Durchsetzbarkeit einer solchen Stimmbindung eine tatsächliche Auswirkung dar; eine rechtliche Wechselwirkung liegt vor, wenn man eine Konkretisierung der Treuepflicht durch Gesellschaftervereinbarungen möglich hält oder in einem Verstoß gegen eine Gesellschaftervereinbarung einen Anfechtungsgrund sieht.

372 So zum Beispiel *Schön,* Schuldrechtliche Gesellschaftervereinbarungen in der Gesellschaft mit beschränkter Haftung unter besonderer Berücksichtigung der Rechtsnachfolge (2018), 148 f.

Trennungsdenken mit zahlreichen Ausnahmen und Durchbrechungen – so wie es teilweise in der Literatur und der Rechtsprechung vertreten wird – nicht mehr weit von einem Einheitsdenken entfernt ist.[373] Möglicherweise steht die ein oder andere Ausprägung des Trennungsdenkens dem Einheitsdenken sogar näher als einer strengen Anwendung der Trennungstheorie. Es wird die Prämisse aufgestellt, dass innerhalb der dargestellten Diskussion mehr Einigkeit besteht als dies der erste Eindruck vermittelt.[374] Es ist zu prüfen, ob eine Annäherung der beiden Thesen stattfindet und ob diese den Streit in seiner historisch gewachsenen Gestalt eventuell sogar erübrigt. Möglicherweise findet auch eine Verlagerung des Streits in Richtung der Frage nach einer Hierarchie zwischen den Ebenen statt.

B. Trennungsthese

I. Allgemein

Die „Trennungsthese"[375], auch als „Trennungsdenken"[376], „Trennungstheorie"[377], „Trennungsprinzip"[378] bezeichnet, stellt die heute herrschende Meinung dar. Diese ist von dem Grundgedanken geprägt, dass die grundlegenden Unterschiede zwischen den beiden Ebenen im Hinblick auf ihre Rechtsnatur, ihre Wirksamkeitsvoraussetzungen und ihre Wirkungen, eine Trennung der beiden Bereiche erfordern und, dass deshalb beide Ebenen nebeneinander, selbstständig und parallel bestehen.[379] Im Grundsatz bedeute dies, dass

373 Ähnlich im Ergebnis für den Fall, dass ein Hierarchieverhältnis zwischen den Ebenen angenommen werde *Söntgerath,* Vermittelte Mehrheit. Eine systematische Untersuchung des Rechts der satzungsergänzenden Nebenverträge, Beteiligungsgesellschaften und Vertreterklauseln (2010), 410, der dies mit den Schlagworten „*Trennung und Hierarchie* bzw. *Einheit und Hierarchie*" verdeutlicht; hier unterscheide sich „lediglich die „Ursache", die zu diesem Vorrangverhältnis führt"; nicht so weit gehend, aber dennoch die Tragweite des Theorienstreits in Frage stellend *Ulmer,* FS Röhricht (2005), 633, 650 ff.

374 So auch im Ergebnis *Ulmer,* FS Röhricht (2005), 633, 650; *Söntgerath,* Vermittelte Mehrheit. Eine systematische Untersuchung des Rechts der satzungsergänzenden Nebenverträge, Beteiligungsgesellschaften und Vertreterklauseln (2010), 410 f., lediglich die Rückwirkungsrichtung der beiden Ansätze sei umgekehrt.

375 z.B. *Ulmer,* FS Röhricht (2005), 633, 652.

376 z.B. *Ulmer,* FS Röhricht (2005), 633, 654.

377 z.B. *Ulmer,* FS Röhricht (2005), 633, 651.

378 z.B. *Ulmer*, NJW 1987, 1849, 1853.

379 *Ulmer*, NJW 1987, 1849, 1850 f.; *Dürr,* Nebenabreden im Gesellschaftsrecht (1994), 223; *Ehricke,* Schuldvertragliche Nebenabreden zu GmbH-Gesellschaftsverträgen. Deutsches Schweizer und englisches Recht im Vergleich (2004), 14 (GmbH); *Baumann/Reiß*, ZGR 1989, 175, 212; *Ulmer,* FS Röhricht (2005), 633, 635 ff.; *Wicke*, DStR 2006, 1137, 1141 (GmbH); *Söntgerath,* Vermittelte Mehrheit. Eine systematische Untersuchung des Rechts der satzungsergänzenden Nebenverträge, Beteiligungsgesellschaften und Vertreterklauseln (2010), 355; *Groß-Bölting,* Gesellschaftervereinbarungen in der Aktiengesellschaft (2011), 67 (AG); *Schön,* Schuldrechtliche Gesellschaftervereinbarungen in der Gesellschaft mit beschränkter Haftung unter besonderer Berücksichtigung der Rechtsnachfolge (2018), 143 f. (GmbH).

Gesellschafterabreden im Rahmen des Schuldrechts frei zwischen den Gesellschaftern vereinbart werden können, die Wirkung sei lediglich schuldrechtlicher – nicht korporativer – Natur, und gebunden seien ausschließlich die an der Vereinbarung Beteiligten.[380] Satzungsregelungen der Hauptgesellschaft hingegen, müssen den Wirksamkeitsvoraussetzungen des Kapitalgesellschaftsrechts genügen und entfalten dementsprechend korporative Wirkung.[381] Satzungsregelungen gelten auch für neu hinzukommende Gesellschafter, da die Satzung die losgelöste Verfassung der Hauptgesellschaft darstellt.[382] Wie strikt die Trennung vorzunehmen ist, hängt davon ab, inwiefern Ausnahmen und Durchbrechungen zugelassen werden. Diese Frage wird jedoch – wie bereits ausgeführt – von der Literatur und Rechtsprechung uneinheitlich beantwortet.[383] Somit bedeutet die Trennungsthese nicht, dass alle Wechselwirkungen per se ausgeschlossen sind.[384] Das Trennungsdenken legt lediglich den Grundsatz der Selbstständigkeit der beiden Ebenen fest.[385]

II. Dogmatische Herleitung

Ein zentraler Aspekt des Theorienstreits ist die dogmatische Herleitung und Legitimierung der Thesen. Diese wird bei der herrschenden Trennungsthese im kapitalgesellschaftsrechtlichen Trennungsprinzip gesehen.[386] Da viele Beiträge auf das GmbH-Recht beschränkt sind, wird die dogmatische Herleitung regelmäßig in § 13 I und II GmbHG

---

380 Statt vieler *Groß-Bölting,* Gesellschaftervereinbarungen in der Aktiengesellschaft (2011), 67 (AG); *Schön,* Schuldrechtliche Gesellschaftervereinbarungen in der Gesellschaft mit beschränkter Haftung unter besonderer Berücksichtigung der Rechtsnachfolge (2018), 143 f. (GmbH).

381 Vgl. statt vieler *Groß-Bölting,* Gesellschaftervereinbarungen in der Aktiengesellschaft (2011), 67 (AG); *Schön,* Schuldrechtliche Gesellschaftervereinbarungen in der Gesellschaft mit beschränkter Haftung unter besonderer Berücksichtigung der Rechtsnachfolge (2018), 143 f. (GmbH).

382 BGHZ 47, 172, 179 (Verein); *K. Schmidt,* Gesellschaftsrecht (2002), § 5 I, 76 f.

383 So auch *Wicke*, DStR 2006, 1137, 1141; MüKoGmbHG-*Wicke*, § 3, Rn. 141.

384 Vgl. *Winter,* RWS Forum 8, Gesellschaftsrecht 1995, 131, 133; *Söntgerath,* Vermittelte Mehrheit. Eine systematische Untersuchung des Rechts der satzungsergänzenden Nebenverträge, Beteiligungsgesellschaften und Vertreterklauseln (2010), 358; vgl. auch *König*, ZGR 2005, 417, 423 „rein tatsächliche Wechselwirkungen, die ohne Zweifel bestehen".

385 aA *Söntgerath,* der der Trennungsthese keine „unmittelbare Aussage" über das Verhältnis entnehmen will. Jedoch sieht er in der Trennungsthese auch die Betonung der Selbstständigkeit der beiden Ebenen. Somit liegt lediglich eine minimal zu unterscheidende Nuancierung vor; auch er sieht das Problem, dass der Grundsatz der Trennung noch nicht viel über das konkrete Verhältnis der beiden Ebenen aussagt, sondern dass es auf die Wechselwirkungen zwischen den Ebenen, die im Einzelfall möglich sein sollen, ankommt; *Söntgerath,* Vermittelte Mehrheit. Eine systematische Untersuchung des Rechts der satzungsergänzenden Nebenverträge, Beteiligungsgesellschaften und Vertreterklauseln (2010), 358.

386 Vgl. z.B. *Wicke*, DStR 2006, 1137, 1141; MüKoGmbHG-*Wicke*, § 3, Rn. 141; *Söntgerath,* Vermittelte Mehrheit. Eine systematische Untersuchung des Rechts der satzungsergänzenden Nebenverträge, Beteiligungsgesellschaften und Vertreterklauseln (2010), 354; *Schön,* Schuldrechtliche Gesellschaftervereinbarungen in der Gesellschaft mit beschränkter Haftung unter besonderer Berücksichtigung der Rechtsnachfolge (2018), 142.

verankert, in welchem der Trennungsgrundsatz für die GmbH niedergelegt ist.[387] Im Rahmen des Aktienrechts hat das Trennungsprinzip in § 1 AktG Ausdruck gefunden.[388] Dementsprechend handelt es sich sowohl bei der AG als auch bei der GmbH um eine juristische Person, die eigenständig Rechte und Pflichten eingehen kann und somit in ihrer Person und ihrem Vermögen unabhängig und selbstständig von ihren einzelnen Mitgliedern ist.[389] Hieraus lasse sich ableiten, dass grundsätzlich zwischen der Ebene der Kapitalgesellschaft und der Ebene ihrer Gesellschafter zu unterscheiden sei.[390] Es handele sich sowohl bei der Gesellschaft als auch bei ihren Gesellschaftern um zwei selbstständige und voneinander unabhängige Rechtssubjekte.[391] Dementsprechend bedeute der Trennungsgrundsatz auch, dass die Rechtsbeziehungen der Gesellschaft von denen ihrer Mitglieder zu unterscheiden seien.[392]

Dies bedeute für Gesellschaftervereinbarungen zwischen Gesellschaftern einer Kapitalgesellschaft, dass diese unabhängig und eigenständig neben den Rechtsverhältnissen der Hauptgesellschaft stehen und auch getrennt von diesen zu betrachten seien.[393] Folge dessen

387 *Wicke*, DStR 2006, 1137, 1141; MüKoGmbHG-*Wicke*, § 3, Rn. 141; *Söntgerath,* Vermittelte Mehrheit. Eine systematische Untersuchung des Rechts der satzungsergänzenden Nebenverträge, Beteiligungsgesellschaften und Vertreterklauseln (2010), 354; *Schön,* Schuldrechtliche Gesellschaftervereinbarungen in der Gesellschaft mit beschränkter Haftung unter besonderer Berücksichtigung der Rechtsnachfolge (2018), 142; allgemein hierzu BeckOK GmbHG-*Wilhelmi*, § 13, Rn. 2 f.

388 *Groß-Bölting,* Gesellschaftervereinbarungen in der Aktiengesellschaft (2011), 66 f.; *Söntgerath,* Vermittelte Mehrheit. Eine systematische Untersuchung des Rechts der satzungsergänzenden Nebenverträge, Beteiligungsgesellschaften und Vertreterklauseln (2010), 354.

389 *Wicke*, DStR 2006, 1137, 1141; *Schön,* Schuldrechtliche Gesellschaftervereinbarungen in der Gesellschaft mit beschränkter Haftung unter besonderer Berücksichtigung der Rechtsnachfolge (2018), 142 f.; Noack/Servatius/Haas GmbHG-*Servatius*, § 13, Rn. 2 ff.; für die AG *Groß-Bölting,* Gesellschaftervereinbarungen in der Aktiengesellschaft (2011), 66 f.; *Savigny,* System des heutigen römischen Rechts Bd. II (1973), 236 ff.; *Gierke,* Deutsches Privatrecht I, Allgemeiner Teil und Personenrecht (Nachdruck 1936), 469 ff.; *Gierke,* Genossenschaftstheorie (1987), S. 22 ff.

390 *Schön,* Schuldrechtliche Gesellschaftervereinbarungen in der Gesellschaft mit beschränkter Haftung unter besonderer Berücksichtigung der Rechtsnachfolge (2018), 142 (GmbH); *Groß-Bölting,* Gesellschaftervereinbarungen in der Aktiengesellschaft (2011), 66 f. (AG).

391 BGH NJW 2004, 217, 218; *Schön,* Schuldrechtliche Gesellschaftervereinbarungen in der Gesellschaft mit beschränkter Haftung unter besonderer Berücksichtigung der Rechtsnachfolge (2018), 142 f.; BeckOK GmbHG-*Wilhelmi*, § 13, Rn. 2; Noack/Servatius/Haas GmbHG-*Servatius*, § 13, Rn. 5; *Groß-Bölting,* Gesellschaftervereinbarungen in der Aktiengesellschaft (2011), 66 f.; *Söntgerath,* Vermittelte Mehrheit. Eine systematische Untersuchung des Rechts der satzungsergänzenden Nebenverträge, Beteiligungsgesellschaften und Vertreterklauseln (2010), 354.

392 *Wicke*, DStR 2006, 1137, 1141 (GmbH); *Söntgerath,* Vermittelte Mehrheit. Eine systematische Untersuchung des Rechts der satzungsergänzenden Nebenverträge, Beteiligungsgesellschaften und Vertreterklauseln (2010), 354 f. (AG).

393 RGZ 107, 67, 70; 119; *Ehricke,* Schuldvertragliche Nebenabreden zu GmbH-Gesellschaftsverträgen. Deutsches Schweizer und englisches Recht im Vergleich (2004), 14; *Dürr,* Nebenabreden im Gesellschaftsrecht (1994), 222 f.; *Schön,* Schuldrechtliche Gesellschaftervereinbarungen in der Gesellschaft mit beschränkter Haftung unter besonderer Berücksichtigung der Rechtsnachfolge (2018), 143; *Groß-Bölting,* Gesellschaftervereinbarungen in der Aktiengesellschaft (2011), 67; *Söntgerath,*

sei, dass Gesellschaftervereinbarungen als allgemeine Schuldverhältnisse zwischen den Gesellschaftern auch lediglich den Beteiligtenkreis in ihrer Wirkung erfassen, aber im Rahmen des Schuldrechts (form-)frei begründet werden können.[394] Die Satzung der Hauptgesellschaft hingegen betreffe als Verfassung der Gesellschaft ihre Rechtsverhältnisse auf der Ebene der Hauptgesellschaft.[395]

III. Die „Trennungsthese" des BGH

1. Problem der Einordnung in den Theorienstreit

Zu welchem „Lager" der BGH gehört, ist nicht ganz eindeutig.[396] So wird der BGH und seine in diesem Zusammenhang erlassene Rechtsprechung in der Literatur teilweise gesondert neben der Trennungsthese dargestellt.[397] Teils unterbleibt eine Einordnung in den Theorienstreit.[398] Andere Stimmen sehen in der Rechtsprechung des BGH tendenziell eine Abkehr von der Trennungsthese.[399] Wieder andere Autoren ordnen den BGH trotz der von ihm vorgenommenen Durchbrechungen in dem Bereich der Trennungstheorie ein.[400]

Der BGH betont in seinen Entscheidungen immer wieder, dass schuldrechtliche Gesellschaftervereinbarungen wirksam neben der Satzung und ohne Einhaltung kapitalgesellschaftsrechtlicher Formerfordernisse – in den Grenzen des zwingenden Rechts – weitgehend

Vermittelte Mehrheit. Eine systematische Untersuchung des Rechts der satzungsergänzenden Nebenverträge, Beteiligungsgesellschaften und Vertreterklauseln (2010), 355.

394 Vgl. statt vieler *Schön,* Schuldrechtliche Gesellschaftervereinbarungen in der Gesellschaft mit beschränkter Haftung unter besonderer Berücksichtigung der Rechtsnachfolge (2018), 143, ohne die Formerfordernisse (GmbH); *Groß-Bölting,* Gesellschaftervereinbarungen in der Aktiengesellschaft (2011), 67 (AG).

395 Vgl. statt vieler *Schön,* Schuldrechtliche Gesellschaftervereinbarungen in der Gesellschaft mit beschränkter Haftung unter besonderer Berücksichtigung der Rechtsnachfolge (2018), 144 (GmbH); *Groß-Bölting,* Gesellschaftervereinbarungen in der Aktiengesellschaft (2011), 67 (AG).

396 Vgl. auch *Groß-Bölting,* Gesellschaftervereinbarungen in der Aktiengesellschaft (2011), 70 f.; deshalb wurde die „Trennungsthese" des BGH auch in Anführungszeichen gesetzt.

397 So beispielsweise *Schön,* Schuldrechtliche Gesellschaftervereinbarungen in der Gesellschaft mit beschränkter Haftung unter besonderer Berücksichtigung der Rechtsnachfolge (2018), 144 ff.; *Groß-Bölting,* Gesellschaftervereinbarungen in der Aktiengesellschaft (2011), 70 ff.; *Winter*, ZHR 1990, 259, 265 ff., der jedoch speziell auf das Problem der Anfechtbarkeit eingeht.

398 Vgl. beispielsweise *Schön,* Schuldrechtliche Gesellschaftervereinbarungen in der Gesellschaft mit beschränkter Haftung unter besonderer Berücksichtigung der Rechtsnachfolge (2018), 144 ff.; *Rossig,* Gesellschafterabsprachen bei GmbH und Close Corporation. Eine vergleichende Untersuchung zum Recht der satzungsergänzenden Nebenverträge in den USA und Deutschland (2003), 118 ff.

399 So wohl beispielsweise *Hoffmann-Becking*, ZGR 1994, 442, 450; der dem BGH vorwirft, „das gesamte Trennungsprinzip über Bord zu werfen".

400 *Groß-Bölting,* Gesellschaftervereinbarungen in der Aktiengesellschaft (2011), 74; die Rechtsprechung sei „der Trennungsthese grundsätzlich zugeneigt".

frei gestaltet werden können.[401] Es sei grundsätzlich möglich, von der Satzung abweichende Regelungen im Rahmen von Gesellschaftervereinbarungen zu treffen, jedoch binde und verpflichte diese lediglich schuldrechtliche Bindung grundsätzlich nur die Vertragsparteien.[402] In seinem, eine Entscheidung aus dem Jahr 1994 ergänzenden und bestätigenden Urteil aus dem Jahr 2008,[403] führte der BGH aus, dass „zwischen der schuldrechtlichen und der korporativen Ebene zu unterscheiden“[404] sei.[405] In dem Sachverhalt des Urteils hatten die Gesellschafterstämme einer AG einen Schutzgemeinschaftsvertrag neben der Satzung der Hauptgesellschaft abgeschlossen. In dieser Abrede wurde eine Mehrheitsklausel aufgenommen, welche eine Entscheidungsfindung mit einfacher Mehrheit unabhängig vom jeweiligen Beschlussgegenstand vorsah. Infolgedessen bestand die Möglichkeit, in der Schutzgemeinschaft einen Beschluss über ein anstehendes Abstimmungsverhalten mit einfacher Mehrheit zu fassen, während in der Hauptgesellschaft der betroffene Beschlussgegenstand einer qualifizierten Mehrheit bedurfte.[406] Hierin sah der BGH jedoch kein Problem und verwies darauf, dass für die Ebene der Schutzgemeinschaft das Personengesellschaftsrecht gelte, welches einer solchen Klausel nicht entgegenstehe.[407] Er betonte demnach die Unterschiede der Ebenen und verneinte ein Durchschlagen der qualifizierten Mehrheitserfordernisse der Ebene der Hauptgesellschaft auf die Ebene der „Gesellschaft in der Gesellschaft“.[408] Insofern blieb der BGH bei einer strikten Trennung der beiden Ebenen. Wie bereits erläutert, stellt die Unterscheidung zwischen der „schuldrechtlichen“ und „korporativen“ Ebene – wie dies der BGH wortwörtlich in seiner Entscheidung anführte – die zentrale Aussage der Trennungstheorie dar.[409] Aus diesem Grund wird die Rechtsprechung vorliegend im Rahmen der Trennungsthese dargestellt.

---

401 Vgl. insbesondere BGH, Beschluss vom 15.3.2010 – II ZR 4/09 = NZG 2010 988, 989 und BGH, Urteil vom 24.11.2008 – II ZR 116/08 = NJW 2009, 669, 670 f.; in Ansätzen vgl. auch BGH, Urteil vom 20.01.1983 – II ZR 243/81 (Nürnberg) = NJW 1983, 1910, 1911; BGH, Urteil vom 27.10.1986 – II ZR 240/85 (Frankfurt) = NJW 1987, 1890, 1892; BGH Urteil vom 07.06.1993 – II ZR 81/92 = NJW 1993, 2246, 2247, hier bereits mit Grenze der organisationsrechtlichen Regelungen, die im Folgenden genauer beleuchtet wird.

402 BGH, Beschluss vom 15.3.2010 – II ZR 4/09 = NZG 2010 , 988, 989; hier sei jedoch die Abrede zu Gunsten der Gesellschaft getroffen worden, weshalb ausnahmsweise ein Recht der Gesellschaft aus § 328 BGB abzuleiten sei; hierzu an späterer Stelle.

403 BGH, Urteil vom 24.11.2008 – II ZR 116/08 = NJW 2009, 669 ff.

404 BGH, Urteil vom 24.11.2008 – II ZR 116/08 = NJW 2009, 669, 671 f.

405 Darauf auch hinweisend *Groß-Bölting,* Gesellschaftervereinbarungen in der Aktiengesellschaft (2011), 71.

406 Vgl. für den Sachverhalt BGH, Urteil vom 24.11.2008 – II ZR 116/08 = NJW 2009, 669 ff.

407 BGH, Urteil vom 24.11.2008 – II ZR 116/08 = NJW 2009, 669, 671 f.

408 BGH, Urteil vom 24.11.2008 – II ZR 116/08 = NJW 2009, 669, 671 f.

409 So auch *Groß-Bölting,* Gesellschaftervereinbarungen in der Aktiengesellschaft (2011), 71.

Jedoch haben weitere Entscheidungen gezeigt, dass der BGH – zumindest teilweise – von einer „Durchlässigkeit“ der Trennwand zwischen den Ebenen ausgeht und keine konsequente Trennung der beiden Ebenen vornimmt.[410] Mit seinem bekanntesten Urteil, der sogenannten „Kerbnägel-Entscheidung“[411], die er mit einer weiteren Entscheidung („Tunnelbau“) ein paar Jahre später bestätigte,[412] sorgte der BGH für viel Kritik in der Literatur.[413] Vorliegend erfolgt eine chronologische Beleuchtung der relevanten Entscheidungen, um dem Leser einen Überblick über die bestehende Rechtsprechung des BGH zu dieser Thematik zu verschaffen. Da in der Literatur immer wieder Bezug auf die Rechtsprechung des BGH genommen wird, erfolgt die Darstellung der Rechtsprechung hier an erster Stelle.

2. Überblick über die relevante BGH-Rechtsprechung

Der BGH nahm in seiner Rechtsprechung immer wieder Durchbrechungen des Trennungsprinzips vor, indem er Gesellschaftervereinbarungen unmittelbare Wirkung auf der Ebene der Hauptgesellschaft zugestand. Erstmals sah der BGH im Jahr 1959 eine schuldrechtliche Absprache unter sämtlichen Gesellschaftern einer AG als für die Hauptgesellschaft und ihre Organe verbindlich an.[414] Ein von allen Gesellschaftern getroffener Vergleich, den Vorstand zu entlasten, wirke „wie ein Verzicht auf Ersatzansprüche oder das Anerkenntnis des Nichtbestehens derartiger Ansprüche“[415], so der BGH. Bemerkenswert ist, dass der BGH eine Entlastung annahm, obwohl kein Entlastungsbeschluss gefasst worden war. Er sprach somit der schuldrechtlichen Vereinbarung korporative Wirkung zu.[416] Ein solcher Vergleich dürfe

---

410 Vgl. BGH Urt. v. 20.01.1983 – II ZR 243/81 (Nürnberg), NJW 1983, 1910, 1911, „Kerbnägel“- Urteil und dies bestätigend BGH, NJW 1987, 1890 ff. „Tunnelbau“.

411 BGH, Urteil vom 20.01.1983 – II ZR 243/81 (Nürnberg) = NJW 1983, 1910 f. (Kerbnägel).

412 BGH, Urteil vom 27.10.1986 – II ZR 240/85 (Frankfurt) = NJW 1987, 1890 ff. (Tunnelbau).

413 Vgl. hierzu auch *Ulmer,* FS Röhricht (2005), 633, 634; auch das OLG Stuttgart wandte sich gegen die Rechtsprechungslinie des BGH, vgl. OLG Stuttgart, Urteil vom 7.2.2001 – 20 U 52/97 = NJOZ 2001, 335 ff., es wird zwar darauf hingewiesen, dass es sich um einen anders gelagerten Fall handelt, als bei den Entscheidungen des BGH, jedoch könne dem BGH „nicht gefolgt werden“, so wörtlich „Verstöße gegen unter den Gesellschaftern getroffene schuldrechtliche Nebenabreden, die außerhalb der Satzung getroffen werden, berechtigen nicht zur Anfechtung von Gesellschafterbeschlüssen“.

414 BGH, Urteil vom 12.3.1959 – II ZR 180/57 (München) = NJW 1959, 1082 f.; hierzu auch *Hoffmann-Becking*, ZGR 1994, 442, 448.

415 BGH, Urteil vom 12.3.1959 – II ZR 180/57 (München) = NJW 1959, 1082; Darstellung gekürzt und vereinfacht, da die Rechtslage mittlerweile verändert ist und Ausführungen hierzu somit überholt wären.

416 Vgl. BGH, Urteil vom 12.3.1959 – II ZR 180/57 (München) = NJW 1959, 1082 f.; hierzu auch *Hoffmann-Becking*, ZGR 1994, 442, 447.

der Gesellschaft nämlich nur dann entgegengehalten werden, „wenn die Ausnutzung der rechtlichen Verschiedenheit einen Rechtsmißbrauch“[417] darstelle.

Im Jahr 1967 beschied der BGH eine weitere tendenzielle Abweichung von der strikten Trennung der beiden Regelungsebenen.[418] Er entschied in diesem Urteil, dass der Ebene der Gesellschaftervereinbarungen zumindest ein mittelbarer Einfluss auf die Ebene der Hauptgesellschaft zukomme, indem er die Vollstreckbarkeit von Gesellschaftervereinbarungen in Form von Stimmrechtsbindungen anerkannte.[419] Dies stellte eine Abkehr der Rechtsprechung des RG dar, die eine Vollstreckbarkeit von Abstimmungsvereinbarungen „mit den Vorschriften über die Willensbildung der Gesellschafterversammlung (...) unvereinbar“[420] hielt, da man nicht „durch äußeren Zwang in die Willensbildung eines Körperschaftsorgans, als das sich die Gesellschafterversammlung darstellt“[421], eingreifen dürfe. Der BGH hingegen entschied, dass die Stimmabgabe gemäß einer Stimmbindungsabrede durch ein gerichtliches Urteil gemäß § 894 ZPO ersetzt werden könne.[422] Somit bedarf es laut diesem Urteil nicht einmal der Mitwirkung des verpflichteten Gesellschafters.[423] Diese mittelbare, korporative Wirkung von Stimmbindungsvereinbarungen über den Weg der Vollstreckung begründete der BGH unter anderem mit Praktikabilitäserwägungen.[424] So führte der BGH begründend an, dass ein berechtigtes Interesse an der Vollstreckbarkeit derartiger Abreden bestehe und dass eine Ablehnung der Vollstreckbarkeit, die sich bindenden Gesellschafter zur Vertragsuntreue verleite.[425]

Die Entscheidung, die am meisten Aufmerksamkeit und viel Kritik in der Literatur erfahren hat, ist die bereits erwähnte, sogenannte „Kerbnägel“-Entscheidung[426] aus dem Jahr 1983. Hier hatten sich alle Gesellschafter im Rahmen einer Gesellschaftervereinbarung dazu

---

417 BGH, Urteil vom 12.3.1959 – II ZR 180/57 (München) = NJW 1959, 1082, 1083.

418 BGH, Urteil vom 29.5.1967 – II ZR 105/66 (Stuttgart) = NJW 1967, 1963 ff.

419 BGH, Urteil vom 29.5.1967 – II ZR 105/66 (Stuttgart) = NJW 1967, 1963 und 1965 f.; „Damit erkannte der Bundesgerichtshof – letztlich aus Praktikabilitätserwägungen – nebenvertraglichen Regelungen jedenfalls in Ansätzen Wirkung auf korporativer Ebene zu“, so *Groß-Bölting,* Gesellschaftervereinbarungen in der Aktiengesellschaft (2011), 70.

420 RGZ 160, 257, 262.

421 RGZ 112, 273, 279.

422 BGH, Urteil vom 29.5.1967 – II ZR 105/66 (Stuttgart) = NJW 1967, 1963, 1966.

423 Vgl. BGH, Urteil vom 29.5.1967 – II ZR 105/66 (Stuttgart) = NJW 1967, 1963, 1966.

424 *Groß-Bölting,* Gesellschaftervereinbarungen in der Aktiengesellschaft (2011), 70.

425 BGH, Urteil vom 29.5.1967 – II ZR 105/66 (Stuttgart) = NJW 1967, 1963, 1965.

426 BGH, Urteil vom 20.01.1983 – II ZR 243/81 (Nürnberg) = NJW 1983, 1910 f.

verpflichtet, dass die Hauptgesellschaft keine Beteiligung an bestimmten Unternehmen aufnehmen dürfe.[427] Eine solche Regelung sah die Satzung der GmbH nicht vor.[428] Als in der Gesellschafterversammlung, entgegen der genannten Gesellschaftervereinbarung, eine solche Beteiligung beschlossen wurde, kam es zur Anfechtung dieses Beschlusses.[429] Überraschenderweise hielt der BGH eine Anfechtung aufgrund des Verstoßes gegen die allseitige schuldrechtliche Vereinbarung für zulässig und verwies mit dem Hinweis auf diese Möglichkeit an das Berufungsgericht zurück.[430] Beachtlich ist, dass der BGH zuvor ausführlich begründete, dass eine schuldrechtliche Vereinbarung weder zur Satzungsauslegung herangezogen werden dürfe noch zur Beurteilung der Treuepflicht.[431] Der BGH betonte in diesem Zusammenhang die unterschiedlichen Wirkungskreise der beiden Ebenen und lehnte ein Ausweiten der schuldrechtlichen Wirkung ab. Diese Trennung zwischen korporativer und schuldrechtlicher Wirkung führte er für fraktionierende Vereinbarungen auch im Rahmen der Frage nach der Anfechtbarkeit fort. Grundsätzlich stelle die Verletzung einer schuldrechtlichen Vereinbarung keinen Anfechtungsgrund dar, „vielmehr“ sei „der Streit um die Rechtsfolgen des Verstoßes unter den an der Bindung Beteiligen und nicht mit der Gesellschaft auszutragen.“[432] Eine Ausnahme sei jedoch für eine allseitige Gesellschaftervereinbarung zu machen. Eine solche sei zwar (auch) kein Satzungsbestandteil, jedoch sei sie „solange als eine solche (Regelung) der Gesellschaft zu behandeln, solange dieser nur die aus der Abrede Verpflichteten angehören.“[433] Betrachtet man dieses Ergebnis, erscheinen die Ausführungen widersprüchlich.[434] So betonte der Senat an mehreren Stellen, dass eine Gesellschaftervereinbarung schuldrechtlicher Natur sei und eine solche weder im Wege der Auslegung Eingang in die Satzung finden könne noch bei der Beurteilung der Treuepflicht mit einbezogen werden dürfe. Selbst im Rahmen der Anfechtungsfrage führte der BGH aus, die Vereinbarung sei kein Satzungsbestandteil. Im Ergebnis sah er jedoch in dem gefassten Beschluss einen auf organisationsrechtlicher Ebene relevanten Verstoß gegen eine rein schuldrechtliche Regelung und leitete hieraus eine Anfechtungsmöglichkeit ab.[435] Die Annahme eines derartigen Verstoßes

---

427 BGH, Urteil vom 20.01.1983 – II ZR 243/81 (Nürnberg) = NJW 1983, 1910, 1911.
428 Vgl. BGH, Urteil vom 20.01.1983 – II ZR 243/81 (Nürnberg) = NJW 1983, 1910, 1911.
429 BGH, Urteil vom 20.01.1983 – II ZR 243/81 (Nürnberg) = NJW 1983, 1910.
430 BGH, Urteil vom 20.01.1983 – II ZR 243/81 (Nürnberg) = NJW 1983, 1910, 1911.
431 BGH, Urteil vom 20.01.1983 – II ZR 243/81 (Nürnberg) = NJW 1983, 1910 f.
432 BGH, Urteil vom 20.01.1983 – II ZR 243/81 (Nürnberg) = NJW 1983, 1911.
433 BGH, Urteil vom 20.01.1983 – II ZR 243/81 (Nürnberg) = NJW 1983, 1911.
434 Vgl. z.B. *Vomhof*, GmbHR 1984, 180, 181, es sei „widersprüchlich, wenn (…) ein Umstand, der außerhalb des Gesellschaftsvertrags liegt, doch als Angelegenheit der Gesellschaft“ betrachtet werde.
435 „Wenn der Beschluß gegen eine von allen Gesellschaftern eingegangene Bindung verstößt.“ So wörtlich, BGH, Urteil vom 20.01.1983 – II ZR 243/81 (Nürnberg) = NJW 1983, 1911.

setzt voraus, dass ein organisationsrechtlicher Beschluss am Maßstab allseitiger schuldrechtlicher Vereinbarungen zu messen ist. Somit ging der Senat in dieser Entscheidung davon aus, dass allseitige Gesellschaftervereinbarungen Auswirkungen auf Gesellschafterbeschlüsse auf der Ebene der Hauptgesellschaft und somit auf die korporative Ebene haben können.[436] Dies scheint im Hinblick auf die zuvor erfolgte Betonung der Unterschiede zwischen schuldrechtlichen Vereinbarungen und Satzungsregelungen und einer hieraus folgenden Trennung inkonsequent, da der Senat im Ergebnis eine satzungsüberlagernde Wirkung allseitiger Gesellschaftervereinbarungen annahm und allseitige schuldrechtliche Vereinbarungen als Maßstab für organisationsrechtliche Beschlüsse heranzog.

Im Ergebnis kann festgestellt werden, dass der BGH in diesem Urteil Wechselwirkungen zwischen den beiden Ebenen bestätigte, er demnach von keiner undurchlässigen „Trennmauer“ zwischen den beiden Ebenen ausging, sondern im Ergebnis sogar eine Überlagerung der Satzungsregelung durch allseitige Abrede annahm. Als Rechtfertigung dieser Überlagerung machte der BGH in erster Linie Ausführungen zur Prozessökonomie. So führte er in der Begründung aus: „In diesem Fall besteht kein Grund, die vertragswidrig überstimmten Gesellschafter auf den umständlichen Weg einer Klage gegen die Mitgesellschafter zu verweisen, um durch deren Verurteilung zu einer gegenteiligen Stimmabgabe den Beschluß aus der Welt zu schaffen. Die überstimmten Gesellschafter können den Beschluß vielmehr durch Klage gegen die Gesellschaft anfechten.“[437] Es ist die Frage zu stellen, ob eine „Abkürzung“ des Weges über die gerichtliche Vollstreckung als solide dogmatische Begründung für eine Durchbrechung der grundsätzlichen Trennung der beiden Ebenen angesehen werden kann.[438] Diese Frage wird wohl eher zu verneinen sein. Ob eine dogmatische Begründung für solche Durchbrechungen dennoch besteht, wird an dieser Stelle offengelassen. Dies wird im nächsten Kapitel behandelt.[439]

---

436 Dies bestätigte der BGH in der Entscheidung Tunnelbau, BGH, Urteil vom 27.10.1986 – II ZR 240/85 (Frankfurt) = NJW 1987, 1890, 1891, „Auch eine schuldrechtliche Bindung, die Auswirkungen auf den Gesellschafterbeschluß haben könnte“.

437 BGH, Urteil vom 20.01.1983 – II ZR 243/81 (Nürnberg) = NJW 1983, 1910, 1911.

438 Diese Frage verneint der Großteil der Literatur. Statt vieler *Winter*, ZHR 1990, 259, 268 ff.; *Ulmer*, FS Röhricht (2005), 633, 637; *Hoffmann-Becking*, ZGR 1994, 442, 449 f.

439 Vgl. hierzu Kapitel 3, C.V., S. 177 ff. und D.V., S. 234 ff.

Mit einem Verweis auf das Urteil von 1983, bestätigte der BGH seine Sichtweise in einer weiteren Entscheidung im Jahr 1986.[440] In dem damaligen Sachverhalt hatten sämtliche Gesellschafter einer GmbH außerhalb der Satzung vereinbart, dass eine Abberufung eines Gesellschafter-Geschäftsführers nur mit dessen Zustimmung möglich sei.[441] Der BGH führte in seinem Urteil erneut aus, dass schuldrechtliche Bindungen neben der Satzung möglich und zulässig seien.[442] Diese Bindungen „können auch durch das Einverständnis der Gesellschafter begründet werden, die Satzung der Gesellschaft in einem bestimmten Sinne auszulegen“[443]. „Ist die Bindung von sämtlichen Gesellschaftern eingegangen worden“, so weiter, „so kann sie auch im Wege der Anfechtungs- oder Nichtigkeitsklage geltend gemacht werden.“[444] Werde also dennoch ein Abberufungsbeschluss, im Einklang mit der Satzung, aber entgegen einer allseitigen schuldrechtlichen Vereinbarung der Gesellschafter, ohne die Zustimmung des Geschäftsführers, gefasst, sei – so der BGH – eine Anfechtungsklage oder Nichtigkeitsklage zur Durchsetzung der Gesellschaftervereinbarung statthaft.[445]

Somit bestätigte der BGH in diesem Urteil die bereits in der vorangegangenen Entscheidung festgestellte korporative Wirkung allseitiger Gesellschaftervereinbarung, für den Fall dass der Gesellschafterkreis der Hauptgesellschaft unverändert bleibt. Jedoch betonte der BGH in beiden Entscheidungen, dass es bei der objektiven Satzungsauslegung bleiben müsse, auch wenn sich die Gesellschafter im allseitigen Einverständnis von der Satzung abweichend geeinigt hätten.[446] Dieser allseitige subjektive Wille dürfe nicht im Wege der Auslegung in die Satzung einbezogen werden.[447] Auch diesbezüglich kann die Frage aufgeworfen werden, wie sinnvoll ein solches Vorgehen ist, da die objektive Auslegung der Satzu ng durch die Annahme eines Anfechtungsgrundes aus der Sphäre der Gesellschaftervereinbarungen

---

440 BGH, Urteil vom 27.10.1986 – II ZR 240/85 (Frankfurt) = NJW 1987, 1890 ff. (Tunnelbau). Bemerkenswert ist, dass der Senat in einem aktuellen Urteil, BGH Urteil vom 16.7.2024 – II ZR 71/23 = NJW 2024, 2985, 2987 f. (Hannover 96/Kind) auf die Tunnelbau- und Kerbnägel-Entscheidungen Bezug nimmt und dabei die Unterscheidung der korporationsrechtlichen und schuldrechtlichen Ebene herausstellt. Ob sich hier eine höchstrichterliche Aufgabe der Kerbnägel-Rechtsprechung anbahnt, bleibt abzuwarten, vgl. BeckOK GmbHG-*Leinekugel*, Anh. § 47, Rn. 119.

441 BGH, Urteil vom 27.10.1986 – II ZR 240/85 (Frankfurt) = NJW 1987, 1890.

442 BGH, Urteil vom 20.01.1983 – II ZR 243/81 (Nürnberg) = NJW 1983, 1910,, 1911; BGH, Urteil vom 27.10.1986 – II ZR 240/85 (Frankfurt) = NJW 1987, 1890, 1892.

443 BGH, Urteil vom 27.10.1986 – II ZR 240/85 (Frankfurt) = NJW 1987, 1890, 1892.

444 BGH, Urteil vom 27.10.1986 – II ZR 240/85 (Frankfurt) = NJW 1987, 1890, 1892.

445 BGH, Urteil vom 27.10.1986 – II ZR 240/85 (Frankfurt) = NJW 1987, 1890, 1892.

446 BGH, Urteil vom 27.10.1986 – II ZR 240/85 (Frankfurt) = NJW 1987, 1890, 1891; vgl. i.E. auch BGH, Urteil vom 20.01.1983 – II ZR 243/81 (Nürnberg) = NJW 1983, 1910 f.

447 BGH, Urteil vom 27.10.1986 – II ZR 240/85 (Frankfurt) = NJW 1987, 1890, 1891.

unterlaufen wird. So findet die Vereinbarung im Wege der Klage Eingang in die Sphäre der Hauptgesellschaft und wird wie ein Satzungsbestandteil behandelt.[448] Auch im Rahmen dieser Entscheidung vertrat der BGH also eine Überlagerung der Satzungsregelung durch eine allseitige, schuldrechtliche Gesellschaftervereinbarung.

Als eine weitere, für die vorliegende Thematik relevante Entscheidung, ist ein Urteil aus dem Jahr 1993 zu nennen.[449] Hier hatte der BGH einen Sachverhalt vorgelegt bekommen, in welchem die Gesellschafter einer GmbH einen Beschluss organisationsrechtlicher Natur fassten, der nicht den Anforderungen aus §§ 53 II, 54 GmbHG entsprach.[450] Der besagte Beschluss enthielt eine von der Satzung abweichende Verlängerung der Amtszeit der Aufsichtsratsmitglieder bis zur Abberufung durch die Gesellschafterversammlung.[451] Dieser Beschluss sei, so der BGH, unwirksam, da „Satzungsdurchbrechungen, die einen von der Satzung abweichenden rechtlichen Zustand begründen, (…) ohne Einhaltung der für eine Satzungsänderung geltenden Formvorschriften unwirksam“[452] seien. Dementsprechend sei der Beschluss von vorneherein als nichtig anzusehen, ohne dass dieser angefochten werden müsse.[453] Eine Abrede außerhalb der Satzung könne nicht bewirken, „daß eine bestimmte organisationsrechtliche Regelung der Satzung (hier: Amtszeit von Aufsichtsratsmitgliedern) ohne weiteres geändert wird.“[454] Der BGH führte hierzu weiter aus, dass auch die Umdeutung des umstrittenen Gesellschafterbeschlusses in eine schuldrechtliche Gesellschaftervereinbarung zu keinem anderen Ergebnis führe.[455] Zwar sei eine solche Umdeutung grundsätzlich denkbar, jedoch könne eine Gesellschaftervereinbarung nicht „ohne weiteres“ eine organisationsrechtliche Regelung der Satzung ändern.[456] Es ist anzunehmen, dass eine entsprechende Regelung in einer Gesellschaftervereinbarung konsequenterweise auch als nichtig erklärt worden wäre. Insofern setzte der BGH in diesem Urteil der korporativen Wirkung allseitiger Gesellschaftervereinbarungen – zumindest hinsichtlich organisationsrechtlicher Regelungen – eine Grenze. *Goette,* damaliger Richter im Gesellschaftsrechtssenat des BGH, bezeichnete das

448 Ähnliche Kritik *Happ*, ZGR 1984, 168, 169; *Noack,* Gesellschaftervereinbarungen bei Kapitalgesellschaften (1994), 82.
449 BGH Urteil v. 07.06.1993 – II ZR 81/92 (Karlsruhe) = NJW 1993, 2246 ff.
450 BGH Urteil v. 07.06.1993 – II ZR 81/92 (Karlsruhe) = NJW 1993, 2246 und 2247.
451 BGH Urteil v. 07.06.1993 – II ZR 81/92 (Karlsruhe) = NJW 1993, 2246, 2247.
452 BGH Urteil v. 07.06.1993 – II ZR 81/92 (Karlsruhe) = NJW 1993, 2246.
453 BGH Urteil v. 07.06.1993 – II ZR 81/92 (Karlsruhe) = NJW 1993, 2246, 2247.
454 BGH Urteil v. 07.06.1993 – II ZR 81/92 (Karlsruhe) = NJW 1993, 2246.
455 BGH Urteil v. 07.06.1993 – II ZR 81/92 (Karlsruhe) = NJW 1993, 2246, 2247.
456 BGH Urteil v. 07.06.1993 – II ZR 81/92 (Karlsruhe) = NJW 1993, 2246, 2247.

Urteil als eine „jedenfalls (...) partielle (...) Abkehr von den früher aufgestellten Grundsätzen“[457].[458] Diese Ansicht ist zwar nachvollziehbar. Letztendlich handelt es sich aber nach vorliegender Ansicht eher um eine Eingrenzung der weit interpretierbaren vorangegangenen Urteile. So hätte die konsequente und ausnahmslose Anwendung der früheren Rechtsprechung zu einer ausufernden korporativen Wirkung von Gesellschaftervereinbarungen und zu einem Satzungsrecht „zweiter Klasse“ führen können. Diese Entscheidung sorgt für die Erhaltung eines der Satzung vorbehaltenen, unantastbaren Regelungsbereichs. Weiterhin wies der BGH selbst im Urteil von 1993 auf den Unterschied zu den Sachverhalten der bisherigen Rechtsprechung hin. So handele es sich im Gegensatz zum Sachverhalt aus 1993 um keine „bestimmte(n), im Allgemeinen auf die Abstimmung in der Gesellschafterversammlung bezogene(n) Verhaltens- oder Unterlassungspflichten, deren Durchsetzung unter Umständen auch mit gesellschaftsrechtlichen Mitteln zugelassen“[459] werde. Eine organisationsrechtliche Regelung, welche nicht mit gesellschaftsrechtlichen Mitteln durchsetzbar sei, sei hiervon abzugrenzen und rechtfertige die unterschiedliche rechtliche Behandlung.[460]

Davon abgesehen ist, entgegen einer weit verbreiteten Ansicht,[461] der Überzeugung von *Goette*[462] und *Seletin*[463] zuzustimmen, dass der BGH in dieser Entscheidung die populäre, von *Priester*[464] getroffene Unterscheidung zwischen punktuellen und zustandsbegründenden Satzungsdurchbrechungen nicht bestätigte und dass das Urteil keine Anerkennung der Figur der punktuellen Satzungsdurchbrechung bedeutet.[465] Nach der herrschenden Meinung müssen solche Durchbrechungen – anders als zustandsändernde Satzungsdurchbrechungen – nicht in das Handelsregister eingetragen werden.[466] Eine Anerkennung dieser Differenzierung ist der Entscheidung nicht zu entnehmen. Vielmehr stellte der BGH lediglich fest, dass bei einer punktuellen Satzungsdurchbrechung, die den formellen Anforderungen an eine

457 *Goette,* RWS-Forum 8, Gesellschaftsrecht 1995, 113, 119;

458 *Groß-Bölting,* Gesellschaftervereinbarungen in der Aktiengesellschaft (2011), 71, der es als „gewisse ‚Rückbesinnung‘ “ wertet.

459 BGH Urteil v. 07.06.1993 – II ZR 81/92 (Karlsruhe) = NJW 1993, 2246, 2247.

460 Vgl. BGH Urteil v. 07.06.1993 – II ZR 81/92 (Karlsruhe) = NJW 1993, 2246, 2247.

461 So z.B. OLG Köln RNotZ 2019, 162, 164; *KG* GmbHR 2006, 653; *OLG Nürnberg* MDR 2010, 822; *Petersheim*, NZG 2019, 1255, 1256; *Otte-Gräbener*, BB 2019, 595.

462 *Goette,* RWS-Forum 8, Gesellschaftsrecht 1995, 113, 117 ff.

463 *Selentin*, NZG 2020, 292, 292.

464 *Priester*, ZHR 1987, 40, 52.

465 *Goette,* RWS-Forum 8, Gesellschaftsrecht 1995, 113, 117 ff.; *Selentin*, NZG 2020, 292.

466 Noack/Servatius/Haas GmbHG-*Noack*, § 53, Rn. 51 f.; BeckOK GmbHG-*Trölitzsch*, §53, Rn. 27b f.

Satzungsänderung nicht genügt, kein Nichtigkeitsgrund vorliegt.[467] Ob ein derartiger Beschluss anfechtbar ist oder ob er, um wirksam zu sein, zumindest einer notariellen Beurkundung bedarf – wie dies die wohl herrschende Meinung annimmt –[468] ließ er darüber hinaus offen.[469] Weiterhin führte der Senat zwar aus, dass zustandsändernde Beschlüsse den Publizitätsanforderungen entsprechen müssen, da sie ansonsten unwirksam seien.[470] Jedoch sollte nicht alleine von der Verwendung der Begrifflichkeiten der herrschenden Meinung auf eine Anerkennung der hieran anknüpfenden unterschiedlichen rechtlichen Beurteilung von *Priester* und weiteren Teilen der Literatur und Rechtsprechung geschlossen werden. Für die vorliegende Thematik ist von Bedeutung, dass gemäß dem Urteil aus dem Jahr 1993 eine Umdeutung unwirksamer, satzungsdurchbrechender Beschlüsse wohl möglich sein soll, solange keine organisationsrechtlichen Inhalte betroffen sind.[471]

In einem Beschluss im Jahr 2010 vereinte und bestätigte der BGH, unbeeindruckt von der in der Literatur bestehenden Kritik,[472] seine Rechtsprechung erneut.[473] Die Gesellschafter einer GmbH hatten, um einen Gesellschafterwechsel wirtschaftlich zu erleichtern, schuldrechtlich vereinbart, dass im Falle des Ausscheidens statt der in der Satzung verankerten Abfindung eine niedrigere Abfindung zu zahlen sei.[474] Diese von der Satzung abweichende Berechnung der Abfindungshöhe wurde durch einen einstimmigen bzw. allseitigen Gesellschafterbeschluss bestätigt.[475] Hilfsweise führte der BGH aus, dass dieser Beschluss in eine allseitige Gesellschaftervereinbarung umgedeutet werden könne.[476] Bei Ausscheiden des klagenden Gesellschafters, wurde in einem Beschluss die ihm auszuzahlende Abfindung gemäß der

467 „Eine einen Einzelfall regelnde "Satzungsdurchbrechung" ist nach der Rechtsprechung des Senats im Grundsatz auch ohne Einhaltung der formellen Voraussetzungen einer Satzungsänderung jedenfalls nicht nichtig" so BGH Urteil v. 07.06.1993 – II ZR 81/92 (Karlsruhe) = NJW 1993, 2246, 2247; diese Wertung nimmt auch *Selentin*, NZG 2020, 292, vor.

468 Vgl. BeckOK GmbHG-*Trölitzsch*, § 53, Rn. 28.

469 „Ob sie (die punktuelle Satzungsdurchbrechung) anfechtbar ist, hat der Senat offengelassen (…). Im Schrifttum ist streitig, ob derartige satzungsdurchbrechende Beschlüsse nicht wenigstens der notariellen Beurkundung bedürfen (…). Auf diese Frage kommt es hier nicht an.", so BGH Urteil v. 07.06.1993 – II ZR 81/92 (Karlsruhe) = NJW 1993, 2246, 2247.

470 BGH Urteil v. 07.06.1993 – II ZR 81/92 (Karlsruhe) = NJW 1993, 2246.

471 BGH Urteil v. 07.06.1993 – II ZR 81/92 (Karlsruhe) = NJW 1993, 2246, 2247; aA bspw. *Selentin*, NZG 2020, 292, 297, der eine Umdeutung ohne Ausnahme für organisationsrechtliche Regelungen vertritt.

472 Statt vieler *Ulmer*, NJW 1987, 1849 ff.

473 BGH, Beschluss vom 15.3.2010 – II ZR 4/09 = NZG 2010, 988 f.

474 BGH, Beschluss vom 15.3.2010 – II ZR 4/09 = NZG 2010, 988 f.

475 Sachverhalt ein wenig vereinfacht, da es nicht ganz so eindeutig war. Jedoch deutete einiges darauf hin, dass der Beschluss auf einer allseitigen Abrede beruhte, BGH, Beschluss vom 15.3.2010 – II ZR 4/09 = NZG 2010, 988, 989.

476 BGH, Beschluss vom 15.3.2010 – II ZR 4/09 = NZG 2010, 988, 989.

in der Gesellschaftervereinbarung und in dem Beschluss vereinbarten Berechnungsweise festgelegt.[477] Der BGH stellte fest, dass „die Gesellschafter einer GmbH (…) im Wege einer schuldrechtlichen Nebenabrede im Interesse der Gesellschaft abweichend von einer Satzungsbestimmung eine geringere Abfindungshöhe für den Fall des Ausscheidens aus der Gesellschaft vereinbaren“[478] können. Er sah in der allseitigen Abrede, die den niedrigeren Abfindungswert festlegte, einen Vertrag zu Gunsten der Gesellschaft gemäß § 328 BGB.[479] Die Gesellschaft habe deshalb das Recht, diese Vereinbarung einem Gesellschafter entgegenzuhalten, der bei seinem Ausscheiden die in der Satzung festgelegte höhere Abfindung verlange, obwohl er Beteiligter der allseitigen Abrede sei.[480] Die Besonderheit des dem BGH vorgelegten Sachverhalts lag darin, dass die Gesellschafter die Abrede über die Abfindungshöhe „allein im Interesse der Bekl. und ihrer Organisation als Mitarbeiterbeteiligungsgesellschaft“ also ausschließlich im Interesse der Hauptgesellschaft trafen und die Abrede somit „zu ihren Gunsten getroffen wurde“.[481] Aufgrund dieser Besonderheit des Falles erscheint es inkorrekt, diese Entscheidung mit den übrigen genannten Entscheidungen gleichzusetzen.[482] Im Ergebnis ist jedoch auch diesem Urteil zu entnehmen, dass der BGH einer allseitigen Gesellschaftervereinbarung, wenn auch diesmal in der besonderen Form des Vertrags zu Gunsten der Gesellschaft (§ 328 BGB), Vorrang gegenüber einer Satzungsregelung und somit (quasi-)korporative Wirkung einräumte.[483] Während die Urteile aus den 80er Jahren in der Verletzung einer allseitigen Gesellschaftervereinbarung einen möglichen Anfechtungsgrund sahen, nahm der BGH hier einen Anfechtungsausschluss also die Heilung eines anfechtbaren Beschlusses durch eine allseitige Gesellschaftervereinbarung an.[484] Dies sei jedoch nur möglich, da es sich um keine organisationsrechtliche Regelung handele.[485] Beachtlich ist außerdem, dass ein im Widerspruch zur Satzung stehender, grundsätzlich anfechtbarer Beschluss laut BGH in eine

---

477 BGH, Beschluss vom 15.3.2010 – II ZR 4/09 = NZG 2010, 988, 989.

478 BGH, Beschluss vom 15.3.2010 – II ZR 4/09 = NZG 2010, 988.

479 BGH, Beschluss vom 15.3.2010 – II ZR 4/09 = NZG 2010, 988.

480 BGH, Beschluss vom 15.3.2010 – II ZR 4/09 = NZG 2010, 988.

481 BGH, Beschluss vom 15.3.2010 – II ZR 4/09 = NZG 2010 , 988, 989.

482 Wie dies teilweise in der Literatur getan wird, bspw. *Schön,* Schuldrechtliche Gesellschaftervereinbarungen in der Gesellschaft mit beschränkter Haftung unter besonderer Berücksichtigung der Rechtsnachfolge (2018), 146 f.

483 Ähnlich *Noack*, NZG 2010, 1017, 1018, der auch von einer Wahlfreiheit der Gesellschafter spricht, schuldrechtliche oder gesellschaftsvertragliche Verpflichtungen einzugehen, die nur zu Unterschieden führen, wenn nicht alle Gesellschafter beteiligt sind oder es zu einer (Einzel-)Rechtsnachfolge kommt.

484 So auch *Noack*, NZG 2010, 1017, 1018, der die Gesellschaftervereinbarung einmal als Anfechtungsgrund und einmal als Heilungsgrund zutreffend bezeichnet.

485 Vgl. BGH, Beschluss vom 15.3.2010 – II ZR 4/09 = NZG 2010 , 988, 989.

Gesellschaftervereinbarung umgedeutet und somit aufrechterhalten werden kann.[486] Dies bedeutet für die Praxis, dass Gesellschafter die Wahl haben, ob sie Regelungen innerhalb der Satzung oder im Rahmen (allseitiger) schuldrechtlicher Vereinbarungen treffen, da die Wirkung der beiden Rechtsquellen entsprechend der Rechtsprechung zu weiten Teilen gleich sei.[487] Aufgrund der Umdeutungsmöglichkeit bestehen zudem zwei Möglichkeiten, Bestimmungen ohne Einhaltung von Publizitätspflichten zu treffen – zum einen im Rahmen eines einstimmigen Gesellschafterbeschlusses, zum anderen in Gestalt einer allseitigen Gesellschaftervereinbarung. Dementsprechend ist es nachvollziehbar, wenn von der Gefahr einer „Schattenordnung" die Rede ist.[488]

3. Zusammenfassung und abschließende Einordnung der BGH-Rechtsprechung in den Theorienstreit

Im Grundsatz trennt der BGH die beiden Regelungsebenen und unterscheidet zwischen einer schuldrechtlichen und korporativen Ebene. Diesen Grundsatz hat er jedoch für allseitige Gesellschaftervereinbarungen – zumindest für solche, bei denen die Hauptgesellschaft eine GmbH ist – beinahe gänzlich zurückgedrängt, da ihm zufolge Satzungsregelungen regelmäßig durch allseitige Gesellschaftervereinbarungen überlagert werden können. Er spricht allseitigen schuldrechtlichen Gesellschaftervereinbarungen somit eine unmittelbar korporative Wirkung zu.[489] Nur ausnahmsweise – in Fällen organisationsrechtlicher Regelungen und zwingenden Kapitalgesellschaftsrechts – gewährt der BGH der Satzung gegenüber Gesellschaftervereinbarungen den Vorrang. Im Falle einer Kollision der Regelungsebenen stellt der BGH somit grundsätzlich die Frage nach der Hierarchie. Er löst keinen Problemfall über die Trennung der Ebenen und die verschiedenen Rechtsfolgen schuldrechtlicher und korporativer Natur, sondern bewältigt alle ihm vorgelegten Konflikte, indem er einer der beiden Regelungsebenen den Vorrang gewährt. Im Regelfall lässt er allseitigen schuldrechtlichen Abreden den Vorrang. In organisationsrechtlichen Bereichen hat laut BGH jedoch die Satzung gegenüber schuldrechtlichen Gesellschaftervereinbarungen Vorrang. Es ist zu bezweifeln, ob im Zusammenhang mit allseitigen Gesellschaftervereinbarungen überhaupt noch von einer „Trennung" der beiden Regelungsbereiche die Rede sein kann. Lediglich bei der Begründung der Ebenen spielt die Trennung eine Rolle, da für die jeweilige Ebene das hierfür

---

486 Vgl. auch *Noack*, NZG 2010, 1017, 1018.
487 Vgl. *Noack*, NZG 2010, 1017, 1018.
488 So *Noack*, NZG 2010, 1017, 1018; auch wenn dieser der Rechtsprechung zustimmt.
489 Ähnlich *Hoffmann-Becking*, ZGR 1994, 442, 446.

geltende Regelungswerk Anwendung findet – für Gesellschaftervereinbarungen das Schuldrecht und für die Hauptgesellschaft das einschlägige Kapitalgesellschaftsrecht. Im Ergebnis kann die These aufgestellt werden, dass der BGH die beiden Ebenen – zumindest für die Fälle von allseitigen Gesellschaftervereinbarungen – de facto zu einer Art Einheit vereint, im Rahmen welcher verschiedene Regelungshierarchien gelten.[490] Zwar geht der BGH im Grundsatz von einer Ebenen-Trennung aus, jedoch nimmt er weitreichende Ausnahmen an, sodass der Grundsatz für allseitige Gesellschaftervereinbarungen in der GmbH praktisch umgekehrt wird. Dementsprechend kann dies zumindest als partielle Abkehr von der Trennungsthese gewertet werden. Weiterhin ist festzustellen, dass die Rechtsprechung eine dogmatische Begründung der Durchbrechungen schuldig bleibt. So erscheint es wenig überzeugend aus Gründen der Prozessökonomie derart weitreichende Durchbrechungen des gesetzlichen Trennungsprinzips vorzunehmen.[491] Ob die vom BGH vertretenen Wechselwirkungen dennoch anzunehmen sind, wird im folgenden Kapitel untersucht. Hierbei wird genau zu untersuchen sein, ob eine dogmatische Begründung für derartige Wechselwirkungen zwischen den beiden Ebenen besteht.

4. Dem BGH im Ergebnis zustimmende Vertreter in der Literatur

Zwar stand die BGH-Rechtsprechung zu Gesellschaftervereinbarungen in der Literatur stark in der Kritik,[492] jedoch gibt es auch Stimmen, die der Rechtsprechung zustimmen und sich ihr angeschlossen haben. Zwei dieser Stimmen sind *Joussen* und *Happ*[493].

Happ beleuchtet in seinem Beitrag aus dem Jahr 1984 das „Kerbnägel“-Urteil kritisch. So sei die Ansicht des BGH, „eine zwischen allen Gesellschaftern bestehende Regelung in einer die Gesellschaft betreffenden Angelegenheit (sei) gleichzeitig als eine solche der Gesellschaft zu behandeln, (…) nicht recht überzeugend“[494], da dies dem Trennungsprinzip widerspreche. „Die eigentliche Begründung der Entscheidung“ liege deshalb vielmehr in „pragmatischen Überlegungen“.[495] Dieser Begründung stimmt er im Ergebnis wohl trotz seiner grundsätzlichen Bedenken zu, da er „das praktische Ergebnis“ begrüßt und keine andere

---

490 Vgl. *Hoffmann-Becking*, ZGR 1994, 442, 450, der anführt, dass der BGH das „gesamte Trennungsprinzip über Bord“ geworfen hat.

491 Diese Kritik ist in der Literatur weit verbreitet s. z.B. *Ulmer,* FS Röhricht (2005), 633, 634.

492 Vgl. *Ulmer,* FS Röhricht (2005), 633, 634.

493 *Happ*, ZGR 1984, 168.

494 *Happ*, ZGR 1984, 168, 172.

495 *Happ*, ZGR 1984, 168, 173.

dogmatische Begründung anbietet.[496] Er schließt sich insofern der Rechtsprechung an, als ein Verstoß gegen eine allseitige Gesellschaftervereinbarung im Rahmen eines Beschlusses auf der Ebene der Hauptgesellschaft die verbandsrechtliche Rechtsfolge der Anfechtbarkeit nach sich ziehe.[497]

Joussen spricht in seiner Monographie zum Verhältnis der beiden Ebenen insbesondere auch den Fall widersprüchlicher Regelungen auf den Regelungsebenen an. Bei einem solchen Fall bleibe die Wirksamkeit der Regelungsebenen unberührt.[498] Auch wenn der Gesellschaftsvertrag der Hauptgesellschaft eine Gesellschaftervereinbarung verbiete, könne dies nicht die (schuldrechtliche) Wirksamkeit eines dennoch abgeschlossenen Nebenvertrags beeinträchtigen.[499] Insofern geht *Joussen*, im Gegensatz zum BGH, von einer konsequenten Trennung der Bereiche aus. Gesellschaftervereinbarungen seien getrennt von der Hauptgesellschaft zu betrachten, ihnen seien lediglich einige zwingende Grenzen aus der Sphäre der Hauptgesellschaft und des Kapitalgesellschaftsrechts gesetzt, wie zum Beispiel Vinkulierungen und Höchststimmrechte auf der Ebene der Hauptgesellschaft, der Grundsatz der Verbandssouveränität oder das Abspaltungsverbot.[500] Gleichwohl vertritt er – wie auch der BGH in seinen Entscheidungen aus den Jahren 1983 und 1987 –, dass Beschlüsse in der Hauptgesellschaft, die unter Verstoß gegen eine allseitige Gesellschaftervereinbarung zustande gekommen sind, fehlerhaft und aus prozessökonomischen Gründen anfechtbar seien.[501]

Es gibt weitere Autoren, die ähnliche Durchbrechungen wie der BGH vertreten. Diese sollen jedoch erst im nächsten Abschnitt beleuchtet werden, da sie sich wesentlich von der BGH-Rechtsprechung unterscheiden, beispielsweise in der dogmatischen Begründung der Durchbrechung oder auch in ihrem Ausmaß.[502]

---

496 *Happ*, ZGR 1984, 168, 175.
497 Vgl. *Happ*, ZGR 1984, 168, 175.
498 *Joussen,* Gesellschafterabsprachen neben Satzung und Gesellschaftsvertrag (1995), 240.
499 *Joussen,* Gesellschafterabsprachen neben Satzung und Gesellschaftsvertrag (1995), 101.
500 *Joussen,* Gesellschafterabsprachen neben Satzung und Gesellschaftsvertrag (1995), 106, 239 ff.
501 *Joussen,* Gesellschafterabsprachen neben Satzung und Gesellschaftsvertrag (1995), 148 ff.; 241.
502 So will *Ulmer* beispielsweise in Fällen des Rechtsmissbrauchs eine Anfechtung ausnahmsweise zulassen, vgl. *Ulmer,* FS Röhricht (2005), 633, 1855.

IV. Weitere Ausprägungen der Trennungsthese

1. Kategorisierung der verschiedenen Ansichten

Nachdem gezeigt wurde, dass der BGH eine Variante der Trennungsthese vertritt, bei der von der grundsätzlichen Trennung der beiden Ebenen in weiten Teilen Abstand genommen wird und weitgehende Durchbrechungen zugelassen werden, soll der Blick auf das in der Literatur vertretene Trennungsdenken gerichtet werden. Zwar teilen alle Vertreter des Trennungsdenkens den gleichen Grundgedanken, jedoch ist auch hier zu untersuchen, ob das Prinzip der Trennung tatsächlich noch das Meinungsspektrum dominiert und der Begriff „Trennungsthese“ weiterhin als geeigneter Überbegriff fungieren kann. Es ist zu ergründen, welche konkreten Ausprägungen der Trennungsthese vertreten werden und inwieweit Abstand von dem Grundprinzip der Trennung im Rahmen von Ausnahmen im Einzelfall genommen wird. Hierfür wird eine Bestandsaufnahme und Analyse einzelner Beiträge vorgenommen, die im Rahmen des Theorienstreits verfasst wurden und der Trennungstheorie üblicherweise zugeordnet werden. Eine solch ausführliche Untersuchung und eine kategorisierende Einordnung von Einzelansichten fehlen bislang in der Literatur. So belassen es die meisten Beiträge bei einer grundsätzlichen Zusammenfassung der beiden sich gegenüberstehenden Thesen.[503] Es ist jedoch wichtig, die einzelnen Ansichten zu betrachten, da diese – auch innerhalb der jeweiligen Theorie – zu unterschiedlichen Ergebnissen kommen.

Zwar können nicht sämtliche Beiträge im Zusammenhang mit dem Theorienstreit Berücksichtigung finden, da dies den vorliegenden Rahmen der Arbeit sprengen würde. Es wird aber darauf Wert gelegt, eine repräsentative Bandbreite an Vertretern der Trennungsthese aufzunehmen. Hierbei werden insbesondere solche Aufzeichnungen berücksichtigt, die im Rahmen der Diskussion immer wieder vertreten und zitiert werden und somit die Debatte prägen. Die zu untersuchenden Beiträge sollen insbesondere im Hinblick auf ihre Grundaussage und den hiervon gemachten Ausnahmen begutachtet werden. Besonders interessant ist hierbei der

503 Vgl. z.B. *Noack,* Gesellschaftervereinbarungen bei Kapitalgesellschaften (1994), 61 ff.; *Rossig,* Gesellschafterabsprachen bei GmbH und Close Corporation. Eine vergleichende Untersuchung zum Recht der satzungsergänzenden Nebenverträge in den USA und Deutschland (2003), 118 ff.; *Schön,* Schuldrechtliche Gesellschaftervereinbarungen in der Gesellschaft mit beschränkter Haftung unter besonderer Berücksichtigung der Rechtsnachfolge (2018), 142 ff.; *Groß-Bölting,* Gesellschaftervereinbarungen in der Aktiengesellschaft (2011), 66 ff.; die meisten Beiträge stellen die Meinungen zunächst allgemein dar, um dann aber einzelne Problematiken mit Verweis auf einzelne Ansichten und Argumente zu diskutieren; hier wird häufig nicht deutlich, dass diese Diskussion auch innerhalb der Theorien geführt wird und zu unterschiedlichen Ergebnissen innerhalb der Thesen führt.

Umgang mit folgenden Problematiken: die Satzungsauslegung unter der Berücksichtigung von Gesellschaftervereinbarungen, die Konkretisierung der Treuepflicht auf der Ebene der Hauptgesellschaft durch Gesellschaftervereinbarungen, der Verstoß gegen eine Gesellschaftervereinbarung als möglichen Anfechtungsgrund und der Fall widersprüchlicher Regelungen.

Anhand des Umgangs mit diesen Problemen lässt sich erkennen, ob und wenn ja welche Wechselwirkungen zwischen den Ebenen angenommen werden und wie das Verhältnis der zwei Regelungsebenen demnach konkret ausgestaltet sein soll. In diesem Zusammenhang kann auf die bereits erwähnte Unterscheidung zwischen unmittelbaren bzw. rechtlichen Wechselwirkungen und mittelbaren bzw. tatsächlichen Wechselwirkungen zurückgegriffen werden.[504] Von *tatsächlichen* Wechselwirkungen ist dann die Rede, wenn die beiden Ebenen de facto aufeinander Einfluss nehmen. Eine tatsächliche Auswirkung einer Gesellschaftervereinbarung auf die Hauptgesellschaft liegt bereits dann vor, wenn ein Gesellschafter aufgrund einer Stimmbindungsvereinbarung entgegen seiner persönlichen Ansicht – weil er im Rahmen einer Vorabstimmung überstimmt wurde – auf der Ebene der Hauptgesellschaft abstimmt.[505] Hält man eine solche Stimmbindungsvereinbarung darüber hinaus bei Widersetzen des Gesellschafters für gerichtlich durchsetzbar, so stellt auch die gerichtliche Durchsetzung eine mittelbare bzw. faktische Einflussnahme auf die Ebene der Hauptgesellschaft dar.[506] Als weiteres Beispiel kann die Begründung einer Abhängigkeit im Sinne des Konzernrechts durch den Abschluss einer Gesellschaftervereinbarung genannt werden.[507] Eine *rechtliche* Wechselwirkung liegt vor, wenn Gesellschaftervereinbarungen eine unmittelbare korporative Wirkung zugesprochen wird oder umgekehrt kapitalgesellschaftsrechtliche oder satzungsrechtliche Regelungen unmittelbar auf Gesellschaftervereinbarungen Anwendung finden sollen.[508]

---

504 Differenzierung von *Söntgerath,* Vermittelte Mehrheit. Eine systematische Untersuchung des Rechts der satzungsergänzenden Nebenverträge, Beteiligungsgesellschaften und Vertreterklauseln (2010), 348.

505 So auch *Söntgerath,* Vermittelte Mehrheit. Eine systematische Untersuchung des Rechts der satzungsergänzenden Nebenverträge, Beteiligungsgesellschaften und Vertreterklauseln (2010), 348.

506 Vgl. auch *Söntgerath,* Vermittelte Mehrheit. Eine systematische Untersuchung des Rechts der satzungsergänzenden Nebenverträge, Beteiligungsgesellschaften und Vertreterklauseln (2010), 375.

507 So *Söntgerath,* Vermittelte Mehrheit. Eine systematische Untersuchung des Rechts der satzungsergänzenden Nebenverträge, Beteiligungsgesellschaften und Vertreterklauseln (2010), 348; zu konzernrechtlichen Aspekten der Gesellschaftervereinbarungen vgl. Kapitel 3, D.II.4 b), S. 203 ff.

508 Vgl. im Ergebnis auch *Söntgerath,* Vermittelte Mehrheit. Eine systematische Untersuchung des Rechts der satzungsergänzenden Nebenverträge, Beteiligungsgesellschaften und Vertreterklauseln (2010), 348 und 375 f.

Die verschiedenen Ausprägungen der Trennungsthese können anhand der Art der vertretenen Wechselwirkungen kategorisiert und zusammengefasst werden. Eine „reine" bzw. konsequente Ausprägung der Trennungsthese liegt vor, wenn wenige bis keine Wechselwirkungen, weder tatsächlicher noch rechtlicher Natur, möglich sein sollen. Weil die Gesellschaftervereinbarungen in Bezug auf die Hauptgesellschaft abgeschlossen werden und häufig ihr Zweck darin besteht, auf das Abstimmungsverhalten in der Hauptgesellschaft Einfluss zu nehmen, sind bestimmte tatsächliche Auswirkungen nicht zu vermeiden. Deshalb stehen solche faktischen Wechselwirkungen einer konsequenten Ebenen-Trennung nicht im Wege. Werden hingegen, wie im Rahmen der BGH-Rechtsprechung – unmittelbare und rechtliche Wechselwirkungen angenommen, liegt eine tendenziell „durchlässige Trennwand" zwischen den Ebenen vor. Interessant ist zudem, ob die „Trennwand" in beide Richtungen gleichermaßen geöffnet werden soll, oder ob eher von einer, wie aus der Naturwissenschaft bekannten, „semipermeablen Membran" ausgegangen wird, die lediglich Auswirkungen in die eine Richtung erlaubt.[509] Dies wäre beispielsweise bei einer hierarchischen Vorrangstellung der Ebene der Hauptgesellschaft der Fall.

2. „Reine" Formen der Trennungsthese

In der Literatur werden teilweise „reine" Formen der Trennungsthese vertreten, die eine konsequente Trennung der beiden Ebenen fordern und nur wenige bis gar keine Ausnahmen bzw. Durchbrechungen vornehmen. Diese konsequente Anwendungsform der Trennungsthese ist in der Minderheit im Lager des Trennungsdenkens.

Ulmer vertritt bereits in den späten 1980er Jahren eine solch stringente Trennung der beiden Ebenen, die er auch in einem späteren Festschriftbeitrag so bestätigte.[510] Er betont in seinen zwei anschaulichen Beiträgen zu diesem Thema die Unterschiede der beiden Regelungsebenen, kehrt einer satzungsgleichen Wirkung von Gesellschaftervereinbarungen den Rücken zu und empfiehlt, es bei „der guten alten Ordnung" geprägt durch das „Trennungsdenken" zu belassen.[511] Seine Ausführungen gelten ausschließlich dem Fall, dass es sich bei

---

509 Vgl. für die Differenzierung nach der Richtung der Auswirkungen *Söntgerath,* Vermittelte Mehrheit. Eine systematische Untersuchung des Rechts der satzungsergänzenden Nebenverträge, Beteiligungsgesellschaften und Vertreterklauseln (2010), 358 f.

510 *Ulmer*, NJW 1987, 1849 ff.; *Ulmer,* FS Röhricht (2005), 633, 633 ff.

511 *Ulmer,* FS Röhricht (2005), 633, 635 f.; ähnlich vgl. *Ulmer*, NJW 1987, 1849, 1850 ff., 1854.

der Hauptgesellschaft um eine GmbH handelt. Das GmbH-Recht sei für solche Vereinbarungen anwendbar, die Teil der kapitalgesellschaftsrechtlichen Satzung seien.[512] Daneben stehe es den Gesellschaftern frei, in Bezug auf die Gesellschaft wirksame Vereinbarungen außerhalb der Satzung zu treffen. Grenzen seien hier lediglich durch zwingendes GmbH-Recht gesetzt, wie beispielsweise durch die Regelungen bezüglich des obligatorischen Satzungsinhalts (§ 3 I GmbHG) oder die Vorschriften zur Sacheinlage und das Verbot, diese zu umgehen (§§ 5 iVm 19, 56 GmbHG). Einschränkend führt er außerdem aus, dass Verpflichtungen der Hauptgesellschaft ausschließlich in der Satzung geregelt werden können.[513] Zwar bleibt eine eindeutige Klarstellung der Rechtsfolgen aus, jedoch ist davon auszugehen, dass Gesellschaftervereinbarungen, die diese gezogenen Grenzen überschreiten, als Rechtsfolge nichtig sein sollen.[514] Im Übrigen fänden auf Gesellschaftervereinbarungen ausschließlich die allgemeinen Regelungen des bürgerlichen Rechts Anwendung.[515] Grundsätzlich sei eine Berücksichtigung von Gesellschaftervereinbarungen im Rahmen der Auslegung der Satzung von einer Hauptgesellschaft und ein Abweichen von dem Grundsatz der objektiven Auslegung nicht möglich und am Trennungsdenken festzuhalten.[516] Auch die in der Hauptgesellschaft zwischen den Gesellschaftern bestehende Treuepflicht könne keine Konkretisierung oder Beeinträchtigung durch eine Gesellschaftervereinbarung erfahren.[517] Verstoße ein Beschluss auf der Ebene der Hauptgesellschaft gegen eine allseitige Gesellschaftervereinbarung, liege grundsätzlich kein Anfechtungsgrund vor.[518] Nur in Ausnahmefällen „eindeutiger, grob mißbräuchlicher Verletzungshandlungen“[519] sei ausnahmsweise eine Anfechtungsklage im Wege eines Durchgriffs auf Grundlage von Billigkeitserwägungen möglich.

Besonders interessant ist *Ulmers* kritische Auseinandersetzung mit dem Urteil des BGH[520] aus dem Jahr 1967, in welchem der BGH die bis dahin höchst umstrittene Vollstreckung von Stimmbindungsvereinbarungen im Wege der Leistungsklage gemäß § 894 ZPO

512 *Ulmer*, NJW 1987, 1849, 1850 f.

513 *Ulmer*, NJW 1987, 1849, 1850.

514 Vgl. hierzu auch die Auseinandersetzung mit *Zöllner* in *Ulmer,* FS Röhricht (2005), 633, 648; wobei *Ulmer* hier auch für vertretbar erklärt, es dennoch bei der Wirksamkeit der Gesellschaftervereinbarung zu belassen.

515 *Ulmer*, NJW 1987, 1849, 1851.

516 *Ulmer*, NJW 1987, 1849, 1854, *Ulmer,* FS Röhricht (2005), 633, 644 f., 652 ff.

517 *Ulmer*, NJW 1987, 1849, 1854; *Ulmer,* FS Röhricht (2005), 633, 652 ff.

518 *Ulmer*, NJW 1987, 1849, 1855.

519 *Ulmer*, NJW 1987, 1849, 1855.

520 BGH, Urteil vom 29.5.1967 – II ZR 105/66 (Stuttgart) = NJW 1967, 1963 ff.

bejahte.[521] Die seither überwiegende Anerkennung der Vollstreckung bietet zumindest mittelbar (über den Umweg der Klage) die Möglichkeit, eine (Stimmbindungs-)Vereinbarung auf der Ebene der „Gesellschaft in der Gesellschaft“ innerhalb der Hauptgesellschaft durchzusetzen und eine vertragsgemäße Stimmabgabe zu fingieren.[522] Laut *Ulmer* sei jedoch zu bedenken, dass hierin bereits ein „Hinüberwirken“ von der Ebene der Gesellschaftervereinbarung auf die Ebene der Hauptgesellschaft zu sehen sei.[523] Die Begründung dieses Urteils basierend auf Praktikabilitätserwägungen sei „seltsam schlicht und inkonsistent“[524] und „schwerlich geeignet, als tragender Grund“[525] für eine Durchbrechung des Trennungsprinzips und einer einheitlichen Betrachtung der Regelungsebenen zu dienen.[526] Es handele sich hierbei um eine Relativierung des Trennungsdenkens ohne dogmatisch stichhaltige Begründung.[527]

Im Ergebnis hält *Ulmer* in seinen Beiträgen an „dem unser Organisationsrecht bis heute prägenden Unterschied zwischen Normativsystem und privatautonomer Vereinigungsfreiheit im Rahmen der §§ 705 BGB, 105 HGB“[528] fest und plädiert für eine strikte Trennung der beiden Ebenen unter grundsätzlichem Ausschluss sämtlicher Wechselwirkungen.[529] In seinem jüngsten Beitrag zu dem Thema deutet *Ulmer* zwar an, dass möglicherweise von einem generellen Vorrang der Satzung ausgegangen werden könnte, er äußerte sich jedoch nicht abschließend zu dem Gedanken und lässt die Frage nach einer Hierarchie offen.[530] In seiner Kommentierung zu § 3 GmbHG führt er aus, dass ein „*Auseinanderfallen von Satzung und schuldrechtlichen Abreden* (…) für die Wirksamkeit der jeweiligen Vereinbarungen grundsätzlich ohne Belang“[531] sei. Das bedeutet, dass widersprüchliche Regelungen – abgesehen von möglichen Schadensersatzpflichten – unabhängig und unberührt von der jeweiligen anderen Ebene wirksam bleiben sollen und dass keine generelle Überlagerung oder Verdrängung widersprüchlicher Gesellschaftervereinbarungen stattfinden soll.[532] Diesen

---

521 *Ulmer,* FS Röhricht (2005), 633, 638 ff.; hierzu auch vgl. *Ulmer*, NJW 1987, 1849, 1854 f.
522 Zur Durchsetzbarkeit von Stimmbindungsvereinbarungen ausführlich Kapitel 3, D.V.2.a), S. 243 ff.
523 *Ulmer,* FS Röhricht (2005), 633, 640.
524 *Ulmer,* FS Röhricht (2005), 633, 640.
525 *Ulmer,* FS Röhricht (2005), 633, 640.
526 *Ulmer,* FS Röhricht (2005), 633, 640; ähnlich seine Kritik hinsichtlich des Urteils des BGH vom 27.10.1986 – NJW 1987, 1890, vgl. *Ulmer*, NJW 1987, 1849, 1949 f., 1855.
527 Vgl. *Ulmer,* FS Röhricht (2005), 633, 638 ff.
528 *Ulmer,* FS Röhricht (2005), 633, 653.
529 *Ulmer,* FS Röhricht (2005), 633, 653 f.
530 *Ulmer*, NJW 1987, 1849, 1854; *Ulmer,* FS Röhricht (2005), 633, 1854, zudem seien gemäß einer Gesetzeswertung die Satzungsregelungen das die GmbH prägende Recht und nicht umgekehrt.
531 GroßkommGmbHG, Auflage 2005-*Ulmer*, § 3, Rn. 115.
532 *Ulmer*, NJW 1987, 1849, 1854.

Ausführungen ist nach vorliegender Ansicht zu entnehmen, dass zumindest von keiner grundsätzlichen Subordination der Ebene der Gesellschaftervereinbarungen die Rede sein kann.[533]

Auch *Dürr* geht bereits in den 1990er Jahren im Rahmen seiner Dissertationsschrift und in einem Zeitschriftenbeitrag dem Verhältnis der beiden Regelungsebenen auf den Grund. Er kritisiert in seinen Beiträgen die „Kerbnägel"-Rechtsprechung und sieht hierin einen Verstoß gegen das Trennungsprinzip.[534] Er erkennt mögliche Vorzüge für die Praxis in einer einheitlichen Betrachtung der zwei Regelungsebenen, hält dieser aber dogmatische Begründungsschwierigkeiten entgegen.[535] Neben der Anfechtbarkeit auf Grundlage von Vertragsverstößen außerhalb der Satzung, kritisiert er auch die überwiegend anerkannte Vollstreckung von Gesellschaftervereinbarungen.[536] Bei Anerkennung der Zwangsvollstreckung von Gesellschaftervereinbarungen in die Gesellschafterversammlung müsse konsequenterweise eine Einschränkung der Privatautonomie durch die Ebene der Hauptgesellschaft vorgenommen werden, welche zur Nichtigkeit gewisser Gesellschaftervereinbarungen führen würde.[537] Hierfür fehle aber grundsätzlich eine Rechtsgrundlage.[538] Im Ergebnis vertritt *Dürr* eine konsequente Einhaltung des Trennungsprinzips. Das bedeute, dass Gesellschaftervereinbarungen wirksam mit beliebigem Inhalt getroffen werden können, sie jedoch keine verbandsrechtliche Wirkung für die Hauptgesellschaft (in seinem Beitrag die GmbH) entfalten – nicht einmal im Wege der Zwangsvollstreckung – und Verstöße lediglich allgemeine Schadensersatzpflichten und keine kapitalgesellschaftsrechtlichen Rechtsfolgen nach sich ziehen.[539]

Schwieriger einzuordnen sind die Beiträge *Winters*. Diese zeigen anschaulich auf, wie vielfältig die Variationen des Trennungsdenkens sind und dass eine einheitliche Betrachtung der Ebenen nicht dem Trennungsdenken widerspricht. *Winter* verwendet in seinen Beiträgen mehrfach die von *Noack* geschaffene, für die Einheitsthese typische Bezeichnung

---

533 AA *Söntgerath,* Vermittelte Mehrheit. Eine systematische Untersuchung des Rechts der satzungsergänzenden Nebenverträge, Beteiligungsgesellschaften und Vertreterklauseln (2010), 365 Fn. 111, der den Beiträgen ein hierarchisches Verhältnis entnehmen will; hierbei wird jedoch verkannt, dass lediglich eine Hierarchie angedacht wird, aber die Frage tendenziell offengelassen wird; die Kommentierung des § 3 GmbHG ist wohl eher als Abkehr von einer Hierarchie zu werten.

534 *Dürr,* Nebenabreden im Gesellschaftsrecht (1994), 223; *Dürr*, BB 1995, 1365, 1369.

535 *Dürr*, BB 1995, 1365, 1370.

536 *Dürr,* Nebenabreden im Gesellschaftsrecht (1994), 223; *Dürr*, BB 1995, 1365, 1368 ff.

537 *Dürr*, BB 1995, 1365, 1379.

538 *Dürr*, BB 1995, 1365, 1370.

539 *Dürr,* Nebenabreden im Gesellschaftsrecht (1994), 223; *Dürr*, BB 1995, 1365, 1369 f.

„Verbandsordnung im weiteren Sinne“[540]. [541] Dieser Bezeichnung liegt eine einheitliche Betrachtung der Satzung und der Nebenordnungen im Rahmen einer erweiterten Verbandsordnung zu Grunde.[542] Sie spiegelt laut *Winter* die rechtstatsächlichen Gegebenheiten auf bessere Weise wider als der Begriff der Trennungstheorie und werde den „zahlreichen Wechselwirkungen und Querverbindungen“[543] der beiden Regelungsebenen gerecht. Beispiel für solche Wechselwirkungen seien die Durchsetzbarkeit und die Vollstreckbarkeit von Stimmbindungsabreden gemäß § 894 ZPO.[544] Außerdem seien die beiden Regelungsebenen miteinander verzahnt, da die Gesellschaftervereinbarungen häufig durch vorgeschaltete Abstimmungen oder Verfahren in das System der Hauptgesellschaft eingegliedert würden.[545] *Winter* betont jedoch zugleich die Unterschiede[546] der beiden Regelungsbereiche und die Gefahr, dass die flexible Ausgestaltung der Nebenabreden durch das Durchschlagen von korporationsrechtlichen Sondervorschriften verloren gehen könnte.[547] Er schließt korporationsrechtliche Schranken auf der Ebene der Gesellschaftervereinbarungen im Grundsatz aus und befürwortet ausschließlich die Anwendung der Wirksamkeitsschranken des allgemeinen bürgerlichen Rechts.[548] Dies habe zur Folge, dass die Wirksamkeit von Gesellschaftervereinbarungen unberührt bleibe, auch wenn die gleiche Regelung auf der Ebene der Hauptgesellschaft aus organisationsrechtlichen Gründen unzulässig wäre. Ausnahmsweise könne jedoch auch eine körperschaftliche Schranke durchschlagen. Hierbei schließt er sich erneut *Noack*, dem Vertreter der Einheitsthese, an und erkennt als Wirksamkeitsschranke der Gesellschaftervereinbarungen Umgehungen von Höchststimmrechten an.[549] Eine, wie vom BGH vertretene, Anfechtbarkeit eines Beschlusses auf der Ebene der Hauptgesellschaft aufgrund eines Verstoßes gegen eine omnilaterale Gesellschaftervereinbarung, lehnt er jedoch ab.[550] Wie *Ulmer* hält er eine Anfechtbarkeit eines gegen eine Gesellschaftervereinbarung verstoßenden Beschlusses

---

540 Vgl. *Noack,* Gesellschaftervereinbarungen bei Kapitalgesellschaften (1994), 111.

541 *Winter,* RWS Forum 8, Gesellschaftsrecht 1995, 131, 139, 134, 135.

542 Vgl. *Noack,* Gesellschaftervereinbarungen bei Kapitalgesellschaften (1994), 111.

543 *Winter,* RWS Forum 8, Gesellschaftsrecht 1995, 131, 134; an anderer Stelle (133) ist von „vielfältige(n) Wechselwirkungen“ die Rede.

544 *Winter,* RWS Forum 8, Gesellschaftsrecht 1995, 131, 133.

545 *Winter* nennt das Beispiel eines vorgeschalteten Vorerwerbsverfahren aufgrund von vereinbarten Vorerwerbs- oder Vorkaufsrechten, „Verzahnung von Satzung und Nebenvertrag“ *Winter,* RWS Forum 8, Gesellschaftsrecht 1995, 131, 133.

546 *Winter*, ZHR 1990, 259, 261 ff.

547 *Winter,* RWS Forum 8, Gesellschaftsrecht 1995, 131, 134 f., 139.

548 *Winter,* RWS Forum 8, Gesellschaftsrecht 1995, 131, 135.

549 *Winter,* RWS Forum 8, Gesellschaftsrecht 1995, 131, 135 in Anlehnung an *Noack,* Gesellschaftervereinbarungen bei Kapitalgesellschaften (1994), 133 ff.

550 *Winter*, ZHR 1990, 259, 276 f., 282; *Winter,* RWS Forum 8, Gesellschaftsrecht 1995, 131, 135 ff.

lediglich ausnahmsweise in Missbrauchsfällen unter Durchgriffsgesichtspunkten für zulässig.[551] Voraussetzung sei jedoch, dass die Anwendung kapitalgesellschaftsrechtlicher Sanktionen – wie die Anfechtbarkeit – auf Verletzungen von Gesellschaftervereinbarungen den Zwecken der Handelsregisterpublizität – die im Rahmen der Gesellschaftervereinbarungen gerade nicht erreicht werden können – nicht zuwiderläuft.[552] Diese Voraussetzungen seien bei zustandsbegründenden Gesellschaftervereinbarungen, mit dem Zweck, Satzungsregelungen zu ändern oder zu ergänzen, nie erfüllt.[553]

Die Ausführungen von *Winter* mögen auf den ersten Blick widersprüchlich erscheinen. So spricht sich *Winter* für eine Integration von Gesellschaftervereinbarungen in eine „Verbandsordnung im weiteren Sinne" aus oder lehnt diese zumindest nicht gänzlich ab.[554] Jedoch befürwortet er zugleich eine für die Nebenordnungen typische und charakteristische Flexibilität und Unabhängigkeit und warnt vor einer Einebnung der Unterschiede der beiden Regelungsebenen.[555] Diese zwar einleuchtenden praxisorientierten Ausführungen machen eine Einordnung in den bestehenden Theorienstreit schwer. An dieser Stelle soll die Einordnung im Bereich der strikten Form der Trennungsthese erfolgen, da im Ergebnis die weitestgehende Selbstständigkeit der Ebenen erhalten werden soll. So geht *Winter* beispielsweise von einer Wirksamkeit von Gesellschaftervereinbarungen aus, die gegen körperschaftliche Schranken „verstoßen".[556] Darüber hinaus ordnen auch andere Autoren die Beiträge *Winters* dem Trennungsdenken zu.[557] Die Ansicht *Winters* zeigt jedoch, dass eine Eingliederung von Gesellschaftsvereinbarungen in das Regelungsgeflecht des Verbandes nicht unbedingt gegen ein Trennungsdenken sprechen muss, solange eine gewisse Eigenständigkeit der Ebenen erhalten bleibt. Dies scheint sogar recht sinnvoll, da Gesellschaftervereinbarungen gerade in Bezug auf die Hauptgesellschaft abgeschlossen werden und somit der Charakter der Gesellschaftervereinbarung schon dafür spricht, beide Ebenen zumindest als eine natürliche, wenn auch nicht unbedingt rechtliche Einheit zu begreifen, gleichwohl die Ebenen in ihrer

---

551 *Winter*, ZHR 1990, 259, 277 f.
552 *Winter*, ZHR 1990, 259, 277 f., 283.
553 *Winter*, ZHR 1990, 259, 283.
554 *Winter,* RWS Forum 8, Gesellschaftsrecht 1995, 131, 139, 134, 135.
555 *Winter,* RWS Forum 8, Gesellschaftsrecht 1995, 131, 139.
556 Sie verstoßen dann gerade nicht, da das Kapitalgesellschaftsrecht zumindest weitestgehend unanwendbar sein soll.
557 So z.B. *Söntgerath,* Vermittelte Mehrheit. Eine systematische Untersuchung des Rechts der satzungsergänzenden Nebenverträge, Beteiligungsgesellschaften und Vertreterklauseln (2010), 355, Fn. 50; *Schön,* Schuldrechtliche Gesellschaftervereinbarungen in der Gesellschaft mit beschränkter Haftung unter besonderer Berücksichtigung der Rechtsnachfolge (2018), 143, Fn. 514.

Begründung, ihrer Wirksamkeit und ihren Rechtsfolgen getrennt einzuordnen. Somit spricht insbesondere dieser Beitrag dafür, dass der „Graben" zwischen Einheits- und Trennungsthese nicht besonders „tief" ist und Einzelansichten der beiden Lager durchaus nahe beieinander liegen können.

In seinem Vortrag „Satzungsdurchbrechung und Beschlussanfechtung" tritt *Goette* als weiterer Vertreter der Trennungsthese auf.[558] Auch er vertritt eine strikte Einhaltung der Trennung der beiden Ebenen. Eine Abweichung von der objektiven Satzungsauslegung unter Berücksichtigung von neben der Satzung bestehenden Gesellschaftervereinbarungen sei ausgeschlossen.[559] Weiterhin sei keine Konkretisierung der Treuepflicht auf der Ebene der Hauptgesellschaft durch solche Abreden möglich, weshalb auch eine Verletzung auf der Ebene der Gesellschaftervereinbarung keine Treuepflichtverletzung darstelle.[560] Vielmehr seien beide Ebenen zu trennen, weshalb man einen Beschluss, der in der Hauptgesellschaft unter Verletzung einer allseitigen Gesellschaftervereinbarung zustande kommt, nicht anfechten könne, auch nicht aus Gründen der Prozessökonomie.[561] Wie bereits richtig von *Ulmer* und *Winter* erkannt, sei eine Anfechtung allenfalls ausnahmsweise in besonders gelagerten Fällen unter Gesichtspunkten des Rechtsmissbrauchs als „Durchgriff" zulässig.[562] Als ein Beispiel für einen solchen Sonderfall sei eine Entscheidung aus dem Jahre 1959 zu nennen, in welcher der Vortrag des Beklagten, von allen Gesellschaftern im Rahmen eines Vergleichs entlastet worden zu sein, als zulässig erachtet wurde.[563] Diese die „Kerbnägel"-Rechtsprechung kritisierende restriktive Haltung gegenüber einem Durchgriff im Rahmen der Beschlussanfechtung ist deshalb bedeutsam, da *Goette* zum Zeitpunkt seines Vortrages Richter und später sogar Vorsitzender Richter des für das Gesellschaftsrecht zuständigen II. Zivilsenats des BGH war und sich, anders als der BGH in seiner Rechtsprechung, gegen eine Anfechtung aus reinen Gründen der Prozessökonomie aussprach.

Auch *König*, der immer wieder auf das Aktienrecht Bezug nimmt, seinen Untersuchungsgegenstand aber hierauf nicht beschränkt und allgemein im Rahmen des

---

558 *Goette,* RWS-Forum 8, Gesellschaftsrecht 1995, 113 ff.

559 *Goette,* RWS-Forum 8, Gesellschaftsrecht 1995, 113, 123 f.

560 *Goette,* RWS-Forum 8, Gesellschaftsrecht 1995, 113, 126.

561 *Goette,* RWS-Forum 8, Gesellschaftsrecht 1995, 113, 127 f.

562 *Goette,* RWS-Forum 8, Gesellschaftsrecht 1995, 113, 128; er nennt hierfür als Beispiel einen „singulären" Fall, der dem BGH im Jahre 1959 vorlag BGHZ 29, 385, 392.

563 *Goette,* RWS-Forum 8, Gesellschaftsrecht 1995, 113, 128.

Kapitalgesellschaftsrechts Untersuchungen vornimmt, vertritt eine konsequente Anwendung der Trennungstheorie.[564] Die Regelungsebenen seien getrennt voneinander zu betrachten. Während für die Ebene der Hauptgesellschaft das Kapitalgesellschaftsrecht Anwendung finde, sei für die Ebene der Gesellschaftervereinbarung lediglich das allgemeine Schuldrecht anwendbar.[565] Neben den allgemeinen zivilrechtlichen Schranken, wie dem allgemeinen Verbot der Sittenwidrigkeit, seien jedoch auch viele korporationsrechtliche Schranken zu beachten.[566] Grenzen seien zum einen gesellschaftsrechtliche Regelungen mit direktem nebenvertraglichen Bezug, wie zum Beispiel § 136 II AktG,[567] und zwingende gesellschaftsrechtliche Normen.[568] Zum anderen seien aber auch Gesellschaftsgrundsätze als Zulässigkeitsschranke anzusehen, wie beispielsweise die gesellschaftsrechtliche Treuepflicht.[569] So sei eine Gesellschaftervereinbarung grundsätzlich „treuepflichtgemäß" auszulegen, damit der Rahmen der mitgliedschaftlichen Bindungen nicht überschritten und keine widersprüchliche Verpflichtung entstehe.[570] Er gibt jedoch zu bedenken, dass Gesellschafter auch „einen wegen Treuwidrigkeit nichtigen satzungsergänzen Nebenvertrag (...) vereinbaren"[571] können. Deshalb solle „höchstens im Regelfall"[572] eine derartige Anpassung der Verpflichtung erfolgen. Darüber hinaus könne das Gesellschaftsstatut der Hauptgesellschaft eine Zulässigkeitsschranke von Gesellschaftervereinbarungen sein.[573] In diesem Zusammenhang sei

564 Vgl. *König*, ZGR 2005, 417, 422 ff.; i.E. vgl. auch *König,* Der satzungsergänzende Nebenvertrag. Eine rechtsvergleichende Untersuchung zum außerstatutarischen Gesellschaftsorganisationsrecht nach deutschem, französischem und schweizerischem Recht (1996), 227.

565 *König*, ZGR 2005, 417, 422.

566 *König*, ZGR 2005, 417, 422; ähnlich *König,* Der satzungsergänzende Nebenvertrag. Eine rechtsvergleichende Untersuchung zum außerstatutarischen Gesellschaftsorganisationsrecht nach deutschem, französischem und schweizerischem Recht (1996), 46 ff.; 66.

567 *König,* Der satzungsergänzende Nebenvertrag. Eine rechtsvergleichende Untersuchung zum außerstatutarischen Gesellschaftsorganisationsrecht nach deutschem, französischem und schweizerischem Recht (1996), 48 ff.

568 *König,* Der satzungsergänzende Nebenvertrag. Eine rechtsvergleichende Untersuchung zum außerstatutarischen Gesellschaftsorganisationsrecht nach deutschem, französischem und schweizerischem Recht (1996), 50.

569 *König*, ZGR 2005, 417, 422.

570 *König,* Der satzungsergänzende Nebenvertrag. Eine rechtsvergleichende Untersuchung zum außerstatutarischen Gesellschaftsorganisationsrecht nach deutschem, französischem und schweizerischem Recht (1996), 59 f.

571 *König,* Der satzungsergänzende Nebenvertrag. Eine rechtsvergleichende Untersuchung zum außerstatutarischen Gesellschaftsorganisationsrecht nach deutschem, französischem und schweizerischem Recht (1996), 60.

572 *König,* Der satzungsergänzende Nebenvertrag. Eine rechtsvergleichende Untersuchung zum außerstatutarischen Gesellschaftsorganisationsrecht nach deutschem, französischem und schweizerischem Recht (1996), 60.

573 *König,* Der satzungsergänzende Nebenvertrag. Eine rechtsvergleichende Untersuchung zum außerstatutarischen Gesellschaftsorganisationsrecht nach deutschem, französischem und schweizerischem Recht (1996), 62 ff.

insbesondere eine ihm zufolge zulässige, sogenannte „statutarische Ausschlussklausel“[574] die stärkste Beschränkung, da dieser eine Vorrangstellung gegenüber Gesellschaftervereinbarungen zukomme.[575] Dem ist keine allgemeine Hierarchie zwischen den Ebenen und eine grundsätzliche Unterordnung der Ebene der Gesellschaftervereinbarungen zu entnehmen. Zwar nimmt *König* weitreichendere Grenzen aus dem Bereich des Gesellschaftsrechts für Gesellschaftervereinbarungen an, als dies andere Autoren tun. Er will aber beispielsweise im Rahmen der Treuepflicht als Zulässigkeitsgrenze eine gewisse Flexibilität wahren und die Vertragsfreiheit im Bereich von Gesellschaftervereinbarungen nicht gänzlich dem Gesellschaftsrecht unterordnen. Trotz Trennung der beiden Ebenen seien außerdem tatsächliche Wechselwirkungen zwischen den Regelungsebenen möglich.[576] Über die genannten Auswirkungen hinaus, seien jedoch keine rechtlichen Wechselwirkungen zwischen den beiden Ebenen anzunehmen.[577] So erfolge beispielsweise die Willensbildung innerhalb der beiden Gesellschaften – der Hauptgesellschaft und der „Gesellschaft in der Gesellschaft“ – unabhängig voneinander entsprechend den „jeweils (...) eigenen Regeln“.[578] Innerhalb einer „Gesellschaft in der Gesellschaft“ stehe es den Gesellschaftern frei, von der Hauptgesellschaft unabhängige Mehrheitserfordernisse zur Willensbildung aufzustellen. Es bestehe „kein rechtliches Band zwischen beiden Ebenen“[579]. So sei beispielsweise eine Verschiebung der Stimmenverhältnisse in der Hauptgesellschaft durch die „Gesellschaft in der Gesellschaft“ möglich.[580] Die „Kerbnägel“-Rechtsprechung lehnt *König* ab, eine Anfechtung sei lediglich im Falle des Rechtsmissbrauches ausnahmsweise möglich.[581]

---

574 *König,* Der satzungsergänzende Nebenvertrag. Eine rechtsvergleichende Untersuchung zum außerstatutarischen Gesellschaftsorganisationsrecht nach deutschem, französischem und schweizerischem Recht (1996), 62.

575 *König,* Der satzungsergänzende Nebenvertrag. Eine rechtsvergleichende Untersuchung zum außerstatutarischen Gesellschaftsorganisationsrecht nach deutschem, französischem und schweizerischem Recht (1996), 62 f.

576 *König*, ZGR 2005, 417, 423, 425; vgl. auch i.E. *König,* Der satzungsergänzende Nebenvertrag. Eine rechtsvergleichende Untersuchung zum außerstatutarischen Gesellschaftsorganisationsrecht nach deutschem, französischem und schweizerischem Recht (1996), 103.

577 *König*, ZGR 2005, 417, 423.

578 Vgl. *König*, ZGR 2005, 417, 425.

579 *König*, ZGR 2005, 417, 425, 436.

580 Vgl. *König*, ZGR 2005, 417, 421, „Unterstellt man, dass alle Gesellschafter ihr Stimmrecht in der Kapitalgesellschaft pflichtgemäß, d.h. gemäß dem Ergebnis der (Vor-)Abstimmung ausüben, führt die Mehrheitsklausel im Pool dazu, dass eine bestimmte Stimmquote in der Kapitalgesellschaft, wenn man eine Beteiligungsquote durchrechnet, bereits mit einer weitaus niedrigeren Quote erreicht werden kann“; 436 diese Wirkung im Ergebnis bejahend.

581 *König,* Der satzungsergänzende Nebenvertrag. Eine rechtsvergleichende Untersuchung zum außerstatutarischen Gesellschaftsorganisationsrecht nach deutschem, französischem und schweizerischem Recht (1996), 75 f.

Auch *A. Schön* geht in ihrer Monographie im Grundsatz von der Trennung der beiden Ebenen gemäß der Trennungstheorie aus.[582] Dieser aktuelle Beitrag zu der Problematik ist gänzlich dem GmbH-Recht gewidmet und umfasst demnach nur solche Hauptgesellschaften, die die Verbandsform einer GmbH haben.[583] *A. Schön* geht von einer konsequenten Trennung beider Ebenen aus und verneint grundsätzlich unmittelbare rechtliche Wirkungen in *beide* Richtungen.[584] Sie betont die Unabhängigkeit der beiden Ebenen und die Möglichkeit widersprüchlicher, aber dennoch wirksamer Regelungen.[585] Lediglich ein gewisser Regelungsbereich sei ausschließlich der Satzung in Form eines „absoluten Satzungsbereichs" vorbehalten.[586] Hierzu sei das Trennungsprinzip ausnahmsweise zu durchbrechen. Gesellschaftervereinbarungen, die diese Grenze überschreiten, seien rechtlich nicht wirksam. Als Grenze der Ebene der Gesellschaftervereinbarungen fungieren solche Vorschriften des GmbHG, die den zwingenden Satzungsinhalt regeln oder absolut zwingendes (Kapitalgesellschafts-)Recht darstellen. Die Ebene werde außerdem durch den Grundsatz der Verbandsautonomie bzw. der Satzungsautonomie beschränkt. Hierdurch werde verhindert, dass auf der Ebene der „Gesellschaft in der Gesellschaft" Entscheidungen im Bereich von „Satzungs- und sonstigen Strukturänderungsfragen"[587] von Nichtgesellschaftern abhängig gemacht werden. Als letzte Durchbrechung nennt *A. Schön* § 136 II AktG analog in Verbindung mit der zwingenden Kompetenzverteilung des GmbH-Rechts.[588] Eine darüber hinausgehende Durchbrechung hält sie für unzulässig. Satzungswidrige oder auch treuwidrige Vereinbarungen seien aufgrund der Privatautonomie zulässig und grundsätzlich wirksam.[589] Möglich seien zwar Sanktionen auf der Ebene der Hauptgesellschaft, jedoch betreffe dies grundsätzlich nicht die Wirksamkeit der

582 *Schön,* Schuldrechtliche Gesellschaftervereinbarungen in der Gesellschaft mit beschränkter Haftung unter besonderer Berücksichtigung der Rechtsnachfolge (2018), 228.

583 So auch schon der Titel *Schön,* Schuldrechtliche Gesellschaftervereinbarungen in der Gesellschaft mit beschränkter Haftung unter besonderer Berücksichtigung der Rechtsnachfolge (2018).

584 *Schön,* Schuldrechtliche Gesellschaftervereinbarungen in der Gesellschaft mit beschränkter Haftung unter besonderer Berücksichtigung der Rechtsnachfolge (2018), 228 f.

585 *Schön,* Schuldrechtliche Gesellschaftervereinbarungen in der Gesellschaft mit beschränkter Haftung unter besonderer Berücksichtigung der Rechtsnachfolge (2018), 229.

586 Vgl. *Schön,* Schuldrechtliche Gesellschaftervereinbarungen in der Gesellschaft mit beschränkter Haftung unter besonderer Berücksichtigung der Rechtsnachfolge (2018), 229.

587 *Schön,* Schuldrechtliche Gesellschaftervereinbarungen in der Gesellschaft mit beschränkter Haftung unter besonderer Berücksichtigung der Rechtsnachfolge (2018), 229.

588 *Schön,* Schuldrechtliche Gesellschaftervereinbarungen in der Gesellschaft mit beschränkter Haftung unter besonderer Berücksichtigung der Rechtsnachfolge (2018), 229.

589 *Schön,* Schuldrechtliche Gesellschaftervereinbarungen in der Gesellschaft mit beschränkter Haftung unter besonderer Berücksichtigung der Rechtsnachfolge (2018), 194 f., 209 f.; so auch *Joussen,* Gesellschafterabsprachen neben Satzung und Gesellschaftsvertrag (1995), 98, 111; *Lieder,* Fleischer/Kalss/Vogt Aktuelle Entwicklungen 2012, 231, 253, 259.

Abreden.[590] Werde eine Vereinbarung auf der Ebene der Hauptgesellschaft durch eine Stimmabgabe umgesetzt, müsse sich diese aber an den organisationsrechtlichen Schranken messen lassen. So könne eine Stimmabgabe auf Grundlage einer (satzungswidrigen) Gesellschaftervereinbarung in der Hauptgesellschaft beispielsweise treuwidrig und nichtig und ein hierauf beruhender Beschluss gegebenenfalls anfechtbar sein.[591] Es soll laut *A. Schön* also bei einer strikten Trennung der beiden Ebenen bleiben: Schuldrechtliche Gesellschaftervereinbarungen seien abgesehen von wenigen zwingenden Grenzen nur nach den Regelungen des BGB zu beurteilen. Für Stimmabgaben und Beschlüsse in der Hauptgesellschaft seien hingegen die kapitalgesellschaftsrechtlichen Regelungen anwendbar.

Zusammenfassend ist zu sagen, dass die aufgeführten Autoren mit ihren Beiträgen eine konsequente, und deshalb hier als „reine" Form des Trennungsdenkens bezeichnete, Ausprägung der Trennungsthese vertreten. Ihnen zufolge soll eine weitgehend ausnahmslose, getrennte Betrachtung der Regelungsbereiche unter Ausschluss nahezu sämtlicher rechtlicher und teilweise sogar tatsächlicher Wechselwirkungen erfolgen. So kritisiert *Ulmer* beispielsweise sogar die – sonst weitgehend anerkannte – Durchsetzbarkeit und Vollstreckbarkeit von Stimmbindungsvereinbarungen und die hiermit einhergehende faktische Durchbrechung der „Trennwand".[592] Die Meinungen haben zudem gemein, dass Wechselwirkungen in *beide* Richtungen ausgeschlossen werden und dass dementsprechend eine Hierarchie in Form einer grundsätzlichen Subordination der Gesellschaftervereinbarungen abgelehnt wird.

Einigkeit besteht jedoch darin, dass den der Privatautonomie entspringenden Gesellschaftervereinbarungen zumindest im Bereich des zwingenden Satzungsrechts gewisse kapitalgesellschaftsrechtliche Grenzen zu setzen sind.[593] Außerdem soll in Fällen des Rechtsmissbrauches einigen Vertretern zufolge eine Durchbrechung der Trennung stattfinden und ein Anfechtungsgrund für den Verstoß gegen eine allseitige schuldrechtliche

---

590 *Schön,* Schuldrechtliche Gesellschaftervereinbarungen in der Gesellschaft mit beschränkter Haftung unter besonderer Berücksichtigung der Rechtsnachfolge (2018), 197 f.

591 *Schön,* Schuldrechtliche Gesellschaftervereinbarungen in der Gesellschaft mit beschränkter Haftung unter besonderer Berücksichtigung der Rechtsnachfolge (2018), 204 f., 209 f.

592 *Ulmer,* FS Röhricht (2005), 633, 638 ff.

593 Diese Einigkeit bestehe sogar in beiden Lagern, so *Söntgerath,* Vermittelte Mehrheit. Eine systematische Untersuchung des Rechts der satzungsergänzenden Nebenverträge, Beteiligungsgesellschaften und Vertreterklauseln (2010), 410.

Gesellschaftervereinbarung anzunehmen sein. Lediglich dann soll der Abrede eine direkte rechtliche Wirkung korporativer Natur zukommen.

Diese Ausführungen zeigen, dass nur eine kleine Gruppe von Autoren, die von vielen Stimmen vertretene Trennung der beiden Regelungsbereiche konsequent durchhält und dass zwischen diesen Ansichten Unterschiede, insbesondere hinsichtlich der korporationsrechtlichen Zulässigkeitsgrenzen, bestehen. Besonders interessant sind die Beiträge *Winters*, die den Gedanken der Einheitsthese in den Zusammenhang mit dem Trennungsdenken bringen und die These belegen, dass Einheit und Trennung nicht zwingend in einem gegenseitigen Ausschlussverhältnis stehen müssen.

3. Die Trennungsthese mit einer „semipermeablen Trennwand“: Trennung und Hierarchie

Neben den strikten Formen des Trennungsdenkens gibt es Ausprägungen der Trennungsthese, die eine Hierarchie zwischen den Regelungsebenen annehmen und der Ebene der Hauptgesellschaft einen Vorrang vor der Ebene der Gesellschaftervereinbarungen einräumen. Das bedeutet, dass einerseits zwar eine Trennung der zwei grundsätzlich selbstständigen und voneinander unabhängigen Regelungsebenen hinsichtlich ihrer Voraussetzungen, ihrer Wirkung und ihren Rechtsfolgen angenommen wird. Andererseits soll die zwischen den Ebenen bestehende „Trennwand“ in eine Richtung – nämlich in die Richtung von „oben nach unten“[594] – für eine Verdrängung bzw. Überlagerung von Regelungen auf der Ebene der Gesellschaftervereinbarungen durchlässig sein. Indem von einer grundsätzlichen Subordination der Gesellschaftervereinbarungen ausgegangen wird, sollen Widersprüche zwischen den Ebenen gar nicht erst entstehen können. Hiervon abzugrenzen sind wiederum solche Formen der Trennungstheorie, die zwar eine Hierarchie und Vorrangstellung der Satzung annehmen, jedoch auch in die umgekehrte Richtung Auswirkungen von Gesellschaftervereinbarungen auf die korporativen Ebene der Hauptgesellschaft zulassen.[595] Die vorliegenden Ausprägungen gehen von einer semipermeablen Trennwand zwischen den Ebenen aus, da rechtliche Auswirkungen in eine Richtung stattfinden (von „Oben nach Unten“), während rechtliche

594 Begrifflichkeit aus *Westermann,* Hachenburg-Gedächtnisvorlesung 1994, 25, 33; übernommen von *Söntgerath,* Vermittelte Mehrheit. Eine systematische Untersuchung des Rechts der satzungsergänzenden Nebenverträge, Beteiligungsgesellschaften und Vertreterklauseln (2010), 375.

595 Vgl. hierzu Kapitel 2, B.IV.4.a), S. 96 ff.

Auswirkungen in die andere Richtung (von „Unten nach Oben"[596]) ausgeschlossen sind.[597] Es wird eine partielle Durchlässigkeit der „Trennwand" vertreten, die auf rechtliche Auswirkungen von der Ebene der Hauptgesellschaft auf die Ebene der Gesellschaftervereinbarungen beschränkt ist.

Söntgerath, der seine Ausführungen nicht auf eine bestimmte Kapitalgesellschaft als Hauptgesellschaft beschränkt, geht in seiner Monografie ausführlich auf den Streit um das Verhältnis der beiden Ebenen ein.[598] Zwar schließt er sich in weiten Teilen den Ursprungsquellen der Trennungstheorie an und plädiert für eine Trennung der beiden Ebenen. Er warnt jedoch davor, die Trennungsthese so zu verstehen, dass jegliche Wechselwirkungen ausgeschlossen sind, da die Ebene der Gesellschaftervereinbarungen gerade in Bezug auf die Hauptgesellschaft (in *Noacks* Worten „in causa societatis" [599]) gegründet werde und von ihrem Bestehen abhängig sei.[600] Diese faktische Nähe führe zu einem Abhängigkeitsverhältnis mit gewissen – zumindest tatsächlichen – Wechselwirkungen. Auch die Trennungsthese erkenne nach seiner Ansicht gewisse Wechselwirkungen an, es sei jedoch – wie auch in der vorliegenden Arbeit bereits festgestellt – innerhalb der Theorie umstritten, welche Wechselwirkungen zwischen den beiden Ebenen stattfinden.[601] Aus diesem Grund sei der Trennungsthese – wie bereits einleitend wiedergegeben – „noch keine unmittelbare Aussage über das Verhältnis der Ebenen"[602] zu entnehmen, vielmehr betone sie „zunächst ausschließlich die Selbstständigkeit der korporativen Regelungssphäre"[603]. Letztendlich kommt *Söntgerath* zu dem Ergebnis, dass von einer Hierarchie zwischen den beiden Ebenen auszugehen sei, in welcher die Ebene der Hauptgesellschaft bestehend aus Gesetz und Statut über der Ebene

---

596 So die Idee von *Westermann*, Hachenburg-Gedächtnisvorlesung 1994, 25, 33; genau diese Bezeichnung sonst auch in *Söntgerath*, Vermittelte Mehrheit. Eine systematische Untersuchung des Rechts der satzungsergänzenden Nebenverträge, Beteiligungsgesellschaften und Vertreterklauseln (2010), 433

597 Ähnlich *Söntgerath*, Vermittelte Mehrheit. Eine systematische Untersuchung des Rechts der satzungsergänzenden Nebenverträge, Beteiligungsgesellschaften und Vertreterklauseln (2010), 375.

598 *Söntgerath*, Vermittelte Mehrheit. Eine systematische Untersuchung des Rechts der satzungsergänzenden Nebenverträge, Beteiligungsgesellschaften und Vertreterklauseln (2010), 354 ff.

599 *Noack*, Gesellschaftervereinbarungen bei Kapitalgesellschaften (1994), 118.

600 *Söntgerath*, Vermittelte Mehrheit. Eine systematische Untersuchung des Rechts der satzungsergänzenden Nebenverträge, Beteiligungsgesellschaften und Vertreterklauseln (2010), 370 f.

601 Vgl. *Söntgerath*, Vermittelte Mehrheit. Eine systematische Untersuchung des Rechts der satzungsergänzenden Nebenverträge, Beteiligungsgesellschaften und Vertreterklauseln (2010), 358 f.

602 *Söntgerath*, Vermittelte Mehrheit. Eine systematische Untersuchung des Rechts der satzungsergänzenden Nebenverträge, Beteiligungsgesellschaften und Vertreterklauseln (2010), 358.

603 *Söntgerath*, Vermittelte Mehrheit. Eine systematische Untersuchung des Rechts der satzungsergänzenden Nebenverträge, Beteiligungsgesellschaften und Vertreterklauseln (2010), 358.

omnilateraler Gesellschaftervereinbarungen stehe.[604] In seinen Augen müssen sich in diesem Subordinationsverhältnis alle Regelungen aus Gesellschaftervereinbarungen am Gesetz und Statut der Hauptgesellschaft messen lassen.[605] Es bestehe ein Konkurrenzverbot für Gesellschaftervereinbarungen.[606] *Söntgerath* geht also von Auswirkungen tatsächlicher und rechtlicher Natur von „Oben nach Unten" aus, hält aber rechtliche Einflüsse von „Unten nach Oben" für ausgeschlossen.[607] Lediglich tatsächliche Auswirkungen seien aufgrund der Bezugnahme der Gesellschaftervereinbarung auf die Hauptgesellschaft unumgänglich.[608] Zum Beispiel liege in der anerkannten Durchsetzbarkeit von Stimmbindungsvereinbarungen eine tatsächliche Auswirkung von „Unten nach Oben".[609]

Auch *Söntgerath* kritisiert den bestehenden Theorienstreit im Hinblick auf seine ihm zufolge eher begrenzte Tragweite.[610] Zwar schließt er sich der Trennungstheorie im Grundsatz an, jedoch seien beide Meinungen – sowohl die Einheits- als auch die Trennungstheorie – „im Hinblick auf die Auswirkungen der korporativen Ebene auf die nebenvertragliche Regelungssphäre" weitgehend übereinstimmend, „wenn sie einen Vorrang der Satzung und damit eine Orientierung der Gesellschaftervereinbarungen an gesetzlichen und statutarischen Vorgaben und Ordnungsstrukturen befürworten."[611] Die Ansichten die von einer „*Einheit und einer Hierarchie*" ausgehen und solche, die – wie er – von einer „*Trennung und Hierarchie*" ausgehen, unterscheiden sich nur in der „Ursache" des Subordinationsverhältnisses.[612] Somit sei

---

604 *Söntgerath,* Vermittelte Mehrheit. Eine systematische Untersuchung des Rechts der satzungsergänzenden Nebenverträge, Beteiligungsgesellschaften und Vertreterklauseln (2010), 370.

605 *Söntgerath,* Vermittelte Mehrheit. Eine systematische Untersuchung des Rechts der satzungsergänzenden Nebenverträge, Beteiligungsgesellschaften und Vertreterklauseln (2010), 370 ff.

606 *Söntgerath,* Vermittelte Mehrheit. Eine systematische Untersuchung des Rechts der satzungsergänzenden Nebenverträge, Beteiligungsgesellschaften und Vertreterklauseln (2010), 371.

607 *Söntgerath,* Vermittelte Mehrheit. Eine systematische Untersuchung des Rechts der satzungsergänzenden Nebenverträge, Beteiligungsgesellschaften und Vertreterklauseln (2010), 409 f., „Insgesamt ist die (durch das Trennungsprinzip) aufgebaute Mauer zwischen den beiden Regelungsbereichen daher jedenfalls in dieser Richtung in rechtlicher Hinsicht undurchdringlich".

608 Vgl. *Söntgerath,* Vermittelte Mehrheit. Eine systematische Untersuchung des Rechts der satzungsergänzenden Nebenverträge, Beteiligungsgesellschaften und Vertreterklauseln (2010), 375.

609 *Söntgerath,* Vermittelte Mehrheit. Eine systematische Untersuchung des Rechts der satzungsergänzenden Nebenverträge, Beteiligungsgesellschaften und Vertreterklauseln (2010), 375.

610 *Söntgerath,* Vermittelte Mehrheit. Eine systematische Untersuchung des Rechts der satzungsergänzenden Nebenverträge, Beteiligungsgesellschaften und Vertreterklauseln (2010), 410.

611 *Söntgerath,* Vermittelte Mehrheit. Eine systematische Untersuchung des Rechts der satzungsergänzenden Nebenverträge, Beteiligungsgesellschaften und Vertreterklauseln (2010), 410.

612 *Söntgerath,* Vermittelte Mehrheit. Eine systematische Untersuchung des Rechts der satzungsergänzenden Nebenverträge, Beteiligungsgesellschaften und Vertreterklauseln (2010), 410.

lediglich die Richtung der Rückwirkungen eine andere. Dennoch sei für den Ausgangspunkt der Einheitsthese „keine dogmatisch überzeugende Begründung“[613] zu finden.

Der ausschließlich die AG betreffende monographische Beitrag von *Groß-Bölting* gehört zu den jüngsten Beiträgen zu der Problematik.[614] Es sei von einer „strikten Anwendung des Trennungsprinzips“[615] auszugehen. Beide Regelungsebenen begründen unabhängig voneinander eine eigenständige Bindung.[616] Grundsätzlich seien die Unterschiede der beiden Ebenen sowohl bei Begründung ihrer Bindung als auch bei ihren Rechtsfolgen zu beachten und zu wahren.[617] Gesellschaftervereinbarungen können ihm zufolge keine korporative Wirkung entfalten.[618] So sei die Berücksichtigung von Gesellschaftervereinbarung bei der Satzungsauslegung oder eine Konkretisierung der Treuepflicht durch Gesellschaftervereinbarungen abzulehnen.[619] Zwar seien Gesellschaftervereinbarungen, insbesondere Stimmbindungsvereinbarungen, durchsetzbar und gemäß §§ 890, 894 ZPO vollstreckbar. [620] Eine Abstimmung auf der Ebene der Hauptgesellschaft, die gegen eine (allseitige) Gesellschaftervereinbarung verstoße, könne jedoch aufgrund des Trennungsgrundsatzes keine Anfechtbarkeit auslösen. Eine Durchbrechung des Trennungsprinzips für den Bereich schuldrechtlicher Nebenabreden sei insgesamt zu verneinen.[621] Bei widersprüchlichen Vereinbarungen auf den beiden Regelungsebenen komme jedoch dem Gesellschaftsvertrag der Hauptgesellschaft ein „Anwendungsvorrang“ zu.[622] Dies führe dazu, dass der Satzung bzw. dem Gesellschaftsvertrag der Hauptgesellschaft widersprechende Gesellschaftervereinbarungen zwar nicht nichtig seien, die beteiligten Gesellschafter jedoch nicht binden. Es komme dann zu einem „Wiederaufleben“ der Verbindlichkeit, wenn der Widerspruch, beispielsweise durch Satzungsänderung, beseitigt wurde. *Groß-Bölting* geht somit – wie auch *Söntgerath* – im Falle von Widersprüchen von einem Subordinationsverhältnis zugunsten der Hauptgesellschaft und ihrer

---

613 *Söntgerath,* Vermittelte Mehrheit. Eine systematische Untersuchung des Rechts der satzungsergänzenden Nebenverträge, Beteiligungsgesellschaften und Vertreterklauseln (2010), 411.
614 So sind die meisten Quellen in Bezug auf die GmbH verfasst worden, *Groß-Bölting,* Gesellschaftervereinbarungen in der Aktiengesellschaft (2011).
615 *Groß-Bölting,* Gesellschaftervereinbarungen in der Aktiengesellschaft (2011), 100, 306.
616 *Groß-Bölting,* Gesellschaftervereinbarungen in der Aktiengesellschaft (2011), 140.
617 *Groß-Bölting,* Gesellschaftervereinbarungen in der Aktiengesellschaft (2011), 100.
618 *Groß-Bölting,* Gesellschaftervereinbarungen in der Aktiengesellschaft (2011), 100, 306.
619 *Groß-Bölting,* Gesellschaftervereinbarungen in der Aktiengesellschaft (2011), 80 f., 100, 306.
620 *Groß-Bölting,* Gesellschaftervereinbarungen in der Aktiengesellschaft (2011), 287 f, 318 f.
621 *Groß-Bölting,* Gesellschaftervereinbarungen in der Aktiengesellschaft (2011), 100.
622 *Groß-Bölting,* Gesellschaftervereinbarungen in der Aktiengesellschaft (2011), 140, 307.

Satzung aus. Der Anwendungsvorrang gelte zudem auch bei Umgehungen von Satzungsbestimmungen der Hauptgesellschaft.[623]

Der Unterschied zwischen der ersten Gruppe von Vertretern und der nun aufgeführten Gruppe ist, dass die erste eine umfassendere Trennung vornimmt und im Grundsatz von einem unabhängigen Nebeneinander der beiden Ebenen ohne hierarchische Rangordnung ausgeht.[624] Die an zweiter Stelle aufgeführten Autoren durchbrechen die Trennung für den Fall widersprüchlicher Regelungen und räumen der Ebene der Hauptgesellschaft eine Vorrangstellung ein.

4. Die Trennungsthese mit wechselseitigen Wirkungen

Einige Vertreter des Trennungsdenkens wollen die Durchlässigkeit der „Trennmauer" zwischen den Regelungsebenen noch stärker ausweiten und erkennen Durchbrechungen in beide Richtungen an. Sie halten rechtliche Auswirkungen von Gesellschaftervereinbarungen auf der Ebene der Hauptgesellschaft für möglich. Teilweise gehen diese Autoren, wie auch die vorherige Gruppe von Autoren, von einer Hierarchie aus und halten die Ebene der Hauptgesellschaft und ihre gesetzlichen Vorgaben und Satzungsregelungen für vorrangig. Andere Stimmen gehen dagegen von einer Gleichordnung aus geprägt von einer wechselseitigen Beeinflussung. In diesem Zusammenhang stellt sich die Frage, inwieweit sich diese Ansichten noch von einer einheitlichen Betrachtung unterscheiden oder inwiefern der Grundsatz der Trennung aufgegeben wird, wenn derart weitreichende Ausnahmen in Form rechtlicher Wechselwirkungen angenommen werden. Hierfür soll zunächst ein Blick auf die einzelnen Vertreter und ihre individuelle Ausprägung der Trennungsthese geworfen werden.

a) Rechtliche Wechselwirkungen und Hierarchie

Jäger kombiniert in seinem Zeitschriftenbeitrag zu schuldrechtlichen Gesellschaftervereinbarungen und ihrem Verhältnis zum Gesellschaftsvertrag der GmbH den Trennungsgrundsatz mit Durchbrechungen in beide Richtungen.[625] So bestehe einerseits für gewisse Bereiche ein Vorrang der Satzungsregelungen der Hauptgesellschaft und des Kapitalgesellschaftsrechts gegenüber der Ebene der Gesellschaftervereinbarungen, andererseits sei es in

---

623 *Groß-Bölting,* Gesellschaftervereinbarungen in der Aktiengesellschaft (2011), 140 f., 307 f.

624 Vgl. *Schön,* Schuldrechtliche Gesellschaftervereinbarungen in der Gesellschaft mit beschränkter Haftung unter besonderer Berücksichtigung der Rechtsnachfolge (2018), 192 ff., 228 f.

625 *Jäger*, DStR 1996, 1935 ff.

Einzelfällen auch möglich, dass die Ebene der Gesellschaftervereinbarungen rechtliche Auswirkungen auf der Ebene der Hauptgesellschaft entfalte.[626]

Jäger differenziert zunächst zwischen den unterschiedlichen Regelungsarten einer Satzung.[627] Anhand dieser Differenzierung sei zu beurteilen, ob eine Gesellschaftervereinbarung zulässig sei oder ob ihr aus der Satzung der Hauptgesellschaft und des GmbH-Rechts Zulässigkeitsschranken zu setzen seien.[628] Er unterscheidet hierbei zwischen dispositiven, „fakultativ-echten" und „obligatorisch-echten" kapitalgesellschaftsrechtlichen Vorschriften. Dispositiv seien solche gesetzlichen Vorschriften, welche nur Anwendung finden, „soweit im Gesellschaftsvertrag nicht etwas anderes bestimmt"[629] sei. Treffe eine Gesellschaftervereinbarung eine Regelung im Bereich dispositiver kapitalgesellschaftsrechtlicher Vorschriften oder in einem Bereich, für den das GmbH-Recht gar keine Vorschriften enthält, sei von der „weitestgehenden" Gestaltungsfreiheit auszugehen.[630] Hier seien Regelungen auf der Ebene der Gesellschaftervereinbarungen uneingeschränkt zulässig.[631] Als „fakultativ-echt" bezeichnet *Jäger* den Regelungsbereich, der in der Satzung geregelt werden muss, wenn die Gesellschafter eine Regelung in diesem Bereich treffen wollen.[632] Ein Beispiel hierfür sei der Regelungsbereich aus § 15 V GmbHG. Für „fakultativ-echte" Regelungsbereiche sei ein Vorrang einer bestehenden Satzungsregelung vor einer Regelung in einer Gesellschaftervereinbarung anzunehmen. GmbH-rechtliche Vorschriften, die Mindestvorgaben hinsichtlich bestimmter Regelungsbereiche für die Satzung aufstellen, seien außerdem auch im Rahmen der Gesellschaftervereinbarungen zu beachten. Im Übrigen sei auch für den Bereich „obligatorisch-echter" Satzungsbestandteile im Sinne des § 3 I GmbHG von einem „grundsätzlichen Vorrang der Satzung auszugehen".[633] Im Bereich des Zulässigen seien Gesellschaftervereinbarungen frei abschließbar, ihre Wirkung sei jedoch grundsätzlich schuldrechtlicher Natur mit einer Bindungswirkung für den Beteiligtenkreis.

---

626 *Jäger*, DStR 1996, 1935, 1940.
627 *Jäger*, DStR 1996, 1935, 1935 f.
628 Vgl. *Jäger*, DStR 1996, 1935, 1936 f.
629 *Jäger*, DStR 1996, 1935, 1936.
630 *Jäger*, DStR 1996, 1935, 1937.
631 Vgl. *Jäger*, DStR 1996, 1935, 1937.
632 Vgl. *Jäger*, DStR 1996, 1935, 1937.
633 *Jäger*, DStR 1996, 1935, 1937.

Grundsätzlich sei von einer objektiven Satzungsauslegung auszugehen, bei der Gesellschaftervereinbarungen keine Berücksichtigung finden dürfen. Jedoch seien von diesem Grundsatz zwei Ausnahmen zu machen. So müsse man für unechte Satzungsbestandteile von der objektiven Auslegung absehen und für die Auslegung dieser Satzungsbestandteile auch (allseitige) Gesellschaftervereinbarungen heranziehen können.[634] Dies entnimmt *Jäger* der Ausführung des BGH, dass die objektive Auslegung nur für Regelungen anzuwenden sei, die „dem körperschaftlichen Bereich der Satzung"[635] zuzurechnen seien.[636] Die weitaus spannendere Ausnahme der objektiven Auslegung nimmt *Jäger* für (allseitige) Gesellschaftervereinbarungen an, „die in der Satzung vorhandene Regelungen lediglich konkretisierend ausfüllen, ohne sie inhaltlich zu verändern".[637] Lege man einen Satzungsbestandteil anhand einer die Satzungsregelung konkretisierenden Gesellschaftervereinbarung aus, stehe dies der BGH-Rechtsprechung nicht entgegen. Der Zweck der Handelsregisterpublizität der „allgemeinen Erkennbarkeit" bleibe ausreichend gesichert, da die Regelung keine Satzungsänderung enthalte und somit der Schutz des Rechtsverkehrs ausreichend gewahrt sei. Eine Konkretisierung von Satzungsregelungen in Gesellschaftervereinbarungen und die Berücksichtigung dieser Vereinbarungen im Rahmen der Satzungsauslegung, sei sogar in den Bereichen „obligatorisch-echter" und „fakultativ-echter" Satzungsbestandteile möglich. Dementsprechend vertritt *Jäger* zumindest eine quasi-korporative Wirkung von Gesellschaftervereinbarungen, da sie ihm zufolge Konkretisierungswirkung entfalten und im Wege der Auslegung Eingang auf die Ebene der Hauptgesellschaft finden können. Sie können demnach den korporativen Verband mitgestalten. Während *Jäger* also im Bereich konkurrierender Regelungen einen weiten Vorrang der Satzungsregelugen annimmt und auch eine Satzungsergänzung durch Gesellschaftervereinbarungen ausschließt,[638] geht er von einem möglichen „Zusammenspiel" der zwei Ebenen im Bereich der ausfüllenden Ergänzung aus. Auch *Jäger* geht somit im Rahmen der Trennungsthese von einer gewissen Einheit der Regelungsebenen aus.

Satzungsüberlagernde beziehungsweise satzungsändernde Wirkung können *Jäger* zufolge nur solche (allseitige) Gesellschaftervereinbarungen entfalten, die nicht einem Vorrang

---

634 *Jäger*, DStR 1996, 1935, 1937 f.
635 BGH v. 20.1.1983, II ZR 243/81 = NJW 1983, 1910 („Kerbnägel")
636 *Jäger*, DStR 1996, 1935, 1937 f.
637 *Jäger*, DStR 1996, 1935, 1938.
638 *Jäger*, DStR 1996, 1935, 1937 f.

der Hauptgesellschaft und ihrer Satzung unterliegen.[639] Demzufolge seien Gesellschaftervereinbarungen, die in der Satzung als „unechte“ Satzungsbestandteile zu qualifizieren wären, die einzigen Gesellschaftervereinbarungen, denen eine satzungsüberlagernde Wirkung zukomme.[640] Nur bei einem Verstoß gegen eine solche satzungsüberlagernde Vereinbarung sei die Möglichkeit der Anfechtung auf der Ebene der Hauptgesellschaft eröffnet. Diese Sichtweise komme zwar zu dem gleichen Ergebnis wie die Entscheidung aus dem Jahre 1986, da für diesen Fall auch nach *Jägers* Ansicht die Anfechtbarkeit zu bejahen gewesen wäre.[641] *Jäger* lehnt aber die Ansicht des BGH, einen generellen Anfechtungsgrund für Verstöße gegen Gesellschaftervereinbarungen basierend auf Argumenten der Prozessökonomie anzunehmen, ab und sieht hierin eine unzulässige Durchbrechung des Trennungsprinzips.[642] In einem Verstoß gegen eine Gesellschaftervereinbarung könne außerdem keine, die Anfechtung berechtigende, Treuepflichtverletzung zu sehen sein, da Gesellschaftervereinbarungen nie Auswirkung auf die Treuepflicht haben können.[643] Dies sei darauf zurückzuführen, dass die Treuepflicht zwar zum einen unter den Gesellschaftern untereinander bestehe, aber auch gegenüber der Gesellschaft. Letztere sei aufgrund des Trennungsprinzips selbstständig von ihren Mitgliedern und nicht an der schuldrechtlichen Gesellschaftervereinbarung beteiligt.

Auch *Rossig* geht von einem Subordinationsverhältnis zwischen den beiden Ebenen mit einer Vorrangstellung der Hauptgesellschaftsebene aus.[644] So sei es unzulässig, im Rahmen einer Gesellschaftervereinbarung Regelungen zu treffen, die im Widerspruch zu Satzungsregelungen der Hauptgesellschaft stehen. Eine – mit zwingendem Satzungsinhalt im Widerspruch stehende – Gesellschaftervereinbarung sei deshalb unwirksam. Stehe eine Gesellschaftervereinbarung im Widerspruch zu einer fakultativen Satzungsbestimmung, sei die Rechtsfolge anhand der jeweiligen Satzungsklausel zu bestimmen. Für den Fall, dass diese keine Rechtsfolgenregelung enthalte, bestimme sich die Rechtsfolge der Verletzung nach dem Sinn und Zweck der Satzungsregelung.

---

639 *Jäger*, DStR 1996, 1935, 1939.
640 *Jäger*, DStR 1996, 1935, 1939 f.
641 *Jäger*, DStR 1996, 1935, 1938 ff.
642 *Jäger*, DStR 1996, 1935, 1938 ff.
643 *Jäger*, DStR 1996, 1935, 1939.
644 *Rossig*, Gesellschafterabsprachen bei GmbH und Close Corporation. Eine vergleichende Untersuchung zum Recht der satzungsergänzenden Nebenverträge in den USA und Deutschland (2003), 341.

Eine Besonderheit des monographischen Beitrags von *Rossig* liegt darin, dass der Autor die „rein schuldrechtliche Sicht von Gesellschafterabsprachen“[645] ablehnt und allen Gesellschaftervereinbarungen – seien es fraktionierende oder allseitige Gesellschaftervereinbarungen – eine „Doppelnatur“ bzw. eine „Janusköpfigkeit“ zuordnet.[646] So seien Gesellschaftervereinbarungen sowohl schuldrechtlicher als auch organisationsrechtlicher Natur. Abhängig davon, ob die beteiligten Gesellschafter lediglich Leistungsbeziehungen untereinander, begrenzt auf den Beteiligtenkreis, gestalten wollen oder ob sie mit dem Rechtsmittel der Gesellschaftervereinbarungen auf die Gesellschaftsebene Einfluss nehmen wollen, überwiege im erstgenannten Fall der schuldrechtliche und in letzterem Fall der organisationsrechtliche Charakter. Von einem überwiegend organisationsrechtlichen Charakter einer Gesellschaftervereinbarung könne beispielsweise ausgegangen werden, wenn die Gesellschafter durch die Bildung einer Mehrheitsfraktion oder einer Sperrminorität die Willensbildung der Hauptgesellschaft maßgeblich beeinflussen wollen oder die Abrede – bei Beteiligung aller Gesellschafter – die Satzung der Hauptgesellschaft abändern oder ergänzen solle.[647] Während jedoch Gesellschaftervereinbarungen, welche vornehmlich schuldrechtlicher Natur seien, im Grundsatz formlos wirksam abgeschlossen werden können, unterlägen Gesellschaftervereinbarungen mit überwiegend organisationsrechtlicher Rechtsnatur erhöhten Zulässigkeitsvoraussetzungen.[648] So seien die Abreden „beschränkten Publizitätsanforderungen“[649] zu unterwerfen. Dem von einer (fraktionierenden) Vereinbarung betroffenen Personenkreis stehe beispielsweise ein Informations- und Einsichtsrecht zu. Die korporative Wirkung und Berücksichtigung allseitiger Gesellschaftervereinbarungen organisationsrechtlicher Natur erfordere eine Einreichung zur Handelsregisterakte. In der Konsequenz handele es sich bei allseitigen organisationsrechtlichen Gesellschaftervereinbarungen, die diese Zulässigkeitsanforderungen erfüllen, um „Satzungsrecht niederen Ranges“[650], welches korporationsrechtliche Wirkung entfalte. Bei Verletzung einer solchen Abrede im Rahmen einer Beschlussfassung auf der Ebene

---

645 *Rossig,* Gesellschafterabsprachen bei GmbH und Close Corporation. Eine vergleichende Untersuchung zum Recht der satzungsergänzenden Nebenverträge in den USA und Deutschland (2003), 338.

646 *Rossig,* Gesellschafterabsprachen bei GmbH und Close Corporation. Eine vergleichende Untersuchung zum Recht der satzungsergänzenden Nebenverträge in den USA und Deutschland (2003), 338 ff.

647 *Rossig,* Gesellschafterabsprachen bei GmbH und Close Corporation. Eine vergleichende Untersuchung zum Recht der satzungsergänzenden Nebenverträge in den USA und Deutschland (2003), 339.

648 *Rossig,* Gesellschafterabsprachen bei GmbH und Close Corporation. Eine vergleichende Untersuchung zum Recht der satzungsergänzenden Nebenverträge in den USA und Deutschland (2003), 339 und 341.

649 *Rossig,* Gesellschafterabsprachen bei GmbH und Close Corporation. Eine vergleichende Untersuchung zum Recht der satzungsergänzenden Nebenverträge in den USA und Deutschland (2003), 339.

650 *Rossig,* Gesellschafterabsprachen bei GmbH und Close Corporation. Eine vergleichende Untersuchung zum Recht der satzungsergänzenden Nebenverträge in den USA und Deutschland (2003), 339.

der Hauptgesellschaft, sei der vertragswidrige Beschluss konsequenterweise anfechtbar.[651] Im Bereich der *schuldrechtlichen* Gesellschaftervereinbarungen lehnt *Rossig* eine derartige – wie vom BGH vorgenommene – Durchbrechung des Trennungsprinzips jedoch ab.[652]

Im Ergebnis schlägt *Rossig* also einen neuen Weg ein. So vertritt er für den Bereich *schuldrechtlicher* Gesellschaftervereinbarungen eine konsequente Anwendung des Trennungsprinzips. Er grenzt diesen aber von solchen Gesellschaftervereinbarungen ab, die *organisationsrechtlicher* Rechtsnatur sind. Überwiege die organisationsrechtliche Rechtsnatur, sei die Vereinbarung dem Kapitalgesellschaftsrecht – mitsamt der hierin geregelten Form- und Publizitätserfordernisse – als korporatives Regelungswerk zuzuordnen und dementsprechend den kapitalgesellschaftsrechtlichen Zulässigkeitsanforderungen zu unterwerfen. Somit geht der Autor lediglich für einen Teil der Gesellschaftervereinbarungen von einem Trennungsprinzip und dessen konsequenter Anwendung aus.

Ehricke betont die Unterschiede und konsequente und strikte Trennung der beiden Ebenen,[653] welche unter anderem eine ausschließlich objektive Auslegung der Satzung, ohne Berücksichtigung eventueller Gesellschaftervereinbarungen, gebiete.[654] Er räumt der Satzung und den kapitalgesellschaftsrechtlichen Regelungen (speziell der GmbH) jedoch auch eine Vorrangstellung ein.[655] Es sei von einem hierarchischen Subordinationsverhältnis der beiden Regelungsebenen auszugehen, weshalb eine Konkurrenz der beiden Regelungsebenen ausgeschlossen sei.[656] Grundsätzlich sei jedoch der Abschluss von Gesellschaftervereinbarungen neben der Satzung frei und – in den von der Satzung gesetzten Grenzen – wirksam möglich,

---

651 *Rossig,* Gesellschafterabsprachen bei GmbH und Close Corporation. Eine vergleichende Untersuchung zum Recht der satzungsergänzenden Nebenverträge in den USA und Deutschland (2003), 339 und 341 f.

652 *Rossig,* Gesellschafterabsprachen bei GmbH und Close Corporation. Eine vergleichende Untersuchung zum Recht der satzungsergänzenden Nebenverträge in den USA und Deutschland (2003), 340 f.

653 So seien die Ebenen „an sich streng zu trennen" s. *Ehricke,* Schuldvertragliche Nebenabreden zu GmbH-Gesellschaftsverträgen. Deutsches Schweizer und englisches Recht im Vergleich (2004), 14 f., 29, 122.

654 *Ehricke,* Schuldvertragliche Nebenabreden zu GmbH-Gesellschaftsverträgen. Deutsches Schweizer und englisches Recht im Vergleich (2004), 14 f.

655 *Ehricke,* Schuldvertragliche Nebenabreden zu GmbH-Gesellschaftsverträgen. Deutsches Schweizer und englisches Recht im Vergleich (2004), 14 und 120.

656 *Ehricke,* Schuldvertragliche Nebenabreden zu GmbH-Gesellschaftsverträgen. Deutsches Schweizer und englisches Recht im Vergleich (2004), 14; So auch im Aktienrecht Hüffer/Koch AktG-*Koch*, § 23, Rn. 47; MüKoAktG-*Pentz*, § 23, Rn. 196.

wobei diese nur die beteiligten Vertragspartner binden.[657] Allseitige Bindungen als spezielle Gesellschaftervereinbarungen haben jedoch neben ihrer schuldrechtlichen Wirkung auch korporationsrechtliche Auswirkungen.[658] So sei eine Konkretisierung der Treuepflicht durch eine allseitige Gesellschaftervereinbarung möglich.[659] Darüber hinaus schließt sich *Ehricke* der Meinung des BGH an und bejaht die Anfechtbarkeit eines Beschlusses in der Hauptgesellschaft, der gegen eine allseitige Gesellschaftervereinbarung verstößt.[660]

b) Rechtliche Wechselwirkungen und Gleichordnung

Baumann und *Reiß* gehen in ihrer viel zitierten, rechtstatsächlichen Untersuchung zu Gesellschaftervereinbarungen knapp auf das Verhältnis der beiden Ebenen ein.[661] In Bezug auf eine mögliche Durchbrechung der Trennungstheorie im Rahmen der Beschlussanfechtung bei Verstößen gegen allseitige Gesellschaftervereinbarungen, beschränken sie sich auf eine Zusammenfassung des damaligen Literaturstandes.[662] Sie lassen offen, ob eine korporative Wirkung allseitiger Gesellschaftervereinbarungen möglich sein soll. Jedoch deuten sie an, dass Wechselwirkungen in beide Richtungen stattfinden können und gehen von keinem generellen Vorrang einer Ebene aus.

Interessant ist ein Gedanke, der von den Autoren in dem Zusammenhang der Verhältnisfrage der beiden Ebenen angestoßen wird. Die Autoren konzentrieren sich nicht auf die vermeintliche korporative Wirkung von Gesellschaftervereinbarungen, sondern widmen einen Teil des Beitrags der umgekehrten Wirkung, also der Ausstrahlung der Satzung auf die Ebene der Gesellschaftervereinbarungen.[663] Diese umgekehrte Beeinflussung wird in der Literatur – wenn auch in geringerem Umfang – diskutiert. Wie bereits ausgeführt, besteht – auch im Bereich des strikten Trennungsdenkens – die überwiegend einhellige Auffassung, dass den schuldrechtliche Gesellschaftervereinbarungen Zulässigkeitsschranken in Form des

657 *Ehricke,* Schuldvertragliche Nebenabreden zu GmbH-Gesellschaftsverträgen. Deutsches Schweizer und englisches Recht im Vergleich (2004), 121 f.

658 *Ehricke,* Schuldvertragliche Nebenabreden zu GmbH-Gesellschaftsverträgen. Deutsches Schweizer und englisches Recht im Vergleich (2004), 33.

659 *Ehricke,* Schuldvertragliche Nebenabreden zu GmbH-Gesellschaftsverträgen. Deutsches Schweizer und englisches Recht im Vergleich (2004), 122.

660 *Ehricke,* Schuldvertragliche Nebenabreden zu GmbH-Gesellschaftsverträgen. Deutsches Schweizer und englisches Recht im Vergleich (2004), 67 und 122.

661 *Baumann/Reiß*, ZGR 1989, 175, 211 ff.

662 Vgl. *Baumann/Reiß*, ZGR 1989, 175, 212 ff.

663 Vgl. *Baumann/Reiß*, ZGR 1989, 175, 213 ff.

zwingenden Gesellschaftsrechts zu setzen sind.[664] Somit geht die herrschende Auffassung von einer Durchbrechung des Trennungsprinzips zumindest in die eine Richtung aus. *Baumann* und *Reiß* kritisieren, dass diese Zulässigkeitsschranke regelmäßig „als selbstverständlich" und unproblematisch dargestellt werde.[665] Welche Rechtsfolge eine solche Umgehung nach sich ziehe, bleibe „aber nicht selten unklar".[666]

Baumann und *Reiß* schlagen eine entsprechende Übertragung der für öffentlich-rechtliche Grundrechte und Staatszielbestimmungen anerkannten Drittwirkung vor.[667] Es sei weitgehend anerkannt, dass Grundrechte nicht nur für das Verhältnis zwischen Staat und Bürger Anwendung finden. Vielmehr ginge die herrschende Meinung von einer Drittwirkung aus, die das Verhältnis zwischen den Bürgern untereinander betreffe. Ein Grundrecht könne beispielsweise „ausfüllungsbedürftige Generalklauseln" konkretisieren.[668]. Die Autoren stellen die Hypothese auf, dass eine solche „mittelbare Drittwirkung" auch für „unternehmensverfassungsrechtliche Grundwertungen" angenommen werden könne, welche demnach „bei der Bewertung schuldrechtlicher Nebenabreden mitzuberücksichtigen" seien.[669] Im Rahmen einer Generalklausel, wie § 138 BGB oder dem Grundsatz der gesellschaftsrechtlichen Treuepflicht, können demzufolge solche Grundwertungen des Kapitalgesellschaftsrechts im Verhältnis der Gesellschafter untereinander – also auch im Bereich der Gesellschaftervereinbarungen – Eingang finden. Als Beispiel nennen die Autoren „Extremfälle" in Form von Gesellschaftervereinbarungen, die auf eine „weitgehende „Entrechtung" außenstehender Gesellschafter" gerichtet sind, welche aufgrund der genannten Drittwirkung gemäß § 138 I BGB nichtig seien.[670] So ist es laut *Baumann* und *Reiß* also zulässig, die Ebenen-Trennung für sogenannte „mittelbare Drittwirkungen" zu durchbrechen.

---

664 Dies auch bestätigend vgl. *Baumann/Reiß*, ZGR 1989, 175, 214; statt vieler Noack/Servatius/Haas GmbHG-*Servatius*, § 3 Rn. 71.

665 *Baumann/Reiß*, ZGR 1989, 175, 214.

666 *Baumann/Reiß*, ZGR 1989, 175, 214.

667 *Baumann/Reiß*, ZGR 1989, 175, 214 f.

668 *Baumann/Reiß*, ZGR 1989, 175, 214; so auch *Canaris*, AcP 1984, 201, 222 ff.; Soergel BGB, 11. Auflage (1978)-*Heinrich Lange/Hefermehl*, vor § 145, Rn. 29 ff.; *Hesse,* Grundzüge des Verfassungsrechts der Bundesrepublik Deutschland (16. Auflage, 1988), Rn. 351 ff., insbesondere Rn. 356.

669 *Baumann/Reiß*, ZGR 1989, 175, 214.

670 *Baumann/Reiß*, ZGR 1989, 175, 215.

Priester geht für das Verhältnis von Gesellschaftervereinbarungen zu den Hauptgesellschaften von einem sogenannten „modifizierten Trennungsprinzip" aus.[671] Seine Ausführungen erfolgen vornehmlich für satzungsgleiche Gesellschaftervereinbarungen in der GmbH. Diese definiert er als allseitige Gesellschaftervereinbarungen, die Regelungen enthalten, die zwar in die Satzung hätten aufgenommen werden können, die von den beteiligten Gesellschaftern aber bewusst außerhalb der Satzung getroffen wurden.[672] Gesellschaftervereinbarungen können grundsätzlich von den Gesellschaftern frei und mit Wirkung für alle Beteiligten vereinbart werden ohne Einhaltung kapitalgesellschaftsrechtlicher Form- und Publizitätserfordernissen.[673] Eine Grenze sei das zwingende Satzungsrecht und Bestimmungen, die einer Satzungsgrundlage bedürfen.[674] Werden Regelungen aus diesem Bereich in Gesellschaftervereinbarungen getroffen, seien diese „unzulässig bzw. rechtlich wirkungslos"[675]. Enthält eine Gesellschaftervereinbarung eine Abänderung des Unternehmensgegenstands der Hauptgesellschaft, finden laut *Priester* die Regelungen über die Nichtigkeitsklage gemäß § 75 GmbHG und der Amtslöschung gemäß § 144 I 2 FGG entsprechende Anwendung. Der Abschluss von Gesellschaftervereinbarungen sei demnach an weitaus weniger Zulässigkeitsvoraussetzungen geknüpft.[676] Jedoch seien sie auf ihre schuldrechtliche Natur begrenzt und nicht Teil der Mitgliedschaft, weshalb sie ausschließlich den Beteiligtenkreis rechtlich binden. Gesellschaftervereinbarungen seien im Gegensatz zu satzungsrechtlichen Regelungen nicht korporativer Natur. Insofern bestätigt *Priester* also das bekannte Trennungsdenken.

Das „klassische" Trennungsdenken unterscheidet nach korporativer und schuldrechtlicher Natur. *Priester* bezeichnet sein Trennungsdenken als modifiziert, da er nicht – wie klassisch – zwischen Verhältnissen der Gesellschaft und der Gesellschafter unterscheidet.[677] Der Unterschied der zu trennenden Regelungsebenen sei nicht daran festzumachen, ob der Verband durch die Regelungen beeinflusst werde und ob eine Verbandsrelevanz vorliege, da auch außerhalb der Satzung, unter den Gesellschaftern getroffene Vereinbarungen Einfluss auf die Gesellschaft haben. Vielmehr sei zwischen Regelungen, die ausschließlich für den aktuellen Gesellschafterkreis gelten und Regelungen, die auch künftige Gesellschafter einbeziehen, zu

671 *Priester,* FS Claussen (1997), 319, 335.
672 *Priester,* FS Claussen (1997), 319, 321.
673 *Priester,* FS Claussen (1997), 319, 332.
674 *Priester,* FS Claussen (1997), 319, 332 f.
675 *Priester,* FS Claussen (1997), 319, 332.
676 *Priester,* FS Claussen (1997), 319, 332, 334.
677 *Priester,* FS Claussen (1997), 319, 335.

differenzieren. Bei einem Gesellschafterwechsel im Wege der Einzelrechtsnachfolge müsse der neue Gesellschafter erst in bestehende Gesellschaftervereinbarungen eintreten, um an diese gebunden zu sein.[678] Während er an die Regelungen der Satzung ab Eintritt in die Gesellschaft gebunden sei, bedürfe es bei Gesellschaftervereinbarungen einer gesonderten Vertragsübernahme oder einer Abtretung und Schuldübernahme. Um der korporativen Wirkung möglichst nahe zu kommen, ohne die Form- und Publizitätspflichten einhalten zu müssen, können die Gesellschafter im Gesellschaftsvertrag der Hauptgesellschaft eine Vinkulierung der Gesellschaftsanteile gemäß § 15 V GmbHG vereinbaren und für eine Zustimmung zur Übertragung voraussetzen, dass der Erwerber in die Gesellschaftervereinbarungen des Veräußernden eingetreten ist.[679] Dann unterliege zumindest diese Regelung der Form- und Publizitätspflicht der Satzung und dies könne möglicherweise ein Interesse an der Geheimhaltung der Gesellschaftervereinbarungen konterkarieren.

Zusammenfassend geht *Priester* von einer Trennung der Regelungsebenen aus. Jedoch haben ihm zufolge Gesellschaftervereinbarungen regelmäßig korporative Auswirkungen, weshalb er ein neues Unterscheidungskriterium der zu trennenden Ebenen vorschlägt.

Wicke hält in seinem überblicksartigen Beitrag zu Gesellschaftervereinbarungen bei einer GmbH an dem Trennungsgedanken fest.[680] Ein Abweichen von der Trennung der beiden Regelungsebenen im Rahmen der Auslegung und auch im Bereich der Treuepflicht sei abzulehnen. So sei eine Gesellschaftervereinbarung im Rahmen der objektiven Satzungsauslegung grundsätzlich nicht zu berücksichtigen.[681] Auch konkretisiere eine Gesellschaftervereinbarung nie die Treuepflicht in der Hauptgesellschaft, weshalb der Verstoß gegen eine solche Abrede auch nicht automatisch als Treuepflichtverletzung zu werten sei. Jedoch hält er eine korporative Auswirkung allseitiger Gesellschaftervereinbarungen nicht für ausgeschlossen. Eine allseitige Gesellschaftervereinbarung und ein Verstoß hiergegen können ihm zufolge ausnahmsweise im Rahmen der erforderlichen Interessenabwägung im Zusammenhang mit der Treuepflicht oder im Rahmen der „gebotenen Gesamtschau" bei der „Subsumtion statutarischer Generalklauseln" als Anhaltspunkt berücksichtigt werden.[682] Es gäbe aber keine

---

678 *Priester,* FS Claussen (1997), 319, 334.
679 *Priester,* FS Claussen (1997), 319, 335.
680 *Wicke*, DStR 2006, 1137, 1143.
681 *Wicke*, DStR 2006, 1137, 1143; MüKoGmbHG-*Wicke*, § 3, Rn. 148 f.
682 *Wicke*, DStR 2006, 1137, 1143.

ersichtlichen Gründe, dass ein auf der Ebene der Hauptgesellschaft getroffener Beschluss, der gegen eine (allseitige) Gesellschaftervereinbarung verstoße, anfechtbar sein solle.[683] Die Anfechtbarkeit sei auf Grundlage des Trennungsdenkens abzulehnen.[684] Auch die umgekehrte Einflussnahme der Ebene der Hauptgesellschaft auf Gesellschaftervereinbarungen schließt er weitgehend aus. So können Gesellschaftervereinbarungen unabhängig von der Satzung wirksam frei gestaltet werden. [685] Es seien ihnen seitens der Hauptgesellschaftsebene lediglich die Grenzen zwingender korporativer Regelungen gesetzt, „welche die Verfassung der Gesellschaft, ihre Beziehungen zu den Gesellschaftern sowie die Rechtsstellung ihrer Organe unmittelbar dinglich betreffen.“[686] Gesellschaftervereinbarungen, die diese Grenzen überschreiten und dennoch von zwingendem korporativem Recht abweichende Regelungen treffen, seien nichtig.[687]

Laut *K. Schmidt* ist zwar keine Satzungsänderung oder -ergänzung der Satzung der Hauptgesellschaft durch eine Gesellschaftervereinbarung möglich.[688] Jedoch sei die Besonderheit allseitiger Gesellschaftervereinbarungen, dass diese neben ihrer schuldrechtlichen auch eine verbandsrechtliche bzw. korporative Wirkungen entfalten und somit im Ergebnis – wenn auch begrenzt – „satzungsähnlich“ seien.[689] So sei eine Konkretisierung oder Auslegung der Satzung mittels allseitiger Gesellschaftervereinbarungen möglich.[690] Hinsichtlich der vom BGH durch seine „Grundlagenentscheidungen“ angestoßenen Anfechtungsproblematik führt *K. Schmidt* an, dass zumindest überwiegend die gerichtliche Durchsetzbarkeit von Gesellschaftervereinbarungen anerkannt sei.[691] Im Falle einer allseitigen Gesellschaftervereinbarung sei also zu ihrer Durchsetzung zumindest eine Leistungsklage gegen sämtliche Gesellschafter der Hauptgesellschaft möglich. Darüber hinaus sei – zumindest aus Gründen der Prozessökonomie – ein Beschluss, der gegen eine solche Gesellschaftervereinbarung verstoße, anfechtbar.[692] Voraussetzung hierfür sei die Beteiligung aller Gesellschafter der Hauptgesellschaft an der Abrede, die Rechtsverbindlichkeit der Vereinbarung und der inhaltliche

---

683 *Wicke*, DStR 2006, 1137, 1143.
684 *Wicke*, DStR 2006, 1137, 1144; MüKoGmbHG-*Wicke*, § 3, Rn. 146 f.
685 Vgl. *Wicke*, DStR 2006, 1137, 1138, 1144.
686 *Wicke*, DStR 2006, 1137, 1138, 1144.
687 *Wicke*, DStR 2006, 1137, 1139.
688 *K. Schmidt,* Gesellschaftsrecht (2002), § 5 I 5., 94 f.
689 *K. Schmidt,* Gesellschaftsrecht (2002), § 5 I 5, 95; Scholz GmbHG-*K. Schmidt/Bochmann*, § 47, Rn. 38.
690 Scholz GmbHG-*K. Schmidt/Bochmann*, § 45, Rn. 181.
691 *K. Schmidt,* Gesellschaftsrecht (2002), § 5 I 5., 94 f.
692 Scholz GmbHG-*K. Schmidt/Bochmann*, § 45, Rn. 183.

Bezug der Vereinbarung zur Verfassung der Hauptgesellschaft (GmbH). *K. Schmidt* spricht zwar nicht von einer einheitlichen Verbandsordnung, die Gesellschaftervereinbarungen umfasst. Jedoch gesteht er allseitigen Gesellschaftervereinbarungen – die grundsätzlich auch ihm zufolge keine satzungsergänzende und satzungsändernde Wirkung haben können und lediglich den Beteiligtenkreis binden – neben ihrer schuldrechtlichen Wirkung eine verbandsrechtliche Wirkung zu.[693] *Hoffmann-Becking* stimmt *K. Schmidt* zu und ordnet allseitigen Gesellschaftervereinbarungen eine konkretisierende Wirkung auf der Ebene der Hauptgesellschaft – insbesondere hinsichtlich der Treuepflicht – zu.[694]

V. Zusammenfassung der Trennungsthese und Fazit

Die vorangehenden Ausführungen zeigen, wie vielseitig die verschiedenen Ausprägungen der Trennungstheorie sind. Es ist somit missverständlich, von *der einen Trennungstheorie* zu sprechen. Gerade die Beantwortung der Frage nach der Hierarchie und nach der Möglichkeit des wechselseitigen Einflusses verleiht dem Verhältnis eine besondere Struktur.

Darüber hinaus zeigt die zuletzt dargestellte „Strömung" der Trennungstheorie, die eine wechselseitige Einflussnahme der Ebenen für zulässig erachtet, dass auch im Bereich der Trennungsthese Durchbrechungen in beide Richtungen vertreten werden. Diese Vertreter der Trennungstheorie nehmen – zumindest im Bereich allseitiger Gesellschaftervereinbarungen – am weitesten vom Grundsatz der Trennung Abstand und schränken die Selbstständigkeit der beiden Ebenen ein. Hierdurch werden die Grenzen zwischen den beiden Ebenen immer mehr verwischt. So sollen zum einen Übergriffe der Satzung und des Gesetzes auf die Gesellschaftervereinbarungen zulässig sein und zum anderen wird den Gesellschaftervereinbarungen eine (quasi-)korporative Wirkung zugesprochen. Nach vorliegender Ansicht steht dies im Widerspruch zum Grundgedanken der Trennungstheorie. Es würde jedoch zu weit gehen, diesen Vertretern die Umkehrung des Trennungsgrundsatzes in einen Grundsatz der Einheit zuzuschreiben. Jedoch schränken sie das Trennungsprinzip maßgeblich ein, um der tatsächlichen Nähe der beiden Ebenen Rechnung zu tragen. Um diesen Unterschied zum „strikten Trennungsdenken" zu verdeutlichen, sollte eine passendere Bezeichnung gewählt werden. Ansichten, die – wie die letzte Gruppe der Autoren – das Trennungsdenken derart

---

693 Vgl. *K. Schmidt*, Gesellschaftsrecht (2002), § 5 I, 94 f.

694 *Hoffmann-Becking*, ZGR 1994, 442, 459 verweisend auf *K. Schmidt*, Jahrbuch der Fachanwälte für Steuerrecht 1988/1989, 143, 146.

relativieren, könnten demnach unter dem Überbegriff „relative“ oder „eingeschränkte Trennungstheorie“ zusammengefasst werden. In Betracht kommt weiterhin die von *Priester* gewählte Bezeichnung des „modifizierten Trennungsprinzips“.[695] Jedoch besteht die von ihm vertretene Modifizierung der Trennungstheorie nicht darin, dass er korporative Auswirkungen seitens der Gesellschaftervereinbarungen für möglich hält. Sie besteht vielmehr darin, dass er nicht zwischen einer korporativen und schuldrechtlichen Ebene trennt.[696] Er differenziert danach, ob zukünftige Gesellschafter an die Regelungen gebunden sind.[697]

Somit sind die Überbegriffe „partielle“ oder „eingeschränkte Trennungsthese“ zu bevorzugen.[698] Zwar ist es auch im Rahmen einer begrifflichen Differenzierung schwierig, die Vielfalt der Ausprägungen genau einzuordnen. Jedoch spiegelt der aktuelle Überbegriff keine Unterschiede innerhalb der Theorie wider. So sind die Abweichungen der einzelnen Trennungstheorien zu groß, um sie alle unter dem Begriff der „Trennungsthese“ zusammenzufassen.

Darüber hinaus konnte gezeigt werden, dass der Gedanke der Einheit auch Teilen der Trennungsthese nicht fremd ist und die Annahme einer – zumindest tatsächlichen – Einheit auch teilweise im Rahmen des Trennungsdenkens angenommen wird. Sogar *Winter*, ein Vertreter der Trennungstheorie, der sich für eine weitgehend ausnahmslose Anwendung des Trennungsprinzips ausspricht, verwendet die für die Einheitsthese typische Bezeichnung der „Verbandsordnung im weiteren Sinne“.[699]

C. Einheitsthese

I. Allgemein

Als Reaktion auf die beschriebenen Durchbrechungen des Trennungsprinzips, welche von der Rechtsprechung im Rahmen der Urteile aus den Jahren 1983 und 1986 anerkannt wurden, entstand eine neue Sichtweise bzw. ein „Perspektivwechsel“[700] hinsichtlich des

---

695 *Priester,* FS Claussen (1997), 319, 335.
696 Vgl. *Priester,* FS Claussen (1997), 319, 335.
697 Vgl. *Priester,* FS Claussen (1997), 319, 335.
698 Zur „eingeschränkten Einheitsthese“ vgl. Kapitel 2, C.III.4., S. 124 ff.
699 Vgl. *Winter,* RWS Forum 8, Gesellschaftsrecht 1995, 131, 139, 134, 135.
700 *Noack,* Gesellschaftervereinbarungen bei Kapitalgesellschaften (1994), 117.

Verhältnisses der beiden Ebenen.[701] Diese einheitliche Betrachtung wird als „Einheitsthese" und von *Ulmer* auch als „Tübinger Schule" bezeichnet.[702] *Noack*, der Schöpfer dieser Ansicht, vertrat erstmals in seiner Habilitationsschrift „*Gesellschaftervereinbarungen bei Kapitalgesellschaften*" aus dem Jahr 1994 die Ansicht, dass anstelle der Trennung der beiden Ebenen eine einheitliche Betrachtung vorzugswürdig sei.[703] So seien beide Ebenen in einer „Verbandsordnung im weiteren Sinne" zu vereinen. Hierbei sei zwischen zwei Regelungsstufen, der Satzung als *Regelungsebene erster Stufe* und der Gesellschaftervereinbarungen als „*Regelungsebene zweiter Stufe*" zu unterscheiden.[704]

Mit dem Einheitsdenken sollen nicht – wie es möglicherweise auf den ersten Blick erscheinen mag – die faktischen Unterschiede der beiden Regelungsebenen gänzlich nivelliert werden.[705] So betont *Noack,* dass es sich nicht um eine „gleichsam mechanische Zuordnung", sondern vielmehr um eine „differenzierte Annäherung und partielle Integration" handele.[706] Auch will er für gewisse Bereiche die Regelungen auf der Stufe der Gesellschaftervereinbarungen den Satzungsregelungen „erster Stufe" hierarchisch unterordnen und erhält so zumindest einen selbstständigen Bereich der Satzung.[707] Ihm zufolge greife es zu kurz, aus den Unterschieden der Regelungsquellen eine grundsätzliche strikte Trennung abzuleiten, da diese „brüchig und relativ" seien.[708] Die von Literatur und Rechtsprechung befürworteten Wechselwirkungen zwischen den Ebenen und Durchbrechungen des Trennungsprinzips erfordern laut *Noack* eine Neueinordnung des Verhältnisses der beiden Regelungsbereiche.[709] Es sei hinsichtlich der Gesellschaftervereinbarungen auf eine „rein individual- bzw. schuldrechtliche Betrachtungsweise" zu verzichten.[710] Dieses Loslösen vom strikten Trennungsdenken helfe beim Umgang mit bestehenden Problematiken.

---

701 Vgl. *Schön,* Schuldrechtliche Gesellschaftervereinbarungen in der Gesellschaft mit beschränkter Haftung unter besonderer Berücksichtigung der Rechtsnachfolge (2018), 147.

702 *Ulmer,* FS Röhricht (2005), 633, 634, 646.

703 *Noack,* Gesellschaftervereinbarungen bei Kapitalgesellschaften (1994), 111.

704 *Noack,* Gesellschaftervereinbarungen bei Kapitalgesellschaften (1994), 117 f.

705 So auch *Winter,* RWS Forum 8, Gesellschaftsrecht 1995, 131, 139; Vgl. *Noack,* Gesellschaftervereinbarungen bei Kapitalgesellschaften (1994), 62 ff., der auch die Unterschiede der Regelungsebenen aufzeigt; vgl. hierzu eine ähnliche Interpretation *Zöllner,* RWS-Forum 8, Gesellschaftsrecht 1995, 89, 98.

706 *Noack,* Gesellschaftervereinbarungen bei Kapitalgesellschaften (1994), 118.

707 Vgl. *„Einheit und Hierarchie der verbandlichen Regelungsquellen" Noack,* Gesellschaftervereinbarungen bei Kapitalgesellschaften (1994), 118, hierzu im Folgenden noch ausführlicher.

708 *Noack,* Gesellschaftervereinbarungen bei Kapitalgesellschaften (1994), 100.

709 *Noack,* Gesellschaftervereinbarungen bei Kapitalgesellschaften (1994), 101; weiter spricht er von einem „Perspektivwechsel", 117.

710 *Noack,* Gesellschaftervereinbarungen bei Kapitalgesellschaften (1994), 118.

Weitere Autoren haben im Anschluss an *Noack* eine einheitliche Betrachtung der Regelungsebenen – wenn auch in unterschiedlich weitreichender Ausprägung – befürwortet.[711] Welche Wechselwirkungen zwischen den Ebenen im Rahmen der erweiterten Verbandsordnung stattfinden, wird auch im Rahmen der Einheitsthese nicht einheitlich beantwortet.[712]

II. Schwierigkeit der dogmatischen Herleitung

Das Einheitsdenken stellt – wie bereits erwähnt – bis heute eine Mindermeinung in der Literatur dar. Als Hauptkritikpunkt an der Einheitsthese wird in der herrschenden Literatur die Schwierigkeit einer dogmatischen Begründung vorgetragen.[713]

Noack leitet seine These nicht, wie die Vertreter der Trennungsthese, direkt aus dem geschriebenen Gesetz her, sondern betrachtet die beiden Ebenen aus einer praktisch orientierten Perspektive.[714] Er lehnt das gesetzlich verankerte Trennungsprinzip keinesfalls ab.[715] Der grundlegende Unterschied seines Ansatzes zu der herrschenden Trennungsthese besteht vielmehr in der *Richtung* der Annäherung an das Verhältnis der beiden Ebenen. So untersucht er die zwei Ebenen *erst* auf gegenseitige Einflüsse, um dann eine an der Rechtstatsächlichkeit orientierte Einordnung des Verhältnisses vorzunehmen.[716] Wie bereits erläutert, wählt die herrschende Meinung hingegen den Ausgangspunkt des gesetzlich verankerten Trennungsprinzips und diskutiert dann in einem zweiten Schritt, ob hiervon Ausnahmen zu machen sind. *Noacks* Ausführungen sind von dem Grundgedanken geprägt, dass die Ausnahmen der Trennung, die auch von der herrschenden Meinung teilweise gemacht werden, einen „der

711 So zum Beispiel *Zöllner,* RWS-Forum 8, Gesellschaftsrecht 1995, 89, 95 ff.; *Westermann,* Hachenburg-Gedächtnisvorlesung 1994, 25, 38 ff.; *Ripka,* Poolverträge und die neueren Entwicklungen im Gesellschaftsrechts (2000), 40 ff.

712 Während *Zöllner* zum Beispiel das Trennungsprinzip generell ablehnt, vgl. *Zöllner,* RWS-Forum 8, Gesellschaftsrecht 1995, 89, 110, will *Westermann* die Trennung der Ebenen nur teilweise relativieren, vgl. *Westermann,* Hachenburg-Gedächtnisvorlesung 1994, 25, 39 ff.; s. Kapitel 2, C.III., S. 112 ff.

713 So zum Beispiel *Winter,* RWS Forum 8, Gesellschaftsrecht 1995, 131, 134; *Ulmer,* FS Röhricht (2005), 633, 637; *Söntgerath,* Vermittelte Mehrheit. Eine systematische Untersuchung des Rechts der satzungsergänzenden Nebenverträge, Beteiligungsgesellschaften und Vertreterklauseln (2010), 409 ff.; *Schön,* Schuldrechtliche Gesellschaftervereinbarungen in der Gesellschaft mit beschränkter Haftung unter besonderer Berücksichtigung der Rechtsnachfolge (2018), 149; vgl. auch *Groß-Bölting,* Gesellschaftervereinbarungen in der Aktiengesellschaft (2011), 72 ff.

714 Vgl. *Noack,* Gesellschaftervereinbarungen bei Kapitalgesellschaften (1994), 101.

715 Vgl. *Noack,* Gesellschaftervereinbarungen bei Kapitalgesellschaften (1994), 61 ff.; vgl. auch hierzu *Zöllner,* RWS-Forum 8, Gesellschaftsrecht 1995, 89, 98, *Noack* halte „im Ergebnis für viele Problemstellungen an der Trennung der Ebenen (…) fest"; vgl. hierzu auch *Ulmer,* FS Röhricht (2005), 633, 650 f.

716 Vgl. Aufbau Teil 2 von *Noack,* Gesellschaftervereinbarungen bei Kapitalgesellschaften (1994).

Lebenswirklichkeit privatrechtlicher Verbände"[717] entsprechenden „Perspektivenwechsel"[718] erfordern.[719] Das Verhältnis stehe aufgrund der vielen Durchbrechungen der Trennung einer Einheit näher als einer Separierung.[720] In seiner Untersuchung zeigt er zunächst die verschiedenen tatsächlichen und rechtlichen Wechselwirkungen auf. Hierbei führt er aus, dass auch der BGH die Ebenen-Trennung im Rahmen seiner Rechtsprechung nicht durchhält, indem er in der Verletzung einer allseitigen Gesellschaftervereinbarung einen anfechtbaren Beschlussmangel sieht.[721] Darüber hinaus seien Wechselwirkungen im Rahmen der Auslegung anzuerkennen.[722] Außerdem sei es möglich, dass Gesellschaftervereinbarungen in Gestalt von Stimmbindungsvereinbarungen eine konzernrechtlich relevante Abhängigkeit begründen.[723] Aufgrund dieser vielzähligen Wechselwirkungen zwischen den Ebenen sei von einer „Verbandsordnung im weiteren Sinne" auszugehen, die auf der Grundlage der korporativen Regelungsebene der Satzung entstehe und in die auf zweiter Stufe die Gesellschaftervereinbarungen einzuordnen seien.[724]

Es ist fraglich, ob diese einheitliche Betrachtung der Ebenen überhaupt einer weiteren dogmatischen Begründung bedarf. Wie bereits im Rahmen der Trennungsthese gezeigt, werden auch dort – zumindest teilweise – Durchbrechungen der Trennung zugelassen. Die Einheitsthese weist das Problem auf, dass ein Grundsatz, von welchem eine Vielzahl an Ausnahmen gemacht werden, möglicherweise umzukehren ist.[725] Selbstverständlich sind die Unterschiede der beiden Regelungsebenen und das kapitalgesellschaftsrechtliche Trennungsprinzip gesetzlich verankert und nicht zu verkennen. Diese werden jedoch, wie bereits erläutert, sowohl von der Einheits- als auch von der Trennungsthese anerkannt.[726] Es sind die Durchbrechungen der Trennung, die der dogmatischen Begründung bedürfen, da diese das

---

717 *Noack,* Gesellschaftervereinbarungen bei Kapitalgesellschaften (1994), 101.

718 *Noack,* Gesellschaftervereinbarungen bei Kapitalgesellschaften (1994), 117.

719 Vgl. *Noack,* Gesellschaftervereinbarungen bei Kapitalgesellschaften (1994), 101.

720 Vgl. z.B. *Noack,* Gesellschaftervereinbarungen bei Kapitalgesellschaften (1994), 101, 111 ff.

721 *Noack,* Gesellschaftervereinbarungen bei Kapitalgesellschaften (1994), 97 ff.

722 *Noack,* Gesellschaftervereinbarungen bei Kapitalgesellschaften (1994), 80 ff.

723 *Noack,* Gesellschaftervereinbarungen bei Kapitalgesellschaften (1994), 87 ff., 97. Vgl. hierzu Kapitel 3, D.II.4.b), S. 203 ff.

724 Vgl. *Noack,* Gesellschaftervereinbarungen bei Kapitalgesellschaften (1994), 107, 111, 117 f.

725 Dementsprechend stellt nach vorliegender Ansicht die Annahme der Einheitsthese auch nicht zwingend die völlige Aufgabe des kapitalgesellschaftsrechtlichen Trennungsprinzips dar; aA *Groß-Bölting,* Gesellschaftervereinbarungen in der Aktiengesellschaft (2011), 73

726 Vgl. hierzu *Zöllner,* RWS-Forum 8, Gesellschaftsrecht 1995, 89, 98, *Noack* halte „im Ergebnis für viele Problemstellungen an der Trennung der Ebenen (…) fest"; vgl. hierzu auch *Ulmer,* FS Röhricht (2005), 633, 650 f.; vgl. z.B. *Noack,* Gesellschaftervereinbarungen bei Kapitalgesellschaften (1994), 61 ff.

kapitalgesellschaftsrechtliche Trennungsprinzip in Frage stellen. Kommt man jedoch – wie Teile der Trennungsthese – zum Ergebnis, dass Durchbrechungen zulässig und dogmatisch begründbar sind, so ist es inkonsequent der Einheitsthese jegliche dogmatische Grundlage zu versagen. Dann liegt der Unterschied der beiden Thesen nämlich lediglich in der *Richtung* der Ausnahmen.[727] Im Ergebnis kann also der Kritik, der Einheitsthese fehle die dogmatische Grundlage, nur eingeschränkt zugestimmt werden. Die Einheitsthese fordert lediglich einen „Perspektivenwechsel"[728] für Fälle, in denen der Grundsatz der Trennung an so vielen Punkten durchbrochen wird, dass die Trennung der Ebenen nicht mehr die Regel sondern die Ausnahme darstellt. Ob diese Betrachtungsweise zulässig ist, ist davon abhängig, ob Wechselwirkungen zwischen den Ebenen dogmatisch begründbar sind und ob die zuzulassenden Wechselwirkungen das Regel-Ausnahme-Verhältnis tatsächlich umkehren.

III. Die einzelnen Vertreter und ihre Ausprägung der Einheitsthese

Nun werden, wie auch im Rahmen der Trennungsthese, die unterschiedlichen Ausprägungen der Einheitsthese genauer betrachtet. Es gilt herauszuarbeiten, wie das Verhältnis der Ebenen im Rahmen der Einheitsthese ausgestaltet ist und welche Wechselwirkungen die einzelnen Vertreter der Einheitsthese für zulässig erachten.

1. *U. Noacks* Einheitsthese als „Einheit und Hierarchie der verbandlichen Regelungsquellen"[729]

Wie bereits erläutert, entwickelte *Noack* erstmals die Theorie, dass Satzung, Gesellschafterbeschlüsse, Gesellschaftervereinbarungen und gegebenenfalls auch Unternehmensverträge eine einheitliche „Verbandsordnung im weiteren Sinne" bilden.[730] *Noack* beschreibt das Verhältnis der Regelungsebenen plakativ als *„Einheit und Hierarchie der verbandlichen Regelungsquellen"*.[731] Hierbei bilden die Satzung und ihre Regelungen in der Rolle der Verfassung die erste Ebene der erweiterten Verbandsordnung.[732] Neben der Satzung abgeschlossene Gesellschaftervereinbarungen bilden eine *„Regelungsebene zweiter Stufe"* in der

727 So auch *Söntgerath,* Vermittelte Mehrheit. Eine systematische Untersuchung des Rechts der satzungsergänzenden Nebenverträge, Beteiligungsgesellschaften und Vertreterklauseln (2010), 411; vgl. hierzu auch *Zöllner,* RWS-Forum 8, Gesellschaftsrecht 1995, 89, 98, vielen Punkten wird auch im Rahmen der Einheitsthese an der Trennung angehalten wird.

728 *Noack,* Gesellschaftervereinbarungen bei Kapitalgesellschaften (1994), 117.

729 *Noack,* Gesellschaftervereinbarungen bei Kapitalgesellschaften (1994), 111.

730 *Noack,* Gesellschaftervereinbarungen bei Kapitalgesellschaften (1994), 111.

731 *Noack,* Gesellschaftervereinbarungen bei Kapitalgesellschaften (1994), 118.

732 *Noack,* Gesellschaftervereinbarungen bei Kapitalgesellschaften (1994), 117.

„Verbandsordnung im weiteren Sinne".[733] Ziel sei jedoch keine starre Übertragung kapitalgesellschaftsrechtlicher Anforderungen auf die Gesellschaftervereinbarungen, vielmehr betont auch *Noack* den „Unterschied(...) in Anforderungen und Wirkungen"[734] der beiden Regelungsbereiche. Er beschreibt den Vorgang deshalb als eine „differenzierte Annäherung und eine partielle Integration"[735]. „Einheit und Hierarchie" bedeute deshalb auch nicht, dass Satzungsregelungen kollidierende Regelungen aus Gesellschaftervereinbarungen grundsätzlich verdrängen.[736] Welche Rechtsfolge eine Abweichung von einer kapitalgesellschaftsrechtlichen Vorschrift oder einer Satzungsbestimmung im Rahmen einer Gesellschaftervereinbarung nach sich zieht, muss laut Noack im Einzelfall anhand des Zwecks der jeweiligen hierarchisch übergeordneten Regelung untersucht werden.[737]

Gesellschaftervereinbarungen können demnach unwirksam sein, wenn sie gegen zwingendes Kapitalgesellschaftsrecht verstoßen, jedoch könne, wie bereits erwähnt, nicht von einer grundsätzlichen Unwirksamkeit ausgegangen werden.[738] Es sei zwischen Normen, die jegliche Abweichung untersagen, und Normen, die statutarische Abweichungen untersagen, zu differenzieren.[739] Erstgenannte Gruppe unterwerfe nicht nur die Satzung der Nichtigkeit, sondern auch jegliche Vereinbarungen, weshalb Gesellschaftervereinbarungen, die gegen eine solche Bestimmung verstoßen, ohne Heranziehung weiterer Grundsätze oder Normen, nichtig seien.[740] Als Beispiel für solche Normen nennt *Noack* gesetzlich angeordnete Stimmverbote.[741] Davon abzugrenzen seien Normen, die auf eine Verhinderung statutarisch abweichender Regelungen abzielen. Solchen Regelungen komme nicht per se eine die Privatautonomie eingrenzende Wirkung zu. Nichtig seien Gesellschaftervereinbarungen zum Beispiel jedoch dann, wenn diese eine generelle, dauerhafte Regelung der Nichtausübung unverzichtbare Mitgliedschaftsrechte enthalten und nicht nur einen „einzelnen, konkreten Verzicht" solcher Mitgliedschaftsrechte zum Gegenstand haben.[742] So solle es dem einzelnen Gesellschafter grundsätzlich zwar freistehen, sein individuelles Interesse im konkreten Einzelfall zu

---

733 *Noack,* Gesellschaftervereinbarungen bei Kapitalgesellschaften (1994), 118.
734 *Noack,* Gesellschaftervereinbarungen bei Kapitalgesellschaften (1994), 118.
735 *Noack,* Gesellschaftervereinbarungen bei Kapitalgesellschaften (1994), 118.
736 Vgl. *Noack,* Gesellschaftervereinbarungen bei Kapitalgesellschaften (1994), 128.
737 Vgl. *Noack,* Gesellschaftervereinbarungen bei Kapitalgesellschaften (1994), 128, 133 ff.
738 *Noack,* Gesellschaftervereinbarungen bei Kapitalgesellschaften (1994), 97, 123 ff..
739 *Noack,* Gesellschaftervereinbarungen bei Kapitalgesellschaften (1994), 123 ff.
740 *Noack,* Gesellschaftervereinbarungen bei Kapitalgesellschaften (1994), 123 f und 148.
741 *Noack,* Gesellschaftervereinbarungen bei Kapitalgesellschaften (1994), 123 f.
742 *Noack,* Gesellschaftervereinbarungen bei Kapitalgesellschaften (1994), 126 und 148.

verfolgen, jedoch beinhalte ein für unbestimmte Fälle erklärter genereller, dauerhafter Verzicht eine Beeinträchtigung der gesetzlichen „institutionellen Ordnung".[743] Ob eine die Satzungsgestaltung einschränkende Norm auch zur Nichtigkeit abweichender Gesellschaftervereinbarungen führe, sei im Übrigen anhand des jeweiligen Normzweckes festzustellen.[744] Beispielsweise können außerhalb der Satzung Zusatzpflichten für Aktionäre vereinbart werden, auch wenn § 54 AktG eine Belastung über die Erbringung der Einlage hinaus verbiete (Ausnahme § 55 AktG). Hinsichtlich der vom Kapitalgesellschaftsrecht als satzungsdispositiv erklärten Gegenstände sei es unproblematisch möglich, Regelungen in Gesellschaftervereinbarungen zu treffen ohne Einhaltung kapitalgesellschaftsrechtlicher Formerfordernisse, solange lediglich eine schuldrechtliche und keine statutarische Wirkung der Vereinbarung bezweckt werde.[745]

Auch bei Gesellschaftervereinbarungen, die von Satzungsregelungen abweichen, komme es für die Rechtsfolge auf die konkrete Satzungsregelung an. Weiche eine Gesellschaftervereinbarung über das Mitgliedschaftsverhältnis von einer Satzungsregelung wie beispielsweise einer Höchststimmrechtsbeschränkung oder einer Vinkulierungsklausel ab, sei auch die Satzungsregelung auf ihren Sinn und Zweck zu untersuchen.[746] Eine Gesellschaftervereinbarung sei dann unzulässig, wenn die kollidierende Satzungsregelung den Sachverhalt abschließend regeln solle und ihr Sinn und Zweck durch die Gesellschaftervereinbarung vereitelt werde.[747] Dies müsse im Einzelfall festgestellt werden.[748] Weiche eine Gesellschaftervereinbarung hinsichtlich einer Frage der Gesellschaftsorganisation von der Satzung ab, sei zwischen fraktionierenden und omnilateralen Gesellschaftervereinbarungen zu unterscheiden. Erstere seien grundsätzlich nur schuldrechtlich wirksam und bedürfen einer Umsetzung in der Satzung, also einer Satzungsänderung, um korporative Wirkung zu erzielen.[749] Gesellschaftervereinbarungen über die Gesellschaftsorganisation, an denen alle Gesellschafter der

---

743 *Noack,* Gesellschaftervereinbarungen bei Kapitalgesellschaften (1994), 126 f.

744 *Noack,* Gesellschaftervereinbarungen bei Kapitalgesellschaften (1994), 128.

745 *Noack,* Gesellschaftervereinbarungen bei Kapitalgesellschaften (1994), 128 ff.

746 Vgl. *Noack,* Gesellschaftervereinbarungen bei Kapitalgesellschaften (1994), 133 ff.

747 Vgl. Anhand der Beispiele fraktionierender Gesellschaftervereinbarungen die möglicherweise Höchststimmrechtsbeschränkungen und Vinkulierungsklauseln umgehen *Noack,* Gesellschaftervereinbarungen bei Kapitalgesellschaften (1994), 133 ff.

748 *Noack,* Gesellschaftervereinbarungen bei Kapitalgesellschaften (1994), 133 ff.; diese Ausführung erfolgt anhand des Beispiels einer Höchststimmrechtsbeschränkung in einer AG, das durch eine Konsortialabsprache untergraben wird; auch im Rahmen von Vinkulierungsklauseln stellt der Autor auf den Sinn und Zweck der Vinkulierungsklausel ab.

749 *Noack,* Gesellschaftervereinbarungen bei Kapitalgesellschaften (1994), 139.

Hauptgesellschaft beteiligt sind, hingegen vergleicht *Noack* mit Beschlüssen.[750] Er unterscheidet hierbei zwischen satzungsändernden und satzungsverletzenden Beschlüssen. Satzungsändernde Beschlüsse müssen den Anforderungen an die Satzungsänderung entsprechen, um korporative Wirkung entfalten zu können.[751] Ein satzungsändernder Beschluss müsse demnach in das Handelsregister eingetragen werden. Ein satzungsverletzender Beschluss hingegen sei grundsätzlich korporativ wirksam, aber anfechtbar. Abgrenzend führt *Noack* aus, dass eine inhaltliche Abweichung von der Satzung wie eine Satzungsänderung zu behandeln und demnach bei Nichteinhaltung der Formerfordernisse unwirksam sei, wenn der Beschluss eine über einen Einzelfall hinausgehende Regelung enthalte, die von der „vorgefundenen"[752] Satzungsregelung abweiche.[753] Eine Differenzierung zwischen zustandsändernden und punktuellen Satzungsdurchbrechungen und eine Eintragungspflicht der erstgenannten Gruppe lehnt *Noack* an dieser Stelle ab.[754] Die wohl herrschende Auffassung grenzt von Satzungsänderungen und von sonstigen, entsprechend § 243 I AktG anfechtbaren Satzungsverletzungen sogenannte „Satzungsdurchbrechungen" ab, die der Satzung in einer Regelung des Einzelfalls widersprechen und keine Satzungsregelung ändern.[755] Widerspreche die Satzungsdurchbrechung der Satzung in Bezug auf eine Verfahrens- oder Kompetenzvorschrift sei der Beschluss grundsätzlich anfechtbar.[756] Bei inhaltlichen Widersprüchen wird hingegen nach herrschender Auffassung weiter differenziert.[757] Stelle die Satzungsdurchbrechung eine punktuelle Regelung ohne Dauercharakter dar, sei der Beschluss, ohne allen Anforderungen oder zumindest ohne der Publizitätspflicht gemäß §§ 53, 54 GmbHG entsprechen zu müssen,[758] bei Ausbleiben einer Anfechtung wirksam.[759] Somit werden solche Satzungsdurchbrechungen von der herrschenden Meinung im Ergebnis wie satzungsverletzende Beschlüsse behandelt, die nach

750 *Noack,* Gesellschaftervereinbarungen bei Kapitalgesellschaften (1994), 139 ff.

751 *Noack,* Gesellschaftervereinbarungen bei Kapitalgesellschaften (1994), 140 f.

752 So wörtlich *Noack,* Gesellschaftervereinbarungen bei Kapitalgesellschaften (1994), 141.

753 *Noack,* Gesellschaftervereinbarungen bei Kapitalgesellschaften (1994), 140 ff.

754 *Noack,* Gesellschaftervereinbarungen bei Kapitalgesellschaften (1994), 141 f.; so aber die herrschende Meinung; kurze Zusammenfassung der herrschenden Meinung zu satzungsdurchbrechenden Beschlüssen s. *Drygala/Staake/Szalai,* Kapitalgesellschaftsrecht, Mit Grundzügen des Konzern- und Umwandlungsrechts (2012), 243, Rn. 151.

755 Noack/Servatius/Haas GmbHG-*Noack*, § 53, Rn. 46; BeckOK GmbHG-*Trölitzsch*, § 53, Rn. 27; ähnlich MüKoGmbHG-*Harbarth*, § 53, Rn. 44 f.

756 Vgl. Noack/Servatius/Haas GmbHG-*Noack*, § 53, Rn. 56 und 48 ff.

757 Vgl. Noack/Servatius/Haas GmbHG-*Noack*, § 53, Rn. 56 und 48 ff.

758 Umstritten, ob sie doch zumindest notariell beurkundet sein müssen s. BGH, Urt. v. 07.06.1993 – II ZR 81/92 (Karlsruhe) = NJW 1993, 2246, 2247, mit Verweis auf *Priester*, ZHR 1987, 40, 51 ff.

759 BGH, Urt. v. 07.06.1993 – II ZR 81/92 (Karlsruhe) = NJW 1993, 2246, 2247, wobei hier offengelassen wird, ob solche Beschlüsse überhaupt anfechtbar sind, dies wird jedoch weitgehend so angenommen, vgl. BeckOK GmbHG-*Trölitzsch*, §53, Rn. 27b f.; MüKoGmbHG-*Harbarth*, § 53, Rn. 53.

Ablauf der Anfechtungsfrist wirksam werden. Die Anfechtbarkeit entfalle darüber hinaus, wenn alle Gesellschafter dem satzungsdurchbrechenden Beschluss zugestimmt haben.[760] Satzungsdurchbrechende Beschlüsse, die eine Regelung mit einer Zustandsänderung für die Zukunft enthalten, seien hingegen – wie Satzungsänderungen – unwirksam, wenn die Voraussetzungen der §§ 53, 54 GmbHG nicht eingehalten werden und der Beschluss nicht in das Handelsregister eingetragen wurde.[761] Gegen eine solche Differenzierung wendet *Noack* zum einen ein, dass die Abgrenzung zwischen den zwei Arten der Satzungsdurchbrechung schwierig sei und zum anderen, dass die Anfechtungsregeln hierdurch untergraben werden, indem die Eintragungspflicht ausgeweitet werde.[762] Richtigerweise sei „nur die Regeländerung (...) eine Satzungsänderung und daher eintragungspflichtig."[763] Alle übrigen Satzungsabweichungen seien grundsätzlich anfechtbar.[764] Übertragen auf allseitige Gesellschaftervereinbarungen bedeute dies, dass allseitige Gesellschaftervereinbarungen, die eine Regelung abweichend von der Satzung aufstellen, nicht uneingeschränkt korporativ wirksam seien.[765] Ist kein außenstehender Dritter betroffen, könne aber wohl zumindest von einer eingeschränkten quasi „innergesellschaftlichen" Wirksamkeit die Rede sein.[766] „Zentrale(n) Wertungen der korporativen Verbandsebene" dürfen jedoch von dieser innergesellschaftlichen Wirkung nicht überlagert werden, weshalb für diesen Bereich eine Einschränkung vorzunehmen sei.[767] Allseitige Gesellschaftervereinbarungen, die keine abweichende Regelung aufstellen, aber dennoch von der Satzung inhaltlich abweichen, seien grundsätzlich korporativ wirksam, da ihre Anfechtbarkeit aufgrund der Beteiligung und Zustimmung aller Gesellschafter der Hauptgesellschaft ausgeschlossen sei.[768] Im Ergebnis hält *Noack* also inhaltliche Abweichungen von der Satzung im Rahmen formloser Gesellschaftervereinbarungen für möglich und auch für korporativ uneingeschränkt wirksam, solange diese keine abweichende Regelung aufstellen.

---

760 BeckOK GmbHG-*Trölitzsch*, § 53, Rn. 27c; MüKoGmbHG-*Harbarth*, § 53, Rn. 53.

761 BGH, Urt. v. 07.06.1993 – II ZR 81/92 (Karlsruhe) = NJW 1993, 2246; BeckOK GmbHG-*Trölitzsch*, § 53, Rn. 27b.

762 Vgl. *Noack,* Gesellschaftervereinbarungen bei Kapitalgesellschaften (1994), 141 f.; Vgl. auch zur ablehnenden Haltung Noack/Servatius/Haas GmbHG-*Noack*, § 53, Rn. 53.

763 *Noack,* Gesellschaftervereinbarungen bei Kapitalgesellschaften (1994), 142.

764 Vgl. *Noack,* Gesellschaftervereinbarungen bei Kapitalgesellschaften (1994), 140 ff.

765 Vgl. *Noack,* Gesellschaftervereinbarungen bei Kapitalgesellschaften (1994), 142.

766 *Noack,* Gesellschaftervereinbarungen bei Kapitalgesellschaften (1994), 142 f.; *Noack* vergleicht die Wirksamkeit mit einer Satzungsänderung, die noch nicht in das Handelsregister eingetragen ist. Dort sei auch von einer innergesellschaftlichen Wirkung die Rede.

767 *Noack,* Gesellschaftervereinbarungen bei Kapitalgesellschaften (1994), 166 f.

768 *Noack,* Gesellschaftervereinbarungen bei Kapitalgesellschaften (1994), 140 und 142.

Für den Fall einer Regelung durch eine Gesellschaftervereinbarung solle die Wirksamkeit jedoch auch so weit wie möglich erhalten bleiben.

Zwar ist die Stufe der Gesellschaftervereinbarungen also in gewissen Bereichen der Satzung und dem Kapitalgesellschaftsrecht untergeordnet, jedoch sind *Noack* zufolge auch Einflüsse in die andere Richtung zulässig. [769] Beispielsweise sei es möglich, zur Auslegung der Satzung der Hauptgesellschaft allseitige Gesellschaftervereinbarungen heranzuziehen, zumindest so lange der Gesellschafterkreis unverändert bleibe oder solange neue Gesellschaftsmitglieder Kenntnis dieser Vereinbarung erlangen und diese widerspruchslos gebilligt haben.[770] Durch die Berücksichtigung der Vereinbarungen bei der Satzungsauslegung entstehe „eine gewissermaßen ‚weiche' Verbindung zwischen den Regelungsebenen"[771]. Diese sei gerechtfertigt, da beide Regelungsbereiche auf „dasselbe Verbandsrechtsverhältnis"[772] Bezug nehmen und somit einen inneren Zusammenhang vorweisen.

Noack geht auch der Frage nach, ob Verstöße gegen Gesellschaftervereinbarungen im kapitalgesellschaftsrechtlichen Beschlussrecht unmittelbar Beachtung finden.[773] In manchen Fällen sei es durchaus denkbar, dass eine Gesellschaftervereinbarung über die Satzungsauslegung Eingang auf korporativer Ebene finde und ein Verstoß gegen diese Abrede somit einem Satzungsverstoß entspreche und das Beschlussmängelrecht unproblematisch zur Anwendung komme.[774] Außerdem könne ein solcher Verstoß im Einzelfall auch einen Treuepflichtverstoß darstellen, wenn die Gesellschafter ihre Interessen in die Gesellschaftervereinbarung aufgenommen haben.[775] Jedoch erfahren diese beiden Gedanken keine weitere Vertiefung, da der Autor letztendlich einen anderen grundlegenden Gedanken verfolgt.[776] So seien Beschlüsse im Rahmen einer GmbH, die gegen allseitige Gesellschaftervereinbarungen verstoßen, grundsätzlich anfechtbar.[777] Jedoch sei dies nicht ohne Einschränkungen anzunehmen.

---

769 So z.B. *Noack,* Gesellschaftervereinbarungen bei Kapitalgesellschaften (1994), 111 und später bestätigt, *Noack*, NZG 2010, 1017.

770 Vgl. *Noack,* Gesellschaftervereinbarungen bei Kapitalgesellschaften (1994), 84.

771 *Noack,* Gesellschaftervereinbarungen bei Kapitalgesellschaften (1994), 87.

772 *Noack,* Gesellschaftervereinbarungen bei Kapitalgesellschaften (1994), 87.

773 *Noack,* Gesellschaftervereinbarungen bei Kapitalgesellschaften (1994), 156 ff.

774 *Noack,* Gesellschaftervereinbarungen bei Kapitalgesellschaften (1994), 161; Noack/Servatius/Haas GmbHG-*Noack*, § 47 Rn. 119.

775 *Noack,* Gesellschaftervereinbarungen bei Kapitalgesellschaften (1994), 162; Noack/Servatius/Haas GmbHG-*Noack*, § 47, Rn. 119.

776 *Noack,* Gesellschaftervereinbarungen bei Kapitalgesellschaften (1994), 162 ff.

777 *Noack,* Gesellschaftervereinbarungen bei Kapitalgesellschaften (1994), 164 f.

Aus Gründen des Verkehrsschutzes sei eine Ausnahme für solche Fälle zu machen, in denen „Dritte von dem Beschluß in rechtlich relevanter Weise betroffen werden."[778]

Darüber hinaus nimmt *Noack* eine weitere Einschränkung vor und überträgt Wertungen aus dem Bereich des Beschlussmängelrechts. Ein Anfechtungsgrund für einen gegen eine Gesellschaftervereinbarung verstoßenden Beschluss sei nur dann anzunehmen, wenn es sich bei der verletzten Gesellschaftervereinbarung um eine inhaltliche Regelung und nicht nur um eine Verfahrensregelung bezüglich des Willensbildungsprozesses handele.[779] Weiterhin sei im Rahmen der Gesellschaftervereinbarungen zwischen „Dauerregelungen" und „Einzelfallentscheidungen" zu unterscheiden.[780] Stelle die verletzte Gesellschaftervereinbarung eine Einzelfallentscheidung dar, bedürfe es keiner besonderen Berücksichtigung der Grundsätze satzungsdurchbrechender Beschlüsse, da auch satzungsdurchbrechende Beschlüsse für Einzelfälle wirksam abgeschlossen werden können und bei Zustimmung aller Gesellschafter – wie dies bei einer allseitigen Gesellschaftervereinbarung immer der Fall ist – eine Anfechtung ausgeschlossen sei.[781] Eine solche Gesellschaftervereinbarung könne dementsprechend als Maßstab für Beschlüsse herangezogen werden. Sei die verletzte Gesellschaftervereinbarung hingegen eine Dauerregelung, seien die Wertungen satzungsdurchbrechender Beschlüsse konsequenterweise zu übernehmen. So dürfe eine Dauerregelung einer Gesellschaftervereinbarung, welche satzungspflichtige Gegenstände betreffe, nicht über den Umweg der Beschlussanfechtung korporative Wirkung entfalten, weshalb eine solche Gesellschaftervereinbarung konsequenterweise nicht uneingeschränkt als Anfechtungsgrund herangezogen werden könne.[782] Auch in diesem Zusammenhang verzichtet *Noack* also auf die populäre Unterscheidung zwischen punktuellen und zustandsbegründenden Satzungsdurchbrechungen und knüpft an den Regelungsbegriff an, von dem er Einzelfallentscheidungen abgrenzt. Diese von ihm entwickelten Grundsätze für die Beschlussanfechtung aufgrund von Verstößen gegen allseitige Gesellschaftervereinbarungen seien auch für Hauptgesellschaften in der Rechtsform der Aktiengesellschaft anwendbar.[783]

---

778 *Noack,* Gesellschaftervereinbarungen bei Kapitalgesellschaften (1994), 165.

779 *Noack,* Gesellschaftervereinbarungen bei Kapitalgesellschaften (1994), 166.

780 So die begriffliche Unterscheidung von *Noack,* Gesellschaftervereinbarungen bei Kapitalgesellschaften (1994), 166.

781 *Noack,* Gesellschaftervereinbarungen bei Kapitalgesellschaften (1994), 166.

782 *Noack,* Gesellschaftervereinbarungen bei Kapitalgesellschaften (1994), 166.

783 *Noack,* Gesellschaftervereinbarungen bei Kapitalgesellschaften (1994), 168 f.; ähnlich hierzu auch kurz *Noack,* NZG 2010, 1017, 1018.

Bei Gesellschaftervereinbarungen, an denen lediglich ein Teil der Gesellschafter der Hauptgesellschaft beteiligt ist, fehle eine die Anfechtbarkeit ermöglichende gemeinsame Rechtsgrundlage.[784] Für den Fall, dass die Mehrheit der Gesellschafter jedoch an der Gesellschaftervereinbarung beteiligt seien und es sich hierbei zugleich um die Mehrheit handele, welche zu einer Satzungsänderung benötigt werde, sei der Fall ebenso zu behandeln wie bei einer Verletzung einer allseitigen Gesellschaftervereinbarung, da eine Verweisung auf den Umweg einer Satzungsänderung keinen weiterreichenden Schutz bringe.[785] Auch bei fraktionierenden Vereinbarungen könne aber eine Dauerregelung nie als „Beschlussfehlergrund"[786] herangezogen werden.

In einem jüngeren Beitrag aus dem Jahr 2010 bestätigt der Autor erneut seine Ansicht in Bezug auf das Bestehen einer einheitlichen, die Gesellschaftervereinbarungen integrierenden, Verbandsordnung im weiteren Sinne.[787] Der Aufsatz ist dem bereits beleuchteten BGH-Beschluss gewidmet, in welchem der BGH eine Abfindungsabsenkung im Wege eines allseitigen, in eine Gesellschaftervereinbarung umgedeuteten, Beschlusses annahm.[788] Diesbezüglich spricht *Noack* seine Zustimmung aus.[789] So sei im Ergebnis nicht nur in einer „Gesellschaftervereinbarung eine zusätzliche Anfechtungsquelle" zu sehen.[790] Auch könne eine allseitige Gesellschaftervereinbarung die „Wirkung eines Anfechtungsausschlusses" haben.[791] Dies könne vor allem durch den „Einwand des Handels wider Treu und Glaube" begründet werden, da der klagende Gesellschafter selbst dieser Regelung zugestimmt hatte.[792] Auch bestätigt *Noack* die Möglichkeit, einen allseitig gefassten Beschluss in eine allseitige Gesellschaftervereinbarung umzudeuten und sieht hierin jedoch auch die mögliche Folge, dass es zu einer schleichenden Etablierung einer Schattenordnung in Gestalt von Beschlüssen kommen könnte. In seiner Habilitationsschrift hatte er bereits ein Entstehen einer solchen „Schattensatzung" abgelehnt.[793]

---

784 Vgl. *Noack,* Gesellschaftervereinbarungen bei Kapitalgesellschaften (1994), 167.
785 *Noack,* Gesellschaftervereinbarungen bei Kapitalgesellschaften (1994), 167.
786 *Noack,* Gesellschaftervereinbarungen bei Kapitalgesellschaften (1994), 167.
787 *Noack*, NZG 2010, 1017.
788 BGH , Beschl. V. 15.03.2010 – II ZR 4/09.
789 *Noack*, NZG 2010, 1017, 1017 f.
790 *Noack*, NZG 2010, 1017, 1018.
791 *Noack*, NZG 2010, 1017, 1018.
792 *Noack*, NZG 2010, 1017, 1018.
793 Vgl. *Noack,* Gesellschaftervereinbarungen bei Kapitalgesellschaften (1994), 118.

2. Die Einheitsthese von *Ripka* – eine „Ebenenverbindung“[794]

Auch *Ripka* vertritt in seiner auf den Poolvertrag spezialisierten Monographie aus dem Jahr 2000 ein einheitliches Verhältnis beider Regelungsebenen.[795] So sei die „Trennung beider Ebenen (…) dogmatisch kein unüberwindbares Problem.“[796] Vielmehr seien die Ebenen, die beide auf die „entscheidende Rechtsausübung“ der Gesellschafter Einfluss nehmen, „eng miteinander verzahnt“.[797] Zwar widmet *Ripka* auch den Unterschieden, die zwischen der Satzung und Gesellschaftervereinbarungen bestehen, einen Abschnitt.[798] Jedoch sei eine Einflussnahme der Poolverträge auf die Ebene der Satzung durchaus möglich.[799] So könne zum einen ein Poolvertrag zur Satzungsauslegung herangezogen werden, zum anderen stelle ein Verstoß gegen einen allseitigen Poolvertrag einen Anfechtungsgrund auf der Ebene der Hauptgesellschaft dar.[800] Darüber hinaus sei außerdem im Rahmen des Schadensersatzes die Trennung der Ebenen zu durchbrechen.[801] Dementsprechend könne grundsätzlich von einem Gesellschafter, der auf der Ebene der Hauptgesellschaft entgegen einer allseitigen schuldrechtlichen Bindung abstimme, Naturalrestitution gemäß § 249 Abs. 1 BGB – natürlich nur bei Vorliegen der Schadensersatzvoraussetzungen – verlangt werden. Konsequenterweise seien umgekehrt jedoch die strengen organisationsrechtlichen Regelungen unmittelbare Zulässigkeitsschranken der Gesellschaftervereinbarungen.[802] Diesen organisationsrechtlichen Schranken widmet *Ripka* den längsten Teil seiner Monographie.[803] Aufgrund dieser wechselseitigen Einflüsse sei von einer „Ebenenverbindung“ auszugehen.[804] Im Ergebnis geht *Ripka* also auch von der „Einheit und Hierarchie“ der beiden Regelungsbereichen aus. [805] Der große Unterschied seiner Ansicht zu den Ausführungen von *Noack* liegt jedoch darin, dass *Ripka*

---

794 *Ripka,* Poolverträge und die neueren Entwicklungen im Gesellschaftsrechts (2000), 46.

795 *Ripka,* Poolverträge und die neueren Entwicklungen im Gesellschaftsrechts (2000), 40 ff.

796 *Ripka,* Poolverträge und die neueren Entwicklungen im Gesellschaftsrechts (2000), 40.

797 *Ripka,* Poolverträge und die neueren Entwicklungen im Gesellschaftsrechts (2000), 40.

798 *Ripka,* Poolverträge und die neueren Entwicklungen im Gesellschaftsrechts (2000), 41 ff.

799 *Ripka,* Poolverträge und die neueren Entwicklungen im Gesellschaftsrechts (2000), 46.

800 *Ripka,* Poolverträge und die neueren Entwicklungen im Gesellschaftsrechts (2000), 46, 57, bei Poolverträgen, an denen nicht alle Gesellschafter beteiligt sind, komme es hingegen für eine Anfechtbarkeit von Verstößen darauf an, ob die Interessen der übrigen Gesellschafter schutzwürdig sind, bestätigend, dass sowohl im Rahmen der Auslegung als auch im Rahmen des Anfechtungsrechts die strikte Trennung abzulehnen sei s. 59.

801 *Ripka,* Poolverträge und die neueren Entwicklungen im Gesellschaftsrechts (2000), 59.

802 *Ripka,* Poolverträge und die neueren Entwicklungen im Gesellschaftsrechts (2000), 60 und 225.

803 *Ripka,* Poolverträge und die neueren Entwicklungen im Gesellschaftsrechts (2000), 75 ff.

804 *Ripka,* Poolverträge und die neueren Entwicklungen im Gesellschaftsrechts (2000), 46.

805 Vgl. *Ripka,* Poolverträge und die neueren Entwicklungen im Gesellschaftsrechts (2000), 60.

von einem tendenziell „starren“ Verhältnis ausgeht und als zwingende Konsequenz eines Einheitsdenkens die direkte Anwendung aller korporationsrechtlicher Normen auf allseitige Gesellschaftervereinbarungen begreift.[806]

3. Die Einheitsthese von *Zöllner* – eine Einheit ohne Hierarchie

Zöllner, ein weiterer Anhänger der Einheitsthese, gibt in seiner Rede im Rahmen des RWS-Forums „Gesellschaftsrecht 1995“ zu bedenken, dass die Trennungsthese auseinanderreiße, „was die Gesellschafter, namentlich bei der allseitigen Gesellschaftervereinbarung als Einheit begreifen und was im Gesellschaftsalltag auf vielfältige Weise ineinanderwirkt.“[807] Er bezeichnet das Trennungsdenken als „eine petitio principii“:[808] *Zöllner* sympathisiert im Hinblick auf die Diskussionen über das Verhältnis von Satzung und Gesellschaftervereinbarungen mit einer einheitlichen Betrachtungsweise. Er geht allerdings nur oberflächlich auf die einzelnen Problemkonstellationen ein.

Hinsichtlich der Frage, ob zwingendes Kapitalgesellschaftsrecht der Privatautonomie Grenzen setzen kann, schließt sich *Zöllner* den Ausführungen *Noacks* insofern an, als er auch nach „Sinn und Reichweite“ der betroffenen Norm differenziert und anhand dessen entscheidet, ob eine gesetzliche Beschränkung der Satzungsautonomie im Einzelfall auf eine hiervon abweichende Gesellschaftervereinbarung anzuwenden ist oder ob diese in ihrer Wirksamkeit unberührt bleibt.[809] Auch ihm zufolge ist also von keiner automatischen Unwirksamkeit der schuldrechtlichen Gesellschaftervereinbarung auszugehen.[810] In Regelungsbereichen, in denen das Gesetz die Möglichkeit einer Satzungsregelung offenhält, jedoch keine Verpflichtung auferlegt, eine Regelung zu treffen (sogenanntes dispositives Satzungsrecht), bestehe auch die Möglichkeit einer Regelung im Rahmen einer Gesellschaftervereinbarung. Diese Gesellschaftervereinbarung bleibe selbst dann in ihrer Wirksamkeit unberührt, wenn die Regelung einen „zentralen Eingriff in die korporative Verfassung“[811] darstelle. Voraussetzung hierfür sei jedoch, dass alle Gesellschafter der Hauptgesellschaft an der Gesellschaftervereinbarung beteiligt seien.

---

806 Vgl. *Ripka,* Poolverträge und die neueren Entwicklungen im Gesellschaftsrechts (2000), 46.
807 *Zöllner,* RWS-Forum 8, Gesellschaftsrecht 1995, 89, 97.
808 *Zöllner,* RWS-Forum 8, Gesellschaftsrecht 1995, 89, 110.
809 *Zöllner,* RWS-Forum 8, Gesellschaftsrecht 1995, 89, 103.
810 *Zöllner,* RWS-Forum 8, Gesellschaftsrecht 1995, 89, 102 ff.
811 *Zöllner,* RWS-Forum 8, Gesellschaftsrecht 1995, 89, 104.

Wechselwirkungen seien außerdem im Rahmen der Auslegung einer GmbH-Satzung zulässig.[812] Nicht nur die Satzung beeinflusse die Auslegung von Gesellschaftervereinbarungen, umgekehrt könne eine GmbH-Satzung auch anhand von Gesellschaftervereinbarungen ausgelegt werden, da diese subjektiv auszulegen sei.[813] Dies könne sogar so weit führen, dass entsprechend dem Grundsatz der „falsa demonstratio non nocet" die Satzung entgegen ihrem Wortlaut gemäß dem in einer Gesellschaftervereinbarung zum Ausdruck gebrachten Willen ausgelegt werden könne.[814]

Weiterhin thematisiert *Zöllner* den – wenn seiner Ansicht nach auch seltenen – Fall des Widerspruchs der beiden Regelungsquellen.[815] Zunächst führt er hierzu aus, dass allseitige Stimmbindungen auch bei Bestehen eines Stimmbindungsverbotes in der Satzung der Hauptgesellschaft als wirksam anzusehen seien (nur denkbar bei einer GmbH aufgrund von § 23 V AktG).[816] Die allseitige Stimmbindung stelle nämlich eine „vertragliche Freistellung von einer mitgliedschaftlichen Pflicht" dar – im genannten Fall also eine Freistellung von der Pflicht, Stimmbindungen dieser Art zu unterlassen.[817] Diese Freistellung könne wiederum auch im Rahmen der Satzung nur mit Zustimmung aller Vertragsbeteiligten aufgehoben werden. Diesen Ausführungen kann entnommen werden, dass der Autor eine satzungsändernde und somit korporative Wirkung allseitiger Gesellschaftervereinbarungen für zulässig erachtet. So können Gesellschaftervereinbarungen seiner Ansicht nach Satzungsregelungen im Bereich mitgliedschaftlicher Pflichten ändern. Eine solche Satzungsänderung vermöge eine mehrheitliche Satzungsregelung nicht aufzuheben, da hierfür eine Zustimmung aller Gesellschafter notwendig sei. *Zöllner* stellt jedoch in Aussicht, dass auch umgekehrt gesetzliche Satzungsbeschränkungen Auswirkungen auf die Privatautonomie der Gesellschafter haben können, beispielsweise in Form von Rücksichtnahmepflichten oder selten in Form von Leistungspflichten.[818] Aufgrund dieser beispielhaften Aussagen zu einzelnen Problemen ist schwer zu erkennen, wie genau der Autor mit Widersprüchen zwischen Satzung und Gesellschaftervereinbarung im Einzelfall verfahren will und welche Systematik er verfolgt. Im Grundsatz

---

812 *Zöllner,* RWS-Forum 8, Gesellschaftsrecht 1995, 89, 105 ff.

813 *Zöllner,* RWS-Forum 8, Gesellschaftsrecht 1995, 89, 105 ff.; vgl. auch Noack/Servatius/Haas GmbHG-*Noack*, § 47, Rn. 119.

814 *Zöllner,* RWS-Forum 8, Gesellschaftsrecht 1995, 89, 106 f.

815 *Zöllner,* RWS-Forum 8, Gesellschaftsrecht 1995, 89, 99 ff.

816 *Zöllner,* RWS-Forum 8, Gesellschaftsrecht 1995, 89, 100.

817 *Zöllner,* RWS-Forum 8, Gesellschaftsrecht 1995, 89, 100.

818 *Zöllner,* RWS-Forum 8, Gesellschaftsrecht 1995, 89, 100 f.

scheint *Zöllner* von einer Satzungsähnlichkeit allseitiger Gesellschaftervereinbarungen auszugehen und diese im Ergebnis in das Regelungsgeflecht der Satzung zu integrieren.

Werde im Rahmen einer Gesellschaftervereinbarung eine Satzungsregelung, beispielsweise in Form eines Höchststimmrechts oder einer Vinkulierung, umgangen, so schlage die Satzungsregelung durch.[819] So sei eine Stimmrechtsbindung einer Satzungsregelung in Gestalt eines Höchststimmrechts zu unterwerfen und eine durch die schuldrechtliche Bindung erworbene Stimmrechtsmacht, wie eine treuhänderische Stimmrechtsmacht, zu berücksichtigen. Die Umgehung einer Vinkulierungsregelung in Form einer schuldrechtlich-treuhänderischen Gesellschaftervereinbarung führe dazu, dass der Gesellschafter, aufgrund dieses Verstoßes gegen seine mitgliedschaftliche Pflicht, zumindest seine Verwaltungsrechte nicht ausüben dürfe.[820]

Im weiteren Verlauf des Beitrags stimmt *Zöllner* der „Kerbnägel"-Rechtsprechung im Ergebnis zu.[821] Jedoch sieht er die dogmatische Grundlage der Anfechtung nicht in dem Verstoß gegen die allseitige schuldrechtliche Vereinbarung, da ein Verstoß hiergegen nicht „zum selbstständigen Anfechtungsgrund erhoben werden" dürfe.[822] Vielmehr liege der Grund der Anfechtung im Aspekt des Rechtsmissbrauchs, da die Gesellschafter zuvor alle eine Bindung zu einer bestimmten Abstimmung eingegangen seien. Daneben sei auch die Ausformung der gesellschaftsrechtlichen Treuepflicht im Rahmen der Hauptgesellschaft durch Gesellschaftervereinbarungen möglich.[823] Durch eine vertragswidrige Abstimmung könne diese wiederum verletzt werden und somit ein Anfechtungsgrund entstehen.[824] Im Ergebnis befürwortet *Zöllner* erneut eine satzungsgestaltende Wirkung von allseitigen Gesellschaftervereinbarungen.

Abgesehen von der dogmatischen Unterfütterung der „Kerbnägel"-Rechtsprechung, ähneln die Ansätze *Zöllners* denen von *Noack*. Auch *Zöllner* strebt eine Art einheitliche Verbandsordnung an. Anders als *Noack* lehnt er jedoch sowohl eine Parallelität der beiden

---

819 Vgl. *Zöllner,* RWS-Forum 8, Gesellschaftsrecht 1995, 89, 101 f.

820 *Zöllner,* RWS-Forum 8, Gesellschaftsrecht 1995, 89, 101 f.; so in Fn. 35 wohl die „vorzugswürdige Lösung" im Gegensatz zur Unwirksamkeit aufgrund Sittenwidrigkeit.

821 *Zöllner,* RWS-Forum 8, Gesellschaftsrecht 1995, 89, 108.

822 *Zöllner,* RWS-Forum 8, Gesellschaftsrecht 1995, 89, 108.

823 *Zöllner,* RWS-Forum 8, Gesellschaftsrecht 1995, 89, 109 f.; Noack/Servatius/Haas GmbHG-*Noack*, § 47, Rn. 119.

824 *Zöllner,* RWS-Forum 8, Gesellschaftsrecht 1995, 89, 109 f.

Regelungsquellen als auch eine konsequente Subordination der schuldrechtlichen Abreden ab.[825] Deshalb sieht *Schön* hierin auch die „stärkste Ausprägung“ der Einheitsthese.[826] *Zöllner* betont, dass allseitige Gesellschaftervereinbarungen einerseits die Satzung „ergänzen und ausfüllen“ können, jedoch auch in der Lage seien, die Satzung „zu modifizieren und zu konterkarieren“.[827] Es erfolgt also eine Sphärenvermischung, in der sich mal die eine, mal die andere Regelungsquelle durchsetzen soll. *Noack* hingegen bringt durch die Schlagwörter „Einheit und Hierarchie“ mehr Struktur in das Verhältnis und verfolgt eine klarere Linie. Die Behandlung der einzelnen Problemfälle ist jedoch im Ergebnis bei beiden Autoren ähnlich.

4. Die von *Westermann* vertretene „eingeschränkte“ Einheitsthese

Westermann, der sich in seinem Vortrag im Rahmen der Hachenburg-Gedächtnisvorlesung vom 27. Mai 1994 immer wieder auf die Habilitationsschrift *Noacks* bezieht,[828] vertritt eine Abweichung des Trennungsprinzips, die jedoch nicht so weit geht wie die von *Noack.* Während *Noack* versuche, ein Konzept für eine Systematik der gegenseitigen Wechselwirkungen zu entwickeln, sei es das Ziel *Westermanns,* den in seinen Worten eher „vorsichtigen“ Vorstoß zu wagen, eine „aus der Einsicht in die Relativität der Ebenen-Trennung entstandene These zu entwickeln“.[829] So bestehe trotz der „rechtlich fast fundamentalen Unterschiede“ eine „rechtstatsächliche Ähnlichkeit“ der beiden Regelungsbereiche.[830] Es sei mit dem Kapitalgesellschaftsrecht vereinbar, dass Abreden außerhalb der Satzung teilweise echte korporative Wirkung entfalten und so die Satzung beeinflussen, umgekehrt aber auch selber Einflüsse von der Satzung erfahren.[831] Zentraler Ansatzpunkt *Westermanns* für die Frage, ob eine Gesellschaftervereinbarung eine solche korporative Wirkung entfalten kann, ist die Differenzierung zwischen verschiedenen Arten von Gesellschaftervereinbarungen.[832] Je nach Art der Gesellschaftervereinbarung, bestehe eine unterschiedlich starke Bindungswirkung. So gäbe es einerseits sogenannte „Konsortialabsprachen“, bei denen die Satzung eher in den Hintergrund rücke, die Gesellschaftervereinbarung die Koordinierung sämtlicher Interessen übernehme und somit die Hauptrolle in der Ausgestaltung der Gesellschaftsverhältnisse einnehme,

[825] *Zöllner,* RWS-Forum 8, Gesellschaftsrecht 1995, 89, 111.
[826] *Schön,* Schuldrechtliche Gesellschaftervereinbarungen in der Gesellschaft mit beschränkter Haftung unter besonderer Berücksichtigung der Rechtsnachfolge (2018), 148.
[827] *Zöllner,* RWS-Forum 8, Gesellschaftsrecht 1995, 89, 111.
[828] *Westermann,* Hachenburg-Gedächtnisvorlesung 1994, 25, 27, 38 f.
[829] *Westermann,* Hachenburg-Gedächtnisvorlesung 1994, 25, 39.
[830] *Westermann,* Hachenburg-Gedächtnisvorlesung 1994, 25, 29 und ansatzweise auch 35.
[831] *Westermann,* Hachenburg-Gedächtnisvorlesung 1994, 25, 39.
[832] *Westermann,* Hachenburg-Gedächtnisvorlesung 1994, 25, 31 f.

während die Hauptgesellschaft die untergeordnete Rolle eines „Instruments" spiele.[833] Eine solche Vereinbarung könne durchaus eine satzungsgleiche bzw. -ähnliche Wirkung entfalten.[834] Hiervon zu unterscheiden seien Gesellschaftsvereinbarungen, „die nach dem Willen der Vertragsschließenden nur die durch sie gebildete Gruppe organisieren, etwa die Einflußnahme auf das nicht als gemeinsames Regelungsobjekt empfundene Gesellschaftsleben bündeln wollen".[835] Hierdurch werden „nur Sonderbeziehungen innerhalb einer Gruppe geschaffen"[836], weshalb solche Gesellschaftervereinbarungen auch auf eine einfache schuldrechtliche Wirkung zu beschränken und der Satzung unterzuordnen seien.[837] Diese Unterscheidung weicht auf den ersten Blick von der populären Unterscheidung zwischen omnilateralen bzw. allseitigen und fraktionierenden Abreden ab, von welcher viele Autoren das Bestehen von Wechselwirkungen zwischen den beiden Regelungsbereichen abhängig machen. Jedoch können im Ergebnis nur solche Gesellschaftervereinbarungen die von *Westermann* genannte, übergeordnete Rolle gegenüber der Satzung einnehmen, an denen alle Gesellschafter der Hauptgesellschaft beteiligt sind. Aus diesem Grund stimmt die Differenzierung *Westermanns* zumindest im Ergebnis mit der üblichen Differenzierung nach dem Beteiligtenkreis überein.

Ein unmittelbarer Einfluss auf die Satzungsebene beziehungsweise eine satzungsgleiche Wirkung von Gesellschaftervereinbarungen sei jedoch auf die GmbH zu beschränken und für die AG abzulehnen.[838] Die GmbH sei aufgrund ihrer personalistischen Elemente von einer Personengesellschaft nicht so weit entfernt und biete im Gegensatz zur Aktiengesellschaft (§ 23 V AktG) ihren Gesellschaftern ein hohes Maß an Gestaltungsfreiheit.[839]

Wie auch andere Autoren, widmet *Westermann* einen großen Teil des Vortrags den bekannten Problemkonstellationen.[840] Was im Rahmen einer Satzungsauslegung zu berücksichtigen ist, definiert *Westermann* negativ.[841] So seien im Rahmen einer tendenziell subjektiven Satzungsauslegung solche Umstände von der Berücksichtigung ausgeschlossen, „deren

---

833 *Westermann,* Hachenburg-Gedächtnisvorlesung 1994, 25, erstmals 28 f., dann nähere Erläuterungen insbesondere auf 31, 39, 42, 47 f. und 51.
834 *Westermann,* Hachenburg-Gedächtnisvorlesung 1994, 25, 39.
835 *Westermann,* Hachenburg-Gedächtnisvorlesung 1994, 25, 39.
836 *Westermann,* Hachenburg-Gedächtnisvorlesung 1994, 25, 31.
837 *Westermann,* Hachenburg-Gedächtnisvorlesung 1994, 25, 39.
838 *Westermann,* Hachenburg-Gedächtnisvorlesung 1994, 25, 41 f.
839 *Westermann,* Hachenburg-Gedächtnisvorlesung 1994, 25, 42.
840 *Westermann,* Hachenburg-Gedächtnisvorlesung 1994, 25, 43 ff.
841 *Westermann,* Hachenburg-Gedächtnisvorlesung 1994, 25, 46, ähnlich auch 47.

Verbindlichkeit in der Gesellschaftssphäre die Vertragsschließenden nicht gewollt haben oder die nicht allen Gesellschaftern bekannt werden sollten."[842] Demnach finden die von ihm als „Konsortialabsprachen" benannten Gesellschaftervereinbarungen direkte Berücksichtigung im Rahmen einer Satzungsauslegung.[843] Dies könne sogar so weit gehen, dass auch Dritte oder Gesellschafter-Nachfolger, die an einer solchen Abrede nicht beteiligt sind, eine Auslegung im Lichte einer solchen Abrede und den sich hieraus ergebenden, für sie möglicherweise nachteiligen Willen der beteiligten Gesellschafter gegen sich gelten lassen müssen.[844] Jedoch lasse der Einfluss einer den echten Willen der Gründer dokumentierenden Gesellschafterabrede mit der Zeit und mit Veränderungen der Gesellschaftsverhältnisse nach.[845]

Westermann hält einen Beschluss, der gegen eine Gesellschaftervereinbarung verstößt, an der alle Gesellschafter der Hauptgesellschaft beteiligt sind, für anfechtbar.[846] In diesem Zusammenhang führt er aus, dass omnilaterale Gesellschaftervereinbarungen gestaltenden Einfluss auf den Inhalt der gesellschaftsrechtlichen Treuepflicht im Rahmen der Hauptgesellschaft haben können.[847] Aufgrund dessen sei ein gegen eine die Treuepflicht ausgestaltende Gesellschaftervereinbarung verstoßender Beschluss im Einzelfall aufgrund eines Treuepflichtverstoßes anfechtbar.[848] Auch sei ein Beschluss, der eine allseitige Gesellschaftervereinbarung verletze, anfechtbar, da er „gegen die Verhaltenserwartungen, die angesichts der einverständlich gesetzten Nebenordnung jeder Teilhaber haben durfte", verstoße.[849] Denn in den für die Auslegung der Satzung relevanten Gesellschaftervereinbarungen liege gerade eine Übereinkunft darüber, wie die Satzung zu interpretieren und zu handhaben sei. Es stelle eine „Überbewertung der eigenen juristischen Persönlichkeit" dar, in einem solchen Fall noch zwischen einer Bindung der Gesellschaft selbst und einer zwischen allen ihren Gesellschaftern untereinander bestehenden Bindung, zu unterscheiden.[850]

---

842 *Westermann,* Hachenburg-Gedächtnisvorlesung 1994, 25, 46.
843 *Westermann,* Hachenburg-Gedächtnisvorlesung 1994, 25, 45 ff. und nochmal explizit 48 a.E.
844 *Westermann,* Hachenburg-Gedächtnisvorlesung 1994, 25, 46 f.
845 *Westermann,* Hachenburg-Gedächtnisvorlesung 1994, 25, 47.
846 *Westermann,* Hachenburg-Gedächtnisvorlesung 1994, 25, 49 ff.
847 *Westermann,* Hachenburg-Gedächtnisvorlesung 1994, 25, 49.
848 Vgl. *Westermann,* Hachenburg-Gedächtnisvorlesung 1994, 25, 49 f.; bezeichnet er zudem auf Seite 50 als „eher überzeugend" als eine dogmatische Herleitung unter der Heranziehung von Duchgriffsgrundsätzen.
849 *Westermann,* Hachenburg-Gedächtnisvorlesung 1994, 25, 50.
850 *Westermann,* Hachenburg-Gedächtnisvorlesung 1994, 25, 50.

Als letztes Thema greift *Westermann* die Frage auf, ob Gesellschaftervereinbarungen, die im Widerspruch zur Satzung der Hauptgesellschaft stehen, (korporativ) wirksam sind.[851] In diesem Zusammenhang geht er, wie auch *Noack,* vergleichend auf das im GmbH-Recht umstrittene Thema satzungsdurchbrechender Beschlüsse ein. So geht die aktuell herrschende Meinung davon aus, dass punktuell satzungsdurchbrechende Beschlüsse für einen Einzelfall ohne Eintragung in das Handelsregister wirksam sind und dass ihre Anfechtbarkeit entfällt, soweit alle Gesellschafter dem betroffenen Beschluss zugestimmt haben.[852] *Westermann* kritisiert, wie auch *Noack*,[853] eine solche Unterscheidung zwischen punktuellen und zustandsbegründenden Durchbrechungen.[854] Er lehnt deshalb eine Übertragung dieser „Zwischenkategorie" der – nach herrschender Meinung teilweise zulässigen – Satzungsdurchbrechungen auf die Gesellschaftervereinbarungen ab.[855] Dies stellt einen Unterschied zu *Noack* dar. Dieser lehnt zwar eine Unterscheidung zwischen eintragungspflichtigen und nicht eintragungspflichtigen Satzungsdurchbrechungen ab und hält nur Regelungsänderungen für eintragungspflichtig.[856] Jedoch überträgt er diese Wertungen des Beschlussmängelrechts entsprechend auf Verstöße gegen allseitige Gesellschaftervereinbarungen.[857] *Westermann* verzichtet auf eine direkte Übertragung von Wertungen aus dem Beschlussmängelrecht. Jedoch könne – wie dies auch der BGH in einem seiner Urteile vertreten habe –[858] ein satzungsdurchbrechender, zustandsbegründender Beschluss in eine Gesellschaftervereinbarung umgedeutet werden, wenn dieser keine organisationsrechtliche Angelegenheit betreffe.[859] In einem derartigen Beschluss könne die Verpflichtung gesehen werden, zukünftig in einer bestimmten, der dem satzungsdurchbrechenden, zustandsändernden Beschluss entsprechenden Weise, abzustimmen. Diese Beschlüsse seien wiederum den Anforderungen für Satzungsdurchbrechungen zu unterziehen.[860] Eine solche Umdeutung verleihe den Gesellschaftervereinbarungen zumindest eine satzungsähnliche Wirkung.[861]

---

851 *Westermann,* Hachenburg-Gedächtnisvorlesung 1994, 25, 52 ff.

852 Vgl. *Drygala/Staake/Szalai,* Kapitalgesellschaftsrecht, Mit Grundzügen des Konzern- und Umwandlungsrechts (2012), 243; BeckOK GmbHG-*Trölitzsch*, § 53, Rn. 27 ff.; s.a. *Westermann,* Hachenburg-Gedächtnisvorlesung 1994, 25, 52.

853 *Noack,* Gesellschaftervereinbarungen bei Kapitalgesellschaften (1994), 141 f.

854 *Westermann,* Hachenburg-Gedächtnisvorlesung 1994, 25, 54.

855 *Westermann,* Hachenburg-Gedächtnisvorlesung 1994, 25, 54.

856 *Noack,* Gesellschaftervereinbarungen bei Kapitalgesellschaften (1994), 141 f.

857 *Noack,* Gesellschaftervereinbarungen bei Kapitalgesellschaften (1994), 166 f.

858 BGH Urteil v. 07.06.1993 – II ZR 81/92 (Karlsruhe) = NJW 1993, 2246 ff.

859 *Westermann,* Hachenburg-Gedächtnisvorlesung 1994, 25, 55 f.

860 Beispielsweise wird ein Ausreichen der notariellen Beurkundung vertreten; hierzu *Westermann,* Hachenburg-Gedächtnisvorlesung 1994, 25, 56.

861 *Westermann,* Hachenburg-Gedächtnisvorlesung 1994, 25, 56.

Im Ergebnis ist also neben der Relativierung der Ebenen-Trennung trotzdem eine gewisse Skepsis gegenüber einer einheitlichen erweiterten Verbandsordnung zu vermerken. So ist *Westermann*, wie auch einige Vertreter der Trennungsthese, zwischen den beiden extremen Positionen – stellvertretend könnte hierfür auf der einen Seite *Ulmer* und auf der anderen Seite *Noack* genannt werden – einzuordnen. Ob hier aber schon von einer Einheit der Ebenen die Rede sein kann, ist zu bezweifeln.

IV. Zusammenfassung der Einheitsthese

Alle Ausprägungen der Einheitsthese haben gemein, dass trotz bestehender Unterschiede der Ebenen eine einheitliche Betrachtungsweise mit gegenseitigen Wechselwirkungen befürwortet wird. Hierfür wird regelmäßig die rechtstatsächliche Nähe der beiden Ebenen begründend angeführt.[862] Eine weitere Gemeinsamkeit der Ausprägungen ist die – mehr oder weniger weit ausgeprägte – korporative Wirkung allseitiger Gesellschaftervereinbarungen. Während *Westermann* bei der Einordnung des Verhältnisses der beiden Ebenen jedoch stets vorsichtig vorgeht und eher eine Relativierung der Trennung der Ebenen beabsichtigt,[863] entwickeln *Zöllner, Noack* und *Ripka* eine Systematik für das einheitliche Verhältnis. *Zöllner* und *Noack* vertreten hierbei eine weiche Verbindung der Regelungsebenen und überlassen es einer Prüfung im Einzelfall, welche Wechselwirkungen zwischen den Ebenen stattfinden. „*Noack* hält (…) im Ergebnis", so *Zöllner* wörtlich, „für viele Problemstellungen an der Trennung der Ebenen und Sphären auch bei der omnilateralen Gesellschaftervereinbarung fest".[864] *Zöllner* entzieht der Trennungsthese als einziger vollständig die Legitimation, indem er das Trennungsdenken als „nicht mehr als eine petitio principii"[865] bezeichnet.[866] Im unmittelbaren Vergleich zu den übrigen Vertretern der Einheitsthese, wirkt die systematische Einordnung des Verhältnisses von *Ripka* eher starr und möglicherweise nicht ausreichend differenziert. Dies mag jedoch auch daran liegen, dass der Autor nur ausgewählte Themen behandelt.

---

862 Vgl. *Noack,* Gesellschaftervereinbarungen bei Kapitalgesellschaften (1994), 118; *Zöllner,* RWS-Forum 8, Gesellschaftsrecht 1995, 89, 97; *Ripka,* Poolverträge und die neueren Entwicklungen im Gesellschaftsrechts (2000), 40 f.

863 Vgl. *Schön,* Schuldrechtliche Gesellschaftervereinbarungen in der Gesellschaft mit beschränkter Haftung unter besonderer Berücksichtigung der Rechtsnachfolge (2018), 148.

864 *Zöllner,* RWS-Forum 8, Gesellschaftsrecht 1995, 89, 98.

865 *Zöllner,* RWS-Forum 8, Gesellschaftsrecht 1995, 89, 110, übersetzt Zirkelbeweis.

866 Vgl. *Schön,* Schuldrechtliche Gesellschaftervereinbarungen in der Gesellschaft mit beschränkter Haftung unter besonderer Berücksichtigung der Rechtsnachfolge (2018), 148, die wie oben erläutert, diese Ausführungen als stärkste Ausprägung der Trennungsthese qualifiziert.

D. Zusammenfassung und Fazit

Die Bestandsaufnahme der Vertreter beider Theorien und ihre jeweilige Ausprägung der vertretenen These hat gezeigt, welche Vielfalt an Ansichten in Bezug auf die Diskussion „Einheitsthese versus Trennungsthese" besteht. Die Kritik, welche auch in anderen Beiträgen Anklang gefunden hat,[867] dass dieser Diskussion nur beschränkte Bedeutung zukommt, ist teilweise zu bestätigen. So weisen die Theorien doch einige Gemeinsamkeiten auf. Beide „Lager" erkennen die Unterschiede sowie faktische Nähe der beiden Ebenen an. Auch in ihrem Umgang mit dem hierdurch entstehenden Dilemma, haben vor allem die „eingeschränkte Trennungstheorie" und die Einheitsthese einiges gemein. Beide Ansätze gehen von Wechselwirkungen zwischen den Ebenen aus. Sofern also eine korporative Wirkung von Gesellschaftervereinbarungen angenommen wird, liegt nach der hier vertretenen Ansicht der größte Unterschied zwischen den beiden Denkweisen darin, aus welcher Perspektive das Verhältnis begutachtet wird und in welche Richtung Ausnahmen gemacht werden.[868]

Innerhalb der Trennungstheorie wird eine breite Vielfalt an Einzelansichten vertreten, die teilweise zu unterschiedlichen Ergebnissen kommen. Bemerkenswert ist zum Beispiel, dass einige Stimmen der Trennungstheorie eine wechselseitige Einflussnahme der Ebenen vertreten, ohne den Gesellschaftervereinbarungen einen der Satzung untergeordneten Rang zuzusprechen. Gerade dann ist nach hier vertretener Ansicht, die wohl eher aus dem Lager der Trennungstheorie stammende Sorge berechtigt, dass Gesellschaftervereinbarungen zu einem, von der Publizitätspflicht ausgeschlossenen Satzungsrecht „zweiter Klasse", beziehungsweise zu einer „Schattenordnung"[869] werden. Dementsprechend sollten dem Aspekt der Hierarchie und den Differenzen innerhalb der zwei Thesen mehr Beachtung geschenkt werden.

---

867 So zum Beispiel *Ulmer,* FS Röhricht (2005), 633, 650 ff. oder auch *Söntgerath,* Vermittelte Mehrheit. Eine systematische Untersuchung des Rechts der satzungsergänzenden Nebenverträge, Beteiligungsgesellschaften und Vertreterklauseln (2010), 410 f.

868 Ähnlich, im Ergebnis die Einheitsthese jedoch ablehnend *Söntgerath,* Vermittelte Mehrheit. Eine systematische Untersuchung des Rechts der satzungsergänzenden Nebenverträge, Beteiligungsgesellschaften und Vertreterklauseln (2010), 410, der dies mit den Schlagworten „*Trennung und Hierarchie* bzw. *Einheit und Hierarchie*" verdeutlicht; hier unterscheide sich „lediglich die „Ursache", die zu diesem Vorrangverhältnis führt", lediglich die Rückwirkungsrichtung der beiden Ansätze sei dann verschieden.

869 Begriff von *Noack*, NZG 2010, 1017, 1018.

Im Ergebnis ist also zu diskutieren, inwiefern das kapitalgesellschaftsrechtliche Trennungsprinzip im Rahmen von Gesellschaftervereinbarungen zu beachten ist und inwieweit hiervon Ausnahmen gemacht werden können. Dieses Problem taucht aber sowohl im Rahmen der Einheits- als auch der Trennungsthese auf und wird auf keiner der beiden Seiten einheitlich beantwortet. Daraus wird vorliegend der Schluss gezogen, dass der Streit um den Ausgangspunkt – sei es der Ausgangspunkt der Trennung oder der Ausgangspunkt der Einheit – nicht zu große Bedeutung beigemessen werden sollte, um einer problemorientierten Diskussion über mögliche Wechselwirkungen Platz zu machen. Auch wenn nach vorliegender Ansicht das Trennungsprinzip als gesetzliches Grundprinzip auch im Verhältnis Hauptgesellschaft – Gesellschaftervereinbarung nicht vernachlässigt werden darf, ist zumindest der Art und Weise, wie die Einheitsthese das Verhältnis der Ebenen untersucht und es einordnet, zuzustimmen.[870] Es ist sinnvoll, in einem ersten Schritt die zwei Ebenen auf Wechselwirkungen zu untersuchen. Hierbei bedarf jede Wechselwirkung als Durchbrechung des gesetzlichen Trennungsprinzips einer dogmatischen Begründung. Ausgehend von den Untersuchungsergebnissen muss dann in einem weiteren Schritt das Verhältnis so eingeordnet werden, wie es rechtstatsächlich besteht. Kommt man hierbei, wie Teile der Trennungsthese und die Einheitsthese, zu dem Ergebnis, dass eine Vielzahl von wechselseitigen Einflüssen stattfindet, so kann darüber nachgedacht werden, ob das tatsächliche Verhältnis der Ebenen als eine „Einheit" zu begreifen ist oder ob das Prinzip der Trennung tatsächlich das Verhältnis dominiert. Dann kommt es vielmehr auf eine abschließende Wertung des Verhältnisses an, der nicht entgegengehalten werden kann, dass eine dogmatische Grundlage fehlt. Das dogmatische Fundament wird dann nämlich schon im Rahmen der vorangegangenen Untersuchung des Verhältnisses geschaffen.

Entsprechend dieser Ergebnisse wird in dem nächsten Kapitel eine Auseinandersetzung mit den einzelnen Problemen und Konflikten vorgenommen. Basierend auf den Befunden dieser Untersuchung, wird dann eine Einordnung des Verhältnisses der Ebenen vorgenommen. Ausgangspunkt der Untersuchung des folgenden Kapitels ist das Gesetz, welches unter anderem das kapitalgesellschaftsrechtliche Trennungsprinzip umfasst. Das Trennungs*prinzip* sollte nach vorliegender Ansicht aber nicht automatisch mit der Trennungs*theorie* gleichgesetzt werden. Es besteht sonst die Gefahr, dass die Trennungstheorie zu einer „leeren

---

870 Vgl. Untersuchungsaufbau *Noack,* Gesellschaftervereinbarungen bei Kapitalgesellschaften (1994); vgl. auch Kapitel 2, C.II., S. 110 ff.

Hülle“ wird, wenn von dem Grundsatz der Trennung aufgrund zahlreicher Durchbrechungen und Ausnahmen wiederum Abstand genommen wird.

Kapitel 3: Das Verhältnis der „Gesellschaft in der Gesellschaft" zu der Hauptgesellschaft – eine problemorientierte Untersuchung

A. Gang der Untersuchung

Nachdem das letzte Kapitel der Diskussion in Literatur und Rechtsprechung gewidmet wurde, wird nun das Verhältnis der beiden Ebenen näher betrachtet. Ziel ist es herauszufinden, in welchem Verhältnis die beiden Regelungsebenen – die Ebene der „Gesellschaft in der Gesellschaft" und die Ebene der Hauptgesellschaft – zueinanderstehen. Diesem Ziel nähert sich die Untersuchung durch eine problemorientierte Untersuchung der beiden Regelungsebenen. Hierzu wird in einem ersten Abschnitt untersucht, ob Konflikte überhaupt denkbar sind oder ob in der Regel von einer – notfalls durch Auslegung herbeizuführenden – Harmonie beider Regelungsebenen auszugehen ist (B.). Hierbei ist insbesondere zu berücksichtigen, dass eine „Gesellschaft in der Gesellschaft" gerade in Bezug auf einen bestehenden Verband gegründet wird und somit nicht gänzlich unabhängig von der Hauptgesellschaft betrachtet werden kann. Im Anschluss wird das Konfliktpotential der Ebenen durch die Bildung von Fallgruppen erfasst (C.). In einem weiteren Teil der Arbeit werden diese Fallgruppen auf ihre Rechtsfolgen untersucht (D.). In diesem dritten Abschnitt wird herausgearbeitet, ob ein Konflikt zwischen zwei Regelungsebenen überhaupt eine Rechtsfolge auslösen kann. Die Annahme von Rechtsfolgen würde bedeuten, dass die beiden Regelungsebenen direkten, rechtlichen Einfluss aufeinander nehmen können. Für den Fall der Annahme eines direkten rechtlichen Einflusses stellt sich die Frage, ob dieser Einfluss beidseitig stattfindet oder ob die eine Ebene der anderen unterzuordnen ist (entsprechend einer „semipermeablen Trennwand"). Anhand der Untersuchungsergebnisse wird das Verhältnis zwischen den beiden Ebenen anschließend charakterisiert (E. I.).[871] Zum Schluss wird das Ergebnis in das bestehende Meinungsspektrum eingegliedert (E. II.).

B. Vorrangige Auslegung

I. Auslegung als mögliches Korrektiv

Zunächst wird dargelegt, dass Konflikte zwischen den beiden Ebenen – der Hauptgesellschaft und der „Gesellschaft in der Gesellschaft" – aufgrund widersprüchlicher

---

871 Ähnlich in seiner Untersuchung geht auch *Noack* vor, der erst untersucht welche Wechselwirkungen zwischen den Ebenen stattfinden und dann eine Einordnung des Verhältnisses vornimmt, *Noack,* Gesellschaftervereinbarungen bei Kapitalgesellschaften (1994).

F. Lurz, *Die Gesellschaft in der Gesellschaft*, Schriften zum Stiftungs- und Gemeinnützigkeitsrecht, https://doi.org/10.1007/978-3-658-51537-9_4

Regelungen entstehen können.[872] Da die Gesellschafter einer Gesellschaftervereinbarung im Regelfall eine „harmonische Gesamtregelung“[873] beider Regelungsbereiche anstreben und regelmäßig kein Interesse an Widersprüchen haben,[874] kommt die Frage auf, ob stets von einem harmonischen Einklang der beiden Ebenen auszugehen ist. So könnte angenommen werden, dass der Gesellschaftsvertrag einer „Gesellschaft in der Gesellschaft“ stets „im Lichte“ der Satzung der Hauptgesellschaft zu lesen ist bzw. die Satzung der Hauptgesellschaft „im Lichte“ der Gesellschaftervereinbarung. Denkbar ist, dass die vorrangige Auslegung als Korrektiv fungiert und einen harmonischen Einklang der Hauptgesellschaft und der „Gesellschaft in der Gesellschaft“ sicherstellt.[875] Dann wären Widersprüche zwischen den Regelungsebenen nicht möglich. Hierfür spricht, dass die Gesellschafter im Rahmen der „Gesellschaft in der Gesellschaft“ Bezug auf die Hauptgesellschaft nehmen, an der sie selbst beteiligt sind. Die an der „Gesellschaft in der Gesellschaft“ beteiligten Gesellschafter sind also sowohl an die Satzung als auch an die Gesellschaftervereinbarung gebunden. Ihre Verpflichtungen würden demnach in einen Konflikt treten, sollte ein Widerspruch zwischen den Gesellschaftsverträgen entstehen. Es ist deshalb zu untersuchen, inwiefern der Gesellschaftsvertrag einer „Gesellschaft in der Gesellschaft“ bei der Satzungsauslegung der Hauptgesellschaft berücksichtigt werden kann bzw. muss und umgekehrt.

II. Auslegung bei identischen Gesellschafterkreisen

Zunächst ist die Untersuchung auf solche Fälle zu beschränken, bei denen der Gesellschafterkreis der beiden Gesellschaften im Zeitpunkt der Gründung der „Gesellschaft in der Gesellschaft“ identisch ist. In derartigen Fällen sind alle (Gründer-)Gesellschafter an beide Regelungsebenen gebunden.

1. Auslegung des Gesellschaftsvertrags der „Gesellschaft in der Gesellschaft“

Es ist zunächst darzulegen, dass der Gesellschaftsvertrag der „Gesellschaft in der Gesellschaft“ zwar regelmäßig im Lichte der Satzung der Hauptgesellschaft auszulegen ist,

---

872 Ähnlich *Zöllner*, ZHR 1991, 168, 178 f., „Komplementarität kraft Auslegung des Stimmbindungsvertrags“; *Dürr,* Nebenabreden im Gesellschaftsrecht (1994), 54 f., „Komplementarität durch Auslegung des Stimmbindungsvertrages“; *Berger,* Nebenverträge im GmbH-Recht. Vereinbarungen außerhalb des Gesellschaftsvertrags zwischen Gesellschaftern bzw. zwischen Gesellschaftern und Dritten, insbesondere Stimmrechtsvereinbarungen (1995), 112.

873 Vgl. *Noack,* Gesellschaftervereinbarungen bei Kapitalgesellschaften (1994), 119.

874 Vgl. *Noack,* Gesellschaftervereinbarungen bei Kapitalgesellschaften (1994), 85 f. und 119.

875 Diesen Gedanken verfolgt z.B. König ähnlich für die gesellschaftsrechtliche Treuepflicht s. *König,* Der satzungsergänzende Nebenvertrag. Eine rechtsvergleichende Untersuchung zum außerstatutarischen Gesellschaftsorganisationsrecht nach deutschem, französischem und schweizerischem Recht (1996), 59 f.

jedoch nicht im Einklang mit ihr stehen muss. Zunächst muss die Frage geklärt werden, nach welchen Kriterien die Auslegung erfolgt und ob die Satzung der Hauptgesellschaft im Rahmen der Auslegung des Gesellschaftsvertrags der „Gesellschaft in der Gesellschaft" berücksichtigt werden kann. Sofern letztere Frage bejaht wird, werden Überlegungen angestellt, ob dies dazu führt, dass der Gesellschaftsvertrag der „Gesellschaft in der Gesellschaft" stets im harmonischen Einklang mit der Satzung der Hauptgesellschaft steht und Widersprüche zwischen den Regelungsebenen ausgeschlossen sind.

a) Subjektive Auslegung des Gesellschaftsvertrags der „Gesellschaft in der Gesellschaft" im Lichte der Satzung der Hauptgesellschaft

aa) Grundsatz der subjektiven Auslegung gemäß § 133, 157 BGB

Gesellschaftsverträge einer Gesellschaft bürgerlichen Rechts sind nach herrschender Meinung als Individualverträge grundsätzlich wie andere Verträge gemäß §§ 133, 157 BGB auszulegen.[876] Bestehen Zweifel über den Inhalt einer Regelung, gilt es, anhand einer erläuternden, normativen Auslegung den übereinstimmenden Parteiwillen zu ermitteln.[877] Hierbei ist der Wortlaut der Vertragsurkunde zwar der Ausgangspunkt, jedoch stellt dieser nicht die Grenze der Auslegung dar. So hat der wirkliche, übereinstimmende Wille, der sich aus den zu berücksichtigenden Umständen im Rahmen der Auslegung ergibt, selbst vor einem klaren und eindeutigen Wortlaut Vorrang.[878] So können neben der Formulierung und dem Wortsinn des Vertrags andere Kriterien, wie dessen Entstehungsgeschichte, Systematik, Sinn und Zweck sowie die Art der Durchführung Anhaltspunkte für den zu ermittelnden wirklichen Willen der Vertragsparteien darstellen.[879] Der Gründerwille wird anhand des objektiven Empfängerhorizonts bestimmt.[880] Es ist danach zu fragen, „wie jeder der anderen Gesellschafter die Vertragserklärung unter den ihnen bei Vertragsschluss bekannten oder erkennbaren

---

876 Statt vieler *Grunewald*, ZGR 1995, 86; *Rogier*, Die Auslegung von Gesellschaftsverträgen und Satzungen privatrechtlicher Personenverbände (1981), 16; BeckOGKBGB-*Geibel*, § 705, Rn. 90; speziell für nicht rechtsfähige Gesellschaften Rn. 113; speziell für Gesellschaftervereinbarungen *Ulmer*, NJW 1987, 1849, 1851; *Dürr*, Nebenabreden im Gesellschaftsrecht (1994), 18 f.; *Winkler*, DNotZ 1980, 578, 590.

877 Vgl. BeckOGKBGB-*Geibel*, § 705, Rn. 91; ähnlich *Grunewald*, ZGR 1995, 86 f.

878 Vgl. BGH, Urteil v. 19.12.2001 – XII ZR 281/99 (KG) = NJW 2002, 1260, 1261; BeckOGKBGB-*Geibel*, § 705, Rn. 90; allgemein *Leipold*, BGB I. Einführung und Allgemeiner Teil (2022), § 15, Rn. 5 ff.

879 BGH NJW 1995, 3313, 3314; MüKoBGB-*Schäfer*, § 705, Rn. 173.

880 Vgl. *Grunewald*, ZGR 1995, 86 f.; BeckOGKBGB-*Geibel*, § 705, Rn. 91, *Zwanzger*, Der mehrseitige Vertrag. Grundstrukturen, Vertragsschluss, Leistungsstörungen (2013), 175; vgl. allgemein *Leipold*, BGB I. Einführung und Allgemeiner Teil (2022), § 15, Rn. 11 f.

Umständen nach Treu und Glauben mit Rücksicht auf eine etwaige Verkehrssitte auffassen durfte."[881] Besteht nach dieser vorrangigen Auslegungsmethode eine Vertragslücke, so kommt die ergänzende Vertragsauslegung zur Anwendung, die auf den hypothetischen Willen der Vertragsparteien abstellt.[882]

bb) Berücksichtigung der Satzung der Hauptgesellschaft

Entsprechend der Auslegungsregeln aus §§ 133, 157 BGB kann bei einer Auslegung des Gesellschaftsvertrags der „Gesellschaft in der Gesellschaft" grundsätzlich die Satzung der Hauptgesellschaft berücksichtigt werden.[883] Da der Gesellschaftsvertrag der „Gesellschaft in der Gesellschaft" gerade in Abhängigkeit von der und in Bezug auf die Hauptgesellschaft gegründet wird, ist dieser regelmäßig im Lichte der Satzung der Hauptgesellschaft auszulegen.[884] Es besteht in der Regel eine Art „Sinneseinheit", die bei der Ermittlung des Willens der Gesellschafter heranzuziehen ist.[885] Denn – wie bereits einführend erläutert – haben die Gesellschafter im Normalfall kein Interesse an Widersprüchen zwischen den Regelungsbereichen, vielmehr streben sie regelmäßig einen harmonischen Einklang der beiden Ebenen an.[886]

Jedoch ist die Heranziehung der Satzung der Hauptgesellschaft im Rahmen der Auslegung der Gesellschaftervereinbarung nicht immer aufschlussreich.[887] Die Gesellschafter beschränken regelmäßig den Satzungsinhalt auf das Nötigste und verorten detailliertere Regelungen in Gesellschaftervereinbarungen,[888] weshalb die Satzung möglicherweise wenig bis keinen über die Vereinbarung hinausgehenden Inhalt zur Interpretation enthält.[889]

---

881 BeckOGKBGB-*Geibel*, § 705, Rn. 91.

882 BGH NJW 2002, 1260, 1261 f.; BeckOGKBGB-*Geibel*, § 705, Rn. 103 ff.; MüKoBGB-*Busche*, § 157, Rn. 26 ff.; *Leipold*, BGB I. Einführung und Allgemeiner Teil (2022), § 15, Rn. 22 f.

883 Vgl. BGH, Urteil vom 21.04.1969 – II ZR 199/67 = BeckRS 1969, 31169442; RGZ 26, 85, 90.

884 Vgl. *Noack*, Gesellschaftervereinbarungen bei Kapitalgesellschaften (1994), 85 f.; *Ulmer*, FS Röhricht (2005), 633, 644.

885 Vgl. *Noack*, Gesellschaftervereinbarungen bei Kapitalgesellschaften (1994), 85 f.

886 Vgl. *Noack*, Gesellschaftervereinbarungen bei Kapitalgesellschaften (1994), 85 f. und 119.

887 Vgl. *Noack*, Gesellschaftervereinbarungen bei Kapitalgesellschaften (1994), 86; *Ebenroth*, JZ 1987, 265, 270 zum joint venture-Vetrag.

888 So auch einleitend *Schön*, Schuldrechtliche Gesellschaftervereinbarungen in der Gesellschaft mit beschränkter Haftung unter besonderer Berücksichtigung der Rechtsnachfolge (2018), 21 f.

889 Vgl. *Noack*, Gesellschaftervereinbarungen bei Kapitalgesellschaften (1994), 86; *Ebenroth*, JZ 1987, 265, 270 zum joint venture-Vetrag.

Zu beachten ist außerdem, dass es den Gesellschaftern als Ausfluss der Privatautonomie freisteht, in den Grenzen des zwingenden Rechts (beispielsweise §§ 134, 138 BGB) Verträge abzuschließen.[890] Vereinbaren diese nach ihrem übereinstimmenden Willen eine Regelung, die einer Satzungsklausel widerspricht, so kann eine Auslegung diesen Willen nur ermitteln, ihn aber nicht verändern.[891] Die Auslegung wird durch den tatsächlichen Willen der Vertragsparteien begrenzt.[892] Es würde der Privatautonomie widersprechen, den Willen, der im Wege der Vertragsauslegung zu ermitteln ist, zu umgehen, indem ein am Inhalt der Satzung orientierter, „starrer“ Wille zugrundegelegt wird.

Zusammenfassend ist festzuhalten, dass die Satzung der Hauptgesellschaft bei der Interpretation des Gesellschaftsvertrags einer „Gesellschaft in der Gesellschaft“ herangezogen werden kann.[893] Die Auslegung gelangt jedoch dort an ihre Grenzen, wo die Gesellschafter eine der Satzung widersprechende Regelung *wollen*. So kann das Instrument der Auslegung den zu ermittelnden Willen der beteiligten Parteien nicht modifizieren. Aus diesem Grund wird vorliegend auch der Gedanke von *König* abgelehnt, jede Stimmbindung sei so auszulegen, dass die Treuepflicht der Gesellschafter im Rahmen der Hauptgesellschaft unberührt bleibe.[894] Es ist nach vorliegender Ansicht konstruiert, einen derart starren, „implizierten Vertragsinhalt“[895] anzunehmen. Dieser muss nicht dem tatsächlichen Willen der Parteien entsprechen und schränkt demnach die Privatautonomie zu sehr ein. *König* will dieser Gefahr der ausufernden Einschränkung entgegenwirken, indem er eine solche Anpassung der

---

[890] Statt vieler *Schön,* Schuldrechtliche Gesellschaftervereinbarungen in der Gesellschaft mit beschränkter Haftung unter besonderer Berücksichtigung der Rechtsnachfolge (2018), 69.

[891] Die folgenden Entscheidungen des BGH sind auch Beispiele dafür, dass der BGH im Ergebnis Widersprüche zwischen den Ebenen bzw. Abweichungen von der Satzung im Rahmen von Gesellschaftervereinbarungen für möglich hält und hierbei keine satzungskonforme Auslegung vornimmt, da der Wille der Vereinbarungen eindeutig im Widerspruch zur Satzungsregelung steht. BGH, Urteil vom 20.01.1983 – II ZR 243/81 (Nürnberg) = NJW 1983, 1910 f. („Kerbnägel“); BGH, Urteil vom 27.10.1986 – II ZR 240/85 (Frankfurt) = NJW 1987, 1890 ff. („Tunnelbau“); BGH Urteil v. 07.06.1993 – II ZR 81/92 (Karlsruhe) = NJW 1993, 2246 f.; BGH, Beschluss vom 15.3.2010 – II ZR 4/09 = NZG 2010, 988 f.; Vgl. hierzu auch tatsächlicher Wille als Grenze der Auslegung *Leipold,* BGB I. Einführung und Allgemeiner Teil (2022), § 15, Rn. 24 f.; aA wohl *Dürr,* Nebenabreden im Gesellschaftsrecht (1994), 54 f, der von „Komplementarität durch Auslegung des Stimmbindungsvertrages“ bei widerstreitenden Pflichten spricht.

[892] *Leipold,* BGB I. Einführung und Allgemeiner Teil (2022), § 15, Rn. 25.

[893] So auch die herrschende Meinung. Statt aller *Ulmer,* FS Röhricht (2005), 633, 644; *Noack,* Gesellschaftervereinbarungen bei Kapitalgesellschaften (1994), 85 f.

[894] *König,* Der satzungsergänzende Nebenvertrag. Eine rechtsvergleichende Untersuchung zum außerstatutarischen Gesellschaftsorganisationsrecht nach deutschem, französischem und schweizerischem Recht (1996), 59 f.; *A. Hueck,* FS Nipperdey (1965), 401, 411, der wohl eher eine Zulässigkeitsschranke in der Treuepflicht sieht.

[895] So wörtlich *Noack,* Gesellschaftervereinbarungen bei Kapitalgesellschaften (1994), 86.

Vereinbarung höchstens für den Regelfall vertritt.[896] Bei einer (subjektiven) Auslegung zählt jedoch nur der Wille der Parteien, sei es der tatsächliche Wille oder – inzident – der mutmaßliche Wille. Im Ergebnis können Vereinbarungen auf der Ebene der „Gesellschaft in der Gesellschaft", die der Satzung der Hauptgesellschaft widersprechen, im Rahmen ihrer Zulässigkeitsschranken[897] also durchaus getroffen werden.

b) Objektive Auslegung des Gesellschaftsvertrags der „Gesellschaft in der Gesellschaft" im Lichte der Satzung der Hauptgesellschaft

Ausnahmsweise muss der Gesellschaftsvertrag der „Gesellschaft in der Gesellschaft" objektiv ausgelegt werden. Auch im Rahmen einer objektiven Auslegung kann die Satzung der Hauptgesellschaft herangezogen werden. Dennoch ist ein grundsätzlicher harmonischer Einklang der Ebenen abzulehnen.

aa) Objektivierung der Auslegung für die Konstellation der „Gesellschaft in der Gesellschaft"

Zunächst ist zu erläutern, wieso bei der Konstellation der „Gesellschaft in der Gesellschaft" ausnahmsweise das Bedürfnis nach einer objektiven Auslegung des Gesellschaftsvertrags besteht. Ob und wann bei einer Personengesellschaft die subjektive Auslegung einer objektiven Auslegung weichen muss und aus welchem Grund, ist umstritten.[898] Eine objektive Auslegung wird vor allem für Publikumspersonengesellschaften in Betracht gezogen, aber auch teilweise für solche Personengesellschaften, die auf einen Gesellschafterwechsel angelegt sind oder bei denen ein solcher eingetreten ist.[899]

---

896 *König,* Der satzungsergänzende Nebenvertrag. Eine rechtsvergleichende Untersuchung zum außerstatutarischen Gesellschaftsorganisationsrecht nach deutschem, französischem und schweizerischem Recht (1996), 60.

897 Ob neben den allgemeinen Schranken der Privatautonomie weitere Zulässigkeitsschranken aus dem Kapitalgesellschaftsrecht bestehen, bleibt zu klären. Die Korrektur ist aber zumindest nicht so vorzunehmen, dass erst gar keine Widersprüche entstehen können.

898 Hierzu beispielsweise BeckOGKBGB-*Geibel*, § 705, Rn. 96 ff.; *K. Schmidt,* Gesellschaftsrecht (2002). § 5 I, 89.

899 Für Gesellschaften, die auf einen Gesellschafterwechsel angelegt sind BGH, Urteil v. 22.05.1989 – II ZR 211/88 (Karlsruhe) = NJW-RR 1989, 1259, 1260; Coing ZGR 1987, 659, 668 ff.; für Publikumsgesellschaften BGH, Urteil v. 28.9.1978 – II ZR 218/77 (KG) = NJW 1979, 419, 420; , *K. Schmidt,* Gesellschaftsrecht (2002), § 5 I, 89; *Lutter*, AcP 1980, 84, 96; allgemein ferner BeckOGKBGB-*Geibel*, § 705, Rn. 97; zur objektiven Auslegung von Publikumsgesellschaften BGH NJW 1979, 2102; 2011, 3087, Rn. 14; NZG 2012, 1342, Rn. 19 ff.

(1) Vorliegen eines Verbands

Eine „Gesellschaft in der Gesellschaft" ist im Regelfall als eine nicht rechtsfähige Innengesellschaft ausgestaltet. Eine Innen-GbR ist schuldrechtlicher Natur und weist grundsätzlich keinen organisationsrechtlichen Charakter auf.[900] Stellt man wie zum Beispiel *K. Schmidt* darauf ab, eine objektive Auslegung setze voraus, dass verbandsrechtliche Regelungen vorliegen, so wird man dies bei einer „Gesellschaft in der Gesellschaft" – auch wenn diese das ein oder andere organisationsrechtliche Element aufweist –[901] verneinen müssen.[902] Allseitige Gesellschaftervereinbarungen betreffen in der Regel abschließend das Innenverhältnis der Gesellschafter untereinander und somit nur den Gesellschafterkreis der Hauptgesellschaft.

(2) Sonderfall des „Gleichlaufs der Gesellschafterkreise"

Jedoch weist die „Gesellschaft in der Gesellschaft" einen engen Zusammenhang zu einer auf einen Mitgliederwechsel angelegten Kapitalgesellschaft auf. Diese enge Verbindung mit der Hauptgesellschaft kann ein besonderes Bedürfnis nach einer objektiven Auslegung auslösen. Bei der untersuchten „Gesellschaft in der Gesellschaft" liegt der Sonderfall vor, dass die Hauptgesellschaft in der Rechtsform einer Kapitalgesellschaft auftritt und die Gesellschafterkreise der beiden Gesellschaften im Zeitpunkt der Gründung übereinstimmen. Die Satzung einer Kapitalgesellschaft – anders als der Gesellschaftsvertrag einer Personengesellschaft – wird zumindest im Hinblick auf körperschaftliche Satzungsbestandteile objektiv ausgelegt.[903] So sind zumindest körperschaftliche Satzungsbestandteile für einen unbestimmten Personenkreis von Bedeutung, nämlich sowohl für die aktuellen als auch für die zukünftigen Gesellschafter und Gläubiger der Kapitalgesellschaft, und bedürfen deshalb einer objektiven Auslegung.[904] Da die Gesellschafter regelmäßig ein Interesse an einem weiteren Gleichlauf der Gesellschafterkreise der beiden Gesellschaften – der Hauptgesellschaft und der „Gesellschaft in der Gesellschaft" – haben, bedarf es möglicherweise einer Angleichung der Auslegungsgrundsätze. Während die Einzelrechtsnachfolge und die gestalterischen Möglichkeiten für einen derartigen „Gleichlauf der Mitgliedschaften"[905] in der Literatur ausführlich

---

900 *K. Schmidt,* Gesellschaftsrecht (2002), § 5 I, 90.

901 S. hierzu Kapitel 1, B.II., S. 44 ff.

902 Vgl. *K. Schmidt,* Gesellschaftsrecht (2002), § 5 I, 88 und 90.

903 RGZ 164, 129, 140; BGHZ 47, 172, 179 f.; Soergel BGB, 11. Auflage (1978)-*Schultze-v. Lasaulx*, § 25 BGB, Rn. 18; *Flume,* Die juristische Person (1983), § 9 I, 320; Grigoleit AktG-*Vedder*, § 23, Rn. 45; Hüffer/Koch AktG-*Koch*, § 23, Rn. 39; MüKoAktG-*Pentz*, § 23, Rn. 49 f.

904 Vgl. BGH NJW 1994, 51, 52; zu der Unterscheidung zwischen körperschaftlichen und individualrechtlichen Satzungsbestandteilen und dem Meinungsstand hierzu an späterer Stelle ausführlich, vgl. Kapitel 3, B.II.2.b), S. 149 ff.

905 *Noack,* Gesellschaftervereinbarungen bei Kapitalgesellschaften (1994), 181.

diskutiert werden,[906] wird der Gedanke, dass das Erfordernis der objektiven Auslegung der Hauptgesellschaft auf die „Gesellschaft in der Gesellschaft" aufgrund der Angleichung der Mitgliedschaften „durchschlagen" könnte, bisher nicht verfolgt.

So wird im Folgenden zunächst aufgezeigt, weshalb ein Gleichlauf der beiden Gesellschafterkreise häufig aus Gesellschaftersicht erwünscht und vorgesehen ist. In einem nächsten Schritt ist dann zu zeigen, weshalb dies dazu führen kann, dass der Gesellschaftsvertrag einer „Gesellschaft in der Gesellschaft" objektiv auszulegen ist und ab welchem Zeitpunkt eine objektive Auslegung angezeigt ist.

(a) Das Bedürfnis nach dem Gleichlauf der Gesellschafterkreise

Wie bereits erläutert, wird vorliegend die Konstellation der „Gesellschaft in der Gesellschaft" untersucht, in der die Hauptgesellschaft in der Rechtsform einer Kapitalgesellschaft auftritt und der Gesellschafterkreis der beiden Gesellschaften identisch ist. Bei der nicht rechtsfähigen Innengesellschaft bürgerlichen Rechts führt die Kündigung, der Tod oder die Insolvenz eines Gesellschafters grundsätzlich zu ihrer Beendigung, soweit nichts anderes im Gesellschaftsvertrag geregelt ist (§ 740a BGB).[907] Die Rechtsform der Kapitalgesellschaft – insbesondere der Aktiengesellschaft –[908] ist im Vergleich zu einer Personengesellschaft auf eine große Mitgliederzahl angelegt und ein Ausscheiden und Wechseln ihrer Mitglieder ist erleichtert möglich.[909] Die „Gesellschaft in der Gesellschaft" wird in Bezug auf die Hauptgesellschaft gegründet. Der Zweck der „Gesellschaft in der Gesellschaft" kann regelmäßig nur dann erreicht werden, wenn ihr Beteiligtenkreis mit dem (wechselnden) Gesellschafterkreis der Hauptgesellschaft gleichläuft.[910] Aus diesem Grund ist ein Gleichlauf der

---

906 Ausführlich hierzu *Noack,* Gesellschaftervereinbarungen bei Kapitalgesellschaften (1994), § 9; *Ehricke,* Schuldvertragliche Nebenabreden zu GmbH-Gesellschaftsverträgen. Deutsches Schweizer und englisches Recht im Vergleich (2004), 45 ff.; *Söntgerath,* Vermittelte Mehrheit. Eine systematische Untersuchung des Rechts der satzungsergänzenden Nebenverträge, Beteiligungsgesellschaften und Vertreterklauseln (2010), 113 ff.; *Schön,* Schuldrechtliche Gesellschaftervereinbarungen in der Gesellschaft mit beschränkter Haftung unter besonderer Berücksichtigung der Rechtsnachfolge (2018), 231 ff.

907 Dies entspricht weitgehend den früher in §§ 723-728 BGB aF geregelten Auflösungsgründen. Für die rechtsfähige Gesellschaft bürgerlichen Rechts ist zwischen Auflösungsgründen (§§ 730, 732 BGB) und Ausscheidensgründen(§§ 725, 726 BGB) zu unterscheiden. Vgl. hierzu MüKoBGB-*Schäfer*, § 740a Rn. 1 ff.

908 Speziell für die Aktiengesellschaft auch *Groß-Bölting,* Gesellschaftervereinbarungen in der Aktiengesellschaft (2011), 78.

909 Vgl. *Drygala/Staake/Szalai,* Kapitalgesellschaftsrecht, Mit Grundzügen des Konzern- und Umwandlungsrechts (2012), § 1 II 2 b), Rn. 9, S. 6 f.; § 1 V, Rn. 26, S. 14.

910 So auch *Schön,* Schuldrechtliche Gesellschaftervereinbarungen in der Gesellschaft mit beschränkter Haftung unter besonderer Berücksichtigung der Rechtsnachfolge (2018), 231; hieran knüpft die Autorin

Gesellschafterkreise häufig wesentlich. Um einen Gleichlauf der beiden Gesellschafterkreise gewährleisten zu können, muss die „Gesellschaft in der Gesellschaft" an den potenziell wechselnden Mitgliederkreis der Hauptgesellschaft angepasst und ihrerseits auf einen Beteiligtenwechsel angelegt werden.

Zur Veranschaulichung kann das Szenario der Kerbnägel-Entscheidung herangezogen werden, in welchem sich die Gesellschafter neben der Satzung darauf einigten, dass eine Beteiligung des eigenen Verbandes an gewissen Unternehmen unterbleiben solle.[911] Besteht eine solche Vereinbarung zwischen den Gründergesellschaftern einer Hauptgesellschaft, verpflichtet diese die Beteiligten unter anderem zu einem entsprechenden Stimmverhalten im Rahmen relevanter Abstimmungen auf der Ebene der Hauptgesellschaft. Der mit der „Gesellschaft in der Gesellschaft" verfolgte Zweck liegt in diesem Fall darin, einheitlich Einfluss auf die Hauptgesellschaft zu nehmen, um eine Beteiligung an anderen Unternehmen zu verhindern. Verkauft beispielsweise der Mehrheitsgesellschafter der Hauptgesellschaft seine Anteile an einen Nachfolger, ist der neue Anteilsinhaber nicht an der Innen-GbR beteiligt, da Gesellschaftervereinbarungen bei der Einzelrechtsnachfolge von Anteilen der Hauptgesellschaft grundsätzlich nicht akzessorisch mit auf den Erwerber übergehen.[912] Dies ist aber im Regelfall erwünscht, um den Einfluss der „Gesellschaft in der Gesellschaft" zu wahren.

Es ist also praxisnah, dass die Gesellschafter der „Gesellschaft in der Gesellschaft" einen entsprechenden Gesellschafterwechsel für den Fall vorsehen, dass ein Mitgliederwechsel auf der Ebene der Hauptgesellschaft stattfindet. Hierbei können rechtliche Vorkehrungen auf beiden Ebenen getroffen werden, sodass die Gesellschafterkreise stets identisch bleiben. Hierfür muss die Innen-GbR zunächst für einen Gesellschafterwechsel „geöffnet" werden. Dies kann zum einen durch die Aufnahme einer Fortsetzungsklausel im Sinne des § 740c BGB erfolgen.[913] Die eigentliche Übertragung der Anteile kann auf zwei verschiedene Weisen erfolgen: Die eine Möglichkeit ist die Kombination zweier Verträge, einmal über den Austritt des Altgesellschafters im Wege der Abwachsung (§§ 740 Abs. 2, 712 Abs. 2 BGB) und einmal über den Eintritt des Neugesellschafters in Form der Anwachsung (§§ 740 Abs. 2, 712 Abs. 1

jedoch lediglich die Problematik der Rechtsnachfolge an und wie die Gesellschafter den Gleichlauf der Gesellschafterkreise sichern können.

911 Vgl. BGH Urteil vom 20.01.1983 – II ZR 243/81 (Nürnberg) = NJW 1983, 1910 f.

912 Vgl. MüKoGmbHG-*Wicke*, § 3, Rn. 137.

913 Vgl. hierzu allgemein MüKoBGB-*Schäfer*, § 740c, Rn. 1 ff.

BGB, sogenannter Doppelvertrag).[914] Hier bedürfen beide Verträge einer gesonderten Zustimmung der verbleibenden Gesellschafter oder – wenn im Gesellschaftsvertrag angelegt – einer Mehrheitsentscheidung.[915] Als weitere Gestaltungsmöglichkeit können die Gesellschafter besondere Regelungen für den Ausschluss eines Gesellschafters treffen und beispielsweise das Ausscheiden aus der „Gesellschaft in der Gesellschaft" an das Ausscheiden aus der Hauptgesellschaft knüpfen.[916] Neben einem Doppelvertrag haben die Gesellschafter einer Innen-GbR gemäß §§ 740 Abs. 1, 711 Abs. 1 BGB die Möglichkeit, eine direkte Verfügung (Abtretung) über ihren Anteil vorzunehmen, bei der ein direkter Übergang des Geschäftsanteils von dem Altgesellschafter auf den neuen Anteilsinhaber erfolgt.[917] Auch diese Verfügung bedarf der Zustimmung aller übrigen Gesellschafter oder einer Mehrheitsentscheidung, wenn eine Regelung des Gesellschaftsvertrags diese vorsieht.[918]

Zwar kann der Mitgliedschaftswechsel auf der Ebene der „Gesellschaft in der Gesellschaft" möglich und der Ausschluss des Altgesellschafters an den Austritt aus der Hauptgesellschaft gekoppelt sein.[919] So kann der Gesellschaftsvertrag der „Gesellschaft in der Gesellschaft" vorsehen, dass ein Gesellschafter, der aus der Hauptgesellschaft ausscheidet, automatisch auch aus dem Gesellschafterkreis der „Gesellschaft in der Gesellschaft" ausgeschlossen wird und die GbR unter dem verbleibenden Gesellschafterkreis fortbesteht (§ 740c Abs. 1

---

914 Vgl. allgemein hierzu MüKoBGB-*Schäfer*, § 711, Rn. 3; speziell für die „(Innen-)Gesellschaft in der Gesellschaft" *Noack,* Gesellschaftervereinbarungen bei Kapitalgesellschaften (1994), 181 f.; *Schön,* Schuldrechtliche Gesellschaftervereinbarungen in der Gesellschaft mit beschränkter Haftung unter besonderer Berücksichtigung der Rechtsnachfolge (2018), 286 f.; allgemein hierzu BGH NJW 1975, 166, 167; BGH NJW 1966, 499, 500.

915 Vgl. *Schön,* Schuldrechtliche Gesellschaftervereinbarungen in der Gesellschaft mit beschränkter Haftung unter besonderer Berücksichtigung der Rechtsnachfolge (2018), 286 f. und Fn. 1066.

916 *Noack,* Gesellschaftervereinbarungen bei Kapitalgesellschaften (1994), 181 f.; *Söntgerath,* Vermittelte Mehrheit. Eine systematische Untersuchung des Rechts der satzungsergänzenden Nebenverträge, Beteiligungsgesellschaften und Vertreterklauseln (2010), 127.

917 § 711 BGB entspricht inhaltlich dem geltenden Recht vor Einführung des MoPeG, vgl. MüKoBGB-*Schäfer*, § 711, Rn. 1, Rn. 9 f.; speziell für die „(Innen-)Gesellschaft in der Gesellschaft" *Schön,* Schuldrechtliche Gesellschaftervereinbarungen in der Gesellschaft mit beschränkter Haftung unter besonderer Berücksichtigung der Rechtsnachfolge (2018), 287 ff.; allgemein hierzu BGH NJW 1952, 178, 179; NJW 1954, 1155 f.; NJW 1966, 499 f.; *Flume,* Die Personengesellschaft (1977), 349 ff.; *H. Wiedemann,* Die Übertragung und Vererbung von Mitgliedschaftsrechten bei Handelsgesellschaften (1965), 43 ff., 61 ff.; *K. Schmidt,* Gesellschaftsrecht (2002), § 45 III, S. 1324 f.; *Reiff/Nannt*, DStR 2009, 2376, 2376 ff.

918 MüKoBGB-*Schäfer*, § 711, Rn. 12; Speziell zur „(Innen-)Gesellschaft in der Gesellschaft" *Schön,* Schuldrechtliche Gesellschaftervereinbarungen in der Gesellschaft mit beschränkter Haftung unter besonderer Berücksichtigung der Rechtsnachfolge (2018), 288; allgemein BGH NJW 1954, 1155; BGH NJW 1981, 2747.

919 Hierzu ausführlicher *Noack,* Gesellschaftervereinbarungen bei Kapitalgesellschaften (1994), 181 f.; *Söntgerath,* Vermittelte Mehrheit. Eine systematische Untersuchung des Rechts der satzungsergänzenden Nebenverträge, Beteiligungsgesellschaften und Vertreterklauseln (2010), 127.

BGB, Fortsetzungsklausel).[920] Jedoch bleibt die Problematik bestehen, dass ein neu hinzutretender Gesellschafter auf der Ebene der Hauptgesellschaft nicht automatisch an der „Gesellschaft in der Gesellschaft" beteiligt ist und grundsätzlich auch keine Verpflichtung besteht, dieser beizutreten.[921] Diesem Problem begegnet die Literatur mit verschiedenen Vorschlägen und Lösungsmöglichkeiten. Zum einen wird diskutiert, wann von einem konkludenten Vertragsschluss in Bezug auf die Beteiligung an der nicht rechtsfähigen Innengesellschaft im Rahmen der Übernahme des Hauptgesellschaftsanteils ausgegangen werden kann.[922] Hierbei reicht laut einer Mindermeinung sogar die reine Kenntnis des Neugesellschafters von der Gesellschaftervereinbarung aus.[923] Dies ist jedoch abzulehnen, da die reine Kenntnis noch keine Willenserklärung bewirkt und dies somit auf eine Fiktion hinauslaufen würde. Umstritten ist darüber hinaus, ob eine Art „Akzessorietätsklausel" in der Satzung einen Gleichlauf beider Mitgliedschaften ermöglicht.[924] Eine Verpflichtung im Gesellschaftsvertrag der „Gesellschaft in der Gesellschaft", dass Neugesellschafter des Hauptverbands auch der „Gesellschaft in der Gesellschaft" beitreten müssen, ist hingegen nicht möglich, da dies einen Vertrag zu Lasten Dritter darstellt.[925] Handelt es sich bei der Hauptgesellschaft um eine GmbH, haben die Gründergesellschafter stets die Möglichkeit in der Satzung eine Vinkulierungsklausel in Kombination mit einem Vorkaufs- bzw. Vorerwerbsrecht aufzunehmen.[926] Dann wird in der

---

920 *Noack,* Gesellschaftervereinbarungen bei Kapitalgesellschaften (1994), 161.

921 Vgl. statt vieler *Noack,* Gesellschaftervereinbarungen bei Kapitalgesellschaften (1994), 180 f., 171 ff.; *Söntgerath,* Vermittelte Mehrheit. Eine systematische Untersuchung des Rechts der satzungsergänzenden Nebenverträge, Beteiligungsgesellschaften und Vertreterklauseln (2010), 127, 114 f.; *Schön,* Schuldrechtliche Gesellschaftervereinbarungen in der Gesellschaft mit beschränkter Haftung unter besonderer Berücksichtigung der Rechtsnachfolge (2018), 291 ff., 256 f.; MüKoGmbHG-*Wicke*, § 3, Rn. 137.

922 *Priester,* FS Claussen (1997), 319, 334; *Priester*, DB 1979, 681, 686; *Ehricke,* Schuldvertragliche Nebenabreden zu GmbH-Gesellschaftsverträgen. Deutsches Schweizer und englisches Recht im Vergleich (2004), 48 ff.; Habersack/Casper/Löbbe GmbHG-*Löbbe*, § 3, Rn. 118; MüKoGmbHG-*Wicke* , § 3, Rn. 137; *Rossig,* Gesellschafterabsprachen bei GmbH und Close Corporation. Eine vergleichende Untersuchung zum Recht der satzungsergänzenden Nebenverträge in den USA und Deutschland (2003), 61, 284, *Schön,* Schuldrechtliche Gesellschaftervereinbarungen in der Gesellschaft mit beschränkter Haftung unter besonderer Berücksichtigung der Rechtsnachfolge (2018), 268 ff.

923 *Rossig,* Gesellschafterabsprachen bei GmbH und Close Corporation. Eine vergleichende Untersuchung zum Recht der satzungsergänzenden Nebenverträge in den USA und Deutschland (2003), 284, *Ehricke,* Schuldvertragliche Nebenabreden zu GmbH-Gesellschaftsverträgen. Deutsches Schweizer und englisches Recht im Vergleich (2004), 50 f.

924 Dies zum Beispiel bejahend *Noack,* Gesellschaftervereinbarungen bei Kapitalgesellschaften (1994), 175 f. und , 118 f.; dies verneinend z.B. *Schön,* Schuldrechtliche Gesellschaftervereinbarungen in der Gesellschaft mit beschränkter Haftung unter besonderer Berücksichtigung der Rechtsnachfolge (2018), 274 ff.

925 Vgl. *Noack,* Gesellschaftervereinbarungen bei Kapitalgesellschaften (1994), 174 f.

926 Dies wird in der Praxis regelmäßig gemacht, so *Winter,* RWS Forum 8, Gesellschaftsrecht 1995, 131, 133; ähnlich auch *Schön,* Schuldrechtliche Gesellschaftervereinbarungen in der Gesellschaft mit beschränkter Haftung unter besonderer Berücksichtigung der Rechtsnachfolge (2018), 279 ff.

Gesellschaftervereinbarung regelmäßig zusätzlich vereinbart, dass eine Zustimmung auf der Ebene der Hauptgesellschaft zur Aufhebung der Vinkulierung nur dann erfolgen darf, wenn das Vorerwerbsverfahren beendet ist.[927] Im Rahmen einer Aktiengesellschaft bestehen aufgrund der Satzungsstrenge gemäß § 23 V AktG wenig Gestaltungsmöglichkeiten. Gemäß § 68 AktG können nur Namensaktien vinkuliert werden.[928]

(b) Erfordernis der objektiven Auslegung

Eine „Gesellschaft in der Gesellschaft" als Sonderfall der Innen-GbR kann also auf einen Mitgliederwechsel ausgelegt sein, um einen „Gleichlauf der Mitgliedschaften"[929] mit der Hauptgesellschaft sicherzustellen. Problematisch ist, dass für neu hinzutretende Gesellschafter der subjektive Gründerwille nicht erkennbar ist. Aus diesem Grund ist eine Auslegung des Gesellschaftsvertrags anhand objektiver Kriterien, unter Berücksichtigung ausschließlich für außenstehende Dritte erkennbarer Umstände im Einzelfall geboten.

Zur Veranschaulichung kann auf das Beispiel der Kerbnägel-Konstellation zurückgegriffen werden, in welcher sich die Gesellschafter neben der Satzung darauf einigten, dass eine Beteiligung des eigenen Verbandes an gewissen Unternehmen unterbleiben solle.[930] Nun soll davon ausgegangen werden, dass die Gesellschafter sich bei Abschluss dieser schriftlichen Gesellschaftervereinbarung einig sind, dass diese Regelung lediglich für Unternehmen ab einer gewissen Größe Anwendung finden und dass eine Beteiligung an kleineren Unternehmen unproblematisch sein soll. Im Rahmen einer subjektiven Auslegung wäre dieser für die anderen Gesellschafter erkennbare Gründerwille feststellbar und die Regelung entsprechend dieses wahren Willens zu interpretieren. Ein später hinzutretender Gesellschafter kennt diesen wirklichen Willen der Gründergesellschafter jedoch nicht, da er für einen objektiven Dritten nicht erkennbar ist. Dieser muss sich auf die schriftliche Vereinbarung verlassen können. Möglicherweise hat er sogar ein besonderes Interesse an der schriftlichen Vereinbarung. Aus diesem Grund bedarf der Gesellschaftsvertrag der auf einen Mitgliederwechsel angelegten „Gesellschaft in der Gesellschaft" ausnahmsweise einer objektiven Auslegung.

---

927 Vgl. *Winter,* RWS Forum 8, Gesellschaftsrecht 1995, 131, 133.

928 *Winter,* RWS Forum 8, Gesellschaftsrecht 1995, 131, 133.

929 *Noack,* Gesellschaftervereinbarungen bei Kapitalgesellschaften (1994), 181.

930 Vgl. BGH Urteil vom 20.01.1983 – II ZR 243/81 (Nürnberg) = NJW 1983, 1910 f.

Rechtspersönlichkeit.[955] Die Satzung stellt somit nicht nur eine „bloße Willensübereinstimmung"[956] dar, sondern fungiert als Verfassung der juristischen Person, welche der Handelsregisterpublizität unterliegt.[957] Aus Gründen des Verkehrsschutzes ist zumindest teilweise ein objektives Verständnis der Verfassung erforderlich.[958] Weitgehend wird deshalb zwischen der Rechtslage vor und nach Eintragung der Kapitalgesellschaft unterschieden. Überwiegend wird vertreten, dass die Satzung vor Eintragung in das Handelsregister gemäß §§ 133, 157 BGB subjektiv auszulegen ist.[959]

b) Objektive Auslegung ab Eintragung der Kapitalgesellschaft

aa) Differenzierung zwischen korporativen und nicht korporativen Satzungsbestandteilen

Nach Eintragung in das Handelsregister unterscheidet die Rechtsprechung und der Großteil der Literatur im Rahmen der Auslegungsfrage zwischen zwei Arten von Satzungsbestandteilen. Sogenannte individualrechtliche, nichtkorporative bzw. formelle, oder auch unechte Satzungsbestandteile seien gemäß §§ 133, 157 BGB subjektiv auszulegen.[960] Individualrechtlich sei eine Regelung, wenn sie die „individualrechtliche Beziehungen etwa

---

955 Vgl. BGHZ 47, 172, 179, Soergel BGB, 11. Auflage (1978)-*Schultze-v. Lasaulx*, § 25, Rn. 18; *Flume,* Die juristische Person (1983), § 9 I, 320; *Groß-Bölting,* Gesellschaftervereinbarungen in der Aktiengesellschaft (2011), 78 (AG).

956 *Groß-Bölting,* Gesellschaftervereinbarungen in der Aktiengesellschaft (2011), 78.

957 Vgl. *H. Wiedemann,* Gesellschaftsrecht I (1980), § 3 II 1, S. 159; *Groß-Bölting,* Gesellschaftervereinbarungen in der Aktiengesellschaft (2011), 78.

958 Vgl. hierzu die herrschende Meinung RGZ 164, 129, 140; Soergel BGB, 11. Auflage (1978)-*Schultze-v. Lasaulx*, § 25 BGB, Rn. 18; *Flume,* Die juristische Person (1983), § 9 I, 320; Grigoleit AktG-*Vedder*, § 23, Rn. 45; Hüffer/Koch AktG-*Koch*, § 23, Rn. 39; MüKoAktG-*Pentz*, § 23, Rn. 49 f.; *Groß-Bölting,* Gesellschaftervereinbarungen in der Aktiengesellschaft (2011), 78.

959 BeckOK GmbHG-*Jaeger*, § 2, Rn. 71; MüKoAktG-*Pentz*, § 23, Rn. 48; BeckOGKAktG-*Limmer*, § 23. Rn. 62; Grigoleit AktG-*Vedder*, § 23, Rn. 45; Hölters/Weber AktG-*Solveen*, § 23, Rn. 7; MHLS GmbHG-*Blath*, § 11, Rn. 46a; aA Hüffer/Koch AktG-*Koch*, § 23, Rn. 40.

960 Für die GmbH BGH Urteil v. 9.6.1954 – II ZR 70/53 (Hamburg) = NJW 1954, 1401; BGH Urteil v. 29.3.1973 – II ZR 139/70 (Celle) = NJW 1973, 1039, 1040; BGH Urteil v. 27.9.2011 – II ZR 279/09 (OLG München) = NZG 2011, 1420, Rn. 8; der BGH führt in den Entscheidungen zwar nicht ausdrücklich aus, aber dass lediglich körperschaftliche Satzungsbestandteile einheitlicher Auslegung bedürfen und er deshalb an die Auslegung der Vorinstanz gebunden ist. Der BGH vertritt also im Umkehrschluss eine subjektive Auslegung individualrechtlicher Bestandteile; Lutter/Hommelhoff GmbHG-*Lutter/Hommelhoff*, § 2, Rn. 17 und 20; Noack/Servatius/Haas GmbHG-*Servatius*, § 2, Rn. 29; Henssler/Strohn-*Schäfer*, § 2 GmbHG, Rn. 27; MHLS GmbHG-*Bormann/Stelmaszczyk*, § 2, Rn. 90; Altmeppen GmbHG-*Altmeppen*, § 2, Rn. 12; BeckOK GmbHG-*Jaeger*, § 2, Rn. 70, der jedoch begrifflich zwischen unechten und echten Satzungsbestandteilen unterscheidet, diese Unterscheidung jedoch der hM entsprechend definiert; Habersack/Casper/Löbbe GmbHG-*Löbbe*, § 2, Rn. 205; Für die AG BGH Urteil v. 11.10.1993 – II ZR 155/92 (Koblenz) = NJW 1994, 51 f.; MüKoAktG-*Pentz*, §23, Rn. 51; Hüffer/Koch AktG-*Koch*, § 23, Rn. 40.

(c) Dogmatische Grundlage

Es stellt sich nun die Frage, ob und wie eine Abweichung von dem Grundsatz der subjektiven Auslegung für den Gesellschaftsvertrag der „Gesellschaft in der Gesellschaft“ dogmatisch zu rechtfertigen ist. Der BGH zieht teilweise einen Vergleich zu Allgemeinen Geschäftsbedingungen.[931] Bei standardisierten Gesellschaftsverträgen, die mit einer Vielzahl stiller Gesellschafter abgeschlossen werden, sei eine „ähnliche Auslegung und Inhaltskontrolle (gemäß § 242 BGB)“ wie bei Allgemeinen Geschäftsbedingungen geboten.[932] Jedoch kann dieser Vergleich für „Gesellschaften in der Gesellschaft“ nicht – zumindest nicht generalisierend – gezogen werden. Zwar gibt es standardisierte Formularverträge, die als Fundamente für „Gesellschaften in der Gesellschaft“ fungieren können. Die vorangegangene Untersuchung hat aber gezeigt, wie vielfältig die Gestaltungsmöglichkeiten sind. Die Gesellschafter einigen sich bei einer „Gesellschaft in der Gesellschaft“ individuell auf ein gemeinsam erklärtes Ziel. Bei dem den Entscheidungen des BGH zugrundeliegenden Sachverhalten wurde hingegen ein standardisierter Gesellschaftsvertrag mit einer großen Anzahl an stillen Gesellschaftern abgeschlossen, ohne dass hierbei ein individueller Zuschnitt auf einzelne Situationen erfolgte.[933] Demnach geht dieser Vergleich in der vorliegenden Konstellation fehl.[934]

Teilweise wird als dogmatische Rechtfertigung für eine Objektivierung der Auslegung die gesellschaftsrechtliche Treuepflicht herangezogen.[935] Hierbei wird jedoch verkannt, dass die Treuepflicht erst durch Abschluss des Vertrags entsteht.[936] Sie ist das Ergebnis des (ausgelegten) Vertrages und kann somit nicht zu dessen Auslegung herangezogen werden.[937]

Auch kann nicht – in Anlehnung an die Rechtsprechung für juristische Personen – darauf abgestellt werden, dass bei einer auf einen Wechsel angelegten Gesellschaft die

---

931 BGH, Urteil v. 27.11.2000 – II UR 218/00 (Schleswig) = NJW 2001, 1270, 1271; BGH, Urteil v. 13.9.2004 – II ZR 276/02 (OLG Celle) = NJW 2004, 3706, 3708; BGH, Urteil v. 12.3.2013 – II ZR 73/11 = NJW 2013, 2278, 2279.

932 BGH, Urteil v. 27.11.2000 – II UR 218/00 (Schleswig) = NJW 2001, 1270, 1271; BGH, Urteil v. 13.9.2004 – II ZR 276/02 (OLG Celle) = NJW 2004, 3706, 3708; BGH, Urteil v. 12.3.2013 – II ZR 73/11 = NJW 2013, 2278, 2279.

933 Vgl. BGH, Urteil v. 27.11.2000 – II UR 218/00 (Schleswig) = NJW 2001, 1270, 1271.

934 Den Vergleich auch grundsätzlich ablehnend BeckOGKBGB-*Geibel*, § 705, Rn. 97.

935 So zum Beispiel MüKoBGB-*Schäfer*, § 705, Rn. 175; Ebenroth/Boujong HGB-*Wertenbruch*, § 105, Rn. 157; Henssler/Strohn-*Henssler*, § 105 AktG, Rn. 98.

936 So richtig BeckOGKBGB-*Geibel*, § 705, Rn. 98.

937 Vgl. BeckOGKBGB-*Geibel*, § 705, Rn. 98.

Gründergesellschafter ihre Willenserklärung an einen unbestimmten Personenkreis abgeben.[938] Dies entspricht bei einer Innen-GbR regelmäßig nicht der Realität. Die Gründergesellschafter wollen die *Innen*gesellschaft im Regelfall lediglich untereinander bilden und richten ihre Willenserklärungen abschließend an die anderen Gründergesellschafter.[939] Gerade bei einer Innen-GbR steht das persönliche Element der Personengesellschaft weiterhin derart im Vordergrund, dass die Annahme, die Gesellschafter würden ihre Willenserklärung an einen unbestimmten Personenkreis richten, einer Fiktion gleichkäme. Dies vermag auch nicht der Umstand zu ändern, dass die Innengesellschaft einem zukünftigen Mitgliederwechsel geöffnet wird.

Abschließend kann jedoch der von *Geibel* formulierte Ansatz der „normativen Einschränkung“ für die hier zu untersuchende Konstellation fruchtbar gemacht werden:[940] Die Gründergesellschafter der „Gesellschaft in der Gesellschaft“ wissen im Moment der Gründung bereits, dass der Zweck der Gesellschaft lediglich erreicht werden kann, wenn der Gesellschafterkreis an den der Hauptgesellschaft angeglichen wird. Somit wollen sie bereits zum Zeitpunkt der Gründung alle neu hinzutretenden Gesellschafter auf Hauptgesellschaftsebene in den Gesellschafterkreis der „Gesellschaft in der Gesellschaft“ aufnehmen, um den gemeinsamen Zweck zu sichern. Dementsprechend müssen sie „bereits bei Abgabe ihrer auf den Abschluss eines Gesellschaftsvertrags gerichteten Willenserklärungen damit rechnen, dass derzeit noch nicht beteiligte Dritte später ein berechtigtes Interesse an einer „objektiven“ Auslegung ihrer Erklärung haben“.[941] Haben die Gründergesellschafter die neu eintretenden Gesellschafter nicht hinreichend aufgeklärt, wird ihre Erklärung nach den Grundsätzen von Treu und Glauben auf den Erklärungsinhalt beschränkt, der im Wege einer zweckorientierten und objektiven Auslegung ermittelbar ist.[942] Dies *wollen* die Gründergesellschafter auch, da sie den Zweck der Innen-GbR erhalten und eine effektive sowie „lebensfähige Gesellschaft“[943] gründen wollen.[944] Sobald also ein Wechsel innerhalb des Gesellschafterkreises der „Gesellschaft in der Gesellschaft“ stattgefunden hat, ist ihr Gesellschaftsvertrag anhand objektiver

938 Vgl. BGHZ 123, 347 Juris-Rn. 13 = NJW 1994, 51.
939 So auch allgemein für die Personengesellschaft BeckOGKBGB-*Geibel*, § 705, Rn. 96.
940 BeckOGKBGB-*Geibel*, § 705, Rn. 99; ähnlich *Grunewald*, ZGR 1995, 86, 77 ff.
941 BeckOGKBGB-*Geibel*, § 705, Rn. 99.
942 Im Anschluss an BeckOGKBGB-*Geibel*, § 705, Rn. 99.
943 BeckOGKBGB-*Geibel*, § 705, Rn. 99.
944 Vgl. zu diesem Argument BeckOGKBGB-*Geibel*, § 705, Rn. 99, dies sei zu akzeptieren, um eine lebensfähige Gesellschaft schaffen zu können.

Kriterien auszulegen, sofern sie den hinzutretenden Gesellschafter nicht hinreichend informiert haben. Dies bedeutet, dass lediglich Wortlaut, Zweck und systematischer Zusammenhang der im Vertrag enthaltenen Regelungen berücksichtigt werden.[945]

(d) Zwischenergebnis

Zusammenfassend ist festzustellen, dass die „Gesellschaft in der Gesellschaft" regelmäßig einem Mitgliederwechsel geöffnet wird, um einen Gleichlauf der Mitgliedschaften zu gewährleisten. Dies wiederum führt zu einem Bedürfnis nach einer objektiven Auslegung des Gesellschaftsvertrags. Es entspräche jedoch nicht der Realität anzunehmen, dass die Willenserklärungen der Gründergesellschafter bereits bei ihrer Abgabe an alle zukünftigen Gesellschafter oder gar an einen unbestimmten Personenkreis gerichtet sind. Im Ergebnis kann deshalb nicht von einem „Durchschlagen" der Auslegungsgrundsätze von der Hauptgesellschaft auf die „Gesellschaft in der Gesellschaft" die Rede sein. Vielmehr ist erst nach einem eingetretenen Gesellschafterwechsel auf der Ebene der „Gesellschaft in der Gesellschaft" eine objektive Auslegung dogmatisch zu rechtfertigen. So richten die Gründergesellschafter ihre Willenserklärungen zwar abschließend an den Kreis der Gründergesellschafter, jedoch wissen sie bereits zum Zeitpunkt der Gründung, dass der Zweck der Innengesellschaft nur dann gesichert ist, wenn zukünftige Gesellschafter an der Abrede beteiligt werden. Dementsprechend ist ihr Wille auf die Gründung einer „lebensfähigen Gesellschaft"[946] gerichtet. Ab dem Zeitpunkt eines Gesellschafterwechsels ist die Auslegung dementsprechend nach den Grundsätzen von Treu und Glaube zu objektivieren. Im Ergebnis ist ein „Durchschlagen" des Grundsatzes der objektiven Auslegung auf die Ebene der „Gesellschaft in der Gesellschaft" abzulehnen. Lediglich für den Fall, dass ein neuer Gesellschafter der „Gesellschaft in der Gesellschaft" beitritt, ist der Gesellschaftsvertrag ausnahmsweise objektiv auszulegen.

bb) Berücksichtigung der Satzung der Hauptgesellschaft

Hat ein Mitgliederwechsel in der „Gesellschaft in der Gesellschaft" stattgefunden, ist ihr Gesellschaftsvertrag ausnahmsweise „aus sich heraus"[947] auszulegen.[948] Es findet nur der Vertragsinhalt Berücksichtigung, der für einen beliebigen Dritten anhand des Vertrags

945 *Drygala/Staake/Szalai,* Kapitalgesellschaftsrecht, Mit Grundzügen des Konzern- und Umwandlungsrechts (2012), § 4, Rn. 42, S. 62.

946 BeckOGKBGB-*Geibel*, § 705, Rn. 99.

947 *Grunewald/H.-F. Müller,* Gesellschaftsrecht (2023), § 7, Rn. 17.

948 So allgemein zur objektiven Auslegung *Grunewald/H.-F. Müller,* Gesellschaftsrecht (2023), § 7, Rn. 17.

erkennbar ist.[949] So können neben Wortlaut, Zweck und systematischem Zusammenhang des Satzungsbestandteils nur solche Unterlagen hinzugezogen werden, die für die Allgemeinheit einsehbar sind.[950] Handelsregisterakten sind für die Allgemeinheit einsehbar und im Rahmen der objektiven Auslegung berücksichtigungsfähig.[951] Dass der Gesellschaftsvertrag der „Gesellschaft in der Gesellschaft“ in Bezug auf die Hauptgesellschaft abgeschlossen wird, wird im Gesellschaftsvertrag ausgeführt.[952] Die Satzung der Hauptgesellschaft wird wiederum beim Handelsregister hinterlegt und ist für einen Dritten einsehbar (§§ 8 Abs. 1 Nr. 1 GmbHG, 37 Abs. 4 Nr. 1 AktG). Aus diesem Grund kann die Satzung der Hauptgesellschaft im Rahmen der objektiven Auslegung herangezogen werden.

Auch im Rahmen der objektiven Auslegung ist jedoch die Grenze des objektiv erkennbaren Willens zu beachten. So würde es der Privatautonomie widersprechen, den Willen, der im Wege der Vertragsauslegung zu ermitteln ist, zu umgehen, indem ein am Inhalt der Satzung orientierter, „starrer“ Wille fingiert wird. Steht der Gesellschaftsvertrag also bewusst und für Dritte erkennbar im Widerspruch zur Satzung der Hauptgesellschaft, so kann dieser erkennbare Wille nicht durch eine Auslegung im Lichte der Satzung modifiziert bzw. korrigiert werden.

c) Zwischenergebnis

Der Gesellschaftsvertrag einer „Gesellschaft in der Gesellschaft“ ist grundsätzlich nach subjektiven Kriterien auszulegen. Im Rahmen der Auslegung nach §§ 133, 157 BGB kann hierbei die Satzung der Hauptgesellschaft berücksichtigt werden, um den Willen zu ermitteln. Jedoch führt dies nicht dazu, dass die Gesellschaftervereinbarung aufgrund einer Auslegung im Lichte der Satzung der Hauptgesellschaft stets im Einklang mit dieser steht. So kann eine subjektive Auslegung lediglich den Willen ermitteln, ihn jedoch nicht modifizieren. Ist ein Widerspruch zwischen den Regelungsebenen gewollt, kann der wirkliche Wille auch nicht durch eine subjektive Auslegung anhand der Satzung der Hauptgesellschaft korrigiert

---

949 Vgl. *Grunewald/H.-F. Müller,* Gesellschaftsrecht (2023), § 7, Rn. 16.

950 Statt vieler BGH NJW 1992, 892, 894; Scholz GmbHG-*Cramer*, § 2, Rn. 41; Grigoleit AktG-*Vedder*, § 23, Rn. 45; Noack/Servatius/Haas GmbHG-*Servatius*, § 2, Rn. 28; *Schön,* Schuldrechtliche Gesellschaftervereinbarungen in der Gesellschaft mit beschränkter Haftung unter besonderer Berücksichtigung der Rechtsnachfolge (2018), 154.

951 Vgl. zur Berücksichtigung von sonstigen Handelsregisterakten im Rahmen einer objektiven Satzungsauslegung BGH NJW 1992, 892, 894; BayObLG, Beschluss vom 12. April 1979 – BReg 1 Z 13/79 –, juris-Rn. 36 ff.; Scholz GmbHG-*Cramer*, § 2, Rn. 41.

952 Vgl. zum Beispiel BeckFormB ZivilR-*Weichert*, O. Beteiligungsverträge, 3. Gesellschaftervereinbarung – Shareholder's Agreement.

werden. Dies gilt entsprechend für den nach objektiven Kriterien ermittelbaren Willen. Zwar hat die vorliegende Untersuchung ergeben, dass das Phänomen der „Gesellschaft in der Gesellschaft“ teilweise eine objektive Auslegung des der Innen-GbR zugrundeliegenden Gesellschaftsvertrags erfordert. Jedoch kann auch eine objektive Auslegung nur den für Dritte erkennbaren Willen ermitteln und diesen nicht verändern.

Zusammenfassend kann die Satzung der Hauptgesellschaft bei der Interpretation des Gesellschaftsvertrags der „Gesellschaft in der Gesellschaft“ herangezogen werden.[953] Die Auslegung gelangt jedoch da an ihre Grenzen, wo die Gesellschafter eine der Satzung widersprechende Regelung *wollen* und dieser Wille nach außen zum Ausdruck gekommen und für einen Dritten erkennbar ist. Dann kann eine Auslegung des Gesellschaftsvertrags – unabhängig davon, ob sie nach objektiven oder subjektiven Kriterien erfolgt – diesen Willen der beteiligten Parteien nicht modifizieren. Im Ergebnis sind Widersprüche zwischen den Regelungsebenen zumindest dann möglich, wenn die Vertragsparteien diese gezielt vereinbart haben und dieser Wille auch für Dritte erkennbar ist.

2. Auslegung der Satzung der Hauptgesellschaft

Auch im Rahmen der Satzungsauslegung kann keine grundsätzliche Harmonisierung der beiden Regelungsebenen erfolgen. Mit einer Gesellschaftervereinbarung kann – ergänzend zur Satzung – das Innenverhältnis der Hauptgesellschaft abseits der Publizitätspflicht zwar näher ausgestaltet werden. Jedoch kann der Inhalt einer Gesellschaftervereinbarung grundsätzlich nicht im Rahmen der Satzungsauslegung berücksichtigt werden.

a) Satzungsauslegung im Allgemeinen

Zunächst ist zu untersuchen, nach welchen Kriterien die Satzungsauslegung allgemein erfolgt. Es besteht überwiegend Einigkeit, dass die Satzung einer Kapitalgesellschaft zumindest zum Teil objektiv auszulegen ist.[954] Dies lässt sich unter anderem auf das Trennungsprinzip zurückführen. Demgemäß entsteht bei der Kapitalgesellschaft im Moment der Gründung eine eigenständige, von ihren Mitgliedern unabhängige juristische Person mit eigener

---

[953] So auch die herrschende Meinung. Statt aller *Ulmer,* FS Röhricht (2005), 633, 644; *Noack,* Gesellschaftervereinbarungen bei Kapitalgesellschaften (1994), 85 f.

[954] RGZ 164, 129, 140; BGHZ 47, 172, 179 f,; Soergel BGB, 11. Auflage (1978)-*Schultze-v. Lasaulx*, § 25 BGB, Rn. 18; *Flume,* Die juristische Person (1983), § 9 I, 320; Grigoleit AktG-*Vedder*, § 23, Rn. 45; Hüffer/Koch AktG-*Koch*, § 23, Rn. 39; MüKoAktG-*Pentz*, § 23, Rn. 49 f.

zwischen der Gesellschaft und einem Gesellschafter oder einem Dritten"[961] regele.[962] Solche Regelungen seien von körperschaftlichen Satzungsbestandteilen zu unterscheiden, welche grundsätzlich objektiv auszulegen seien.[963] Eine Satzungsregelung habe körperschaftlichen Charakter, wenn sie einen unbestimmten Personenkreis betreffe.[964] Aufgrund der Betroffenheit eines unbestimmten Personenkreises seien aus Gründen der Rechtssicherheit und Rechtsklarheit im Rahmen der Auslegung nur für Dritte erkennbare Umstände heranzuziehen.[965]

bb) Einzelfallbetrachtung

Diese, nach der Art der Satzungsregelung differenzierende Ansicht, wird von einer Mindermeinung in der Literatur abgelehnt. Bei der Frage, ob die Satzungsauslegung zu objektivieren sei, komme es vielmehr auf andere Kriterien, wie beispielsweise die tatsächliche Struktur der Gesellschaft oder die von der Regelung im Einzelfall tatsächlich betroffenen Interessenskreise an.[966] Diese Meinung bezieht Einzelumstände in die Überlegung mit ein, ob die Auslegung im konkreten Fall nach subjektiven oder objektiven Kriterien vorzunehmen ist. Beispielsweise sei die Auslegung zum Schutze des Rechtsverkehrs nur insoweit zu

---

961 BGH Urteil v. 29.3.1973 – II ZR 139/70 (Celle) = NJW 1973, 1039, 1040.

962 Vgl. statt vieler BGH Urteil v. 29.3.1973 – II ZR 139/70 (Celle) = NJW 1973, 1039, 1040; im Anschluss hieran MHLS GmbHG-*Bormann/Stelmaszczyk*,§ 2, Rn. 90; Altmeppen GmbHG-*Altmeppen*, § 2, Rn. 11.

963 Für die GmbH BGH Urteil v. 9.6.1954 – II ZR 70/53 (Hamburg) = NJW 1954, 1401; BGH Urteil v. 29.3.1973 – II ZR 139/70 (Celle) = NJW 1973, 1039, 1040; BGH Urteil v. 27.9.2011 – II ZR 279/09 (OLG München) = NZG 2011, 1420, Rn. 8; Noack/Servatius/Haas GmbHG-*Servatius*, § 2, Rn. 28; Henssler/Strohn-*Schäfer*, § 2 GmbHG, Rn. 27; MHLS GmbHG-*Bormann/Stelmaszczyk*, § 2, Rn. 90; Lutter/Hommelhoff GmbHG-*Lutter/Hommelhoff*, § 2, Rn. 19; Habersack/Casper/Löbbe GmbHG-*Löbbe*, § 2, Rn. 196; Für die AG BGH Urteil v. 11.10.1993 – II ZR 155/92 (Koblenz) = NJW 1994, 51 f.; MüKoAktG-*Pentz*, §23, Rn. 50; BeckOGKAktG-*Limmer*, § 23, Rn. 62 f.; Hüffer/Koch AktG-*Koch*, § 23, Rn. 39.

964 Vgl. statt vieler BGH Urteil v. 29.3.1973 – II ZR 139/70 (Celle) = NJW 1973, 1039, 1040; Noack/Servatius/Haas GmbHG-*Servatius*, § 2, Rn. 3; BeckOGKAktG-*Limmer*, § 23, Rn. 63.

965 Vgl. hierzu BGH NJW 1954, 1401; BGHZ 123, 347; BGH NJW 1992, 892, 894; MHLS GmbHG-*Bormann/Stelmaszczyk*, § 2, Rn. 90; Grigoleit AktG-*Vedder*, § 23, Rn. 45; Noack/Servatius/Haas GmbHG-*Servatius*, § 2, Rn. 28; *Schön,* Schuldrechtliche Gesellschaftervereinbarungen in der Gesellschaft mit beschränkter Haftung unter besonderer Berücksichtigung der Rechtsnachfolge (2018), 154.

966 Vgl. *Noack,* Gesellschaftervereinbarungen bei Kapitalgesellschaften (1994), 84, der darauf abstellt, ob eine Gesellschaft auf einen Mitgliederwechsel angelegt ist und ob ein solcher tatsächlich stattgefunden hat; ähnlich Scholz GmbHG-*Cramer*, § 23, Rn. 44 f.; *Grunewald*, ZGR 1995, 86, 86 ff., für GmbHs, die nur aus wenigen Gesellschaftern bestehen; *Oppenländer*, DStR 1996, 922, die objektive Auslegung für eine zweigliedrige Gesellschaft ablehnend; *H. Wiedemann,* Gesellschaftsrecht I (1980), § 3 II 2, S. 165 ff., der eine Objektivierung aufgrund Gesellschaftsstruktur, Zeitablauf, aufgrund von Form- und Publizitätspflichten und aufgrund des Adressatenkreises einer Regelung vornehmen will; *Westermann,* Hachenburg-Gedächtnisvorlesung 1994, 25, 44 ff., ihm zufolge scheiden „nur solche Umstände als irrelevant" aus der Auslegung aus, „deren Verbindlichkeit in der Gesellschaftssphäre die Vertragsschließenden nicht gewollt haben oder die nicht allen Gesellschaftern bekannt werden sollten; *Zöllner,* RWS-Forum 8, Gesellschaftsrecht 1995, 89, 105 f., ihm zufolge ist es möglich Nebenabreden zur Interpretation des Gesellschaftsvertrags einer GmbH heranzuziehen.

objektivieren, wie dies zum Schutze tatsächlich betroffener Interessen Dritter notwendig sei.[967] Somit könne zum Beispiel ausgeschlossen werden, dass ein Gründergesellschafter sich im Innenverhältnis auf den objektiven Satzungsinhalt abweichend vom ursprünglichen, tatsächlichen Willen aller Gründergesellschafter berufe.[968]

cc) Kritische Würdigung und Entscheidung

An der die Satzungsbestandteile in zwei Kategorien einteilenden, herrschenden Meinung ist zu kritisieren, dass sie eine starre Einordnung in objektiv und subjektiv auszulegende Satzungsregelungen vornimmt und die Einzelumstände und tatsächlich betroffenen Interessen nicht berücksichtigt.[969] Jedoch muss sich der Rechtsverkehr auf einen (objektiven) Inhalt der Regelungen verlassen können.[970] So gebietet dies der Sinn und Zweck der Handelsregisterpublizität.[971] Es ist den Gründergesellschaftern zumutbar, publizitätspflichtige Dokumente eindeutig nach ihrem wirklichen Willen zu formulieren, um ein Auseinanderfallen des objektiven und tatsächlichen Willens zu verhindern. Es benachteiligt die Gesellschafter nicht unangemessen, sie – zumindest für formelle Satzungsbestandteile – an ihrem publizierten Willen festzuhalten. Demnach bringt es große Vorteile, die von *Wiedemann* abgelehnte „Globalentscheidung" zugunsten der Rechtssicherheit vorzunehmen und nach Art des Satzungsbestandteils zu differenzieren.[972] Somit ist im Grundsatz davon auszugehen, dass korporative Satzungsbestandteile, die an eine unbestimmte Personenvielzahl gerichtet sind, objektiv auszulegen sind. Eine ausnahmslosen objektive Auslegung aller Satzungsbestandteile ist wiederrum abzulehnen, da bei individualrechtlichen Satzungsbestandteilen die Drittbetroffenheit von vorneherein ausgeschlossen werden kann. Diese gehen nicht in der Rolle der Verfassung auf, sondern ähneln vielmehr vertraglichen Bindungen zwischen den Gesellschaftern

---

967 Vgl. Hierzu bspw. die „personell gespaltene Auslegung" von *H. Wiedemann,* Gesellschaftsrecht I (1980), § 3 II 2, insbesondere S. 170.

968 So argumentierend *H. Wiedemann,* Gesellschaftsrecht I (1980), § 3 II 2, S. 170.

969 So bezeichnet *Wiedemann* die herrschende Meinung kritisierend als den Versuch einer „Einheitsformel" und später als eine „Globalentscheidung", die nicht angemessen sei, da es einer Abwägung der einzelnen Interessen bedürfe s. *H. Wiedemann,* Gesellschaftsrecht I (1980), § 3 II 2, 169 f.

970 Vgl. *Schön,* Schuldrechtliche Gesellschaftervereinbarungen in der Gesellschaft mit beschränkter Haftung unter besonderer Berücksichtigung der Rechtsnachfolge (2018), 155; *Groß-Bölting,* Gesellschaftervereinbarungen in der Aktiengesellschaft (2011), 78.

971 *Schön,* Schuldrechtliche Gesellschaftervereinbarungen in der Gesellschaft mit beschränkter Haftung unter besonderer Berücksichtigung der Rechtsnachfolge (2018), 156.

972 So bezeichnet *Wiedemann* die herrschende Meinung kritisierend als den Versuch einer „Einheitsformel" und später als eine „Globalentscheidung", die nicht angemessen sei, da es einer Abwägung der einzelnen Interessen bedürfe s. *H. Wiedemann,* Gesellschaftsrecht I (1980), § 3 II 2, 169 f.

untereinander.[973] Bei derartigen Satzungsbestandteilen ist ausnahmsweise eine subjektive Auslegung vorzunehmen.[974]

c) Berücksichtigung des Gesellschaftsvertrags der „Gesellschaft in der Gesellschaft"

Nachdem die Auslegungsfrage im Grundsatz geklärt wurde, ist der Frage nachzugehen, ob der Gesellschaftsvertrag einer „Gesellschaft in der Gesellschaft" im Rahmen der Satzungsauslegung Berücksichtigung findet und ob in der Konsequenz beide Ebenen stets im Einklang zueinander stehen.

aa) Auslegung korporativer Satzungsregelungen

Ist eine Satzungsregelung objektiv auszulegen, dürfen im Rahmen der Auslegung lediglich solche Umstände herangezogen werden, die sich aus der Satzung selbst ergeben. So können neben Wortlaut, Zweck und systematischem Zusammenhang des Satzungsbestandteils nur solche Unterlagen hinzugezogen werden, die für die Allgemeinheit einsehbar und beispielsweise in der Handelsregisterakte veröffentlicht sind.[975] Dies bedeutet, dass Gesellschaftervereinbarungen grundsätzlich keine Berücksichtigung finden. Die herrschende Meinung in Literatur und Rechtsprechung lehnt aufgrund der von ihr vertretenen objektiven Satzungsauslegung die Berücksichtigungsfähigkeit von Gesellschaftervereinbarungen ab.[976]

---

973 aA *Groß-Bölting,* Gesellschaftervereinbarungen in der Aktiengesellschaft (2011), 79, der von einer ausnahmslosen objektiven Auslegung ausgeht.

974 Im Anschluss an die herrschende Meinung für die GmbH BGH Urteil v. 9.6.1954 – II ZR 70/53 (Hamburg) = NJW 1954, 1401; BGH Urteil v. 29.3.1973 – II ZR 139/70 (Celle) = NJW 1973, 1039, 1040; BGH Urteil v. 27.9.2011 – II ZR 279/09 (OLG München) = NZG 2011, 1420, Rn. 8; Noack/Servatius/Haas GmbHG-*Servatius*, § 2, Rn. 29; Henssler/Strohn-*Schäfer*, § 2 GmbHG, Rn. 27; MHLS GmbHG-*Bormann/Stelmaszczyk*, § 2, Rn. 90; Altmeppen GmbHG-*Altmeppen*, § 2, Rn. 12; BeckOK GmbHG-*Jaeger*, § 2, Rn. 70, der jedoch begrifflich zwischen unechten und echten Satzungsbestandteilen unterscheidet, diese Unterscheidung jedoch der hM entsprechend definiert; Habersack/Casper/Löbbe GmbHG-*Löbbe*, § 2, Rn. 205; Für die AG BGH Urteil v. 11.10.1993 – II ZR 155/92 (Koblenz) = NJW 1994, 51 f.; MüKoAktG-*Pentz*, §23, Rn. 51; Hüffer/Koch AktG-*Koch*, § 23, Rn. 40.

975 Statt vieler BGH NJW 1992, 892, 894; Scholz GmbHG-*Cramer*, § 2, Rn. 41; Grigoleit AktG-*Vedder*, § 23, Rn. 45; Noack/Servatius/Haas GmbHG-*Servatius*, § 2, Rn. 28; *Schön,* Schuldrechtliche Gesellschaftervereinbarungen in der Gesellschaft mit beschränkter Haftung unter besonderer Berücksichtigung der Rechtsnachfolge (2018), 154.

976 RGZ 140, 303, 306; 141, 204, 206; so lehnte der BGH in seinen Entscheidungen „Kerbnägel" und „Tunnelbau" eine entsprechende Auslegung ab BGH NJW 1983, 1910, 1911; BGH NJW 1987, 1890, 1891; *Ulmer*, NJW 1987, 1849, 1851 f.; *Goette,* RWS-Forum 8, Gesellschaftsrecht 1995, 113, 123 ff.; *Rossig,* Gesellschafterabsprachen bei GmbH und Close Corporation. Eine vergleichende Untersuchung zum Recht der satzungsergänzenden Nebenverträge in den USA und Deutschland (2003), 128; *Söntgerath,* Vermittelte Mehrheit. Eine systematische Untersuchung des Rechts der satzungsergänzenden Nebenverträge, Beteiligungsgesellschaften und Vertreterklauseln (2010), 385; *Groß-Bölting,* Gesellschaftervereinbarungen in der Aktiengesellschaft (2011), 80 ff.; *Schön,* Schuldrechtliche Gesellschaftervereinbarungen in der Gesellschaft mit beschränkter Haftung unter besonderer Berücksichtigung der Rechtsnachfolge (2018), 158 f.

Eine Gesellschaftervereinbarung – und somit ein Gesellschaftsvertrag einer „Gesellschaft in der Gesellschaft" – ist nach herrschender Meinung ausnahmsweise im Rahmen der objektiven Satzungsauslegung heranzuziehen, wenn sie von den Gesellschaftern in die Handelsregisterakte aufgenommen wurde. In diesem besonderen und seltenen Fall ist die Vereinbarung für die Allgemeinheit zugänglich und somit auch im Rahmen einer objektiven Auslegung berücksichtigungsfähig.[977] Dann darf der aus der Handelsregisterakte ersichtliche Inhalt der Gesellschaftervereinbarung im Rahmen der Satzungsauslegung berücksichtigt werden.

bb) Auslegung nicht korporativer Satzungsregelungen

Gesellschaftervereinbarungen können regelmäßig auch nicht im Rahmen einer subjektiven Auslegung von (nicht korporativen) Satzungsbestandteilen gemäß §§ 133, 157 BGB berücksichtigt werden.

Auslegungsziel einer subjektiven Vertragsauslegung gemäß §§ 133, 157 BGB ist die Ergründung des wirklichen, übereinstimmenden Willens der Vertragsparteien unter Heranziehung sämtlicher innerer und äußerer Umstände, wie Wortlaut, Sinn und Zweck, Entstehungsgeschichte, Systematik des Vertrags und Besonderheiten seiner Durchführung.[978] Teilweise wird vertreten, dass Gesellschaftervereinbarungen im Rahmen einer solchen Auslegung Berücksichtigung finden können. So wollen Vertreter dieser Ansicht, die vorwiegend eine subjektive Auslegung der Satzung fordern, zur Ergründung des Parteiwillens Gesellschaftervereinbarungen zumindest dann hinzuziehen, wenn alle Gesellschafter der Hauptgesellschaft an der Abrede beteiligt sind und der Gesellschafterkreis unverändert geblieben ist.[979] Dies ist jedoch kritisch zu hinterfragen. *Ulmer* brachte in diesem Zusammenhang erstmals einen

---

977 Diese Ausnahme nimmt die wohl herrschende Meinung so vor. Vgl. hierzu *Rossig,* Gesellschafterabsprachen bei GmbH und Close Corporation. Eine vergleichende Untersuchung zum Recht der satzungsergänzenden Nebenverträge in den USA und Deutschland (2003), 296; *Groß-Bölting,* Gesellschaftervereinbarungen in der Aktiengesellschaft (2011), 81; *Söntgerath,* Vermittelte Mehrheit. Eine systematische Untersuchung des Rechts der satzungsergänzenden Nebenverträge, Beteiligungsgesellschaften und Vertreterklauseln (2010), 386; *Schön,* Schuldrechtliche Gesellschaftervereinbarungen in der Gesellschaft mit beschränkter Haftung unter besonderer Berücksichtigung der Rechtsnachfolge (2018), 159.

978 MüKoBGB-*Schäfer*, § 705, Rn. 173.

979 Vgl. *Noack,* Gesellschaftervereinbarungen bei Kapitalgesellschaften (1994), 84, 87; *Westermann,* Hachenburg-Gedächtnisvorlesung 1994, 25, 44 ff.; *Zöllner,* RWS-Forum 8, Gesellschaftsrecht 1995, 89,105 f., auch nicht allseitige Vereinbarungen seien heranzuziehen, solange sie von den nicht Beteiligten „zustimmend zu Kenntnis genommen werden" oder es für diese irrelevant oder „günstig ist"; hierzu an späterer Stelle mehr; *Grunewald,* ZGR 1995, 86, 90.

interessanten und zutreffenden Gedanken an: Die Beteiligten einer Gesellschaftervereinbarung wollen Regelungen außerhalb der Satzung treffen.[980] So wird typischerweise bewusst auf eine Satzungsregelung verzichtet und gezielt eine andere Regelungsebene – die der „Gesellschaft in der Gesellschaft“ – gewählt.[981] Somit handelt es sich im Regelfall bei dem in einer Gesellschaftervereinbarung ausgedrückten Willen gerade nicht um den Willen, der in der Satzung Ausdruck gefunden hat oder diesen konkretisieren soll. Richtigerweise darf der Wille der Vertragsparteien, die Regelung zwar in Bezug auf die Hauptgesellschaft, aber außerhalb der Satzungssphäre zu treffen, auch im Rahmen einer subjektiven Auslegung nicht untergraben werden. Zieht man Gesellschaftervereinbarungen dennoch zur Satzungsauslegung heran, würde die Vereinbarung auf der Ebene der „Gesellschaft in der Gesellschaft“ über den Umweg der Auslegung doch zum Satzungsinhalt. [982] Aus diesem Grund kann regelmäßig auch eine Satzungsauslegung gemäß §§ 133, 157 BGB nicht unter Berücksichtigung des Gesellschaftsvertrags einer „Gesellschaft in der Gesellschaft“ erfolgen.

Darüber hinaus hat die Rechtsprechung für formbedürftige Rechtsgeschäfte den Grundsatz entwickelt, dass außerhalb der Urkunde liegende Umstände im Rahmen der subjektiven Auslegung nur herangezogen werden dürfen, „wenn der einschlägige rechtsgeschäftliche Wille der Parteien in der formgerechten Urkunde einen – wenn auch nur unvollkommenen Ausdruck – gefunden hat.“[983] Eine derartige Andeutung wird jedoch für Gesellschaftervereinbarungen und für den hierin Ausdruck gefundenen Willen überwiegend fehlen, da die Parteien gerade keine Regelung auf Satzungsebene treffen wollen.[984]

d) Zwischenergebnis

Im Ergebnis ist festzuhalten, dass sowohl im Rahmen einer subjektiven als auch im Rahmen einer objektiven Satzungsauslegung Gesellschaftervereinbarungen und demnach

---

980 *Ulmer*, NJW 1987, 1849, 1851 f.

981 Vgl. *Ulmer*, NJW 1987, 1849, 1851 f.

982 Vgl. *Ulmer*, NJW 1987, 1849, 1851 f.; diesem, trotz Befürwortung einer subjektiven Satzungsauslegung, zustimmend *Westermann,* Hachenburg-Gedächtnisvorlesung 1994, 25, 39, Fn. 37; *König,* Der satzungsergänzende Nebenvertrag. Eine rechtsvergleichende Untersuchung zum außerstatutarischen Gesellschaftsorganisationsrecht nach deutschem, französischem und schweizerischem Recht (1996), 72; *Groß-Bölting,* Gesellschaftervereinbarungen in der Aktiengesellschaft (2011), 81.

983 BGH, Urteil v. 20.12.1974 - V ZR 132/73 = NJW 1975, 536 f.; weiter zur sogenannten Andeutungsformel, statt aller RGZ 154, 41, 44 f.; BGH, Urteil v. 9.4.1981 – Iva ZB 6/80 = NJW 1981, 1736 f.; erstmals brachte *Ulmer* die Andeutungsformel in den Zusammenhang mit der Problematik, ob Gesellschaftervereinbarungen in einer Satzungsauslegung zu berücksichtigen sind, *Ulmer*, NJW 1987, 1849, 1852.

984 *Ulmer*, NJW 1987, 1849, 1852.

Gesellschaftsverträge von „Gesellschaften in der Gesellschaft" grundsätzlich nicht berücksichtigt werden können. Lediglich für den Fall, dass der Gesellschaftsvertrag bei dem Handelsregister hinterlegt wurde, kann im Rahmen einer objektiven Auslegung von korporativen Satzungsbestandteilen der objektiv erkennbare Inhalt der Gesellschaftervereinbarung berücksichtigt werden. Auch hier gilt jedoch, dass eine Auslegung den tatsächlichen bzw. objektiv erkennbaren Willen nicht verändern, sondern diesen lediglich ermitteln kann. Dementsprechend bleibt es bei dem Ergebnis, dass widersprüchliche Regelungen möglich sind.

III. Auslegung bei nicht übereinstimmenden Gesellschafterkreisen

Es bedarf darüber hinaus keiner Anpassung der im Rahmen der Auslegungsthematik gefundenen Ergebnisse, wenn die Gesellschafterkreise der beiden Gesellschaften zum Zeitpunkt der Gründung der „Gesellschaft in der Gesellschaft" nicht identisch sind. Die gefundenen Ergebnisse finden auch für den Fall Anwendung, in welchem der Gesellschafterkreis der „Gesellschaft in der Gesellschaft" kleiner ist als derjenige der Hauptgesellschaft. Die Möglichkeit einer widerspruchsvermeidenden Auslegung im Lichte des jeweils anderen Regelungswerkes wurde im vorigen Abschnitt verneint. So hat zum einen der Wille der Parteien Vorrang vor einer satzungskonformen Auslegung, auch wenn dieser Wille im Widerspruch zur Satzung steht. Zum anderen wurde festgestellt, dass zumindest korporative Satzungsbestandteile stets objektiv auszulegen sind und somit keine äußeren Umstände wie schuldrechtliche Gesellschaftervereinbarungen herangezogen werden dürfen. Auch für nicht korporative Satzungsbestandteile, die einer Auslegung gemäß §§ 133, 157 BGB bedürfen, wurde festgestellt, dass Gesellschaftervereinbarungen, die entsprechend dem Parteiwillen nicht Satzungsbestandteil sind, regelmäßig nicht in die Auslegung miteinbezogen werden dürfen.

1. Auslegung des Gesellschaftsvertrags der „Gesellschaft in der Gesellschaft" im Lichte der Satzung der Hauptgesellschaft

Für die Frage, ob ein Gesellschaftsvertrag einer „Gesellschaft in der Gesellschaft" im Lichte der Satzung der Hauptgesellschaft auszulegen ist, bleiben die Ergebnisse der vorangestellten Untersuchung gleich, da insofern kein Unterschied zum zuvor untersuchten Fall besteht. So ist die „Gesellschaft in der Gesellschaft" auch für den Fall, dass ihr Beteiligtenkreis lediglich eine „Fraktion" des Gesellschafterkreises der Hauptgesellschaft darstellt, in Bezug auf die Hauptgesellschaft und somit in Abhängigkeit zu dieser gegründet worden. Dementsprechend ist ihr Gesellschaftsvertrag gemäß §§ 133, 157 BGB im Lichte der Satzung der

Hauptgesellschaft auszulegen.[985] Dies ist unproblematisch, da alle Gesellschafter der „Gesellschaft in der Gesellschaft“ gleichzeitig Mitglieder der Hauptgesellschaft und dementsprechend an die Satzung gebunden sind. Im Hinblick auf die Auslegung des Gesellschaftsvertrags einer „Gesellschaft in der Gesellschaft“ im Lichte der Satzung der Hauptgesellschaft sind also keine Änderungen zu vermerken: Grundsätzlich ist die Satzung zur Auslegung der Gesellschaftervereinbarung heranzuziehen. Steht der in der Gesellschaftervereinbarung verankerte tatsächliche Wille der Parteien aber im Widerspruch zur Satzung, so vermag auch eine satzungskonforme Auslegung dies nicht zu ändern, da der Wille der Parteien die Grenze der Auslegung darstellt.

2. Auslegung der Satzung der Hauptgesellschaft im Lichte des Gesellschaftsvertrags der „Gesellschaft in der Gesellschaft“

Die Frage, ob die Satzung der Hauptgesellschaft im Lichte eines Gesellschaftsvertrags einer fraktionierenden „Gesellschaft in der Gesellschaft“ auszulegen ist, wird von der herrschenden Meinung aufgrund der vorwiegend objektiven Auslegung verneint. Auch insofern ergeben sich zunächst keine Unterschiede zu einer „Gesellschaft in der Gesellschaft“, an der alle Gesellschafter der Hauptgesellschaft beteiligt sind. Darüber hinaus kann das zuvor genannte Argument angebracht werden, dass die Gesellschafter bewusst Regelungen außerhalb der Satzung getroffen haben und diese somit nicht über den Umweg der Auslegung zum Satzungsinhalt werden dürfen.

Dennoch wird teilweise in der Literatur eine subjektive Satzungsauslegung im Lichte fraktionierender Gesellschaftervereinbarungen befürwortet. *Zöllner* zum Beispiel schlägt vor, dass auch fraktionierende Gesellschaftervereinbarungen bei einer subjektiven Satzungsauslegung berücksichtigt werden können.[986] Dies setze jedoch voraus, dass die Gesellschaftervereinbarungen von den nicht beteiligten Gesellschaftern „zustimmend zur Kenntnis genommen werden“ oder, dass „es sich um Fragen handelt, hinsichtlich deren die Absprache den sie nicht kennenden Gesellschaftern gegenüber ohne Relevanz, ihnen vielleicht sogar günstig ist“.[987] Als Beispiel nennt er eine in einer Abrede verankerte günstigere Gewinnverteilungsregelung als sie in der Satzung vorliegt.[988] Dies ist problematisch, da nicht alle Gesellschafter, welche

---

985 Vgl. hierzu Kapitel 3, B.II.1.c), S. 147 f.
986 *Zöllner,* RWS-Forum 8, Gesellschaftsrecht 1995, 89, 106.
987 *Zöllner,* RWS-Forum 8, Gesellschaftsrecht 1995, 89, 106.
988 *Zöllner,* RWS-Forum 8, Gesellschaftsrecht 1995, 89, 106.

an die Satzung gebunden sind, an der „Gesellschaft in der Gesellschaft" beteiligt sind. Dementsprechend kann gar nicht der Wille aller Gründergesellschafter in der Gesellschaftervereinbarung zum Ausdruck gekommen sein. Eine Auslegung gemäß §§ 133, 157 BGB hat aber zum Ziel, den tatsächlichen Willen der (Gründer-) Gesellschafter zu ermitteln. Es ist widersprüchlich, Umstände heranzuziehen, die nicht Ausdruck dieses Willens sein können. Dies aber nur deshalb zu vernachlässigen, weil es für alle Gesellschafter im Einzelfall günstig erscheint, ist dogmatisch unpräzise und bringt Rechtsunsicherheiten mit sich. Somit wäre auch dann die Berücksichtigung einer fraktionierenden Gesellschaftervereinbarung abzulehnen, wenn man eine objektive Auslegung ablehnen und eine Auslegung gemäß §§ 133, 157 BGB verlangen würde.

Aus den oben genannten Gründen bleibt es bei einer vorwiegend objektiven Satzungsauslegung, weshalb eine Satzung grundsätzlich nicht im Lichte des Gesellschaftsvertrags einer „Gesellschaft in der Gesellschaft" auszulegen ist – unabhängig davon, ob die Gesellschafterkreise der beiden Gesellschaften identisch sind oder nicht.

IV. Zusammenfassung: Widersprüche sind möglich

Es ist festzuhalten, dass im Rahmen der Auslegung eine einseitige Einflussnahme erfolgt: So ist der Gesellschaftsvertrag einer „Gesellschaft in der Gesellschaft" regelmäßig im Lichte der Satzung der Hauptgesellschaft zu lesen, umgekehrt ist ein derartiger Einfluss abzulehnen. Trotz dieses einseitigen Einflusses sind Widersprüche zwischen den beiden Regelungsbereichen nicht ausgeschlossen. Eine satzungskonforme Auslegung kann nicht über einen der Satzung entgegenstehenden Willen „hinweghelfen", soweit dieser in dem Gesellschaftsvertrag der „Gesellschaft in der Gesellschaft" Ausdruck gefunden hat und für einen Dritten objektiv erkennbar ist.[989] Mit dem Ergebnis, dass Widersprüche zwischen den Ebenen grundsätzlich möglich sind, ist jedoch noch keine Aussage über die Rechtsfolgenseite getroffen. Vielmehr bleibt die Frage offen, welche Rechtsfolgen derartige Widersprüche auslösen, ob der Satzung widersprechende Regelungen auf der Ebene der „Gesellschaft in der Gesellschaft" beispielsweise überhaupt eine rechtliche Wirkung entfalten können.

---

[989] Letzteres ist dann relevant, wenn ein Gesellschafterwechsel auf der Ebene der „Gesellschaft in der Gesellschaft" stattgefunden hat und der Gesellschaftsvertrag ausnahmsweise objektiv auszulegen ist.

C. Konfliktpotential zwischen den Regelungsebenen

I. Erfassung des Konfliktpotentials durch Fallgruppenbildung

Nachdem festgestellt wurde, dass widersprüchliche Regelungen möglich sind (B.), ist nun das Konfliktpotential der beiden Ebenen genauer zu betrachten. Ziel ist es, eine Einordnung des Verhältnisses der beiden Gesellschaften vorzunehmen (E.). Hierfür soll an dieser Stelle zunächst das Konfliktpotential erfasst werden. Hierbei wird auf den in Kapitel 2 dargestellten Konflikt zwischen Einheits- und Trennungsthese und die dort umstrittenen Konstellationen zurückgegriffen. Anhand dessen werden Fallgruppen gebildet, die typischerweise Konflikte zwischen den Regelungsebenen bergen. Es wird vorwiegend der Begriff „Konflikt“ verwendet, da dieser, anders als beispielsweise der Begriff „Verstoß“, keine Rechtsfolge impliziert, sondern lediglich ausdrückt, dass Spannungen zwischen den Regelungsebenen bestehen. Diese Fallgruppen werden in dem darauffolgenden Schritt auf ihre Rechtsfolgen untersucht (D.).

Um die wichtigsten Fallgruppen erfassen zu können, muss zunächst definiert werden, wie weit die Regelungsebenen bzw. die beiden „Sphären“ jeweils zu fassen sind: Mit dem Begriff „Regelung“ sind vorliegend sowohl vertragliche als auch gesetzliche Regelungen gemeint. Neben den Satzungsregelungen, der gesellschaftsrechtlichen Treuepflicht und den gefassten Beschlüssen sind in der Sphäre der Hauptgesellschaft auch die kapitalgesellschaftsrechtlichen Normen hinzuzuziehen. Die Ebene der „Gesellschaft in der Gesellschaft“ umfasst neben der Gesellschaftervereinbarung als Gesellschaftsvertrag die in der Innen-GbR gefassten Beschlüsse, sofern Abstimmungen auf der Ebene der „Gesellschaft in der Gesellschaft“ vorgesehen sind. Inwiefern die aufgezählten Bestandteile der beiden Ebenen miteinander in einen Konflikt treten können, wird im Folgenden untersucht. Besondere Beachtung wird den Konflikten gewidmet, die in der Literatur diskutiert und in ihren Rechtsfolgen umstritten sind. Um die Übersichtlichkeit zu wahren, sind die Konflikte anhand des „Kollisionspunktes“ auf der Hauptgesellschaftsebene gegliedert.

II. Konflikte mit kapitalgesellschaftsrechtlichen Normen

1. Möglichkeit eines Verstoßes

Zunächst ist der Konfliktfall zu untersuchen, in welchem die Gesellschafter im Rahmen der „Gesellschaft in der Gesellschaft“ eine Vereinbarung über einen Regelungsgegenstand treffen, für welchen eine kapitalgesellschaftsrechtliche Norm als Regelungsort die

Satzung vorsieht oder ein Regelungsverbot in der Satzung ausspricht. Es stellt sich die Frage, ob eine (abweichende) Vereinbarung im Rahmen einer Gesellschaftervereinbarung einen Verstoß gegen die jeweilige kapitalgesellschaftsrechtliche Norm darstellt bzw. ob die Norm auf der Ebene der „Gesellschaft in der Gesellschaft" als Zulässigkeitsschranke fungiert. Die folgende Untersuchung zeigt, dass eine kapitalgesellschaftsrechtliche Vorschrift nur dann eine Zulässigkeitsschranke auf der Ebene der „Gesellschaft in der Gesellschaft" darstellt, wenn der Sinn und Zweck der jeweiligen Vorschrift dies gebieten. Dies ist insbesondere bei sogenannten zwingenden kapitalgesellschaftsrechtlichen Normen regelmäßig der Fall. Um zu dieser Erkenntnis zu kommen, bedarf es einer Betrachtung des Zwecks und des Geltungsbereichs der jeweils betroffenen Norm. Im Folgenden werden zunächst die unterschiedlichen Normen erfasst, mit welchen eine Gesellschaftervereinbarung potenziell im Konflikt stehen kann. Hierbei wird zwischen Normen des zwingenden Satzungsinhalts, Normen des zwingenden Kapitalgesellschaftsrechts und dispositiven Normen unterschieden.

2. Konflikte mit Normen des zwingenden Satzungsinhalts

a) Abweichende Vereinbarungen auf der Ebene der „Gesellschaft in der Gesellschaft"

Ein problematischer Fall liegt vor, wenn die Gesellschafter einer Kapitalgesellschaft auf der Ebene der „Gesellschaft in der Gesellschaft" Regelungen über solche Gegenstände treffen, die gemäß § 3 I GmbHG, § 23 III und IV AktG, zum normierten Mindestinhalt der Satzung gehören. Das Kapitalgesellschaftsrecht sieht für gewisse Regelungsgegenstände, wie die Firma, den Sitz, den Unternehmensgegenstand der Gesellschaft und den Betrag des Stammkapitals einen unabdingbaren Regelungszwang in der Satzung vor. Hier stellt sich die Frage, wie damit umzugehen ist, wenn Gesellschafter einen der genannten Regelungsgegenstände abweichend von der Satzung in eine Gesellschaftervereinbarung aufnehmen.[990]

---

[990] Vgl. zu der Frage, welche Auswirkungen kapitalgesellschaftsrechtliche Normen auf Gesellschaftervereinbarungen und ihre Zulässigkeit allgemein haben, zum Beispiel *Noack,* Gesellschaftervereinbarungen bei Kapitalgesellschaften (1994), 123 ff.; *König,* Der satzungsergänzende Nebenvertrag. Eine rechtsvergleichende Untersuchung zum außerstatutarischen Gesellschaftsorganisationsrecht nach deutschem, französischem und schweizerischem Recht (1996), 48 ff.; *Ehricke,* Schuldvertragliche Nebenabreden zu GmbH-Gesellschaftsverträgen. Deutsches Schweizer und englisches Recht im Vergleich (2004), 21 ff. (GmbH); *Groß-Bölting,* Gesellschaftervereinbarungen in der Aktiengesellschaft (2011), 110 ff. (AG); *Schön,* Schuldrechtliche Gesellschaftervereinbarungen in der Gesellschaft mit beschränkter Haftung unter besonderer Berücksichtigung der Rechtsnachfolge (2018), 177 ff. (GmbH).

Die gleiche Frage stellt sich bei den Vorschriften zur Sachgründung.[991] Zwar steht es den Gesellschaftern frei, ob Sacheinlagen überhaupt erbracht werden können.[992] Für den Fall, dass eine Sachgründung erfolgt, unterliegen die Gesellschafter aber einem Regelungszwang gemäß § 5 IV GmbHG und § 27 I AktG. § 5 IV GmbHG erweitert § 3 I GmbHG und § 27 I AktG erweitert § 23 III, IV AktG für den Fall der Sachgründung. Dies zeigt auch der systematische Zusammenhang von § 3 GmbHG: Die Absätze 1 und 2 der Vorschrift enthalten Konkretisierungen des § 3 I GmbHG.[993]

b) Sonderfall: Umgehung der Sachgründungsnormen

Ein besonderer Konflikt mit den Vorschriften zur Sachgründung entsteht, wenn Vereinbarungen auf der Ebene der „Gesellschaft in der Gesellschaft" getroffen werden, die die gesetzlichen Anforderungen an eine Sachgründung umgehen. So kann es zur verdeckten Einbringung von Sacheinlagen kommen, wenn ein Gesellschafter formell zwar eine Bareinlage einbringt, im Rahmen eines einheitlich gewollten Vorgangs jedoch auf schuldrechtlicher Ebene vereinbart wird, dass die Bareinlage wirtschaftlich, unter Einbringung eines Gegenstandes, ausgetauscht und im Ergebnis somit keine Bar- sondern eine Sacheinlage eingebracht wird.[994] § 27 III AktG und § 19 IV GmbHG regeln jedoch ausdrücklich, dass Umgehungen dieser Art – also auch durch Vereinbarungen auf der Ebene der „Gesellschaft in der Gesellschaft" – wirksam sind, der Gesellschafter jedoch nicht von seiner Einlagepflicht befreit wird. Nach Eintragung wird der Wert des verdeckt eingebrachten Gegenstandes gemäß § 27 III AktG und § 19 IV GmbHG auf die Geldeinlagepflicht angerechnet. Aufgrund der eindeutigen gesetzlichen Normierung dieses Umgehungsfalls, wird dieser Konflikt im weiteren Verlauf der Arbeit ausgeklammert.

---

991 So beispielsweise *Schön,* Schuldrechtliche Gesellschaftervereinbarungen in der Gesellschaft mit beschränkter Haftung unter besonderer Berücksichtigung der Rechtsnachfolge (2018), 177 ff., die diese Normen und auch den § 34 GmbHG unter der Bezeichnung „Organisationsrechtlicher Satzungsvorbehalt" behandelt.

992 Deshalb Einordnung als fakultativer Satzungsinhalt vgl. Noack/Servatius/Haas GmbHG-*Servatius*, § 5, Rn. 1; zur Wahl zwischen Bar- und Sachgründung Noack/Servatius/Haas GmbHG-*Servatius*, § 5, Rn. 14.

993 *Wicke*, in: *Wicke GmbHG*, § 5, Rn. 1.

994 Statt vieler vgl. BeckOGKAktG-*Katzenstein*, § 27, Rn. 105; BeckOK GmbHG-*Trölitzsch*, § 53 Anhang Gesellschaftervereinbarungen, Rn. 13.

3. Konflikte mit zwingenden kapitalgesellschaftsrechtlichen Normen

a) Unterscheidung zwischen zwingenden und satzungsdispositiven Normen

Um weitere mögliche Konflikte zwischen Regelungen auf der Ebene der „Gesellschaft in der Gesellschaft“ und kapitalgesellschaftsrechtlichen Vorschriften aufzuzeigen, wird im Folgenden zwischen „zwingenden“[995] bzw. „satzungsfesten“[996] Normen auf der einen Seite und „dispositiven“[997] Normen auf der anderen Seite unterschieden. Die Kategorisierung in „zwingend“ bzw. „satzungsfest“ sowie „dispositiv“ erfolgt entsprechend des Grades der Verbindlichkeit der einschlägigen Norm.[998] Zwingende Normen beinhalten einen gesetzlichen Regelfall, von dem nicht durch Satzungsregelung abgewichen werden kann.[999] Als satzungsdispositiv werden solche Vorschriften bezeichnet, die eine Abweichung vom gesetzlichen Regelfall in der Satzung beziehungsweise im Gesellschaftsvertrag der Hauptgesellschaft ermöglichen.[1000] Die Unterscheidung ist vor allem im GmbH-Recht nicht immer eindeutig, da nicht jede Norm ausdrücklich über den Verbindlichkeitsgrad aufklärt. Aus diesem Grund bedarf es bei GmbH-rechtlichen Vorschriften regelmäßig einer auslegenden Betrachtung, um den Charakter der Norm zu identifizieren.[1001]

Beispiele für zwingende kapitalgesellschaftsrechtliche Vorschriften im Rahmen des GmbH-Rechts sind die Vorschriften zur Kapitalaufbringung (§§ 5, 19, 30 ff. GmbHG) oder die Regelungen im Bereich der Minderheiten- und Informationsrechte (§§ 50 und 51a GmbHG). Darüber hinaus sind als weitere Beispiele §§ 21-24 GmbHG und

---

995 Zur Bezeichnung statt vieler *K. Schmidt,* Gesellschaftsrecht (2002), 109 f.; *Zöllner*, FS 100 Jahre GmbHG (1992), 85, 89 ; *Noack,* Gesellschaftervereinbarungen bei Kapitalgesellschaften (1994), 123 ff.; *König,* Der satzungsergänzende Nebenvertrag. Eine rechtsvergleichende Untersuchung zum außerstatutarischen Gesellschaftsorganisationsrecht nach deutschem, französischem und schweizerischem Recht (1996), 50.

996 Zu dieser Bezeichnung z.B. *Schön,* Schuldrechtliche Gesellschaftervereinbarungen in der Gesellschaft mit beschränkter Haftung unter besonderer Berücksichtigung der Rechtsnachfolge (2018), 179; *Groß-Bölting,* Gesellschaftervereinbarungen in der Aktiengesellschaft (2011), 113.

997 Vgl. zu dieser Bezeichnung z.B. *K. Schmidt,* Gesellschaftsrecht (2002), § 5 III 1, 109 f.; *Noack,* Gesellschaftervereinbarungen bei Kapitalgesellschaften (1994), 128.

998 Vgl. für das GmbH-Recht *Zöllner*, FS 100 Jahre GmbHG (1992), 85, 89, der von der „Wirkungsstärke“ der Normen spricht; zur Abgrenzung zwischen zwingenden und dispositiven Vorschriften allgemein im Gesellschaftsrecht vgl. *K. Schmidt,* Gesellschaftsrecht (2002), § 5 III 1, 109 f.

999 *K. Schmidt,* Gesellschaftsrecht (2002), § 5 III, S. 109 f.; *Priester,* FS Claussen (1997), 319, 325, Fn. 47; *Zöllner*, FS 100 Jahre GmbHG (1992), 85, 89; *Noack,* Gesellschaftervereinbarungen bei Kapitalgesellschaften (1994), 123.

1000 *K. Schmidt,* Gesellschaftsrecht (2002), § 5 III 1, S. 109 f.; *Zöllner*, FS 100 Jahre GmbHG (1992), 85, 89.

1001 *Zöllner*, FS 100 Jahre GmbHG (1992), 85, 89 f.

§ 47 IV GmbHG zu nennen.[1002] Während in der GmbH eine weite Gestaltungsfreiheit besteht und satzungsfeste Regelungen die Ausnahme darstellen, herrscht im Aktienrecht gemäß § 23 V AktG die sogenannte Satzungsstrenge.[1003] Das bedeutet, dass die Vorschriften im Aktiengesetz in der Regel zwingend ausgestaltet sind und eine abweichende Satzungsregelung nur im Ausnahmefall – soweit gesetzlich vorgesehen – zulässig ist.[1004] Im Aktienrecht ist demnach die Satzungsautonomie im Gegensatz zum GmbH-Recht stark eingeschränkt.[1005] Zwei wichtige aktienrechtliche Vorschriften im Zusammenhang mit „Gesellschaften in der Gesellschaft" in Gestalt von Stimmrechtspools sind § 136 und § 405 AktG.[1006] Außerdem sind Konflikte mit dem Rückgewährverbot aus § 57 AktG denkbar.[1007]

b) Abweichende Vereinbarungen auf der Ebene der „Gesellschaft in der Gesellschaft"

Ein Konflikt kann entstehen, wenn Vereinbarungen im Regelungsbereich satzungsfester kapitalgesellschaftsrechtlicher Vorschriften getroffen werden. Es ist zu untersuchen, ob in diesen Regelungsbereichen Abweichungen auf der Ebene der „Gesellschaft in der Gesellschaft" zulässig sind. Grundsätzlich ist davon auszugehen, dass sich die Bezeichnungen der Vorschriften als zwingend oder dispositiv ausschließlich auf den Verbindlichkeitsgrad der Norm in Bezug auf die Satzung der Hauptgesellschaft beziehen. Durch die Kategorisierung des Kapitalgesellschaftsrechts in zwingende, satzungsfeste und dispositive Vorschriften, ist noch keine Aussage über den Grad des Zwanges auf der Ebene der „Gesellschaft in der Gesellschaft" getroffen. Ob die jeweiligen Vorschriften auch als zwingend oder dispositiv auf der Ebene der „Gesellschaft in der Gesellschaft" anzusehen sind, bleibt anhand ihres Zwecks und ihres Regelungsumfangs zu untersuchen.

c) Sonderfall: Umgehung eines gesetzlichen Stimmverbots

Ein besonderer Konfliktfall entsteht, wenn auf der Ebene der „Gesellschaft in der Gesellschaft" Vereinbarungen getroffen werden, die faktisch die Umgehung einer gesellschaftsrechtlichen Norm zur Folge haben. Ein Umgehungsfall liegt vor, wenn der Zweck der betroffenen Vorschrift durch die Wirkungsweise der problematischen Vereinbarung

---

1002 Vgl. zu dieser Aufzählung auch *Schön,* Schuldrechtliche Gesellschaftervereinbarungen in der Gesellschaft mit beschränkter Haftung unter besonderer Berücksichtigung der Rechtsnachfolge (2018), 179.

1003 Vgl. statt vieler *Zöllner*, FS 100 Jahre GmbHG (1992), 85, 89; MüKoGmbHG-*Wicke*, § 3, Rn. 1.

1004 *Zöllner*, FS 100 Jahre GmbHG (1992), 85, 89; *Drygala/Staake/Szalai,* Kapitalgesellschaftsrecht, Mit Grundzügen des Konzern- und Umwandlungsrechts (2012), V. 1. Rn. 27, S. 15.

1005 *Zöllner*, FS 100 Jahre GmbHG (1992), 85, 89.

1006 *Mayer*, MittBayNot 2006, 281, 282.

1007 Vgl. *Mayer*, MittBayNot 2006, 281, 283.

ausgehebelt bzw. vereitelt wird.[1008] In Betracht kommen vor allem Konstellationen, bei denen die „Gesellschaft in der Gesellschaft" als Stimmrechtspool ausgestaltet ist. So kann eine Vereinbarung im Rahmen eines Stimmrechtspools in Konflikt mit einem gesetzlichen Stimmverbot geraten, wenn der Gesellschafter, der auf der Ebene der Hauptgesellschaft einem Stimmverbot unterliegt, über den Umweg der „Gesellschaft in der Gesellschaft" Einfluss auf den Willensbildungsprozess nehmen kann.[1009] Es bleibt zu untersuchen, ob ein Gesellschafter, der einem Stimmverbot unterliegt, im Rahmen einer entsprechenden Vorabstimmung in der „Gesellschaft in der Gesellschaft" sein Stimmrecht ausüben darf oder ob das Stimmverbot auf beiden Ebenen gilt.

aa) Gesetzlich normierte Stimmverbote

Stimmverbote sind sowohl im Aktienrecht als auch im GmbH-Recht normiert. § 47 IV 1 GmbHG sieht vor, dass ein Gesellschafter an einer Abstimmung nicht beteiligt sein darf, bei der es um seine eigene Entlastung oder um seine Befreiung von einer Verbindlichkeit geht. Dieses Stimmverbot wird im zweiten Satz auf solche Beschlussgegenstände ausgeweitet, die sich auf die Vornahme eines Rechtsgeschäfts oder die Einleitung bzw. Erledigung eines Rechtsstreits mit dem Betroffenen beziehen. Aktionäre dürfen gemäß § 136 I 1 AktG nicht an der Abstimmung teilnehmen, wenn über ihre Entlastung oder Befreiung von einer Verbindlichkeit beschlossen wird oder über die Geltendmachung einer Forderung gegen sie.

bb) Sinn und Zweck der gesetzlichen Stimmverbote

Ob und wann ein Stimmverbot auf der Ebene der „Gesellschaft in der Gesellschaft" Anwendung findet, ist anhand des Zwecks der betroffenen Vorschriften zu bestimmen. Aus diesem Grund sind die Vorschriften vorliegend auf ihren Sinn und Zweck zu untersuchen. In welchem Umfang das Stimmverbot auf der Ebene der „Gesellschaft in der Gesellschaft" greift, ist im Rechtsfolgenabschnitt zu bestimmen (D.).[1010]

[1008] Zur Problematik von Umgehungen vgl. *Noack,* Gesellschaftervereinbarungen bei Kapitalgesellschaften (1994), 136 ff.; *Joussen,* Gesellschafterabsprachen neben Satzung und Gesellschaftsvertrag (1995), 102 ff.; *Schön,* Schuldrechtliche Gesellschaftervereinbarungen in der Gesellschaft mit beschränkter Haftung unter besonderer Berücksichtigung der Rechtsnachfolge (2018), 199 ff.

[1009] Vgl. speziell zur Problematik auch *Overrath,* Die Stimmrechtsbindung (1973), 37 ff.; *Schröder,* ZGR 1978, 578, 587 ff. (AG); *Noack,* Gesellschaftervereinbarungen bei Kapitalgesellschaften (1994), 123 f.; *Berger,* Nebenverträge im GmbH-Recht. Vereinbarungen außerhalb des Gesellschaftsvertrags zwischen Gesellschaftern bzw. zwischen Gesellschaftern und Dritten, insbesondere Stimmrechtsvereinbarungen (1995), 100 ff. (GmbH); *Rossig,* Gesellschafterabsprachen bei GmbH und Close Corporation. Eine vergleichende Untersuchung zum Recht der satzungsergänzenden Nebenverträge in den USA und Deutschland (2003), 82 f. (GmbH).

[1010] S. Kapitel 3, D.II.3.b), S. 198 ff.

Grundsätzlich verfolgen § 136 I 1 AktG und § 47 IV 1 GmbHG den Zweck, in bestimmten Situationen typischerweise auftretende Interessenkollisionen zu verhindern und zu gewährleisten, dass das Gesellschaftsinteresse im Willensbildungsprozess nicht aufgrund besonderer Einzelinteressen konterkariert wird.[1011] So soll vermieden werden, dass einzelne Gesellschafter im Rahmen der Willensbildung eigennützige Interessen zu Lasten ihrer gesellschaftlichen Zweckförderungspflicht verfolgen.[1012] Sinn und Zweck der Stimmverbote ist die sogenannte „Richtigkeit der Willensbildung“ in der (Haupt-)Gesellschaft.[1013] Hierfür soll jegliche Beeinflussung der Abstimmung durch den befangenen Gesellschafter ausgeschlossen werden.[1014] Wird einem Gesellschafter, welcher von einem Stimmverbot betroffen ist, im Rahmen einer Stimmbindungsvereinbarung bzw. im Rahmen eines Stimmrechtspools mittelbar Einfluss auf die Abstimmung gewährt, fällt diese Umgehungskonstellation aufgrund des Sinns und Zwecks der Vorschrift unmittelbar in den Anwendungsbereich der Verbotsnorm.[1015]

4. Konflikte mit satzungsdispositiven Normen

a) Abweichende Vereinbarungen von satzungsdispositiven Normen

Zu beleuchten ist weiterhin der Fall, wenn Gesellschafter auf der Ebene der „Gesellschaft in der Gesellschaft“ Regelungen vereinbaren, die Regelungsgegenstände satzungsdispositiver Normen betreffen. Die Kategorie satzungsdispositiver Normen umfasst, wie bereits erläutert, solche Vorschriften, die eine Abweichung vom gesetzlichen Regelfall in der Satzung beziehungsweise im Gesellschaftsvertrag ermöglichen.[1016] Auch hier ist zu untersuchen,

---

1011 Statt vieler vgl. MHLS GmbHG-*Römermann*, § 47, Rn. 87; MüKoAktG-*Arnold*, § 136, Rn. 5; *K. Schmidt*, Gesellschaftsrecht (2002), § 21 II 2, 608 f.

1012 *Rossig*, Gesellschafterabsprachen bei GmbH und Close Corporation. Eine vergleichende Untersuchung zum Recht der satzungsergänzenden Nebenverträge in den USA und Deutschland (2003), 82; *Söntgerath*, Vermittelte Mehrheit. Eine systematische Untersuchung des Rechts der satzungsergänzenden Nebenverträge, Beteiligungsgesellschaften und Vertreterklauseln (2010), 222.

1013 Statt vieler MüKoGmbHG-*Drescher*, § 47, Rn. 131; MHLS GmbHG-*Römermann*, § 47, Rn. 87.

1014 *Schröder*, ZGR 1978, 578, 588; *Rossig*, Gesellschafterabsprachen bei GmbH und Close Corporation. Eine vergleichende Untersuchung zum Recht der satzungsergänzenden Nebenverträge in den USA und Deutschland (2003), 82; vgl. auch Noack/Servatius/Haas GmbHG-*Noack*, § 47, Rn. 76.

1015 BGH v. 29.5.1967 – II ZR 105/66 = BGHZ 48, 163, 166; OLG Stuttgart v. 28.10.1985 – 5 U 202/84 = JZ 1987, 570; *Overrath*, Die Stimmrechtsbindung (1973), 37f.; *Noack*, Gesellschaftervereinbarungen bei Kapitalgesellschaften (1994), 123 f.; Scholz GmbHG-*K. Schmidt/Bochmann*, § 47, Rn. 47; *Rossig*, Gesellschafterabsprachen bei GmbH und Close Corporation. Eine vergleichende Untersuchung zum Recht der satzungsergänzenden Nebenverträge in den USA und Deutschland (2003), 82.

1016 *K. Schmidt*, Gesellschaftsrecht (2002), § 5 III 1, S. 109 f.; *Zöllner*, FS 100 Jahre GmbHG (1992), 85, 89.

wie der Fall zu behandeln ist, wenn die Gesellschafter eine Abweichung nicht, wie von der Norm vorgesehen, in der Satzung, sondern auf der Ebene der „Gesellschaft in der Gesellschaft" regeln.

Beispiele für satzungsdispositive Vorschriften im GmbH-Recht sind §§ 15 V GmbHG (Vinkulierung), § 26 I GmbHG (Nachschusspflicht) und § 38 II GmbHG (Abberufung des Geschäftsführers).[1017] § 3 II GmbHG gewährt den Gesellschaftern die Möglichkeit, das Unternehmen in der Satzung zeitlich zu beschränken oder – über die normalen Mitgliedspflichten hinaus – weitere Nebenleistungspflichten der Gesellschafter in die Satzung aufzunehmen.[1018] Im Aktienrecht herrscht im Gegensatz zum flexiblen und gestaltungsoffenen GmbH-Recht der Grundsatz der Satzungsstrenge. Dieser besagt, wie schon ausgeführt, dass von gesetzlichen Regelungen in der Satzung grundsätzlich nur ausnahmsweise in gesetzlich vorgesehener Weise abgewichen werden darf.[1019] Dementsprechend stehen den Gesellschaftern einer AG deutlich weniger Regelungsgegenstände zur freien Disposition. Als Beispiele können die Vorschriften aus §§ 60 III (Gewinnverteilung) und 179 II und III AktG (Mehrheitserfordernisse) genannt werden.

b) Gestaltungswahlrecht statt Satzungspflicht

Eine Abweichung von satzungsdispositiven Normen stellt bei genauerem Hinsehen keinen Konfliktfall zwischen den beiden Ebenen dar. Um zu dieser Erkenntnis zu gelangen, bedarf es einer Betrachtung des Regelungsumfangs der Normen: Im Rahmen satzungsdispositiver Normen hat der Gesetzgeber die Möglichkeit eröffnet, in der Satzung einer Gesellschaft von einem gesetzlichen Regelfall abzuweichen. Fraglich ist jedoch, ob satzungsdispositive Normen gleichzeitig eine Satzungs*pflicht* beinhalten, da der Wortlaut genannter Normen die Abweichung durch Satzungsklausel erfordert.[1020] Dies ist abzulehnen, da der

---

1017 Diese Beispiele auch so aufgeführt *Schön,* Schuldrechtliche Gesellschaftervereinbarungen in der Gesellschaft mit beschränkter Haftung unter besonderer Berücksichtigung der Rechtsnachfolge (2018), 184.

1018 Vgl. hierzu auch *Noack,* Gesellschaftervereinbarungen bei Kapitalgesellschaften (1994), 129 ff. und *Schön,* Schuldrechtliche Gesellschaftervereinbarungen in der Gesellschaft mit beschränkter Haftung unter besonderer Berücksichtigung der Rechtsnachfolge (2018), 186 ff.

1019 BeckOGKAktG-*Limmer*, § 23, Rn. 50 f.; *Drygala/Staake/Szalai,* Kapitalgesellschaftsrecht, Mit Grundzügen des Konzern- und Umwandlungsrechts (2012), V. 1. Rn. 27, S. 15.

1020 So auch *Noack,* Gesellschaftervereinbarungen bei Kapitalgesellschaften (1994), 128 ff.; für die GmbH *Schön,* Schuldrechtliche Gesellschaftervereinbarungen in der Gesellschaft mit beschränkter Haftung unter besonderer Berücksichtigung der Rechtsnachfolge (2018), 184 f.; für die AG *Groß-Bölting,* Gesellschaftervereinbarungen in der Aktiengesellschaft (2011), 114.

Gesetzgeber den Gesellschaftern lediglich die Möglichkeit eröffnen will, eine abweichende Regelung mit korporativer Wirkung zu treffen.[1021] Satzungsdispositive Normen stellen grundsätzlich auch keine Verbotsnormen im Sinne des § 134 BGB dar.[1022] Dementsprechend können schuldrechtliche Vereinbarungen nicht in einen Konflikt mit satzungsdispositiven Normen geraten.

Auch § 3 II GmbHG stellt keine Ausnahme zu diesem Grundsatz dar. Teilweise wird vertreten, dass die Vorschrift eine Satzungspflicht für Nebenleistungen normiert, die für den unternehmerischen Zweck wesentlich sind.[1023] Die herrschende Literatur und Rechtsprechung sieht jedoch auch in dieser Vorschrift die Eröffnung eines Gestaltungswahlrechts.[1024] Gegen die herrschende Meinung wird angeführt, dass in der Folge der Annahme eines derartigen Wahlrechts die Vorschrift des § 3 II GmbHG überflüssig werde. Es sei ein Vergleich zu Sonderrechten zu ziehen. Es ist allgemein anerkannt, dass Sonderrechte nur in der Satzung bzw. im Gesellschaftsvertrag gewährt werden können.[1025] Dies gelte auch für Nebenpflichten.[1026] Das Argument ist jedoch nicht überzeugend, da § 3 II GmbHG seinem Sinn und Zweck nach nicht die schuldrechtliche Vereinbarung von Nebenpflichten ausschließen soll, sondern die Möglichkeit eröffnet, Nebenpflichten nicht nur mit schuldrechtlicher Wirkung vereinbaren zu können, sondern diese auch mit korporativer Wirkung auszustatten und mit der Mitgliedschaft zu verknüpfen.[1027] Auch für Nebenleistungspflichten, ohne die der Zweck der Gesellschaft

---

1021 *Groß-Bölting,* Gesellschaftervereinbarungen in der Aktiengesellschaft (2011), 114.

1022 Vgl. hierzu ausführlich auch *Noack,* Gesellschaftervereinbarungen bei Kapitalgesellschaften (1994), 128 ff.; für die GmbH *Schön,* Schuldrechtliche Gesellschaftervereinbarungen in der Gesellschaft mit beschränkter Haftung unter besonderer Berücksichtigung der Rechtsnachfolge (2018), 184 f.; für die AG *Groß-Bölting,* Gesellschaftervereinbarungen in der Aktiengesellschaft (2011), 114.

1023 Vgl. *Ullrich*, ZGR 1985, 235 ff., 261; *Berger,* Nebenverträge im GmbH-Recht. Vereinbarungen außerhalb des Gesellschaftsvertrags zwischen Gesellschaftern bzw. zwischen Gesellschaftern und Dritten, insbesondere Stimmrechtsvereinbarungen (1995), 45 ff.

1024 Vgl. RG Urteil v. 10.05.1912, RGZ 79, 332, 335 f.; RGZ 82; 299, 302 f.; BGH Urt. v. 08.02.1993 – II ZR 24/92 = DStR 1993, 613 f. = DNotZ 1994, 310, 311; *Noack,* Gesellschaftervereinbarungen bei Kapitalgesellschaften (1994), 130 ff.; *Dürr,* Nebenabreden im Gesellschaftsrecht (1994), 13; *Rossig,* Gesellschafterabsprachen bei GmbH und Close Corporation. Eine vergleichende Untersuchung zum Recht der satzungsergänzenden Nebenverträge in den USA und Deutschland (2003), 92 ff.; Noack/Servatius/Haas GmbHG-*Servatius*, § 3, Rn. 70 f.; *Schön,* Schuldrechtliche Gesellschaftervereinbarungen in der Gesellschaft mit beschränkter Haftung unter besonderer Berücksichtigung der Rechtsnachfolge (2018), 189.

1025 Statt vieler BGH Urt. v. 4.11.1968 – II ZR 63/67 (KG) = NJW 1969, 131; MHLS GmbHG-*Ebbing*, § 14, Rn. 82.

1026 *Ullrich*, ZGR 1985, 235, 238, 254.

1027 So bereits RGZ 112, 273, 277; *Dürr,* Nebenabreden im Gesellschaftsrecht (1994), 12 ff.; *Noack,* Gesellschaftervereinbarungen bei Kapitalgesellschaften (1994), 131; *Schön,* Schuldrechtliche Gesellschaftervereinbarungen in der Gesellschaft mit beschränkter Haftung unter besonderer Berücksichtigung der Rechtsnachfolge (2018), 188.

nicht erreicht werden könnte, konstituiert die Norm keinen Satzungszwang.[1028] Nur wenn eine korporative Wirkung, also eine körperschaftliche Bindung an den Gesellschaftsanteil erwünscht ist, müssen Nebenleistungspflichten in der Satzung geregelt werden.[1029]

c) Zwischenergebnis: Kein Konflikt möglich

Eine Vereinbarung auf der Ebene der „Gesellschaft in der Gesellschaft" kann nicht in einen Konflikt mit einer satzungsdispositiven Norm treten. Letztere ermöglicht zwar eine Regelung auf der Ebene der Hauptgesellschaft, verbietet eine Regelung auf der Ebene der „Gesellschaft in der Gesellschaft" aber nicht.

5. Konflikte mit gesetzlichen Mehrheitserfordernissen

a) Dissonanz zwischen Mehrheitserfordernissen

Ein weiterer Konfliktfall entsteht, wenn die Regelungsebenen unterschiedliche Mehrheitsanforderungen an einen Beschlussgegenstand knüpfen. Grundsätzlich werden auf der Hauptgesellschaftsebene Beschlüsse mit der einfachen Mehrheit, entsprechend § 133 AktG bzw. § 47 I GmbHG, gefasst. Für einzelne Beschlussgegenstände sieht das Gesetz jedoch qualifizierte Mehrheitserfordernisse vor. So sieht § 179 II 1 AktG beispielsweise als Voraussetzung für einen satzungsändernden Beschluss eine Dreiviertelmehrheit des bei der Beschlussfassung vertretenen Grundkapitals vor. § 53 II GmbHG setzt für eine Änderung des Gesellschaftsvertrags durch Beschluss eine Dreiviertelmehrheit der abgegebenen Stimmen voraus. Da bei „Gesellschaften in der Gesellschaft" in Gestalt von Stimmrechtspools der Gesellschaftsvertrag regelmäßig abweichend vom Einstimmigkeitsprinzip Mehrheitsbeschlüsse vorsieht, kann es vorkommen, dass ein Beschlussgegenstand, bezüglich dessen eine Vorabstimmung in der „Gesellschaft in der Gesellschaft" vorgenommen wird, de facto verschiedenen Mehrheitserfordernissen unterliegt.

b) BGH-Entscheidung „Schutzgemeinschaftsvertrag II"

Ein solcher Sachverhalt wurde dem BGH im Rahmen der Schutzgemeinschaftsvertrag II-Entscheidung[1030] im Jahr 2008 vorgelegt. Hier hatten sich drei Gesellschafterstämme einer

1028 RGZ 112, 273, 277 f.

1029 BGH Urt. v. 08.02.1993 – II ZR 24/92 = DStR 1993, 613, 614; *Noack,* Gesellschaftervereinbarungen bei Kapitalgesellschaften (1994), 131; *Schön,* Schuldrechtliche Gesellschaftervereinbarungen in der Gesellschaft mit beschränkter Haftung unter besonderer Berücksichtigung der Rechtsnachfolge (2018), 189.

1030 BGH, Urteil vom 24.11.2008 – II ZR 116/08 (OLG Karlsruhe) = NJW 2009, 669 ff.

AG, welche zusammen 90 % des Grundkapitals hielten, zu einer „Gesellschaft in der Gesellschaft“ in Gestalt einer Schutzgemeinschaft zur Sicherung einer einheitlichen Rechtsausübung zusammengeschlossen. Der Gesellschaftsvertrag der Innengesellschaft sah vor, dass alle beteiligten Gesellschafter auf der Ebene der Hauptgesellschaft entsprechend dem Ergebnis eines internen, mit einfacher Mehrheit gefassten Beschlusses abstimmen. In einer Hauptversammlung verweigerten Teile der an der Schutzgemeinschaft beteiligten Gesellschafter, entgegen der Vorabstimmung, die Zustimmung zu einem Beherrschungs- und Ergebnisabführungsvertrag zwischen der Hauptgesellschaft und einem anderen Konzernunternehmen.[1031] In diesem Zusammenhang ging der BGH der Frage nach, ob sich ein im Kapitalgesellschaftsrecht für einen bestimmten Beschlussgegenstand normiertes qualifiziertes Mehrheitserfordernis auf die Wirksamkeit einer schuldrechtlichen Mehrheitsklausel auswirkt, die eine einfache Mehrheit genügen lässt.

c) Problematik

Das Besondere an dem Fall der verschiedenen Mehrheitserfordernisse ist, dass die Klauseln nicht im unmittelbaren Widerspruch stehen und auch keine Umgehungskonstellation anzunehmen ist. So ist die „Gesellschaft in der Gesellschaft“, wie in dem vom BGH erörterten Sachverhalt, gerade darauf ausgerichtet, die auf der Hauptgesellschaftsebene bestehenden Mehrheitserfordernisse zu erreichen und einzuhalten und nicht den Zweck der Satzungsklausel zu umgehen.[1032] Sind jedoch alle Gesellschafter oder zumindest die qualifizierte Mehrheit der Hauptgesellschaft an der „Gesellschaft in der Gesellschaft“ beteiligt und demnach an das vorgelagerte Beschlussergebnis (schuldrechtlich) gebunden, bestimmt das Abstimmungsergebnis auf der Ebene der „Gesellschaft in der Gesellschaft“ bereits den Ausgang der Abstimmung auf der Hauptgesellschaftsebene. Die Beschlussfassung wird also – sofern sich alle Gesellschafter an die Stimmbindung halten – gänzlich vorverlagert. Für das Endergebnis auf der Hauptgesellschaftsebene sind dann de facto die Mehrheitserfordernisse der Ebene der „Gesellschaft in der Gesellschaft“ maßgeblich.[1033] In der Literatur wird deshalb diskutiert, ob eine Dissonanz zwischen den Mehrheitserfordernissen Rechtsfolgen für die

1031 S. die Schilderungen des BGH zum gesamten Sachverhalt BGH, Urteil vom 24.11.2008 – II ZR 116/08 (OLG Karlsruhe) = NJW 2009, 669; ein derartiger Beschluss bedarf gemäß § 293 AktG einer Drei-Viertel-Mehrheit.

1032 So auch *Zöllner,* FS Ulmer (2003), 725, 741 f.; BGH, Urteil vom 24.11.2008 – II ZR 116/08 (OLG Karlsruhe) = NJW 2009, 669, 671; ähnlich *K. Schmidt*, ZIP 2009, 737, 743, der jedoch für „allseitig bindende satzungsbegleitende Konsortialbindungen“ eine Umgehung für möglich hält.

1033 Vgl. *Habersack*, ZHR 164 (2000), 1, 15 f.

Wirksamkeit der Mehrheitsklausel auf der Ebene der „Gesellschaft in der Gesellschaft" auslöst.[1034]

III. Konflikte mit der Satzung der Hauptgesellschaft

1. Widerspruch zwischen der Satzung der Hauptgesellschaft und dem Gesellschaftsvertrag der „Gesellschaft in der Gesellschaft"

a) Hierarchie oder Gleichrang der Regelungen

Ein weiterer Konflikt entsteht, wenn die Satzung der Hauptgesellschaft und der Gesellschaftsvertrag der „Gesellschaft in der Gesellschaft" entweder ausdrücklich oder nach erläuternder bzw. ergänzender Auslegung widersprüchliche Regelungen beinhalten und miteinander „konkurrieren".[1035] Hier ist auf der Rechtsfolgenseite insbesondere der Frage nachzugehen, ob eine Hierarchie zwischen den Ebenen anzunehmen ist und Satzungsregelungen eine Vorrangstellung einnehmen oder ob möglicherweise eine Vereinbarung im Rahmen der „Gesellschaft in der Gesellschaft" satzungsergänzende oder gar -ändernde Wirkung haben kann. Die spätere Untersuchung zeigt, dass entgegen einigen Ansichten in der Literatur eine gleichrangige Konkurrenz im Rahmen der jeweiligen Reichweite besteht.[1036] Neben dem allgemeinen Konflikt zwischen widersprüchlichen Regelungen, kommen zwei besondere Konfliktsituationen in Betracht, die im Folgenden aufgezeigt werden.

b) Verbot von Gesellschaftervereinbarungen

Ein besonderer Fall des Widerspruchs liegt vor, wenn die eine Regelungsebene die andere ausschließt. Problematisch ist der Fall, wenn die Satzung der Hauptgesellschaft schuldrechtliche Zusammenschlüsse in Form von Gesellschaftervereinbarungen verbietet und die Gesellschafter dennoch eine „Gesellschaft in der Gesellschaft" gründen.[1037] Dies ist

---

1034 Zu dieser Problematik vgl. BGH, Urteil vom 24.11.2008 – II ZR 116/08 (OLG Karlsruhe) = NJW 2009, 669 ff.; *Habersack*, ZHR 164 (2000), 1, 12 ff.; *Zöllner*, FS Ulmer (2003), 725 ff.; *König*, ZGR 2005, 417, 421 ff.; *Söntgerath*, Vermittelte Mehrheit. Eine systematische Untersuchung des Rechts der satzungsergänzenden Nebenverträge, Beteiligungsgesellschaften und Vertreterklauseln (2010), 488 ff.

1035 Vgl. hierzu *Noack*, Gesellschaftervereinbarungen bei Kapitalgesellschaften (1994), 132 ff.; *Rossig*, Gesellschafterabsprachen bei GmbH und Close Corporation. Eine vergleichende Untersuchung zum Recht der satzungsergänzenden Nebenverträge in den USA und Deutschland (2003), 73 ff. (GmbH); *Groß-Bölting*, Gesellschaftervereinbarungen in der Aktiengesellschaft (2011), 115 ff. (AG); *Söntgerath*, Vermittelte Mehrheit. Eine systematische Untersuchung des Rechts der satzungsergänzenden Nebenverträge, Beteiligungsgesellschaften und Vertreterklauseln (2010), 364 ff.

1036 Vgl. hierzu Kapitel 3, D., S. 188 ff. und E, S. 260 ff.

1037 Zu diesem Widerspruch auch *Overrath*, Die Stimmrechtsbindung (1973), 34 ff.; *Söntgerath*, Vermittelte Mehrheit. Eine systematische Untersuchung des Rechts der satzungsergänzenden Nebenverträge, Beteiligungsgesellschaften und Vertreterklauseln (2010), 200 ff.

aufgrund der Satzungsstrenge im Aktienrecht gemäß § 23 V AktG lediglich bei einer Hauptgesellschaft in der Verbandsform der GmbH denkbar.[1038] So können neben der Einlagepflicht nur Nebenleistungspflichten im Rahmen des § 55 AktG auferlegt werden.[1039] Eine grundsätzliche Pflicht, sämtliche außerstatutarische Gesellschaftervereinbarungen zu unterlassen, ist hiervon nicht umfasst.[1040] Im GmbH-Recht hingegen eröffnet § 3 II GmbHG die Möglichkeit, den Gesellschaftern weitere Verpflichtungen, also auch Unterlassungspflichten neben der Einlagepflicht aufzuerlegen.[1041]

c) Abweichung vom Gesellschaftszweck

Ein weiterer Konfliktfall liegt vor, wenn auf der Ebene der „Gesellschaft in der Gesellschaft" ein abweichender Verbandszweck der Hauptgesellschaft vereinbart wird. Hierbei muss zwischen den Zwecken der beiden Gesellschaften unterschieden werden. So ist der Zweck der „Gesellschaft in der Gesellschaft" regelmäßig auf Einflussnahme auf die Hauptgesellschaft gerichtet und vom Zweck der Hauptgesellschaft abzugrenzen. Denkbar ist beispielsweise, dass mit dem Hauptunternehmen ein ideeller Zweck verfolgt wird und die Gesellschafter diesen ideellen Zweck unterlaufen, indem sie im Rahmen einer „Gesellschaft in der Gesellschaft" vereinbaren, nunmehr einen wirtschaftlichen Zweck zu verfolgen.

1038 Für die Möglichkeit einer Verbotsklausel bei der GmbH auch Habersack/Casper/Löbbe GmbHG-*Hüffer/C. Schäfer*, § 47, Rn. 93; Noack/Servatius/Haas GmbHG-*Noack*, § 47, Rn. 117; MüKoGmbHG-*Drescher*, § 47, Rn. 260; *Ripka,* Poolverträge und die neueren Entwicklungen im Gesellschaftsrechts (2000), 161 ff.; *Söntgerath,* Vermittelte Mehrheit. Eine systematische Untersuchung des Rechts der satzungsergänzenden Nebenverträge, Beteiligungsgesellschaften und Vertreterklauseln (2010), 198 f.; aA *Lübbert,* Abstimmungsvereinbarungen in den Aktien- und GmbH-Rechten der EWG-Staaten, der Schweiz und Großbritanniens (1971), 156 f.

1039 *Overrath,* Die Stimmrechtsbindung (1973), 34; *Ripka,* Poolverträge und die neueren Entwicklungen im Gesellschaftsrechts (2000), 160; ausführlich außerdem *Söntgerath,* Vermittelte Mehrheit. Eine systematische Untersuchung des Rechts der satzungsergänzenden Nebenverträge, Beteiligungsgesellschaften und Vertreterklauseln (2010), 194 f.; zu den Rechtsfolgen einer dennoch in die Satzung aufgenommenen Verbotsklausel *Ripka,* Poolverträge und die neueren Entwicklungen im Gesellschaftsrechts (2000), 160 f.; *Söntgerath,* Vermittelte Mehrheit. Eine systematische Untersuchung des Rechts der satzungsergänzenden Nebenverträge, Beteiligungsgesellschaften und Vertreterklauseln (2010), 194 f.

1040 So auch *Overrath,* Die Stimmrechtsbindung (1973), 34.

1041 Dies entspricht der herrschenden Meinung, *Berger,* Nebenverträge im GmbH-Recht. Vereinbarungen außerhalb des Gesellschaftsvertrags zwischen Gesellschaftern bzw. zwischen Gesellschaftern und Dritten, insbesondere Stimmrechtsvereinbarungen (1995), 106; *Rossig,* Gesellschafterabsprachen bei GmbH und Close Corporation. Eine vergleichende Untersuchung zum Recht der satzungsergänzenden Nebenverträge in den USA und Deutschland (2003), 74; Habersack/Casper/Löbbe GmbHG-*Hüffer/C. Schäfer*, § 47, Rn. 93; Rowedder/Pentz GmbHG-*Ganzer*, § 47, Rn. 47; ausführlich hierzu *Söntgerath,* Vermittelte Mehrheit. Eine systematische Untersuchung des Rechts der satzungsergänzenden Nebenverträge, Beteiligungsgesellschaften und Vertreterklauseln (2010), 197 ff., 199.

2. Widerspruch zwischen der Satzung der Hauptgesellschaft und einem Beschluss auf der Ebene der „Gesellschaft in der Gesellschaft“

Denkbar ist weiterhin, dass ein auf der Ebene der „Gesellschaft in der Gesellschaft“ gefasster Beschluss einer Satzungsregelung widerspricht. In einer „Gesellschaft in der Gesellschaft“, die als Stimmrechtspool ausgestaltet ist, wird häufig ein Versammlungsorgan eingerichtet, im Rahmen dessen über das Stimmverhalten der Gesellschafter (mehrheitlich) abgestimmt wird. Ein Beschluss auf der Ebene der „Gesellschaft in der Gesellschaft“ hat regelmäßig eine Stimmverpflichtung auf der Hauptgesellschaftsebene zum Inhalt. Diese Stimmpflicht kann mit einer Satzungsregelung konfligieren, soweit sich unmittelbar aus der Satzung eine Pflicht zu einem widersprüchlichen Stimmverhalten ergibt. Als Beispiel kann der bereits beleuchtete „Kerbnägel-Fall“[1042] abgewandelt werden: Denkbar wäre, dass die Gesellschafter nicht im Rahmen einer Gesellschaftervereinbarung bestimmte Beteiligungen an anderen Unternehmen ausschließen, sondern diesen Ausschluss in die Satzung aufnehmen. Gründen die Gesellschafter daraufhin einen Stimmrechtspool, in welchem sie trotz der Satzungsregelung beschließen, eine derartige Beteiligung aufzunehmen, entsteht ein Widerspruch zwischen der schuldrechtlichen Stimmpflicht und der Satzungsregelung.

Es können zudem widersprüchliche Stimmpflichten im Zusammenhang mit der gesellschaftsrechtlichen Treuepflicht entstehen, da letztere in bestimmten Fällen auch eine Stimmpflicht auf der Hauptgesellschaftsebene auslösen kann. So kann eine Stimmpflicht, welche auf der Ebene der Hauptgesellschaft aufgrund der gesellschaftsrechtlichen Treuepflicht besteht, in Konflikt mit einer schuldrechtlichen Stimmpflicht geraten. Dieser Konflikt wird im Rahmen der gesellschaftsrechtlichen Treuepflicht separat untersucht.[1043]

IV. Konflikte mit gesellschaftsrechtlichen Grundsätzen

1. Konflikte mit der gesellschaftsrechtlichen Treuepflicht[1044]

Es sind Konflikte mit der gesellschaftsrechtlichen Treuepflicht der Ebene der Hauptgesellschaft möglich. Es ist allgemein anerkannt, dass die Gesellschafter einer juristischen

---

1042 BGH, Urteil vom 20.01.1983 – II ZR 243/81 (Nürnberg) = NJW 1983, 1910 f.

1043 Vgl. hierzu Kapitel 3, C.IV.1., S. 171 ff. und D.IV., S. 223 ff.

1044 Hierbei ist die Treuepflicht auf der Ebene der Hauptgesellschaft gemeint. Diese ist von der Treuepflicht auf der Ebene der „Gesellschaft in der Gesellschaft“ zu unterscheiden. Da die „Gesellschaft in der Gesellschaft“ in Bezug auf die Hauptgesellschaft gegründet wird, überschneiden sich die Interessen der beiden Gesellschaften. Denkbar sind auch Konflikte mit der Treuepflicht auf der Ebene der „Gesellschaft in der Gesellschaft“. Beispielsweise kann das Abstimmungsverhaltens eines Gesellschafters auf

Person gegenseitig und gegenüber dem Verband zur Treue verpflichtet sind.[1045] Diese mitgliedschaftliche Pflicht zur Loyalität und Rücksichtnahme kann in unterschiedlicher Ausprägung und variabler Intensität auftreten und kann neben Duldungs- und Unterlassungspflichten auch Handlungspflichten, insbesondere Stimmpflichten, zum Inhalt haben.[1046] Ob die auf der Ebene der Hauptgesellschaft bestehende Treuepflicht so weit reicht, dass sie auf die Ebene der „Gesellschaft in der Gesellschaft“ „übergreift“ und dort beispielsweise als Zulässigkeits-, Ausübungsschranke oder Verbindlichkeitshindernis fungiert, bleibt zu untersuchen.[1047] Im Ergebnis wird ein derart weiter Wirkungskreis der Treuepflicht vorliegend abgelehnt, da die Treuepflicht ausschließlich auf der korporativen Ebene ihre Wirkung entfaltet. Dies ist auf der Rechtsfolgenseite herauszuarbeiten. Im Folgenden werden zunächst die Konfliktfälle beschrieben. Es sind zwei verschiedene Arten von Konflikten denkbar: Zum einen ist es möglich, dass eine „Gesellschaft in der Gesellschaft“ dazu gegründet wird, um auf der Ebene der Hauptgesellschaft als Druckmittel und ohne Rücksichtnahme auf andere Mitgesellschafter, eingesetzt zu werden. Dies ist der Sonderfall des sogenannten „räuberischen Gegenpools“ [1048]. Weitaus wahrscheinlicher ist jedoch der zweite Konfliktfall, bei dem ein Beschluss oder eine Weisung auf der Ebene der „Gesellschaft in der Gesellschaft“ zu einem konkreten treuwidrigen (Stimm-)Verhalten auf der Ebene der Hauptgesellschaft verpflichtet.[1049]

a) „Räuberischer Gegenpool“

Im Sonderfall des „räuberischen Gegenpools“ gründet ein Teil des Gesellschafterkreises einen Stimmrechtspool, um die Stimmrechtsmacht des Pools im Rahmen der Hauptgesellschaft für eigene Sondervorteile „räuberisch“ einzusetzen. [1050] Hier stellt sich die Frage, ob

---

Ebene der Hauptgesellschaft den Interessen der „Gesellschaft in der Gesellschaft“ zuwiderlaufen und aus der Perspektive der „Gesellschaft in der Gesellschaft“ treuwidrig sein. Vgl. hierzu *Wertenbruch*, NZG 2009, 645, 649. Konflikte mit der Treuepflicht auf der Ebene der „Gesellschaft in der Gesellschaft“ werden vorliegend nicht gesondert untersucht. Die späteren Untersuchungsergebnisse zeigen, dass die Treuepflicht, sei sie kapitalgesellschaftsrechtlicher oder personengesellschaftsrechtlicher Natur, einen auf die jeweilige Ebene beschränkten Wirkungskreis hat.

1045 Grundlegend BGHZ 65, 15 – „ITT“; BGHZ 103, 184 – „Linotype“; BGHZ 129, 136 – „Girmes“; ablehnend noch BGH WM 1976, 449 - „Audi/NSU“.

1046 Hierzu statt vieler *Dreher*, DStR 1993, 1632 ff.

1047 Kapitel 3, D.IV.2.b) und c), S. 226 ff.

1048 Vgl. zu dieser Bezeichnung *Burgard*, AG 1992, 41, 49; *Joussen*, Gesellschafterabsprachen neben Satzung und Gesellschaftsvertrag (1995), 52.

1049 Ähnliche Unterscheidungen, statt vieler *K. Schmidt*, Gesellschaftsrecht (2002), 619 f., „dauernde“ Stimmbindungen und „Stimmbindung ad hoc“; ähnlich *Lübbert*, Abstimmungsvereinbarungen in den Aktien- und GmbH-Rechten der EWG-Staaten, der Schweiz und Großbritanniens (1971), 166; *Söntgerath*, Vermittelte Mehrheit. Eine systematische Untersuchung des Rechts der satzungsergänzenden Nebenverträge, Beteiligungsgesellschaften und Vertreterklauseln (2010), 187 f.

1050 Vgl. *Burgard*, AG 1992, 41, 49; *Joussen*, Gesellschafterabsprachen neben Satzung und Gesellschaftsvertrag (1995), 52.

die Gründung bzw. der Einsatz eines solchen Pools einen Treuepflichtverstoß auf der Ebene der Hauptgesellschaft darstellt. Der „räuberische Gegenpool" wird im Aktienrecht im Zusammenhang mit sogenannten „räuberischen Aktionärsklagen" thematisiert, bei welchen ein (Minderheits-)Aktionär einen Mehrheitsaktionär mit der Erhebung oder der Androhung einer Anfechtungsklage unter Druck setzt, um sich einen ungerechtfertigten Sondervorteil zu verschaffen.[1051] Im Rahmen einer solchen Anfechtungsklage entschied die Rechtsprechung, dass seitens des Mehrheitsaktionärs die Voraussetzungen eines individuellen Rechtsmissbrauchseinwandes gegen die Anfechtungsklage schon dann vorliegen können, „wenn der Kläger eine Anfechtungsklage mit dem Ziel erhebt, die verklagte Gesellschaft in grob eigennütziger Weise zu einer Leistung zu veranlassen, auf die er keinen Anspruch hat und billigerweise auch nicht erheben kann".[1052] „Zur Begründung des Einwandes des Rechtsmißbrauchs" bedürfe es nicht einmal „des Rückgriffs auf die gesellschafterliche Treupflicht".[1053] Jedoch kann ein derart rechtsmissbräuchliches Verhalten zugleich eine Treuepflichtverletzung seitens des Klägers darstellen, aus der Schadensersatzpflichten erwachsen.[1054] Denn es ist inzwischen anerkannt, dass auch Minderheitsaktionäre gewisse Treuepflichten haben und insbesondere einem Schädigungsverbot unterliegen.[1055]

Der „räuberische Gegenpool" hat bis jetzt weniger Aufmerksamkeit in der Literatur erfahren, ist jedoch entsprechend einzuordnen. Hierbei handelt es sich um einen Stimmrechtspool, im Rahmen dessen sich Gesellschafter zusammenschließen, um eine Sperrminorität für solche Beschlüsse zu bilden, die einer qualifizierten Mehrheit bedürfen.[1056] Auch hier ist das Ziel der Aktionäre, sich mit der Drohung, Beschlüsse zu blockieren, Sondervorteile zu

---

1051 *Lutter*, ZHR 1989, 446, 466; *Burgard*, AG 1992, 41, 4; *Kiethe*, NZG 2004, 489 ff.

1052 So wörtlich BGH, Urteil vom 22.5.1989 – II ZR 206/88 (Hamm) = NJW 1989, 2689; in Abweichung von RGZ 146, 385 und BGH WM 1962, 456; *Kiethe* kritisiert in diesem Zusammenhang, dass die Gerichte „mit der Annahme rechtsmissbräuchlichen Verhaltens (…) sehr zurückhaltend" seien und dass „ihnen die von den Gesellschaften vorgetragenen Indizien zur Rechtsmissbräuchlichkeit" meistens nicht ausreichen, so *Kiethe*, NZG 2004, 489, 494.

1053 BGH, Urteil vom 22.5.1989 – II ZR 206/88 (Hamm) = NJW 1989, 2689, 2692.

1054 *Lutter*, ZHR 1989, 446, 466; *K. Schmidt*, Gesellschaftsrecht (2002), § 28 IV, S. 864 ganz unten; *Burgard*, AG 1992, 41, 49.

1055 Statt aller BGHZ 129, 136 = NJW 1995, 1739, „Girmes"; (AG); *K. Schmidt*, Gesellschaftsrecht (2002), § 28 I, S. 801.

1056 Vgl. hierzu auch *Burgard*, AG 1992, 41, 49; *Joussen*, Gesellschafterabsprachen neben Satzung und Gesellschaftsvertrag (1995), 52; *Rossig*, Gesellschafterabsprachen bei GmbH und Close Corporation. Eine vergleichende Untersuchung zum Recht der satzungsergänzenden Nebenverträge in den USA und Deutschland (2003),70 der jedoch die Bezeichnung „räuberischer Gegenpool" nicht verwendet; *Söntgerath*, Vermittelte Mehrheit. Eine systematische Untersuchung des Rechts der satzungsergänzenden Nebenverträge, Beteiligungsgesellschaften und Vertreterklauseln (2010), 187, der noch zwischen einem Sperrminoritätskonsortium und einem räuberischen Gegenpool unterscheidet.

verschaffen.[1057] Während die Gründung eines „Gegenpools" und eine gewisse Abfindungsspekulation zulässig sind, kann ein ausschließlich eigennütziger Gegenpool, mit welchem ohne Rücksicht auf die Interessen des Mehrheitsaktionärs Sondervorteile erzielt werden, mit der gesellschaftsrechtlichen Treuepflicht in Konflikt geraten.[1058]

b) Treuwidrige Stimmverpflichtung

Eine weitere Problematik zwischen den beiden Ebenen entsteht, wenn sich Gesellschafter auf der Ebene der „Gesellschaft in der Gesellschaft" schuldrechtlich zu einem treuwidrigen Verhalten auf der Ebene der Hauptgesellschaft verpflichten.[1059] Diese Problematik ist dementsprechend für „Gesellschaften in der Gesellschaft" relevant, die als Stimmrechtspool ausgestaltet sind. Ein solcher Stimmrechtspool ist, wie bereits im ersten Kapitel erläutert, häufig auf Dauer angelegt und nicht auf ein bestimmtes Stimmverhalten der Mitglieder festgelegt. Die „Gesellschaft in der Gesellschaft" in Gestalt eines Stimmrechtspools wird regelmäßig als vorangeschaltetes Willensbildungsorgan für die Hauptgesellschaft verwendet. Beschlussgegenstände, über die in der Hauptgesellschaft abgestimmt werden soll, werden zuvor einer Abstimmung in der „Gesellschaft in der Gesellschaft" unterzogen. Die beteiligten Gesellschafter sind dann schuldrechtlich dazu verpflichtet, sich auf der Ebene der Hauptgesellschaft mit ihrem Stimmverhalten an das Abstimmungsergebnis zu halten.

Möglich ist, dass ein konkreter Beschluss oder eine konkrete Weisung auf der Ebene der „Gesellschaft in der Gesellschaft" zu einem treuwidrigen Abstimmungsverhalten auf der Hauptgesellschaftsebene verpflichtet. Darüber hinaus kann ein Gesellschafter sogar widersprüchlichen Stimmpflichten unterliegen. So kann im Rahmen einer GmbH auch auf Grundlage der gesellschaftsrechtlichen Treuepflicht eine Stimmpflicht entstehen, beispielsweise wenn die Satzung an neue Umstände angepasst oder ein schädigendes Mitglied aus der

---

1057 Vgl. hierzu auch *Burgard,* AG 1992, 41, 49; *Joussen,* Gesellschafterabsprachen neben Satzung und Gesellschaftsvertrag (1995), 52;

1058 *Burgard,* AG 1992, 41, 49; *Rossig,* Gesellschafterabsprachen bei GmbH und Close Corporation. Eine vergleichende Untersuchung zum Recht der satzungsergänzenden Nebenverträge in den USA und Deutschland (2003), 70;

1059 Vgl. zu dieser Problematik bspw. *Overrath,* Die Stimmrechtsbindung (1973), 73 ff.; *Joussen,* Gesellschafterabsprachen neben Satzung und Gesellschaftsvertrag (1995), 107 ff.; *Berger,* Nebenverträge im GmbH-Recht. Vereinbarungen außerhalb des Gesellschaftsvertrags zwischen Gesellschaftern bzw. zwischen Gesellschaftern und Dritten, insbesondere Stimmrechtsvereinbarungen (1995), 111 ff.; *Rossig,* Gesellschafterabsprachen bei GmbH und Close Corporation. Eine vergleichende Untersuchung zum Recht der satzungsergänzenden Nebenverträge in den USA und Deutschland (2003), 69 ff.; *Schön,* Schuldrechtliche Gesellschaftervereinbarungen in der Gesellschaft mit beschränkter Haftung unter besonderer Berücksichtigung der Rechtsnachfolge (2018), 206 ff.

Hauptgesellschaft ausgeschlossen werden soll.[1060] Dementsprechend ist die Konstellation denkbar, dass Gesellschafter auf der Ebene der „Gesellschaft in der Gesellschaft" zu einem anderen Stimmverhalten verpflichtet sind, als sie es auf Grundlage der Treuepflicht auf der Hauptgesellschaftsebene sind.

2. Konflikte mit dem gesellschaftsrechtlichen Abspaltungsverbot

a) Dogmatische Herleitung des Abspaltungsverbots

Im Zusammenhang mit Stimmrechtsbindungen ist der Gedanke nicht fernliegend, dass diese in den Konflikt mit dem gesellschaftsrechtlichen Abspaltungsverbot geraten könnten. Im Folgenden wird dargestellt, wieso ein derartiger Konflikt im Ergebnis jedoch abzulehnen ist. Das sogenannte Abspaltungsverbot verbietet, dass Mitgliedschaftsrechte isoliert vom Gesellschaftsanteil abgetreten und von der Mitgliedschaft getrennt werden.[1061] Dies wird teilweise aus § 711a S. 1 BGB und dem hierin verankerten Grundsatz des Einklangs von Verantwortung und Entscheidungsmacht oder auch aus der Vorschrift des § 137 BGB hergeleitet.[1062] Bei juristischen Personen wird außerdem zur Herleitung der Grundsatz der Einheitlichkeit der Mitgliedschaft herangezogen.[1063] Weiterhin wird für das Verbot einer isolierten Abtretung an gesellschaftsfremde Dritte auf den Grundsatz der Verbandsautonomie hingewiesen und aus diesem Grund die Privatautonomie eingeschränkt.[1064]

b) Begrenzung des Untersuchungsgegenstands

Der Untersuchungsgegenstand wurde in der vorliegenden Arbeit auf solche „Gesellschaften in der Gesellschaft" beschränkt, an denen keine außenstehenden Dritten beteiligt sind.[1065] Dementsprechend ist das Problem im Hinblick auf Stimmbindungen mit der

---

[1060] BGH NZG 2016, 781 f.; *K. Schmidt,* Gesellschaftsrecht (2002), § 20 V 4, 595 und § 21 II 3 c, 616; ausführlich *Saenger,* FS Bergmann (2018), 603, 609 ff.; *Zöllner,* Die Schranken mitgliedschaftlicher Stimmrechtsmacht bei den privatrechtlichen Personenverbänden (1963), 354; Noack/Servatius/Haas GmbHG-*Noack*, § 47, Rn. 111; Wicke GmbHG-*Wicke*, § 47, Rn. 11; vgl. auch Habersack/Casper/Löbbe GmbHG-*Hüffer/C. Schäfer*, § 47, Rn. 73 und 204.

[1061] Statt vieler BGHZ 3, 354, 357 (OHG); BGH Urteil v. 25.2.1965 – II ZR 287/63 (Karlsruhe) = NJW 1965, 1378 f. (GmbH); *H. Wiedemann,* Gesellschaftsrecht I (1980), § 7 II 1, S. 372; *K. Schmidt,* Gesellschaftsrecht (2002), § 19 III 4, S. 560; MüKoGmbHG-*Weller/Reichert*, § 14, Rn. 119.

[1062] § 717 S. 1 BGB aF wurde inhaltlich unverändert übernommen, vgl. MüKoBGB-*Schäfer*, § 711a, Rn. 1; vgl. auch *Reuter*, ZGR 1978, 633, 642; zu § 137 BGB vgl. *H. Wiedemann,* Gesellschaftsrecht I (1980), § 7 II 1, S. 372 f.

[1063] BGH Urteil v. 25.2.1965 – II ZR 287/63 = NJW 1965, 1378, 1379; *K. Schmidt,* Gesellschaftsrecht (2002), § 19 III 4, S. 560.

[1064] So zum Beispiel MüKoGmbHG-*Weller/Reichert*, § 14, Rn. 119; die Problematik wird meist im Zusammenhang mit einer Abtretung an einen gesellschaftsfremden Dritten erwähnt; Abtretungen an Mitgesellschafter werden weniger thematisiert.

[1065] Vgl. Kapitel 1, B.IV., S. 50 f.

Beteiligung von gesellschaftsfremden Dritten nicht weiter zu vertiefen. Jedoch ist auch die Abspaltung bzw. Abtretung von Herrschafts- und Verwaltungsrechten isoliert vom jeweiligen Gesellschaftsanteil zugunsten eines Mitgesellschafters unzulässig.[1066] Dies stellt nämlich eine Änderung der Gesellschaftsstruktur dar, für die eine Satzungsänderung vonnöten wäre.[1067]

c) Der Stimmrechtspool und die Einheit der Mitgliedschaft

Zwar handelt es sich bei einer Stimmbindung nicht um eine Abtretung des Stimmrechts, jedoch untersagt das Abtretungsverbot auch Vorgänge, die einer Abspaltung gleichkommen, beispielsweise die Vereinbarung einer unwiderruflichen Vollmacht.[1068] Im Rahmen eines Stimmrechtspools könnten Bedenken entstehen, dass die hierbei erfolgende Verknüpfung der Stimmrechte verschiedener Gesellschafter, in ihrer Auswirkung auf die Einheit der Mitgliedschaft einer verbotenen Abtretung des Stimmrechts dem Effekt nach ähneln kann.[1069] Jedoch beeinträchtigt die Stimmbindung das Stimmrecht zumindest in formaler Hinsicht nicht.[1070] Ausschlaggebend ist nämlich, dass der gebundene Gesellschafter bei einer Stimmbindungsabrede seine Rechte behält und, anders als bei einer Abtretung, sein Stimmrecht in der Gesellschaft weiterhin selbst ausübt, auch wenn er hierbei schuldrechtlichen Bindungen unterliegt.[1071] Dementsprechend ist ein Konflikt mit dem Abspaltungsverbot grundsätzlich abzulehnen. Bedenken sollten lediglich dann bestehen, wenn die

---

1066 So auch *Flume,* Die juristische Person (1983), § 7 II, 203 f.; MüKoGmbHG-*Weller/Reichert*, § 14, Rn. 119.; aA wohl eher *H. Wiedemann,* Gesellschaftsrecht I (1980), § 7 II 1, S. 373; auch *K. Schmidt* erwähnt diesen Fall nicht in seiner Aufzählung s. *K. Schmidt,* Gesellschaftsrecht (2002), § 19 III 4, S. 561.

1067 So *Flume,* Die juristische Person (1983), § 7 II, 203 f.; MüKoGmbHG-*Weller/Reichert*, § 14, Rn. 119; außerdem sei das Stimmrecht mit dem Geschäftsanteil und nicht unmittelbar mit der Person des Gesellschafters verknüpft, so Habersack/Casper/Löbbe GmbHG-*Hüffer/C. Schäfer*, § 47, Rn. 55.

1068 *H. Wiedemann,* Gesellschaftsrecht I (1980), § 7 II 1, 373.

1069 So beispielsweise *Flume,* Die Personengesellschaft (1977), § 14 VI, S. 230; *Fleck,* FS Fischer (1979), 107, 115; Habersack/Casper/Löbbe GmbHG-*Hüffer/C. Schäfer*, § 47 GmbHG, Rn. 80; MüKoBGB-*Leuschner*, § 32, Rn. 37; *Söntgerath,* Vermittelte Mehrheit. Eine systematische Untersuchung des Rechts der satzungsergänzenden Nebenverträge, Beteiligungsgesellschaften und Vertreterklauseln (2010), 207; vgl. auch *Appenzeller,* Stimmbindungsabsprachen in Kapitalgesellschaften, Rechtsvergleichung und Internationales Privatrecht (1996), 76; die Bedenken werden jedoch häufig im Zusammenhang im Hinblick auf Stimmbindungen unter Beteiligung Dritter geäußert.

1070 *H. Wiedemann,* Gesellschaftsrecht I (1980), § 7 II 2, S. 373; *König,* Der satzungsergänzende Nebenvertrag. Eine rechtsvergleichende Untersuchung zum außerstatutarischen Gesellschaftsorganisationsrecht nach deutschem, französischem und schweizerischem Recht (1996), 61;

1071 So auch die herrschende Meinung; zur Treuhand vgl. OLG Köln, BB 1996, 2058 (GbR); zu Stimmbindungsvereinbarungen vgl. OLG Köln WM 1988, 974, 977; *A. Hueck,* FS Nipperdey (1965), 401, 409; *Appenzeller,* Stimmbindungsabsprachen in Kapitalgesellschaften, Rechtsvergleichung und Internationales Privatrecht (1996), 76 f.; *Söntgerath,* Vermittelte Mehrheit. Eine systematische Untersuchung des Rechts der satzungsergänzenden Nebenverträge, Beteiligungsgesellschaften und Vertreterklauseln (2010), 207; iE auch *Noack,* Gesellschaftervereinbarungen bei Kapitalgesellschaften (1994), 149 ff.

Stimmbindungsvereinbarung nicht beschränkt oder zumindest nicht kündbar ist, da dies zur gänzlichen Auflösung der Bindung zwischen der Mitgliedschaft und des Stimmrechts führen würde.[1072]

d) Zwischenergebnis

Im Ergebnis kann also regelmäßig kein Konflikt mit dem gesellschaftsrechtlichen Abspaltungsverbot entstehen, da die Einheit der Mitgliedschaft bei der Konstellation des Stimmrechtspools gewahrt bleibt.

V. Konflikte mit Beschlüssen – „Kerbnägel" und „Tunnelbau"

Der bekannteste Konfliktfall zwischen den Regelungsebenen liegt vor, wenn ein Beschluss auf der Hauptgesellschaftsebene im Widerspruch zu einer Regelung auf der Ebene der „Gesellschaft in der Gesellschaft" gefasst wird. Derartig gelagerte Sachverhalte wurden dem BGH in den bekannten Entscheidungen „Kerbnägel"[1073] und „Tunnelbau"[1074] vorgelegt.[1075] So beschlossen die Gesellschafter einer GmbH in dem Sachverhalt der erstgenannten Entscheidung satzungsgemäß eine Beteiligung der Hauptgesellschaft, die in einer allseitigen Gesellschaftervereinbarung ausgeschlossen worden war.[1076] In der thematisch verwandten „Tunnelbau"-Entscheidung hatten die Gesellschafter einer GmbH die Abberufung eines Geschäftsführers satzungsgemäß ohne dessen Zustimmung beschlossen. Eine allseitige Gesellschaftervereinbarung sah jedoch für einen derartigen Abberufungsbeschluss ein Zustimmungserfordernis des Abzuberufenden vor.[1077] Im Zusammenhang mit diesen bekannten Entscheidungen wurde insbesondere die Frage diskutiert, ob ein im Einklang mit der Satzung stehender Beschluss aufgrund des Verstoßes gegen die Gesellschaftervereinbarung anfechtbar ist.[1078] Während der BGH eine Anfechtbarkeit solcher Beschlüsse mit dem Hinweis auf

---

1072 *H. Wiedemann,* Gesellschaftsrecht II (2004), § 4 I 4, 314; *Söntgerath,* Vermittelte Mehrheit. Eine systematische Untersuchung des Rechts der satzungsergänzenden Nebenverträge, Beteiligungsgesellschaften und Vertreterklauseln (2010), 207; ähnlich *König,* Der satzungsergänzende Nebenvertrag. Eine rechtsvergleichende Untersuchung zum außerstatutarischen Gesellschaftsorganisationsrecht nach deutschem, französischem und schweizerischem Recht (1996), 61; allgemein zu der Grenze, ob die Bindung zwischen Mitgliedschaft und Stimmrecht dauerhaft gelöst wird BGH JZ 1960, 490, 491; *Rossig,* Gesellschafterabsprachen bei GmbH und Close Corporation. Eine vergleichende Untersuchung zum Recht der satzungsergänzenden Nebenverträge in den USA und Deutschland (2003), 79;

1073 BGH, Urteil vom 20.01.1983 – II ZR 243/81 (Nürnberg) = NJW 1983, 1910 f.

1074 BGH, Urteil vom 27.10.1986 – II ZR 240/85 (Frankfurt) = NJW 1987, 1890 ff.

1075 Vgl. hierzu bereits näher Kapitel 2, B.III.2., S. 67 ff.

1076 BGH, Urteil vom 20.01.1983 – II ZR 243/81 (Nürnberg) = NJW 1983, 1910.

1077 BGH, Urteil vom 27.10.1986 – II ZR 240/85 (Frankfurt) = NJW 1987, 1890 ff.

1078 Vgl. zur Diskussion *Ulmer*, NJW 1987, 1849, 1851 ff.; *Winter*, ZHR 1990, 259, 265 ff.; *Noack,* Gesellschaftervereinbarungen bei Kapitalgesellschaften (1994), 156 ff.; *Goette,* RWS-Forum 8,

die Prozessökonomie annahm, kritisierte die Literatur dieses Vorgehen der Rechtsprechung. Auch vorliegend wird die Ansicht vertreten, dass ein Beschluss auf der Hauptgesellschaftsebene, welcher einer Vereinbarung auf der Ebene der „Gesellschaft in der Gesellschaft“ widerspricht, nicht anfechtbar ist, insbesondere nicht aus prozessökonomischen Gründen. Dies wird im Rahmen der Rechtsfolgen detailliert dargestellt.[1079]

VI. Umgehungen von Satzungsregelungen

Mit einer „Gesellschaft in der Gesellschaft“ können statutarische Regelungen umgangen werden. Insbesondere statutarische Anteilsvinkulierungen und statutarische Stimmrechtsbeschränkungen sind in diesem Zusammenhang relevant.

1. Umgehung einer statutarischen Anteilsvinkulierung

Zwar ist die Umgehung einer statutarischen Anteilsvinkulierung durch einen Stimmrechtspool möglich, jedoch führt dies entgegen einer verbreiteten Ansicht nicht zur Übertragung des Genehmigungserfordernisses auf die problematische schuldrechtliche Vereinbarung. Bevor dieses Ergebnis auf der Rechtsfolgenseite herausgearbeitet wird,[1080] bedarf es zunächst einer näheren Beleuchtung des Konflikts. So können Vereinbarungen auf der Ebene der „Gesellschaft in der Gesellschaft“ in Gestalt eines Stimmrechtspools mit statutarischen Vinkulierungsklauseln in den Konflikt treten und diese Klausel im Einzelfall gar vereiteln.[1081]

Gesellschaftsrecht 1995, 113, 120 ff.; *Jäger*, DStR 1996, 1935, 1938 ff., *Berger,* Nebenverträge im GmbH-Recht. Vereinbarungen außerhalb des Gesellschaftsvertrags zwischen Gesellschaftern bzw. zwischen Gesellschaftern und Dritten, insbesondere Stimmrechtsvereinbarungen (1995), 156 ff.; *Milch,* Schuldrechtliche Absprachen in der GmbH. Zur Reichweite des Trennungsprinzips (2004), 26 ff.; *König,* Der satzungsergänzende Nebenvertrag. Eine rechtsvergleichende Untersuchung zum außerstatutarischen Gesellschaftsorganisationsrecht nach deutschem, französischem und schweizerischem Recht (1996), 70 ff. , *Söntgerath,* Vermittelte Mehrheit. Eine systematische Untersuchung des Rechts der satzungsergänzenden Nebenverträge, Beteiligungsgesellschaften und Vertreterklauseln (2010), 394 ff.; *Schön,* Schuldrechtliche Gesellschaftervereinbarungen in der Gesellschaft mit beschränkter Haftung unter besonderer Berücksichtigung der Rechtsnachfolge (2018), 166 ff.

1079 Vgl. Kapitel 3, D.V., S. 234 ff.

1080 Vgl. Kapitel 3, D.VI.1., S. 256 ff.

1081 Vgl. zu diesem Konflikt auch *Fischer*, GmbHR 1953, 65-70, 67; *Piehler*, DStR 1992, 1654, 1656; *Noack,* Gesellschaftervereinbarungen bei Kapitalgesellschaften (1994), 136 ff.; *Joussen,* Gesellschafterabsprachen neben Satzung und Gesellschaftsvertrag (1995), 104 ff.; *Berger,* Nebenverträge im GmbH-Recht. Vereinbarungen außerhalb des Gesellschaftsvertrags zwischen Gesellschaftern bzw. zwischen Gesellschaftern und Dritten, insbesondere Stimmrechtsvereinbarungen (1995), 102 ff; *König,* Der satzungsergänzende Nebenvertrag. Eine rechtsvergleichende Untersuchung zum außerstatutarischen Gesellschaftsorganisationsrecht nach deutschem, französischem und schweizerischem Recht (1996), 63 f.; *Rodemann,* Stimmbindungsvereinbarungen in den Aktien- und GmbH-Rechten Deutschlands, Englands, Frankreichs und Belgiens (1998), 71 ff.; *Büssemarker,* Stimmbindungsverträge bei Kapitalgesellschaften in Europa. Ein Vergleich der Rechtslage in Deutschland, Frankreich und dem Vereinigten Königreich (1999), 143 f.

Wann eine Vereitelung bzw. eine Umgehung vorliegt, ist anhand des Sinnes und Zwecks der Vinkulierungsklausel zu untersuchen.

a) Zweck der Vinkulierungsklausel

Bei einer Vinkulierung wird die Abtretung des betroffenen Anteils an die Zustimmung der Gesellschaft geknüpft.[1082] Eine Vinkulierungsklausel kann im GmbH-Recht zur Verfolgung verschiedener Zwecke in die Satzung aufgenommen werden. Regelmäßig wird mit einer Vinkulierungsklausel die Erhaltung des bestehenden Gesellschafterkreises bezweckt, entweder hinsichtlich der personellen Zusammensetzung oder hinsichtlich der bestehenden Machtverhältnisse zwischen den beteiligten Personen.[1083] Im erstgenannten Fall wird demnach das Verhindern eines Beitritts von unerwünschten dritten Personen bezweckt, während im zweiten Fall auch eine gesellschaftsinterne Verschiebung der Machtverhältnisse und somit die Anteilsverschiebung innerhalb des bestehenden Gesellschafterkreises verhindert werden soll.[1084] Darüber hinaus kann eine Vinkulierungsklausel auch als Sicherungsmittel eingesetzt werden, beispielsweise um zu gewährleisten, dass die Gesellschafter ihren Verpflichtungen nachkommen oder um bestehende schuldrechtliche Vorkaufsrechte dinglich zu sichern.[1085]

Gemäß § 68 II 1 AktG können im Aktienrecht Namensaktien vinkuliert werden. Auch in der AG kann die Vinkulierungsklausel, wie im Gesellschaftsvertrag einer GmbH, den Zweck verfolgen, vor Überfremdung der Gesellschaft zu schützen und die Mehrheitsverhältnisse des aktuellen Gesellschafterkreises zu sichern.[1086] Außerdem kann eine Vinkulierung die Sicherung der Zahlungsfähigkeit der Aktionäre oder – bei Bestehen von Nebenleistungspflichten gemäß § 55 I AktG – die Sicherung ihrer Leistungsfähigkeit bezwecken.[1087]

b) Umgehung durch Stimmbindungsabreden

Wird bei Bestehen einer Vinkulierungsklausel ein Erwerber abgelehnt, dieser jedoch im Rahmen einer Stimmbindungsvereinbarung auf der Ebene einer „Gesellschaft in der Gesellschaft“ wirtschaftlich so gestellt, als sei er Anteilsinhaber, so gerät diese Vereinbarung in den Konflikt mit dem Zweck der Vinkulierungsklausel. Im Normalfall handelt es sich bei dem

---

1082 *K. Schmidt,* Gesellschaftsrecht (2002), § 35 II. 1., 1047 f. (GmbH); *Raiser/Veil,* Recht der Kapitalgesellschaften (2015), § 12, Rn. 67, 119 (AG), § 30, Rn. 1 und 9 (GmbH).

1083 *Kowalski*, GmbHR 1992, 347, 347; MüKoGmbHG-*Weller/Reichert*, § 15, Rn. 361 f.

1084 Vgl. MüKoGmbHG-*Weller/Reichert*, § 15, Rn. 361 f.; *Lutter/Grunewald*, AG 1989, 109, 109.

1085 Vgl. MüKoGmbHG-*Weller/Reichert*, § 15, Rn. 361 ff.; *Lutter/Grunewald*, AG 1989, 109, 117.

1086 MüKoAktG-*Bayer*, § 68, Rn. 37; vgl. auch *Lutter/Grunewald*, AG 1989, 109, 109 f.

1087 Vgl. MüKoAktG-*Bayer*, § 68, Rn. 35.

abgelehnten Erwerber um einen außenstehenden Dritten. Jedoch sind auch Umgehungsfälle vorstellbar, an denen kein außenstehender Dritter, sondern lediglich Gesellschafter beteiligt sind.[1088] Als Beispiel kann eine Vinkulierungsklausel aufgeführt werden, die die aktuellen Machtverhältnisse in der Hauptgesellschaft sichern soll. Ein beteiligter Gesellschafter, der die Machtverhältnisse zu seinen Gunsten durch Hinzuerwerb eines weiteren Anteils verschieben will, erlangt aus diesem Grund nicht die Genehmigung für seinen Erwerb. Wenn er nun im Rahmen einer „Gesellschaft in der Gesellschaft“ durch eine schuldrechtliche Stimmbindungsabrede so gestellt wird, als hätte er de facto den Anteil erworben, gerät diese Vereinbarung in den Konflikt mit der bestehenden Vinkulierungsklausel. Aus diesem Grund ist die Umgehungsproblematik auch für den Untersuchungsgegenstand der vorliegenden Arbeit von Relevanz.

c) Grenzen der Umgehungsproblematik

Die Frage, wann der Zweck einer Vinkulierungsklausel durch eine schuldrechtliche Stimmbindung als umgangen anzusehen ist, wird in der Literatur nicht einheitlich beantwortet. Kommt der Vinkulierungsklausel beispielsweise nur eine Sicherungsfunktion zu, scheidet eine Umgehung von vornherein aus.[1089] Soll die Klausel Einfluss verhindern und Machtverhältnisse sichern, kann bei Bestehen einer Stimmbindungsvereinbarung auch nicht pauschal von einer Umgehung ausgegangen werden. Ausschlaggebend ist, ob der mit der Vinkulierungsklausel konkret verfolgte Zweck durch die Vereinbarung auf der Ebene der „Gesellschaft in der Gesellschaft“ vereitelt wird.[1090] Zielt die Vinkulierungsklausel gerade darauf ab, den abgelehnten Erwerber aus dem Gesellschafterkreis auszuschließen und dessen Einfluss zu verhindern, kann eine Stimmbindungsvereinbarung, die dem abgelehnten Erwerber den angestrebten Einfluss schuldrechtlich sicherstellt, eine Umgehung der Vinkulierungsklausel darstellen.

1088 So auch *Joussen,* Gesellschafterabsprachen neben Satzung und Gesellschaftsvertrag (1995), 103; *Milch,* Schuldrechtliche Absprachen in der GmbH. Zur Reichweite des Trennungsprinzips (2004), 123; *Schön,* Schuldrechtliche Gesellschaftervereinbarungen in der Gesellschaft mit beschränkter Haftung unter besonderer Berücksichtigung der Rechtsnachfolge (2018), 200; *Forstmoser,* FG Schluep (1988), 359, 379 (Schweiz).

1089 So auch *Rodemann,* Stimmbindungsvereinbarungen in den Aktien- und GmbH-Rechten Deutschlands, Englands, Frankreichs und Belgiens (1998), 73; *Lutter/Grunewald,* AG 1989, 109, 112.

1090 Vgl. *Milch,* Schuldrechtliche Absprachen in der GmbH. Zur Reichweite des Trennungsprinzips (2004), 124; *Schön,* Schuldrechtliche Gesellschaftervereinbarungen in der Gesellschaft mit beschränkter Haftung unter besonderer Berücksichtigung der Rechtsnachfolge (2018), 200 f.

Die Frage, nach welchen Kriterien zu bewerten ist, ob eine Stimmbindungsabrede eine Vinkulierungsklausel umgeht, wird in der Literatur uneinheitlich beantwortet. Teilweise wird auf einen zeitlichen Aspekt abgestellt und für die Annahme eines Umgehungsfalls gefordert, dass die Stimmrechtsbindung auf eine gewisse Dauer angelegt ist.[1091] Teilweise wird vorausgesetzt, dass die von der Stimmbindungsabrede betroffenen Abstimmungsinhalte von gewichtiger Bedeutung sind.[1092] *Milch* wiederum hält diese Kriterien für unsicher und willkürlich und will anhand des Aspekts des wirtschaftlichen Interesses des verpflichteten Gesellschafters feststellen, ob ein Umgehungsfall vorliegt.[1093] Habe demnach der verpflichtete Gesellschafter ein eigenes wirtschaftliches Interesse an der Vereinbarung, sei die Vereinbarung Ausdruck einer durch den verpflichteten Gesellschafter vorgenommenen Interessensabwägung. Der Berechtigte der Vereinbarung könne aufgrund dieser Abwägung durch den Verpflichteten lediglich fremden Einfluss geltend machen und nehme keine Quasi-Gesellschafterstellung ein, weshalb eine Umgehung konsequenterweise nicht vorliege. Dieser Ansicht ist teilweise zuzustimmen. Richtig ist, dass Vorsicht und Zurückhaltung in Bezug auf den Verdacht einer Umgehung geboten ist. Jedoch beschränkt sich die Ansicht *Milchs*, wie sie selbst ausführt auf „treuhänderische Rechtsbeziehungen".[1094] Das von *Milch* vertretene Kriterium des wirtschaftlichen Interesses ist jedoch eng und lässt keinen Raum für atypische Fälle. Außerdem weist das Kriterium keine klaren Konturen auf und kann unterschiedlich interpretiert werden. Nach vorliegender Ansicht ist eine Gesamtschau aller genannten Kriterien im Einzelfall heranzuziehen. So können keine starren Voraussetzungen festgelegt werden, bei deren Vorliegen in jedem Fall von einer Umgehung auszugehen ist. Insbesondere das Kriterium der Dauer wird bei einer „Gesellschaft in der Gesellschaft" regelmäßig erfüllt sein. Jedoch kann dies nicht zu einer pauschalen Umgehungsannahme führen. Die Entscheidung, ob eine statutarische Vinkulierungsklausel durch eine schuldrechtliche Vereinbarung umgangen wird, bedarf einer Einzelfallprüfung. Im Rahmen dieser Prüfung ist zu untersuchen, ob ein durch eine

---

1091 Vgl. *Herriger*, MittRhNotK 1993, 269, 275; , 112, „Dauereinfluss"; *Lutter/Grunewald*, AG 1989, 109, 112, „Dauereinfluß"; *Rodemann*, Stimmbindungsvereinbarungen in den Aktien- und GmbH-Rechten Deutschlands, Englands, Frankreichs und Belgiens (1998), 73; Scholz GmbHG-*K. Schmidt/Bochmann*, § 47, Rn. 48; *Lübbert*, Abstimmungsvereinbarungen in den Aktien- und GmbH-Rechten der EWG-Staaten, der Schweiz und Großbritanniens (1971), 158.

1092 *Herriger*, MittRhNotK 1993, 269, 275, „global"; *Lutter/Grunewald*, AG 1989, 109, „Einzelfall-Vereinbarung ohne größere Bedeutung"; beide Aspekte kombinierend *Piehler*, DStR 1992, 1654, 1656, „in gegenständlicher oder zeitlich gewichtiger Weise".

1093 So die Kritik *Milch*, Schuldrechtliche Absprachen in der GmbH. Zur Reichweite des Trennungsprinzips (2004), 125 ff.; ähnlich zuvor bereits *H. Wiedemann*, Die Übertragung und Vererbung von Mitgliedschaftsrechten bei Handelsgesellschaften (1965), 116.

1094 *Milch*, Schuldrechtliche Absprachen in der GmbH. Zur Reichweite des Trennungsprinzips (2004), 127.

Vinkulierungsklausel im Einfluss begrenzter Gesellschafter durch eine Stimmbindung genau dieser Einfluss eingeräumt wird. Anhaltspunkte hierfür können die Dauer der Vereinbarung, die Wichtigkeit der Abstimmungen, auf welche die Bindung Bezug nimmt, und der Grad des wirtschaftlichen Interesses der Verpflichteten sein.

d) Zwischenergebnis

Nach allen angeführten Kriterien ist jedenfalls dann eine Umgehung anzunehmen, wenn die Übertragung eines Anteils nicht genehmigt wird und die Vertragsparteien daraufhin eine Vereinbarung treffen, nach welcher dem Erwerber alle Rechte des Anteils zugeordnet werden, indem der Veräußerer schuldrechtlich verspricht, sein Stimmrecht nur entsprechend den Weisungen des Erwerbers auszuüben.[1095]

2. Umgehung einer Stimmrechtsbeschränkung

Die Umgehungsproblematik besteht weiterhin im Zusammenhang mit Stimmrechtsbeschränkungen in der Satzung der Hauptgesellschaft. Sie ist vor allem im Aktienrecht relevant. So enthält das Aktienrecht im Zusammenhang mit Höchststimmrechten einen gesetzlichen Umgehungsschutz, in dessen Anwendungsbereich Vereinbarungen im Rahmen der „Gesellschaft in der Gesellschaft“ fallen können. Wann dies der Fall ist, wird im Folgenden untersucht. Im Anschluss wird herausgearbeitet, wieso – entgegen einigen Stimmen in der Literatur – neben den gesetzlich normierten Fällen eine statutarische Stimmrechtsbeschränkung im Regelfall nicht durch eine Stimmrechtsbindung auf der Ebene der „Gesellschaft in der Gesellschaft“ umgangen wird.

a) Der gesetzlich normierte Umgehungsschutz im Aktienrecht

§ 134 I 2 AktG eröffnet den Aktionären die Möglichkeit der Einführung eines Höchststimmrechts. Demgemäß kann das Stimmrecht eines Aktionärs, der mehrere Aktien innehält, in der Satzung auf eine bestimmte Stimmenzahl, trotz höherer Beteiligung, beschränkt werden.[1096] § 134 AktG enthält darüber hinaus einen normativen Umgehungsschutz, indem die Vorschrift in den Sätzen 3 und 4 Zurechnungstatbestände aufstellt und die statutarische

---

1095 So auch *Janberg/Schlaus*, AG 1967, 33, 35; Scholz GmbHG-*K. Schmidt/Bochmann*, § 47, Rn. 48; *Lübbert,* Abstimmungsvereinbarungen in den Aktien- und GmbH-Rechten der EWG-Staaten, der Schweiz und Großbritanniens (1971), 154; *Noack,* Gesellschaftervereinbarungen bei Kapitalgesellschaften (1994), 137; *Milch,* Schuldrechtliche Absprachen in der GmbH. Zur Reichweite des Trennungsprinzips (2004), 127; Vgl. Sachverhalt aus RGZ 69 134; ähnlich *H. Wiedemann,* Die Übertragung und Vererbung von Mitgliedschaftsrechten bei Handelsgesellschaften (1965), 116 ff.

1096 MüKoAktG-*Arnold*, § 134, Rn. 7.

Möglichkeit eröffnet, dem im Stimmrecht beschränkten Aktionär unter bestimmten Voraussetzungen fremde Stimmen anzurechnen. Gemäß § 134 I 3 AktG sind einem Aktionär solche Aktien zuzurechnen, die von einem anderen für seine Rechnung gehalten werden, sofern die Satzung dies vorsieht. § 134 I 4 AktG enthält einen weiteren Zurechnungstatbestand, der einer statutarischen Umsetzung bedarf. Demgemäß kann die Satzung für Aktionäre, die Unternehmen sind, eine Zurechnung solcher Aktien vorsehen, die einem von dem Aktionär abhängigen, ihn beherrschenden oder einem mit ihm konzernverbundenen Unternehmen oder für Rechnung eines derartigen Unternehmens einem Dritten gehören.[1097]

b) Die „Gesellschaft in der Gesellschaft" als Umgehungsfall des § 134 AktG

Eine „Gesellschaft in der Gesellschaft" in Gestalt eines Stimmrechtspools kann einen in § 134 I AktG normierten Umgehungstatbestand erfüllen. Wann dies der Fall ist, wird nun genauer untersucht. Zunächst ist zu überlegen, ob eine Stimmbindung auf der Ebene der „Gesellschaft in der Gesellschaft" so ausgestaltet sein kann, dass diese einem „Für-Rechnung"-Halten gemäß § 134 I 3 AktG entspricht. Ein Aktionär hält Aktien für Rechnung eines anderen Aktionärs, wenn letzterer „die wesentlichen Risiken und Chancen dieser Aktien"[1098] trägt.[1099] Bei einer einfachen Stimmbindungsvereinbarung ist dies grundsätzlich nicht der Fall. Anders ist der Fall jedoch dann zu beurteilen, wenn neben der Stimmbindung die Vereinbarung getroffen wird, dass der Stimmbindungsgläubiger die Risiken und Chancen der Aktien im Ergebnis zu tragen hat. Dann ist von einem „Für-Rechnung"-Halten auszugehen.[1100] Wie bereits erläutert ist jedoch eine „Gesellschaft in der Gesellschaft" in Form eines Stimmrechtspools häufig so ausgestaltet, dass in einem Versammlungsorgan mehrheitliche Beschlüsse gefasst werden, die das Abstimmungsverhalten für anstehende Abstimmungen auf der Ebene der Hauptgesellschaft festlegen. Bei einer solchen typischen Ausgestaltung der „Gesellschaft in der Gesellschaft" wird ein „Für-Rechnung"-Halten in der Regel abzulehnen sein.[1101] § 134 I 4 AktG gewinnt im Zusammenhang mit einer „Gesellschaft in der

---

1097 MüKoAktG-*Arnold*, § 134, Rn. 15.

1098 LG Hannover, ZIP 1992, 1236, 1239.

1099 Vgl. z.B. LG Hannover, ZIP 1992, 1236, 1239; MüKoAktG-*Arnold*, § 134, Rn. 17; BeckOGKAktG-*Rieckers*, § 134, Rn. 22; ähnlich *Martens*, AG 1993, 495, 500.

1100 Vgl. LG Hannover, ZIP 1992, 1236, 1239; *Noack*, Gesellschaftervereinbarungen bei Kapitalgesellschaften (1994), 134; *Söntgerath*, Vermittelte Mehrheit. Eine systematische Untersuchung des Rechts der satzungsergänzenden Nebenverträge, Beteiligungsgesellschaften und Vertreterklauseln (2010), 465.

1101 Vgl. *Noack*, Gesellschaftervereinbarungen bei Kapitalgesellschaften (1994), § 134; *Söntgerath*, Vermittelte Mehrheit. Eine systematische Untersuchung des Rechts der satzungsergänzenden Nebenverträge, Beteiligungsgesellschaften und Vertreterklauseln (2010), 465.

Gesellschaft“ in Form eines Stimmrechtspools an Relevanz, wenn die Stimmbindung eine konzernrechtliche Abhängigkeit im Sinne des § 17 I AktG zur Folge hat.[1102] Eine solche Abhängigkeit kann entstehen, wenn ein Gesellschafter, der aufgrund weiterer unternehmerischer Interessen außerhalb der Hauptgesellschaft selbst Unternehmer im Sinne des § 17 I AktG ist, an einer „Gesellschaft in der Gesellschaft“ in Gestalt eines Stimmrechtspools beteiligt ist. So sind ihm die Stimmen der anderen am Stimmrechtspool beteiligten Gesellschafter richtigerweise zuzurechnen, wenn der Unternehmergesellschafter das Verhalten der beteiligten Gesellschafter aufgrund seiner Mehrheit oder mittels Weisungen steuert.[1103] Somit kann die Bildung einer „Gesellschaft in der Gesellschaft“ die Abhängigkeit der Hauptgesellschaft auslösen und, bei Bestehen einer entsprechenden Satzungsregelung, eine Zurechnung im Sinne des § 134 I 4 AktG angezeigt sein.[1104]

c) Weitere Umgehungstatbestände

Darüber hinaus ist eine „Gesellschaft in der Gesellschaft“ nur im absoluten Ausnahmefall als Umgehung einer statutarischen Stimmrechtsbeschränkung zu werten. Auch im GmbH-Recht steht es den Gesellschaftern frei, Höchststimmrechte in die Satzung aufzunehmen.[1105] Ob und unter welchen Voraussetzungen statutarische Stimmrechtsbeschränkungen mit schuldrechtlichen Stimmrechtsbindungen umgangen werden, ist in der Literatur umstritten und im Folgenden näher zu untersuchen.[1106]

1102 Zu der konzernrechtlichen Relevanz von Stimmbindungsvereinbarungen vgl. Kapitel 3, D.II.4.b), S. 203 ff.

1103 *Janberg/Schlaus*, AG 1967, 33, 38; *Lübbert,* Abstimmungsvereinbarungen in den Aktien- und GmbH-Rechten der EWG-Staaten, der Schweiz und Großbritanniens (1971), 201; *Berger,* Nebenverträge im GmbH-Recht. Vereinbarungen außerhalb des Gesellschaftsvertrags zwischen Gesellschaftern bzw. zwischen Gesellschaftern und Dritten, insbesondere Stimmrechtsvereinbarungen (1995), 192 ff.

1104 Zum konzernrechtlichen Aspekten im Zusammenhang mit Gesellschaftervereinbarungen beispielsweise *Noack,* Gesellschaftervereinbarungen bei Kapitalgesellschaften (1994), 262 ff.; *König,* Der satzungsergänzende Nebenvertrag. Eine rechtsvergleichende Untersuchung zum außerstatutarischen Gesellschaftsorganisationsrecht nach deutschem, französischem und schweizerischem Recht (1996), 77 ff.; *Söntgerath,* Vermittelte Mehrheit. Eine systematische Untersuchung des Rechts der satzungsergänzenden Nebenverträge, Beteiligungsgesellschaften und Vertreterklauseln (2010), 306 ff.; *Rossig,* Gesellschafterabsprachen bei GmbH und Close Corporation. Eine vergleichende Untersuchung zum Recht der satzungsergänzenden Nebenverträge in den USA und Deutschland (2003), 102 ff.

1105 Hierzu beispielsweise Noack/Servatius/Haas GmbHG-*Noack*, § 47, Rn. 69; *Söntgerath,* Vermittelte Mehrheit. Eine systematische Untersuchung des Rechts der satzungsergänzenden Nebenverträge, Beteiligungsgesellschaften und Vertreterklauseln (2010), 464.

1106 Teilweise wird das Problem auch im Zusammenhang mit der gesellschaftsrechtlichen Treuepflicht diskutiert; hierauf wird an dieser Stelle nicht eingegangen; die Treuepflicht wurde bereits gesondert im Zusammenhang mit Stimmrechtsbindungen beleuchtet; s. bspw. *U. H. Schneider*, AG 1990, 56, 60; *Timm*, WM 1991, 481, 493 f.; *Burgard*, AG 1992, 41, 49 f.

aa) Streitstand

(1) Übertragung der statutarischen Höchstgrenze auf die Ebene der „Gesellschaft in der Gesellschaft“

Eine Ansicht nimmt grundsätzlich eine Umgehung eines statutarisch vereinbarten Höchststimmrechts an, wenn Stimmen im Rahmen einer Vereinbarung gebündelt werden und hierdurch die statutarisch vereinbarte Höchstgrenze der Stimmrechtsmacht überschritten wird.[1107]

(2) Kriterium der Dauer

Ein anderer Teil der Literatur bestimmt anhand des Kriteriums der Dauer, ob ein Umgehungsfall vorliegt.[1108] In einer dauerhaften Stimmrechtsbindung liege eine Gefährdung des Zwecks von Höchststimmrechten, nicht jedoch in einer für den Einzelfall getroffenen ad-hoc-Vereinbarung. Sinn und Zweck eines Höchststimmrechts sei es, die Bildung eines dauerhaften Mehrheitsblocks zu verhindern und die Minderheiten entsprechend zu schützen.[1109] § 134 AktG regele eine Sonderkonstellation und nicht abschließend jegliche Umgehungsproblematiken, weshalb die gesetzliche Regelung einer Annahme zusätzlicher Umgehungsfälle nicht entgegenstehe.[1110]

(3) Kriterium der Einflussmöglichkeit

Andere Stimmen differenzieren hinsichtlich der Einflussmöglichkeiten eines einzelnen Gesellschafters auf die übrigen Mitgesellschafter im Rahmen des Stimmrechtspools. Das Höchststimmrecht solle verhindern, dass der Einfluss *eines* Gesellschafters nicht zu groß

1107 *Zöllner,* RWS-Forum 8, Gesellschaftsrecht 1995, 89, 101; *Koppensteiner,* FS Rowedder (1994), 222; *König,* Der satzungsergänzende Nebenvertrag. Eine rechtsvergleichende Untersuchung zum außerstatutarischen Gesellschaftsorganisationsrecht nach deutschem, französischem und schweizerischem Recht (1996), 65, der jedoch verschiedene Intensitätsstufen der Vereinbarungen denkbar hält.

1108 Vgl. *Noack,* Gesellschaftervereinbarungen bei Kapitalgesellschaften (1994), 134 f.; *Burgard,* AG 1992, 41, 49 f.; *Rossig,* Gesellschafterabsprachen bei GmbH und Close Corporation. Eine vergleichende Untersuchung zum Recht der satzungsergänzenden Nebenverträge in den USA und Deutschland (2003), 84 f., Fn. 225; *Söntgerath,* Vermittelte Mehrheit. Eine systematische Untersuchung des Rechts der satzungsergänzenden Nebenverträge, Beteiligungsgesellschaften und Vertreterklauseln (2010), 470 f.

1109 Vgl. *Söntgerath,* Vermittelte Mehrheit. Eine systematische Untersuchung des Rechts der satzungsergänzenden Nebenverträge, Beteiligungsgesellschaften und Vertreterklauseln (2010), 470; *Rossig,* Gesellschafterabsprachen bei GmbH und Close Corporation. Eine vergleichende Untersuchung zum Recht der satzungsergänzenden Nebenverträge in den USA und Deutschland (2003), 84.

1110 Vgl. *Noack,* Gesellschaftervereinbarungen bei Kapitalgesellschaften (1994), 136; *Söntgerath,* Vermittelte Mehrheit. Eine systematische Untersuchung des Rechts der satzungsergänzenden Nebenverträge, Beteiligungsgesellschaften und Vertreterklauseln (2010), 470.

werde. Das Koordinieren mehrerer Stimmen zur effektiveren Interessenverfolgung sei grundsätzlich unbedenklich.[1111] So sei von einer Umgehung auszugehen, wenn ein Gesellschafter aufgrund eines Weisungsrechts das Abstimmungsverhalten der anderen Beteiligten lenken könne und seine Stimmrechtsmacht unter Anrechnung der abhängigen Stimmen die Grenze des Höchststimmrechts übersteige.[1112] Der Umgehungsschutz wird teilweise um solche Fälle erweitert, in denen ein Gesellschafter aufgrund seiner Mehrheitsstellung im Stimmrechtspool sämtliche Vorabstimmungen für sich entscheiden und die Stimmbündelung für seine Interessen einsetzen kann.[1113]

(4) Gänzliche Ablehnung von weiteren Umgehungsfällen

Ein weiterer Teil der Literatur vertritt, dass eine Stimmrechtsbindung grundsätzlich keine Umgehung von Stimmrechtsbeschränkungen darstelle.[1114] So sei nicht einmal dann eine Umgehung anzunehmen, wenn ein einzelner Gesellschafter aufgrund eines Weisungsrechts im Rahmen eines Stimmbindungsvertrags oder aufgrund einer Mehrheitsstellung in einem Stimmrechtspool das Stimmverhalten der übrigen gebundenen Gesellschafter lenken könne und eine Addition der gebundenen Stimmen zu seiner eigenen Stimmrechtsmacht eine Überschreitung der Grenze eines geregelten Höchststimmrechts zur Folge habe.[1115] Auch in einem solchen Fall habe, zumindest zum Zeitpunkt des Vertragsabschlusses, ein Interessensausgleich stattgefunden.[1116] Problematisch sei lediglich der Fall, in dem eine Weisung

1111 *Joussen,* Gesellschafterabsprachen neben Satzung und Gesellschaftsvertrag (1995), 105

1112 *Joussen,* Gesellschafterabsprachen neben Satzung und Gesellschaftsvertrag (1995), 105, Voraussetzung sei, dass die übrigen Gesellschafter für den einen Gesellschafter wie Strohleute agieren; *Herriger*, MittRhNotK 1993, 269, 275; *Rodemann,* Stimmbindungsvereinbarungen in den Aktien- und GmbH-Rechten Deutschlands, Englands, Frankreichs und Belgiens (1998), 79; Vgl. auch *Martens*, AG 1993, 495, 499 ff., der jedoch hauptsächlich darauf abstellt, ob vereinbarte Sanktionen einen derartigen Erfüllungszwang auslösen, dass die übrigen Gesellschafter zu „Stimmboten" werden, ausschlaggebend sei die Vergleichbarkeit mit § 134 I AktG.

1113 *Lübbert,* Abstimmungsvereinbarungen in den Aktien- und GmbH-Rechten der EWG-Staaten, der Schweiz und Großbritanniens (1971), 160 f.; *Rodemann,* Stimmbindungsvereinbarungen in den Aktien- und GmbH-Rechten Deutschlands, Englands, Frankreichs und Belgiens (1998), 79 f.

1114 Vgl. beispielsweise *Overrath,* Die Stimmrechtsbindung (1973), 43 ff. (allgemein für das Kapitalgesellschaftsrecht); *Otto*, AG 1994, 167, 174; *Lutter/U. H. Schneider*, ZGR 1975, 182, 193 f.; *Ripka,* Poolverträge und die neueren Entwicklungen im Gesellschaftsrechts (2000), 187 ff.; *Milch,* Schuldrechtliche Absprachen in der GmbH. Zur Reichweite des Trennungsprinzips (2004), 119 ff.

1115 So *Overrath,* Die Stimmrechtsbindung (1973), 43 f. und *Ripka,* Poolverträge und die neueren Entwicklungen im Gesellschaftsrechts (2000), 187 ff.

1116 Vgl. *Overrath,* Die Stimmrechtsbindung (1973), 43 f., weiter geht er davon aus, dass Weisungen und Beschlüsse, welche nur einem einseitigen Interesse dienen unverbindlich sind; ähnlich jedoch für ein unbeschränktes Weisungsrecht dies ablehnend *Ripka,* Poolverträge und die neueren Entwicklungen im Gesellschaftsrechts (2000), 191 f.

ausschließlich einseitige Interessen verfolge und demnach kein Interessenausgleich stattfinde.[1117] Außerdem habe der Gesetzgeber die Stimmbindungen bewusst nicht in die Vorschrift des § 134 AktG als Umgehungsfall aufgenommen. Dies sei als abschließend zu werten.[1118]

bb) Eigene Position: Umgehung nur im absoluten Ausnahmefall

Eine generelle Anrechnung aller Stimmen im Rahmen einer Stimmrechtsbindung ist als zu pauschal abzulehnen. Eine Umgehung kommt nur dann in Betracht, wenn der Zweck der Satzungsregelung durch die Stimmbindungsvereinbarung tatsächlich vereitelt wird. Der Zweck des Höchststimmrechts wird jedoch regelmäßig nicht dadurch umgangen, dass Stimmen verschiedener Gesellschafter im Rahmen eines Stimmrechtspools „zusammengefasst" werden.

Macht man die Frage nach einer Umgehung davon abhängig, ob eine Stimmbindung auf Dauer angelegt wurde, so wäre im Falle einer „Gesellschaft in der Gesellschaft" in Gestalt eines Stimmrechtspools dieses Kriterium regelmäßig erfüllt und eine Umgehung bei Bestehen eines Höchststimmrechts grundsätzlich anzunehmen. Der Aspekt der Dauer stellt jedoch kein taugliches Kriterium dafür dar, ob der Zweck des Höchststimmrechts und das Ausmaß der Stimmrechtsbindung im Einzelfall tatsächlich umgangen wird. Der Sinn und Zweck der Stimmrechtsbeschränkung liegt nicht in der Verhinderung einer beständigen Mehrheitsbildung, sondern darin, den Einfluss eines einzelnen Gesellschafters einzudämmen und damit kleineren Kapitalbeteiligungen Einfluss zu sichern.[1119] Da Stimmbindungsvereinbarungen ein effektives Mittel für Minderheiten darstellen, gemeinsame Interessen zu verfolgen und die Willensbildung der Gesellschaft maßgeblich zu beeinflussen, wird der Zweck des Höchststimmrechts durch die Bildung einer „Gesellschaft in der Gesellschaft" in Form eines

---

1117 Vgl. *Overrath,* Die Stimmrechtsbindung (1973), 44; *Ripka,* Poolverträge und die neueren Entwicklungen im Gesellschaftsrechts (2000), 192; ähnlich *Lutter/U. H. Schneider*, ZGR 1975, 182, 194, so sei bei einer treuhänderischen Haltung von Stimmen eine Zurechnung anzunehmen; ähnlich *Milch,* Schuldrechtliche Absprachen in der GmbH. Zur Reichweite des Trennungsprinzips (2004), 120, die auch nur dann einen Umgehungsfall annimmt, wenn ein Gesellschafter lediglich formal den Anteil hält aber die wirtschaftlichen Chancen und Risiken von einem anderen getragen werden.

1118 *Overrath,* Die Stimmrechtsbindung (1973), 44; *Otto*, AG 1994, 167, 174.

1119 *Milch,* Schuldrechtliche Absprachen in der GmbH. Zur Reichweite des Trennungsprinzips (2004), 118 f.; ähnlich *Ripka,* Poolverträge und die neueren Entwicklungen im Gesellschaftsrechts (2000), 190; zum Zweck von Höchststimmrechten allgemein Hüffer/Koch AktG-*Koch*, § 134, Rn. 4; MüKoAktG-*Arnold*, § 134, Rn. 8.

dauerhaften Stimmrechtspools grundsätzlich nicht berührt.[1120] Auch das Kriterium der Einflussmöglichkeit eines Gesellschafters ist zu undifferenziert. So darf nicht pauschal von einer Umgehung ausgegangen werden, nur weil ein Gesellschafter eine Mehrheitsstellung oder ein Weisungsrecht innehat. Die statutarische Begrenzung des Stimmrechts darf lediglich dann Auswirkungen auf eine schuldrechtliche Vereinbarung haben, wenn die Gefahr besteht, dass der Zweck der Stimmrechtsbeschränkung ausgehebelt wird. Dies ist bei Stimmbindungen dann der Fall, wenn ein Gesellschafter über das Mittel einer Stimmrechtsbindung ohne weitere Auseinandersetzung und Abgleich der Interessen, über die Grenze der Beschränkung hinaus, Einfluss ausüben kann.[1121] Eine derartige Auseinandersetzung findet aber regelmäßig bei Vertragsabschluss statt. So ist ein solcher Interessensausgleich, außer in Fällen, in denen der Vertrag ein völlig freies Entscheidungsrecht eines Gesellschafters vorsieht, grundsätzlich anzunehmen.[1122] Aus diesem Grund ist ein Stimmrechtspool im Regelfall Ausdruck eines Interessenkompromisses aller beteiligter Gesellschafter und nicht mit einer die Beschränkung überschreitenden Machtposition eines einzigen Gesellschafters gleichzustellen. Somit liegt nur im Ausnahmefall eine Umgehung einer statutarischen Stimmrechtsbeschränkung vor.

D. Rechtsfolgen der einzelnen Konflikte

I. Frage nach rechtlichen Wechselwirkungen

Nachdem die möglichen Konfliktsituationen aufgezeigt wurden, erfolgt eine weitere Annäherung an den Kern der Problematik, dem rechtlichen Verhältnis der beiden Regelungsebenen. Um das Verhältnis endgültig einordnen zu können (E.), bedarf es einer Untersuchung der Rechtsfolgenseite. Im Folgenden wird aufgezeigt, dass die beiden Regelungsebenen – neben tatsächlichen Wechselwirkungen und Einflüssen – nahezu keinen rechtlichen Einfluss aufeinander haben. Jede zuvor gebildete Fallgruppe wird hierzu auf potenzielle Rechtsfolgen untersucht.

II. Rechtsfolgen bei Konflikten mit kapitalgesellschaftsrechtlichen Normen

1. Keine generelle „Sperrwirkung“ kapitalgesellschaftsrechtlicher Normen

Konflikte zwischen Regelungen auf der Ebene der „Gesellschaft in der Gesellschaft“ und kapitalgesellschaftsrechtlichen Vorschriften entstehen, wenn für den betroffenen

---

1120 *Milch,* Schuldrechtliche Absprachen in der GmbH. Zur Reichweite des Trennungsprinzips (2004), 118.

1121 *Milch,* Schuldrechtliche Absprachen in der GmbH. Zur Reichweite des Trennungsprinzips (2004), 119.

1122 Vgl. *Ripka,* Poolverträge und die neueren Entwicklungen im Gesellschaftsrechts (2000), 191 f.

Regelungsbereich eine kapitalgesellschaftsrechtliche Norm abweichende Regelungen in der *Satzung bzw. im Gesellschaftsvertrag* der Hauptgesellschaft ver- oder gebietet. Zwar entfaltet das Kapitalgesellschaftsrecht keine generelle Sperrwirkung gegenüber der Privatautonomie der Gesellschafter, jedoch zeigt eine Untersuchung relevanter Normen, dass eine schuldrechtliche Gesellschaftervereinbarung den Grenzen absolut zwingender kapitalgesellschaftsrechtlicher Normen unterliegt, deren Überschreitung zur Nichtigkeit der Abrede führt. Es ist anerkannt, dass gewisse Zulässigkeitsschranken des Kapitalgesellschaftsrechts auch für die der Privatautonomie entspringende Ebene der „Gesellschaft in der Gesellschaft" hinzunehmen sind, da ein gewisser Regelungsbereich ausschließlich der Satzung vorbehalten bleiben soll.[1123] So kommt der Satzung eine besondere Rolle als „körperschaftliche Verfassung" bzw. als „rechtlich verfasste Organisation" zu, losgelöst von der Person der Gründergesellschafter.[1124] Ob der Anwendungsbereich einer Vorschrift auf die Satzung der Hauptgesellschaft beschränkt ist oder ob sie auch privatautonome Vereinbarungen betrifft, kann nicht für alle kapitalgesellschaftsrechtlichen Normen einheitlich beantwortet werden. Vielmehr bedarf es einer Untersuchung der einzelnen Normen und Normkategorien auf ihren Sinn und Zweck.[1125] Vorrangig zu untersuchen ist hierbei, ob die Vorschrift unmittelbar auf der Ebene der „Gesellschaft in der Gesellschaft" anwendbar ist und eine Rechtsfolge für einen Verstoß auf schuldrechtlicher Ebene vorsieht. Wenn dies der Fall ist, tritt bei einem Verstoß auf der Ebene der „Gesellschaft in der Gesellschaft" die Sanktion der einschlägigen Norm ein. Nur wenn die Norm keine Rechtsfolge vorsieht, ist zu untersuchen, ob eine Verbotsnorm im Sinne des § 134 BGB vorliegt.[1126] Dann kann möglicherweise § 134 BGB eine Verbindung zwischen dem Kapitalgesellschaftsrecht und dem Schuldrecht herstellen und die Nichtigkeit der schuldrechtlichen Vereinbarung auslösen.

1123 So erkennt die herrschende Meinung überwiegend für den Bereich zwingender Vorschriften eine Zulässigkeitsschranke für Gesellschaftervereinbarungen an. Für die GmbH *Ulmer*, NJW 1987, 1849, 1850; *Jäger*, DStR 1996, 1935; *Wicke*, DStR 2006, 1137, 1138; MüKoGmbHG-*Wicke*, § 3, Rn. 133; *Schön,* Schuldrechtliche Gesellschaftervereinbarungen in der Gesellschaft mit beschränkter Haftung unter besonderer Berücksichtigung der Rechtsnachfolge (2018), 177; BeckOK GmbHG-*Trölitzsch*, § 53 Anhang Gesellschaftervereinbarungen, Rn. 13; für die AG *Mayer*, MittBayNot 2006, 281, 283; hierzu gleich ausführlich.

1124 Für „jeden verfaßten Verband" *K. Schmidt,* Gesellschaftsrecht (2002), § 5 I, 76 f., „Es ist eine rechtlich verfaßte Organisation", „verbandskonstituierende Organisationsverträge"; *H. Wiedemann,* Gesellschaftsrecht I (1980); § 3 II 1, 159, „Lebensgesetz der Vereinigung"; für den Verein BGHZ 47, 172, 179, „körperschaftliche Verfassung".

1125 So im Ergebnis z.B. auch *Noack,* Gesellschaftervereinbarungen bei Kapitalgesellschaften (1994), 128; *Schön,* Schuldrechtliche Gesellschaftervereinbarungen in der Gesellschaft mit beschränkter Haftung unter besonderer Berücksichtigung der Rechtsnachfolge (2018), 177 ff.

1126 Vgl. „lex perfecta" als „lex specialis" MüKoBGB-*Armbrüster*, § 134, Rn. 4; im Ergebnis so auch *Noack,* Gesellschaftervereinbarungen bei Kapitalgesellschaften (1994), 124.

2. Rechtsfolgen bei Konflikten mit Normen des zwingenden Satzungsinhalts

a) Nichtigkeit der Klausel

In der Literatur und Rechtsprechung wird einheitlich vertreten, dass die Vorschriften des zwingenden Mindestinhalts der Satzung eine beschränkende Wirkung für die Ebene der „Gesellschaft in der Gesellschaft“ ausstrahlen.[1127] Dem ist zuzustimmen. § 3 I GmbHG und § 23 II, III AktG legen das Minimum an Regelungsbedarf in der Satzung fest. Die Vorschriften gewährleisten, dass wichtige grundlegende Informationen, nämlich die Firma, der Sitz und der Unternehmensgegenstand der Gesellschaft, der Betrag ihres Stammkapitals und Zahl und Nennbeträge der Geschäftsanteile in der Satzung festgelegt und so der Öffentlichkeit zugänglich gemacht werden.[1128] Ziel ist es auch, dem Registergericht die Überprüfung des Unternehmensgegenstandes zu ermöglichen.[1129] Dieses Grundgerüst an Regelungen darf nicht – wenn auch nur mit schuldrechtlicher Wirkung – auf der Ebene der „Gesellschaft in der Gesellschaft“ unterlaufen werden. Auch die zwingende Formulierung der Vorschriften, dass diese Regelungsgegenstände in der Satzung getroffen werden „müssen“, spricht für eine beschränkende Ausstrahlungswirkung auf die Ebene der „Gesellschaft in der Gesellschaft“. Werden dennoch derartige Regelungen auf der Ebene der „Gesellschaft in der Gesellschaft“ getroffen, sind diese entsprechend der normierten Rechtsfolge nichtig.[1130] Nichtigkeit bedeutet, dass die Wirkung der jeweiligen Regelung ausbleibt.[1131] Im Bereich des zwingenden

---

1127 Für die GmbH BGH, Beschluss vom 15. 3. 2010 - II ZR 4/09 (OLG Brandenburg) = NZG 2010, 988 f, allgemein zwingendes Recht; *Ulmer*, NJW 1987, 1849, 1850; *Jäger*, DStR 1996, 1935; *Wicke*, DStR 2006, 1137, 1138; MüKoGmbHG-*Wicke*, § 3, Rn. 133; *Schön*, Schuldrechtliche Gesellschaftervereinbarungen in der Gesellschaft mit beschränkter Haftung unter besonderer Berücksichtigung der Rechtsnachfolge (2018), 177; BeckOK GmbHG-*Trölitzsch*, § 53 Anhang Gesellschaftervereinbarungen, Rn. 13; Habersack/Casper/Löbbe GmbHG-*Löbbe*, § 3, Rn. 119; für die AG *Mayer*, MittBayNot 2006, 281, 283; die genaue Rechtsfolge bleibt hier jedoch teilweise unklar; aA MüKoAktG-*Pentz*, § 23, Rn. 196; *Groß-Bölting*, Gesellschaftervereinbarungen in der Aktiengesellschaft (2011), 113 f

1128 Vgl. für die GmbH BayObLG, Beschluss vom 22.06.1995 - 3Z BR 71/95 = NJW-RR1996, 413; Noack/Servatius/Haas GmbHG-*Servatius*, § 3, Rn. 5 ff.; MüKoGmbHG-*Wicke*, § 3, Rn. 6; vgl. für die AG MüKoAktG-*Pentz*, § 23, Rn. 78; Hüffer/Koch AktG-*Koch*, § 23, Rn. 21.

1129 Für die GmbH MüKoGmbHG-*Wicke*, § 3, Rn. 10; ähnlich für die AG MüKoAktG-*Pentz*, § 23, Rn. 78.

1130 Viele Quellen umgehen in diesem Zusammenhang die genaue Bezeichnung der Rechtsfolge. Richtig ist die Rechtsfolge der Nichtigkeit. Vgl. allgemein zur Rechtsfolge der Nichtigkeit und unter anderem zur Abgrenzung von Unwirksamkeit bspw. Hüffer/Koch AktG-*Koch*, § 241, Rn. 6; Bespiele für Formulierungen hinsichtlich der Rechtsfolge, wenn Gesellschaftervereinbarungen gegen § 3 I GmbHG verstoßen *Priester*, FS Claussen (1997), 319, 332, „um wirksam zu werden“; *Jäger*, DStR 1996, 1935, 1934, „können (…) unmittelbar keine Gültigkeit erlangen“; *Schön*, Schuldrechtliche Gesellschaftervereinbarungen in der Gesellschaft mit beschränkter Haftung unter besonderer Berücksichtigung der Rechtsnachfolge (2018), 178, „unzulässig bzw. rechtlich wirkungslos“; Allgemein zur Nichtigkeit als Rechtsfolge von Verstößen gegen Normen des zwingenden Satzungsinhalts *K. Schmidt*, Gesellschaftsrecht (2002), § 27 III 2, 796; BeckOK GmbHG-*Jaeger*, § 3, Rn. 14.

1131 Hüffer/Koch AktG-*Koch*, § 241, Rn. 4.

Satzungsinhalts bedarf es hierfür keiner Heranziehung des § 134 BGB. Das Gleiche gilt für die zwingenden Vorschriften zu Sachgründungen.[1132] Auch in diesem Bereich kann keine schuldrechtlich wirksame Regelung auf der Ebene einer „Gesellschaft in der Gesellschaft" getroffen werden. Ein weiteres Beispiel für eine Norm des zwingenden Satzungsinhalts, die ausschließlich wirksame Regelungen auf Satzungsebene zulässt und jegliche Gesellschaftervereinbarungen in diesem Regelungsbereich sperrt, ist § 34 GmbHG. Diese Vorschrift fordert ausdrücklich eine Regelung im Gesellschaftsvertrag. Dies ist darauf zurückzuführen, dass der Zweck der Vorschrift auf die Vernichtung des Geschäftsanteils und der hiermit verbundenen Mitgliedschaftsrechte abzielt.[1133] Auch in diesem Anwendungsbereich können keine wirksamen Regelungen auf der Ebene der „Gesellschaft in der Gesellschaft" getroffen werden.[1134]

b) Auswirkungen auf den Gesellschaftsvertrag der „Gesellschaft in der Gesellschaft"

aa) Gesamtnichtigkeit nur im Ausnahmefall

Auch wenn eine Vereinbarung auf der Ebene einer „Gesellschaft in der Gesellschaft" nichtig ist, führt dies nicht zwingend zur Gesamtnichtigkeit ihres Gesellschaftsvertrags. In der Praxis kann der Gesamtnichtigkeit des Gesellschaftsvertrags mit Aufnahme einer salvatorischen Klausel entgegengewirkt werden.[1135] Fehlt eine salvatorische Klausel, ist gemäß § 139 BGB der hypothetische Parteiwille entscheidend.[1136] Bei Gesellschaftsverträgen ist regelmäßig anzunehmen, dass die Unwirksamkeit eines einzelnen Bestandteils nicht zur Gesamtnichtigkeit des gesamten Vertrages führen soll. So ist für Gesellschaftsverträge allgemein anerkannt, dass diese – soweit möglich – geltungserhaltend auszulegen bzw. notfalls sogar umzudeuten und aufrechtzuerhalten sind.[1137]

1132 So auch zum Beispiel *Ulmer*, NJW 1987, 1849, 1850; BeckOK GmbHG-*Trölitzsch*, § 53 Anhang Gesellschaftervereinbarungen, Rn. 13.

1133 Vgl. MüKoGmbHG-*Strohn/Fleischer*, § 34, Rn. 2.

1134 Vgl. hierzu auch BeckOK GmbHG-*Trölitzsch*, § 53 Anhang Gesellschaftervereinbarungen, Rn. 13; *Schön*, Schuldrechtliche Gesellschaftervereinbarungen in der Gesellschaft mit beschränkter Haftung unter besonderer Berücksichtigung der Rechtsnachfolge (2018), 177 f.

1135 *H. Wiedemann*, Gesellschaftsrecht II (2004), § 2 V 1, 149; *H. Wiedemann*, Gesellschaftsrecht I (1980), § I 2, 153; *König*, Der satzungsergänzende Nebenvertrag. Eine rechtsvergleichende Untersuchung zum außerstatutarischen Gesellschaftsorganisationsrecht nach deutschem, französischem und schweizerischem Recht (1996), 86; *Rossig*, Gesellschafterabsprachen bei GmbH und Close Corporation. Eine vergleichende Untersuchung zum Recht der satzungsergänzenden Nebenverträge in den USA und Deutschland (2003), 136.

1136 *Schröder*, ZGR 1978, 578, 588; *Rossig*, Gesellschafterabsprachen bei GmbH und Close Corporation. Eine vergleichende Untersuchung zum Recht der satzungsergänzenden Nebenverträge in den USA und Deutschland (2003), 136.

1137 Vgl. BGHZ 47, 172, 180 (Verein); *K. Schmidt*, Gesellschaftsrecht (2002), § 5 I 4 d, 93; *H. Wiedemann*, Gesellschaftsrecht II (2004), § 2 V 1, 149; *H. Wiedemann*, Gesellschaftsrecht I (1980), § 3 I 2, 153;

bb) Grundsätze der fehlerhaften Gesellschaft

Ist eine derartige geltungserhaltende Reduktion jedoch nicht möglich, kommt die Anwendung der Grundsätze der fehlerhaften Gesellschaft in Betracht.[1138] Problematisch ist jedoch in diesem Zusammenhang, dass die „Gesellschaft in der Gesellschaft" regelmäßig als nicht rechtsfähige Innengesellschaft ausgestaltet ist. Für eine Anwendung der Grundsätze der fehlerhaften Gesellschaft setzt die herrschende Ansicht den tatsächlichen Vollzug des fehlerhaften Gesellschaftsvertrags voraus.[1139] Ein Teil der Literatur vertritt, dass die Grundsätze der fehlerhaften Gesellschaft nur bei rechtsfähigen Außengesellschaften Anwendung finden.[1140] Vor dem MoPeG wendeten der BGH und ein Teil der Literatur die Grundsätze der fehlerhaften Gesellschaft jedoch auch auf Innengesellschaften an.[1141] So seien die Grundsätze der fehlerhaften Gesellschaft bereits dann anwendbar, wenn Beiträge geleistet oder gesellschaftsvertragliche Rechte ausgeübt wurden.[1142] Ausschlaggebend sei, dass Rechtstatsachen geschaffen worden seien, an denen die Rechtsordnung nicht vorbeigehen könne.[1143] Problematisch ist, dass diese Ansicht den Anwendungsbereich der Grundsätze der fehlerhaften Gesellschaft stark ausweitet. So wären danach nicht nur Innengesellschaften, sondern auch partiarische oder rein schuldrechtliche Dauerverhältnisse vom Anwendungsbereich umfasst.[1144] Da die Grundsätze der fehlerhaften Gesellschaft aber gerade einen besonderen Bestandsschutz im Innenverhältnis der Gesellschaft gewähren, wäre es wiederum unsachgemäß, die Anwendung auf Außengesellschaften zu beschränken.[1145] Deshalb erscheint es entsprechend einer dritten Ansicht sinnvoll, den Anwendungsbereich davon abhängig zu machen, ob

---

Rossig, Gesellschafterabsprachen bei GmbH und Close Corporation. Eine vergleichende Untersuchung zum Recht der satzungsergänzenden Nebenverträge in den USA und Deutschland (2003), 136.

1138 Vgl. *H. Wiedemann,* Gesellschaftsrecht II (2004), § 2 V 1, 149.

1139 RGZ 165, 198, 204 f.; BGH NJW 1992, 1501, 1502.

1140 So zum Beispiel MüKoBGB-*Schäfer*, § 705, Rn. 315; *C. Schäfer,* Die Lehre vom fehlerhaften Verband. Grundlagen, Verhältnis zum allgemeinen Vertragsrecht und Anwendung auf Strukturänderungen (2002), 157 ff.

1141 Allgemein BGH NJW 1953, 818, 820; BGH NJW 1971, 375, 376 f.; BGH NJW 1992, 1501, 1502; *Wiesner,* Die Lehre von der fehlerhaften Gesellschaft (1980), 117 ff.; im Zusammenhang mit Gesellschaftervereinbarungen, die eine Innengesellschaft bilden BGH ZIP 2009, 2155; *Joussen,* Gesellschafterabsprachen neben Satzung und Gesellschaftsvertrag (1995), 163; *Schön,* Schuldrechtliche Gesellschaftervereinbarungen in der Gesellschaft mit beschränkter Haftung unter besonderer Berücksichtigung der Rechtsnachfolge (2018), 227; die mit dem MoPeG einhergehende neue Systematik und fehlende Anwendbarkeit von § 719 Abs. 1 BGB auf die nicht rechtsfähige Gesellschaft (§§ 740 ff. BGB) können jedoch Zweifel hieran begründen, vgl. BeckOGKBGB-*Geibel*, § 705, Rn. 274, der diese Zweifel iE jedoch ablehnt.

1142 BGH NJW 1987, 2505, 2506.

1143 BGH NJW 1987, 2505, 2506; BGH ZIP 2009, 2155; ähnlich BGH NJW 1953, 818, 820.

1144 So auch BeckOGKBGB-*Geibel*, § 705, Rn. 274.

1145 Vgl. BeckOGKBGB-*Geibel*, § 705, Rn. 274

organisationsrechtliche Elemente vorliegen und eine „verfaßte Organisation“ in Gang gesetzt wurde.[1146] Wie bereits erläutert, weist eine „Gesellschaft in der Gesellschaft“ organisationsrechtliche Elemente auf, insbesondere wenn sie als Stimmrechtspool ausgestaltet ist und im Rahmen von Gesellschaftsversammlungen Vorabentscheidungen vorgesehen sind.[1147] Aus diesem Grund finden die Grundsätze der fehlerhaften Gesellschaft auch auf „Gesellschaften in einer Gesellschaft“ Anwendung.

3. Rechtsfolgen bei Konflikten mit zwingenden kapitalgesellschaftsrechtlichen Normen

a) Abweichende Vereinbarungen auf der Ebene der „Gesellschaft in der Gesellschaft“

aa) Absolut zwingende Normen

Es wurde festgestellt, dass gesellschaftsrechtliche Normen eine sperrende Wirkung auf der Ebene der „Gesellschaft in der Gesellschaft“ entfalten können. Dann sind jegliche Abweichungen auf der Ebene der „Gesellschaft in der Gesellschaft“ nichtig. Die herrschende Meinung vertritt, dass auch zwingende Normen des Kapitalgesellschaftsrechts, insbesondere des GmbH-Rechts, allgemein als Zulässigkeitsschranke für schuldrechtliche Gesellschaftervereinbarungen fungieren.[1148] Es wird argumentiert, dass zwingende gesetzliche Vorschriften eine Regelung treffen, von der „nicht einmal“ in der Satzung abgewichen werden darf, weshalb dies „erst recht“ für schuldrechtliche Vereinbarungen gelten müsse.[1149] Gegensätzlich hierzu wird vertreten, dass zwingende Vorschriften nicht ausdrücklich einen Bezug zu schuldrechtlichen Vereinbarungen enthalten, weshalb letztere von der Normierung unberührt bleiben. [1150] Abweichungen im Rahmen einer Gesellschaftervereinbarung seien unproblematisch hinzunehmen, da die Intensität der Bindung schuldrechtlicher Abreden nicht der

---

[1146] *K. Schmidt,* Gesellschaftsrecht (2002), § 6 III 2, 148; *K. Schmidt*, AcP 1986, 421, 441; befürwortend BeckOGKBGB-*Geibel*, § 705, Rn. 274.

[1147] S. Kapitel 1, B.II., S. 44 ff.

[1148] So für eine Zulässigkeitsschranke im Rahmen des GmbH-Rechts BGH NZG 2010, 988 f.; *Ulmer*, NJW 1987, 1849, 1850; *Jäger*, DStR 1996, 1935, 1937, der von einem grundsätzlichen Vorrang der Satzung ausgeht; *Ehricke,* Schuldvertragliche Nebenabreden zu GmbH-Gesellschaftsverträgen. Deutsches Schweizer und englisches Recht im Vergleich (2004), 24 f., *Wicke*, DStR 2006, 1137, 1138; MüKoGmbHG-*Wicke*, § 3, Rn. 133; Habersack/Casper/Löbbe GmbHG-*Löbbe*, § 3, Rn. 119; ; BeckOK GmbHG-*Trölitzsch*, § 53 Anhang Gesellschaftervereinbarungen, Rn. 13; *Schön,* Schuldrechtliche Gesellschaftervereinbarungen in der Gesellschaft mit beschränkter Haftung unter besonderer Berücksichtigung der Rechtsnachfolge (2018), 177; für die AG *Mayer*, MittBayNot 2006, 281, 283; aA MüKoAktG-*Pentz*, § 23, Rn. 196; *Groß-Bölting,* Gesellschaftervereinbarungen in der Aktiengesellschaft (2011), 113 f.

[1149] So die Argumentation von *Jäger*, DStR 1996, 1935.

[1150] *Groß-Bölting,* Gesellschaftervereinbarungen in der Aktiengesellschaft (2011), 113.

Bindungsstärke der Satzung entspreche.[1151] Richtigerweise bedarf es einer Auslegung der jeweiligen zwingenden Vorschrift, ob im Verbot der abweichenden Satzungsregelung auch ein Verbot jeglicher abweichender – auch schuldrechtlicher – Regelungen enthalten ist.[1152] Bei Vereinbarungen im Rahmen einer „Gesellschaft in der Gesellschaft" muss beachtet werden, dass diese der Privatautonomie entspringen. Es bedarf der hinreichenden Berücksichtigung der Unterschiede der beiden Regelungsebenen. Diese Unterschiede dürfen nicht ohne weiteres durch die allgemeine Anwendung gesellschaftsrechtlicher Vorschriften auf der Ebene der „Gesellschaft in der Gesellschaft" eingeebnet werden.[1153] Gesellschaftervereinbarungen dürfen nur insoweit dem Kapitalgesellschaftsrecht untergeordnet werden, als dieses Recht wichtige Grundelemente regelt, die „absolut zwingend" sind und somit auf keiner der beiden Ebenen verändert werden dürfen.[1154]

(1) Absolut zwingende Normen im GmbH-Recht

(a) Vorschriften der Kapitalaufbringung und -erhaltung

Beispiele für „absolut zwingende" Normen im GmbH-Recht sind die Vorschriften zur Kapitalaufbringung und -erhaltung und §§ 21 bis 24 GmbHG. Diese Vorschriften stellen Verbotsgesetze im Sinne des § 134 BGB dar.[1155] Sie enthalten keine unmittelbare Rechtsfolge für die schuldrechtliche Ebene der „Gesellschaft in der Gesellschaft". Ihr jeweiliger Sinn und Zweck erfordert jedoch, dass keine abweichenden Regelungen auf schuldrechtlicher Ebene getroffen werden dürfen.

1151 *Groß-Bölting,* Gesellschaftervereinbarungen in der Aktiengesellschaft (2011), 113.

1152 Im Ergebnis so auch *Noack,* Gesellschaftervereinbarungen bei Kapitalgesellschaften (1994), 123 ff.; ähnlich, wenn auch deutlich restriktiver, *Winter,* RWS Forum 8, Gesellschaftsrecht 1995, 131, 134 f.; noch restriktiver *Winter*, ZHR 1990, 259, 279 f., noch restriktiver, da er sich hier im Ergebnis gänzlich gegen die Annahme organisationsrechtlicher Schranken ausspricht; später vertritt *Winter* dann eine einzelfallbezogene Prüfung und bezieht sich diesbezüglich auf *Noack* (s. Quelle davor); *Schön,* Schuldrechtliche Gesellschaftervereinbarungen in der Gesellschaft mit beschränkter Haftung unter besonderer Berücksichtigung der Rechtsnachfolge (2018), 180.

1153 So auch *Schön,* Schuldrechtliche Gesellschaftervereinbarungen in der Gesellschaft mit beschränkter Haftung unter besonderer Berücksichtigung der Rechtsnachfolge (2018), 180; jedoch ausschließlich für das GmbH-Recht.

1154 Unterscheidung zwischen „absolut und relativ zwingend" s. *Schön,* Schuldrechtliche Gesellschaftervereinbarungen in der Gesellschaft mit beschränkter Haftung unter besonderer Berücksichtigung der Rechtsnachfolge (2018), die auch so argumentiert und die Vorschriften einzeln untersuchen will, wenn auch nur im Rahmen des GmbH-Rechts; ähnliche Unterscheidung auch in.

1155 So auch *Schön,* Schuldrechtliche Gesellschaftervereinbarungen in der Gesellschaft mit beschränkter Haftung unter besonderer Berücksichtigung der Rechtsnachfolge (2018), 181.

(b) Auskunfts- und Einsichtsrecht

Anders wird dies teilweise bei der Vorschrift des § 51a GmbHG beurteilt. § 51a III GmbHG verbietet ausdrücklich Abweichungen im Rahmen des Gesellschaftsvertrags, weshalb die Vorschrift als zwingend einzuordnen ist. Laut einiger Stimmen der Literatur sind jedoch Abweichungen von der Norm im Rahmen von Gesellschaftervereinbarungen möglich.[1156] Der Wortlaut der Norm, der ausdrücklich nur eine Abweichung im Gesellschaftsvertrag verbietet, kann in beide Richtungen zu deuten sein. Er könnte entweder „erst recht" schuldrechtliche Vereinbarungen verbieten oder gezielt schuldrechtliche Vereinbarungen von dem Anwendungsbereich der Norm ausschließen. § 51a GmbHG gewährt dem einzelnen Gesellschafter ein der Mitgliedschaft entspringendes individuelles Recht auf Information.[1157] Nach allgemeiner Ansicht ist der Wortlaut der Norm jedoch weit geraten und deshalb missverständlich.[1158] Während der Regierungsentwurf 1977 noch den Ausschluss und die Einschränkung des individuellen Rechts zuließ, wurde das Verbot aufgrund einer Forderung des damaligen Rechtsausschusses umgesetzt.[1159] Die aus diesem Grund in der Literatur diskutierten Grenzen des § 51a GmbHG, wie beispielsweise ein Auskunftsverweigerungsrecht wegen Rechtsmissbrauchs und die Begrenzung des Informationsanspruchs durch das Informationsinteresse bzw. -bedürfnis,[1160] müssen entsprechend für die schuldrechtliche Ebene gelten. Darüber hinaus ist zu überlegen, ob das in § 51a GmbHG verankerte Verbot auf der Ebene der „Gesellschaft in der Gesellschaft" gilt, wenn der Umfang des Verbots sogar auf Hauptgesellschaftsebene umstritten ist. Jedoch ist zu beachten, dass § 51a GmbHG den gesellschaftsrechtlichen Grundsatz der Unentziehbarkeit des Informationsrechts manifestiert, selbst wenn dieses Recht in seinen Konturen umstritten ist. Solange dieser Grundsatz gesetzlich normiert ist, darf dieses Verbot nicht auf der Ebene der „Gesellschaft in der Gesellschaft" ausgehebelt

---

1156 So zum Beispiel *Milch,* Schuldrechtliche Absprachen in der GmbH. Zur Reichweite des Trennungsprinzips (2004), 149; *Schön,* Schuldrechtliche Gesellschaftervereinbarungen in der Gesellschaft mit beschränkter Haftung unter besonderer Berücksichtigung der Rechtsnachfolge (2018), 183, die ohne weitere Begründung annimmt, dass der Zweck der Vorschrift lediglich darin liegt, Abweichungen im Gesellschaftsvertrag zu verhindern.

1157 *K. Schmidt,* Gesellschaftsrecht (2002), § 35 I 4, 1039.

1158 *K. Schmidt,* Gesellschaftsrecht (2002), 1040; MüKoGmbHG-*Hillmann*, § 51a, Rn. 93; MHLS GmbHG-*Römermann*, § 51a, Rn. 242.

1159 BT-Drs. 8/3908, 76 (Rechtsausschuss); BT-Drs. 8/1347, 45 (Bundesregierung); vgl. hierzu auch MüKoGmbHG-*Hillmann*, § 51a, Rn. 93.

1160 Eine Begrenzung durch das Informationsinteresse bzw. -bedürfnis vertritt *K. Schmidt,* Gesellschaftsrecht (2002), § 35 I 4, 1040 f.; ihm zustimmend Noack/Servatius/Haas GmbHG-*Noack*, § 51a, Rn. 28 ff.; der BGH formuliert eine Grenze des § 51a GmbHG in der „zweckentsprechenden Wahrnehmung" s. BGH Beschluss v. 06.03.1997 – II ZB 4/96 (Stuttgart), NJW 1997, 1985, 1987; Zum Auskunftsverweigerungsrecht aufgrund Rechtsmissbrauchs *K. Schmidt,* Gesellschaftsrecht (2002), § 35 I 4, 1042 f.; Noack/Servatius/Haas GmbHG-*Noack*, § 51a, Rn. 45.

werden.[1161] Zwar hätte ein Verzicht bzw. eine Beschränkung auf der Ebene der „Gesellschaft in der Gesellschaft“ nur schuldrechtliche Wirkung,[1162] diese kann sich aber bei Beteiligung aller Gesellschafter und bei der Auferlegung von Vertragsstrafen im Einzelfall ähnlich gestalten wie eine Satzungsklausel mit korporativer Wirkung. Somit sollte diesem Argument in Bezug auf grundlegende Prinzipien des Gesellschaftsrechts weniger Bedeutung beigemessen werden. Das Informationsrecht ist ein grundlegendes Institut des Gesellschaftsrechts, das – zumindest in gewissen Grenzen – nicht von der Mitgliedschaft abgetrennt werden kann.[1163] Ein im Voraus erklärter allgemeiner Verzicht auf das Informationsrecht ist also auch mit schuldrechtlicher Wirkung nicht möglich.[1164] Anders ist wohl der Fall zu beurteilen, bei dem ein (Minderheits-) Gesellschafter auf einen konkreten Informationsanspruch verzichtet, um sich im Gegenzug einen anderen Vorteil zu sichern.[1165] Die Gefahr, dass das Informationsrecht eines Gesellschafters gänzlich von seiner Mitgliedschaft abgespalten wird, besteht hier nicht. Im Ergebnis ist § 51a GmbHG also auch für die Ebene der „Gesellschaft in der Gesellschaft“ grundsätzlich als zwingend anzusehen.[1166]

(2) Absolut zwingende Normen im Aktienrecht

Auch im Bereich des Aktienrechts gibt es zwingende Vorschriften, deren Wirkung sich unmittelbar oder unter Heranziehung des § 134 BGB auf die Ebene der „Gesellschaft in der Gesellschaft“ erstreckt. So sind, wie bereits erläutert, die Vorschriften der §§ 23 III, IV, 57 AktG auch auf der Ebene der „Gesellschaft in der Gesellschaft“ zwingend. Dies gilt auch für § 23 V 2 AktG.[1167] Darüber hinaus ordnen § 136 II S. 1 und 2 AktG und § 405 III Nr. 4 und 5 AktG unmittelbare Einschränkungen für die Ebene der „Gesellschaft in der Gesellschaft“ an.[1168] § 113 AktG[1169] und § 405 III Nr. 6 und 7 AktG stellen

---

1161 Ähnliche Argumentation *Jäger*, DStR 1996, 1935, 1937.

1162 Dies als Argument gegen die zwingende Wirkung auf schuldrechtlicher Ebene anführend *Schön,* Schuldrechtliche Gesellschaftervereinbarungen in der Gesellschaft mit beschränkter Haftung unter besonderer Berücksichtigung der Rechtsnachfolge (2018), 183 f.

1163 Vgl. *K. Schmidt,* Gesellschaftsrecht (2002), § 35 I 4, 1041.

1164 So auch *Noack,* Gesellschaftervereinbarungen bei Kapitalgesellschaften (1994), 126.

1165 So auch *Noack,* Gesellschaftervereinbarungen bei Kapitalgesellschaften (1994), 126 f.

1166 *Baumann/Reiß*, ZGR 1989, 175, 194; *Noack,* Gesellschaftervereinbarungen bei Kapitalgesellschaften (1994), 126 f., der dies für Dauerregelungen vertritt; *Jäger*, DStR 1996, 1935, 1937; *Wicke*, DStR 2006, 1137, 1138; *Ehricke,* Schuldvertragliche Nebenabreden zu GmbH-Gesellschaftsverträgen. Deutsches Schweizer und englisches Recht im Vergleich (2004), 24 f.

1167 Grigoleit AktG-*Grigoleit/Rachlitz*, § 54, Rn. 16.

1168 MAH AktienR-*Sickinger*, § 11, Rn. 5, hierzu bedarf es entsprechend des Wortlautes keiner Hinzuziehung des § 134 BGB; aA *Mayer*, MittBayNot 2006, 281, 282; *Joussen,* Gesellschafterabsprachen neben Satzung und Gesellschaftsvertrag (1995), 82 ff.; *Groß-Bölting,* Gesellschaftervereinbarungen in der Aktiengesellschaft (2011), 111.

1169 *Groß-Bölting,* Gesellschaftervereinbarungen in der Aktiengesellschaft (2011), 111.

Verbotsgesetze im Sinne des § 134 BGB dar.[1170] Auf § 136 I AktG wird im Rahmen der besonderen Konfliktsituation der Umgehung im nächsten Abschnitt näher eingegangen.

Als Gegenbeispiel kann § 54 AktG herangezogen werden. Diese Vorschrift schränkt die mitgliedschaftliche Einlagepflicht lediglich auf Satzungsebene ein.[1171] Ihr Sinn und Zweck liegt darin, das mit der Mitgliedschaft verbundene Verlustrisiko zu beschränken.[1172] So soll unter anderem die Verkehrsfähigkeit der Aktienmitgliedschaft aufgrund der Vorhersehbarkeit des Verlustrisikos gesichert werden.[1173] Unterwerfen sich Aktionäre im Rahmen schuldrechtlicher Vereinbarungen neben der Einlagepflicht weiteren Pflichten, haben diese jedoch keine unmittelbare Auswirkung auf die verkehrsfähige Mitgliedschaft. So entfalten Regelungen einer „Gesellschaft in der Gesellschaft“ bei der Übertragung eines Anteils der Hauptgesellschaft mangels Akzessorietät keine Wirkung gegenüber dem Einzelrechtsnachfolger.[1174] Der Sinn und Zweck der Vorschrift steht einer schuldrechtlichen Vereinbarung also nicht im Weg.[1175]

bb) Zusammenfassung

Entsprechend der vorangegangenen beispielhaften Untersuchung ist das zwingende GmbH-Recht grundsätzlich auch als zwingend für die Ebene der „Gesellschaft in der Gesellschaft“ anzusehen. So hat die Untersuchung einzelner Vorschriften gezeigt, dass zwingende GmbH-rechtliche Vorschriften regelmäßig elementare Prinzipien des Gesellschaftsrechts gewährleisten, die auch auf der Ebene der „Gesellschaft in der Gesellschaft“ beachtet werden müssen. Zwar schränkt dies die Privatautonomie in einem gewissen Bereich ein, jedoch nur im Bereich solcher Vereinbarungen, die von Gesellschaftern in Bezug auf eine bestehende (Haupt-)Gesellschaft getroffen werden. Die in ihrer Privatautonomie eingeschränkten Gesellschafter unterwerfen sich im Rahmen ihrer Mitgliedschaft an der Hauptgesellschaft den

---

1170 *Groß-Bölting,* Gesellschaftervereinbarungen in der Aktiengesellschaft (2011), 111; MAH AktienR-*Sickinger*, § 11, Rn. 5; Hüffer/Koch AktG-*Koch*, § 133 Rn. 28.

1171 *Noack,* Gesellschaftervereinbarungen bei Kapitalgesellschaften (1994), 127 f.; Grigoleit AktG-*Grigoleit/Rachlitz*, § 54, Rn. 15.

1172 BeckOGKAktG-*Cahn/ Schild von Spannenberg*, § 54, Rn. 3.

1173 Vgl. *Noack,* Gesellschaftervereinbarungen bei Kapitalgesellschaften (1994), 127 f.

1174 Vgl. hierzu ausführlich *Schön,* Schuldrechtliche Gesellschaftervereinbarungen in der Gesellschaft mit beschränkter Haftung unter besonderer Berücksichtigung der Rechtsnachfolge (2018), 231 ff. und 312 ff.

1175 Vgl. zu dieser Argumentation *Noack,* Gesellschaftervereinbarungen bei Kapitalgesellschaften (1994), 127 f.

zwingenden Regelungen des Gesellschaftsrechts. Diese dürfen auf der Ebene der „Gesellschaft in der Gesellschaft" nicht ausgehebelt werden.

Anders als im GmbH-Recht kann für aktienrechtliche Vorschriften keine allgemeine Regel aufgestellt werden.[1176] Dies ist unter anderem dem Umstand geschuldet, dass im Aktienrecht die Ausgangssituation insofern anders gelagert ist, als der Zwang einer gesetzlichen Regelung wegen § 23 V AktG nicht wie bei der GmbH die Ausnahme, sondern die Regel darstellt. Würde also der Verbindlichkeitsgrad der aktienrechtlichen Vorschriften auf der Ebene der Hauptgesellschaft grundsätzlich auf die Ebene der „Gesellschaft in der Gesellschaft" übertragen, müsste die flexible Gestaltungsfreiheit privatautonomer Vereinbarungen gänzlich der aktienrechtlichen Starre weichen. Insofern bedarf es gerade im Aktienrecht immer einer gesonderten Untersuchung des Verbindlichkeitsgrades der Norm in Bezug auf die schuldrechtliche Ebene.

b) Sonderfall: Umgehung von Stimmverboten

aa) Nichtigkeit umgehender Stimmbindungsvereinbarungen

Es wurde bereits festgestellt, dass Stimmverbote schuldrechtliche Vereinbarungen umfassen, die dem vom Stimmverbot betroffenen Gesellschafter mittelbar Einfluss auf die Abstimmung verschaffen. Liegt eine Stimmbindungsvereinbarung vor, die den Zweck eines gesetzlichen Stimmverbots vereitelt, so ist die Verbotsnorm direkt auf die Vereinbarung anzuwenden und die Vereinbarung nichtig. Richtigerweise entspringt diese Rechtsfolge bereits der umgangenen Verbotsnorm selbst, ohne dass es der Hinzuziehung von § 134 BGB oder § 138 BGB bedarf.[1177] Wie bereits untersucht, liegt der Sinn und Zweck der Verbotsnormen darin, jeglichen Einfluss auszuschließen, weshalb auch umgehende Vereinbarungen unmittelbar vom Anwendungsbereich der Normen erfasst werden.

1176 aA *Groß-Bölting,* Gesellschaftervereinbarungen in der Aktiengesellschaft (2011), 114, der jegliche Beschränkung der schuldrechtlichen Ebene durch zwingende Vorschriften ablehnt.

1177 Vgl. *Noack,* Gesellschaftervereinbarungen bei Kapitalgesellschaften (1994), 124; *Berger,* Nebenverträge im GmbH-Recht. Vereinbarungen außerhalb des Gesellschaftsvertrags zwischen Gesellschaftern bzw. zwischen Gesellschaftern und Dritten, insbesondere Stimmrechtsvereinbarungen (1995), 100 f.; *Rossig,* Gesellschafterabsprachen bei GmbH und Close Corporation. Eine vergleichende Untersuchung zum Recht der satzungsergänzenden Nebenverträge in den USA und Deutschland (2003), 83; dagegen Annahme eines gesetzlichen Verbots gemäß § 134 BGB RG v. 3.5.1932, RGZ 136, 236, 245; Habersack/Casper/Löbbe GmbHG-*Hüffer/C. Schäfer*, § 47, Rn. 84; MüKoGmbHG-*Drescher*, § 47, Rn. 246.

bb) Ausschluss von Vorabstimmung in der „Gesellschaft in der Gesellschaft“

Vorliegend von Bedeutung sind jedoch nicht konkrete Stimmbindungsvereinbarungen, sondern Stimmrechtspools, die als Willensbildungsorgane fungieren. Unterliegt ein an der „Gesellschaft in der Gesellschaft“ Beteiligter im Rahmen der Hauptgesellschaft einem Stimmverbot, ist dieser auch von der Vorabstimmung im Stimmrechtspool ausgeschlossen, bei der über das Abstimmungsverhalten hinsichtlich des vom Stimmverbot betroffenen Beschlussgegenstandes entschieden wird.[1178] Nimmt der Gesellschafter dennoch an der Vorabstimmung teil, so ist der Beschluss der „Gesellschaft in der Gesellschaft“ entsprechend der umgangenen Norm nichtig.[1179]

cc) Ausschluss bei maßgeblichem Einfluss

Da der Zweck der Stimmverbote darin liegt, sämtlichen Einfluss eines Befangenen auf den Willensbildungsprozess zu verhindern, erstreckt sich innerhalb von Bruchteils-, Erb-, Gütergemeinschaften oder Stimmrechtspools das Umgehungsverbot auf die übrigen Mitglieder, wenn der Befangene „maßgeblichen Einfluss“ auf diese hat.[1180] Auf eine tatsächliche Einflussnahme kommt es hierbei nicht an.[1181] Im Rahmen einer „Gesellschaft in der Gesellschaft“

1178 Vgl. BGH v. 21.4.1969 – II ZR 200/67 (Karlsruhe) = NJW 1969, 1483, 1484 (GmbH); *Boesebeck*, NJW 1960, 7, 8 (AG); Kölner Kommentar AktG-*Tröger*, § 136 Rn. 90; *Berger*, Nebenverträge im GmbH-Recht. Vereinbarungen außerhalb des Gesellschaftsvertrags zwischen Gesellschaftern bzw. zwischen Gesellschaftern und Dritten, insbesondere Stimmrechtsvereinbarungen (1995), 101 f.; *Rossig*, Gesellschafterabsprachen bei GmbH und Close Corporation. Eine vergleichende Untersuchung zum Recht der satzungsergänzenden Nebenverträge in den USA und Deutschland (2003), 83.

1179 *Boesebeck*, NJW 1960, 7, 8 (AG); *Berger*, Nebenverträge im GmbH-Recht. Vereinbarungen außerhalb des Gesellschaftsvertrags zwischen Gesellschaftern bzw. zwischen Gesellschaftern und Dritten, insbesondere Stimmrechtsvereinbarungen (1995), 102.; *Rossig*, Gesellschafterabsprachen bei GmbH und Close Corporation. Eine vergleichende Untersuchung zum Recht der satzungsergänzenden Nebenverträge in den USA und Deutschland (2003), 83.

1180 BGH v. 16.12.1991 – II ZR 31/91 = BGHZ 116, 353, 358 (Erbengemeinschaft); LG Köln v. 18.11.1999 = GmbHR 2000, 141, 142 (speziell für ein Stimmrechtskonsortium in der GmbH); zustimmend in der Anmerkung hierzu *Kierdorf*, GmbHR 2000, 143, 144; *Westermann*, FS Bezzenberger (2000), 449, 457; Scholz GmbHG-*K. Schmidt/Bochmann*, § 47, Rn. 161; Kölner Kommentar AktG-*Tröger*, § 136, Rn. 90; für den Stimmrechtspool; ähnlich Lutter/Hommelhoff GmbHG-*Bayer*, § 47 Rn. 39; *Noack*, Gesellschaftervereinbarungen bei Kapitalgesellschaften (1994), 258; *Rossig*, Gesellschafterabsprachen bei GmbH und Close Corporation. Eine vergleichende Untersuchung zum Recht der satzungsergänzenden Nebenverträge in den USA und Deutschland (2003), 83; aA RG v. 04.12.1934 – II 62/34 = RGZ 146, 71, 74 f., hiernach sei das Stimmverbot automatisch auf die übrigen Mitglieder der Personengesellschaft auszuweiten, wenn ein Gesellschafter einem Stimmverbot unterliegt; Hüffer/Koch AktG-*Koch*, § 136, Rn 16, der die Ausdehnung eines Stimmverbotes im Falle eines Stimmbindungsvertrages auf die anderen Beteiligten ablehnt für die übrigen Fälle jedoch annimmt vgl. Rn. 15.

1181 LG Köln v. 18.11.1999 = GmbHR 2000, 141, 142 (Stimmrechtskonsortium); Scholz GmbHG-*K. Schmidt/Bochmann*, § 47, Rn. 161; *Söntgerath*, Vermittelte Mehrheit. Eine systematische Untersuchung des Rechts der satzungsergänzenden Nebenverträge, Beteiligungsgesellschaften und Vertreterklauseln (2010), 227; aA *Lübbert*, Abstimmungsvereinbarungen in den Aktien- und GmbH-Rechten der EWG-Staaten, der Schweiz und Großbritanniens (1971), 161.

kann beispielsweise dann von einem „maßgeblichen Einfluss" ausgegangen werden, wenn der befangene Gesellschafter die „Gesellschaft in der Gesellschaft" im konzernrechtlichen Sinne beherrscht.[1182] Ist der befangene Gesellschafter alleiniger Geschäftsführer und Vertreter der „Gesellschaft in der Gesellschaft" und wurden ihm hierfür von allen übrigen Beteiligten die notwendigen Befugnisse übertragen, spricht dies beispielsweise auch für eine maßgebliche Einflussmöglichkeit.[1183] In Familiengesellschaften ist es problematisch, wenn der Befangene mit Familienmitgliedern an einem Stimmrechtspool beteiligt ist. Ob das Stimmverbot des Befangenen auch auf die verwandten Mitgesellschafter auszuweiten ist, wird nicht einheitlich bewertet.[1184] Hierfür spricht der Zweck des Stimmverbotes, die Einflussnahme des Befangenen auszuschließen. So besteht die Gefahr, dass Gesellschafter, die regelmäßig auf die Erfahrung und Expertise eines Familienmitglieds vertrauen, stets in dessen Sinne abstimmen.[1185] Auch diese Art des Einflusses widerspricht dem Zweck des Stimmverbots. Jedoch führt eine generelle Vermutung ausschließlich aufgrund familiärer Beziehungen zu einer unangemessenen Ausweitung des Stimmverbotes.[1186] Richtigerweise ist auch in diesem Fall für die Annahme einer Umgehung auf den maßgeblichen Einfluss des befangenen Gesellschafters auf die übrigen verwandten Mitgesellschafter abzustellen.[1187] Auch ein vertragliches Vetorecht des befangenen Gesellschafters innerhalb einer „Gesellschaft in der Gesellschaft" stellt per se keinen für ein Stimmverbot maßgeblichen Einfluss dar und ist im Hinblick auf ein bestehendes Stimmverbot unproblematisch.[1188] In letzterem Fall ist dem Stimmverbot

---

1182 *Koppensteiner,* GS Schönherr (1986), 205, 210; *Noack,* Gesellschaftervereinbarungen bei Kapitalgesellschaften (1994), 258 f.; Scholz GmbHG-*K. Schmidt/Bochmann*, § 47, Rn. 160 f.; Noack/Servatius/Haas GmbHG-*Noack*, § 47, Rn. 96 (für die Gesamthand und Bruchteilsgemeinschaft); *Rossig,* Gesellschafterabsprachen bei GmbH und Close Corporation. Eine vergleichende Untersuchung zum Recht der satzungsergänzenden Nebenverträge in den USA und Deutschland (2003), 83; *Söntgerath,* Vermittelte Mehrheit. Eine systematische Untersuchung des Rechts der satzungsergänzenden Nebenverträge, Beteiligungsgesellschaften und Vertreterklauseln (2010), 227.

1183 Vgl. Lutter/Hommelhoff GmbHG-*Bayer*, § 47, Rn. 39; *Noack,* Gesellschaftervereinbarungen bei Kapitalgesellschaften (1994), 258.

1184 Gegen die Annahme einer Umgehung *Noack,* Gesellschaftervereinbarungen bei Kapitalgesellschaften (1994), 258, zum speziellen Fall innerhalb eines Stimmrechtskonsortiums; allgemein BGH Urt. v. 29.3.1971 – III ZR 255/68 = NJW 1971, 1265, 1267 (Erbengemeinschaft); Urteilsanmerkung *Kierdorf,* GmbHR 2000, 143, 144; Noack/Servatius/Haas GmbHG-*Noack*, § 47, Rn. 101.

1185 Vgl. Beispiel des befangenen „Seniors" *Noack,* Gesellschaftervereinbarungen bei Kapitalgesellschaften (1994), 258.

1186 Vgl. *Noack,* Gesellschaftervereinbarungen bei Kapitalgesellschaften (1994), 258, der von einer „generellen Diskriminierung" spricht; Vgl. dazu, dass Familienmitglieder nicht automatisch gleichgerichtete Interessen haben im Zusammenhang mit § 17 AktG, BGH Urt. v. 16.02.1981 – II ZR 168/79 = BGHZ 80, 69, 71.

1187 So auch im Ergebnis *Noack,* Gesellschaftervereinbarungen bei Kapitalgesellschaften (1994), 258; Urteilsanmerkung *Kierdorf,* GmbHR 2000, 143, 144.

1188 *Rossig,* Gesellschafterabsprachen bei GmbH und Close Corporation. Eine vergleichende Untersuchung zum Recht der satzungsergänzenden Nebenverträge in den USA und Deutschland (2003), 83.

Genüge getan, wenn der Befangene weder auf der Ebene der „Gesellschaft in der Gesellschaft" noch auf der Hauptgesellschaftsebene an den relevanten Abstimmungen beteiligt ist.

4. Rechtsfolgen bei einer Dissonanz zwischen Mehrheitserfordernissen

a) Gleichlauf der Mehrheitserfordernisse als mögliche kapitalgesellschaftsrechtliche Rechtsfolge

Für den Fall, dass die Satzung der Hauptgesellschaft höhere Mehrheitsanforderungen an einen Beschlussgegenstand vorschreibt als der Vertrag eines Stimmrechtspools im Rahmen der entsprechenden Vorabstimmung, stellt sich das Problem der divergierenden Mehrheitserfordernisse. Teilweise wird vertreten, dass qualifizierte Mehrheitserfordernisse im Rahmen der Hauptgesellschaft auf die Ebene der „Gesellschaft in der Gesellschaft" durchschlagen und eine einfache Mehrheitsklausel im Einzelfall überlagern bzw. verdrängen.[1189] Dieser Ansicht ist entgegenzuhalten, dass sie bei konsequenter Anwendung auf Praktikabilitätsprobleme stoßen würde. So müsste eine Dreiviertelmehrheit in der Hauptgesellschaft entsprechend der Gesamtstimmrechtsmacht des Stimmrechtspools umgerechnet werden, um die Mehrheitsverhältnisse tatsächlich widerzuspiegeln.[1190] Darüber hinaus ist darauf hinzuweisen, dass ein Gesellschafter nach allgemeiner Ansicht die Möglichkeit hat, sich im Rahmen eines Stimmrechtspools an die Weisungen eines anderen Gesellschafters zu binden. So muss es konsequenterweise auch möglich sein, entsprechend dem Prinzip der einfachen Mehrheit über das Stimmverhalten des Stimmrechtspools zu entscheiden.[1191] Bedenken hinsichtlich einer möglichen Verzerrung der Stimmrechtsverhältnisse richten sich gegen die inzwischen allgemein anerkannte Zulässigkeit von Stimmbindungsvereinbarungen.[1192] Auch entfaltet eine Vereinbarung auf der Ebene der „Gesellschaft in der Gesellschaft" nur schuldrechtliche – keine korporative – Wirkung. Um eine Stimme auf der Hauptgesellschaftsebene wirksam

---

1189 *Habersack*, ZHR 164 (2000), 1, 1 und 14 ff.; MüKoHGB-*Enzinger*, § 109, Rn. 41; wohl tendenziell dafür argumentierend MüKoAktG-*Pentz*, § 23, Rn. 205; für den Fall omnilateraler Stimmbindungen dies auch annehmend *Söntgerath,* Vermittelte Mehrheit. Eine systematische Untersuchung des Rechts der satzungsergänzenden Nebenverträge, Beteiligungsgesellschaften und Vertreterklauseln (2010), 521 ff., bei fraktionierenden Vereinbarungen komme es auf das Einflusspotential des Stimmrechtspools an s. 524 f.; aA *Glattfelder*, ZSR 78 (1959), 141a-355a, 290a ff., der im Falle der Dissonanz den Mehrheitsbeschluss auf der Ebene der „Gesellschaft in der Gesellschaft" aufgrund einer Treuepflichtverletzung für unverbindlich hält.

1190 So die Kritik von *Noack,* Gesellschaftervereinbarungen bei Kapitalgesellschaften (1994), 208; BGH, Urteil vom 24.11.2008 – II ZR 116/08 (OLG Karlsruhe) = NJW 2009, 669, 672.

1191 *Zöllner,* FS Ulmer (2003), 725, 749 f.; BGH, Urteil vom 24.11.2008 – II ZR 116/08 (OLG Karlsruhe) = NJW 2009, 669, 671.

1192 *Noack,* Gesellschaftervereinbarungen bei Kapitalgesellschaften (1994), 208; ähnlich *Habersack*, ZHR 164 (2000), 1, 16.

abgeben zu können, müssen die Gesellschafter bei Stimmabgabe die kapitalgesellschaftsrechtlichen Anforderungen einhalten, wie beispielsweise die gesellschaftsrechtliche Treuepflicht.[1193] Den Gesellschaftern steht es frei, ihre Stimme, entgegen der schuldrechtlich wirkenden Vorabstimmung, auf der Hauptgesellschaftsebene abzugeben.[1194] In der Praxis ist es zudem ohnehin nicht möglich zuverlässig festzustellen, ob das konkrete Abstimmungsverhalten auf der Vorabstimmung in der „Gesellschaft in der Gesellschaft" beruht.[1195] Schlussendlich ist darauf hinzuweisen, dass die Vorschriften bezüglich qualifizierter Mehrheitserfordernisse nur auf der Hauptgesellschaftsebene Anwendung finden und Stimmbindungsabreden nicht in den Anwendungsbereich der Normen fallen.[1196] Da die Vereinbarung gerade darauf abzielt, gesetzlich verankerte (qualifizierte) Mehrheitserfordernisse erfüllen zu können, ist der Zweck qualifizierter Mehrheitserfordernisse, bestimmte Entscheidungen ausschließlich auf Basis der breiten Mehrheit zuzulassen,[1197] nicht durch eine Umgehung gefährdet. Etwas anderes ergibt sich auch nicht aus der die Minderheit schützenden Wirkung derartiger gesetzlicher Anforderungen. Zwar bewirkt eine qualifizierte Mehrheitsanforderung einen größeren Schutz für Minderheiten, da ihre Beteiligung hierdurch sichergestellt wird.[1198] Jedoch handelt es sich hierbei um einen Reflexschutz, welcher keine subjektiven Rechte einzelner Minderheiten begründet.[1199] Aus den genannten Gründen ist mit der herrschenden Meinung und Rechtsprechung davon auszugehen, dass die Mehrheitserfordernisse der Hauptgesellschaft nicht auf die Ebene der „Gesellschaft in der Gesellschaft" durchschlagen und eine Mehrheitsklausel auf der Ebene der „Gesellschaft in der Gesellschaft" in ihrer Wirksamkeit unberührt bleibt.[1200]

Der BGH, der in seiner Entscheidung Schutzgemeinschaft II ein Durchschlagen bzw. ein Angleichen der Mehrheitserfordernisse ablehnte, führt in den Entscheidungsgründen des Urteils einen weiteren Gedanken an: Es sei unabhängig von der Frage nach der generellen

1193 Vgl. *König*, ZGR 2005, 417, 423 f.

1194 *König*, ZGR 2005, 417, 424.

1195 *König*, ZGR 2005, 417, 424.

1196 *Zöllner,* FS Ulmer (2003), 725, 740 f.; *König*, ZGR 2005, 417, 432.

1197 Vgl. *König*, ZGR 2005, 417, 428.

1198 *Zöllner,* FS Ulmer (2003), 725, 746; *König*, ZGR 2005, 417, 428; aA *Habersack*, ZHR 164 (2000), 1, 16 ff.

1199 Hierzu ausführlich *Zöllner,* FS Ulmer (2003), 725, 743 ff.; BGH, Urt. v. 24.11.2008 – II ZR 116/08 = NJW 2009, 669, 672.

1200 BGH, Urt. v. 24.11.2008 – II ZR 116/08 = NJW 2009, 669, 671; *Noack,* Gesellschaftervereinbarungen bei Kapitalgesellschaften (1994), 208 f.; *Zöllner,* FS Ulmer (2003), 725, 753 f.; *König*, ZGR 2005, 417, 436; *K. Schmidt*, ZIP 2009, 737, 743.

Wirksamkeit der einfachen Mehrheitsklausel zu untersuchen, ob der im Stimmrechtspool mit einer einfachen Mehrheit gefasste Beschluss im Einzelfall wirksam sei.[1201] „Auf zweiter Stufe“ sei also eine Inhaltskontrolle der Mehrheitsentscheidung vorzunehmen. Verstoße der Beschluss beispielsweise gegen die (auf der Hauptgesellschaftsebene bestehende)[1202] Treuepflicht, sei die Entscheidung – nicht aber die Klausel – unwirksam. Nach vorliegender Ansicht ist ein Beschluss auf der Ebene der „Gesellschaft in der Gesellschaft“ jedoch nicht am Maßstab der Treuepflicht der Hauptgesellschaftsebene zu messen. Diese Problematik wird an späterer Stelle ausführlich behandelt.[1203] An dieser Stelle bleibt zunächst festzuhalten, dass qualifizierte Mehrheitserfordernisse auf der Ebene der Hauptgesellschaft der Wirksamkeit einer einfachen Mehrheitsklausel auf der Ebene der „Gesellschaft in der Gesellschaft“ nicht entgegenstehen.

b) Konzernrechtliche Rechtsfolgen

aa) Ausblick

Die Vereinbarung einer einfachen Mehrheitsklausel im Rahmen einer „Gesellschaft in der Gesellschaft“ ist möglich, obwohl dies mittelbar Auswirkungen auf Entscheidungsmehrheiten innerhalb der Hauptgesellschaft haben kann. Während – entsprechend der vorangegangenen Untersuchung – gesellschaftsrechtliche Rechtsfolgen abzulehnen sind, soll nun der Gedanke konzernrechtlicher Rechtsfolgen verfolgt werden. Zwar findet an dieser Stelle keine Vertiefung des Konzernrechts statt, allerdings wird aufgezeigt, dass die Gründung einer „Gesellschaft in der Gesellschaft“ konzernrechtliche Relevanz haben kann.[1204]

1201 BGH, Urt. v. 24.11.2008 – II ZR 116/08 = NJW 2009, 669 ff.; so auch *K. Schmidt*, ZIP 2009, 737, 743; *Noack*, Gesellschaftervereinbarungen bei Kapitalgesellschaften (1994), ähnlich , 208.

1202 Natürlich bestehen auch auf der Ebene der „Gesellschaft in der Gesellschaft“ Treuebindungen, jedoch sind die Treuebindungen auf Hauptgesellschaftsebene und ihre möglichen Auswirkungen aus die „Gesellschaft in der Gesellschaft“ vorliegend von besonderem Interessen; hierzu auch *Zöllner,* FS Ulmer (2003), 725, 750.

1203 Kapitel 3, D.V., S. 234 ff.

1204 Hierzu ausführlich zum Beispiel *Noack,* Gesellschaftervereinbarungen bei Kapitalgesellschaften (1994), 87 ff.; *Berger,* Nebenverträge im GmbH-Recht. Vereinbarungen außerhalb des Gesellschaftsvertrags zwischen Gesellschaftern bzw. zwischen Gesellschaftern und Dritten, insbesondere Stimmrechtsvereinbarungen (1995), 191 ff. *Joussen,* Gesellschafterabsprachen neben Satzung und Gesellschaftsvertrag (1995), 164 ff.; *Rodemann,* Stimmbindungsvereinbarungen in den Aktien- und GmbH-Rechten Deutschlands, Englands, Frankreichs und Belgiens (1998), 150 ff.; *Söntgerath,* Vermittelte Mehrheit. Eine systematische Untersuchung des Rechts der satzungsergänzenden Nebenverträge, Beteiligungsgesellschaften und Vertreterklauseln (2010), 306 ff.; *Schnorbus/Ganzer*, AG 2016, 565 ff.

So sind für die AG als Hauptgesellschaft die Regeln des faktischen Konzerns gemäß §§ 311 ff. AktG hervorzuheben. § 312 AktG regelt die Pflicht des Vorstands einen Abhängigkeitsbericht zu erstellen. Dieser soll dazu verhelfen, dass die dem herrschenden Unternehmen von § 311 AktG gesetzten Schranken eingehalten werden und Ersatzansprüche gemäß § 317 AktG durchgesetzt werden können.[1205] Das herrschende Unternehmen unterliegt einer gesetzlichen Nachteilsausgleichspflicht für von diesem veranlasste, für die abhängige Gesellschaft nachteilige, unausgeglichene Rechtsgeschäfte (§ 317 AktG). Die Vorschriften zum faktischen Konzern sind ausschließlich für die Aktiengesellschaft gesetzlich geregelt und finden bei einer GmbH keine analoge Anwendung.[1206] Bei einer GmbH hat ein herrschendes Unternehmen stets die der gesellschaftsrechtlichen Treuepflicht entspringenden Schranken zu beachten.[1207] Der Treuepflicht ist ein allgemeines Verbot jeglicher nachteiliger Einflussnahme auf die abhängige GmbH zu entnehmen.[1208] Bei einer Verletzung dieser Pflicht können Schadensersatzansprüche entstehen.[1209]

Im Mittelpunkt konzernrechtlicher Rechtsfolgen steht die Frage, ob ein Abhängigkeitsverhältnis zwischen einem herrschenden Unternehmen und einem beherrschten Unternehmen gemäß § 17 AktG vorliegt.[1210] Es ist deshalb zu untersuchen, ob und wie die Gründung einer „Gesellschaft in der Gesellschaft“ in Gestalt eines dem Mehrheitsprinzip folgenden Stimmrechtspools auf das Bestehen eines Abhängigkeitsverhältnisses im konzernrechtlichen Sinne Einfluss haben kann.

bb) Abhängigkeit von der „Gesellschaft in der Gesellschaft“

Interessant ist weiterhin die Frage, ob eine „Gesellschaft in der Gesellschaft“, an welcher die (qualifizierte) Mehrheit der Hauptgesellschaft beteiligt ist und mehrheitliche Vorabstimmungen vornimmt, als herrschendes Unternehmen im Sinne des Konzernrechts zu

---

1205 *Joussen,* Gesellschafterabsprachen neben Satzung und Gesellschaftsvertrag (1995), 176, zu der Problematik der geheimen Absprachen und hierdurch möglichen „heimlichen Konzernierung“ s. 175 ff.

1206 Statt vieler BGHZ 95, 330, Juris-Rn. 22; BGHZ 149, 10, Juris-Rn. 11.

1207 Vgl. hierzu grundlegend die ITT-Entscheidung des BGH, BGHZ 65, 15 ff. = BGH NJW 1976, 191 f.; BGH 1981, 1449, 1451; BeckOGKAktG-*Müller*, § 311, Rn. 24; MüKoGmbHG-*Liebscher*, Anh. zu § 13, Rn. 391; *Raiser/Veil,* Recht der Kapitalgesellschaften (2015), § 61, Rn. 16 und 48.

1208 BGHZ 65, 15 ff. = BGH NJW 1976, 191 f. (ITT); BeckOGKAktG-*Müller*, § 311, Rn. 24; Emmerich/Habersack, Aktien- und GmbH-Konzernrecht-*Habersack*, § 318, Rn. 2, 6, 22; MüKoGmbHG-*Liebscher*, Anh. zu § 13, Rn. 391.

1209 Vgl. z.B. hierzu BGHZ 65, 15 ff. (ITT) = BGH NJW 1976, 191 f.; *Raiser/Veil,* Recht der Kapitalgesellschaften (2015), § 61, Rn. 51.

1210 Zur Anwendbarkeit rechtsformneutral formulierter Vorschriften, §§ 15 ff. AktG statt vieler MüKoGmbHG-*Liebscher*, Anh. § 13, Rn. 41.

qualifizieren ist. Dies würde die Abhängigkeitsvermutung aus § 17 II AktG nach sich ziehen und hätte die Anwendung des konzernrechtlichen Minderheitenschutzes zur Folge. Hierfür ist zunächst zu untersuchen, ob und wenn ja unter welchen Voraussetzungen eine „Gesellschaft in der Gesellschaft“ als herrschendes Unternehmen im Sinne des § 15 AktG einzuordnen ist. Ein herrschendes Unternehmen ist jeder maßgeblich beteiligte Anteilsinhaber, der neben seiner Beteiligung an der Gesellschaft andere wirtschaftliche Interessen außerhalb der Gesellschaft verfolgt, welche wiederum die Besorgnis begründen, der Gesellschafter könnte deswegen seinen Einfluss zum Nachteil der Gesellschaft nutzen.[1211]

So vertritt *König* zum Beispiel die Auffassung, ein Stimmrechtspool, im Rahmen dessen mehrheitliche Vorabstimmungen stattfinden, sei als Unternehmen im Sinne des § 15 AktG einzuordnen.[1212] Dies löse bei entsprechend hoher Beteiligung und Stimmrechtsmacht die Abhängigkeitsvermutung des § 17 II AktG aus und führe insbesondere zu einer Anwendung der konzernrechtlichen Minderheitsschutzmechanismen namentlich etwaiger Nachteilsausgleichspflichten. Dies sei darauf zurückzuführen, dass der Stimmrechtspool es erlaube, eine Verschiebung der Mehrheitsverhältnisse auszulösen. So sei es möglich, dass „der in der Vorentscheidung nicht eingebundene Minderheitsgesellschafter (...) sich hier möglicherweise einer – formal einwandfrei – mit qualifizierter Mehrheit getroffenen Entscheidung gegenüber“[1213] sehe, die de facto auf einer einfachen Mehrheitsentscheidung beruhe. Die gezielte Bündelung der Stimmen auf der Grundlage vorheriger Abstimmungen bedeute demnach eine „zielgerichtete, interessengeleitete Tätigkeit“.[1214] Diese könne aufgrund des beschriebenen Effekts auf die Mehrheitsverhältnisse einen Interessenskonflikt auslösen und die Unternehmenseigenschaft des Stimmrechtspools begründen.

Die vorzugswürdige herrschende Meinung geht jedoch davon aus, dass Stimmrechtspools bzw. Stimmrechtskonsortien, die zum Zwecke der Stimmrechtskoordinierung eingesetzt werden, keinen Interessenskonflikt befürchten lassen und somit nicht per se als herrschendes Unternehmen im Sinne des § 15 AktG einzuordnen sind.[1215] Dem ist

---

1211 Ganz herrschende Meinung seit BGHZ 69, 334, 337 f. = NJW; statt vieler BeckOGKAktG-*Schall*, § 15, Rn. 57.

1212 *König*, ZGR 2005, 417, 433 ff.

1213 *König*, ZGR 2005, 417, 433.

1214 *König*, ZGR 2005, 417, 434.

1215 BGH NJW 1991, 2765, 1766, GbR, deren Zweck die Stellung als Treuhänderin darstellt; LG Heidelberg, ZIP 1997, 1787, hinsichtlich eines Konsortiums zur Koordinierung von 70 % der Stimmenanteile

zuzustimmen. So ist eine Einordnung als Unternehmen lediglich dann angezeigt, wenn mit der Gesellschaft bürgerlichen Rechts neben der Verwaltung bzw. Bündelung der Stimmrechtsmacht weitere anderweitige wirtschaftliche Interessen verfolgt werden.[1216] Dies kommt allerdings nur dann in Betracht, wenn die „Gesellschaft in der Gesellschaft“ als Außengesellschaft ausgestaltet ist. So ist die Unternehmenseigenschaft abzulehnen, wenn es sich – wie dies in der Regel bei Stimmrechtspools der Fall ist – um eine nicht rechtsfähige Innengesellschaft handelt.[1217]

cc) Abhängigkeit von einem Mehrheitsgesellschafter in der „Gesellschaft in der Gesellschaft“

Umstritten ist weiterhin, ob einem Mehrheitsgesellschafter im Stimmrechtspool die Stimmen der anderen beteiligten Gesellschafter gemäß § 16 IV AktG zuzurechnen sind, wenn er aufgrund einer Mehrheitsklausel die Vorabstimmungen lenken kann. Hier stellt sich nicht die Frage, ob der Stimmrechtspool selbst die Unternehmenseigenschaft trägt. Vielmehr ist zu untersuchen, ob einem (Mehrheits-)Gesellschafter, welcher aufgrund weiterer unternehmerischer Interessen als Unternehmen im Sinne des § 15 AktG einzuordnen ist, die übrigen Stimmen aus dem Stimmrechtspool zuzurechnen sind und er deshalb eine die Vermutung aus § 17 II AktG auslösende Mehrheitsbeteiligung gemäß § 16 I AktG an der Hauptgesellschaft innehat. Es ist also abzuwägen, ob ein Weisungsrecht oder eine Mehrheitsstellung in einem Stimmrechtspool, an welchem eine entscheidungserhebliche Mehrheit der Hauptgesellschaft beteiligt ist (eine Stimme mehr als die Hälfte der Gesamtzahl der Stimmen)[1218], eine Zurechnung gemäß § 16 IV AktG auslöst.[1219] Eine Ansicht lehnt aufgrund einer formalen

der Hauptgesellschaft; OLG Hamm, NZG 2001, 563, 565; OLG Köln ZIP 2001, 2089, 2090, zu Stimmrechtskonsortien; MüKoAktG-*Bayer*, § 15, Rn. 28; Emmerich/Habersack, Aktien- und GmbH-Konzernrecht-*Emmerich*, § 15, Rn. 20a; ähnlich auch *Rossig*, Gesellschafterabsprachen bei GmbH und Close Corporation. Eine vergleichende Untersuchung zum Recht der satzungsergänzenden Nebenverträge in den USA und Deutschland (2003), 106 f.

1216 Emmerich/Habersack, Aktien- und GmbH-Konzernrecht-*Emmerich*, § 15, Rn. 20a; Hüffer/Koch AktG-*Koch*, § 15, Rn. 13; OLG Hamm, NZG 2001, 563, 565.

1217 Vgl. BAG NZA 2005, 647, 650; Hüffer/Koch AktG-*Koch*, § 15, Rn. 13; MüKoAktG-*Bayer*, § 15, Rn. 29; differenzierend für den Fall, dass das Konsortium in mehreren (Haupt-)Gesellschaften eingesetzt wird Emmerich/Habersack, Aktien- und GmbH-Konzernrecht-*Emmerich*, § 15, Rn. 20a f.; Statt vieler zur allgemeinen Einordnung der Innengesellschaft MüKoBGB-*Schäfer*, § 705, Rn. 213; BeckOGKAktG-*Schall*, § 15, Rn. 85 f., der jedoch ein Stimmrechtskonsortium regelmäßig als Außengesellschaft qualifiziert, da die mittelbare Teilnahme am Rechtsverkehr hierfür ausreiche.

1218 Emmerich/Habersack, Aktien- und GmbH-Konzernrecht-*Emmerich*, § 16, Rn. 23.

1219 Vgl. hierzu bspw. Problemaufriss bei *Noack*, Gesellschaftervereinbarungen bei Kapitalgesellschaften (1994), 87 f.; *Söntgerath*, Vermittelte Mehrheit. Eine systematische Untersuchung des Rechts der satzungsergänzenden Nebenverträge, Beteiligungsgesellschaften und Vertreterklauseln (2010), 308 f.

Betrachtung des § 16 AktG eine Zurechnung aufgrund von Stimmbindungen grundsätzlich ab.[1220] Ein anderer Teil der Literatur hält die Zurechnungsnorm des § 16 IV AktG im Falle von Stimmbindungsverträgen für entsprechend anwendbar und rechnet einem Gesellschafter die Stimmen zu, über welche er im Wege einer Stimmrechtsbindung verfügen kann.[1221] Die letztgenannte Ansicht ist vorzuziehen, da aufgrund der gerichtlichen Durchsetzbarkeit schuldrechtlicher Stimmbindungsvereinbarungen eine (mittelbare) Mehrheitsmacht basierend auf einer Stimmrechtsbindung, zumindest eine mit einer unmittelbaren Mehrheitsmacht vergleichbare Einflussmöglichkeit, sichern kann.[1222] Entscheidend ist also, ob ein Gesellschafter, welcher als Unternehmen zu qualifizieren ist, über den Weg der Stimmbindung, sei es aufgrund eines ihm eigeräumten Weisungsrechts oder aufgrund seiner Mehrheitsstellung, die Stimmrechte der anderen beteiligten Gesellschafter in seinem Interesse steuern und lenken kann.[1223]

dd) Mehrfache Abhängigkeit

Dominiert nicht ein einzelner Unternehmensgesellschafter den Stimmrechtspool, sondern werden in dem Konsortium die Stimmen mehrerer (Minderheits-)Gesellschafter

---

1220 Vgl. *Ulmer*, FS Goerdeler (1987), 623, 637; *Koppensteiner,* FS Rowedder (1994), 215; BeckOGKAktG-*Schall*, § 16, Rn. 24; Hüffer/Koch AktG-*Koch*, § 16, Rn. 13; Kölner Kommentar AktG-*Koppensteiner*, § 16, Rn. 43; *Noack,* Gesellschaftervereinbarungen bei Kapitalgesellschaften (1994), 91 f., mit der Ausnahme von Stimmbindung die mit quasi-dinglicher Wirkung gesichert sind (Sperrdepot oder Hinterlegung der Aktien bei dem Bindenden).

1221 *Mertens*, FS Beiss (1993), 583, 589 ff.; *König*, ZGR 2005, 417, 434 f.; Emmerich/Habersack, Aktien- und GmbH-Konzernrecht-*Emmerich*, § 16, Rn. 25; MüKoAktG-*Bayer*, § 16, Rn. 41; Grigoleit AktG-*Grigoleit*, § 16, Rn. 19; *Rossig,* Gesellschafterabsprachen bei GmbH und Close Corporation. Eine vergleichende Untersuchung zum Recht der satzungsergänzenden Nebenverträge in den USA und Deutschland (2003), 103 ff.; *Rodemann,* Stimmbindungsvereinbarungen in den Aktien- und GmbH-Rechten Deutschlands, Englands, Frankreichs und Belgiens (1998), 150 f.; *Söntgerath,* Vermittelte Mehrheit. Eine systematische Untersuchung des Rechts der satzungsergänzenden Nebenverträge, Beteiligungsgesellschaften und Vertreterklauseln (2010), 311 ff., der jedoch keine Zurechnung vornimmt, sondern Stimmbindungen direkt von § 16 I AktG umfasst sieht.

1222 So wird diese Argumentation Gegenmeinung entgegengehalten, die darauf abstellt, dass Stimmbindungsvereinbarungen lediglich schuldrechtlicher Natur sind und vertragswidrige Stimmabgaben wirksam sind. Statt vieler vgl. *Binnewies,* Die Konzerneingangskontrolle in der abhängigen Gesellschaft (1995), 32 f., der jedoch eine einzelfallbezogene Prüfung für angezeigt hält; *Berger,* Nebenverträge im GmbH-Recht. Vereinbarungen außerhalb des Gesellschaftsvertrags zwischen Gesellschaftern bzw. zwischen Gesellschaftern und Dritten, insbesondere Stimmrechtsvereinbarungen (1995), 192 f.; *Rossig,* Gesellschafterabsprachen bei GmbH und Close Corporation. Eine vergleichende Untersuchung zum Recht der satzungsergänzenden Nebenverträge in den USA und Deutschland (2003), 105; *Söntgerath,* Vermittelte Mehrheit. Eine systematische Untersuchung des Rechts der satzungsergänzenden Nebenverträge, Beteiligungsgesellschaften und Vertreterklauseln (2010), 312 f.; zur gerichtlichen Durchsetzbarkeit von Stimmbindungsvereinbarungen vgl. Kapitel 3, D.V.2.a), S. 243 ff.

1223 *Janberg/Schlaus*, AG 1967, 33, 38; *Lübbert,* Abstimmungsvereinbarungen in den Aktien- und GmbH-Rechten der EWG-Staaten, der Schweiz und Großbritanniens (1971), 201; *Berger,* Nebenverträge im GmbH-Recht. Vereinbarungen außerhalb des Gesellschaftsvertrags zwischen Gesellschaftern bzw. zwischen Gesellschaftern und Dritten, insbesondere Stimmrechtsvereinbarungen (1995), 192 ff.

zusammengefasst, kommt eine mehrfache Abhängigkeit der Hauptgesellschaft in Betracht. Dies ist der Fall, wenn am Stimmrechtspool die stimmenmäßige Mehrheit der Hauptgesellschaft beteiligt ist und eine Vorabstimmung auf der Ebene der „Gesellschaft in der Gesellschaft" den Beschlussausgang auf der Ebene der Hauptgesellschaft bestimmen kann.[1224] Voraussetzung der mehrfachen Abhängigkeit einer AG ist, dass die Herrschaftsmöglichkeit des herrschenden Unternehmens, bzw. der Unternehmensgesellschafter, dauerhaft gesichert ist.[1225] Von einer gesicherten Herrschaftsmöglichkeit ist auszugehen, wenn die Gesellschafter sich auf der Ebene der „Gesellschaft in der Gesellschaft" (schuldrechtlich) dazu verpflichtet haben, auf der Hauptgesellschaftsebene entsprechend einer Vorabstimmung abzustimmen.[1226] An die Dauerhaftigkeit der Herrschaftsmöglichkeit sind bei einer GmbH nicht zu hohe Anforderungen zu stellen, da hier der Einfluss nicht nur im Wege der Geschäftsführer-Wahlen, sondern auch im Wege des Weisungsrechts der Gesellschafterversammlung ausgeübt wird.[1227]

Da die Abhängigkeit gemäß § 17 AktG ein herrschendes Unternehmen voraussetzt, stellt sich die Frage, wie dieses Kriterium im Zusammenhang mit einer mehrfachen Abhängigkeit aufgrund des Bestehens eines „Mehrheitspools" zu handhaben ist. Sind alle Gesellschafter der „Gesellschaft in der Gesellschaft" jeweils als Unternehmen im Sinne des § 15 AktG beteiligt, liegt zweifellos eine mehrfache Abhängigkeit im Sinne des § 17 AktG vor.[1228] Sind wiederum alle Gesellschafter des Stimmrechtspools Privatgesellschafter und ist

---

1224 BGH NJW 1974, 855, 856 ff.; *Berger,* Nebenverträge im GmbH-Recht. Vereinbarungen außerhalb des Gesellschaftsvertrags zwischen Gesellschaftern bzw. zwischen Gesellschaftern und Dritten, insbesondere Stimmrechtsvereinbarungen (1995), 194; *Söntgerath,* Vermittelte Mehrheit. Eine systematische Untersuchung des Rechts der satzungsergänzenden Nebenverträge, Beteiligungsgesellschaften und Vertreterklauseln (2010), 313 f.

1225 BGH NJW 1974, 855, 857; BGHZ 74, 359, Juris-Rn. 29 ff.; *Noack,* Gesellschaftervereinbarungen bei Kapitalgesellschaften (1994), 93; *Berger,* Nebenverträge im GmbH-Recht. Vereinbarungen außerhalb des Gesellschaftsvertrags zwischen Gesellschaftern bzw. zwischen Gesellschaftern und Dritten, insbesondere Stimmrechtsvereinbarungen (1995), 194 f.; *Rossig,* Gesellschafterabsprachen bei GmbH und Close Corporation. Eine vergleichende Untersuchung zum Recht der satzungsergänzenden Nebenverträge in den USA und Deutschland (2003), 104 f.

1226 Vgl. *Noack,* Gesellschaftervereinbarungen bei Kapitalgesellschaften (1994), 93; *Berger,* Nebenverträge im GmbH-Recht. Vereinbarungen außerhalb des Gesellschaftsvertrags zwischen Gesellschaftern bzw. zwischen Gesellschaftern und Dritten, insbesondere Stimmrechtsvereinbarungen (1995), 194 f.

1227 *Berger,* Nebenverträge im GmbH-Recht. Vereinbarungen außerhalb des Gesellschaftsvertrags zwischen Gesellschaftern bzw. zwischen Gesellschaftern und Dritten, insbesondere Stimmrechtsvereinbarungen (1995), 195.

1228 *Rossig,* Gesellschafterabsprachen bei GmbH und Close Corporation. Eine vergleichende Untersuchung zum Recht der satzungsergänzenden Nebenverträge in den USA und Deutschland (2003), 108; *Söntgerath,* Vermittelte Mehrheit. Eine systematische Untersuchung des Rechts der satzungsergänzenden Nebenverträge, Beteiligungsgesellschaften und Vertreterklauseln (2010), 321.

kein Unternehmen im Sinne des § 15 AktG an der GbR beteiligt, kann auch kein Abhängigkeitsverhältnis gemäß § 17 AktG entstehen.[1229] Problematisch ist der Fall, wenn sowohl Privatgesellschafter als auch Unternehmensgesellschafter an dem Pool beteiligt sind und kein Unternehmensgesellschafter den Pool dominiert, die Gesellschafter also gleichberechtigt Einfluss ausüben. Teilweise wird für diesen Fall vertreten, dass sich die Unternehmenseigenschaft auf die Privatgesellschafter erstreckt, da der Zweck des Stimmrechtspools auf unternehmerische bzw. gesellschaftsfremde Interessen gerichtet sei.[1230] Dies ist jedoch aufgrund des eindeutigen Wortlauts des Gesetzes abzulehnen. So knüpft das Gesetz gemäß § 17 AktG das Vorliegen einer Abhängigkeit ausdrücklich an die Unternehmenseigenschaft, da nur dann die Gefahr eines konzernspezifischen Interessenkonflikts besteht.[1231] Demnach können Privatgesellschafter nicht von konzernrechtlichen Pflichten betroffen sein.[1232] Für den Fall, dass ein Unternehmensgesellschafter aufgrund seiner Minderheitsstellung im Stimmrechtspool regelmäßig überstimmt wird, ist auch er nicht herrschendes Unternehmen im Sinne des § 17 AktG und ein Abhängigkeitsverhältnis zwischen ihm als herrschendes Unternehmen und der Hauptgesellschaft als beherrschtes Unternehmen abzulehnen.[1233]

1229 *Gansweid,* Gemeinsame Tochtergesellschaften im deutschen Konzern- und Wettbewerbsrecht (1976); 129; *Rossig,* Gesellschafterabsprachen bei GmbH und Close Corporation. Eine vergleichende Untersuchung zum Recht der satzungsergänzenden Nebenverträge in den USA und Deutschland (2003), 108; *Söntgerath,* Vermittelte Mehrheit. Eine systematische Untersuchung des Rechts der satzungsergänzenden Nebenverträge, Beteiligungsgesellschaften und Vertreterklauseln (2010), 321.

1230 Vgl. *Koppensteiner*, ZHR 1968, 289, 289 f., Fn. 30a; *Gansweid,* Gemeinsame Tochtergesellschaften im deutschen Konzern- und Wettbewerbsrecht (1976), 129; *Rottnauer*, DB 1991, 27, 28; *Lutter*, NJW 1973, 113, 117; *Rodemann,* Stimmbindungsvereinbarungen in den Aktien- und GmbH-Rechten Deutschlands, Englands, Frankreichs und Belgiens (1998), 157, zumindest für den Fall, dass der Privatgesellschafter regelmäßig von Unternehmen überstimmt werde; aA inzwischen Kölner Kommentar AktG-*Koppensteiner*, § 15, Rn. 23.

1231 Vgl. ablehnend auch *Gessler*, FS Knur (1972), 145, 147, nur bei einem Unternehmen bestünde die Gefahr des nachteiligen Handelns; *Marchand,* Abhängigkeit und Konzernzugehörigkeit von Gemeinschaftsunternehmen (1985), 75, mit etwas anderer Begründung, ie Privatgesellschafter brächten keinen (eigenen) Fremdunternehmenseinfluss in die Gesellschaft ein; *Noack,* Gesellschaftervereinbarungen bei Kapitalgesellschaften (1994), 269; *Joussen,* Gesellschafterabsprachen neben Satzung und Gesellschaftsvertrag (1995), 169 f.; *Rossig,* Gesellschafterabsprachen bei GmbH und Close Corporation. Eine vergleichende Untersuchung zum Recht der satzungsergänzenden Nebenverträge in den USA und Deutschland (2003), 109; Kölner Kommentar AktG-*Koppensteiner*, § 15 Rn. 23; OLG Hamm NZG 2001, 563, 565.

1232 *Joussen,* Gesellschafterabsprachen neben Satzung und Gesellschaftsvertrag (1995), 170.

1233 *Berger,* Nebenverträge im GmbH-Recht. Vereinbarungen außerhalb des Gesellschaftsvertrags zwischen Gesellschaftern bzw. zwischen Gesellschaftern und Dritten, insbesondere Stimmrechtsvereinbarungen (1995), 195 f.; *Marchand,* Abhängigkeit und Konzernzugehörigkeit von Gemeinschaftsunternehmen (1985), 120, so sei die grundsätzliche Vermutung der Einflussmöglichkeit widerlegbar; aA *Noack,* Gesellschaftervereinbarungen bei Kapitalgesellschaften (1994), 93 f.; *Rossig,* Gesellschafterabsprachen bei GmbH und Close Corporation. Eine vergleichende Untersuchung zum Recht der satzungsergänzenden Nebenverträge in den USA und Deutschland (2003), 110.

ee) Zusammenfassung

Im Ergebnis ist festzustellen, dass eine „Gesellschaft in der Gesellschaft“ in Gestalt eines Stimmrechtspools konzernrechtliche Relevanz haben und die Abhängigkeit der Hauptgesellschaft auslösen kann. Gerade die Einführung des einfachen Mehrheitsprinzips im Rahmen eines Stimmrechtspools kann dazu führen, dass ein oder mehrere Unternehmergesellschafter die Hauptgesellschaft im Sinne des Konzernrechts beherrschen. An die Abhängigkeit im Sinne des § 17 AktG knüpft das Aktiengesetz insbesondere im Bereich des faktischen Konzerns in den §§ 311 ff. AktG Rechtsfolgen, auf die in der vorliegenden Arbeit jedoch nicht weiter eingegangen wird. Abschließend ist darauf hinzuweisen, dass eine Stimmbindungsvereinbarung nicht nur die Abhängigkeitsvermutung gemäß § 17 II AktG begründen, sondern mit ihrer Hilfe die Abhängigkeitsvermutung auch widerlegt werden kann.[1234]

III. Rechtsfolgen bei Konflikten mit der Satzung der Hauptgesellschaft

1. Rechtsfolge eines Widerspruchs zwischen der Satzung der Hauptgesellschaft und dem Gesellschaftsvertrag der „Gesellschaft in der Gesellschaft“

a) Korporative Wirkung von Vereinbarungen auf der Ebene der „Gesellschaft in der Gesellschaft“

Im Zusammenhang mit widersprüchlichen Regelungen auf den zwei Ebenen stellt sich erneut die Frage, inwiefern diese rechtlich aufeinander Einfluss nehmen. Zunächst kann hierbei die Frage aufgeworfen werden, ob Gesellschaftervereinbarungen, welche im Widerspruch zur Satzung stehen, satzungsändernde oder -überlagernde Wirkung entfalten können. Wie im zweiten Kapitel herausgearbeitet, wird in Teilen der Literatur vertreten, dass allseitige Gesellschaftervereinbarungen eine korporative oder zumindest eine quasi-korporative Wirkung entfalten, sei es beispielsweise im Rahmen der Satzungsauslegung, als Konkretisierung der Treuepflicht oder auch als Grundlage eines Anfechtungsrechts.[1235] Insbesondere werden derartige korporative Wirkungen innerhalb der Einheitsthese vertreten.[1236] Jedoch befürworten

---

1234 Statt vieler Hüffer/Koch AktG-*Koch*, § 17, Rn. 22; *Berger,* Nebenverträge im GmbH-Recht. Vereinbarungen außerhalb des Gesellschaftsvertrags zwischen Gesellschaftern bzw. zwischen Gesellschaftern und Dritten, insbesondere Stimmrechtsvereinbarungen (1995), 197 ff.

1235 Vgl. Kapitel 2, B.III.3., S. 76 f., B.IV.4., S. 96 ff. und C., S. 108 ff.

1236 *Noack,* Gesellschaftervereinbarungen bei Kapitalgesellschaften (1994), 139 ff.; *Zöllner,* RWS-Forum 8, Gesellschaftsrecht 1995, 89, 100, 105 ff.; *Westermann,* Hachenburg-Gedächtnisvorlesung 1994, 25, 39, der insbesondere für Konsortialabsprachen eine korporative Wirkung annimmt, jedoch lediglich für GmbH nicht jedoch für eine AG; *Ripka,* Poolverträge und die neueren Entwicklungen im Gesellschaftsrechts (2000), 46.

auch Vertreter der Trennungsthese teilweise eine korporative Wirkung von Gesellschaftervereinbarungen.[1237] Eine korporative Wirkung ist nach vorliegender Ansicht konsequent abzulehnen. Dementsprechend können schuldrechtliche Vereinbarungen auf der Ebene einer „Gesellschaft in der Gesellschaft" keine satzungsändernde oder -überlagernde Wirkung entfalten.

aa) Keine Übertragung der Wertungen des Beschlussmängelrechts

Eine etwaige satzungsändernde Wirkung lässt sich für schuldrechtliche Vereinbarungen auch nicht aus dem Beschlussmängelrecht ableiten. *Noack* schlägt vor, Wertungen aus dem Beschlussmängelrecht im Zusammenhang mit satzungsverletzenden und satzungsdurchbrechenden bzw. -ändernden Gesellschafterbeschlüssen auf allseitige Gesellschaftervereinbarungen zu übertragen.[1238] Einer allseitigen Gesellschaftervereinbarung sei entsprechend eines satzungsdurchbrechenden Beschlusses korporative Verbindlichkeit zuzusprechen, wenn diese zwar inhaltlich von der Satzung abweiche, aber keine Regeländerung enthalte.[1239] Eine solche Übertragung ist jedoch abzulehnen. Ein gesellschaftsrechtlicher Beschluss und eine schuldrechtliche Vereinbarung dürfen nicht gleichgesetzt und ihre Rechtsfolgen dürfen nicht angeglichen werden. Während Beschlüsse als gesellschaftsrechtlich vorgesehenes Mittel der Willensbildung unmittelbar in die Sphäre der Hauptgesellschaft gehören und an die Mitgliedschaft anknüpfen, basiert eine „Gesellschaft in der Gesellschaft" auf einer der Privatautonomie entsprungenen Vereinbarung.[1240] Der Umstand, dass alle Gesellschafter der Hauptgesellschaft an einer Gesellschaftervereinbarung beteiligt sind, ändert nichts an der unterschiedlichen rechtlichen Wirkung der beiden Regelungsebenen.

bb) Entgegenstehender Wille der Gesellschafter

Eine Kapitalgesellschaft ist eine juristische Person, die als eigenes Rechtssubjekt selbstständig und unabhängig von ihren Mitgliedern ist. Daneben können die Gesellschafter als natürliche Rechtssubjekte schuldrechtliche Bindungen im Rahmen einer „Gesellschaft in der Gesellschaft" eingehen. Die Gesellschafter haben grundsätzlich die Möglichkeit, die Satzung

---

1237 So zum Beispiel *Priester,* FS Claussen (1997), 319, 335; *K. Schmidt,* Gesellschaftsrecht (2002), § 5 II 5, 95, diesem zustimmend *Hoffmann-Becking*, ZGR 1994, 442, 459; *Jäger*, DStR 1996, 1935, 1940; sehr restriktiv aber dennoch für die Beachtung von Nebenabreden im Rahmen von Interessenabwägungen *Wicke*, DStR 2006, 1137, 1143.

1238 *Noack,* Gesellschaftervereinbarungen bei Kapitalgesellschaften (1994), 139 ff.

1239 *Noack,* Gesellschaftervereinbarungen bei Kapitalgesellschaften (1994), 141 f., der eine weitere Differenzierung zwischen Dauerzustand und Einzelmaßnahme ablehnt.

1240 Zum Ursprung der Gesellschaftervereinbarungen vgl. beispielsweise Habersack/Casper/Löbbe GmbHG-*Hüffer/C. Schäfer*, § 47, Rn. 79.

zu ändern.[1241] Entscheiden sie sich für eine Regelung auf der Ebene der „Gesellschaft in der Gesellschaft", ist davon auszugehen, dass hierbei eine korporative Wirkung nicht gewollt ist.[1242] Die Ausweitung der schuldrechtlichen Wirkung von Gesellschaftervereinbarungen in eine korporative Wirkung ist somit nicht erwünscht und rechtlich nicht zu rechtfertigen.

cc) Keine Umgehung von Publizitätsvorschriften

Würde man (allseitigen) Gesellschaftervereinbarungen eine gewisse korporative Wirkung zuordnen, müssten konsequenterweise sämtliche Normen des Kapitalgesellschaftsrechts Anwendung finden, da ansonsten Publizitätsvorschriften umgangen würden. So sind die unterschiedlichen Anforderungen an die Zulässigkeit von Gesellschaftervereinbarungen auch gerade damit zu rechtfertigen, dass ihre Wirkung auf die Vertragsparteien beschränkt ist und ihnen gerade keine „satzungsgleiche" Wirkung zukommt.[1243] Eine Anwendung sämtlicher kapitalgesellschaftsrechtlicher Normen ist bereits an anderer Stelle abgelehnt worden.[1244] Die Privatautonomie soll weitestgehend unberührt und ihre Gestaltungsfreiheit erhalten bleiben. So sind nur dort Einschränkungen zu dulden, wo die Gefahr besteht, gesellschaftsrechtliche Grundsätze zu unterlaufen.

dd) Zwischenergebnis

Im Ergebnis ist also eine korporative Wirkung von Vereinbarungen auf der Ebene der „Gesellschaft in der Gesellschaft" abzulehnen. Satzungsregelungen werden von widersprüchlichen schuldrechtlichen Vereinbarungen nicht überlagert, ergänzt oder geändert. Dies gilt jedoch nur, wenn es sich bei der widersprüchlichen Satzungsklausel um einen echten korporativen Satzungsbestandteil handelt. Unechte Satzungsbestandteile sind nicht organisationsrechtlicher Natur.[1245] Wie mit einem Widerspruch zwischen einer unechten Satzungsklausel und einer Vereinbarung auf der Ebene der „Gesellschaft in der Gesellschaft" umzugehen ist, wird im Rahmen eines weiteren Abschnitts näher erläutert.[1246]

1241 Bei einer allseitigen Gesellschaftervereinbarung sind gerade alle Gesellschafter der Hauptgesellschaft beteiligt, weshalb die satzungsändernde Mehrheit unproblematisch vorliegen würde.

1242 Vgl. zur verwandten Auslegungsthematik Vgl. *Ulmer*, NJW 1987, 1849, 1851 f.

1243 Ähnlich BGH NJW 2010, 3718, 3719.

1244 Vgl. Kapitel 3, D.II.1., S. 188 f. und 3.a)bb), S. 197.

1245 *K. Schmidt,* Gesellschaftsrecht (2002), § 5 I 1, 78 f.

1246 Vgl. Kapitel 3, D.III.1.d)bb), S. 218.

b) Hierarchie zwischen der Hauptgesellschaft und der „Gesellschaft in der Gesellschaft"

Auch nimmt die Hauptgesellschaft keine Vorrangstellung gegenüber Regelungen auf der Ebene der „Gesellschaft in der Gesellschaft" ein. Teilweise geht die Literatur von einem Hierarchieverhältnis zwischen den beiden Ebenen aus, bei welchem die Ebene der Hauptgesellschaft die höherrangige Ebene darstellt.[1247] Konsequenz dieser Auffassung wäre, dass schuldrechtliche Vereinbarungen auf der subordinativen Ebene der „Gesellschaft in der Gesellschaft", die im Bereich einer abschließenden echten Satzungsregelung getroffen werden, überlagert beziehungsweise verdrängt würden oder sogar nichtig wären.

aa) Abgrenzung der Regelungsebenen

Ehricke – ein Befürworter eines derartigen Hierarchieverhältnisses – argumentiert, dass solche schuldrechtlichen Vereinbarungen unwirksam seien, die die Satzung „mit unmittelbarer Wirkung (…) ändern wollen".[1248] So dürfe eine Gesellschaftervereinbarung die „schuldrechtliche Ebene nicht verlassen", weshalb sie der Satzung unterzuordnen sei.[1249] Diese Ansicht setzt voraus, dass eine schuldrechtliche Regelung die schuldrechtliche Ebene „verlassen" und korporative Wirkung entfalten kann. Nur dann kollidieren die beiden Regelungen und es wäre der Frage nachzugehen, welche Regelung sich durchsetzt. Die Frage nach der Hierarchie ist also eng mit der Frage verbunden, ob eine schuldrechtliche Vereinbarung auf der Ebene der „Gesellschaft in der Gesellschaft" korporative Wirkung entfalten kann. Nach vorliegender Ansicht entfaltet eine Vereinbarung auf der Ebene der „Gesellschaft in der Gesellschaft" keine korporative Wirkung.[1250] So „verlässt" eine schuldrechtliche Regelung

---

[1247] Ein solches Hierarchieverhältnis vertreten aus dem Lager der Trennungsthese *Jäger*, DStR 1996, 1935, 1939; *Ehricke,* Schuldvertragliche Nebenabreden zu GmbH-Gesellschaftsverträgen. Deutsches Schweizer und englisches Recht im Vergleich (2004), 14, 23 ff., der eine Konkurrenz der beiden Ebenen für ausgeschlossen hält; *Rossig,* Gesellschafterabsprachen bei GmbH und Close Corporation. Eine vergleichende Untersuchung zum Recht der satzungsergänzenden Nebenverträge in den USA und Deutschland (2003), 76 f., 341, die Rechtsfolge des Widerspruchs ergebe sich aus der jeweiligen Satzungsklausel, bei obligatorischem Satzungsinhalt sei die widersprechende Gesellschaftervereinbarung unwirksam; *Söntgerath,* Vermittelte Mehrheit. Eine systematische Untersuchung des Rechts der satzungsergänzenden Nebenverträge, Beteiligungsgesellschaften und Vertreterklauseln (2010), 365 f., 370 ff.; *Groß-Bölting,* Gesellschaftervereinbarungen in der Aktiengesellschaft (2011), 140, 307, es bestehe ein Anwendungsvorrang der Satzung, der zur Aussetzung der Bindungswirkung der Gesellschaftervereinbarung führe; aus dem Lager der Einheitsthese *Noack,* Gesellschaftervereinbarungen bei Kapitalgesellschaften (1994), 128, 132 ff., der von „Einheit und Hierarchie" spricht, jedoch eine generelle Verdrängung der Gesellschaftervereinbarungen ablehnt und eine einzelfallbezogene Prüfung der Rechtsfolge anhand der betroffenen Satzungsklausel fordert.

[1248] *Ehricke,* Schuldvertragliche Nebenabreden zu GmbH-Gesellschaftsverträgen. Deutsches Schweizer und englisches Recht im Vergleich (2004), 23.

[1249] *Ehricke,* Schuldvertragliche Nebenabreden zu GmbH-Gesellschaftsverträgen. Deutsches Schweizer und englisches Recht im Vergleich (2004), 23.

[1250] S. Kapitel 3, D.III.1.a)dd), S. 212.

die schuldrechtliche Ebene nicht nur deshalb, weil sie den gleichen Regelungsgegenstand wie eine vorhandene Satzungsregelung betrifft. Eine korporative Wirkung entsteht erst, wenn die Regelung in die Satzung aufgenommen wird. Dementsprechend bedarf es zur Abgrenzung der beiden Ebenen und ihrer Wirkungskreise keiner Subordination der einen Regelungsebene. Geht man davon aus, dass Vereinbarungen auf der Ebene einer „Gesellschaft in der Gesellschaft“ keine organisationsrechtliche Wirkung entfalten *können*, bedarf es keines generellen Vorrangs der Satzung, da ein Übergreifen im rechtlichen Sinne nicht möglich ist. [1251] Durch das Ablehnen einer organisationrechtlichen Wirkung wird die Ebene der „Gesellschaft in der Gesellschaft“ automatisch von der Ebene der Hauptgesellschaft abgegrenzt.

bb) Schutz der Satzung

Teilweise wird argumentiert, dass eine Hierarchie zugunsten der Satzung notwendig sei, um die Satzung in ihrer besonderen Rolle als Verfassung der Hauptgesellschaft zu schützen. [1252] Dem kann nur teilweise zugestimmt werden. Ist die Rolle der Satzung tatsächlich durch eine Vereinbarung gefährdet, weil beispielsweise Satzungsklauseln im Ergebnis umgangen oder grundlegende Gesellschaftsrechtsprinzipien gefährdet werden, muss die Ebene der „Gesellschaft in der Gesellschaft“ der Satzung weichen. Dies hat bereits die Untersuchung des Verhältnisses zwischen gesellschaftsrechtlichen Normen und Vereinbarungen auf der Ebene der „Gesellschaft in der Gesellschaft“ gezeigt und wird an späterer Stelle im Zusammenhang mit weiteren Umgehungsproblematiken wieder relevant werden. Hieraus lässt sich jedoch kein genereller Vorrang der Satzung ableiten. Dies würde die Privatautonomie unangemessen einschränken.[1253] Die kapitalgesellschaftsrechtliche Sonderstellung der Satzung darf nicht generell zu einer schuldrechtlichen Sonderstellung ausgeweitet werden.

1251 Ähnliche Argumentation *Schön,* Schuldrechtliche Gesellschaftervereinbarungen in der Gesellschaft mit beschränkter Haftung unter besonderer Berücksichtigung der Rechtsnachfolge (2018), 195.

1252 So wird teilweise argumentiert, die Rolle der Satzung als Verfassung werde ansonsten gefährdet. *Rossig,* Gesellschafterabsprachen bei GmbH und Close Corporation. Eine vergleichende Untersuchung zum Recht der satzungsergänzenden Nebenverträge in den USA und Deutschland (2003), 74; *Söntgerath,* Vermittelte Mehrheit. Eine systematische Untersuchung des Rechts der satzungsergänzenden Nebenverträge, Beteiligungsgesellschaften und Vertreterklauseln (2010), 376;

1253 Vgl. *Lieder,* Fleischer/Kalss/Vogt Aktuelle Entwicklungen 2012, 231, 232 f.; *Schön,* Schuldrechtliche Gesellschaftervereinbarungen in der Gesellschaft mit beschränkter Haftung unter besonderer Berücksichtigung der Rechtsnachfolge (2018), 192 f.

cc) Schutz des Rechtsverkehrs

Auch der von einigen Vertretern als Argument angeführte Rechtsverkehrsschutz[1254] rechtfertigt kein Hierarchieverhältnis. So können (geheime) schuldrechtliche Vereinbarungen neben der Satzung zwar dazu führen, dass die „gelebte" Gesellschaft von dem abweicht, was ein Dritter der publizierten Satzung entnehmen kann. Jedoch können schuldrechtliche Vereinbarungen gerade keine Wirkung gegenüber Dritten entfalten, da diese lediglich zwischen den beteiligten Gesellschaftern Wirkung entfalten. Dies ähnelt einer organisationsrechtlichen Wirkung insbesondere dann, wenn alle Gesellschafter beteiligt sind. Jedoch muss auch dann zwischen den zwei Wirkungskreisen differenziert werden. Es ist kein Fall denkbar, in welchem der Rechtsverkehr dieses besonderen Schutzes bedarf.[1255]

dd) Zwischenergebnis

Die vorliegende Untersuchung kommt zu dem Ergebnis, dass es keinen Bedarf für ein Rangverhältnis – welches im Übrigen auch nicht im Gesetz verankert ist –[1256] gibt. Die Untersuchung hat gezeigt, dass Stimmen, die eine Hierarchie annehmen, die Unterschiede der beiden Ebenen vernachlässigen und der Ebene der „Gesellschaft in der Gesellschaft" eine organisationsrechtliche Relevanz zusprechen, die bei konsequenter Anerkennung und Abgrenzung der unterschiedlichen Wirkungskreise nicht besteht. Indem die „Gesellschaft in der Gesellschaft" in Bezug auf die Hauptgesellschaft gegründet wird, bestehen aufgrund der Nähe der beiden Ebenen zwar tatsächliche Wechselwirkungen. Diese erfordern an der einen oder anderen Stelle – im Rahmen gesellschaftsrechtlicher Normen oder bei Umgehungsfällen – ein Zurücktreten der Ebene der „Gesellschaft in der Gesellschaft". Eine grundsätzliche Subordination stellt jedoch eine unverhältnismäßige Einschränkung der Privatautonomie dar. Es besteht im Grundsatz also kein Hierarchie- sondern vielmehr ein Gleichordnungsverhältnis.[1257]

1254 So zum Beispiel *Rossig,* Gesellschafterabsprachen bei GmbH und Close Corporation. Eine vergleichende Untersuchung zum Recht der satzungsergänzenden Nebenverträge in den USA und Deutschland (2003), 74; *Söntgerath,* Vermittelte Mehrheit. Eine systematische Untersuchung des Rechts der satzungsergänzenden Nebenverträge, Beteiligungsgesellschaften und Vertreterklauseln (2010), 366 f.

1255 Ähnliche Argumentation *Schön,* Schuldrechtliche Gesellschaftervereinbarungen in der Gesellschaft mit beschränkter Haftung unter besonderer Berücksichtigung der Rechtsnachfolge (2018), 197; aA beispielsweise *Söntgerath,* Vermittelte Mehrheit. Eine systematische Untersuchung des Rechts der satzungsergänzenden Nebenverträge, Beteiligungsgesellschaften und Vertreterklauseln (2010), 367, der eine „gesamtgesellschaftliche Wirkung" von allseitigen Gesellschaftervereinbarungen annimmt.

1256 So auch *Lieder,* Fleischer/Kalss/Vogt Aktuelle Entwicklungen 2012, 231, 259; *Schön,* Schuldrechtliche Gesellschaftervereinbarungen in der Gesellschaft mit beschränkter Haftung unter besonderer Berücksichtigung der Rechtsnachfolge (2018), 193.

1257 So im Ergebnis auch z.B. BGH NJW 2010, 3718, 3719 (GmbH); *Dürr,* Nebenabreden im Gesellschaftsrecht (1994), 223; Habersack/Casper/Löbbe GmbHG-*Löbbe,* § 3, Rn. 117; *Joussen,*

c) Grundsatz der Wirksamkeit widersprüchlicher Vereinbarungen

Da die Satzung keine Zulässigkeitsschranke für die Ebene der „Gesellschaft in der Gesellschaft“ darstellt und den schuldrechtlichen Vereinbarungen auch keine satzungsüberlagernde Wirkung zukommt, sind widersprüchliche Regelungen grundsätzlich wirksam.[1258] Dies ist dem deutschen Recht nicht fremd, da widersprüchliche Verpflichtungen im Schuldrecht grundsätzlich möglich sind. So kann eine Partei entsprechend § 311a I BGB wirksam Verpflichtungen eingehen, die anfänglich unmöglich sind. Ein Verkäufer eines Gegenstandes kann gegenüber mehreren Rechtssubjekten die Pflicht eingehen, den Verkaufsgegenstand zu übereignen. Auch wenn die Leistungspflichten im Widerspruch zueinanderstehen und die Erfüllung der einen Pflicht die Erfüllung der anderen Pflicht unmöglich macht, bleiben alle Verpflichtungen wirksam bestehen. Die Vertragspartner, die unbefriedigt bleiben, können jedoch Schadensersatz wegen Nichterfüllung gemäß § 280 I und III, 283 BGB verlangen.[1259] Diese Systematik lässt sich auch auf die vorliegende Situation übertragen. Die Frage, ob eine der Satzung widersprechende Regelung auch gerichtlich durchgesetzt werden kann, wird an späterer Stelle ausführlich diskutiert.[1260] An dieser Stelle ist ausschließlich relevant, dass widersprüchliche Verpflichtungen möglich und wirksam sind.

Zu beachten ist, dass dieses Ergebnis nicht bedeutet, dass der vertragswidrig *handelnde*[1261] Gesellschafter – unabhängig davon, ob mit dem Begriff „Vertrag“ die Gesellschaftervereinbarung oder die Satzung bzw. der Gesellschaftsvertrag gemeint ist – rechtsfolgenlos

---

Gesellschafterabsprachen neben Satzung und Gesellschaftsvertrag (1995), 97 ff.; *Lieder,* Fleischer/Kalss/Vogt Aktuelle Entwicklungen 2012, 231, 259 f.; *Schön,* Schuldrechtliche Gesellschaftervereinbarungen in der Gesellschaft mit beschränkter Haftung unter besonderer Berücksichtigung der Rechtsnachfolge (2018), 195.

1258 So auch im Ergebnis BGH NJW 2010, 3718, 3719; Habersack/Casper/Löbbe GmbHG-*Löbbe*, § 3, Rn. 117; *Joussen,* Gesellschafterabsprachen neben Satzung und Gesellschaftsvertrag (1995), 99; *Schön,* Schuldrechtliche Gesellschaftervereinbarungen in der Gesellschaft mit beschränkter Haftung unter besonderer Berücksichtigung der Rechtsnachfolge (2018), 195 f.

1259 Zu diesem Vergleich mit diesem Beispiel auch *Zöllner*, ZHR 1991, 168, 173; *Joussen,* Gesellschafterabsprachen neben Satzung und Gesellschaftsvertrag (1995), 98 f.; *Lieder,* Fleischer/Kalss/Vogt Aktuelle Entwicklungen 2012, 231, 259; *Schön,* Schuldrechtliche Gesellschaftervereinbarungen in der Gesellschaft mit beschränkter Haftung unter besonderer Berücksichtigung der Rechtsnachfolge (2018), 194.

1260 Vgl. hierzu Kapitel 3, D.IV.2.c), S. 229 ff. und V.2.a), S. 243 ff.

1261 Dies ist zu betonen, da die Verpflichtung per se zwar wirksam und ohne unmittelbare Rechtsfolge ist, ein Handeln bzw. Abstimmen entsprechend den widersprüchlichen Verpflichtungen jedoch Rechtsfolgen auslöst. Die gleiche Problematik stellt sich auch im Zusammenhang mit der gesellschaftsrechtlichen Treuepflicht. Es wird an späterer Stelle der Frage nachgegangen, ob die Treuepflicht als elementare Rücksichtnahmepflicht den Grundsatz der Gleichordnung im Ausnahmefall durchbricht und als Zulässigkeitsschranke oder als Schranke der Durchsetzbarkeit für Gesellschaftervereinbarungen fungiert.

gestellt wird. Kommt ein Gesellschafter seiner schuldrechtlichen oder seiner organisationsrechtlichen Verpflichtung aufgrund einer widersprüchlichen Verpflichtung auf der anderen Ebene nicht nach, drohen ihm Sanktionen und Rechtsfolgen – entweder schuldrechtlicher oder gesellschaftsrechtlicher Art. Einer Mischung der Rechtsfolgen bedarf es aufgrund der vom Gesetzgeber geschaffenen Systematiken nicht. Dementsprechend sind Beschlüsse auf der Ebene der Hauptgesellschaft, die gegen die Satzung bzw. den Gesellschaftsvertrag der Hauptgesellschaft verstoßen – auch wenn diese aufgrund einer schuldrechtlichen Abstimmungsverpflichtung zustande kommen – grundsätzlich gemäß § 243 I AktG (analog) anfechtbar.[1262] Auf der Ebene einer „Gesellschaft in der Gesellschaft" können einem vertragswidrig handelnden Gesellschafter vereinbarte Vertragsstrafen drohen. Im Übrigen treffen ihn die regulären Schadensersatzpflichten des BGB. Ob ein Beschluss, welcher zwar im Einklang mit der Satzung steht, jedoch gegen eine der Satzung widersprechende Vereinbarung im Rahmen einer allseitigen Gesellschaftervereinbarung „verstößt", wird in einem gesonderten Abschnitt problematisiert.[1263]

d) Verbot von Gesellschaftervereinbarungen

aa) Das Verbot als Zulässigkeitsschranke

Ein Sonderfall liegt vor, wenn die Satzung einer GmbH den Abschluss von Gesellschaftervereinbarungen verbietet.[1264] In einem solchen Fall stellt sich die Frage, ob die Gründung einer „Gesellschaft in der Gesellschaft" wirksam möglich ist oder ob ein derartiges Verbot als organisationsrechtliche Schranke für privatautonome Vereinbarungen in Bezug auf die Hauptgesellschaft zu werten ist. Man könnte argumentieren, dass sich die Gesellschafter im Rahmen der Satzung darauf geeinigt haben, auf schuldrechtliche Bindungen zu verzichten und dass demnach der einheitliche Wille bestand, die eigene Privatautonomie in dieser Hinsicht einzuschränken. Dennoch abgeschlossene Gesellschaftervereinbarungen wären dann

---

1262 So auch *Joussen,* Gesellschafterabsprachen neben Satzung und Gesellschaftsvertrag (1995), 97.

1263 Vgl. hierzu Kapitel 3, D.V., S. 234 ff.

1264 Zu diesem Problem vgl. *Joussen,* Gesellschafterabsprachen neben Satzung und Gesellschaftsvertrag (1995), 101; *Overrath,* Die Stimmrechtsbindung (1973), 35; *Ripka,* Poolverträge und die neueren Entwicklungen im Gesellschaftsrechts (2000), 167 f.; *Rossig,* Gesellschafterabsprachen bei GmbH und Close Corporation. Eine vergleichende Untersuchung zum Recht der satzungsergänzenden Nebenverträge in den USA und Deutschland (2003), 76; *Schön,* Schuldrechtliche Gesellschaftervereinbarungen in der Gesellschaft mit beschränkter Haftung unter besonderer Berücksichtigung der Rechtsnachfolge (2018), 196 f.; sehr ausführlich *Söntgerath,* Vermittelte Mehrheit. Eine systematische Untersuchung des Rechts der satzungsergänzenden Nebenverträge, Beteiligungsgesellschaften und Vertreterklauseln (2010), 194 ff.

nichtig beziehungsweise würden durch die Satzung verdrängt.[1265] Es wurde bereits festgestellt, dass die Satzung keine Zulässigkeitsschranke auf der Ebene der „Gesellschaft in der Gesellschaft" darstellt. Auch wurde eine Vorrangstellung der Satzung abgelehnt. Dementsprechend bleibt die Privatautonomie auch von einem statutarischen Verbot schuldrechtlicher Bindungen unberührt und Gesellschaftervereinbarungen können wirksam abgeschlossen werden.[1266]

bb) Die Gründung einer „Gesellschaft in der Gesellschaft" als Satzungsänderung

Ausnahmsweise kann eine Satzungsänderung durch den Abschluss einer Gesellschaftervereinbarung erfolgen. Dies setzt jedoch voraus, dass es sich bei der betroffenen Satzungsklausel um einen unechten Satzungsbestandteil handelt und die Gesellschafterkreise der beiden Gesellschaften identisch sind. So schlägt *Zöllner* vor, eine trotz statutarischen Verbots abgeschlossene allseitige Gesellschaftervereinbarung als einstimmige Änderung der Satzungsklausel zu interpretieren.[1267] Zwar ist eine grundsätzlich satzungsändernde Wirkung von Gesellschaftervereinbarungen abzulehnen, der Vorschlag *Zöllners* ist jedoch auch im Bereich des Trennungsdenkens relevant, sofern die Verbotsklausel schuldrechtlicher Natur ist und keine korporative Wirkung entfaltet.[1268] Ist die Verbotsklausel unechter Satzungsbestandteil und demnach schuldrechtlicher Natur, entfaltet sie lediglich gegenüber dem Beteiligtenkreis und nicht gegenüber Dritten und zukünftigen Gesellschaftern ihre Wirkung.[1269] Unechte Satzungsbestandteile können formlos abgeändert werden.[1270] Ordnet man eine Verbotsklausel

1265 So vertreten dies einige Stimmen, die jedoch insgesamt von einem Hierarchieverhältnis zwischen den beiden Ebenen ausgehen, *König,* Der satzungsergänzende Nebenvertrag. Eine rechtsvergleichende Untersuchung zum außerstatutarischen Gesellschaftsorganisationsrecht nach deutschem, französischem und schweizerischem Recht (1996), 65 f.; *Rossig,* Gesellschafterabsprachen bei GmbH und Close Corporation. Eine vergleichende Untersuchung zum Recht der satzungsergänzenden Nebenverträge in den USA und Deutschland (2003), 76; *Ripka,* Poolverträge und die neueren Entwicklungen im Gesellschaftsrechts (2000), 167 f., der einen Treuepflichtverstoß annimmt; *Söntgerath,* Vermittelte Mehrheit. Eine systematische Untersuchung des Rechts der satzungsergänzenden Nebenverträge, Beteiligungsgesellschaften und Vertreterklauseln (2010), 194 ff.

1266 Dies entspricht der herrschenden Meinung, *Joussen,* Gesellschafterabsprachen neben Satzung und Gesellschaftsvertrag (1995), 101; *Overrath,* Die Stimmrechtsbindung (1973), 35; *Schön,* Schuldrechtliche Gesellschaftervereinbarungen in der Gesellschaft mit beschränkter Haftung unter besonderer Berücksichtigung der Rechtsnachfolge (2018), 196 f.; Habersack/Casper/Löbbe GmbHG-*Hüffer/C. Schäfer*, § 47, Rn. 93; Scholz GmbHG-*K. Schmidt/Bochmann*, § 47, Rn. 48; Noack/Servatius/Haas GmbHG-*Noack*, § 47, Rn. 117 f.

1267 Vgl. *Zöllner,* RWS-Forum 8, Gesellschaftsrecht 1995, 89, 100.

1268 So zum Beispiel *Overrath,* Die Stimmrechtsbindung (1973), 35, der jedoch auf die Ansicht *Zöllners* nicht eingeht.

1269 Vgl. *K. Schmidt,* Gesellschaftsrecht (2002), § 5 I 1, 78.

1270 Vgl. hierzu; *K. Schmidt,* Gesellschaftsrecht (2002), § 19 II 3. 557; *Drygala/Staake/Szalai,* Kapitalgesellschaftsrecht, Mit Grundzügen des Konzern- und Umwandlungsrechts (2012), 61.

also als unechten Satzungsbestandteil ein, ist eine allseitige Gesellschaftervereinbarung als formlose Abänderung der Verbotsklausel zu werten.[1271] Es kommt dementsprechend grundsätzlich auf den Inhalt und Umfang der Verbotsklausel an. Es bedarf deshalb im Zweifel einer auslegenden Betrachtung der Satzungsklausel. In der Literatur findet dieser Gedanke keine Beachtung. Regelmäßig wird darauf hingewiesen, dass kein gesetzliches Verbot im Sinne des § 134 BGB vorliege und Gesellschaftervereinbarungen deshalb wirksam seien.[1272] Diese Argumentation ist nur dann heranzuziehen, wenn die Verbotsklausel echter Satzungsbestandteil ist oder wenn nicht alle Gesellschafter der Hauptgesellschaft an der Vereinbarung beteiligt sind.

cc) Das Verbot als Konkretisierung der Treuepflicht

Teilweise wird in der Literatur vertreten, die Verbotsklausel könne im Einzelfall als Konkretisierung der Treuepflicht ausgelegt werden. [1273] In dem Fall ist die Verbotsklausel konsequenterweise echter Satzungsbestandteil. Ein Satzungsbestandteil ist körperschaftsrechtlicher Natur, wenn er „nicht nur für die derzeitigen, bei Inkrafttreten der Bestimmung vorhandenen Gesellschafter oder einzelne von ihnen gilt, sondern für einen unbestimmten Personenkreis, zu dem sowohl gegenwärtige als auch künftige Gesellschafter und/oder Gläubiger der Gesellschaft gehören, von Bedeutung ist.“[1274] Liegt in der Verbotsklausel eine Konkretisierung der Treuepflicht, so gilt die Klausel nicht nur für den aktuellen, sondern auch für den zukünftigen Gesellschafterkreis und ist dementsprechend organisationsrechtlicher Natur. Nimmt man – in Anerkennung von *Zöllners* Vorschlag – an, die Gesellschafter könnten durch eine allseitige schuldrechtliche Abrede die korporationsrechtliche Verbotsklausel ändern, würde man schuldrechtlichen Gesellschaftervereinbarungen satzungsändernde Wirkung

---

1271 Ähnlich führt *Jäger* aus, dass Gesellschaftervereinbarung satzungsüberlagernde Wirkung zukommt, wenn sie auf Satzungsebene eine unechte Satzungsklausel darstellen würden; *Jäger*, DStR 1996, 1935, 1939, dies geht jedoch noch weiter; hier soll lediglich eine Änderung unechter Satzungsbestandteile durch allseitige Vereinbarungen möglich sein.

1272 Vgl. hierzu auch *Joussen,* Gesellschafterabsprachen neben Satzung und Gesellschaftsvertrag (1995), 101; *Overrath,* Die Stimmrechtsbindung (1973), 35, hier jedoch mit abweichender Begründung, dass statutarische Verbote nur schuldrechtliche Wirkung haben; Habersack/Casper/Löbbe GmbHG-*Hüffer/C. Schäfer*, § 47, Rn. 93.

1273 So auch Scholz GmbHG-*K. Schmidt/Bochmann*, § 47, Rn. 48; *Söntgerath,* Vermittelte Mehrheit. Eine systematische Untersuchung des Rechts der satzungsergänzenden Nebenverträge, Beteiligungsgesellschaften und Vertreterklauseln (2010), 201 f.; allgemein zur Möglichkeit, dass Satzungsklauseln die Treuepflicht konkretisieren auch *Schön,* Schuldrechtliche Gesellschaftervereinbarungen in der Gesellschaft mit beschränkter Haftung unter besonderer Berücksichtigung der Rechtsnachfolge (2018), 197 f.

1274 BGH Urteil vom 11.10.1993 - II ZR 155/92 (Koblenz) = NJW 1994, 52.

zusprechen. Dies ist jedoch, wie bereits erläutert,[1275] abzulehnen. Trotz Verbotsklausel abgeschlossene Gesellschaftervereinbarungen sind auch nicht gemäß § 138 BGB nichtig.[1276] Außerdem kann der Treuepflicht keine Zulässigkeitsschranke für schuldrechtliche Vereinbarungen entnommen werden.[1277] Dies wird an späterer Stelle dargestellt.[1278]

Ordnet man die Verbotsklausel als Konkretisierung der Treuepflicht ein, so liegt in einem Verstoß hiergegen eine Treuepflichtverletzung, welche auf der Hauptgesellschaftsebene Unterlassungs- und Schadensersatzansprüche auslösen kann.[1279] *Rossig* und *Söntgerath* führen hierzu aus, dass es keinen Unterschied mache, ob man auf Hauptgesellschaftsebene in der Rechtsfolge Unterlassungs- beziehungsweise Schadensersatzansprüche annehme, oder ob man in der Verbotsklausel eine Zulässigkeitsschranke für die Ebene der Gesellschaftervereinbarungen sehe.[1280] Dem ist zu widersprechen. Der nicht zu vernachlässigende Unterschied liegt darin, dass bei der einen Meinung die elementaren Unterschiede der beiden Ebenen konsequent eingehalten werden, während die Gegenmeinung die Ebene der Gesellschaftervereinbarungen der Satzung unterordnet. Die Überlegung der Autoren basiert auf Praktikabilitätsüberlegungen, die in der Kerbnägel-Rechtsprechung für viel Kritik gesorgt hat. So mag es als ein unpraktischer Umweg empfunden werden, auf den Unterschieden der Ebenen zu „beharren“, die Rechtsfolgen entsprechend den Wirkungskreisen konsequent zu trennen und auf die jeweilige Ebene zu beschränken. Jedoch ist nur diese Lösung dogmatisch stringent. Eine

---

1275 S.o. Kapitel 3, D.III.1.a)dd), S. 212.

1276 Allgemein hierzu *Schön,* Schuldrechtliche Gesellschaftervereinbarungen in der Gesellschaft mit beschränkter Haftung unter besonderer Berücksichtigung der Rechtsnachfolge (2018), 197 f.; aA *Söntgerath,* der in der Verbotsklausel auch eine Konkretisierung der Treuepflicht ansieht aber von einer Unwirksamkeit gemäß § 138 BGB ausgeht, *Söntgerath,* Vermittelte Mehrheit. Eine systematische Untersuchung des Rechts der satzungsergänzenden Nebenverträge, Beteiligungsgesellschaften und Vertreterklauseln (2010), 201 f.; *Rossig,* Gesellschafterabsprachen bei GmbH und Close Corporation. Eine vergleichende Untersuchung zum Recht der satzungsergänzenden Nebenverträge in den USA und Deutschland (2003), der jedoch zurückhaltender ist und besondere Anhaltspunkte hierfür fordert.

1277 Hierzu an späterer Stelle ausführlich; aA *Söntgerath,* Vermittelte Mehrheit. Eine systematische Untersuchung des Rechts der satzungsergänzenden Nebenverträge, Beteiligungsgesellschaften und Vertreterklauseln (2010), 201 f., der in der Treuepflicht eine Zulässigkeitsschranke von Gesellschaftervereinbarungen sieht und deshalb eine Nichtigkeit wegen § 138 BGB annimmt.

1278 Vgl. hierzu Kapitel 3, D.IV.2.b), S. 226 ff.

1279 Habersack/Casper/Löbbe GmbHG-*Hüffer/C. Schäfer*, § 47, Rn. 93, möglich sei sogar die Ausschließung des Gesellschafters im Einzelfall; *Joussen,* Gesellschafterabsprachen neben Satzung und Gesellschaftsvertrag (1995), 107 ff.; *Lieder,* Fleischer/Kalss/Vogt Aktuelle Entwicklungen 2012, 231, 260; *Schön,* Schuldrechtliche Gesellschaftervereinbarungen in der Gesellschaft mit beschränkter Haftung unter besonderer Berücksichtigung der Rechtsnachfolge (2018), 197.

1280 *Rossig,* Gesellschafterabsprachen bei GmbH und Close Corporation. Eine vergleichende Untersuchung zum Recht der satzungsergänzenden Nebenverträge in den USA und Deutschland (2003), 76; *Söntgerath,* Vermittelte Mehrheit. Eine systematische Untersuchung des Rechts der satzungsergänzenden Nebenverträge, Beteiligungsgesellschaften und Vertreterklauseln (2010), 202.

„Abkürzung" sollte nur gewählt werden, wenn bei konsequenter Trennung der Wirkungskreise kapitalgesellschaftsrechtliche Grundsätze der Gefahr der Umgehung ausgesetzt würden.

dd) Zwischenergebnis

Im Ergebnis ist eine Verbotsklausel keine Zulässigkeitsschranke auf der Ebene der „Gesellschaft in der Gesellschaft". Ob ein Verstoß gegen die Verbotsklausel Unterlassungs- und Schadensersatzansprüche auf der Ebene der Hauptgesellschaft auslöst oder ob eine Änderung der Verbotsklausel anzunehmen ist, hängt von der Rechtsnatur der Verbotsklausel ab. Welchen Inhalt und welchen Umfang eine Verbotsklausel im konkreten Fall hat und ob hierin eine Konkretisierung der Treuepflicht besteht, ist im Einzelfall durch Auslegung zu ermitteln.

e) Abweichung vom Gesellschaftszweck

Zwar wird vorliegend eine weitgehende Trennung und rechtliche Unabhängigkeit der beiden Regelungsebenen vertreten. Jedoch hat die vorangegangene Untersuchung gezeigt, dass ein gewisser Regelungsbereich dem absoluten Schutz des Kapitalgesellschaftsrechts (absolut zwingende Normen des Kapitalgesellschaftsrechts) untersteht. Hierzu zählt auch der Bereich des Gesellschaftszwecks. So können die Gesellschafter keinen neuen von der Satzung der Hauptgesellschaft abweichenden Verbandszweck auf der Ebene der „Gesellschaft in der Gesellschaft" vereinbaren.

aa) Unterscheidung Gesellschaftszweck und Unternehmensgegenstand

In diesem Zusammenhang ist zunächst entsprechend der herrschenden Meinung zwischen dem Unternehmensgegenstand und dem Gesellschaftszweck zu unterscheiden.[1281] Der Unternehmensgegenstand ist der wirtschaftliche Tätigkeitsbereich einer Kapitalgesellschaft, auf den die Mitglieder sich bei Abschluss des Gesellschaftsvertrags geeinigt haben.[1282] Wie bereits erläutert ist der Unternehmensgegenstand sowohl im GmbH-Recht (§ 3 I GmbHG) als auch im Aktienrecht (§ 23 III AktG) Teil des zwingenden Satzungsinhalts. Der zwingende Satzungsinhalt ist Zulässigkeitsschranke auf der Ebene der „Gesellschaft in der Gesellschaft".[1283] Wird auf der Ebene der „Gesellschaft in der Gesellschaft" eine von der Satzung abweichende Regelung getroffen, die den Unternehmensgegenstand betrifft, so ist diese

---

1281 Zur Abgrenzung beispielsweise *K. Schmidt,* Gesellschaftsrecht (2002), § 4 II 3, 64 ff.

1282 BGH 10.10.1994, BGHZ 127, 176, 179 = NJW 1995, 192; *K. Schmidt,* Gesellschaftsrecht (2002), § 4 II 3, 65 f.; *H. Wiedemann,* Gesellschaftsrecht I (1980), 328.

1283 Vgl. Kapitel 3, D.II.2., S. 190 ff.

nichtig, da der Unternehmensgegenstand ausschließlich im Wege einer formellen Satzungsänderung geändert werden kann.[1284]

Vom Unternehmensgegenstand abzugrenzen ist der sogenannte Gesellschaftszweck bzw. Verbandszweck, welcher die dem Unternehmensgegenstand übergeordnete Zielsetzung der Gesellschaft beschreibt, an welche sämtliche Mitglieder gebunden sind.[1285] Hierbei kann es sich entweder um eine gewerbliche, sonstig wirtschaftliche, freiberufliche oder ideelle Zielsetzung handeln.[1286] Der Verbandszweck stellt den unbeweglichen Rahmen für den Unternehmensgegenstand dar und kann, anders als der Unternehmensgegenstand, nicht durch eine einfache Satzungsänderung geändert werden.[1287] Vielmehr bedarf es zur Änderung des Gesellschaftszwecks der Einstimmigkeit aller Gesellschafter.[1288]

bb) Der Gesellschaftszweck als Zulässigkeitsschranke

Auch wenn der Gesellschaftszweck meist nicht gesondert in der Satzung aufgeführt wird, ist er regelmäßig einer auslegenden Betrachtung des Unternehmensgegenstandes zu entnehmen und gehört zum notwendigen Satzungsinhalt.[1289] Dementsprechend ist ein Widerspruch zwischen den Ebenen im Bereich des Gesellschaftszwecks nicht anders zu behandeln als ein Widerspruch im Bereich des Unternehmensgegenstands. Vereinbaren die Gesellschafter einer Hauptgesellschaft schuldrechtlich eine vom ursprünglich vereinbarten Verbandszweck abweichende Zielsetzung, entspricht dies im Ergebnis einem Konflikt mit Vorschriften des zwingenden Satzungsinhalts.[1290] Zwar gibt es keine kapitalgesellschaftsrechtliche Vorschrift, die den Gesellschaftszweck zum zwingenden Satzungsinhalt deklariert. Der als zwingenden Satzungsinhalt normierte Unternehmensgegenstand ist aber Teil des Verbandszwecks und untrennbar mit diesem verbunden. Die Ebene der „Gesellschaft in der Gesellschaft" unterliegt für diesen Bereich einer korporativen Zulässigkeitsschranke, da der Gesellschaftszweck als die dem Unternehmensgegenstand übergeordnete Zielsetzung und Grundentscheidung hinsichtlich der Ausrichtung des Verbandes eines besonderen Schutzes bedarf. Eine

---

1284 Vgl. Kapitel 3, D.II.2., S. 190 ff.
1285 *K. Schmidt,* Gesellschaftsrecht (2002), § 4 II 3., 64 f.
1286 Henssler/Strohn-*Schäfer*, § 1 GmbHG, Rn. 6.
1287 Vgl. *K. Schmidt,* Gesellschaftsrecht (2002), § 4 III 3, 64 ff. umstr.
1288 Für das Erfordernis der Einstimmigkeit z.B. *K. Schmidt,* Gesellschaftsrecht (2002), § 4 II, 65; Henssler/Strohn-*Schäfer*, § 1 GmbHG, Rn. 7.
1289 Henssler/Strohn-*Schäfer*, § 1 GmbHG, Rn. 7; BeckOK GmbHG-*Jaeger*, § 1, Rn. 3.
1290 Vgl. Kapitel 3, D.II.2., S. 190 ff.

abweichende Zielsetzung auf der Ebene der „Gesellschaft in der Gesellschaft" ist dementsprechend nichtig.

2. Rechtsfolge eines Konflikts zwischen einem Beschluss auf der Ebene der „Gesellschaft in der Gesellschaft" und der Satzung der Hauptgesellschaft

Für die Behandlung eines Konflikts zwischen der Satzung und einem Beschluss auf der Ebene der „Gesellschaft in der Gesellschaft" ist auf die obigen Ausführungen zu verweisen. Auch hier ist ein Hierarchieverhältnis zwischen den beiden Ebenen abzulehnen. Somit ist eine der Satzung widersprechende Beschlussfassung möglich und wirksam.

IV. Rechtsfolgen bei Konflikten mit der gesellschaftsrechtlichen Treuepflicht

1. Der „räuberische Gegenpool"

Auch die Gründung eines „räuberischen Gegenpools" ist im Rahmen der allgemeinen Grenze der Sittenwidrigkeit gemäß § 138 BGB möglich. Die Wirksamkeit des Pools bleibt von der Treuepflicht der Hauptgesellschaft unberührt.

a) Sittenwidrigkeit

Bei dem Szenario des „räuberischen Gegenpools" gründen die Gesellschafter einen Stimmrechtspool, um mit der hierdurch geschaffenen Sperrminorität ein Druckmittel für Sondervorteile zu erlangen. Eine derartige Abrede und die hierauf beruhende GbR kann gemäß § 138 BGB sittenwidrig und nichtig sein.[1291] Ein Vertrag ist sittenwidrig, wenn er mit dem Anstandsgefühl aller billig und gerecht Denkender unvereinbar ist.[1292] § 138 BGB findet auch auf Gesellschaftsverträge von Personengesellschaften Anwendung.[1293] Der Gesellschaftsvertrag einer Personengesellschaft ist beispielsweise gemäß § 138 BGB ex tunc nichtig, wenn die Gesellschaft einen sittenwidrigen Zweck verfolgt.[1294]

1291 So nehmen Teile der Literatur an, dass Gesellschaftervereinbarungen die zu einer treuepflichtwidrigen Stimmabgabe verpflichten, gemäß § 138 BGB nichtig sind, *Lübbert,* Abstimmungsvereinbarungen in den Aktien- und GmbH-Rechten der EWG-Staaten, der Schweiz und Großbritanniens (1971), 162 f.; *Noack,* Gesellschaftervereinbarungen bei Kapitalgesellschaften (1994), 149, der jedoch vorrangig die Bindung in dem Falle aussetzen will; *Berger,* Nebenverträge im GmbH-Recht. Vereinbarungen außerhalb des Gesellschaftsvertrags zwischen Gesellschaftern bzw. zwischen Gesellschaftern und Dritten, insbesondere Stimmrechtsvereinbarungen (1995), 112 f.; *Ripka,* Poolverträge und die neueren Entwicklungen im Gesellschaftsrechts (2000), 89 f.; *Rossig,* Gesellschafterabsprachen bei GmbH und Close Corporation. Eine vergleichende Untersuchung zum Recht der satzungsergänzenden Nebenverträge in den USA und Deutschland (2003), 69 f.

1292 Statt vieler BGHZ 228, 233.

1293 BeckOK BGB-*Wendtland,* § 138, Rn. 15.

1294 BGH, Urteil vom 9. 2. 1970 - II ZR 76/68 (Düsseldorf) = NJW 1970, 1540, 1541; BeckOK BGB-*Wendtland,* § 138, Rn. 15, dies gelte sogar bei der Invollzugsetzung, da der besonders grobe

Ob der Gesellschaftsvertrag einer „Gesellschaft in der Gesellschaft" aufgrund einer treuwidrigen Ausrichtung gemäß § 138 BGB nichtig ist, kann nicht generell beantwortet werden. So ist der Zweck des Stimmenpools nicht nur deshalb sittenwidrig, weil die Gesellschafter sich Sondervorteile ohne Rücksicht auf die Interessen der Mitgesellschafter verschaffen wollen. Dann nämlich würde man die drohende Missachtung von gesellschaftsrechtlichen Rücksichtnahmepflichten mit einem Sittenverstoß gleichstellen und im Rahmen des § 138 BGB einen gesellschaftsrechtlichen Maßstab anwenden. Das Bilden eines Stimmblocks zur Durchsetzung eigener Interessen – sei es auch auf Kosten anderer – stellt per se keinen Sittenverstoß dar, auch wenn der Einsatz dieses Pools möglicherweise einen Treuepflichtverstoß darstellt.[1295] Der Aufbau eines Stimmrechtspools kann wiederum sittenwidrig sein, auch wenn hierin kein Treuepflichtverstoß liegt. Im Einzelfall kann also die Grenze der guten Sitten überschritten sein, wenn der Zweck der Gesellschaft allein darin liegt, mit erpresserischen Mitteln an die eigenen Sondervorteile zu Lasten anderer Gesellschafter zu gelangen.

b) Nichtigkeit wegen eines Treuepflichtverstoßes

Sind die Grenzen der Sittenwidrigkeit nicht überschritten, ist der Gesellschaftsvertrag des Gegenpools grundsätzlich wirksam. Die Gründung eines Gegenpools führt – unabhängig von der Frage, ob die Treuepflicht überhaupt eine die Privatautonomie beschränkende Wirkung hat – nicht zu einem Verstoß gegen die Treuepflicht auf der Hauptgesellschaftsebene. Der Zweck des Zusammenschlusses, eine Sperrminorität aus gesellschaftspolitischen Gründen zu bilden, stellt grundsätzlich ein legitimes Vorgehen dar.[1296] Problematisch ist vielmehr, wenn der Stimmrechtspool konkret zu Lasten der Hauptgesellschaft oder anderer (Mehrheits-)Gesellschafter „räuberisch" eingesetzt wird. In dem Abschluss des Gesellschaftsvertrags kann jedenfalls kein die Gesamtnichtigkeit des Vertrags auslösender Treuepflichtverstoß gesehen werden.[1297]

Sittenverstoß gegen die Anwendung der Grundsätze über die fehlerhafte Gesellschaft spreche, dies ist jedoch für den vorliegenden Aspekt nicht von Bedeutung, da die „Gesellschaft in der Gesellschaft" in der Regel eine nicht rechtsfähige Innengesellschaft darstellt.

1295 Vgl. zum Treuepflichtverstoß *Joussen,* Gesellschafterabsprachen neben Satzung und Gesellschaftsvertrag (1995), 110, der auch auf die Treuepflicht von Minderheitsgesellschaftern eingeht; *Burgard*, AG 1992, 41, 49.

1296 Ähnlich *Burgard*, AG 1992, 41, 49.

1297 So auch argumentierend *Joussen,* Gesellschafterabsprachen neben Satzung und Gesellschaftsvertrag (1995), 109 ff., der jedoch insgesamt zu einem anderen Ergebnis kommt, indem er die Erzwingbarkeit konkreter Verpflichtungen aufgrund von Treuwidrigkeit ablehnt.

c) Treuepflichtverstoß bei Einsatz des „räuberischen Gegenpools“

Bei der Annahme einer treuwidrigen Ausübung eines „räuberischen Gegenpools“ ist Zurückhaltung geboten, da insbesondere im Aktienhandel eine gewisse Spekulation auf Abfindungen üblich ist und Gesellschafter somit einen Gegenpool unter der Verfolgung eigener Ziele aufbauen dürfen.[1298] Setzt ein Gegenpool einen Mehrheitsaktionär unter Druck, um einen Sondervorteil zu erlangen, unterliegen die Gesellschafter der GbR Treuepflichten gegenüber dem Mehrheitsaktionär, weshalb die eigenen Interessen hierbei in einen angemessenen Ausgleich mit den Interessen des „blockierten“ Gesellschafters zu bringen sind.[1299] Wenn der Stimmrechtspool unter Androhung der Sperrung von Mehrheitsentscheidungen ohne angemessene Rücksichtnahme dazu genutzt wird, den Mehrheitsaktionär zu ungerechtfertigten Paketzuschlägen zu veranlassen, liegt eine Verletzung der gesellschaftsrechtlichen Treuepflicht vor.[1300]

d) Zusammenfassung

Im Ergebnis ist ein Gesellschaftsvertrag eines „räuberischen Gegenpools“ solange wirksam, wie er die Grenze der Sittenwidrigkeit gemäß § 138 BGB nicht überschreitet. Insbesondere führt die Gründung eines sogenannten „räuberischen Gegenpools“ nicht zu einem Treuepflichtverstoß. Lediglich die Nutzung des gebildeten Gegenpools ohne angemessene Rücksichtnahme auf andere Gesellschafter der Hauptgesellschaft, kann zu einem Treuepflichtverstoß führen.

2. Treuwidrige Stimmpflicht

Weiterhin wird eine Stimmpflicht auf der Ebene der „Gesellschaft in der Gesellschaft“ nicht durch die gesellschaftsrechtliche Treuepflicht auf der Ebene der Hauptgesellschaft beschränkt. Die Treuepflicht hat weder Auswirkungen auf die Zulässigkeit von schuldrechtlichen Stimmbindungen noch auf ihre gerichtliche Durchsetzbarkeit.

Zu beleuchten ist der Fall, wenn ein Gesellschafter im Rahmen eines Stimmrechtspools (schuldrechtlich) zu einem treuwidrigen (Abstimmungs-)Verhalten auf der Hauptgesellschaftsebene verpflichtet wird. Eine solche Verpflichtung kann im

---

1298 *Burgard*, AG 1992, 41, 49.
1299 *Burgard*, AG 1992, 41, 49.
1300 *Burgard*, AG 1992, 41, 49.

Gesellschaftsvertrag enthalten sein oder auf einer Weisung oder einem Beschluss auf der Ebene des Stimmrechtspools beruhen.

a) Sittenwidrigkeit

Die gesellschaftsrechtliche Treuepflicht und das Gebot der guten Sitten sind in ihren Anforderungen nicht gleichzusetzen. Die Treuepflicht hat weitaus höhere Ansprüche an das Verhalten der Gesellschafter aufgrund ihrer bestehenden Sonderverbindung zueinander, als das Gebot der guten Sitten an die Allgemeinheit.[1301] Ein Angleichen beider Verhaltenspflichten würde dazu führen, dass verbandsrechtliche Wertungen über den (Um-) Weg des § 138 BGB auf die schuldrechtlichen Verhältnisse zwischen den Gesellschaftern übertragen würden.[1302] Ob ein Sittenverstoß und dementsprechend Nichtigkeit gemäß § 138 BGB vorliegt, ist unabhängig zu beurteilen und nur bei Vorliegen besonderer Umstände anzunehmen.[1303]

b) Die Treuepflicht als Zulässigkeitsschranke bzw. Verbindlichkeitshindernis

Weit verbreitet ist die Ansicht, dass die Treuepflicht als Zulässigkeitsschranke bzw. Verbindlichkeitshindernis im Rahmen von Gesellschaftervereinbarungen, insbesondere Stimmbindungsvereinbarungen, fungiert.[1304] Entsprechend dem sogenannten

---

1301 Hierzu ausführlich *Milch,* Schuldrechtliche Absprachen in der GmbH. Zur Reichweite des Trennungsprinzips (2004), 100 ff.; *Zöllner*, ZHR 1991, 168, 176, der hierbei jedoch ausschließlich Stimmbindungsvereinbarungen mit Dritten anspricht; vgl. hierzu auch *Berger,* Nebenverträge im GmbH-Recht. Vereinbarungen außerhalb des Gesellschaftsvertrags zwischen Gesellschaftern bzw. zwischen Gesellschaftern und Dritten, insbesondere Stimmrechtsvereinbarungen (1995), 114.; *Noack,* Gesellschaftervereinbarungen bei Kapitalgesellschaften (1994), 147; *Schön,* Schuldrechtliche Gesellschaftervereinbarungen in der Gesellschaft mit beschränkter Haftung unter besonderer Berücksichtigung der Rechtsnachfolge (2018), 207.

1302 *Milch,* Schuldrechtliche Absprachen in der GmbH. Zur Reichweite des Trennungsprinzips (2004), 103.

1303 So auch zum Beispiel *Milch,* Schuldrechtliche Absprachen in der GmbH. Zur Reichweite des Trennungsprinzips (2004), 104; *Schön,* Schuldrechtliche Gesellschaftervereinbarungen in der Gesellschaft mit beschränkter Haftung unter besonderer Berücksichtigung der Rechtsnachfolge (2018), 207; *Berger,* Nebenverträge im GmbH-Recht. Vereinbarungen außerhalb des Gesellschaftsvertrags zwischen Gesellschaftern bzw. zwischen Gesellschaftern und Dritten, insbesondere Stimmrechtsvereinbarungen (1995), 112 f.

1304 BGH Urt. V. 24.11.2008 – II ZR 116/08, BGHZ 179, 13 = NJW 2009, 669 ff. (Schutzgemeinschaftsvertrag II); *A. Hueck,* FS Nipperdey (1965), 401, 409 (Personenhandelsgesellschaften); *Kleinherne,* Erscheinungsformen und Gestaltungsmöglichkeiten personenbezogener Aktiengesellschaften unter besonderer Berücksichtigung der neueren rechtstatsächlichen Entwicklung (1989), 142; MHLS GmbHG-*Römermann*, § 47, Rn. 511 f.; BeckOK GmbHG-*Schindler*, § 47, Rn. 65; MüKoGmbHG-*Drescher*, § 47, Rn. 249; Habersack/Casper/Löbbe GmbHG-*Hüffer/C. Schäfer*, § 47, Rn. 83; *Wicke*, DStR 2006, 1137, 1139; *Büssemarker,* Stimmbindungsverträge bei Kapitalgesellschaften in Europa. Ein Vergleich der Rechtslage in Deutschland, Frankreich und dem Vereinigten Königreich (1999), 137 f.; *Rossig,* Gesellschafterabsprachen bei GmbH und Close Corporation. Eine vergleichende Untersuchung zum Recht der satzungsergänzenden Nebenverträge in den USA und Deutschland (2003), 72 f.; *Söntgerath,* Vermittelte Mehrheit. Eine systematische Untersuchung des Rechts der satzungsergänzenden Nebenverträge, Beteiligungsgesellschaften und Vertreterklauseln (2010), 192 f.

„Komplementaritätskonzept“[1305] sei ein Gleichlauf zwischen schuldrechtlichen Gesellschaftervereinbarungen und der mitgliedschaftlichen Treuepflicht erforderlich.[1306] In diesem Zusammenhang wird regelmäßig zwischen zwei Arten von Stimmbindungsvereinbarungen unterschieden: Stimmbindungsvereinbarungen, die bereits von vorneherein eine konkrete treuwidrige Stimmpflicht enthalten, seien in ihrer Gesamtheit unzulässig und nichtig.[1307] Bei Stimmbindungsverträgen, die – wie eine „Gesellschaft in der Gesellschaft“ – nicht auf eine bestimmte Stimmabgabe konkretisiert und auf Dauer angelegt sind, entfalte die Treuepflicht lediglich im Einzelfall eine verbindlichkeitshindernde Wirkung. Hier entfalle die Verbindlichkeit einzelner Beschlüsse und Weisungen, die im Widerspruch zur Treuepflicht stehen bzw. zu einem treuwidrigen Stimmverhalten verpflichten.[1308]

Nach vorliegender Ansicht kann die gesellschaftsrechtliche Treuepflicht nicht als korrigierender Maßstab für schuldrechtliche Stimmbindungen herangezogen werden, da die Treuepflicht Bestandteil des mitgliedschaftlichen Rechtsverhältnisses ist.[1309] Sie wird unter anderem aus dem mitgliedschaftlichen Gemeinschaftsverhältnis hergeleitet.[1310] Ein Konflikt mit der Treuepflicht ist folgerichtig nicht anders zu bewerten als ein Konflikt mit anderen

---

1305 *Zöllner*, ZHR 1991, 168, 172, der es im Ergebnis jedoch ablehnt.

1306 Vgl. zu diesem geforderten Gleichlauf beispielsweise *Büssemarker,* Stimmbindungsverträge bei Kapitalgesellschaften in Europa. Ein Vergleich der Rechtslage in Deutschland, Frankreich und dem Vereinigten Königreich (1999), 172 f.

1307 Vgl. MHLS GmbHG-*Römermann*, § 47, Rn. 512 f.; *Berger,* Nebenverträge im GmbH-Recht. Vereinbarungen außerhalb des Gesellschaftsvertrags zwischen Gesellschaftern bzw. zwischen Gesellschaftern und Dritten, insbesondere Stimmrechtsvereinbarungen (1995), 112 f.; *Rossig,* Gesellschafterabsprachen bei GmbH und Close Corporation. Eine vergleichende Untersuchung zum Recht der satzungsergänzenden Nebenverträge in den USA und Deutschland (2003), 72 f.; *Söntgerath,* Vermittelte Mehrheit. Eine systematische Untersuchung des Rechts der satzungsergänzenden Nebenverträge, Beteiligungsgesellschaften und Vertreterklauseln (2010), 192 f.

1308 RGZ 133, 90, 95 f.; *A. Hueck,* FS Nipperdey (1965), 401, 406; *Lübbert,* Abstimmungsvereinbarungen in den Aktien- und GmbH-Rechten der EWG-Staaten, der Schweiz und Großbritanniens (1971), 166; *K. Schmidt,* Gesellschaftsrecht (2002), § 21 II 4a dd, 620, der ein Leistungsverweigerungsrecht gegenüber dem Vertragspartner anerkennt; so im Ergebnis wohl auch *Zöllner*, ZHR 1991, 168, 178; ähnlich *Overrath,* Die Stimmrechtsbindung (1973), 78, der jedoch noch weiter geht und sogar dann einen Wegfall der Verpflichtung annimmt, wenn der verpflichtete Gesellschafter der Überzeugung ist, dass eine andere Stimmabgabe besser den Interessen der Gesellschaft und ihren Mitgliedern entspricht; *Ripka,* Poolverträge und die neueren Entwicklungen im Gesellschaftsrechts (2000), 83; *Rossig,* Gesellschafterabsprachen bei GmbH und Close Corporation. Eine vergleichende Untersuchung zum Recht der satzungsergänzenden Nebenverträge in den USA und Deutschland (2003), 72 f.; *Söntgerath,* Vermittelte Mehrheit. Eine systematische Untersuchung des Rechts der satzungsergänzenden Nebenverträge, Beteiligungsgesellschaften und Vertreterklauseln (2010), 193, die letzten beiden Autoren nehmen ein Entfallen der „Rechtswirksamkeit“ an, was wohl im Ergebnis dem Entfallen der Verbindlichkeit entspricht.

1309 Vgl. *K. Schmidt,* Gesellschaftsrecht (2002), § 20 IV 1 b, 588.

1310 Vgl. hierzu Kapitel 1, A.I.2.a)cc), S. 29 ff.

Satzungsregelungen.[1311] Da die Gesellschafter – entsprechend der vorangegangenen Untersuchung – der Satzung widersprechende schuldrechtliche Vereinbarungen treffen können, muss dies auch im Hinblick auf die gesellschaftsrechtliche Treuepflicht gelten. Sinn und Zweck der Treuepflicht ist es, das organisationsrechtliche Mitgliedschaftsverhältnis zwischen den Gesellschaftern und im Verhältnis zur (Haupt-)Gesellschaft auszugestalten. Sie betrifft grundsätzlich nicht die Privatautonomie der Gesellschafter.[1312] Sie kann also weder die Gesamtnichtigkeit einer Stimmbindungsvereinbarung auslösen, noch kann sie die Verbindlichkeit einzelner Beschlüsse und Weisungen eines Stimmrechtspools beeinträchtigen.

In der Konsequenz ist zwischen der schuldrechtlichen Verpflichtung zum treuwidrigen Handeln und dem treuwidrigen Handeln bzw. Abstimmen zu unterscheiden. Ein Treuepflichtverstoß liegt erst dann vor, wenn der Gesellschafter – entsprechend einem Beschluss, einer Weisung oder einer Regelung auf der Ebene der „Gesellschaft in der Gesellschaft" – treuwidrig auf der Ebene der Hauptgesellschaft tätig wird.[1313] Die Verpflichtung hierzu stellt noch keinen Treuepflichtverstoß dar und die Gefahr einer Treuepflichtverletzung reicht nicht aus, um die Privatautonomie derart einschneidend einzuschränken. Die Treuepflicht ist somit keine Zulässigkeitsschranke bzw. kein Verbindlichkeitshindernis auf der Ebene der „Gesellschaft in der Gesellschaft".[1314] Ein Gleichlauf von Treuepflicht und Regelungen bzw. Beschlüssen auf der Ebene der „Gesellschaft in der Gesellschaft" mag zwar aus pragmatischen Gesichtspunkten begrüßenswert sein, allerdings fehlt es hierfür an einer dogmatischen Grundlage.

1311 *Joussen,* Gesellschafterabsprachen neben Satzung und Gesellschaftsvertrag (1995), 107 f.; *Schön,* Schuldrechtliche Gesellschaftervereinbarungen in der Gesellschaft mit beschränkter Haftung unter besonderer Berücksichtigung der Rechtsnachfolge (2018), 208 f.

1312 Vgl. *Milch,* Schuldrechtliche Absprachen in der GmbH. Zur Reichweite des Trennungsprinzips (2004), 103; *Schön,* Schuldrechtliche Gesellschaftervereinbarungen in der Gesellschaft mit beschränkter Haftung unter besonderer Berücksichtigung der Rechtsnachfolge (2018), 207.

1313 Ähnliche Argumentation *Joussen,* Gesellschafterabsprachen neben Satzung und Gesellschaftsvertrag (1995), 111; aA *Burgard,* AG 1992, 41, 49, der in der „finalen Verknüpfung" einen Treuepflichtverstoß sieht, also wohl schon im Abschluss des Gesellschaftsvertrags eines Gegenpools; ähnlich auch *Rossig* der die Verabredung eines missbräuchlichen Ausnutzens von Mitgliedschaftsrechten schon als Treuepflichtverstoß darstellt, *Rossig,* Gesellschafterabsprachen bei GmbH und Close Corporation. Eine vergleichende Untersuchung zum Recht der satzungsergänzenden Nebenverträge in den USA und Deutschland (2003), 72.

1314 Der gleichen Auffassung *Joussen,* Gesellschafterabsprachen neben Satzung und Gesellschaftsvertrag (1995), 111; *Zöllner*, ZHR 1991, 168, 176, 179, der dies jedoch nur für Stimmbindungen mit Dritten annimmt; *Dürr,* Nebenabreden im Gesellschaftsrecht (1994), 45 f., 52 f.; *Milch,* Schuldrechtliche Absprachen in der GmbH. Zur Reichweite des Trennungsprinzips (2004), 115.; *Groß-Bölting,* Gesellschaftervereinbarungen in der Aktiengesellschaft (2011), 133; *Schön,* Schuldrechtliche Gesellschaftervereinbarungen in der Gesellschaft mit beschränkter Haftung unter besonderer Berücksichtigung der Rechtsnachfolge (2018), 206 ff.

c) Die Treuepflicht als Durchsetzbarkeitshindernis

Darüber hinaus beeinträchtigt korrekterweise der Konflikt mit der Treuepflicht auch nicht die Durchsetzbarkeit von Stimmpflichten basierend auf Beschlüssen oder Weisungen im Rahmen der „Gesellschaft in der Gesellschaft". Die herrschende Meinung geht inzwischen richtigerweise davon aus, dass Stimmbindungsverträge grundsätzlich gerichtlich einklagbar und – vorzugsweise gemäß § 894 ZPO – vollstreckbar sind.[1315] Problematisch ist, dass im Einzelfall ein Treuepflichtverstoß im Wege der Klageerhebung und Vollstreckung erzwungen werden könnte – sei es gemäß § 887 ZPO, § 888 ZPO oder § 894 ZPO.

Ein Teil der Literatur sieht in der Treuepflicht ein Durchsetzbarkeitshindernis für schuldrechtliche Stimmpflichten.[1316] Ein Gesellschafter, welcher selbst an die Treuepflicht gebunden sei, könne aus Gründen des Rechtsmissbrauchs, nicht eine treuwidrige Stimmabgabe verlangen. Eine treuwidrige Stimmabgabe, die auf einer schuldrechtlichen Stimmpflicht beruht, sei nichtig und bei der Beschlussfassung auf Hauptgesellschaftsebene nicht zu berücksichtigen, da es sich bei der Treuepflicht um eine Rechtsausübungsschranke handele.[1317]

aa) Die Treuepflicht als Instrument der Rechtsausübungskontrolle

Richtig ist, dass die Treuepflicht im Verband die Funktion einer Rechtsausübungskontrolle übernimmt.[1318] Grundsätzlich ist eine treuwidrig abgegebene Stimme nichtig und im

---

1315 Zur Vollstreckung von Stimmbindungsvereinbarungen vgl. Kapitel 3, D.V.2.a), S.243 ff.; Für eine Vollstreckung nach § 894 ZPO BGHZ 48, 163, 170 ff. = NJW 1967, 1963, 1966; BGH GmbHR 1990, 68; *Loewenheim*, JuS 1969, 260-165, 264; *Overrath,* Die Stimmrechtsbindung (1973), 114 ff.; *Gerkan*, ZGR 1985, 167, 180; *Zutt*, ZHR 155 (1991), 190, 196 f.; *Rodemann,* Stimmbindungsvereinbarungen in den Aktien- und GmbH-Rechten Deutschlands, Englands, Frankreichs und Belgiens (1998), 118 ff., 126 ff.; *K. Schmidt,* Gesellschaftsrecht (2002), § 21 II 4, 617; *Zutt*, ZHR 155 (1991), 190, 197; Habersack/Casper/Löbbe GmbHG-*Hüffer/C. Schäfer*, § 47, Rn. 88; Kölner Kommentar AktG-*Tröger*, § 136, Rn. 154; Noack/Servatius/Haas GmbHG-*Noack*, § 47, Rn. 121; MHLS GmbHG-*Römermann*, § 47, Rn. 546; BeckOK GmbHG-*Schindler*, § 47, Rn. 74; Altmeppen GmbHG-*Altmeppen*, § 47, Rn. 77; Habersack/Casper/Löbbe GmbHG-*Hüffer/C. Schäfer*, § 47, Rn. 88; Rowedder/Pentz GmbHG-*Ganzer*, § 47, Rn. 45; Lutter/Hommelhoff GmbHG-*Lutter/Hommelhoff*, § 47, Rn. 22; für eine Vollstreckung gemäß § 888 ZPO *Wolff*, JW 1929, 2115-2117, 2116 f.; *Fischer*, GmbHR 1953, 65-70, 69 f.; Kölner Kommentar AktG, 1. Auflage (1985)-*Zöllner*, § 136, Rn. 116; *Zöllner*, ZHR 1991, 168, 187 f.; für eine Vollstreckung nach 887 ZPO *Peters*, AcP 1957, 311, 341, 345; *Mertens*, JR 1967, 462, 462.

1316 So zum Beispiel *Joussen,* Gesellschafterabsprachen neben Satzung und Gesellschaftsvertrag (1995), 108, 111; *Groß-Bölting,* Gesellschaftervereinbarungen in der Aktiengesellschaft (2011), 133 f.; *Schön,* Schuldrechtliche Gesellschaftervereinbarungen in der Gesellschaft mit beschränkter Haftung unter besonderer Berücksichtigung der Rechtsnachfolge (2018), 209;

1317 So ausdrücklich *Groß-Bölting,* Gesellschaftervereinbarungen in der Aktiengesellschaft (2011), 133 f.; *Schön,* Schuldrechtliche Gesellschaftervereinbarungen in der Gesellschaft mit beschränkter Haftung unter besonderer Berücksichtigung der Rechtsnachfolge (2018), 208 f.

1318 „Die Treuebindungen bedeuten eine der Mitgliedschaft und den aus ihr fließenden Rechten immanente Schranke, durch die auch das Stimmrecht begrenzt wird.", *Zöllner,* Die Schranken mitgliedschaftlicher Stimmrechtsmacht bei den privatrechtlichen Personenverbänden (1963), 366; „Ausübungskontrolle",

Rahmen der Beschlussfassung einer (Haupt-)Gesellschaft nicht zu berücksichtigen.[1319] Eine dennoch berücksichtigte Stimme führt zur Anfechtbarkeit des Beschlusses.[1320] Die Rechtsausübungskontrolle greift in dem Moment ein, in welchem die schuldrechtliche Stimmpflicht durch die entsprechende tatsächliche Stimmabgabe umgesetzt wird und organisationsrechtliche Relevanz erlangt. Erst ab diesem Zeitpunkt darf grundsätzlich der organisationsrechtliche Maßstab, unter anderem die Treuepflicht, angelegt werden. Die Umsetzung einer schuldrechtlichen Stimmpflicht im Wege der Stimmabgabe – sei sie tatsächlich erfolgt oder durch einen Prozess erzwungen – stellt demnach die Schnittstelle der beiden Ebenen dar.[1321]

bb) Ablehnung einer dogmatischen Grundlage

Die Annahme einer darüber hinausgehenden Rechtsausübungseinschränkung in Gestalt eines Durchsetzbarkeitshindernisses hat keine dogmatische Grundlage. Nach vorliegender Ansicht macht es im Hinblick auf den Schutzumfang vor treuwidrigen Stimmabgaben keinen Unterschied, ob ein Gesellschafter aus freien Stücken oder aufgrund einer

„Funktion als Ausübungsschranke von Rechten“, *Windbichler,* RWS-Forum 8, Gesellschaftsrecht 1995, 23, 34, 38; „aus der mitgliedschaftlichen Treuebindung sich ergebenden Schranken der Rechtsausübungen“, MüKoAktG-*Götze*, Vor § 53a, Rn. 25; Schmidt K./Lutter AktG-*Fleischer*, § 53a ,Rn. 54 ff., „Schrankenfunktion“; Treuepflicht als „Inhalts- und Ausübungskontrolle“, BeckOGKBGB-*Geibel*, § 705, Rn. 137 f.; in Bezug auf Stimmbindungen *Groß-Bölting,* Gesellschaftervereinbarungen in der Aktiengesellschaft (2011), 133 f.; *Schön,* Schuldrechtliche Gesellschaftervereinbarungen in der Gesellschaft mit beschränkter Haftung unter besonderer Berücksichtigung der Rechtsnachfolge (2018), 208 f.

1319 So die herrschende Meinung im GmbH-Recht, BGH, Urteil vom 19.11.1990 - II ZR 88/89 (Nürnberg) = NJW 1991, 846; BGH (GmbH), Versäumnisurteil vom 21. 7. 2008 - II ZR 39/07 (OLG Saarbrücken) = NZG 2008, 783, Rn. 20 (GmbH); Henssler/Strohn-*Drescher*, § 243 AktG, Rn. 22 (AG), Rn. 23 (GmbH); MüKoGmbHG-*Wertenbruch*, Anhang § 47, Rn. 269 (GmbH); dies entspricht auch im Aktienrecht der herrschenden Meinung, Hüffer/Koch AktG-*Koch*, § 53a, Rn. 30; *Lutter*, ZHR 1989, 446, 458; *Lutter/Grunewald*, AG 1989, 109, 114; *Nehls,* Die gesellschaftsrechtliche Treuepflicht im Aktienrecht (1993), 94 ff.; *Beckerhoff,* Treupflichten bei der Stimmrechtsausübung und Eigenhaftung des Stimmrechtsvertreters (1996), 85 ff.; *Zöllner,* Die Schranken mitgliedschaftlicher Stimmrechtsmacht bei den privatrechtlichen Personenverbänden (1963), 366, 370, bei der Argumentation aber teilweise noch nicht berücksichtigt, dass inzwischen Möglichkeit der Anfechtungsklage mit Antrag auf Beschlussfeststellung anerkannt ist; kritisch bspw *Windbichler,* RWS-Forum 8, Gesellschaftsrecht 1995, 23, 39, die Stimmabgabe sei wirksam, der Beschluss aber anfechtbar; zweifelnd auch *Timm, WM 1991, 481*, 486; aA im GmbH-Recht *Koppensteiner, ZIP 1994, 1325*, 1325 ff.; *Korehnke,* Treuwidrige Stimmen im Personengesellschafts- und GmbH-Recht. Sanktionen und prozessuale Behandlung (1997), 159.

1320 BGH, Urteil vom 28.1.1980 - II ZR 124/78 (Karlsruhe) = NJW 1980, 1278, 1279 (GmbH); Henssler/Strohn-*Drescher*, § 243 AktG, Rn. 22 (AG), Rn. 23 (GmbH); MüKoGmbHG-*Wertenbruch*, Anhang § 47, Rn. 269 (GmbH).

1321 Hierzu auch ähnlich *Groß-Bölting,* Gesellschaftervereinbarungen in der Aktiengesellschaft (2011), 133 f.; *Schön,* Schuldrechtliche Gesellschaftervereinbarungen in der Gesellschaft mit beschränkter Haftung unter besonderer Berücksichtigung der Rechtsnachfolge (2018), 208.

Stimmverpflichtung treuwidrig abstimmt oder ob die Stimmpflicht im Wege des Prozesses erzwungen bzw. fingiert wird.[1322]

Auch kann ein Argument aus der historischen Diskussion, ob schuldrechtliche Stimmbindungsvereinbarungen durchsetzbar sind oder ob ein durchsetzbarer Erfüllungsanspruch bei Stimmbindungsvereinbarungen per se ausgeschlossen ist, herangezogen werden: So argumentierte die herrschende Meinung, dass man Stimmbindungsvereinbarungen im Ergebnis die Zulässigkeit entziehe, würde man ihnen ihre Durchsetzbarkeit absprechen.[1323] Dieses Argument kann im vorliegenden Zusammenhang entsprechend aufgegriffen werden. Lehnt man die Durchsetzbarkeit bestimmter Stimmpflichten ab, die einer schuldrechtlichen Stimmbindungsvereinbarung entspringen, entspricht dies im Ergebnis einer (teilweisen) Unzulässigkeit von Stimmbindungsvereinbarungen. Lehnt man also die Funktion der gesellschaftsrechtlichen Treuepflicht als Zulässigkeitsschranke ab und hält an der Wirksamkeit fest, ist es konsequent, auch die Durchsetzbarkeit der Stimmbindungen zu bejahen.

Auch das System des Zwangsvollstreckungsrechts spricht gegen ein Durchsetzbarkeitshindernis. So entspricht die Fiktion der Stimmabgabe gemäß § 894 ZPO in ihrer Wirkung und ihrem Umfang der ersetzten Stimmabgabe des Gesellschafters.[1324] Verurteilt ein Gericht zu einer treuwidrigen Stimmabgabe, bleibt hiervon die Frage nach der Wirksamkeit auf der Ebene der Hauptgesellschaft unberührt.[1325] Die fingierte Stimmabgabe ersetzt lediglich den

---

1322 Vgl. *Milch,* Schuldrechtliche Absprachen in der GmbH. Zur Reichweite des Trennungsprinzips (2004), 109 f.

1323 *Fischer*, GmbHR 1953, 65-70, 68; *Flume,* Die juristische Person (1983), § 7 IV, 248; *Schrötter*, NJW 1979, 2592, 2597.

1324 Im Zusammenhang mit der Durchsetzung von Stimmbindungen *Milch,* Schuldrechtliche Absprachen in der GmbH. Zur Reichweite des Trennungsprinzips (2004), 109 Fn. 403.; *Zöllner*, ZHR 1991, 168, 174, der jedoch auf 186 doch iE die Durchsetzbarkeit ablehnt; *Wittowski*, ZHR 1991, 209, 210, so ein Teilnehmer in einer Diskussion im Anschluss an ein Referat von *Zöllner* und *Zutt*; iE auch *Dürr,* Nebenabreden im Gesellschaftsrecht (1994), 46; Allgemein dazu, dass § 894 ZPO die Willenserklärung ersetzt aber nicht weitere Voraussetzungen und die Fiktion die Rechtsfolgen bewirkt, die die entsprechende Erklärung bewirkt hätte Musielak/Voit ZPO-*Lackmann*, § 894, Rn. 10 und 12.

1325 So auch *Zöllner*, ZHR 1991, 168, 174 f., 187 Fn. 74, jedoch auch kritisch hinsichtlich der Anwendbarkeit von § 894 ZPO, 186 f., jedoch hält er eine Vollstreckung über § 888 ZPO auch „nicht viel erfreulicher" und sieht eine Lösung im Ergebnis nur über die Ablehnung der Durchsetzbarkeit von Stimmvereinbarungen oder die zwangsweise Einbeziehung der Gesellschaft und der Gesellschafter in den Prozess. Auch diese Lösungswege hält er jedoch nicht für sinnvoll; *Dürr,* Nebenabreden im Gesellschaftsrecht (1994), 46; *Wittowski*, ZHR 1991, 209, 210, so ein Teilnehmer im Rahmen einer Diskussion im Anschluss an ein Referat von *Zöllner* und *Zutt*; *Rodemann,* Stimmbindungsvereinbarungen in den Aktien- und GmbH-Rechten Deutschlands, Englands, Frankreichs und Belgiens (1998); 121; *Milch,* Schuldrechtliche Absprachen in der GmbH. Zur Reichweite des Trennungsprinzips (2004), 109, es wird nur die Stimmabgabe und keine weiteren

Schritt der tatsächlichen Abstimmung, nicht jedoch den darauffolgenden Schritt der korporationsrechtlichen Wirksamkeitsprüfung durch den Versammlungsleiter. Nach vorliegender Ansicht ist im Rahmen der gerichtlichen Durchsetzung einer schuldrechtlichen Stimmbindung nicht zu überprüfen, ob auf gesellschaftsrechtlicher Ebene Konflikte mit der Treuepflicht entstehen können, da für das schuldrechtliche Verhältnis organisationsrechtliche Aspekte nicht relevant sind.[1326] Die (Haupt-) Gesellschaft ist nicht an dem Prozess beteiligt und somit in der Beurteilung der Wirksamkeit einer Stimmabgabe nicht an ein Urteil gebunden.[1327] Es mag aus dem Blickwinkel der Prozessökonomie unpraktisch oder sogar überflüssig erscheinen, eine Stimmabgabe zu erzwingen oder zu fingieren, die wiederum keine Berücksichtigung auf gesellschaftsrechtlicher Ebene findet. Hierbei ist jedoch zu beachten, dass ein Ablehnen der Durchsetzbarkeit bedeuten würde, dass das zuständige Gericht bei der Beurteilung schuldrechtlicher Stimmbindungen gesellschaftsrechtliche Aspekte mit in seine Beurteilung einbeziehen muss. Geht man aber von der Durchsetzbarkeit derartiger schuldrechtlicher Stimmpflichten aus, bedeutet dies eine prozessökonomisch zu begrüßende Erleichterung des Prüfungsvorgangs für das Prozessgericht, da organisationsrechtliche Aspekte für die Beurteilung des Schuldverhältnisses und die daraus entspringende Pflicht irrelevant sind.[1328]

Auch der Aspekt des Schutzes vor treuwidriger Abstimmung sollte zu keinem anderen Ergebnis führen.[1329] Die Prüfung, ob eine Stimme treuwidrig ist, bleibt richtigerweise der Gesellschaft überlassen.[1330] Wird die Stimmabgabe – sei sie fiktiv oder real – trotz Treuwidrigkeit mitgezählt, steht den Gesellschaftern das organisationsrechtliche Schutzmittel der Anfechtungsklage zur Verfügung.[1331]

Wirksamkeitsvoraussetzungen ersetzt; *Schön,* Schuldrechtliche Gesellschaftervereinbarungen in der Gesellschaft mit beschränkter Haftung unter besonderer Berücksichtigung der Rechtsnachfolge (2018), 118 f.

1326 Im Ergebnis so auch *Dürr,* Nebenabreden im Gesellschaftsrecht (1994); *Milch,* Schuldrechtliche Absprachen in der GmbH. Zur Reichweite des Trennungsprinzips (2004), 107 ff.

1327 *Zöllner,* ZHR 1991, 168, 186 f.; *Dürr,* Nebenabreden im Gesellschaftsrecht (1994), 46; *Milch,* Schuldrechtliche Absprachen in der GmbH. Zur Reichweite des Trennungsprinzips (2004), 108 f.

1328 *Milch,* Schuldrechtliche Absprachen in der GmbH. Zur Reichweite des Trennungsprinzips (2004), 110, Fn. 404.

1329 Hierzu ausführlich *Milch,* Schuldrechtliche Absprachen in der GmbH. Zur Reichweite des Trennungsprinzips (2004), 110 ff.

1330 *Milch,* Schuldrechtliche Absprachen in der GmbH. Zur Reichweite des Trennungsprinzips (2004), 110.

1331 Zur Anfechtbarkeit von Beschlüssen wegen Inhaltsmängeln in Form von Treuepflichtverstößen *Zöllner,* Die Schranken mitgliedschaftlicher Stimmrechtsmacht bei den privatrechtlichen Personenverbänden (1963), 370; *K. Schmidt,* Gesellschaftsrecht (2002), § 20 V 4, 595; *Grunewald/H.-F. Müller,* Gesellschaftsrecht (2023), § 9, Rn. 147; wäre ohne treuwidrige Stimmabgabe ein Beschluss mit anderem Inhalt zustande gekommen kann die Anfechtungsklage deshalb mit einer sogenannten positiven Beschlussfeststellungsklage verbunden werden BGHZ 76, 154, Juris-Rn. 16 (GmbH); 76,

cc) Zusammenfassung: Kein Durchsetzbarkeitshindernis

Im Ergebnis ist nur die Ablehnung eines Durchsetzbarkeitshindernisses konsequent. Sie berücksichtigt die Unterschiede und Wirkungskreise der beiden Ebenen. Die vorliegende Argumentation hat gezeigt, dass der Gesetzgeber zwei abgeschlossene Mechanismen geschaffen und auf korporationsrechtlicher Ebene für ausreichenden Schutz vor Treuepflichtverstößen gesorgt hat. Es bedarf dementsprechend keiner künstlichen Ausweitung des Wirkungskreises der gesellschaftsrechtlichen Treuepflicht. Abschließend kann das zuvor aufgeführte Beispiel weitergeführt werden: Veräußert ein Verkäufer einen Gegenstand doppelt, so kann er auf Grundlage des einen Kaufvertrags zur Übereignung der Sache verurteilt werden, obwohl dies im Rahmen des zweiten Kaufvertrags eine Pflichtverletzung darstellt.[1332] Entsprechend kann ein Gesellschafter zur treuwidrigen Stimmabgabe verurteilt werden und es kann eine Vollstreckung erfolgen, obwohl die (fingierte) Stimmabgabe auf der Ebene des Verbands keine Berücksichtigung findet.

3. Zusammenfassung: Begrenzter Wirkungskreis der Treuepflicht

Im Ergebnis bedarf es nach vorliegender Ansicht keines Eingriffes auf der Ebene der „Gesellschaft in der Gesellschaft" wegen eines Konfliktes mit der Treuepflicht. Der Gesellschaftervertrag einer „Gesellschaft in der Gesellschaft" bleibt insbesondere schon deshalb in seiner Wirksamkeit unberührt, da er im Regelfall auf Dauer angelegt und nicht auf ein bestimmtes Stimmverhalten konkretisiert ist. Wird kein sittenwidriger Zweck verfolgt und ist die Nichtigkeit gemäß § 138 BGB ausgeschlossen, kommt die Vereinbarung wirksam zustande, auch wenn sie zu einem treuwidrigen Verhalten auf der Hauptgesellschaftsebene verpflichtet. Entsteht auf Grundlage eines Beschlusses oder einer Weisung auf der Ebene der „Gesellschaft in der Gesellschaft" eine konkrete Stimmpflicht, die zu einem treuwidrigen Stimmverhalten auffordert, bleibt die schuldrechtliche Verpflichtung wirksam. Auch die gerichtliche Durchsetzung und Vollstreckung dieser Stimmpflicht bleibt von der Treuepflicht

---

191, Juris-Rn. 28 ff. (AG); *Grunewald/H.-F. Müller,* Gesellschaftsrecht (2023), § 9, Rn. 152; *Raiser/Veil,* Recht der Kapitalgesellschaften (2015), § 16, Rn. 169 ff.

1332 Vgl. *Zutt,* ZHR 155 (1991), 190, 173; *Milch,* Schuldrechtliche Absprachen in der GmbH. Zur Reichweite des Trennungsprinzips (2004), 109, dieses Beispiel kann jedoch nur begrenzt zu einer Argumentation herangezogen werden, da beim Sonderfall der „Gesellschaft in der Gesellschaft" letztere gerade in Bezug auf die Hauptgesellschaft gegründet wird; deshalb hier lediglich als abschließender Vergleich; so kritisch zu diesem Vergleich *Söntgerath,* Vermittelte Mehrheit. Eine systematische Untersuchung des Rechts der satzungsergänzenden Nebenverträge, Beteiligungsgesellschaften und Vertreterklauseln (2010), 191; darüber hinaus kritisch *Büssemarker,* Stimmbindungsverträge bei Kapitalgesellschaften in Europa. Ein Vergleich der Rechtslage in Deutschland, Frankreich und dem Vereinigten Königreich (1999), 133.

unberührt. Der Wirkungskreis der Treuepflicht erstreckt sich ausschließlich auf die korporative Ebene. Die Umsetzung der Stimmpflicht, sei sie freiwillig, gerichtlich erzwungen oder sogar fingiert, hat die Unwirksamkeit der Stimme auf der Hauptgesellschaftsebene zur Folge. Wird die Stimme dennoch berücksichtigt, ist der Beschluss anfechtbar.

V. Rechtsfolgen bei Konflikten mit Beschlüssen – „Kerbnägel" und „Tunnelbau"

1. „Anfechtungslösung" [1333]

Wird ein Beschluss auf der Ebene der Hauptgesellschaft im Widerspruch zu einer schuldrechtliche Gesellschaftervereinbarung gefasst, kann nach vorliegender Ansicht der Beschluss nicht angefochten werden. Dies hat der BGH jedoch in seinen umstrittenen Urteilen aus den Jahren 1983 („Kerbnägel")[1334] und 1986 („Tunnelbau")[1335] angenommen und allseitigen Gesellschaftervereinbarungen korporative Relevanz zugesprochen. So sei ein Beschluss, welcher gegen eine allseitige Gesellschaftervereinbarung „verstößt"[1336], anfechtbar, auch wenn der Beschluss im Übrigen im Einklang mit der Satzung ergangen ist.[1337] Die herrschende Literatur lehnt die Anfechtungslösung des BGH mangels dogmatischer Grundlage ab.[1338] Soll ein Verstoß gegen eine allseitige Gesellschaftervereinbarung zur Anfechtung

1333 Diesen Begriff verwendet beispielsweise auch *König,* Der satzungsergänzende Nebenvertrag. Eine rechtsvergleichende Untersuchung zum außerstatutarischen Gesellschaftsorganisationsrecht nach deutschem, französischem und schweizerischem Recht (1996), 75.

1334 BGH, Urteil vom 20.01.1983 – II ZR 243/81 (Nürnberg) = NJW 1983, 1910 f.

1335 BGH, Urteil vom 27.10.1986 – II ZR 240/85 (Frankfurt) = NJW 1987, 1890 ff.

1336 Ein Verstoß setzt voraus, dass man der allseitigen Gesellschaftervereinbarung eine korporationsrechtliche Relevanz zuweist, dass der Beschluss überhaupt an der Vereinbarung gemessen werden muss.

1337 BGH, Urteil vom 20.01.1983 – II ZR 243/81 (Nürnberg) = NJW 1983, 1910 f.; BGH, Urteil vom 27.10.1986 – II ZR 240/85 (Frankfurt) = NJW 1987, 1890 ff.

1338 OLG Stuttgart, Urteil vom 7.2.2001, NJOZ 2001, 335 ff.; *Ulmer*, NJW 1987, 1849, 1854 f.; sehr ausführlich *Winter*, ZHR 1990, 259, 268 ff.; *Goette,* RWS-Forum 8, Gesellschaftsrecht 1995, 113, 120 ff., 127 f.; *Jäger*, DStR 1996, 1935, 1938 ff., dieser stimmt der Lösung des BGH jedoch ausnahmsweise zu, wenn die Vereinbarung, wäre sie in der Satzung aufgenommen worden, als unechte Satzungsbestandteile zu qualifizieren wäre; hierbei verkennt der Autor jedoch, dass sogar unechte Satzungsbestandteile nicht zur Anfechtung rechtfertigen; BeckOK GmbHG-*Leinekugel*, § 47 Anhang Beschlussanfechtung, Rn. 118 f. (GmbH); Lutter/Hommelhoff GmbHG-*Bayer*, § 3, Rn. 68, Anh. zu § 47, Rn. 44 (GmbH); Lutter/Hommelhoff GmbHG-*Lutter/Hommelhoff*, § 47, Rn. 24 (GmbH); *Berger,* Nebenverträge im GmbH-Recht. Vereinbarungen außerhalb des Gesellschaftsvertrags zwischen Gesellschaftern bzw. zwischen Gesellschaftern und Dritten, insbesondere Stimmrechtsvereinbarungen (1995), 164 ff., 186 f.; *Dürr*, BB 1995, 1365, 1369; *Milch,* Schuldrechtliche Absprachen in der GmbH. Zur Reichweite des Trennungsprinzips (2004), 43 ff., 57; *König,* Der satzungsergänzende Nebenvertrag. Eine rechtsvergleichende Untersuchung zum außerstatutarischen Gesellschaftsorganisationsrecht nach deutschem, französischem und schweizerischem Recht (1996), 75 , der jedoch die Begründbarkeit mit der Prozessökonomie für den Fall, dass keine Rechte Dritter betroffen sind doch für möglich hält; MüKoGmbHG-*Wicke*, § 3, Rn. 146 f.; MHLS GmbHG-*Römermann*, § 47, Rn. 536; *Söntgerath,* Vermittelte Mehrheit. Eine systematische Untersuchung des Rechts der satzungsergänzenden Nebenverträge, Beteiligungsgesellschaften und Vertreterklauseln (2010), 402 ff., 409; *Schön,* Schuldrechtliche Gesellschaftervereinbarungen in der Gesellschaft mit

berechtigen, bedarf es hierfür einer dogmatischen Begründung.[1339] Die vertretenen dogmatischen Herleitungen werden im Folgenden näher untersucht.

a) Keine Anwendbarkeit des § 243 I AktG

Ob ein Beschluss anfechtbar ist, ist grundsätzlich in Analogie zu den Regelungen in §§ 243 ff AktG zu beurteilen.[1340] Analog § 243 I AktG kann ein Beschluss angefochten werden, der gegen die Satzung oder das Gesetz verstößt. Teilweise wird vertreten, dass eine allseitige Gesellschaftervereinbarung zur Auslegung der Satzung herangezogen werden könne und ein Verstoß gegen die Abrede somit einen zur Anfechtung berechtigenden Satzungsverstoß darstelle.[1341] Anderen Autoren zufolge konkretisieren allseitige Gesellschaftervereinbarungen die gesellschaftsrechtliche Treuepflicht.[1342] Ein Verstoß gegen die konkretisierende Abrede sei dementsprechend als Treuepflichtverletzung anfechtbar. Nimmt man eine derartige konkretisierende Wirkung allseitiger Gesellschaftervereinbarungen an, wäre der Anfechtungsweg klassisch über § 243 I AktG (analog) eröffnet. Diese – in sich schlüssigen – Ansichten sind aus den bereits dargestellten Gründen und unter Verweis auf die unterschiedlichen Wirkungskreise der beiden Ebenen abzulehnen. Es liegt kein Anfechtungsgrund im Sinne des § 243 I AktG (analog) vor.

b) Kein eigenständiger Anfechtungsgrund

Nach vorliegender Ansicht ist ein Verstoß gegen eine Regelung einer „Gesellschaft in der Gesellschaft", an welcher alle Gesellschafter beteiligt sind, einem Satzungs- und Gesetzesverstoß auch nicht gleichzustellen und ein eigenständiger Anfechtungsgrund abzulehnen.

---

beschränkter Haftung unter besonderer Berücksichtigung der Rechtsnachfolge (2018), 166 ff., 170 ff.; aA bspw. BeckOGKAktG-*Drescher*, § 243, Rn. 63.

1339 Vgl. *Ulmer*, NJW 1987, 1849, 1849; *Rossig,* Gesellschafterabsprachen bei GmbH und Close Corporation. Eine vergleichende Untersuchung zum Recht der satzungsergänzenden Nebenverträge in den USA und Deutschland (2003), 124; *Söntgerath,* Vermittelte Mehrheit. Eine systematische Untersuchung des Rechts der satzungsergänzenden Nebenverträge, Beteiligungsgesellschaften und Vertreterklauseln (2010), 402.

1340 *K. Schmidt,* Gesellschaftsrecht (2002), § 15 II 1, 443, nach herrschender Meinung auch für die GmbH anerkannt s. § 15 II 3, 447 f.; seit dem Inkrafttreten des MoPeG am 1.1.2024 kommt für die GmbH auch eine Analogie zu den neuen personenhandelsgesellschaftsrechtlichen Vorschriften der §§ 110 ff. HGB n.F. in Betracht; hierzu z.B. MüKoHGB-*Liebscher*, § 110, Rn. 54 ff.

1341 *Noack,* Gesellschaftervereinbarungen bei Kapitalgesellschaften (1994), 161, dies sei in „geeigneten Fällen" möglich; *Westermann,* Hachenburg-Gedächtnisvorlesung 1994, 25, 43 ff, 49 f.; *Zöllner,* RWS-Forum 8, Gesellschaftsrecht 1995, 89, 105 ff.; Noack/Servatius/Haas GmbHG-*Noack*, § 47, Rn. 119; *Waldenberger*, GmbHR 1997, 49, 51.

1342 *Zöllner,* RWS-Forum 8, Gesellschaftsrecht 1995, 89, 109 f.; Scholz GmbHG-*K. Schmidt/Bochmann*, § 47, Rn. 38; *Weber*, DStR 1997, 824, 828; *Ehricke,* Schuldvertragliche Nebenabreden zu GmbH-Gesellschaftsverträgen. Deutsches Schweizer und englisches Recht im Vergleich (2004), 29 ff., 67; Noack/Servatius/Haas GmbHG-*Noack*, § 47, Rn. 119; *Hoffmann-Becking*, ZGR 1994, 442, 458 f.

Da der BGH ausdrücklich einen Treuepflichtverstoß und einen Satzungsverstoß ablehnt, ist davon auszugehen, dass er einen eigenständigen Anfechtungsgrund für allseitige Gesellschaftervereinbarungen annimmt.[1343] Hierbei argumentiert er in erster Linie aus dem Blickwinkel der Prozessökonomie: Es gäbe „keinen Grund, die vertragswidrig überstimmten Gesellschafter auf den umständlichen Weg einer Klage gegen die Mitgesellschafter zu verweisen, um durch deren Verurteilung zu einer gegenteiligen Stimmabgabe den Beschluß aus der Welt zu schaffen"[1344].[1345] Verstößt ein Beschluss gegen eine allseitige Gesellschaftervereinbarung, sei demnach der Anfechtungsweg eröffnet.[1346] So verwies der BGH den Gesellschafter, welcher Anfechtungsklage erhoben hatte, nicht auf den Weg der Leistungsklage. Vielmehr eröffnete er ihm ohne die Notwendigkeit des Parteiwechsels und der Klageänderung den direkten Weg der Anfechtungsklage. Hierbei ist zu beachten, dass weder ein Parteiwechsel noch eine Klageänderung in der damaligen Revisionsinstanz noch möglich gewesen wären.[1347] Der pragmatischen Begründung des BGH hat sich ein Teil der Literatur angeschlossen.[1348] Diese Stimmen argumentieren, dass eine Leistungsklage gegen einen vertragsbrüchigen Gesellschafter, welche entweder auf Erfüllung der vertraglichen Pflicht oder auf Schadensersatz in Form von Naturalrestitution gerichtet ist, im Ergebnis auch auf die Beseitigung eines bereits unter vertragswidriger Beteiligung gefassten Beschlusses abzielen würde.[1349] Der vom BGH und

---

1343 BGH, Urteil vom 20.01.1983 – II ZR 243/81 (Nürnberg), NJW 1983, 1910, 1911 (Kerbnägel); So spricht *Winter* auch von einem „neuen" Anfechtungsgrund, *Winter*, ZHR 1990, 259, 270; Rechtsfortbildung laut *Ulmer*, NJW 1987, 1849, 1849 f.; Die Rechtsprechung weite den Katalog aus § 243 AktG aus, so *Rossig*, Gesellschafterabsprachen bei GmbH und Close Corporation. Eine vergleichende Untersuchung zum Recht der satzungsergänzenden Nebenverträge in den USA und Deutschland (2003), 124.

1344 BGH, Urteil vom 20.01.1983 – II ZR 243/81 (Nürnberg), NJW 1983, 1910, 1911 (Kerbnägel).

1345 Einstimmig werden diese Ausführungen in der Literatur so gewertet, dass der BGH den Schwerpunkt der dogmatischen Grundlage im Grundsatz der Prozessökonomie sieht, statt vieler *Söntgerath*, Vermittelte Mehrheit. Eine systematische Untersuchung des Rechts der satzungsergänzenden Nebenverträge, Beteiligungsgesellschaften und Vertreterklauseln (2010), 402 f.

1346 BGH, Urteil vom 20.01.1983 – II ZR 243/81 (Nürnberg), NJW 1983, 1910, 1911 (Kerbnägel).

1347 Allgemein zur Klageänderung und zum Parteiwechsel in der Revisionsinstanz MüKoZPO-*Becker-Eberhard*, § 263, Rn. 82 und 45.

1348 *Happ*, ZGR 1984, 168, 173 ff.; *Joussen*, Gesellschafterabsprachen neben Satzung und Gesellschaftsvertrag (1995), 150; Scholz GmbHG-*K. Schmidt/Bochmann*, § 45, Rn. 116; *Noack*, Gesellschaftervereinbarungen bei Kapitalgesellschaften (1994), 157 f., 160, es bedürfe aber einer dogmatischen Begründung, die über die Prozessökonomie hinausgeht.

1349 So verurteilte der BGH in einem Fall eines Zustimmungsbeschlusses für eine zukünftige Abtretung BGHZ 48, 163, Juris-Rn. 30 ff.; vgl. auch *Berger*, Nebenverträge im GmbH-Recht. Vereinbarungen außerhalb des Gesellschaftsvertrags zwischen Gesellschaftern bzw. zwischen Gesellschaftern und Dritten, insbesondere Stimmrechtsvereinbarungen (1995), 172; *Söntgerath*, Vermittelte Mehrheit. Eine systematische Untersuchung des Rechts der satzungsergänzenden Nebenverträge, Beteiligungsgesellschaften und Vertreterklauseln (2010), 283, 403; teilweise wird davon ausgegangen, dass eine Verurteilung zur Herbeiführung eines neuen und zur Beseitigung des ursprünglichen unter stimmbindungswidriger Stimmabgabe zustande gekommenen Beschlusses lediglich im Rahmen einer Schadensersatzklage auf Naturalrestitution erreicht werden kann, richtigerweise bleibt jedoch auch

einem Teil der Literatur angenommene Anfechtungsweg ist jedoch aus vielerlei Gründen abzulehnen. Auf die einzelnen Aspekte wird im Folgenden näher eingegangen.

aa) Inkonsequenz der Begründung und des Anwendungsbereichs

Die dogmatische Begründung des BGH ist stellenweise widersprüchlich. Wie der BGH zunächst in der Kerbnägel-Entscheidung betont, habe eine Gesellschaftervereinbarung lediglich schuldrechtliche Wirkung, weshalb sie – auch wenn alle Gesellschafter eines Verbandes an ihr beteiligt sind – weder die Satzung noch die Treuepflicht konkretisieren könne.[1350] Wird jedoch einer Regelung, welche einem schuldrechtlichen Verhältnis entspringt, richtigerweise die organisationsrechtliche Wirkung versagt, so kann diese Vereinbarung folgerichtig auch nicht als Maßstab für einen gesellschaftsrechtlichen Beschluss herangezogen werden. Sonst erlangt diese über den Umweg der Anfechtungsklage die – zuvor abgelehnte – korporationsrechtliche Relevanz.[1351]

Die vom BGH vertretene Anfechtungslösung ist außerdem inkonsequent, da ihre Anwendbarkeit auf allseitige Gesellschaftervereinbarungen beschränkt ist. Es ist nicht ersichtlich, aus welchem Grund ein Verstoß gegen eine Vereinbarung, an welcher die beschlusserhebliche Mehrheit der Hauptgesellschaft beteiligt ist, anders zu behandeln sein soll als eine allseitige Vereinbarung und warum der klagende Gesellschafter im zweiten Fall auf den „umständlichen Weg“[1352] der Klage verwiesen werden soll.[1353] Darüber hinaus müsste der BGH konsequenterweise danach differenzieren, ob die Vereinbarung mit ihrem konkreten Inhalt

---

nach vertragswidriger Stimmabgabe, die Stimmabgabe entsprechend der Abstimmungsvereinbarung geschuldet und möglich, soweit nicht durch den vertragswidrigen Beschluss bereits Rechte Dritter begründet wurde; vgl. BGHZ 48, 163 ff.; *Berger,* Nebenverträge im GmbH-Recht. Vereinbarungen außerhalb des Gesellschaftsvertrags zwischen Gesellschaftern bzw. zwischen Gesellschaftern und Dritten, insbesondere Stimmrechtsvereinbarungen (1995), 124; *Odersky,* FS Lutter (2000), 557, 561 f.; *Söntgerath,* Vermittelte Mehrheit. Eine systematische Untersuchung des Rechts der satzungsergänzenden Nebenverträge, Beteiligungsgesellschaften und Vertreterklauseln (2010), 283; aA wohl, *Lübbert,* Abstimmungsvereinbarungen in den Aktien- und GmbH-Rechten der EWG-Staaten, der Schweiz und Großbritanniens (1971), 175; Scholz GmbHG-*K. Schmidt/Bochmann*, § 47, Rn. 60, die ausschließlich im Rahmen eines möglichen Schadensersatzanspruches klarstellen, dass lediglich dann Beschlüsse aufgehoben werden können, wenn hierdurch keine Rechte Dritter berührt werden.

1350 Vgl. BGH, Urteil vom 20.01.1983 – II ZR 243/81 (Nürnberg), NJW 1983, 1910, 1911 (Kerbnägel).

1351 Vgl. *Happ*, ZGR 1984, 168, 169 f.; *Winter*, ZHR 1990, 259, 270; vgl. auch *Vomhof*, GmbHR 1984, 180, 181, es sei „widersprüchlich, wenn (…) ein Umstand, der außerhalb des Gesellschaftsvertrags liegt, doch als Angelegenheit der Gesellschaft“ betrachtet werde.

1352 BGH, Urteil vom 20.01.1983 – II ZR 243/81 (Nürnberg), NJW 1983, 1910, 1911 (Kerbnägel).

1353 Vgl. *Happ*, ZGR 1984, 168, 177; *Winter*, ZHR 1990, 259, 275; *Dürr,* Nebenabreden im Gesellschaftsrecht (1994), 214 f.; *Berger,* Nebenverträge im GmbH-Recht. Vereinbarungen außerhalb des Gesellschaftsvertrags zwischen Gesellschaftern bzw. zwischen Gesellschaftern und Dritten, insbesondere Stimmrechtsvereinbarungen (1995), 174.

bei Aufnahme in die Satzung als unechter oder echter Satzungsbestandteil zu qualifizieren wäre.[1354] Da bei einem Verstoß gegen einen unechten Satzungsbestandteil grundsätzlich keine Anfechtung möglich ist,[1355] sollte auch diese Wertung konsequenterweise auf Gesellschaftervereinbarungen übertragen werden. So müsste eine Anfechtung ausgeschlossen sein, wenn die Regelung bei Aufnahme in die Satzung einen unechten Satzungsbestandteil darstellen würde.[1356] Eine schuldrechtliche Vereinbarung, welche in die Satzung bzw. den Gesellschaftsvertrag der Hauptgesellschaft aufgenommen wurde, berechtige dann nicht einmal als (unechter) Satzungsbestandteil zu einer Anfechtung.[1357]

Darüber hinaus erscheint die Anfechtungslösung auch im Hinblick auf die ständige Rechtsprechung im Personengesellschaftsrecht nicht stimmig. Der BGH verwehrt einem ausgeschlossenen Gesellschafter einer Personengesellschaft die direkte Klage gegen die Gesellschaft auf Feststellung der Unwirksamkeit des Beschlusses.[1358] Der BGH verweist den Gesellschafter in diesem Fall auf den Klageweg gegen alle Gesellschafter als Vertragspartner des Gesellschaftsvertrags.[1359] In diesem Zusammenhang hält der BGH also die einer Klage gegen die Gesellschaft entgegenstehenden „dogmatischen Strukturprinzipien“[1360] ein und ein Gerichtsweg aus Gründen der Prozessökonomie bleibt versperrt.

bb) Prozess- und Kostenrisiko

Weiterhin ist zu beachten, dass Beklagte im Rahmen einer Anfechtungsklage nicht der vertragsbrüchige Gesellschafter, sondern gemäß § 246 II 1 AktG (analog) die

---

1354 Eine Differenzierung zwischen hypothetisch unechtem und echtem Satzungsbestandteil nimmt *K. Schmidt* vor, der fordert, dass die Vereinbarung inhaltlichen Bezug auf die Verfassung der Hauptgesellschaft nimmt, nur dann sei eine Anfechtung denkbar, Scholz GmbHG-*K. Schmidt/Bochmann*, § 45, Rn. 185.

1355 Statt vieler Henssler/Strohn-*Drescher*, § 243 AktG, Rn. 5.

1356 Scholz GmbHG-*K. Schmidt/Bochmann*, § 45, Rn. 185; der dies wohl beachtet indem er voraussetzt, dass es sich um einen „tauglichen“ Satzungsbestandteil handelt; *Jäger* hingegen nimmt ausschließlich die Anfechtbarkeit an, wenn die Gesellschaftervereinbarung den entsprechenden Inhalt eines unechten Satzungsbestandteils hat und seiner Ansicht zufolge deshalb satzungsüberlagernde Wirkung hat; dies ist jedoch aus den genannten Gründen widersprüchlich und würde bedeuten, dass ein unechter Satzungsbestandteil auf der Ebene der Gesellschaftervereinbarung stärkere Wirkung hat als auf Satzungsebene, *Jäger*, DStR 1996, 1935, 1939 f.; der BGH differenziert in einer späteren Entscheidung genau umgekehrt und will solche allseitigen Vereinbarungen von der Anfechtung ausschließen, welche eine organisationsrechtliche Regelung ändern sollen, BGH Urteil v. 07.06.1993 – II ZR 81/92 (Karlsruhe) = NJW 1993, 2246.

1357 So auch ausdrücklich BeckOK GmbHG-*Leinekugel*, § 47 Anhang Beschlussanfechtung, Rn. 78.

1358 Vgl. BGHZ 91, 132, 133; BGHZ 81, 263, 264 f.

1359 Vgl. z.B. BGHZ 91, 132, 133; BGHZ 81, 263, 264 f.

1360 *Winter*, ZHR 1990, 259, 274.

Hauptgesellschaft ist.[1361] Insofern wäre die Gesellschaft Beklagte eines Verfahrens und darüber hinaus Trägerin des Prozess- und Kostenrisikos, ohne überhaupt an dem zugrundeliegenden Rechtsverhältnis beteiligt zu sein.[1362]

cc) Aspekt der Schutzbedürftigkeit

Die Anfechtungslösung des BGH lässt sich zudem nicht auf den Aspekt der Schutzbedürftigkeit der Gesellschafter stützen. So haben die Gesellschafter grundsätzlich die Möglichkeit, eine Regelung in die Satzung aufzunehmen. Entscheiden sie sich dafür, die Regelung nicht in die Satzung aufzunehmen und eine schuldrechtliche Vereinbarung zu treffen, so ist ihnen die gerichtliche Auseinandersetzung untereinander auch zumutbar.[1363]

Vielmehr spricht sogar die Schutzbedürftigkeit des Rechtsverkehrs gegen die Anfechtungslösung. Privatrechtliche Vereinbarungen und Zusammenschlüsse unterliegen nicht den kapitalgesellschaftsrechtlichen Form- und Publizitätserfordernissen. Die Anfechtungslösung des BGH hat zur Folge, dass der für das Beschlussmängelrecht relevante Maßstab für den Rechtsverkehr nicht mehr einsehbar und nachvollziehbar ist.[1364] Misst man gesellschaftsrechtliche Beschlüsse nicht nur an der publizierten Satzung, sondern zieht man als weiteren Maßstab die der Öffentlichkeit nicht bekannten schuldrechtlichen Vereinbarungen zwischen den Gesellschaftern heran, besteht die Gefahr einer sogenannten „Schattenordnung“.[1365] Darüber hinaus würden schuldrechtliche Vereinbarungen zu einer Art „Hypersatzungsrecht“, da nach Ablauf der Anfechtungsfrist der Weg der Leistungsklage regelmäßig eröffnet bliebe, während bei einem Verstoß gegen Satzung oder Gesetz der Beschluss in Bestandskraft erwächst und unangreifbar wird.[1366]

1361 *Winter*, ZHR 1990, 259, 274 f.; *Goette,* RWS-Forum 8, Gesellschaftsrecht 1995, 113, 127; *Schön,* Schuldrechtliche Gesellschaftervereinbarungen in der Gesellschaft mit beschränkter Haftung unter besonderer Berücksichtigung der Rechtsnachfolge (2018), 170.

1362 MüKoGmbHG-*Wicke,* § 3, Rn. 147; *Schön,* Schuldrechtliche Gesellschaftervereinbarungen in der Gesellschaft mit beschränkter Haftung unter besonderer Berücksichtigung der Rechtsnachfolge (2018), 170.

1363 *Goette,* RWS-Forum 8, Gesellschaftsrecht 1995, 113, 127; *Hoffmann-Becking*, ZGR 1994, 442, 450; *Schön,* Schuldrechtliche Gesellschaftervereinbarungen in der Gesellschaft mit beschränkter Haftung unter besonderer Berücksichtigung der Rechtsnachfolge (2018), 171; MüKoGmbHG-*Wicke,* § 3, Rn. 147.

1364 Siehe auch *Noack,* Gesellschaftervereinbarungen bei Kapitalgesellschaften (1994), 165, der jedoch im Ergebnis die Anfechtungsmöglichkeit bejaht; Der Einwand sei wohl eher zu vernachlässigen, da Dritte „nur indirekt berührt“ werden können und es sich hierbei um einen „eher seltenen Fall“ handele; weitere Argumentation auf Grundlage der umgangenen Publizitätserfordernisse *Winter*, ZHR 1990, 259, 272 f.

1365 Vgl. *Noack,* Gesellschaftervereinbarungen bei Kapitalgesellschaften (1994), 163 ff., der dies jedoch lediglich für Dauerregelungen anmerkt; OLG Stuttgart, Urteil vom 7.2.2001, NJOZ 2001, 335, 352.

1366 *Winter*, ZHR 1990, 259, 276 f.

dd) Grenzen der Prozessökonomie

Auch im Hinblick auf die Grenzen der Prozessökonomie ist die Anfechtungslösung bedenklich. Die Prozessökonomie ist die „prozessuale Anwendung des allgemeinen Verhältnismäßigkeitsgrundsatzes“.[1367] Der Grundsatz der Prozesswirtschaftlichkeit gebietet, den Zweck eines Prozesses möglichst effizient und kostenvermeidend zu verfolgen.[1368] Die Prozessökonomie stellt demnach sicher, dass Prozessziel und Prozessaufwand in Bezug zueinander gesetzt werden.[1369] Der Grundsatz der Prozesswirtschaftlichkeit erlaubt der Rechtsprechung hierbei von gesetzgeberischen Entscheidungen abzuweichen, wenn die Anwendung des Rechts unangemessene Auswirkungen nach sich zieht.[1370]

Die Gesellschafter haben im Konfliktfall die Möglichkeit, schuldrechtliche Vereinbarungen im Rahmen einer Leistungsklage, gerichtet auf Erfüllung oder auf Schadensersatz, in einer direkten Auseinandersetzung zwischen den tatsächlich am Vertrag beteiligten Parteien, durchzusetzen. Einziger Nachteil im Vergleich zur gesetzlich nicht vorgesehenen Anfechtungslösung könnte darin zu sehen sein, dass das Urteil einer Leistungsklage nicht unmittelbar rechtsgestaltend wirkt und somit einer Umsetzung durch die beklagte Partei oder einer gerichtlichen Vollstreckung bedarf.[1371] Jedoch stellt die Vollstreckung weder eine erhebliche Verzögerung des Prozesses dar, noch führt sie zu untragbaren Mehrkosten.[1372] Insofern bleibt zu bezweifeln, ob von unangemessenen Auswirkungen für den klagenden Gesellschafter die Rede sein kann, wenn er auf eine Leistungsklage verwiesen wird. So schien die Annahme, man könne den Kläger nicht auf den gerichtlichen Umweg der Leistungsklage verweisen, in der „Kerbnägel-Konstellation“ wohl eher daher zu rühren, dass in der Revisionsinstanz eine Klageänderung und ein Parteiwechsel verwehrt sind.[1373]

1367 *Gottwald*, ZZP 1980, 1, 20, ähnlich auch *Schumann,* FS Larenz (1973), 281.

1368 Prozessökonomie als Synonym für Zweckmäßigkeit, *E. Schmidt,* Der Zweck des Zivilprozesses und seine Ökonomie (1973), 8 f.; *Berger,* Nebenverträge im GmbH-Recht. Vereinbarungen außerhalb des Gesellschaftsvertrags zwischen Gesellschaftern bzw. zwischen Gesellschaftern und Dritten, insbesondere Stimmrechtsvereinbarungen (1995), 172.

1369 *Schumann,* FS Larenz (1973), 279.

1370 *Gottwald*, ZZP 1980, 1, 20.

1371 So auch *Berger,* Nebenverträge im GmbH-Recht. Vereinbarungen außerhalb des Gesellschaftsvertrags zwischen Gesellschaftern bzw. zwischen Gesellschaftern und Dritten, insbesondere Stimmrechtsvereinbarungen (1995), 173.

1372 So auch *Berger,* Nebenverträge im GmbH-Recht. Vereinbarungen außerhalb des Gesellschaftsvertrags zwischen Gesellschaftern bzw. zwischen Gesellschaftern und Dritten, insbesondere Stimmrechtsvereinbarungen (1995), 173.

1373 Vgl. *Berger,* Nebenverträge im GmbH-Recht. Vereinbarungen außerhalb des Gesellschaftsvertrags zwischen Gesellschaftern bzw. zwischen Gesellschaftern und Dritten, insbesondere Stimmrechtsvereinbarungen (1995), 173.

Interessant ist, dass das „Kerbnägel"-Urteil und auch die spätere „Tunnelbau"-Entscheidung des BGH für viel Aufsehen in der Literatur gesorgt haben und Gegenstand einer langjährigen Diskussion wurden, der Grundsatz der Prozessökonomie jedoch nur selten genauer betrachtet und untersucht wurde. Dies mag wohl unter anderem daran liegen, dass die Feststellung *Gauls,* die Prozessökonomie sei ein „nebulose(r) Begriff"[1374], nach wie vor valide ist.[1375] An diesem Punkt scheint deshalb auch in Zusammenhang mit der Anfechtungslösung des BGH tiefergreifender Diskussionsbedarf zu bestehen. Erst wenn die Prozessökonomie klare Konturen aufweist, kann sichergestellt werden, dass sie in der Rechtsanwendung richtig eingesetzt wird.[1376] Wie *Rossig* vermutet, wird wohl das Motiv der „pragmatischen" Kerbnägel-Rechtsprechung eher in der Aufwertung der in der Praxis weit verbreiteten schuldrechtlichen Gesellschaftervereinbarungen gelegen haben.[1377]

c) Durchgriffs- und Rechtsmissbrauchsaspekte

In der Literatur wird teilweise diskutiert, ob eine Anfechtung im Ausnahmefall aufgrund von Rechtsmissbrauchs- bzw. Durchgriffsaspekten möglich ist.[1378] Diese rechtliche Grundlage war, auch wenn sie grundsätzlich eine zulässige dogmatische Grundlage für Ausnahmefälle darstellt, zumindest im Rahmen der dem BGH vorgelegten Sachverhalte nicht gegeben.

Gegen die Anfechtungsmöglichkeit wegen Rechtsmissbrauchsaspekten spricht bereits die damit verbundene Abgrenzungsproblematik. So ist schwer definierbar, wann von einem rechtsmissbräuchlichen Verhalten im Zusammenhang mit schuldrechtlichen Gesellschaftervereinbarungen auszugehen ist. Nicht in jeder bewussten Vertragsverletzung und

1374 *Gaul*, AcP 1968, 27, 42.

1375 *Gaul*, AcP 1968, 27, 41 f.; zur Unklarheit des Begriffs auch *Schumann,* FS Larenz (1973), 273, so sei es „nicht verwunderlich, daß in der Wissenschaft auch eine sachliche Distanz gegenüber der Prozessökonomie herrscht", 274.

1376 Zur Gefahr der Willkür vgl. *E. Schmidt,* Der Zweck des Zivilprozesses und seine Ökonomie (1973), 117.

1377 *Rossig,* Gesellschafterabsprachen bei GmbH und Close Corporation. Eine vergleichende Untersuchung zum Recht der satzungsergänzenden Nebenverträge in den USA und Deutschland (2003), 124 f.

1378 Eine Anfechtung aufgrund von Durchgriffsaspekten im Ausnahmefall bejahend OLG Stuttgart, Urteil vom 7.2.2001, NJOZ 2001, 335, 352 f.; *Ulmer*, NJW 1987, 1849, 1853 f.; *Winter*, ZHR 1990, 259, 277 f., der jedoch als weitere Voraussetzung fordert, dass keine mit der Publizitätspflicht verfolgten Ziele der Anwendung organisationsrechtlicher Sanktionen entgegenstehen; *König,* Der satzungsergänzende Nebenvertrag. Eine rechtsvergleichende Untersuchung zum außerstatutarischen Gesellschaftsorganisationsrecht nach deutschem, französischem und schweizerischem Recht (1996), 77; Hüffer/Koch AktG-*Koch*, § 243, Rn. 10; MüKoAktG-*Schäfer*, § 243, Rn. 24.

vertragswidrigen Abstimmung ist ein grob rechtsmissbräuchliches Verhalten zu sehen.[1379] Weiterhin passt die als Ausnahme vom Trennungsprinzip anerkannte Durchgriffshaftung nicht auf die vorliegende Konstellation. Die Durchgriffshaftung erlaubt im Ausnahmefall einen direkten haftungsrechtlichen Durchgriff auf die Gesellschafter für Verbindlichkeiten des Verbands. Sie legitimiert keinen Zugriff auf den Verband für Verbindlichkeiten der Gesellschafter.[1380] Zudem handelt es sich bei der „Kerbnägel"-Konstellation um einen Konflikt zwischen den Gesellschaftern untereinander. Die Durchgriffshaftung kommt jedoch klassischerweise in Bezug auf Dritte – also im Außenverhältnis – in Betracht.[1381] Im Übrigen gewährt der offenstehende Rechtsweg grundsätzlich ausreichenden Schutz, weshalb Gesellschafter, welche sich bewusst für eine schuldrechtliche Vereinbarung und gegen eine organisationsrechtliche Satzungsregelung entschieden haben, auf eine Schadensersatz- oder Erfüllungsklage verwiesen werden können.[1382] Die Anfechtungslösung ginge vielmehr zu Lasten der Gesellschaft, welche an der Abrede gar nicht beteiligt ist, aber dennoch das Prozesskostenrisiko tragen müsste. Dies ist insofern unbillig, da eine Durchgriffshaftung im Normalfall zu Lasten des Gesellschafters geht, dessen rechtsmissbräuchliches Verhalten einen Durchgriff rechtfertigt.[1383] Zumindest in den bekannten Konstellationen „Kerbnägel"- und „Tunnelbau"

1379 Vgl. *Jäger*, DStR 1996, 1935, 1939; *Rossig,* Gesellschafterabsprachen bei GmbH und Close Corporation. Eine vergleichende Untersuchung zum Recht der satzungsergänzenden Nebenverträge in den USA und Deutschland (2003), 132.

1380 Ein umgekehrter Durchgriff ist nicht erfasst Lutter/Hommelhoff GmbHG-*Bayer*, § 13, Rn. 47; *Rossig,* Gesellschafterabsprachen bei GmbH und Close Corporation. Eine vergleichende Untersuchung zum Recht der satzungsergänzenden Nebenverträge in den USA und Deutschland (2003), 131 f.; *Schön,* Schuldrechtliche Gesellschaftervereinbarungen in der Gesellschaft mit beschränkter Haftung unter besonderer Berücksichtigung der Rechtsnachfolge (2018), 174 f.; *Berger,* Nebenverträge im GmbH-Recht. Vereinbarungen außerhalb des Gesellschaftsvertrags zwischen Gesellschaftern bzw. zwischen Gesellschaftern und Dritten, insbesondere Stimmrechtsvereinbarungen (1995), 183.

1381 *Groß-Bölting,* Gesellschaftervereinbarungen in der Aktiengesellschaft (2011), 95; *Schön,* Schuldrechtliche Gesellschaftervereinbarungen in der Gesellschaft mit beschränkter Haftung unter besonderer Berücksichtigung der Rechtsnachfolge (2018), 174.

1382 Vgl. *Berger,* Nebenverträge im GmbH-Recht. Vereinbarungen außerhalb des Gesellschaftsvertrags zwischen Gesellschaftern bzw. zwischen Gesellschaftern und Dritten, insbesondere Stimmrechtsvereinbarungen (1995), 181; *Söntgerath,* Vermittelte Mehrheit. Eine systematische Untersuchung des Rechts der satzungsergänzenden Nebenverträge, Beteiligungsgesellschaften und Vertreterklauseln (2010), 408; *Milch,* Schuldrechtliche Absprachen in der GmbH. Zur Reichweite des Trennungsprinzips (2004), 56; *Groß-Bölting,* Gesellschaftervereinbarungen in der Aktiengesellschaft (2011), 97; *Schön,* Schuldrechtliche Gesellschaftervereinbarungen in der Gesellschaft mit beschränkter Haftung unter besonderer Berücksichtigung der Rechtsnachfolge (2018), 174 f.

1383 *Berger,* Nebenverträge im GmbH-Recht. Vereinbarungen außerhalb des Gesellschaftsvertrags zwischen Gesellschaftern bzw. zwischen Gesellschaftern und Dritten, insbesondere Stimmrechtsvereinbarungen (1995), 181.

lag also keine derartige Sonderkonstellation vor, um die Annahme einer umgekehrten Durchgriffshaftung als „ultima ratio" zu rechtfertigen.[1384]

d) Zusammenfassung

Es ist festzuhalten, dass ein Beschluss, welcher unter vertragswidriger Abstimmung auf der Ebene der Hauptgesellschaft zustande kommt, richtigerweise nicht mit der gesellschaftsrechtlichen Anfechtungsklage angegriffen werden kann. Den gebundenen Gesellschaftern bleibt der prozessuale Weg der Leistungsklage zur Durchsetzung ihres Rechts. Dieser, vorliegend als „getrennte Rechtsfolgenlösung" bezeichnete Prozessweg wird im folgenden Abschnitt dargestellt.

2. Getrennte Rechtsfolgenlösung

a) Gerichtliche Durchsetzbarkeit

Aufgrund der Ablehnung der Anfechtungslösung bleibt es bei der getrennten Rechtsfolgenlösung. Dementsprechend ist ein Gesellschafter zur gerichtlichen Durchsetzung einer schuldrechtlichen Vereinbarung auf die Leistungsklage zu verweisen.

Während die gerichtliche Durchsetzbarkeit von Stimmbindungsabreden umstritten ist, bereiten anderweitige Gesellschaftervereinbarungen keine Probleme. Vereinbarungen auf der Ebene der „Gesellschaft in der Gesellschaft" sind grundsätzlich, wie auch andere vertragliche Bindungen, entsprechend den Regelungen der Zivilprozessordnung gerichtlich einklagbar und vollstreckbar.[1385] Aus diesem Grund beziehen sich die folgenden Ausführungen auf Stimmbindungen im Rahmen von „Gesellschaften in einer Gesellschaft".

aa) Zulässigkeit der gerichtlichen Durchsetzbarkeit und Vollstreckbarkeit

Wie bereits an mehreren Stellen dieser Arbeit erwähnt, ist die gerichtliche Durchsetzbarkeit von Stimmbindungsabreden lange Zeit umstritten gewesen. So vertrat das Reichsgericht, dass die Durchsetzung von Abstimmungsvereinbarungen im Wege der Leistungsklage und ihre Vollstreckbarkeit „mit den Vorschriften über die Willensbildung der

---

1384 Vgl. *Ulmer*, NJW 1987, 1849, 1855; *Berger,* Nebenverträge im GmbH-Recht. Vereinbarungen außerhalb des Gesellschaftsvertrags zwischen Gesellschaftern bzw. zwischen Gesellschaftern und Dritten, insbesondere Stimmrechtsvereinbarungen (1995), 181, 183 f.; *Söntgerath,* Vermittelte Mehrheit. Eine systematische Untersuchung des Rechts der satzungsergänzenden Nebenverträge, Beteiligungsgesellschaften und Vertreterklauseln (2010), 408.

1385 Hierzu ausführlich *Schön,* Schuldrechtliche Gesellschaftervereinbarungen in der Gesellschaft mit beschränkter Haftung unter besonderer Berücksichtigung der Rechtsnachfolge (2018), 113.

Gesellschafterversammlung unvereinbar“[1386] sei, da man nicht „durch äußeren Zwang in die Willensbildung eines Körperschaftsorgans, als das sich die Gesellschafterversammlung darstellt“[1387] eingreifen dürfe. Im Jahr 1967 kehrte der BGH dieser Rechtsprechung den Rücken zu und bejahte die Vollstreckbarkeit von Stimmbindungsabreden.[1388] Er vertrat sodann die Ansicht, eine Stimmabgabe könne aufgrund einer Stimmbindungsabrede durch ein gerichtliches Urteil gemäß § 894 ZPO ersetzt werden.[1389] Als pragmatische Begründung führte der BGH an, dass ein berechtigtes Interesse an der Vollstreckbarkeit bestehe und dass eine Verleitung zur Vertragsuntreue verhindert werde.[1390]

Inzwischen geht die ganz herrschende Meinung davon aus, dass Stimmbindungen im Wege einer Leistungsklage einklagbar sind und ein ergehendes Urteil auf vertragsgemäße Stimmabgabe auch vollstreckbar ist.[1391] Das ausschlaggebende Argument für die herrschende Meinung ist darin zu sehen, dass die Anerkennung der Zulässigkeit von Stimmbindungsvereinbarungen nur dann konsequent durchgehalten wird, wenn auch ihre Vollstreckbarkeit bejaht wird.[1392] Außerdem wird nicht, wie das Reichsgericht dies annahm, die Abstimmungsfreiheit durch die Klage und die Vollstreckung eingeschränkt. Vielmehr entschließen sich die

---

1386 RGZ 160 , 257, 262; RGZ 112, 273, 279; RGZ, 119, 386, 389 f.; die Möglichkeit einer Leistungsklage auch verneinend *Brodmann*, JuS 1929, 615 ff; *Cahn*, JZ 1932, 1324, 1326; *Janberg*, DB 1952, 96 f.; *Overrath,* Die Stimmrechtsbindung (1973),101 ff.; *Dürr,* Nebenabreden im Gesellschaftsrecht (1994), 157, 223; dieser Ansicht zu Folge kam lediglich eine Feststellungsklage in Betracht.

1387 RGZ 112, 273, 279.

1388 BGH, Urteil vom 29.5.1967 – II ZR 105/66 (Stuttgart) = NJW 1967, 1963 ff.

1389 BGH, Urteil vom 29.5.1967 – II ZR 105/66 (Stuttgart) = NJW 1967, 1963, 1966.

1390 BGH, Urteil vom 29.5.1967 – II ZR 105/66 (Stuttgart) = NJW 1967, 1963, 1965; *Groß-Bölting,* Gesellschaftervereinbarungen in der Aktiengesellschaft (2011), 70.

1391 So im Grundsatzurteil BGH Urteil v.B 29.5.1967 – II ZR 105/66, BGHZ 48, 163 ff, 170 ff = NJW 1967, 1963, 1965 f.; *Wolff,* JW 1929, 2115-2117, 2116 f.; *Fischer*, GmbHR 1953, 65-70, 69; *Noack,* Gesellschaftervereinbarungen bei Kapitalgesellschaften (1994), 68 ff.; *Berger,* Nebenverträge im GmbH-Recht. Vereinbarungen außerhalb des Gesellschaftsvertrags zwischen Gesellschaftern bzw. zwischen Gesellschaftern und Dritten, insbesondere Stimmrechtsvereinbarungen (1995), 121; *Joussen,* Gesellschafterabsprachen neben Satzung und Gesellschaftsvertrag (1995), 217; *König,* Der satzungsergänzende Nebenvertrag. Eine rechtsvergleichende Untersuchung zum außerstatutarischen Gesellschaftsorganisationsrecht nach deutschem, französischem und schweizerischem Recht (1996), 89; *Rodemann,* Stimmbindungsvereinbarungen in den Aktien- und GmbH-Rechten Deutschlands, Englands, Frankreichs und Belgiens (1998), 119 ff.; *Mühlhäuser,* Stimmrechtsbindung in der Personengesellschaft und Nachlaßplanung (1999), 250 ff. *Simon/Rubner*, NJW 2005, 27 f.; Scholz GmbHG-*K. Schmidt/Bochmann*, § 47, Rn. 55; So sprach *Zöllner* schon 1991 von einer „fast allgemein“ vertretenen Meinung *Zöllner*, ZHR 1991, 168, 186.

1392 Vgl. *Fischer*, GmbHR 1953, 65-70, 68; *Berger,* Nebenverträge im GmbH-Recht. Vereinbarungen außerhalb des Gesellschaftsvertrags zwischen Gesellschaftern bzw. zwischen Gesellschaftern und Dritten, insbesondere Stimmrechtsvereinbarungen (1995), 122 f.; *Lübbert,* Abstimmungsvereinbarungen in den Aktien- und GmbH-Rechten der EWG-Staaten, der Schweiz und Großbritanniens (1971), 181 ff.; MHLS GmbHG-*Römermann*, § 47. Rn. 540; *Schön,* Schuldrechtliche Gesellschaftervereinbarungen in der Gesellschaft mit beschränkter Haftung unter besonderer Berücksichtigung der Rechtsnachfolge (2018), 116.

Gesellschafter im Moment der Stimmbindung selbst dazu, sich in ihrer Abstimmungsfreiheit einzuschränken.[1393]

Eine Konsequenz der Durchsetzbarkeit von Abstimmungsvereinbarungen ist, dass ein Gesellschafter über den Weg der Leistungsklage und der Vollstreckung mittelbar Einfluss auf die Willensbildung der Hauptgesellschaft nehmen kann.[1394] Dies ist jedoch insofern unbedenklich, da der verpflichtete Gesellschafter aufgrund seines Stimmrechts berechtigt ist, auf die Willensbildung der Gesellschaft Einfluss zu nehmen. Der Gläubiger kann also im Rahmen der Leistungsklage und der Vollstreckung eines Leistungsurteils nicht mehr Rechte geltend machen, als dem Schuldner ohnehin zustehen.[1395]

Die Durchsetzbarkeit ist auch aus organisationsrechtlicher Sicht unbedenklich. Ob die Stimmabgabe den kapitalgesellschaftsrechtlichen Anforderungen genügt, ob ihre Abgabe also aus der organisationsrechtlichen Perspektive wirksam ist, wird durch ein Urteil nicht entschieden. Vielmehr finden auch bei einer erzwungenen Stimmabgabe die kapitalgesellschaftsrechtlichen Regeln Anwendung, die zur Unwirksamkeit der erzwungenen Stimmabgabe führen können.[1396]

Entsprechend der herrschenden Meinung ist nur in den folgenden zwei Fällen ausnahmsweise die Vollstreckbarkeit der unerfüllten Stimmbindungsabreden zu verneinen: Zum einen, wenn durch einen unter vertragswidriger Beteiligung gefassten Beschluss schützenswerte

---

1393 *Lübbert,* Abstimmungsvereinbarungen in den Aktien- und GmbH-Rechten der EWG-Staaten, der Schweiz und Großbritanniens (1971), 183; *Schön,* Schuldrechtliche Gesellschaftervereinbarungen in der Gesellschaft mit beschränkter Haftung unter besonderer Berücksichtigung der Rechtsnachfolge (2018), 117.

1394 So Habersack/Casper/Löbbe GmbHG-*Hüffer/C. Schäfer*, § 47, Rn. 87, „der Stimmbindung (wird) mittelbare Außenwirkung verliehen".

1395 *Fischer*, GmbHR 1953, 65-70, 69; hieran anlehnend *Schön,* Schuldrechtliche Gesellschaftervereinbarungen in der Gesellschaft mit beschränkter Haftung unter besonderer Berücksichtigung der Rechtsnachfolge (2018), 118.

1396 Diesen Argumentationsgang so auch anführend *Dürr,* Nebenabreden im Gesellschaftsrecht (1994), 46; *Rodemann,* Stimmbindungsvereinbarungen in den Aktien- und GmbH-Rechten Deutschlands, Englands, Frankreichs und Belgiens (1998), 121; *Milch,* Schuldrechtliche Absprachen in der GmbH. Zur Reichweite des Trennungsprinzips (2004), 109; *Schön,* Schuldrechtliche Gesellschaftervereinbarungen in der Gesellschaft mit beschränkter Haftung unter besonderer Berücksichtigung der Rechtsnachfolge (2018), 118 f.; vgl. auch *Zöllner*, ZHR 1991, 168 , 174, der jedoch auch Bedenken äußert s. 186 f.; so wurde bereits im Rahmen der Konflikte mit der Treuepflicht argumentiert, s. hierzu Kapitel 3, D.IV.2.c), S. 229 ff. Aus diesem Grund wurde gegen ein Durchsetzungshindernis argumentiert, da es eines solchen gar nicht bedarf.

Rechte Dritter begründet wurden, und zum anderen wenn der Beschluss unmittelbar rechtsgestaltende Wirkung hat.[1397] Dann ist dem Schutz des Rechtsverkehrs Vorrang einzuräumen.

bb) Klageart

Zur gerichtlichen Durchsetzung einer Stimmbindungsvereinbarungen kann der Klageantrag auf vertragsgemäße Stimmabgabe bzw. auf Herbeiführung eines Beschlusses oder auch auf Unterlassen einer vertragswidrigen Stimmabgabe gerichtet sein.[1398] Die Möglichkeit der Erfüllungsklage bleibt solange eröffnet, wie das Ziel der Abstimmungsvereinbarung noch erreicht werden kann, die Erfüllung also nicht unmöglich geworden ist.[1399] Hat ein gebundener Gesellschafter vertragswidrig abgestimmt und ist aufgrund dieser vertragswidrigen Stimme ein Beschluss zustande gekommen, kann gegen den vertragsbrüchigen Gesellschafter regelmäßig auch dann noch Erfüllungsklage erhoben und die Mitwirkung an der Aufhebung des bereits gefassten Beschlusses verlangt werden, wenn keine schutzwürdigen Rechte Dritter durch den Beschluss begründet wurden.[1400] Voraussetzung ist jedoch, dass die Möglichkeit

---

1397 *Lübbert,* Abstimmungsvereinbarungen in den Aktien- und GmbH-Rechten der EWG-Staaten, der Schweiz und Großbritanniens (1971), 175, der jedoch ausschließlich das Problem im Rahmen der Schadensersatzklage gerichtet auf Naturalrestitution sieht; so wohl auch *Janberg/Schlaus*, AG 1967, 33, 36. Richtigerweise ist die Einschränkung jedoch auch im Rahmen einer Leistungsklage vorzunehmen, da auch diese erhoben werden kann, wenn bereits ein Beschluss unter vertragswidriger Beteiligung gefasst wurde, *Berger,* Nebenverträge im GmbH-Recht. Vereinbarungen außerhalb des Gesellschaftsvertrags zwischen Gesellschaftern bzw. zwischen Gesellschaftern und Dritten, insbesondere Stimmrechtsvereinbarungen (1995), 124 ff.; *Söntgerath,* Vermittelte Mehrheit. Eine systematische Untersuchung des Rechts der satzungsergänzenden Nebenverträge, Beteiligungsgesellschaften und Vertreterklauseln (2010), 292 f.; *Groß-Bölting,* Gesellschaftervereinbarungen in der Aktiengesellschaft (2011), 275.

1398 Scholz GmbHG-*K. Schmidt/Bochmann*, § 47, Rn. 57; *Söntgerath,* Vermittelte Mehrheit. Eine systematische Untersuchung des Rechts der satzungsergänzenden Nebenverträge, Beteiligungsgesellschaften und Vertreterklauseln (2010), 283.

1399 Vgl. BGHZ 48, 163 = NJW 1967, 1963, 1966; *Peters*, JZ 1968, 27, 27.

1400 So verurteilte der BGH in einem Fall eines Zustimmungsbeschlusses für eine zukünftige Abtretung BGHZ 48, 163, Juris-Rn. 30 ff.; vgl. auch *Berger,* Nebenverträge im GmbH-Recht. Vereinbarungen außerhalb des Gesellschaftsvertrags zwischen Gesellschaftern bzw. zwischen Gesellschaftern und Dritten, insbesondere Stimmrechtsvereinbarungen (1995), 172; *Söntgerath,* Vermittelte Mehrheit. Eine systematische Untersuchung des Rechts der satzungsergänzenden Nebenverträge, Beteiligungsgesellschaften und Vertreterklauseln (2010), 283, 403; teilweise wird davon ausgegangen, dass eine Verurteilung zur Herbeiführung eines neuen und zur Beseitigung des ursprünglichen unter stimmbindungswidriger Stimmabgabe zustande gekommenen Beschlusses lediglich im Rahmen einer Schadensersatzklage auf Naturalrestitution erreicht werden kann, richtigerweise bleibt jedoch auch nach vertragswidriger Stimmabgabe, die Stimmabgabe entsprechend der Abstimmungsvereinbarung geschuldet und möglich, soweit nicht durch den vertragswidrigen Beschluss bereits Rechte Dritter begründet wurde; vgl. BGHZ 48, 163 ff.; *Berger,* Nebenverträge im GmbH-Recht. Vereinbarungen außerhalb des Gesellschaftsvertrags zwischen Gesellschaftern bzw. zwischen Gesellschaftern und Dritten, insbesondere Stimmrechtsvereinbarungen (1995), 124; *Odersky,* FS Lutter (2000), 557, 561 f.; *Söntgerath,* Vermittelte Mehrheit. Eine systematische Untersuchung des Rechts der satzungsergänzenden Nebenverträge, Beteiligungsgesellschaften und Vertreterklauseln (2010), 283; aA wohl, *Lübbert,* Abstimmungsvereinbarungen in den Aktien- und GmbH-Rechten der EWG-Staaten, der Schweiz und Großbritanniens (1971), 175; Scholz GmbHG-*K. Schmidt/Bochmann*, § 47, Rn. 60, die der Herbeiführung einer Beschlussfassung durch den Gläubiger und/oder den Schuldner überhaupt besteht (vgl. § 50 GmbHG und § 122 Abs. 1 AktG).[1401] Der Weg der Leistungsklage steht dem klagenden Gesellschafter gemäß § 259 ZPO auch vor Beschlussfassung offen, soweit der Gläubiger einen Vertragsbruch des Schuldners befürchtet.[1402] Die Voraussetzungen für die Zulässigkeit einer vorherigen Leistungsklage sind zumindest dann erfüllt, wenn der Schuldner die Vertragsverletzung bereits angekündigt hat oder wenn aufgrund früherer Vertragsverletzungen eine erneute vertragswidrige Stimmabgabe zu befürchten ist.[1403]

Im Falle einer Vertragsverletzung macht sich der vertragsbrüchige Gesellschafter außerdem schadensersatzpflichtig.[1404] Es kann eine Schadensersatzklage erhoben werden. Diese ist auf Naturalrestitution gerichtet (§ 249 BGB).[1405] Ist eine Naturalrestitution nicht mehr möglich, weil Rechte Dritter durch den ergangenen Beschluss begründet worden sind, richtet

---

ausschließlich im Rahmen eines möglichen Schadensersatzanspruches klarstellen, dass lediglich dann Beschlüsse aufgehoben werden können, wenn hierdurch keine Rechte Dritter berührt werden.

1401 Hierzu ausführlich *Söntgerath,* Vermittelte Mehrheit. Eine systematische Untersuchung des Rechts der satzungsergänzenden Nebenverträge, Beteiligungsgesellschaften und Vertreterklauseln (2010), 291 f., der jedoch die Problematik im Zusammenhang mit unkonkretisierten Stimmbindungsvereinbarungen thematisiert.

1402 *Fischer*, GmbHR 1953, 65-70, 70; *Janberg/Schlaus*, AG 1967, 33, 36; *Peters*, JZ 1968, 27, 27; *Berger,* Nebenverträge im GmbH-Recht. Vereinbarungen außerhalb des Gesellschaftsvertrags zwischen Gesellschaftern bzw. zwischen Gesellschaftern und Dritten, insbesondere Stimmrechtsvereinbarungen (1995), 122; Scholz GmbHG-*K. Schmidt/Bochmann*, § 47, Rn. 57; *Rossig,* Gesellschafterabsprachen bei GmbH und Close Corporation. Eine vergleichende Untersuchung zum Recht der satzungsergänzenden Nebenverträge in den USA und Deutschland (2003), 140; *Söntgerath,* Vermittelte Mehrheit. Eine systematische Untersuchung des Rechts der satzungsergänzenden Nebenverträge, Beteiligungsgesellschaften und Vertreterklauseln (2010), 284; aA *Zöllner,* Die Schranken mitgliedschaftlicher Stimmrechtsmacht bei den privatrechtlichen Personenverbänden (1963), 421; kritisch zur Bedeutung des § 259 ZPO im Zusammenhang mit Stimmbindungsvereinbarungen *Brodmann*, JuS 1929, 615.

1403 *Janberg/Schlaus*, AG 1967, 33, 36; *Rossig,* Gesellschafterabsprachen bei GmbH und Close Corporation. Eine vergleichende Untersuchung zum Recht der satzungsergänzenden Nebenverträge in den USA und Deutschland (2003), 140; *Söntgerath,* Vermittelte Mehrheit. Eine systematische Untersuchung des Rechts der satzungsergänzenden Nebenverträge, Beteiligungsgesellschaften und Vertreterklauseln (2010), 284.

1404 Vgl. *Janberg/Schlaus*, AG 1967, 33, 36; *Odersky,* FS Lutter (2000), 557, 562; *Schön,* Schuldrechtliche Gesellschaftervereinbarungen in der Gesellschaft mit beschränkter Haftung unter besonderer Berücksichtigung der Rechtsnachfolge (2018), 113 f.

1405 Vgl. *Janberg/Schlaus*, AG 1967, 33, 36, unter Verweis auf die damalige Rechtsprechung des Reichsgerichts, welche sowohl die Erfüllungsklage als auch eine Schadensersatzklage auf Naturalrestitution ablehnte; *Joussen,* Gesellschafterabsprachen neben Satzung und Gesellschaftsvertrag (1995), 216; *Schön,* Schuldrechtliche Gesellschaftervereinbarungen in der Gesellschaft mit beschränkter Haftung unter besonderer Berücksichtigung der Rechtsnachfolge (2018), 134 f.

sich die Klage auf Geldersatz (§ 251 BGB).[1406] Hier stellt sich jedoch das Problem der Berechnung der Höhe des erlittenen Schadens und dessen Nachweisen.[1407]

cc) Art der Vollstreckung

Umstritten ist die Art der Vollstreckung eines Urteils zur vertragsgemäßen Stimmabgabe.[1408] Da das Hauptaugenmerk darauf liegt, dass schuldrechtliche Gesellschaftervereinbarungen nach inzwischen weit überwiegender Meinung gerichtlich einklagbar und vollstreckbar sind, kommt der Frage nach dem Vollstreckungsweg eine zweitrangige Bedeutung zu.[1409]

Der BGH und ein großer Teil der Literatur gehen davon aus, dass es sich bei einer Stimmabgabe um eine Willenserklärung handelt, die eine Zwangsvollstreckung gemäß § 894 ZPO erfordert.[1410] Teilweise wird jedoch eine Vollstreckung gemäß § 887 ZPO vertreten.[1411] Ein anderer Teil der Literatur befürwortet eine Vollstreckung gemäß § 888 ZPO.[1412]

Auch wenn eine Vollstreckung gemäß § 888 ZPO als einzige Vollstreckungsart den Willensbildungsprozess der Hauptgesellschaft unberührt lässt, so ist ihr Mehrwert gegenüber vereinbarten Vertragsstrafen eher fragwürdig und deshalb abzulehnen. Ein Gesellschafter

---

1406 Vgl. *Schön,* Schuldrechtliche Gesellschaftervereinbarungen in der Gesellschaft mit beschränkter Haftung unter besonderer Berücksichtigung der Rechtsnachfolge (2018), 135.

1407 *Lübbert,* Abstimmungsvereinbarungen in den Aktien- und GmbH-Rechten der EWG-Staaten, der Schweiz und Großbritanniens (1971), 174 f.; *Janberg/Schlaus*, AG 1967, 33, 36 f.; *Joussen,* Gesellschafterabsprachen neben Satzung und Gesellschaftsvertrag (1995), 215; *Odersky,* FS Lutter (2000), 557, 562.

1408 Ein Unterlassungsanspruch kann unkritisch gemäß § 890 ZPO vollstreckt werden, so bspw. *Lübbert,* Abstimmungsvereinbarungen in den Aktien- und GmbH-Rechten der EWG-Staaten, der Schweiz und Großbritanniens (1971), 186.

1409 So auch *Peters*, JZ 1968, 27, 28, der das Urteil des BGH aus dem Jahr 1967 „begrüßt“, auch wenn er sich gegen die Vollstreckung nach § 894 ZPO und für § 887 ZPO ausspricht.

1410 BGHZ 48, 163, 170 ff. = NJW 1967, 1963, 1966; BGH GmbHR 1990, 68; *Loewenheim*, JuS 1969, 260-165, 264; *Overrath,* Die Stimmrechtsbindung (1973), 114 ff.; *Gerkan*, ZGR 1985, 167, 180; *Zutt*, ZHR 155 (1991), 190, 196 f.; *Rodemann,* Stimmbindungsvereinbarungen in den Aktien- und GmbH-Rechten Deutschlands, Englands, Frankreichs und Belgiens (1998), 118 ff., 126 ff.; *K. Schmidt,* Gesellschaftsrecht (2002), § 21 II 4, 617; *Zutt*, ZHR 155 (1991), 190, 197; Habersack/Casper/Löbbe GmbHG-*Hüffer/C. Schäfer*, § 47, Rn. 88; Kölner Kommentar AktG-*Tröger*, § 136, Rn. 154; Noack/Servatius/Haas GmbHG-*Noack*, § 47, Rn. 121; MHLS GmbHG-*Römermann*, § 47, Rn. 546; BeckOK GmbHG-*Schindler*, § 47, Rn. 74; Altmeppen GmbHG-*Altmeppen*, § 47, Rn. 77; Habersack/Casper/Löbbe GmbHG-*Hüffer/C. Schäfer*, § 47, Rn. 88; Rowedder/Pentz GmbHG-*Ganzer*, § 47, Rn. 45; *Milch,* Schuldrechtliche Absprachen in der GmbH. Zur Reichweite des Trennungsprinzips (2004), 107; *Schön,* Schuldrechtliche Gesellschaftervereinbarungen in der Gesellschaft mit beschränkter Haftung unter besonderer Berücksichtigung der Rechtsnachfolge (2018), 121; Lutter/Hommelhoff GmbHG-*Lutter/Hommelhoff*, 47, Rn. 22.

1411 *Peters*, AcP 1957, 311, 341, 345; *Mertens*, JR 1967, 462, 462.

1412 *Wolff,* JW 1929, 2115-2117, 2116 f.; *Fischer*, GmbHR 1953, 65-70, 69 f.; Kölner Kommentar AktG, 1. Auflage (1985)-*Zöllner*, § 136, Rn. 116; *Zöllner*, ZHR 1991, 168, 187 f.

kann unter Androhung von Zwangsgeld und Zwangshaft nicht unmittelbar zur Stimmabgabe gezwungen werden. Vielmehr kann der Gesellschafter weiterhin vertragswidrig abstimmen, wenn er die Androhung der Zwangsmittel hinnimmt.[1413] So greift auch *R. Fischer*, welcher den Vollstreckungsweg über § 888 ZPO befürwortet, in den Fällen einer schriftlichen Abstimmung auf § 894 ZPO zurück.[1414]

Die Schwäche des Vollstreckungsweges über § 887 ZPO ist darin zu sehen, dass der Gläubiger den hierfür erforderlichen Antrag auf Ersatzvornahme erst stellen kann, wenn der Schuldner dem ergangenen Leistungsurteil nicht nachkommt. Voraussetzung hierfür wäre demnach eine erneute Gesellschafterversammlung ohne Erfolg. Dies ist mit einer erheblichen Zeitverzögerung verbunden.[1415] Da bei dieser Vollstreckungsart der Gläubiger die Stimmabgabe für den Schuldner vornehmen müsste, würde eine Vollstreckung nach § 887 ZPO im Zusammenhang mit Stimmbindungsvereinbarungen außerdem in Konflikt mit dem gesellschaftsrechtlichen Abspaltungsverbot geraten.[1416]

Auch beim Vollstreckungsweg über § 894 ZPO sind Schwächen zu bemerken. So setzt die Fiktion des § 894 ZPO die Rechtskraft des zu vollstreckenden Urteils voraus. Dies birgt eine erhebliche Verzögerung.[1417] Außerdem findet der Vollstreckungsweg über § 894 ZPO dort seine Grenze, wo das Urteil nicht oder nicht ausschließlich auf eine konkrete Stimmabgabe gerichtet ist. Umfasst das zu vollstreckende Urteil neben der Verurteilung zu einer konkreten Stimmabgabe auch eine Nebenpflicht, wie beispielsweise die Herbeiführung

---

1413 Diese Argumentation so auch gegen § 888 ZPO anführend *Rossig,* Gesellschafterabsprachen bei GmbH und Close Corporation. Eine vergleichende Untersuchung zum Recht der satzungsergänzenden Nebenverträge in den USA und Deutschland (2003), 144; *Söntgerath,* Vermittelte Mehrheit. Eine systematische Untersuchung des Rechts der satzungsergänzenden Nebenverträge, Beteiligungsgesellschaften und Vertreterklauseln (2010), 296; *Schön,* Schuldrechtliche Gesellschaftervereinbarungen in der Gesellschaft mit beschränkter Haftung unter besonderer Berücksichtigung der Rechtsnachfolge (2018), 121.

1414 *Fischer*, GmbHR 1953, 65-70, 70.

1415 Zu dieser Argumentation *Rossig,* Gesellschafterabsprachen bei GmbH und Close Corporation. Eine vergleichende Untersuchung zum Recht der satzungsergänzenden Nebenverträge in den USA und Deutschland (2003), 144; ausführlich auch *Söntgerath,* Vermittelte Mehrheit. Eine systematische Untersuchung des Rechts der satzungsergänzenden Nebenverträge, Beteiligungsgesellschaften und Vertreterklauseln (2010), 296 ff.; *Schön,* Schuldrechtliche Gesellschaftervereinbarungen in der Gesellschaft mit beschränkter Haftung unter besonderer Berücksichtigung der Rechtsnachfolge (2018), 121.

1416 *Fischer*, GmbHR 1953, 65-70, 69.

1417 So auch *Rossig,* Gesellschafterabsprachen bei GmbH und Close Corporation. Eine vergleichende Untersuchung zum Recht der satzungsergänzenden Nebenverträge in den USA und Deutschland (2003), 144; ähnlich *Erman*, AG 1959, 300, 301.

einer Beschlussfassung, ist § 894 ZPO allein nicht ausreichend und es bedarf eines Rückgriffs auf § 887 ZPO und gegebenenfalls § 888 ZPO.[1418] Auch bedarf es einer derartig „kombinierten Vollstreckung“[1419], wenn die Stimmbindungsvereinbarung noch nicht auf eine bestimmte Stimmabgabe konkretisiert ist, sondern lediglich die Pflicht zur Befolgung von späteren Weisungen besteht.[1420] Dieser kombinierte Vollstreckungsweg ist insbesondere im Zusammenhang mit einer „Gesellschaft in der Gesellschaft“ von besonderer Relevanz, da Stimmbindungsvereinbarungen im Rahmen dieser regelmäßig auf Dauer angelegt und nicht auf eine bestimmte Stimmabgabe konkretisiert sind.

Trotz der genannten Schwächen ist eine Vollstreckung gemäß § 894 ZPO vorzuziehen, da § 894 ZPO den effektivsten und passendsten Vollstreckungsweg für ein Leistungsurteil, welches auf die positive Stimmabgabe gerichtet ist, bietet.[1421] Dies ist zum einen deshalb der Fall, da die Stimmabgabe nach herrschender Meinung eine Willenserklärung darstellt.[1422] Zum anderen bedarf es bei diesem Vollstreckungsweg keiner Mitwirkung des verurteilten Schuldners, sondern lediglich einer Übermittlung des Urteils durch den Gläubiger an den Leiter der Gesellschafterversammlung.[1423]

1418 Kölner Kommentar AktG, 1. Auflage (1985)-*Zöllner*, § 136, Rn. 115 f.; *Zutt*, ZHR 155 (1991), 190, 198; *Berger*, Nebenverträge im GmbH-Recht. Vereinbarungen außerhalb des Gesellschaftsvertrags zwischen Gesellschaftern bzw. zwischen Gesellschaftern und Dritten, insbesondere Stimmrechtsvereinbarungen (1995), 127; *Rossig*, Gesellschafterabsprachen bei GmbH und Close Corporation. Eine vergleichende Untersuchung zum Recht der satzungsergänzenden Nebenverträge in den USA und Deutschland (2003), 145.

1419 *Berger*, Nebenverträge im GmbH-Recht. Vereinbarungen außerhalb des Gesellschaftsvertrags zwischen Gesellschaftern bzw. zwischen Gesellschaftern und Dritten, insbesondere Stimmrechtsvereinbarungen (1995), 127.

1420 *Peters*, JZ 1968, 27, 28; Scholz GmbHG-*K. Schmidt/Bochmann*, § 47, Rn. 56; *Söntgerath*, Vermittelte Mehrheit. Eine systematische Untersuchung des Rechts der satzungsergänzenden Nebenverträge, Beteiligungsgesellschaften und Vertreterklauseln (2010), 297.

1421 So auch *Rossig*, Gesellschafterabsprachen bei GmbH und Close Corporation. Eine vergleichende Untersuchung zum Recht der satzungsergänzenden Nebenverträge in den USA und Deutschland (2003).

1422 *Peters*, JZ 1968, 27, 28; MHLS GmbHG-*Römermann*, § 47, Rn. 374; Altmeppen GmbHG-*Altmeppen*, § 47, Rn. 50; Noack/Servatius/Haas GmbHG-*Noack*, § 47, Rn. 7; Habersack/Casper/Löbbe GmbHG-*Hüffer/C. Schäfer*, § 47, Rn. 44; Kölner Kommentar AktG-*Tröger*, § 136, Rn. 154.

1423 *Erman*, AG 1959, 300, 301; *Rossig*, Gesellschafterabsprachen bei GmbH und Close Corporation. Eine vergleichende Untersuchung zum Recht der satzungsergänzenden Nebenverträge in den USA und Deutschland (2003), 144 f.; *Söntgerath*, Vermittelte Mehrheit. Eine systematische Untersuchung des Rechts der satzungsergänzenden Nebenverträge, Beteiligungsgesellschaften und Vertreterklauseln (2010), 298; *Schön*, Schuldrechtliche Gesellschaftervereinbarungen in der Gesellschaft mit beschränkter Haftung unter besonderer Berücksichtigung der Rechtsnachfolge (2018), 122.

dd) Einstweiliger Rechtsschutz

Im Hinblick darauf, dass die gerichtliche Durchsetzung regelmäßig zeitintensiv ist und eine Vollstreckung gemäß § 894 ZPO den Eintritt der Rechtskraft voraussetzt, stellt sich darüber hinaus die umstrittene Frage, ob den Gläubigern auch ein einstweiliger Rechtsschutz zustehen soll.[1424] Diese Frage ist auch deshalb interessant, da nach allgemeiner Meinung die gerichtliche Durchsetzbarkeit in dem Moment entfällt, in welchem durch einen ergangenen Beschluss Rechte Dritter begründet worden sind.[1425]

(1) Aktueller Meinungsstand

Eine Ansicht geht davon aus, dass der einstweilige Rechtsschutz im Zusammenhang mit Stimmbindungsvereinbarungen gänzlich abzulehnen ist.[1426] Argumentiert wird hierbei zum einen damit, dass eine einstweilige Verfügung im Zusammenhang mit Stimmbindungsvereinbarungen einen nachhaltigen, unzulässigen Eingriff in die Willensbildung darstelle, da eine endgültige Regelung herbeigeführt werde.[1427] Zum anderen sei der einstweilige Rechtsschutz auch deshalb abzulehnen, da es sich hierbei um eine Vorwegnahme der Hauptsache handele. So würden durch eine einstweilige Verfügung endgültige Regelungen geschaffen. Eine derartig endgültige Entscheidung sei im Rahmen einer einstweiligen Verfügung unzulässig.[1428] Dem Argument, der einstweilige Rechtsschutz greife unzulässig in die Willensbildung der Gesellschaft ein, ist zu entgegnen, dass sich diese Argumentation gegen die Zulässigkeit von Stimmbindungsvereinbarungen richtet und dass die Konsequenz der Anerkennung von Stimmbindungsvereinbarungen richtigerweise auch ihre gerichtliche Durchsetzbarkeit bedeutet.[1429]

1424 Vgl. *Lübbert,* Abstimmungsvereinbarungen in den Aktien- und GmbH-Rechten der EWG-Staaten, der Schweiz und Großbritanniens (1971), 193 f.

1425 *Rossig,* Gesellschafterabsprachen bei GmbH und Close Corporation. Eine vergleichende Untersuchung zum Recht der satzungsergänzenden Nebenverträge in den USA und Deutschland (2003), 146.

1426 So die früher herrschende Meinung, OLG Celle, GmbHR 1981, 264, 265 (GmbH); OLG Frankfurt, WM 1982, 282; KG Berlin, GmbHR 1997, 175 (GmbH); OLG Stuttgart, GmbHR 1997, 312 (GmbH); Meyer-Landrut/Miller/Niehus GmbHG-*Meyer-Landrut*, § 47, Rn. 21; *Semler*, BB 1979, 1533, 1536; *A. Hueck,* FS Nipperdey (1965), 401, 407; *Overrath,* Die Stimmrechtsbindung (1973), 139; Kölner Kommentar AktG, 1. Auflage (1985)-*Zöllner*, § 136, 117; *Zöllner*, ZHR 1991, 168, 188 f.; Noack/Servatius/Haas GmbHG-*Noack*, § 47, Rn. 121.

1427 *Semler*, BB 1979, 1533, 1536; OLG Celle, GmbHR 1981, 264, 265 (GmbH).

1428 *Semler*, BB 1979, 1533, 1536.

1429 So auch *K. J. Müller*, GmbHR 2007, 113, 116.

An die Bedenken hinsichtlich der möglichen Vorwegnahme der Hauptsache schließt eine vermittelnde Ansicht an, welche nach der Art der Stimmbindungsabrede differenziert.[1430] Die Möglichkeit des einstweiligen Rechtsschutzes sei abzulehnen, wenn der Gläubiger das Gebot einer konkreten Stimmabgabe bzw. eine Leistungsverfügung begehre, da dies ansonsten zu einer unzulässigen Vorwegnahme der Hauptsache führe. Verfolge der Kläger jedoch das Verbot einer bestimmten Stimmabgabe und somit eine Unterlassungsverfügung, sei der einstweilige Rechtsschutz möglich. Diese Ansicht ist aufgrund ihrer Inkonsequenz abzulehnen.[1431] Auch ein Verbot eines bestimmten Stimmverhaltens kann, wie ein Gebot einer bestimmten Stimmabgabe, endgültige Wirkung haben, wenn sich der konkrete Beschluss im Einzelfall nicht aufschieben lässt.[1432] Insofern kann auch ein Verbot eines Stimmverhaltens das Beschlussergebnis steuern. Darüber hinaus stünde der Gläubiger eines Leistungsbegehrens bei einer grundsätzlichen Ablehnung des einstweiligen Rechtsschutzes häufig schutzlos da.[1433] Es würde der Gläubiger vor vollendete Tatsachen gestellt, wenn dessen Schuldner vertragswidrig abstimmt und der Beschluss aufgrund schutzwürdiger Rechte Dritter unumstößlich wird. Ein solcher Beschluss entspricht im Ergebnis einem Unterliegen im Hauptverfahren, weshalb dem Argument der Vorwegnahme der Hauptsache entgegenzuhalten ist, dass auch ohne die Möglichkeit des einstweiligen Rechtsschutzes regelmäßig eine Präjudizierung – zu Lasten des Antragsstellers – erfolgen würde.[1434] Das Verbot der Vorwegnahme der

---

1430 OLG Koblenz GmbHR 1986, 428 ff. (GmbH); OLG Koblenz GmbHR 1991, 21,22 (GmbH); OLG Hamm DB 1992, 2129; *Lübbert,* Abstimmungsvereinbarungen in den Aktien- und GmbH-Rechten der EWG-Staaten, der Schweiz und Großbritanniens (1971), 193 f.; *Michalski*, GmbHR 1991, 12, 12 ff.; *K. J. Müller*, GmbHR 2007, 113, 116 f.; tendenziell auch Habersack/Casper/Löbbe GmbHG-*Hüffer/C. Schäfer*, § 47, Rn. 90, jedoch seien Ausnahmen in beiden Richtungen möglich.

1431 Vorwurf der Inkonsequenz auch in Scholz GmbHG-*K. Schmidt/Bochmann*, § 47, Rn. 59; *Piehler*, DStR 1992, 1654, 1660; *Zutt*, ZHR 155 (1991), 190, 201 f.; *König,* Der satzungsergänzende Nebenvertrag. Eine rechtsvergleichende Untersuchung zum außerstatutarischen Gesellschaftsorganisationsrecht nach deutschem, französischem und schweizerischem Recht (1996), 101.

1432 Scholz GmbHG-*K. Schmidt/Bochmann*, § 47, Rn. 59; MHLS GmbHG-*Römermann*, § 47, Rn. 549; ähnlich *Zutt*, ZHR 155 (1991), 190, 201 f.; so richtig auch schon *Semler*, BB 1979, 1533, 1536.

1433 *Berger,* Nebenverträge im GmbH-Recht. Vereinbarungen außerhalb des Gesellschaftsvertrags zwischen Gesellschaftern bzw. zwischen Gesellschaftern und Dritten, insbesondere Stimmrechtsvereinbarungen (1995), 130; *Rossig,* Gesellschafterabsprachen bei GmbH und Close Corporation. Eine vergleichende Untersuchung zum Recht der satzungsergänzenden Nebenverträge in den USA und Deutschland (2003), 148; vgl. auch MHLS GmbHG-*Römermann*, § 47, Rn. 549; *Söntgerath,* Vermittelte Mehrheit. Eine systematische Untersuchung des Rechts der satzungsergänzenden Nebenverträge, Beteiligungsgesellschaften und Vertreterklauseln (2010), 303.

1434 *Gerkan*, ZGR 1985, 167, 169, 175; *Michalski*, GmbHR 1991, 12, 14; *König,* Der satzungsergänzende Nebenvertrag. Eine rechtsvergleichende Untersuchung zum außerstatutarischen Gesellschaftsorganisationsrecht nach deutschem, französischem und schweizerischem Recht (1996), 95.

Hauptsache ist außerdem richtigerweise nicht absoluter Natur.[1435] Dies lässt sich auch daran erkennen, dass sowohl gesetzliche Ausnahmen normiert sind, als auch in der Praxis einstweilige Verfügungen erlassen werden, die einer Vorwegnahme in der Hauptsache entsprechen.[1436]

Aus diesem Grund überzeugt eine vordringende Ansicht, welche den einstweiligen Rechtsschutz im Einzelfall auf Grundlage einer sorgfältigen Prüfung des Verfügungsanspruchs zulässt. So ist im Rahmen des Verfügungsanspruchs eine umfassende Interessenabwägung zwischen den widerstreitenden Interessen des Anspruchstellers und des Anspruchsgegners vorzunehmen.[1437] Ein Leistungsgebot im Wege der einstweiligen Verfügung ist möglich, wenn der Leistungsgläubiger ein besonderes und dringendes Bedürfnis vorweist.[1438] Geht es also bei dem Leistungsgebot um die Herbeiführung eines Beschlussergebnisses, welches für die wirtschaftliche oder gesellschaftsrechtliche Stellung des Anspruchstellers von außerordentlicher Gewichtigkeit ist und eine bindungswidrige Stimmabgabe für dessen Interessen eine ernsthafte Gefahr darstellt, ist ein Abwarten der Entscheidung in der Hauptsache nicht zumutbar.[1439] Jedoch ist bei der Interessenabwägung im Rahmen einer begehrten

---

1435 *Gerkan*, ZGR 1985, 167, 170, 190; *Damm*, ZHR 154 (1990), 413, 417; *Schmitt*, ZIP 1992, 1212, 1214; *Zutt*, ZHR 155 (1991), 190, 200 f.; vgl. auch *Berger,* Nebenverträge im GmbH-Recht. Vereinbarungen außerhalb des Gesellschaftsvertrags zwischen Gesellschaftern bzw. zwischen Gesellschaftern und Dritten, insbesondere Stimmrechtsvereinbarungen (1995), 130.

1436 Hierzu näher *Zutt*, ZHR 155 (1991), 190, 200 f.

1437 OLG Hamburg, DB 1991, 1567; *Gerkan*, ZGR 1985, 167, 174 ff.; *Damm*, ZHR 154 (1990), 413, 422 f; *Michalski*, GmbHR 1991, 12, 13 f.; *Zutt*, ZHR 155 (1991), 190, 199 ff.; OLG Hamburg GmbHR 1991, 567, 468; K. Schmidt in der Anmerkung zum Urteil zustimmend; *Schmitt*, ZIP 1992, 1212, 1212 ff.; *Piehler*, DStR 1992, 1654, 1660 f.; *Herfs,* Einwirkung Dritter auf den Willensbildungsprozeß der GmbH. Eine Untersuchung von Mitwirkungsrechten Dritter im Entscheidungsbereich der Gesellschafter aufgrund von Satzungsrechten, Stimmbindungsverträgen oder Verpflichtungen der GmbH (1994), 172 f.; *Berger,* Nebenverträge im GmbH-Recht. Vereinbarungen außerhalb des Gesellschaftsvertrags zwischen Gesellschaftern bzw. zwischen Gesellschaftern und Dritten, insbesondere Stimmrechtsvereinbarungen (1995), 130 f.; *König,* Der satzungsergänzende Nebenvertrag. Eine rechtsvergleichende Untersuchung zum außerstatutarischen Gesellschaftsorganisationsrecht nach deutschem, französischem und schweizerischem Recht (1996), 94 ff.; *Büssemarker,* Stimmbindungsverträge bei Kapitalgesellschaften in Europa. Ein Vergleich der Rechtslage in Deutschland, Frankreich und dem Vereinigten Königreich (1999), 75; *Söntgerath,* Vermittelte Mehrheit. Eine systematische Untersuchung des Rechts der satzungsergänzenden Nebenverträge, Beteiligungsgesellschaften und Vertreterklauseln (2010), 303.

1438 *Gerkan*, ZGR 1985, 167, 170 f., 181 ff., 188 ff. ; *Berger,* Nebenverträge im GmbH-Recht. Vereinbarungen außerhalb des Gesellschaftsvertrags zwischen Gesellschaftern bzw. zwischen Gesellschaftern und Dritten, insbesondere Stimmrechtsvereinbarungen (1995), 130; *Rossig,* Gesellschafterabsprachen bei GmbH und Close Corporation. Eine vergleichende Untersuchung zum Recht der satzungsergänzenden Nebenverträge in den USA und Deutschland (2003), 148.

1439 OLG Hamburg, DB 1991, 1567, „schwerwiegende Beeinträchtigung der Belange des Antragstellers"; *Berger,* Nebenverträge im GmbH-Recht. Vereinbarungen außerhalb des Gesellschaftsvertrags zwischen Gesellschaftern bzw. zwischen Gesellschaftern und Dritten, insbesondere Stimmrechtsvereinbarungen (1995), 130, *Söntgerath,* Vermittelte Mehrheit. Eine systematische

Leistungsverfügung nur dann das Interesse des Antragstellers dem des Antraggegners vorzuziehen, wenn der Antragsteller ein deutlich überwiegendes Interesse vorweist und keine mildere Alternative zur Verfügung steht.[1440] Erkennt man wie die noch aktuelle Rechtsprechung des BGH die sogenannte Anfechtungslösung an, so ist dies in der Interessenabwägung zu berücksichtigen.[1441]

(2) Anerkennung des einstweiligen Rechtsschutzes

Im Ergebnis ist auch nach vorliegender Ansicht eine einzelfallbezogene Interessenabwägung im Rahmen des Verfügungsgrundes einer starren Ablehnung bzw. Zulassung des einstweiligen Rechtsschutzes vorzuziehen. Lediglich diese Ansicht trägt den widerstreitenden Interessen Rechnung, ohne den Weg des einstweiligen Rechtsschutzes gänzlich zu verschließen. Auch handelt es sich um die einzige Vorgehensweise, die keinen der Beteiligten schutzlos stellt.

(3) Vollstreckungsweg im Eilverfahren

An das Problem des einstweiligen Rechtsschutzes grenzt erneut die Problematik des passenden Vollstreckungswegs an, auf welche hier jedoch nicht tiefer eingegangen wird. Da § 894 ZPO grundsätzlich ein rechtskräftiges Urteil voraussetzt, wird in der Literatur teilweise die Anwendbarkeit des § 894 ZPO im Eilverfahren abgelehnt.[1442] Jedoch wendet die herrschende Meinung richtigerweise § 894 ZPO auch im Rahmen des Eilverfahrens an.[1443]

b) Vertragsstrafe

Aufgrund der hervorgehobenen Schwächen der gerichtlichen Durchsetzung und aufgrund der Schwierigkeit, einen erlittenen Schaden zu beziffern und diesen im Rahmen eines Schadensersatzprozesses zu beweisen, ist als effektives Mittel zur Absicherung und Durchsetzung der Gesellschaftervereinbarungen die Vereinbarung individueller Sanktionen hervorzuheben

---

Untersuchung des Rechts der satzungsergänzenden Nebenverträge, Beteiligungsgesellschaften und Vertreterklauseln (2010), 302 f.

1440 *Gerkan*, ZGR 1985, 167, 190.

1441 OLG Stuttgart NJW 1987, 2449, welches eine einstweilige Verfügung dann gänzlich ablehnt; *Zutt*, ZHR 155 (1991), 190, 205, ist zwar für eine Berücksichtigung in der Abwägung, jedoch führe dies nicht zu einem Ausschluss „als Regel".; *Söntgerath,* Vermittelte Mehrheit. Eine systematische Untersuchung des Rechts der satzungsergänzenden Nebenverträge, Beteiligungsgesellschaften und Vertreterklauseln (2010), 304; aA hinsichtlich der Anfechtungsmöglichkeit in der Rechtsprechung OLG Stuttgart NZG 2001, 416 (GmbH).

1442 So *Zöllner*, ZHR 1991, 168, 188 f.

1443 OLG Stuttgart, NJW 1973, 908; *Gerkan*, ZGR 1985, 167, 181 f.; *Zutt*, ZHR 155 (1991), 190, 202 f.; *Büssemarker,* Stimmbindungsverträge bei Kapitalgesellschaften in Europa. Ein Vergleich der Rechtslage in Deutschland, Frankreich und dem Vereinigten Königreich (1999), 77 f.

(§§ 339 ff. BGB).[1444] Denkbar sind also individuelle Rechtsfolgen, soweit diese zuvor in die Vereinbarung aufgenommen worden sind.

c) Kündigung und Ausschluss

Weiterhin kann als Rechtsfolge ein Kündigungsrecht gemäß §§ 725, 740a Abs. 3BGB bestehen, wenn die Vertragsverletzung einen wichtigen Grund darstellt.[1445] Eine Kündigung löst die Beendigung der „Gesellschaft in der Gesellschaft" aus, sofern keine Fortsetzungsklausel vereinbart worden ist (§§ 740a Abs. 1, 740c Abs. 1 BGB).[1446] Außerdem können die Gesellschafter die Möglichkeit des Ausschlusses eines vertragsbrüchigen Gesellschafters in ihre Vereinbarung aufnehmen (§§ 727 , 740c Abs. 2 BGB).[1447]

d) Rechtsfolgen auf der Hauptgesellschaftsebene

Wie bereits erläutert, wird in einem Urteilsspruch über die gerichtliche Durchsetzung einer Stimmbindungsabrede nicht über die organisationsrechtliche Wirksamkeit der Stimme entschieden. Dementsprechend kann auf der Hauptgesellschaftsebene eine Stimme, welche im Wege der Leistungsklage und Vollstreckung erzwungen wurde, im Einzelfall unwirksam sein.

e) Zusammenfassung

Im Ergebnis sind Vereinbarungen auf der Ebene der „Gesellschaft in der Gesellschaft", insbesondere auch Stimmbindungsabreden, gerichtlich durchsetzbar. Auch ist der Weg des einstweiligen Rechtsschutzes nicht per se ausgeschlossen. Jedoch bedarf es einer einzelfallbezogenen Interessensabwägung, in welcher besondere Umstände vorliegen müssen, sodass das Interesse des Anspruchstellers das des Anspruchsgegners überwiegt. Im Übrigen macht sich der vertragsbrüchige Gesellschafter schadensersatzpflichtig. Außerdem kann der Gesellschaftsvertrag einer „Gesellschaft in der Gesellschaft" individuelle Vertragsstrafen, Kündigungsrechte und Ausschlussmöglichkeiten vorsehen. Nicht zu verwechseln mit den schuldrechtlichen Rechtsfolgen und der grundsätzlichen Durchsetzbarkeit ist die Frage nach der gesellschaftsrechtlichen Wirksamkeit einer gerichtlich erzwungenen oder fingierten

---

1444 *Janberg/Schlaus*, AG 1967, 33, 37; *Odersky,* FS Lutter (2000), 557, 562.

1445 *Odersky,* FS Lutter (2000), 557, 562.

1446 MüKoBGB-*Schäfer*, § 740a, Rn. 8.

1447 MüKoBGB-*Schäfer*, § 740c, Rn. 12 f.; *Schön,* Schuldrechtliche Gesellschaftervereinbarungen in der Gesellschaft mit beschränkter Haftung unter besonderer Berücksichtigung der Rechtsnachfolge (2018), 136.

Stimmabgabe. So kann eine gemäß § 894 ZPO fingierte Stimmabgabe aufgrund gesellschaftsrechtlicher Schranken im Rahmen der Abstimmung unberücksichtigt bleiben.

VI. Rechtsfolgen bei Umgehungen von Satzungsregelungen auf der Hauptgesellschaftsebene

1. Statutarische Anteilsvinkulierung

Zuletzt stellt sich die Frage, welche Rechtsfolge ausgelöst wird, wenn eine Stimmbindungsvereinbarung auf der Ebene der „Gesellschaft in der Gesellschaft" eine Vinkulierungsklausel der Satzung bzw. des Gesellschaftsvertrags der Hauptgesellschaft umgeht.[1448] Die herrschende Meinung wendet in diesem Fall das Genehmigungserfordernis entsprechend auf die Vereinbarung an.[1449] So sei der Stimmbindungsvertrag bis zur Genehmigung schwebend unwirksam.[1450] Die Rechtsfolge der (schwebenden) Unwirksamkeit ergebe sich laut Teilen der Literatur aus einer auslegenden Betrachtung der gesetzlichen Norm, welche die Vinkulierung ermögliche.[1451] Vertreter einer anderen Ansicht führen aus, dass sich die Rechtsfolge unmittelbar aus der Vinkulierung selbst ergebe, unter entsprechender Anwendung der

---

1448 Zu der Frage, wann von einer Umgehung auszugehen ist vgl. Kapitel 3, C.VI.1., S. 178 ff.

1449 Für die GmbH eine entsprechende Anwendung des § 15 V GmbHG vertretend *Piehler*, DStR 1992, 1654, 1656; *Noack*, Gesellschaftervereinbarungen bei Kapitalgesellschaften (1994), 137 f.; *Herriger*, MittRhNotK 1993, 269, 276; *Herfs*, Einwirkung Dritter auf den Willensbildungsprozeß der GmbH. Eine Untersuchung von Mitwirkungsrechten Dritter im Entscheidungsbereich der Gesellschafter aufgrund von Satzungsrechten, Stimmbindungsverträgen oder Verpflichtungen der GmbH (1994), 339; *Joussen*, Gesellschafterabsprachen neben Satzung und Gesellschaftsvertrag (1995), 104; *Berger*, Nebenverträge im GmbH-Recht. Vereinbarungen außerhalb des Gesellschaftsvertrags zwischen Gesellschaftern bzw. zwischen Gesellschaftern und Dritten, insbesondere Stimmrechtsvereinbarungen (1995), 105, ausschließlich für unkonkrete Vereinbarungen, konkrete Stimmbindungen seien wirksam; *Rossig*, Gesellschafterabsprachen bei GmbH und Close Corporation. Eine vergleichende Untersuchung zum Recht der satzungsergänzenden Nebenverträge in den USA und Deutschland (2003), 86; Scholz GmbHG-*K. Schmidt/Bochmann*, § 47, Rn. 48; Für die AG *Köhler*, Nebenabreden im GmbH- und Aktienrecht. Zulässigkeit und Wirkung (1992), 22; Für beide Gesellschaftsformen *Fischer*, GmbHR 1953, 65-70, 67; *H. Wiedemann*, Die Übertragung und Vererbung von Mitgliedschaftsrechten bei Handelsgesellschaften (1965), 118 f.; *König*, Der satzungsergänzende Nebenvertrag. Eine rechtsvergleichende Untersuchung zum außerstatutarischen Gesellschaftsorganisationsrecht nach deutschem, französischem und schweizerischem Recht (1996), 63; *Rodemann*, Stimmbindungsvereinbarungen in den Aktien- und GmbH-Rechten Deutschlands, Englands, Frankreichs und Belgiens (1998), 72 f.; *Büssemarker*, Stimmbindungsverträge bei Kapitalgesellschaften in Europa. Ein Vergleich der Rechtslage in Deutschland, Frankreich und dem Vereinigten Königreich (1999), 143, für inhaltlich nicht konkretisierte Stimmbindungsvereinbarungen.

1450 Statt vieler *Piehler*, DStR 1992, 1654, 1656; *Noack*, Gesellschaftervereinbarungen bei Kapitalgesellschaften (1994), 137 f.; *Herriger*, MittRhNotK 1993, 269, 276; für beide Gesellschaftsformen *Rodemann*, Stimmbindungsvereinbarungen in den Aktien- und GmbH-Rechten Deutschlands, Englands, Frankreichs und Belgiens (1998), 72 f.

1451 So für § 15 V GmbHG *Piehler*, DStR 1992, 1654, 1656, der noch dazu die Satzungsklausel hinzuzieht; *Herriger*, MittRhNotK 1993, 269, 269; *Berger*, Nebenverträge im GmbH-Recht. Vereinbarungen außerhalb des Gesellschaftsvertrags zwischen Gesellschaftern bzw. zwischen Gesellschaftern und Dritten, insbesondere Stimmrechtsvereinbarungen (1995), 105.

Satzungsklausel der Hauptgesellschaft.[1452] Wiederum andere Teile der Literatur stellen auf eine Verbindung zwischen der gesetzlichen Vinkulierungsregelung und der statutarischen Klausel ab.[1453]

Die herrschende Meinung verkennt, dass § 15 V GmbHG und auch § 68 II AktG zwischen dem Verpflichtungsgeschäft und dem Verfügungsgeschäft unterscheiden. Beide Normen knüpfen lediglich an das Verfügungsgeschäft an und betreffen dessen Wirksamkeit.[1454] Kann ein Gesellschafter sich also ohne Genehmigung trotz statutarischer Vinkulierungsklausel wirksam dazu verpflichten, seinen Anteil abzutreten, so muss es ihm erst recht möglich sein, eine Stimmbindungsvereinbarung bzw. das Verpflichtungsgeschäft zur Umgehung der Vinkulierungsklausel wirksam einzugehen.[1455] Allenfalls die tatsächliche Stimmabgabe auf Grundlage der Stimmbindung kann bei konsequenter Anwendung des § 15 V GmbHG bzw. des § 68 II AktG und einer hierauf basierenden Vinkulierungsklausel als Verfügungsgeschäft von der Rechtsfolge der (schwebenden) Unwirksamkeit bei ausbleibender Genehmigung umfasst werden.[1456] Wie bereits erläutert, stellt die Satzung der Hauptgesellschaft keine Zulässigkeitsschranke auf der Ebene der „Gesellschaft in der Gesellschaft" dar, sondern es ist im Grundsatz von einem Nebenordnungsverhältnis der beiden Gesellschaftsverträge auszugehen.[1457] So bleibt die Wirksamkeit der schuldrechtlichen Bindung richtigerweise von der

---

[1452] So wohl *Rossig,* Gesellschafterabsprachen bei GmbH und Close Corporation. Eine vergleichende Untersuchung zum Recht der satzungsergänzenden Nebenverträge in den USA und Deutschland (2003), 86; Scholz GmbHG-*K. Schmidt/Bochmann*, § 47, Rn. 48; *König,* Der satzungsergänzende Nebenvertrag. Eine rechtsvergleichende Untersuchung zum außerstatutarischen Gesellschaftsorganisationsrecht nach deutschem, französischem und schweizerischem Recht (1996), 63; *Büssemarker,* Stimmbindungsverträge bei Kapitalgesellschaften in Europa. Ein Vergleich der Rechtslage in Deutschland, Frankreich und dem Vereinigten Königreich (1999), 143.

[1453] *Rodemann,* Stimmbindungsvereinbarungen in den Aktien- und GmbH-Rechten Deutschlands, Englands, Frankreichs und Belgiens (1998), 72 f.; ähnlich *Piehler*, DStR 1992, 1654, 1656.

[1454] Allgemein hierzu MüKoGmbHG-*Weller/Reichert*, § 15, Rn. 365; MüKoAktG-*Bayer*, § 68, Rn. 38; Hierauf im Rahmen von Umgehungen durch Stimmbindungsvereinbarungen hinweisend *Dürr,* Nebenabreden im Gesellschaftsrecht (1994), 74, Fn. 181; ähnlich auch *Milch,* Schuldrechtliche Absprachen in der GmbH. Zur Reichweite des Trennungsprinzips (2004), 129; *Transfeld*, GmbHR 2010, 185, 189; *Schön,* Schuldrechtliche Gesellschaftervereinbarungen in der Gesellschaft mit beschränkter Haftung unter besonderer Berücksichtigung der Rechtsnachfolge (2018), 203.

[1455] *Dürr,* Nebenabreden im Gesellschaftsrecht (1994), 74, Fn. 181; *Schön,* Schuldrechtliche Gesellschaftervereinbarungen in der Gesellschaft mit beschränkter Haftung unter besonderer Berücksichtigung der Rechtsnachfolge (2018), 203; ähnlich auch *Milch,* Schuldrechtliche Absprachen in der GmbH. Zur Reichweite des Trennungsprinzips (2004), 129; *Transfeld*, GmbHR 2010, 185, 189.

[1456] So *Milch,* Schuldrechtliche Absprachen in der GmbH. Zur Reichweite des Trennungsprinzips (2004), 129.

[1457] Vgl. hierzu Kapitel 3, D.III.1.b)dd), S. 215.

Vinkulierungsklausel und der jeweiligen gesetzlichen Normierung unberührt und von einem entsprechenden Genehmigungserfordernis unabhängig.[1458]

Auch ergibt sich keine Nichtigkeitsfolge aus § 134 BGB oder § 138 BGB, da kein Verbotsgesetz vorliegt und für die Annahme der Sittenwidrigkeit weitere Umstände hinzutreten müssen.[1459] Dies bedeutet jedoch nicht, dass eine Umgehung einer statutarischen Vinkulierung rechtsfolgenlos bleiben muss. So stellt eine Abstimmung entsprechend einer derartigen Umgehungsabrede auf der Hauptgesellschaftsebene regelmäßig eine Treuepflichtverletzung dar.[1460] Voraussetzung für die Annahme einer Treuepflichtverletzung ist jedoch, dass bei entsprechender Abtretung die Genehmigung richtigerweise hätte verweigert werden dürfen, da die pflichtgemäße Abstimmung dem Gesellschafter sonst nicht zum Vorwurf gemacht werden darf.[1461] Im Übrigen wird auf die Ausführungen zu Konflikten zwischen der Treuepflicht und Stimmbindungsvereinbarungen auf der Ebene der „Gesellschaft in der Gesellschaft“ verwiesen.[1462]

2. Statutarische Stimmrechtsbeschränkung

a) Gesetzlich normierte Umgehungstatbestände

Wie bereits erläutert, kann nach vorliegender Ansicht durch die Gründung einer „Gesellschaft in der Gesellschaft“ in Gestalt eines Stimmrechtspools der Umgehungstatbestand

---

1458 So auch bereits *Dürr,* Nebenabreden im Gesellschaftsrecht (1994), 74; *Transfeld*, GmbHR 2010, 185, 188 f.; *Schön,* Schuldrechtliche Gesellschaftervereinbarungen in der Gesellschaft mit beschränkter Haftung unter besonderer Berücksichtigung der Rechtsnachfolge (2018), 202 f.; Noack/Servatius/Haas GmbHG-*Noack*, § 47, Rn. 113; *Milch,* Schuldrechtliche Absprachen in der GmbH. Zur Reichweite des Trennungsprinzips (2004), 128 ff.

1459 So auch *Milch,* Schuldrechtliche Absprachen in der GmbH. Zur Reichweite des Trennungsprinzips (2004), 128; *Schön,* Schuldrechtliche Gesellschaftervereinbarungen in der Gesellschaft mit beschränkter Haftung unter besonderer Berücksichtigung der Rechtsnachfolge (2018), 204; vgl. weiterhin *Noack,* Gesellschaftervereinbarungen bei Kapitalgesellschaften (1994), 137; *Berger,* Nebenverträge im GmbH-Recht. Vereinbarungen außerhalb des Gesellschaftsvertrags zwischen Gesellschaftern bzw. zwischen Gesellschaftern und Dritten, insbesondere Stimmrechtsvereinbarungen (1995), 104, zu § 138 BGB; früher wurde teilweise die Nichtigkeit gemäß § 138 BGB bei Umgehung einer Vinkulierungsklausel vertreten, so zum Beispiel RGZ 69, 134, 137; *Overrath,* Die Stimmrechtsbindung (1973), 48 f.; *Janberg/Schlaus*, AG 1967, 33, 35.

1460 *Milch,* Schuldrechtliche Absprachen in der GmbH. Zur Reichweite des Trennungsprinzips (2004), 129; *Transfeld,* GmbHR 2010, 185, 189; *Schön,* Schuldrechtliche Gesellschaftervereinbarungen in der Gesellschaft mit beschränkter Haftung unter besonderer Berücksichtigung der Rechtsnachfolge (2018), 205.

1461 *Milch,* Schuldrechtliche Absprachen in der GmbH. Zur Reichweite des Trennungsprinzips (2004), 129; *Schön,* Schuldrechtliche Gesellschaftervereinbarungen in der Gesellschaft mit beschränkter Haftung unter besonderer Berücksichtigung der Rechtsnachfolge (2018), 205 Fn. 776.

1462 Vgl. Kapitel 3, D.IV., S. 223 ff.

aus § 134 I 2 und 3 AktG erfüllt sein, sofern in der Satzung der Hauptgesellschaft ein Höchststimmrecht und der entsprechende Anrechnungstatbestand verankert wurden.

Gibt ein Gesellschafter mehr Stimmen ab, als er dies gemäß einer in der Satzung verankerten Stimmrechtsbeschränkung darf, sind alle über die Höchstbeschränkung hinausgehenden Stimmen unwirksam.[1463] Ist einer der Umgehungstatbestände aus § 134 I 2 bzw. 3 AktG in der Satzung der Hauptgesellschaft verankert und sind die Voraussetzungen der Anrechnung erfüllt, sind dem Gesellschafter die jeweils vom Tatbestand umfassten Stimmen anzurechnen. Eine dennoch berücksichtigte Stimme führt zur Anfechtbarkeit des Beschlusses.[1464]

b) Umgehungstatbestände außerhalb der gesetzlichen Normierung

Darüber hinaus ist sowohl im GmbH-Recht als auch im Aktienrecht lediglich im absoluten Ausnahmefall denkbar, dass durch die Gründung eines Stimmrechtspools ein statutarisch festgelegtes Höchststimmrecht umgangen wird.[1465] Ist aufgrund einer einzelfallbezogenen Prüfung ein Umgehungsfall dennoch anzunehmen, stellt sich die Frage, welche rechtlichen Konsequenzen dies nach sich zieht.

In der Literatur wird teilweise vertreten, dass die Umgehung eines Höchststimmrechts zur Unwirksamkeit der Stimmbindungsvereinbarung führt.[1466] Jedoch stellt die Satzung bzw. der Gesellschaftsvertrag der Hauptgesellschaft weder eine Zulässigkeitsschranke auf der Ebene der „Gesellschaft in der Gesellschaft“ dar,[1467] noch führt eine eventuelle

---

1463 BeckOGKAktG-*Rieckers*, § 134, Rn. 18; AktG Großkomm.-*Grundmann*, § 134, Rn. 56; Kölner Kommentar AktG-*Tröger*, § 136, Rn. 95; MüKoAktG-*Arnold*, § 134, Rn. 26; Schmidt K./Lutter AktG-*Spindler*, § 134, Rn. 14.

1464 AktG Großkomm.-*Grundmann*, § 134, Rn. 56; MüKoAktG-*Arnold*, § 134, Rn. 26; BeckOGKAktG-*Rieckers*, § 134, Rn. 18; Schmidt K./Lutter AktG-*Spindler*, § 134, Rn. 14.

1465 Vgl. Kapitel 3, C.VI.2., S. 182 ff.; Dies wird man bei einer Aktiengesellschaft auch nur dann annehmen können, wenn eine Regelung aus § 134 I 3, 4 AktG enthält. Dies ist jedoch regelmäßig der Fall, wenn das Statut ein Höchststimmrecht vorsieht. So auch *Martens*, AG 1993, 495, 498; *Büssemarker,* Stimmbindungsverträge bei Kapitalgesellschaften in Europa. Ein Vergleich der Rechtslage in Deutschland, Frankreich und dem Vereinigten Königreich (1999), 146; *Söntgerath,* Vermittelte Mehrheit. Eine systematische Untersuchung des Rechts der satzungsergänzenden Nebenverträge, Beteiligungsgesellschaften und Vertreterklauseln (2010), 472 und Fn.147.

1466 *Lübbert,* Abstimmungsvereinbarungen in den Aktien- und GmbH-Rechten der EWG-Staaten, der Schweiz und Großbritanniens (1971), 154; *Joussen,* Gesellschafterabsprachen neben Satzung und Gesellschaftsvertrag (1995), 105 f.; *Noack,* Gesellschaftervereinbarungen bei Kapitalgesellschaften (1994), 135; *Söntgerath,* Vermittelte Mehrheit. Eine systematische Untersuchung des Rechts der satzungsergänzenden Nebenverträge, Beteiligungsgesellschaften und Vertreterklauseln (2010), 470.

1467 Vgl. Kapitel 3, D.III.1., S. 210 ff.216; aA *Noack,* Gesellschaftervereinbarungen bei Kapitalgesellschaften (1994), 135.

Treuepflichtverletzung zur Unwirksamkeit der schuldrechtlichen Vereinbarung.[1468] Deshalb sind die Stimmen – wie auch in den gesetzlich geregelten Umgehungsfällen – im Umgehungsfall zusammenzurechnen und für den Fall, dass die statutarische Grenze überschritten wurde, bei einer Abstimmung nicht mitzuzählen.[1469]

E. Das Verhältnis der beiden Regelungsebenen – eine zusammenfassende Einordnung

I. Grundsatz der Selbstständigkeit und Unabhängigkeit

Die Untersuchung hat ergeben, dass die Konstellation der „Gesellschaft in der Gesellschaft“ zwar einiges an Konfliktpotential birgt, ein direkter rechtlicher Einfluss der einen Regelungsebene auf die andere jedoch die absolute Ausnahme darstellt. Im Ergebnis ist von einer rechtlichen Selbstständigkeit und Unabhängigkeit der beiden Regelungsebenen auszugehen. Insbesondere ist auch eine – in der Literatur teilweise bevorzugte – Rangordnung zwischen den Ebenen abzulehnen. Keine der beiden Ebenen hat Vorrang vor der anderen.

Direkte rechtliche Wechselwirkungen sind überwiegend abzulehnen. Ausschließlich in Fällen, in denen zwingende gesellschaftsrechtliche Normen durch schuldrechtliche Vereinbarungen im Rahmen einer „Gesellschaft in der Gesellschaft“ umgangen bzw. ausgehebelt werden, besteht ein Grund zur Durchbrechung der Ebenen-Trennung. Die Privatautonomie der Gesellschafter wird nur durch absolut zwingendes Kapitalgesellschaftsrecht eingeschränkt. Weder Satzungsregelungen noch die gesellschaftsrechtliche Treuepflicht auf der Ebene der Hauptgesellschaft haben eine einschränkende Wirkung auf schuldrechtliche Gesellschaftervereinbarungen. Auch haben schuldrechtliche Vereinbarungen der Ebene der „Gesellschaft in der Gesellschaft“ keinen direkten rechtlichen Einfluss auf die Satzung der Hauptgesellschaft. So haben sie weder satzungskonkretisierende noch -ändernde Wirkung. „Verstößt“ ein Beschluss auf der Hauptgesellschaftsebene gegen eine allseitige schuldrechtliche

---

1468 Vgl. Kapitel 3, D.IV.3., S. 233; aA *U. H. Schneider*, AG 1990, 56, 60; *Burgard*, AG 1992, 41, 49 f.

1469 So die Normanwendungstheorie, *Rossig*, Gesellschafterabsprachen bei GmbH und Close Corporation. Eine vergleichende Untersuchung zum Recht der satzungsergänzenden Nebenverträge in den USA und Deutschland (2003), 85; *Büssemarker*, Stimmbindungsverträge bei Kapitalgesellschaften in Europa. Ein Vergleich der Rechtslage in Deutschland, Frankreich und dem Vereinigten Königreich (1999), 143 f.; *Söntgerath*, Vermittelte Mehrheit. Eine systematische Untersuchung des Rechts der satzungsergänzenden Nebenverträge, Beteiligungsgesellschaften und Vertreterklauseln (2010), 471; ähnlich *Milch*, Schuldrechtliche Absprachen in der GmbH. Zur Reichweite des Trennungsprinzips (2004), 121, die jedoch bei einer Abstimmung auf der Grundlage eines Umgehungsgeschäfts eine Treuepflichtverletzung sieht und dementsprechend die Stimmabgabe zwar für wirksam, die Stimme jedoch für nichtig hält; richtigerweise führt auch eine Treuepflichtverletzung dazu, dass eine Stimme nicht mitzuzählen ist, s. hierzu auch bezüglich der Konflikte mit der Treuepflicht Kapitel 3, D.IV., S. 223 ff.

Vereinbarung, steht er aber im Einklang mit der Satzung, liegt – entgegen der BGH-Rechtsprechung – kein Anfechtungsgrund vor.

Ein Widerspruch bzw. eine Konkurrenz zwischen einer Satzungsregelung und einer schuldrechtlichen Vereinbarung auf der Ebene einer „Gesellschaft in der Gesellschaft" ist also nicht nur tatsächlich, sondern auch rechtlich möglich und löst keine unmittelbaren Rechtsfolgen aus. Handelt ein Gesellschafter satzungswidrig bzw. vertragswidrig – indem er im Widerspruch zu einer schuldrechtlichen Stimmbindung, einer Satzungsregelung oder der Treuepflicht abstimmt –, drohen ihm Rechtsfolgen. Ein satzungs- bzw. treuwidriges Abstimmungsverhalten hat kapitalgesellschaftsrechtliche Konsequenzen, wie die Nichtigkeit der abgegebenen Stimme bzw. gegebenenfalls die Anfechtbarkeit des Beschlusses. Hält sich ein Gesellschafter im Rahmen einer (kapital-)gesellschaftsrechtlichen Beschlussfassung nicht an eine schuldrechtliche Vereinbarung, drohen ihm Schadensersatzansprüche und, je nach Ausgestaltung des Gesellschaftsvertrags der „Gesellschaft in der Gesellschaft", Vertragsstrafen, Kündigungsrechte bzw. Ausschlussmöglichkeiten. Der Gesetzgeber hat zwei in sich geschlossene und funktionierende Rechtsfolgensysteme geschaffen, die weder einer wechselseitigen noch einer einseitigen Ergänzung bzw. Überlagerung bedürfen.

II. Einordnung in den bestehenden Theorienstreit

Im Ergebnis ist kein Grund ersichtlich, das Verhältnis der Ebenen, abweichend vom gesetzlichen Trennungsprinzip, neu einzuordnen oder gar als Einheit zu betrachten. Entgegen der Tendenz in der Literatur ist von einer weitgehend ausnahmslosen und strikten rechtlichen Trennung der beiden Regelungsebenen auszugehen. Nach vorliegender Ansicht gibt es für rechtliche Wechselwirkungen zwischen den Ebenen keine dogmatische Rechtfertigung. So hat zum Beispiel die Untersuchung der „Kerbnägel"-Rechtsprechung gezeigt, dass die Annahme eines Anfechtungsgrundes für einen Verstoß gegen allseitige Gesellschaftervereinbarungen dogmatisch verfehlt ist. Insbesondere die Annahme eines neuen Anfechtungsgrundes aus prozessökonomischen Gründen findet dogmatisch keinen Halt.

Es wird vorliegend eine reine Form der Trennungsthese vertreten. Dieses Ergebnis steht im Widerspruch zu einem Großteil der Literatur und Rechtsprechung, welcher rechtliche Wechselwirkungen zwischen den Ebenen befürwortet. Für die vorliegende Ansicht spricht, dass der Gesetzgeber für einen ausreichenden und lückenlosen Schutz auf beiden Ebenen gesorgt hat. Eine Verschmelzung der Ebenen, welche die herrschende Ansicht – wenn auch unter dem „Deckmantel“ der Trennungsthese – vertritt, ist überflüssig und abzulehnen.

Kapitel 4: Zusammenfassung der wesentlichen Ergebnisse in Thesenform

A. Die wesentlichen Ergebnisse des ersten Kapitels:

1. Eine „Gesellschaft in der Gesellschaft“ ist regelmäßig als nicht rechtsfähige Innengesellschaft bürgerlichen Rechts gemäß §§ 705 Abs. 2 Alt. 2,740 ff. BGB ausgestaltet.
2. Die „Gesellschaft in der Gesellschaft“ entsteht, wenn die Gesellschafter einer Hauptgesellschaft untereinander eine Gesellschaftervereinbarung abschließen, indem sie sich untereinander zur Förderung eines gemeinsamen Zwecks im Sinne des § 705 BGB verpflichten. Möglich ist die Beteiligung aller Gesellschafter der Hauptgesellschaft oder nur eines Teils des Gesellschafterkreises.
3. Anhand der mit einer „Gesellschaft in der Gesellschaft“ häufig verfolgten Zwecke lassen sich folgende Erscheinungsformen unterscheiden:
   a. Die häufigste Erscheinungsform der „Gesellschaft in der Gesellschaft“ ist der Stimmrechtspool. Mit einem Stimmrechtspool verfolgen die Gesellschafter den gemeinsamen Zweck, durch die koordinierte Ausübung ihres Stimmrechts Einfluss auf die Hauptgesellschaft zu nehmen. Häufig wird eine mehrheitliche Vorabstimmung vorgesehen, im Rahmen welcher das Stimmverhalten auf der Ebene der Hauptgesellschaft beschlossen wird.
      aa. Eine besondere Form des Stimmrechtspools ist die Schutzgemeinschaft. Bei dieser verfolgen die Gesellschafter neben dem Zweck der eigenen Einflussnahme und -wahrung den Zweck, eine Fremdsteuerung zu verhindern. Häufig werden Verfügungsbeschränkungen vereinbart. Verbreitet ist die Vereinbarung einer Andienungspflicht des Veräußerungswilligen gegenüber den beteiligten Familienmitgliedern und eines entsprechenden Ankaufsrechts dieser.
      bb. Ein Stimmrechtspool kann weiterhin steuerrechtlich motiviert sein. So können die Gesellschafter mit der Bündelung der Stimmen eine Stimmenzurechnung gemäß § 13 b I Nr. 3 S. 2 ErbStG und somit eine steuerliche Begünstigung für zukünftige Anteilsübertragungen gemäß §§ 13a oder 19a ErbStG bezwecken. Hierfür muss im Gesellschaftsvertrag der „Gesellschaft in der Gesellschaft“ eine Verpflichtung zur einheitlichen Ausübung der Stimmen und eine Verfügungsbeschränkung enthalten sein.

F. Lurz, *Die Gesellschaft in der Gesellschaft*, Schriften zum Stiftungs- und Gemeinnützigkeitsrecht, https://doi.org/10.1007/978-3-658-51537-9_5

b. Eine Familienverfassung kann als „Gesellschaft in einer Gesellschaft" ausgestaltet sein. Mit einer Familienverfassung wird die Konfliktvermeidung bzw. -prävention und die Wahrung des Einflusses der Familie innerhalb der Hauptgesellschaft bezweckt. Hierdurch soll der langfristige Erfolg des Familienunternehmens gesichert werden. Ob eine Familienverfassung als Innengesellschaft ausgestaltet ist, hängt allerdings vom Einzelfall ab.

4. Eine „Gesellschaft in der Gesellschaft" bildet in der Regel kein Gesellschaftsvermögen. Eine Ausnahme ist die Beteiligungsgesellschaft. Dieser werden sämtliche, den beteiligten Gesellschaftern gehörende Anteile an der Hauptgesellschaft übertragen. Eine Beteiligungsgesellschaft verfügt demnach über ein Gesellschaftsvermögen.
5. Eine „Gesellschaft in der Gesellschaft" soll in der Regel nicht im Rechtsverkehr auftreten und ist regelmäßig eine nicht rechtsfähige (Innen-)Gesellschaft bürgerlichen Rechts. Eine Ausnahme stellt die Beteiligungsgesellschaft dar. Sie tritt als Inhaberin der Hauptgesellschaftsanteile auf und ist eine Außengesellschaft bürgerlichen Rechts.
6. Im Hinblick auf den Gesellschaftsvertrag einer „Gesellschaft in der Gesellschaft" sind folgende Abgrenzungen vorzunehmen:
   a. Der Gesellschaftsvertrag einer „Gesellschaft in der Gesellschaft" muss von solchen Gesellschaftervereinbarungen unterschieden werden, die keine gesellschaftskonstituierende Wirkung haben. Eine „Gesellschaft in der Gesellschaft" kommt insbesondere dann nicht zustande, wenn mit der Gesellschaftervereinbarung kein gemeinsamer Zweck verfolgt wird oder die Gesellschaftervereinbarung als Nebenpflicht Teil eines anderen Vertrags ist.
   b. Weiterhin ist der Gesellschaftsvertrag einer „Gesellschaft in der Gesellschaft" von einem Unternehmensvertrag abzugrenzen. Zwar weisen Unternehmensverträge gemäß §§ 291, 292 AktG schuldrechtliche Elemente auf, jedoch sind sie aufgrund ihrer strukturändernden Wirkung – im Falle des § 292 AktG unter anderem – als körperschaftliche Organisationsverträge einzuordnen.
   c. Von dem Gesellschaftsvertrag einer „Gesellschaft in der Gesellschaft" ist die Treuhand abzugrenzen. Während bei einer Treuhand vertikal Rechte am eigenen Gesellschaftsanteil an den Treuhänder übertragen werden, koordinieren die Gesellschafter einer „Gesellschaft in der Gesellschaft" auf horizontaler Ebene Mitgliedschaftsrechte ohne diese zu übertragen.

d. Es bedarf einer Abgrenzung von Drittgeschäften. Eine „Gesellschaft in der Gesellschaft“ entsteht, wenn ihr Gesellschaftsvertrag in Bezug auf die Hauptgesellschaft abgeschlossen wird. Ein Drittgeschäft liegt vor, wenn an der Vereinbarung ausschließlich gesellschaftsfremde Dritte beteiligt sind oder sich die Gesellschafter nicht in ihrer Mitgliederrolle, sondern „wie beliebige Dritte“ gegenüberstehen. Gegenstand der vorliegenden Untersuchung sind nur „Gesellschaften in der Gesellschaft“, an denen ausschließlich Anteilsinhaber der Hauptgesellschaft beteiligt sind.

B. Die wesentlichen Ergebnisse des zweiten Kapitels:

1. Es ist zwischen der Ebene der Hauptgesellschaft und der Ebene der „Gesellschaft in der Gesellschaft“ zu unterscheiden. Die Ebenen unterscheiden sich in mehreren Aspekten, insbesondere in den Anforderungen an ihre Gründung, Änderung, Auslegung und Übertragung.
2. Das Verhältnis der Ebene der Hauptgesellschaft zur Ebene der Gesellschaftervereinbarungen ist Gegenstand einer langjährigen Diskussion. Während die Trennungsthese grundsätzlich von einer getrennten Betrachtung der beiden Ebenen ausgeht, geht die von *Noack* begründete Einheitsthese von einer „Einheit und Hierarchie“ der beiden Regelungsebenen aus.
3. Innerhalb der genannten Grundthesen existieren eine Vielzahl von Einzelansichten, die sich im Hinblick auf die Frage, ob Wechselwirkungen zwischen den beiden Ebenen stattfinden, unterscheiden. Gerade die Frage, ob und wenn ja, welche Wechselwirkungen zwischen den Ebenen stattfinden, ist ausschlaggebend für die Einordnung des Verhältnisses der beiden Ebenen.
4. Hinter der Diskussion, ob die Regelungsebenen im Grundsatz zu trennen sind oder einheitlich betrachtet werden müssen, steht der eigentliche Kern der Diskussion: Wie ist – vom Grundsatz der Trennung oder der Einheit ausgehend – mit Problemkonstellationen zu verfahren und welche Ausnahmen oder Abweichungen vom Grundsatz sind im Einzelfall vorzunehmen?
5. Eine Beleuchtung der relevanten Rechtsprechung des BGHs ergibt, dass der BGH im Grundsatz von der Trennungsthese ausgegangen, jedoch im Laufe der Jahre aufgrund zahlreicher Ausnahmen davon abgerückt ist. So hat sich der BGH bereits mehrfach für eine korporative Wirkung allseitiger Gesellschaftervereinbarungen ausgesprochen. Insbesondere nahm er in seiner bekannten „Kerbnägel“-Entscheidung die Anfechtbarkeit solcher Beschlüsse an, die zwar mit der Satzung der Hauptgesellschaft im Einklang stehen, jedoch einer allseitigen Gesellschaftervereinbarung widersprechen.
6. In der Literatur wird keine einheitliche Trennungsthese vertreten, weshalb der Überbegriff „Trennungsthese“ für das im Rahmen des Trennungsdenkens bestehende Meinungsspektrum irreführend ist. Es werden unterschiedlich weitreichende Ausnahmen vom Grundsatz der Trennung vertreten. Teilweise wird schuldrechtlichen Gesellschaftervereinbarungen sogar (quasi-)korporative bzw. verbandsgestaltende Wirkung

zugesprochen. Eine Einordnung der Einzelansichten erfolgt daher anhand des Kriteriums der Wechselwirkungen zwischen den Regelungsebenen.

a. „Reine" Formen der Trennungsthese schließen rechtliche Wechselwirkungen zwischen den Regelungsebenen weitestgehend aus und beschränken sich überwiegend auf tatsächliche bzw. mittelbare Wechselwirkungen.
b. Andere Vertreter der Trennungsthese gehen von einer „semipermeablen Membran" zwischen den Ebenen aus und ordnen Gesellschaftervereinbarungen der Satzung der Hauptgesellschaft hierarchisch unter. Sie befürworten ausschließlich einseitige rechtliche Auswirkungen der einen auf die andere Ebene („von oben nach unten").
c. Andere Stimmen der Trennungsthese haben weiter vom Grundsatz der Trennung Abstand genommen und erkennen rechtliche Wechselwirkungen zwischen den Regelungsebenen an. Diese Einzelansichten werden vorliegend unter dem Begriff „eingeschränkte Trennungsthese" zusammengefasst. Im Rahmen dieser Gruppe von Vertretern ist weiterhin danach zu differenzieren, ob ein Subordinations- oder ein Gleichordnungsverhältnis zwischen den Ebenen angenommen wird.

7. Die Vertreter der Einheitsthese betrachten die beiden Regelungsebenen als eine Einheit mit rechtlichen Wechselwirkungen. *Noack*, der Begründer der Einheitsthese, nannte erstmals den Begriff der „Verbandsordnung im weiteren Sinne". Die Vertreter der Einheitsthese nehmen an, dass Gesellschaftervereinbarungen korporative Wirkungen entfalten können. Wie weit die Integration der beiden Ebenen in die einheitliche Verbandsordnung reicht und ob die Verbandsordnung eine klare Hierarchie aufweist, wird innerhalb des Einheitsdenkens unterschiedlich beurteilt.
8. Die eingeschränkten Formen der Trennungsthese weisen Gemeinsamkeiten mit der Einheitsthese auf. Sofern Vertreter der Trennungsthese Gesellschaftervereinbarungen eine korporative Wirkung zusprechen, liegt der Unterschied zur Einheitsthese nur noch darin, aus welcher Perspektive das Verhältnis betrachtet wird und in welche Richtung vom Ausgangspunkt Ausnahmen gemacht werden.
9. Es ist für die Einordnung des Verhältnisses eine problemorientierte Beleuchtung der Regelungsebenen notwendig. Jede Wechselwirkung zwischen den Ebenen bedarf als Ausnahme vom gesetzlich verankerten Trennungsprinzip einer dogmatischen

Begründung. Ausgehend von dem Ergebnis, wie viele Wechselwirkungen zwischen den Regelungsebenen dogmatisch Halt finden, ist das Verhältnis der Ebenen einzuordnen.

C. Die wesentlichen Ergebnisse des dritten Kapitels:

2. Widersprüche bzw. Konflikte zwischen den Regelungsebenen sind möglich. Die Auslegung kann nicht als harmonisierendes Korrektiv herangezogen werden.
   a. Im Rahmen der Auslegung des Gesellschaftsvertrags einer „Gesellschaft in der Gesellschaft“ kann die Satzung der Hauptgesellschaft regelmäßig berücksichtigt werden:
      aa. Der Gesellschaftsvertrag einer „Gesellschaft in der Gesellschaft“ ist grundsätzlich gemäß §§ 133, 157 BGB auszulegen. Die Satzung der Hauptgesellschaft kann im Rahmen der subjektiven Auslegung berücksichtigt werden.
      bb. Ist die Hauptgesellschaft auf einen Mitgliederwechsel ausgelegt, so muss die „Gesellschaft in der Gesellschaft“ zur Erreichung ihres Zwecks regelmäßig dem Mitgliederwechsel geöffnet werden. Sobald ein Mitgliederwechsel auf der Ebene der „Gesellschaft in der Gesellschaft“ stattgefunden hat, ist ihr Gesellschaftsvertrag anhand objektiver Kriterien auszulegen. Auch im Rahmen der objektiven Auslegung kann die öffentlich einsehbare Satzung der Hauptgesellschaft berücksichtigt werden.
   b. Grenze der Auslegung ist der (objektiv erkennbare) Wille der Parteien. Die Auslegung kann den Willen der Gesellschafter nur ermitteln, nicht verändern. Ist ein Widerspruch zwischen den Regelungsebenen von den Gesellschaftern (objektiv erkennbar) gewollt, kann dieser nicht im Wege der Auslegung „korrigiert“ werden.
   c. Im Rahmen der Satzungsauslegung darf der Gesellschaftsvertrag einer „Gesellschaft in der Gesellschaft“ grundsätzlich nicht berücksichtigt werden.
      aa. Korporative Satzungsbestandteile sind ab Eintragung in das Handelsregister anhand objektiver Kriterien auszulegen. Nicht korporative Satzungsbestandteile unterliegen einer subjektiven Auslegung gemäß §§ 133, 157 BGB.
      bb. Der Gesellschaftsvertrag einer „Gesellschaft in der Gesellschaft“ kann weder im Rahmen der objektiven noch im Rahmen der subjektiven Satzungsauslegung berücksichtigt werden. Etwas anderes gilt nur, wenn

die Gesellschaftervereinbarung im Handelsregister veröffentlicht ist. In diesem Fall kann die Gesellschaftervereinbarung im Rahmen der Satzungsauslegung berücksichtigt werden.

3. Konflikte zwischen den Regelungsebenen lösen regelmäßig keine unmittelbare Rechtsfolge aus.
   a. Regelungen auf der Ebene einer „Gesellschaft in der Gesellschaft" können in Konflikt mit kapitalgesellschaftsrechtlichen Normen geraten.
      aa. Zwingende kapitalgesellschaftsrechtliche Normen fungieren ausnahmsweise als Zulässigkeitsschranke auf der Ebene der „Gesellschaft in der Gesellschaft".
         (1) Vorschriften des zwingenden Satzungsinhalts schließen eine Regelung außerhalb der Satzung für den normierten Regelungsbereich aus. Dennoch getroffene schuldrechtliche Vereinbarungen in diesem Regelungsbereich sind nichtig.
         (2) Darüber hinaus sind schuldrechtliche Vereinbarungen im Bereich zwingender Vorschriften des GmbH-Rechts unzulässig. Ob sich die Rechtsfolge eines Verstoßes aus der betroffenen Norm selbst ergibt oder ob eine Anwendung von § 134 BGB angezeigt ist, ist anhand des jeweiligen Sinnes und Zwecks der Norm festzustellen.
         (3) Im Bereich zwingender aktienrechtlicher Vorschriften ist anhand des Sinnes und Zwecks der betroffenen Norm zu ermitteln, ob diese eine schuldrechtliche Vereinbarung ausschließt. Hier kann keine allgemeine Regel aufgestellt werden. Es bedarf einer Untersuchung der konkret betroffenen Norm.
         (4) Wird mit einem Stimmrechtspool ein kapitalgesellschaftsrechtliches Stimmverbot umgangen, folgt die Nichtigkeit der schuldrechtlichen Vereinbarung unmittelbar aus der betroffenen Norm. Dies bedeutet, dass ein von einer Abstimmung auf der Hauptgesellschaftsebene ausgeschlossener Gesellschafter auch von einer Vorabstimmung in einem Stimmrechtspool ausgeschlossen ist. Nimmt der Gesellschafter entgegen des Stimmverbots an der Vorabstimmung Teil, ist der Beschluss nichtig. Darüber hinaus können auch andere am Stimmrechtspool beteiligte Gesellschafter

von der Abstimmung auf der Hauptgesellschaftsebene ausgeschlossen sein, wenn der vom Stimmverbot Betroffene „maßgeblichen Einfluss“ auf diese ausüben kann.

bb. Dispositive kapitalgesellschaftsrechtliche Vorschriften haben keine beschränkende Wirkung auf die Ebene der „Gesellschaft in der Gesellschaft“. Es steht den Gesellschaftern frei, von diesen Normen abweichende, schuldrechtliche Vereinbarungen zu treffen.

b. Ein weiterer Konflikt entsteht, wenn die Regelungsebenen verschiedene Mehrheitserfordernisse vorsehen. Eine Klausel auf der Ebene eines Stimmrechtspools ist nicht unwirksam, weil sie andere Mehrheitsanforderungen als die Satzung der Hauptgesellschaft an die entsprechende Beschlussfassung stellt. Zu beachten ist, dass ein Stimmrechtspool konzernrechtliche Relevanz aufweisen und die Abhängigkeit der Hauptgesellschaft auslösen kann.

c. Möglich ist ein Widerspruch zwischen den Regelungsebenen. Widersprüchliche Regelungen sind grundsätzlich wirksam.

aa. Eine Vereinbarung auf der Ebene der „Gesellschaft in der Gesellschaft“ hat grundsätzlich weder satzungsändernde noch -ergänzende Wirkung. Die Satzungsregelung bleibt in ihrer Wirkung von einer widersprüchlichen schuldrechtlichen Vereinbarung unberührt.

bb. Zwischen den Regelungsebenen besteht kein Hierarchieverhältnis. Den Satzungsregelungen ist kein Vorrang gegenüber Vereinbarungen auf der Ebene der „Gesellschaft in der Gesellschaft“ einzuräumen.

cc. Ein Verbot von Gesellschaftervereinbarungen in der Satzung bzw. dem Gesellschaftsvertrag der Hauptgesellschaft kann die Gründung einer „Gesellschaft in der Gesellschaft“ nicht verhindern. Eine trotz Verbots getroffene schuldrechtliche Vereinbarung kann ausnahmsweise als Satzungsänderung gewertet werden, wenn alle Gesellschafter an ihr beteiligt sind und die Verbotsklausel als unechter Satzungsbestandteil einzuordnen ist. Ist die Verbotsklausel korporationsrechtlicher Natur, kommt eine Satzungsänderung nicht in Betracht.

dd. Vereinbaren die Gesellschafter auf der Ebene der „Gesellschaft in der Gesellschaft“ einen neuen Verbandszweck für die Hauptgesellschaft, ist die schuldrechtliche Vereinbarung zum Schutze des Gesellschaftszwecks nichtig.

d. Möglich ist ein Konflikt mit der Treuepflicht auf der Hauptgesellschaftsebene. Die Treuepflicht der Hauptgesellschaft kann nicht als Maßstab für schuldrechtliche Regelungen und Pflichten auf der Ebene der „Gesellschaft in der Gesellschaft" herangezogen werden.

  aa. Die Treuepflicht ist, anders als § 138 BGB, keine Zulässigkeitsschranke auf der Ebene der „Gesellschaft in der Gesellschaft". Die Gründung eines sogenannten „Räuberischen Gegenpools" ist grundsätzlich möglich. Erst die Nutzung eines solchen Gegenpools ohne angemessene Rücksichtnahme führt zu einem Treuepflichtverstoß.

  bb. Es können auf der Ebene der „Gesellschaft in der Gesellschaft" wirksam Beschlüsse gefasst werden oder Weisungen ergehen, die zu einem treupflichtwidrigen (Abstimmungs-)Verhalten auf der Ebene der Hauptgesellschaft auffordern. Die schuldrechtliche Bindungswirkung bleibt von der Treuepflicht unberührt. Erst ein treuwidriges Abstimmungsverhalten löst kapitalgesellschaftsrechtliche Rechtsfolgen aus. Verstößt eine Stimmabgabe gegen die Treuepflicht, ist die Stimme nichtig. Die Prüfung eines Treuepflichtverstoßes obliegt dem Versammlungsleiter. Wird die nichtige Stimme dennoch im Rahmen der Beschlussfassung berücksichtigt, ist der Beschluss anfechtbar.

  cc. Auch die gerichtliche Durchsetzbarkeit schuldrechtlicher Stimmpflichten bleibt von der Treuepflicht unberührt. Das zuständige Gericht prüft im Rahmen der gerichtlichen Durchsetzung nicht, ob eine Verletzung der Treuepflicht auf der Hauptgesellschaftsebene vorliegt. Dies ist Aufgabe des Versammlungsleiters.

e. Ein weiterer Konflikt entsteht, wenn ein Beschluss auf der Hauptgesellschaftsebene im Widerspruch zu einer allseitigen Gesellschaftervereinbarung gefasst wird. Entgegen der „Kerbnägel"-Rechtsprechung ist ein solcher Beschluss nicht anfechtbar.

  aa. Die Anfechtungslösung des BGH ist abzulehnen. Insbesondere bietet die Prozessökonomie keine dogmatische Grundlage für einen Anfechtungsgrund.

bb. Es bleibt bei einer getrennten Rechtsfolgenlösung:

(1) Die gerichtliche Durchsetzung schuldrechtlicher Vereinbarungen erfolgt im Wege der Leistungsklage. Statthaft ist regelmäßig eine Erfüllungsklage gerichtet auf die vertragsgemäße Abstimmung bzw. auf die Herbeiführung eines Beschlusses oder gegebenenfalls auf die Aufhebung eines bereits gefassten, vertragswidrigen Beschlusses. Die Vollstreckung richtet sich nach § 894 ZPO. Einstweiliger Rechtsschutz ist zulässig, wenn im Rahmen des Verfügungsanspruchs eine Abwägung der Interessen stattfindet.

(2) Ein Vertragsbruch kann vereinbarte Vertragsstrafen nach sich ziehen und ein Kündigungsrecht gemäß § 723 BGB oder sogar ein Ausschlussrecht gemäß § 737 BGB auslösen.

(3) Von der Frage nach der Durchsetzbarkeit zu unterscheiden ist die Frage nach der organisationsrechtlichen Wirksamkeit einer abgegebenen Stimme. Dies überprüft der Versammlungsleiter. Hierbei ist irrelevant, ob die Stimme freiwillig abgegeben oder im Wege des Zivilprozesses erzwungen oder gar gerichtlich vollstreckt wurde.

f. Mit einer Stimmbindungsvereinbarung kann eine statutarische Vinkulierungsklausel der Hauptgesellschaftsebene umgangen werden. Die Wirksamkeit einer Stimmbindungsvereinbarung bleibt von der Vinkulierungsklausel unberührt. Die Stimmabgabe entsprechend einer derartigen Umgehungsabrede ist treuwidrig und unwirksam.

g. Die Problematik der Umgehung statutarischer Höchststimmrechte ist insbesondere bei Aktiengesellschaften relevant. Erfüllt ein Gesellschafter den Tatbestand eines gesetzlichen Umgehungsfalles aus § 134 I AktG, werden ihm die betroffenen Stimmen zugerechnet. Alle über die Begrenzung hinausgehenden Stimmen sind unwirksam und dürfen bei der Beschlussfassung nicht berücksichtigt werden. Anderenfalls ist der Beschluss anfechtbar. Außerhalb der gesetzlichen Umgehungstatbestände ist die Umgehung eines statutarischen Höchststimmrechts nur im Ausnahmefall denkbar. Liegt ein Umgehungsfall vor, kommt es wie im Rahmen des § 134 I AktG zu einer Stimmenanrechnung.

4. Die Regelungsebenen sind trotz ihrer tatsächlichen Nähe und ihrer gegenseitigen tatsächlichen Interferenz rechtlich strikt voneinander zu trennen. Die rechtlichen Wechselwirkungen zwischen den Ebenen sind auf ein Minimum zu beschränken. Nur für den Fall, dass zwingende gesellschaftsrechtliche Normen bzw. Grundsätze umgangen oder ausgehebelt werden, ist von dem Grundsatz der Trennung abzuweichen. Darüber hinaus befinden sich die Ebenen in einem Gleichordnungsverhältnis, keine Ebene ist der anderen hierarchisch unterzuordnen.

Literaturverzeichnis

Aktien- und GmbH-Konzernrecht, Kommentar, 10. Aufl., hrsg. von Volker Emmerich, Mathias Habersack, München 2022 (zit. als Emmerich/Habersack, Aktien- und GmbH-Konzernrecht-*Bearbeiter*).

Aktiengesetz, Kommentar, 3. Aufl., hrsg. von Hans Christoph Grigoleit, München 2025 (zit. als Grigoleit AktG-*Bearbeiter*).

Aktiengesetz Großkommentar, Band 4, Teilband 2, §§ 92-94, 5. Aufl., hrsg. von Heribert Hirte, Peter O. Mülbert, Markus Roth, Berlin 2015 (zit. als AktG Großkomm.-*Bearbeiter*).

Aktiengesetz Großkommentar, Band 7, Teilband 2, §§ 131-146, 5. Aufl., hrsg. von Heribert Hirte, Peter O. Mülbert, Markus Roth, Berlin 2019 (zit. als AktG Großkomm.-*Bearbeiter*).

Aktiengesetz Großkommentar, Band 8, 4. Aufl., hrsg. von Klaus J. v. Hopt, Herbert Wiedemann, Berlin 2013 (zit. als AktG Großkomm.-*Bearbeiter*).

Aktiengesetz. Textausgabe des Aktiengesetz vom 6.9.1965 und des Einführungsgesetzes zum Aktiengesetz vom 6.9.1965 mit Begründung des Regierungsentwurfs Bericht des Rechtsausschusses des Deutschen Bundestags Verweisungen und Sachverzeichnis, hrsg. von Bruno Kropff, Düsseldorf 1965 (zit. als RegBegr-*Bearbeiter*).

Appenzeller, Hansjürg, Stimmbindungsabsprachen in Kapitalgesellschaften, Rechtsvergleichung und Internationales Privatrecht, Zürich 1996 (zit. als *Appenzeller*, Stimmbindungsabsprachen in Kapitalgesellschaften, Rechtsvergleichung und Internationales Privatrecht (1996)).

Ballerstedt, Kurt, Der gemeinsame Zweck als Grundbegriff des Rechts der Personengesellschaft, JuS 1963, 253–263 (zit. als *Ballerstedt*, JuS 1963).

Bankrechts-Kommentar, 3. Aufl., hrsg. von Katja Langenbucher, Dirk H. Bliesener, Gerald Spindler, München 2020 (zit. als Langenbucher/Bliesener/Spindler BankR-*Bearbeiter*).

Baumann, Horst/Reiß, Wilhelm, Satzungsergänzende Vereinbarungen - Nebenverträge im Gesellschaftsrecht, Eine rechtstatsächliche und rechtsdogmatische Untersuchung, ZGR 1989, 175–215 (zit. als *Baumann/Reiß*, ZGR 1989).

F. Lurz, *Die Gesellschaft in der Gesellschaft*, Schriften zum Stiftungs- und Gemeinnützigkeitsrecht, https://doi.org/10.1007/978-3-658-51537-9

Baus, Kirsten, Die Familienstrategie. Wie Familien ihr Unternehmen über Generationen sichern, 7. Aufl., Wiesbaden 2023 (zit. als *Baus*, Die Familienstrategie. Wie Familien ihr Unternehmen über Generationen sichern (2023)).

Bayer, Walter/Hoffmann, Thomas, Gesellschafterstrukturen deutscher GmbH, GmbHR 2014, 12–17 (zit. als *Bayer/Hoffmann*, GmbHR 2014).

Beck'sches Formularbuch Bürgerliches, Handels- und Wirtschaftsrecht, 15. Aufl., hrsg. von Alexander Gebele, Kai-Steffen Scholz, München 2026 (zit. als BeckFormB BHW-*Bearbeiter*).

Beckerhoff, Tom, Treupflichten bei der Stimmrechtsausübung und Eigenhaftung des Stimmrechtsvertreters, Frankfurt am Main, Berlin, Bern, New York, Paris, Wien 1996 (zit. als *Beckerhoff*, Treupflichten bei der Stimmrechtsausübung und Eigenhaftung des Stimmrechtsvertreters (1996)).

beck-online.GROSSKOMMENTAR zum Aktienrecht, hrsg. von Martin Henssler, Eberhard Stilz, Rüdiger Veil, München 2025 (zit. als BeckOGKAktG-*Bearbeiter*).

beck-online.GROSSKOMMENTAR zum Zivilrecht. BGB, hrsg. von Beate Gsell, Wolfgang Krüger, Stephan Lorenz u.a., München 2025 (zit. als BeckOGKBGB-*Bearbeiter*).

Beck'sche Kompakt-Kommentare, Gesetz betreffend die Gesellschaften mit beschränkter Haftung (GmbHG), Kommentar, 5. Aufl., hrsg. von Hartmut Wicke, München 2024 (zit. als Wicke GmbHG-*Bearbeiter*).

Beck'sche Kurz-Kommentare, Band 62, Gesellschaftsrecht, 6. Aufl., hrsg. von Martin Henssler, Lutz Strohn, München 2024 (zit. als Henssler/Strohn-*Bearbeiter*).

Beck'sche Kurz-Kommentare, Band 20, Gesetz betreffend die Gesellschaften mit beschränkter Haftung, 24. Aufl., hrsg. von Ulrich Noack, Wolfgang Servatius, Ulrich Haas, München 2025 (zit. als Noack/Servatius/Haas GmbHG-*Bearbeiter*).

Beck'scher Online-Kommentar BGB, 77. Aufl., hrsg. von Wolfgang Hau, Roman Poseck, München 2026 (zit. als BeckOK BGB-*Bearbeiter*).

Beck'scher Online-Kommentar GmbHG, 66. Aufl., hrsg. von Hildegard Ziemons, Carsten Jaeger, Moritz Pöschke, München 2025 (zit. als BeckOK GmbHG-*Bearbeiter*).

Beck'sches Formularbuch, Zivil-, Wirtschafts- und Unternehmensrecht, Deutsch - Englisch, 6. Aufl., hrsg. von Robert Walz, München 2026 (zit. als BeckFormB ZivilR-*Bearbeiter*).

Beck'sches Formularbuch GmbH-Recht, 2. Aufl., hrsg. von Michael Breyer, Damian Wolfgang Najdecki, München 2024 (zit. als BeckFormB GmbHR-*Bearbeiter*).

Beck'sches Handbuch der Personengesellschaften, Gesellschaftsrecht - Steuerrecht, 5. Aufl., hrsg. von Ulrich Prinz, Holger Kahle, München 2020 (zit. als BeckHdB PersGes-*Bearbeiter*).

Belz, Alexander, Die große Familienkommanditgesellschaft - Ausgewählte Probleme eines Gesellschaftstypus, 2018 (zit. als *Belz*, Die große Familienkommanditgesellschaft - Ausgewählte Probleme eines Gesellschaftstypus (2018)).

Berger, Christian, Nebenverträge im GmbH-Recht. Vereinbarungen außerhalb des Gesellschaftsvertrags zwischen Gesellschaftern bzw zwischen Gesellschaftern und Dritten, insbesondere Stimmrechtsvereinbarungen, Brüssel/Belgien 1995 (zit. als *Berger*, Nebenverträge im GmbH-Recht. Vereinbarungen außerhalb des Gesellschaftsvertrags zwischen Gesellschaftern bzw. zwischen Gesellschaftern und Dritten, insbesondere Stimmrechtsvereinbarungen (1995)).

Berghoff, Silke, Die organschaftliche Vertretung der Gesellschaft bürgerlichen Rechts, Baden-Baden 2005 (zit. als *Berghoff*, Die organschaftliche Vertretung der Gesellschaft bürgerlichen Rechts (2005)).

Binnewies, Burkhard, Die Konzerneingangskontrolle in der abhängigen Gesellschaft, Köln, Berlin, Bonn, München 1995 (zit. als *Binnewies*, Die Konzerneingangskontrolle in der abhängigen Gesellschaft (1995)).

Boesebeck, Ernst, Abstimmungsvereinbarungen mit Aktionären. Unter besonderer Berücksichtigung des Referentenentwurfs eines Aktiengesetzes, NJW 1960, 7–10 (zit. als *Boesebeck*, NJW 1960).

Boujong, Karlheinz/Ebenroth, Carsten Thomas/Joost, Detlev, Handelsgesetzbuch, Band 1, §§ 1-342r, 5. Aufl., hrsg. von Detlev Joost, Lutz Strohn, Dörte Poelzig u.a., München 2024 (zit. als Boujong/Ebenroth/Joost-*Bearbeiter*).

Boujong, Karlheinz/Ebenroth, Carsten Thomas/Joost, Detlev, Handelsgesetzbuch, Band 2, §§ 343-475h, Transportrecht, Bank- und Kapitalmarktrecht, 5. Aufl., hrsg. von Detlev Joost, Lutz Strohn, Dörte Poelzig u.a., München 2024 (zit. als Boujong/Ebenroth/Joost-*Bearbeiter*).

Breuer, Johannes, Treuhandverhältnisse im Gesellschaftsrecht, MittRhNotK 1988, 79–96 (zit. als *Breuer*, MittRhNotK 1988).

Breyer, Michael, Family Governance - Die Organisation der Familie, FuS 2015, 151–154 (zit. als *Breyer*, FuS 2015).

Brodmann, E., Zur Frage der Erfüllung von Abstimmungsverträgen, JuS 1929, 615–617 (zit. als *Brodmann*, JuS 1929).

Burgard, Ulrich, Die Offenlegung von Beteiligungen bei der Aktiengesellschaft, AG 1992, 41–55 (zit. als *Burgard*, AG 1992).

Bürgerliches Gesetzbuch mit Einführungsgesetz und Nebengesetzen, Band 1, Allgemeiner Teil (§§ 1-240), 11. Aufl., hrsg. von Hans Theodor Soergel, Stuttgart, Berlin, Köln, Mainz 1978 (zit. als Soergel BGB, 11. Auflage (1978)-*Bearbeiter*).

Büssemarker, Arnold, Stimmbindungsverträge bei Kapitalgesellschaften in Europa. Ein Vergleich der Rechtslagen in Deutschland, Frankreich und dem Vereinigten Königreich, Baden-Baden 1999 (zit. als *Büssemarker*, Stimmbindungsverträge bei Kapitalgesellschaften in Europa. Ein Vergleich der Rechtslage in Deutschland, Frankreich und dem Vereinigten Königreich (1999)).

Cahn, Hugo, Der Pool-Vertrag in seiner praktischen Auswirkung, JZ 1932, 1324–1328 (zit. als *Cahn*, JZ 1932).

Canaris, Claus-Wilhelm, Grundrechte und Privatrecht, AcP 1984, 201–246 (zit. als *Canaris*, AcP 1984).

Damm, Reinhard, Einstweiliger Rechtsschutz im Gesellschaftsrecht, ZHR 154 (1990), 413–442 (zit. als *Damm*, ZHR 154 1990).

Dreher, Meinrad, Die gesellschaftsrechtliche Treuepflicht bei der GmbH, DStR 1993, 1632–1636 (zit. als *Dreher*, DStR 1993).

Drygala, Tim/Staake, Marco/Szalai, Stephan, Kapitalgesellschaftsrecht. Mit Grundzügen des Konzern- und Umwandlungsrechts, Berlin, Heidelberg 2012 (zit. als *Drygala/Staake/Szalai*, Kapitalgesellschaftsrecht, Mit Grundzügen des Konzern- und Umwandlungsrechts (2012)).

Dürr, Martin, Nebenabreden im Gesellschaftsrecht, Frankfurt am Main, Berlin 1994 (zit. als *Dürr*, Nebenabreden im Gesellschaftsrecht (1994)).

Dürr, Martin, Nebenabreden und die Willensbildung in der GmbH, BB 1995, 1365–1370 (zit. als *Dürr*, BB 1995).

Ebenroth, Carsten Thomas, Das Verhältnis zwischen joint venture-Vertrag, Gesellschaftssatzung und Investitionsvertrag, JZ 1987, 265–271 (zit. als *Ebenroth*, JZ 1987).

Ehricke, Ulrich, Schuldvertragliche Nebenabreden zu GmbH-Gesellschaftsverträgen. Deutsches Schweizer und englisches Recht im Vergleich, Heidelberg 2004 (zit. als *Ehricke*, Schuldvertragliche Nebenabreden zu GmbH-Gesellschaftsverträgen. Deutsches Schweizer und englisches Recht im Vergleich (2004)).

Emmerich, Volker/Habersack, Mathias/Lüdeking, Matthias, Konzernrecht, 12. Aufl., München 2023 (zit. als *Emmerich/Habersack/Lüdeking*, Konzernrecht (2023)).

Erman, Walter, Zwangsweise Durchsetzung von Ansprüchen aus einem Stimmbindungsvertrag im Aktienrecht, AG 1959, 300–303 (zit. als *Erman*, AG 1959).

Fabis, Felix Georg, Instrumentarien zur Vermeidung und Lösung von Gesellschafterkonflikten in Familienunternehmen, OSC 2007, 354–365 (zit. als *Fabis*, OSC 2007).

Fabis, Felix Georg, Konflikte im Familienunternehmen. Instrumente zur Vermeidung und Lösung, Lohmar, Köln 2009 (zit. als *Fabis*, Konflikte in Familienunternehmen. Instrumente zur Vermeidung und Lösung (2009)).

Familienunternehmen, 2. Aufl., hrsg. von Heinrich Sudhoff, München 2005 (zit. als Sudhoff Familienunternehmen-*Bearbeiter*).

Family Business Governance. Erfolgreiche Führung von Familienunternehmen, 3. Aufl., hrsg. von Alexander Koeberle-Schmid, Hans-Jürgen Fahrion, Peter Witt, Berlin 2018 (zit. als Koeberle-Schmid/Fahrion/Witt, Family Business Governance-*Bearbeiter*).

Felden, Birgit/Hack, Andreas/Hoon, Christina, Management von Familienunternehmen. Besonderheiten - Handlungsfelder - Instrumente., 2. Aufl., Wiesbaden 2019 (zit. als *Felden/Hack/Hoon*, Management von Familienunternehmen. Besonderheiten - Handlungsfelder - Instrumente (2019)).

Fischer, Robert, Zulässigkeit und Wirkung von Abstimmungsvereinbarungen, GmbHR 1953, 65-70 (zit. als *Fischer*, GmbHR 1953).

Fleck, Hans-Joachim, Stimmrechtsabspaltung in der GmbH?, in: Marcus Lutter, Walter Stimpel, Herbert Wiedemann (Hrsg.), Festschrift für Robert Fischer, Berlin, New York 1979, S. 107–129 (zit. als *Fleck*, FS Fischer (1979)).

Fleischer, Holger, Das Rätsel Familienverfassung: Realbefund - Regelungsnatur - Rechtswirkungen, ZIP 2016, 1509-1519 (zit. als *H. Fleischer*, ZIP 2016).

Flume, Werner, Allgemeiner Teil des Bürgerlichen Rechts. Erster Band. Erster Teil. Die Personengesellschaft. 1, Berlin, Heidelberg, New York 1977 (zit. als *Flume*, Die Personengesellschaft (1977)).

Flume, Werner, Allgemeiner Teil des Bürgerlichen Rechts. Erster Band. Zweiter Teil. Die juristische Person., Berlin, Heidelberg, New York, Tokyo 1983 (zit. als *Flume*, Die juristische Person (1983)).

Forstmoser, Peter, Aktionärbindungsverträge, in: Peter Forstmoser, Pierre Tercier, Roger Zäch (Hrsg.), Festgabe zum 60. Geburtstag von Walter R. Schluep, Zürich 1988, S. 359–381 (zit. als *Forstmoser*, FG Schluep (1988)).

Gansweid, Wolfgang, Gemeinsame Tochtergesellschaften im deutschen Konzern- und Wettbewerbsrecht, Baden-Baden 1976 (zit. als *Gansweid*, Gemeinsame Tochtergesellschaften im deutschen Konzern- und Wettbewerbsrecht (1976)).

Gaul, Hans Friedhelm, Zur Frage nach dem Zweck des Zivilprozesses, AcP 1968, 27–62 (zit. als *Gaul*, AcP 1968).

Gerkan, Hartwin von, Gesellschafterbeschlüsse, Ausübung des Stimmrechts und einstweiliger Rechtsschutz, ZGR 1985, 167–190 (zit. als *Gerkan*, ZGR 1985).

Gesetz betreffend die Gesellschaften mit beschränkter Haftung, Kommentar, 11. Aufl., hrsg. von Holger Altmeppen, München 2023 (zit. als Altmeppen GmbHG-*Bearbeiter*).

Gesetz betreffend die Gesellschaften mit beschränkter Haftung (GmbHG), Großkommentar, Band II, §§ 29 bis 52, 3. Aufl., hrsg. von Mathias Habersack, Matthias Casper, Marc Löbbe, Tübingen 2020 (zit. als Habersack/Casper/Löbbe GmbHG-*Bearbeiter*).

Gesetz betreffend die Gesellschaften mit beschränkter Haftung (GmbHG), Großkommentar, Band I, Einleitung; §§ 1 bis 28, 4. Aufl., hrsg. von Mathias Habersack, Matthias Casper, Marc Löbbe, Tübingen 2025 (zit. als Habersack/Casper/Löbbe GmbHG-*Bearbeiter*).

Gesetz betreffend die Gesellschaften mit beschränkter Haftung (GmbHG) einschließlich Rechnungslegung zum Einzel- sowie Konzernabschluß, hrsg. von Joachim Meyer-Landrut, Georg Miller, Rudolf Niehus, Berlin, New York 1987 (zit. als Meyer-Landrut/Miller/Niehus GmbHG-*Bearbeiter*).

Gessler, Ernst, Das "Unternehmen" im Aktiengesetz, in: Werner Flume, Richard Hamm (Hrsg.), Festschrift für Alexander Knur, München 1972, S. 145–164 (zit. als *Gessler*, FS Knur (1972)).

Gierke, Otto von, Deutsches Privatrecht, Erster Band. Allgemeiner Teil und Personenrecht, 3. Aufl., Berlin 2010 (zit. als *Gierke*, Deutsches Privatrecht I, Allgemeiner Teil und Personenrecht (Nachdruck 1936)).

Gierke, Otto von, Genossenschaftstheorie und die deutsche Rechtsprechung, Berlin 1887 (zit. als *Gierke*, Genossenschaftstheorie (1987)).

Gläßer, Ulla, Die Familienverfassung - zahnlose Absichtserklärung, unzulässiges Disziplinierungsmittel oder integratives Steuerungsinstrument? Annäherung an ein Chamäleon, in: Barbara Dauner-Lieb, Götz Freudenberg, Götz W. Werner (Hrsg.), Familienunternehmen im Fokus von Wirtschaft und Wissenschaft. Festschrift für Mark K. Binz., München 2014, S. 228–240 (zit. als *Gläßer*, FS Binz (2014)).

Glattfelder, Hans, Die Aktionärsbindungs-Verträge, ZSR 78 (1959), 141a-355a (zit. als *Glattfelder*, ZSR 78 1959).

GmbHG Großkommentar, Band I, Einleitung §§ 1-28, hrsg. von Peter Ulmer, Mathias Habersack, Martin Winter, Tübingen 2005 (zit. als GroßkommGmbHG, Auflage 2005-*Bearbeiter*).

Goette, Wulf, Satzungsdurchbrechung und Beschlußanfechtung, in: Hartwig Henze, Wolfram Timm, Harm Peter Westermann (Hrsg.), RWS-Forum 8. Gesellschaftsrecht 1995, Köln 1996, S. 113–129 (zit. als *Goette*, RWS-Forum 8, Gesellschaftsrecht 1995).

Gottwald, Peter, Argumentation im Zivilprozeßrecht, ZZP 1980, 1–23 (zit. als *Gottwald*, ZZP 1980).

Groß-Bölting, Christian, Gesellschaftervereinbarungen in der Aktiengesellschaft, Baden-Baden 2011 (zit. als *Groß-Bölting*, Gesellschaftervereinbarungen in der Aktiengesellschaft (2011)).

Grunewald, Barbara, Die Auslegung von Gesellschaftsverträgen und Satzungen, ZGR 1995, 86–92 (zit. als *Grunewald*, ZGR 1995).

Grunewald, Barbara/Müller, Hans-Friedrich, Gesellschaftsrecht, 12. Aufl., Tübingen 2023 (zit. als *Grunewald/H.-F. Müller*, Gesellschaftsrecht (2023)).

Güven, Baha Nurettin, Die Unterscheidung von Innen- und Außengesellschaft bürgerlichen Rechts. Eine Untersuchung mit dem Schwerpunkt auf der Frage der Gesamthandsfähigkeit von Innengesellschaften, Berlin 2010 (zit. als *Güven*, Die Unterscheidung von Innen- und Außengesellschaft bürgerlichen Rechts. Eine Untersuchung mit dem Schwerpunkt auf der Frage der Gesamthandsfähigkeit von Innengesellschaften (2010)).

Habersack, Mathias, Die Mitgliedschaft - subjektives und "sonstiges" Recht, Tübingen 1996 (zit. als *Habersack*, Die Mitgliedschaft - subjektives und "sonstiges" Recht (1996)).

Habersack, Mathias, Grenzen der Mehrheitsherrschaft in Stimmrechtskonsortien, ZHR 164 (2000), 1–22 (zit. als *Habersack*, ZHR 164 2000).

Handelsgesetzbuch Großkommentar, Dritter Band: §§ 105-160, 6. Aufl., hrsg. von Hermann Staub, Claus-Wilhelm Canaris, Mathias Habersack u.a., Berlin 2024 (zit. als Großkomm. HGB, 6. Aufl.-*Bearbeiter*).

Handelsgesetzbuch. Großkommentar., Band 2, 1. Halbband, 3. Aufl., hrsg. von Hermann Staub, Berlin 1967-1982 (zit. als Großkomm. HGB, 3. Auflage-*Bearbeiter*).

Happ, Wilhelm, Stimmbindungsverträge und Beschlussanfechtung, - Besprechung der Entscheidung BGH WM 1983, 334* -, ZGR 1984, 168–178 (zit. als *Happ*, ZGR 1984).

Häuser, Franz, Unbestimmte "Maßstäbe" als Begründungselement richterlicher Entscheidungen. Dargestellt anhand von Entscheidungen des II. Zivilsenats des Bundesgerichtshofs zum Recht der Personengesellschaften, Berlin 1981 (zit. als *Häuser*, Unbestimmte "Maßstäbe" als Begründungselement richterlicher Entscheidungen. Dargestellt anhand von Entscheidungen des II. Zivilsenats des Bundesgerichtshofs zum Recht der Personengesellschaften (1981)).

Hennerkes, Brun-Hagen/Kirchdörfer, Rainer, Die Familie und ihr Unternehmen. Strategie, Liquidität, Kontrolle, 2. Aufl., Frankfurt/New York 2015 (zit. als *Hennerkes/Kirchdörfer*, Die Familie und ihr Unternehmen. Strategie, Liquidität, Kontrolle (2015)).

Hennrichs, Joachim, Treupflichten im Aktienrecht, AcP 1995, 221–273 (zit. als *Hennrichs*, AcP 1995).

Henze, Hartwig, Zur Treuepflicht unter Aktionären, in: Reinhard Goerdeler, Peter Hommelhoff, Marcus Lutter et al. (Hrsg.), Festschrift für Alfred Kellermann zum 70. Geburtstag, Berlin, New York 1991, S. 141–152 (zit. als *Henze*, FS Kellermann (1991)).

Herfs, Achim, Einwirkung Dritter auf den Willensbildungsprozeß der GmbH. Eine Untersuchung von Mitwirkungsrechten Dritter im Entscheidungsbereich der Gesellschafter aufgrund von Satzungsrechten, Stimmbindungsverträgen oder Verpflichtungen der GmbH, Baden-Baden 1994 (zit. als *Herfs*, Einwirkung Dritter auf den Willensbildungsprozeß der GmbH. Eine Untersuchung von Mitwirkungsrechten Dritter im

Entscheidungsbereich der Gesellschafter aufgrund von Satzungsrechten, Stimmbindungsverträgen oder Verpflichtungen der GmbH (1994)).

Herriger, Tilman, Stimmrechtsbindung im GmbH-Recht, MittRhNotK 1993, 269–283 (zit. als *Herriger*, MittRhNotK 1993).

Hesse, Konrad, Grundzüge des Verfassungsrechts der Bundesrepublik Deutschland, 16. Aufl., Heidelberg 1988 (zit. als *Hesse*, Grundzüge des Verfassungsrechts der Bundesrepublik Deutschland (16. Auflage, 1988)).

Hoffmann-Becking, Michael, Der Einfluss schuldrechtlicher Gesellschaftervereinbarungen auf die Rechtsbeziehungen in der Kapitalgesellschaft, ZGR 1994, 442–464 (zit. als *Hoffmann-Becking*, ZGR 1994).

Holler, Lorenz, Die Familienverfassung im Recht der Familienunternehmen. Eine (gesellschafts-)rechtliche Einordnung aus Sicht der Gestaltungspraxis., ZIP 2018, 553–564 (zit. als *Holler*, ZIP 2018).

Hölters, Wolfgang, Aktiengesetz, Kommentar, 5. Aufl., hrsg. von Markus Weber, München 2025 (zit. als Hölters-*Bearbeiter*).

Hueck, Alfred, Der Treuegedanke im modernen Privatrecht, München 1946 (zit. als *A. Hueck*, Der Treuegedanke im modernen Privatrecht (1946)).

Hueck, Alfred, Stimmbindungsverträge bei Personenhandelsgesellschaften, in: Festschrift für Hans Carl Nipperdey zum 70. Geburtstag, 1965, S. 401–426 (zit. als *A. Hueck*, FS Nipperdey (1965)).

Hueck, Tobias, Die Familienverfassung - rechtliche Konturen eines Instruments der Governance in Familienunternehmen, Tübingen 2017 (zit. als *T. Hueck*, Die Familienverfassung - rechtliche Konturen eines Instruments der Governance in Familienunternehmen (2017)).

Hüffer, Uwe, Aktiengesetz, Band 53, 19. Aufl., hrsg. von Jens Koch, München 2025 (zit. als Hüffer-*Bearbeiter*).

Hüffer, Uwe, Zur gesellschaftsrechtlichen Treupflicht, in: Jürgen F. Baur, Klaus J. Hopt, Peter K. Mailänder (Hrsg.), Festschrift für Ernst Steindorff zum 70. Geburtstag am 13. März 1990, Berlin, New York 1990, S. 59–78 (zit. als *Hüffer*, FS Steindorff (1990)).

Immenga, Ulrich, Die personalistische Kapitalgesellschaft. Eine rechtsvergleichende Untersuchung nach deutschem GmbH-Recht und dem Recht der Corporations der Vereinigten Staaten, Bad Homburg 1970 (zit. als *Immenga*, Die personalistische

Kapitalgesellschaft. Eine rechtsvergleichende Untersuchung nach deutschem GmbH-Recht und dem Recht der Corporations der Vereinigten Staaten (1970)).

J. von Staudingers Kommentar zum Bürgerlichen Gesetzbuch: Staudinger BGB - Buch 2: Recht der Schuldverhältnisse: §§ 705-740 (Gesellschaftsrecht), 13. Aufl., hrsg. von Dieter Reuter, Berlin 2003 (zit. als Staudinger BGB-*Bearbeiter*).

Jäger, Axel, Schuldrechtliche Nebenabreden zum Gesellschaftsvertrag der GmbH, DStR 1996, 1935–1940 (zit. als *Jäger*, DStR 1996).

Janberg, Hans, Praktische Auswirkungen von Stimmrechtsbindungen, DB 1952, 96–97 (zit. als *Janberg*, DB 1952).

Janberg, Hans/Schlaus, Wilhelm, Abstimmungsverträge nach neuem Aktienrecht unter Berücksichtigung des Rechts der verbundenen Unternehmen, AG 1967, 33–39 (zit. als *Janberg/Schlaus*, AG 1967).

Joussen, Edgar, Gesellschafterabsprachen neben Satzung und Gesellschaftsvertrag, Köln 1995 (zit. als *Joussen*, Gesellschafterabsprachen neben Satzung und Gesellschaftsvertrag (1995)).

Kalss, Susanne, Regelungen helfen, Gesellschafterkonflikte auszutragen oder nicht entstehen zu lassen, in: Barbara Dauner-Lieb, Götz Freudenberg, Götz W. Werner (Hrsg.), Familienunternehmen im Fokus von Wirtschaft und Wissenschaft. Festschrift für Mark K. Binz., München 2014, S. 343–357 (zit. als *Kalss*, FS Binz (2014)).

Kierdorf, Anna Maria, Anmerkung LG Köln, Urt. v. 18.11.1999 - 830 43/99, GmbHR 2000, 143–144 (zit. als *Kierdorf*, GmbHR 2000).

Kiethe, Kurt, Abkauf von Anfechtungsrechten der Aktionäre - neuere Tendenzen rechtsmissbräuchlichen Verhaltens räuberischer Akktionäre, NZG 2004, 489–494 (zit. als *Kiethe*, NZG 2004).

Kirchdörfer, Rainer/Breyer, Michael, Family Business Governance im Familienunternehmen als Instrument der Streitprävention, FuS Sonderheft/2014, 13–25 (zit. als *Kirchdörfer/Breyer*, FuS Sonderheft/2014).

Kirchdörfer, Rainer/Lorz, Rainer, Corporate Governance in Familienunternehmen, Familienverfassungen und Schnittstellen zum Gesellschaftsvertrag, FuS 2011, 97–106 (zit. als *Kirchdörfer/Lorz*, FuS 2011).

Klausing, Friedrich, Die Neuordnung der Gesellschaft mit beschränkter Haftung. Erster Arbeitsbericht zur "Reform" der GmbH, Frankfurt am Main 1938 (zit. als *Klausing*, Die Neuordnung der Gesellschaft mit beschränkter Haftung. Erster Arbeitsbericht (1938)).

Kleinherne, Heribert J., Erscheinungsformen und Gestaltungsmöglichkeiten personenbezogener Aktiengesellschaften unter besonderer Berücksichtigung der neueren rechtstatsächlichen Entwicklung, Berlin 1989 (zit. als *Kleinherne*, Erscheinungsformen und Gestaltungsmöglichkeiten personenbezogener Aktiengesellschaften unter besonderer Berücksichtigung der neueren rechtstatsächlichen Entwicklung (1989)).

Klein-Wiele, Christian, Der Poolvertrag in Familienunternehmen, NZG 2018, 1401-1407 (zit. als *Klein-Wiele*, NZG 2018).

Koeberle-Schmid, Alexander/Schween, Karsten/May, Peter, Governance Kodex für Familienunternehmen in der Praxis - Ergebnisse einer Studie über Familienverfassungen, BB 2011, 2499–2506 (zit. als *Koeberle-Schmid/Schween/May*, BB 2011).

Köhler, Claudio, Nebenabreden im GmbH- und Aktienrecht. Zulässigkeit und Wirkung, Köln 1992 (zit. als *Köhler*, Nebenabreden im GmbH- und Aktienrecht. Zulässigkeit und Wirkung (1992)).

Kölner Kommentar zum Aktiengesetz, hrsg. von Wolfgang Zöllner, Köln, Berlin, Bonn, München 1985 (zit. als Kölner Kommentar AktG, 1. Auflage (1985)-*Bearbeiter*).

Kölner Kommentar zum Aktiengesetz, Band 6, §§ 15-22 AktG, §§ 291-328 AktG und Meldepflichten nach §§ 21 ff. WpHG, SpruchG, 3. Aufl., hrsg. von Wolfgang Zöllner, Ulrich Noack, Köln, Berlin, München 2004 (zit. als Kölner Kommentar AktG-*Bearbeiter*).

Kölner Kommentar zum Aktiengesetz, Band 3/1a, §§ 131-141 AktG, 3. Aufl., hrsg. von Wolfgang Zöllner, Ulrich Noack, Köln 2021 (zit. als Kölner Kommentar AktG-*Bearbeiter*).

Kommentar zum Gesetz betreffend die Gesellschaften mit beschränkter Haftung (GmbH-Gesetz), Band 1, Systematische Darstellungen, §§ 1-34 GmbHG, 4. Aufl., hrsg. von Lutz Michalski, Andreas Heidinger, Stefan Leible u.a., München 2023 (zit. als MHLS GmbHG-*Bearbeiter*).

Kommentar zum Gesetz betreffend die Gesellschaften mit beschränkter Haftung (GmbH-Gesetz), Band 2, §§ 35-85 GmbHG, 4. Aufl., hrsg. von Lutz Michalski, Andreas Heidinger, Stefan Leible u.a., München 2023 (zit. als MHLS GmbHG-*Bearbeiter*).

Kommentar zum GmbHG, Band I, §§ 1-34, 13. Aufl., hrsg. von Franz Scholz, Köln 2022 (zit. als Scholz GmbHG-*Bearbeiter*).

Kommentar zum GmbH-Gesetz, 10. Aufl., hrsg. von Franz Scholz, 2006 (zit. als Scholz GmbHG, 10. Auflage-*Bearbeiter*).

Kommentar zum GmbH-Gesetz, 21./22. Auflage, hrsg. von Marcus Lutter, Peter Hommelhoff, Köln 2023/2025 (zit. als Lutter/Hommelhoff GmbHG-*Bearbeiter*).

Kommentar zum GmbH-Gesetz, Band II, §§ 35-52, 13. Aufl., hrsg. von Franz Scholz, Köln 2024 (zit. als Scholz GmbHG-*Bearbeiter*).

König, Wolfgang, Der satzungsergänzende Nebenvertrag. Eine rechtsvergleichende Untersuchung zum außerstatutarischen Gesellschaftsorganisationsrecht nach deutschem, französischem und schweizerischem Recht, Baden-Baden 1996 (zit. als *König*, Der satzungsergänzende Nebenvertrag. Eine rechtsvergleichende Untersuchung zum außerstatutarischen Gesellschaftsorganisationsrecht nach deutschem, französischem und schweizerischem Recht (1996)).

König, Wolfgang, Zur Willensbildung im Stimmrechtspool, ZGR 2005, 417–436 (zit. als *König*, ZGR 2005).

Koppensteiner, Hans-Georg, Einige Fragen zum § 20 AktG, in: Gerd Pfeiffer (Hrsg.), Festschrift für Heinz Rowedder zum 75 Geburtstag, München 1994 (zit. als *Koppensteiner*, FS Rowedder (1994)).

Koppensteiner, Hans-Georg, Identifizierungsprobleme im Recht der GmbH, Bemerkungen zu OHG GesRZ 1981, 44, in: Walter Barfuß, Hellwig Torggler, Christian Hauer et al. (Hrsg.), Gedenkschrift für Fritz Schönherr, Wien 1986, S. 205–216 (zit. als *Koppensteiner*, GS Schönherr (1986)).

Koppensteiner, Hans-Georg, Treuwdrige Stimmabgaben bei Kapitalgesellschaften, ZIP 1994, 1325–1330 (zit. als *Koppensteiner*, ZIP 1994).

Koppensteiner, Hans-Georg, Unternehmergemeinschaften im Konzerngesellschaftsrecht, ZHR 1968, 289–329 (zit. als *Koppensteiner*, ZHR 1968).

Korehnke, Stephan, Treuwidrige Stimmen im Personengesellschafts- und GmbH-Recht. Sanktionen und prozessuale Behandlung, Baden-Baden 1997 (zit. als *Korehnke*, Treuwidrige Stimmen im Personengesellschafts- und GmbH-Recht. Sanktionen und prozessuale Behandlung (1997)).

Kormann, Hermut, Zusammenhalt der Unternehmerfamilie. Verträge, Vermögensmanagement, Kommunikation., 2. Aufl., Berlin 2018 (zit. als *Kormann*, Zusammenhalt der Unternehmerfamilie. Verträge, Vermögensmanagement, Kommunikation (2018)).

Kowalski, André, Vinkulierte Geschäftsanteile - Übertragungen und Umgehungen, GmbHR 1992, 347–354 (zit. als *Kowalski*, GmbHR 1992).

Kreklau, Jan, Die Poolvereinbarung im Lichte des neuen Erbschaftssteuergesetzes, BB 2009, 748–751 (zit. als *Kreklau*, BB 2009).

Kumpan, Christoph, Der Interessenkonflikt im deutschen Privatrecht, Tübingen 2014 (zit. als *Kumpan*, Der Interessenkonflikt im deutschen Privatrecht (2014)).

Lange, Knut Werner, Kodex und Familienverfassung als Mittel der Corporate Governance in Familienunternehmen, in: Rainer Kirchdörfer, Rainer Lorz, Andreas Wiedemann et al. (Hrsg.), Familienunternehmen in Recht, Wirtschaft, Politik und Gesellschaft. Festschrift für Brun-Hagen Hennerkes zum 70. Geburtstag., Müchen 2009, S. 135–149 (zit. als *Lange*, FS Hennerkes (2009)).

Lange, Knut Werner, Rezension zu Tobias Hueck, Die Familienverfassung - Rechtliche Konturen eines Instruments der Governance in Familienunternehmen, ZHR 181 (2017), 1014–1016 (zit. als *Lange*, ZHR 181 2017).

Leipold, Dieter, BGB I Einführung und Allgemeiner Teil, 11. Aufl., Tübingen 2022 (zit. als *Leipold*, BGB I. Einführung und Allgemeiner Teil (2022)).

Lieder, Jan, Rechtsformalternativen für Familiengesellschaften, in: Hans-Ueli Vogt, Holger Fleischer, Susanne Kalss (Hrsg.), Recht der Familiengesellschaften, Tübingen 2017, S. 27–63 (zit. als *Lieder*, Vogt/Fleischer/Kalss Recht der Familiengesellschaften (2017)).

Lieder, Jan, Schuldrechtliche Nebenabreden im deutschen Gesellschaftsrecht, in: Holger Fleischer, Susanne Kalss, Hans-Ueli Vogt (Hrsg.), Aktuelle Entwicklungen im deutschen, österreichischen und schweizerischen Gesellschafts- und Kapitalmarktrecht 2012, Tübingen 2013, S. 231–262 (zit. als *Lieder*, Fleischer/Kalss/Vogt Aktuelle Entwicklungen 2012).

Loewenheim, Ulrich, Zulässigkeit und Vollstreckbarkeit von Stimmbindungsvereinbarungen - BGHZ 48, 163, JuS 1969, 260-165 (zit. als *Loewenheim*, JuS 1969).

Lübbert, Hartmut, Abstimmungsvereinbarungen in den Aktien- und GmbH-Rechten der EWG-Staaten, der Schweiz und Großbritanniens, Baden-Baden 1971 (zit. als *Lübbert*,

Abstimmungsvereinbarungen in den Aktien- und GmbH-Rechten der EWG-Staaten, der Schweiz und Großbritanniens (1971)).

Lutter, Marcus, Die Treuepflicht des Aktionärs, Bemerkungen zur Linotype-Entscheidung des BGH, ZHR 1989, 446–471 (zit. als *Lutter*, ZHR 1989).

Lutter, Marcus, Theorie der Mitgliedschaft, AcP 1980, 84–159 (zit. als *Lutter*, AcP 1980).

Lutter, Marcus, Treuepflichten und ihre Anwendungsprobleme, ZHR 162 (1998), 164–185 (zit. als *Lutter*, ZHR 162 1998).

Lutter, Marcus, Zur Herrschaft meherer Unternehmen über eine Aktiengesellschaft, NJW 1973, 113–118 (zit. als *Lutter*, NJW 1973).

Lutter, Marcus/Grunewald, Barbara, Zur Umgehung von Vinkulierungsklauseln in Satzungen von Aktiengesellschaften und Gesellschaften mbH, AG 1989, 109–117 (zit. als *Lutter/Grunewald*, AG 1989).

Lutter, Marcus/Hommelhoff, Peter, Formerfordernisse für Unternehmensverträge im GmbH-Recht, NJW 1988, 1240–1242 (zit. als *Lutter/Hommelhoff*, NJW 1988).

Lutter, Marcus/Schneider, Uwe H., Die Beteiligung von Ausländern an inländischen Aktiengesellschaften - Möglichkeiten der Beschränkung nach geltendem Recht und Vorschläge de lege ferenda, ZGR 1975, 182–211 (zit. als *Lutter/U. H. Schneider*, ZGR 1975).

Marchand, Gerhart, Abhängigkeit und Konzernzugehörigkeit von Gemeinschaftsunternehmen, Berlin 1985 (zit. als *Marchand*, Abhängigkeit und Konzernzugehörigkeit von Gemeinschaftsunternehmen (1985)).

Martens, Klaus-Peter, Stimmrechtsbeschränkungen und Stimmbindungsvertrag im Aktienrecht, AG 1993, 495–502 (zit. als *Martens*, AG 1993).

Mayer, Dieter, Grenzen von Aktionärsvereinbarungen, MittBayNot 2006, 281–292 (zit. als *Mayer*, MittBayNot 2006).

Mertens, Hans-Joachim, Anmerkung zu BGH Urt. v. 29.05.1967 - II ZR 105/66, JR 1967, 462–463 (zit. als *Mertens*, JR 1967).

Mertens, Hans-Joachim, Zur Berücksichtigung von Treuhandverhältnissen und Stimmbindungsverträgen bei der Feststellung von Mehrheitsbeteiligung und Abhängigkeit, in: Heinrich Beisse, Marcus Lutter, Heribald Närger (Hrsg.), Festschrift für Karl Beusch zum 68. Geburtstag am 31. Oktober 1993, Berlin, New York 1993, S. 583–591 (zit. als *Mertens*, FS Beiss (1993)).

Michalski, Lutz, Verbot der Stimmabgabe bei Stimmverboten und nicht nach § 16 Abs. 1 GmbHG legitimierten Nichtgesellschaftern mittels einstweiliger Verfügung, GmbHR 1991, 12–15 (zit. als *Michalski*, GmbHR 1991).

Milch, Patricia, Schuldrechtliche Absprachen in der GmbH. Zur Reichweite des Trennungsprinzips., Frankfurt am Main u.a. 2004 (zit. als *Milch*, Schuldrechtliche Absprachen in der GmbH. Zur Reichweite des Trennungsprinzips (2004)).

Mühlhäuser, Felix H. J., Stimmrechtsbindung in der Personengesellschaft und Nachlaßplanung, Baden-Baden 1999 (zit. als *Mühlhäuser*, Stimmrechtsbindung in der Personengesellschaft und Nachlaßplanung (1999)).

Müller, Klaus J., Stimmbindungen von GmbH-Gesellschaftern, GmbHR 2007, 113–117 (zit. als *K. J. Müller*, GmbHR 2007).

Münchener Anwaltshandbuch Aktienrecht, 4. Aufl., hrsg. von Matthias Schüppen, Bernhard Schaub, München 2024 (zit. als MAH AktienR-*Bearbeiter*).

Münchener Handbuch des Gesellschaftsrechts, Band 7, Gesellschaftsrechtliche Streitigkeiten (Corporate Litigation)., 6. Aufl., hrsg. von Manfred Born, Nima Ghassemi-Tabar, Burkhard Gehle, München 2020 (zit. als MünchHdB GesR VII-*Bearbeiter*).

Münchener Kommentar zum Aktiengesetz, Band 5, §§ 278-328, 6. Aufl., hrsg. von Wulf Goette, Mathias Habersack, Susanne Kalss, München 2023 (zit. als MüKoAktG-*Bearbeiter*).

Münchener Kommentar zum Aktiengesetz, Band 3, §§ 118-178, 6. Aufl., hrsg. von Wulf Goette, Mathias Habersack, Susanne Kalss, München 2024 (zit. als MüKoAktG-*Bearbeiter*).

Münchener Kommentar zum Aktiengesetz, Band 4, §§ 179-277, 6. Aufl., hrsg. von Wulf Goette, Mathias Habersack, Susanne Kalss, München 2025 (zit. als MüKoAktG-*Bearbeiter*).

Münchener Kommentar zum Bürgerlichen Gesetzbuch, 2. Aufl., hrsg. von Helmut Heinrichs, München 1985 (zit. als MüKo BGB, 2. Aufl.-*Bearbeiter*).

Münchener Kommentar zum Bürgerlichen Gesetzbuch, Band 7, Schuldrecht - Besonderer Teil IV, §§ 705-853, Partnerschaftsgesellschaftsgesetz, Produkthaftungsgesetz, 9. Aufl., hrsg. von Franz Jürgen Säcker, Roland Rixecker, Hartmut Oetker u.a., München 2024 (zit. als MüKoBGB-*Bearbeiter*).

Münchener Kommentar zum Bürgerlichen Gesetzbuch, Band 1, Allgemeiner Teil, §§ 1-240a, AllgPersönlR, StiftRG, ProstG, AGG, 10. Aufl., hrsg. von Franz Jürgen Säcker, Roland Rixecker, Hartmut Oetker u.a., München 2025 (zit. als MüKoBGB-*Bearbeiter*).

Münchener Kommentar zum Bürgerlichen Gesetzbuch, Band 2, Schuldrecht - Allgemeiner Teil I, §§ 241-310, 10. Aufl., hrsg. von Franz Jürgen Säcker, Roland Rixecker, Hartmut Oetker u.a., München 2025 (zit. als MüKoBGB-*Bearbeiter*).

Münchener Kommentar zum Gesetz betreffen die Gesellschaften mit beschränkter Haftung, Band 2, §§ 35-52, 5. Aufl., hrsg. von Holger Fleischer, Wulf Goette, München 2026 (zit. als MüKoGmbHG-*Bearbeiter*).

Münchener Kommentar zum Gesetz betreffend die Gesellschaften mit beschränkter Haftung, Band 1, §§ 1-34, 5. Aufl., hrsg. von Holger Fleischer, Wulf Goette, München 2025 (zit. als MüKoGmbHG-*Bearbeiter*).

Münchener Kommentar zum Gesetz betreffend die Gesellschaften mit beschränkter Haftung, Band 3, §§ 53-88, 5. Aufl., hrsg. von Holger Fleischer, Wulf Goette, Müchen 2025 (zit. als MüKoGmbHG-*Bearbeiter*).

Münchener Kommentar zum Handelsgesetzbuch, Band 3, Zweites Buch. Handelsgesellschaften und stille Gesellschaft, Zweiter Abschnitt. Kommanditgesellschaft, Dritter Abschnitt. Stille Gesellschaft, §§ 161-237, Konzernrecht der Personengesellschaften, 4. Aufl., hrsg. von Ingo Drescher, Holger Fleischer, Karsten Schmidt, Müchen 2019 (zit. als MüKoHGB-*Bearbeiter*).

Münchener Kommentar zum Handelsgesetzbuch, Band 6, Bankvertragsrecht, Recht des Zahlungsverkehrs, Kapitalmarkt- und Wertpapiergeschäft, Ottawa Übereinkommen über Internationales Factoring, 5. Aufl., hrsg. von Ingo Drescher, Holger Fleischer, Karsten Schmidt, München 2024 (zit. als MüKoHGB-*Bearbeiter*).

Münchener Kommentar zum Handelsgesetzbuch, Band 2, Handelsgesellschaften und stille Gesellschaft, Erster Abschnitt. Offene Handelsgesellschaft, §§ 105-160, Zweiter Abschnitt. Kommanditgesellschaft, §§ 161-179, Konzernrecht der Personengesellschaften, 6. Aufl., hrsg. von Ingo Drescher, Holger Fleischer, Karsten Schmidt, München 2026 (zit. als MüKoHGB-*Bearbeiter*).

Münchener Kommentar zum Aktiengesetz, Band 1, §§ 1-75, 6. Aufl., hrsg. von Wulf Goette, Mathias Habersack, Susanne Kalss, München 2024 (zit. als MüKoAktG-*Bearbeiter*).

Münchener Kommentar zur Zivilprozessordnung mit Gerichtsverfassungsgesetz und Nebengesetzen, Band 1, §§ 1-354, 7. Aufl., hrsg. von Wolfgang Krüger, Thomas Rauscher, München 2025 (zit. als MüKoZPO-*Bearbeiter*).

Musielak, Hans-Joachim, Zivilprozessordnung mit Gerichtsverfassungsgesetz, Kommentar, 22. Aufl., hrsg. von Wolfgang Voit, München 2025 (zit. als Musielak-*Bearbeiter*).

Mutter, Christoph, Vermögensmanagement für Familienunternehmer. Rechtsgestaltung, Steueroptimierung, Vermögensverwaltung, 2. Aufl., Stuttgart 2011 (zit. als *Mutter*, Vermögensmanagement für Familienunternehmer. Rechtsgestaltung, Steueroptimierung, Vermögensverwaltung (2011)).

Naegeli, Eduard, Die Doppelgesellschaft als rechtliche Organisationsform der Kartelle, Konzerne und anderen Unternehmenszusammenschlüsse nach deutschem und schweizerischem Recht, Erster Band, Zürich, Berlin 1936 (zit. als *Naegeli*, Die Doppelgesellschaft als rechtliche Organisationsform der Kartelle, Konzerne und anderen Unternehmenszusammenschlüsse nach deutschem und schweizerischem Recht (1936)).

Nehls, Albrecht, Die gesellschaftsrechtliche Treuepflicht im Aktienrecht, Hamburg 1993 (zit. als *Nehls*, Die gesellschaftsrechtliche Treuepflicht im Aktienrecht (1993)).

Noack, Ulrich, Der allseitige Gesellschafterbeschluss als "schuldrechtliche Abrede" und dessen korporationsrechtliche Folgen, NZG 2010, 1017–1018 (zit. als *Noack*, NZG 2010).

Noack, Ulrich, Gesellschaftervereinbarungen bei Kapitalgesellschaften, Tübingen 1994 (zit. als *Noack*, Gesellschaftervereinbarungen bei Kapitalgesellschaften (1994)).

Odersky, Walter, Stimmbindungen in Pool und "Unterpool", in: Uwe H. Schneider, Peter Hommelhoff, Karsten Schmidt et al. (Hrsg.), Festschrift für Marcus Lutter zum 70. Geburtstag, Köln 2000, S. 557–570 (zit. als *Odersky*, FS Lutter (2000)).

Oppenländer, Frank, Von der Rechtsprechung entwickelte Sonderregeln für die Zweipersonen-GmbH, DStR 1996, 922–929 (zit. als *Oppenländer*, DStR 1996).

Otte-Gräbener, Sabine, BB-Kommentar, Bei sämtlichen Satzungsdurchbrechungen sollten die Formvorschriften der §§ 53, 54 GmbHG eingehalten werden, BB 2019, 595 (zit. als *Otte-Gräbener*, BB 2019).

Otto, Hans-Jochen, Die Verteilung der Kontrollprämie bei Übernahme von Aktiengesellschaften und die Funktion des Höchststimmrechts, AG 1994, 167–175 (zit. als *Otto*, AG 1994).

Overrath, Hans-Peter, Die Stimmrechtsbindung 7, Köln 1973 (zit. als *Overrath*, Die Stimmrechtsbindung (1973)).

Peters, Egbert, Anmerkung zu BGH, Urt. v. 29.5.1967 - II ZR 105/66 (OLG Stuttgart), JZ 1968, 27–28 (zit. als *Peters*, JZ 1968).

Peters, Egbert, Die Erzwingbarkeit vertraglicher Stimmbindungen, AcP 1957, 311–346 (zit. als *Peters*, AcP 1957).

Petersheim, Christian B., Zur (Un-) Zulässigkeit der "Satzungsdurchbrechung", NZG 2019, 1255–1258 (zit. als *Petersheim*, NZG 2019).

Piehler, Klaus, Die Stimmbindungsabrede bei der GmbH, DStR 1992, 1654–1661 (zit. als *Piehler*, DStR 1992).

Praël, Christoph, Eingliederung und Beherrschungsvertrag als körperschaftliche Rechtsgeschäfte, Berlin 1978 (zit. als *Praël*, Eingliederung und Beherrschungsvertrag als körperschaftliche Rechtsgeschäfte (1978)).

Priester, Hans-Joachim, Der Stimmrechtspool, Schnittstelle von Kapital- und Personengesellschaftsrecht, in: Michael Martinek, Peter Rawert, Birgit Weitemeyer (Hrsg.), Festschrift für Dieter Reuter zum 70. Geburtstag am 16. Oktober 2010, Berlin, New York 2010, S. 1139–1153 (zit. als *Priester*, FS Reuter (2010)).

Priester, Hans-Joachim, Nichtkorporative Satzungsbestimmungen bei Kapitalgesellschaften - Begriff, Abgrenzung, Behandlung -, DB 1979, 681–687 (zit. als *Priester*, DB 1979).

Priester, Hans-Joachim, Rechtskontrolle und Registerpublizität als Schranken satzungsgleicher Gesellschaftervereinbarungen bei der GmbH?, in: Klaus-Peter Martens, Harm Peter Westermann, Wolfgang Zöllner (Hrsg.), Festschrift für Carsten Peter Claussen zum 70. Geburtstag, Köln, Berlin, Bonn, München 1997, S. 319–335 (zit. als *Priester*, FS Claussen (1997)).

Priester, Hans-Joachim, Satzungsänderung und Satzungsdurchbrechung. Voraussetzung und Grenzen satzungsdurchbrechender Beschlüsse., ZHR 1987, 40–58 (zit. als *Priester*, ZHR 1987).

Prütting, Jens/Schirrmacher, Paul, Die Auslegung von familiengesellschaftsbezogenen Rechtsgeschäften, ZGR 2017, 829–864 (zit. als *Prütting/Schirrmacher*, ZGR 2017).

Raiser, Thomas/Veil, Rüdiger, Recht der Kapitalgesellschaften. Ein Handbuch für Praxis und Wirtschaft, 6. Aufl., München 2015 (zit. als *Raiser/Veil*, Recht der Kapitalgesellschaften (2015)).

Rehbinder, Eckard, Treuepflichten im GmbH-Konzern, Besprechung der Entscheidung BGHZ 65, 15, ZGR, 386–399 (zit. als *Rehbinder*, ZGR).

Reich, Manfred/Bode, Christoph, Familienverfassung für das Familienunternehmen, DStR 2018, 305–309 (zit. als *Reich/Bode*, DStR 2018).

Reiff, Peter/Nannt, Sarah, Die Anteilsübertragung in der Personengesellschaft - Dogmatische Grundlagen, Voraussetzungen und Rechtsfolgen, DStR 2009, 2376–2382 (zit. als *Reiff/Nannt*, DStR 2009).

Reuter, Dieter, Stimmrechtsvereinbarungen bei treuhänderischer Abtretung eines GmbH-Anteils, Besprechung der Entscheidung vom 11.10.1976 - II ZR 119/75*, ZGR 1978, 633–642 (zit. als *Reuter*, ZGR 1978).

Ripka, Bernd, Poolverträge und die neueren Entwicklungen des Gesellschaftsrechts, Herdecke 2000 (zit. als *Ripka*, Poolverträge und die neueren Entwicklungen im Gesellschaftsrechts (2000)).

Rodemann, Carsten, Stimmbindungsvereinbarungen in den Aktien- und GmbH-Rechten Deutschlands, Englands, Frankreichs und Belgiens, Köln, Berlin, Bonn, München 1998 (zit. als *Rodemann*, Stimmbindungsvereinbarungen in den Aktien- und GmbH-Rechten Deutschlands, Englands, Frankreichs und Belgiens (1998)).

Rogier, Joachim J., Die Auslegung von Gesellschaftsverträgen und Satzungen privatrechtlicher Personenverbände, Köln 1981 (zit. als *Rogier*, Die Auslegung von Gesellschaftsverträgen und Satzungen privatrechtlicher Personenverbände (1981)).

Rossig, Kai, Gesellschafterabsprachen bei GmbH und Close Corporation. Eine vergleichende Untersuchung zum Recht der satzungsergänzenden Nebenverträge in den USA und Deutschland, Berlin 2003 (zit. als *Rossig*, Gesellschafterabsprachen bei GmbH und Close Corporation. Eine vergleichende Untersuchung zum Recht der satzungsergänzenden Nebenverträge in den USA und Deutschland (2003)).

Rottnauer, Achim E., Vertragsgestaltungsproblematik bei "Mehrmütterorganschaft" im GmbH-Konzernrecht, DB 1991, 27–31 (zit. als *Rottnauer*, DB 1991).

Rowedder, Heinz, Gesetz betreffend die Gesellschaften mit beschränkter Haftung, Kommentar, 7. Aufl., hrsg. von Andreas Pentz, München 2022 (zit. als Rowedder-*Bearbeiter*).

Saenger, Ingo, Treugebundene Zustimmungspflichten im GmbH-Recht, in: Meinrad Dreher, Ingo Drescher, Peter O. Mülbert et al. (Hrsg.), Festschrift für Alfred Bergmann zum 65. Geburtstag am 13. Juli 2018, Berlin, Boston 2018, S. 603–616 (zit. als *Saenger*, FS Bergmann (2018)).

Savigny, Friedrich Karl von, System des heutigen römischen Rechts Bd. II, Neudruck der Ausgabe Berlin 1840, Aalen 1973 (zit. als *Savigny*, System des heutigen römischen Rechts Bd. II (1973)).

Schäfer, Carsten, Die Lehre vom fehlerhaften Verband. Grundlagen, Verhältnis zum allgemeinen Vertragsrecht und Anwendung auf Strukturänderungen, Tübingen 2002 (zit. als *C. Schäfer*, Die Lehre vom fehlerhaften Verband. Grundlagen, Verhältnis zum allgemeinen Vertragsrecht und Anwendung auf Strukturänderungen (2002)).

Schäfer, Carsten, Vereinbarungen bei Aktienemissionen, ZGR 2008, 455–494 (zit. als *C. Schäfer*, ZGR 2008).

Scherer, Stephan et al. (Hrsg.), Familienunternehmen. Erfolgsstrategien zur Unternehmenssicherung, 2. Aufl., Frankfurt am Main 2012 (zit. als Scherer/Blanc/Groth/Kormann/Wimmer-*Bearbeiter*).

Schmidt, Eike, Der Zweck des Zivilprozesses und seine Ökonomie, Frankfurt am Main 1973 (zit. als *E. Schmidt*, Der Zweck des Zivilprozesses und seine Ökonomie (1973)).

Schmidt, Karsten, "Fehlerhafte Gesellschaft" und allgemeines Verbandsrecht, - Grundlagen und Grenzen eines verbandsrechtlichen Instituts -, AcP 1986, 421–452 (zit. als *K. Schmidt*, AcP 1986).

Schmidt, Karsten, Gesellschaftsrecht, 4. Aufl., Köln u.a. 2002 (zit. als *K. Schmidt*, Gesellschaftsrecht (2002)).

Schmidt, Karsten, Satzungsähnliche Bindungen der GmbH-Gesellschafter, in: Hans-Joachim Priester, Karsten Schmidt, unter Berücksichtigung der Aussprache unter Leitung von Kellermann, Alfred (Hrsg.), Gesellschaftsrechtliche Unternehmenspraxis - Aktuelle Probleme im Lichte der neueren Rechtsprechung, , S. 143–147 (zit. als *K. Schmidt*, Jahrbuch der Fachanwälte für Steuerrecht 1988/1989).

Schmidt, Karsten, "Schutzgemeinschaftsvertrag II": ein gesellschaftsrechtliches Lehrstück über Stimmrechtskonsortien, Rechtssystematisches und Rechtspraktisches zum Urt. des BGH v. 24.11.2008 - II ZR 116/08, ZIP 2009, 216, ZIP 2009, 737–743 (zit. als *K. Schmidt*, ZIP 2009).

Schmidt, Karsten/Lutter, Marcus, Aktiengesetz. Band 1., 5. Aufl., hrsg. von Karsten Schmidt, Walter Bayer, Vetter, Köln 2024 (zit. als K. Schmidt/Lutter-*Bearbeiter*).

Schmiedel, Burkhard, Rezension zu Herbert Wohlman, Die Treuepflicht des Aktionärs, ZHR 134 (1970), 173–183 (zit. als *Schmiedel*, ZHR 134 1970).

Schmitt, Hermann, Einstweiliger Rechtsschutz gegen drohende Gesellschafterbeschlüsse in der GmbH?, ZIP 1992, 1212–1216 (zit. als *Schmitt*, ZIP 1992).

Schneider, Stefan, Der Stimmbindungsvertrag, Tübingen 2017 (zit. als *S. Schneider*, Der Stimmbindungsvertrag (2017)).

Schneider, Uwe H., Gesetzliches Verbot für Stimmrechtsbeschränkungen bei der Aktiengesellschaft? Zugleich ein Beitrag zur statutarischen Konzerngründungsklausel bei der abhängigen Aktiengesellschaft, AG 1990, 56–63 (zit. als *U. H. Schneider*, AG 1990).

Schnorbus, York/Ganzer, Felix, Gestaltung von Beherrschung und Entherrschung durch Konsortialvereinbarungen im Aktienkonzernrecht, AG 2016, 565–581 (zit. als *Schnorbus/Ganzer*, AG 2016).

Schön, Amela, Schuldrechtliche Gesellschaftervereinbarungen in der Gesellschaft mit beschränkter Haftung unter besonderer Berücksichtigung der Rechtsnachfolge, Baden-Baden 2018 (zit. als *Schön*, Schuldrechtliche Gesellschaftervereinbarungen in der Gesellschaft mit beschränkter Haftung unter besonderer Berücksichtigung der Rechtsnachfolge (2018)).

Schröder, Jan, Stimmrechtskonsortien unter Aktionären: Gesellschafts- und erbrechtliche Probleme, ZGR 1978, 578–607 (zit. als *Schröder*, ZGR 1978).

Schrötter, Hans Jörg, Der Schutzgemeinschaftsvertrag, NJW 1979, 2592–2597 (zit. als *Schrötter*, NJW 1979).

Schulz, Peter/Werz, Ralf Stefan, Die Familienverfassung (Teil 1). Ziele, Grundlagen, Inhalte., ErbStB 2007, 310–313 (zit. als *Schulz/Werz*, ErbStB 2007).

Schulz, Peter/Werz, Ralf Stefan, Die Familienverfassung (Teil 2), Musterformulierungen und Erläuterungen, ErbStB 2007, 353–360 (zit. als *Schulz/Werz*, ErbStB 2007).

Schumann, Ekkehard, Die Prozessökonomie als rechtsethisches Prinzip, in: Gotthard Paulus, Uwe Diederichsen, Claus-Wilhelm Canaris (Hrsg.), Festschrift für Karl Larenz zum 70. Geburtstag, München 1973 (zit. als *Schumann*, FS Larenz (1973)).

Schween, Karsten/Koeberle-Schmid, Alexander/Bartels, Peter/Hack, Andreas, Studie: Die Familienverfassung. Zukunftssicherung für Familienunternehmen, Bonn-Bad Godesberg 2011 (zit. als *Schween* et al., Studie: Die Familienverfassung. Zukunftssicherung für Familienunternehmen (2011)).

Selentin, Philipp, Satzungsverletzung, Satzungsänderung - Satzungsdurchbrechung?, NZG 2020, 292–298 (zit. als *Selentin*, NZG 2020).

Semler, Franz-Jörg, Einstweilige Verfügungen bei Gesellschafterauseinandersetzungen, BB 1979, 1533–1536 (zit. als *Semler*, BB 1979).

Simon, Stefan/Rubner, Daniel, Stimmrechtspools, NJW 2005, 27–28 (zit. als *Simon/Rubner*, NJW 2005).

Söntgerath, Björn, Vermittelte Mehrheit. Eine systematische Untersuchung des Rechts der satzungsergänzenden Nebenverträge, Beteiligungsgesellschaften und Vertreterklauseln, Berlin 2010 (zit. als *Söntgerath*, Vermittelte Mehrheit. Eine systematische Untersuchung des Rechts der satzungsergänzenden Nebenverträge, Beteiligungsgesellschaften und Vertreterklauseln (2010)).

Stimpel, Walter, Aus der Rechtsprechung des II. Zivilsenats (Gesellschafts-. Wertpapier-. Bank- und Schiffahrtsrecht),, in: Gerda Krüger-Nieland (Hrsg.), Festschrift 25 Jahre BGB, 1975 (zit. als *Stimpel*, FS 25 Jahre BGB (1975)).

Timm, Wolfram, Treuepflichten im Aktienrecht, WM 1991, 481–494 (zit. als *Timm*, WM 1991).

Transfeld, Carsten, Anteilsübertragung trotz Vinkulierung - ein vermeintlicher Widerspruch?, Lösungsansätze für die gesellschaftsrechtliche Praxis, GmbHR 2010, 185–189 (zit. als *Transfeld*, GmbHR 2010).

Uffmann, Katharina, Family Business Governance - Rule-Making in the Shadow of Law and Love, ZIP 2015, 2441–2451 (zit. als *Uffmann*, ZIP 2015).

Ullrich, Hanns, Formzwang bei Sonderrechten in der GmbH, ZGR 1985, 235–264 (zit. als *Ullrich*, ZGR 1985).

Ulmer, Peter, Aktienrechtliche Beherrschnung durch Leistungsaustauschbeziehungen?, ZGR 1978, 457–475 (zit. als *Ulmer*, ZGR 1978).

Ulmer, Peter, Begriffsvielfalt im Recht der verbundenen Unternehmen als Folge des Bilanzrichtlinien-Gesetzes, Eine systematische Analyse, in: Hans Havermann (Hrsg.), Bilanz- und Konzernrecht, Festschrift zum 65. Geburtstag von Dr. Dr. h. c. Reinhard Goerdeler, Düsseldorf 1987, S. 623–648 (zit. als *Ulmer*, FS Goerdeler (1987)).

Ulmer, Peter, Die unterwanderte Schutzgemeinschaft, in: Festschrift für Peter Hommelhoff zum 70. Geburtstag, 2012, S. 1249–1262 (zit. als *Ulmer*, FS Hommelhoff (2012)).

Ulmer, Peter, "Satzungsgleiche" Gesellschaftervereinbarungen bei der GmbH?, Zum Für und Wider der Trennung zwischen Satzung und schuldrechtlichen Gesellschafterabreden, in: Festschrift für Volker Röhricht zum 65. Geburtstag, Köln 2005, S. 633–654 (zit. als *Ulmer*, FS Röhricht (2005)).

Ulmer, Peter, Verletzung schuldrechtlicher Nebenabreden als Anfechtungsgrund im GmbH-Recht?, NJW 1987, 1849–1855 (zit. als *Ulmer*, NJW 1987).

Veil, Rüdiger, Unternehmensverträge, Tübingen 2003 (zit. als *Veil*, Unternehmensverträge (2003)).

Verhoeven, Thomas, GmbH-Konzern-Innenrecht. Grundsatzfragen des geltenden Rechts, Bonn 1978 (zit. als *Verhoeven*, GmbH-Konzern-Innenrecht. Grundsatzfragen des geltenden Rechts (1987)).

Vomhof, Martina, Anmerkung zu BGH Urt. vom 20.1.1983 - II ZR 243/81, GmbHR 1984, 180–182 (zit. als *Vomhof*, GmbHR 1984).

Waldenberger, Arthur, Sonderrechte der Gesellschafter einer GmbH - ihre Arten und ihre rechtliche Behandlung, GmbHR 1997, 49–56 (zit. als *Waldenberger*, GmbHR 1997).

Wälzholz, Eckhard, Gesellschaftervereinbarungen (side-letters) neben der GmbH-Satzung, Chancen - Risiken - Zweifelsfragen, GmbHR 2009, 1020–1027 (zit. als *Wälzholz*, GmbHR 2009).

Weber, Werner, Anfechtung von Gesellschafterbeschlüssen bei Verstoß gegen side letter-Abreden, DStR 1997, 824–829 (zit. als *Weber*, DStR 1997).

Wedemann, Frauke, Gesellschafterkonflikte in geschlossenen Kapitalgesellschaften, Tübingen 2013 (zit. als *Wedemann*, Gesellschafterkonflikte in geschlossenen Kapitalgesellschaften (2013)).

Weigl, Gerald, Stille Gesellschaft, Treuhand und Unterbeteiligung, 3. Aufl., Beck'sche Musterverträge 33, München 2012 (zit. als *Weigl*, Stille Gesellschaft, Treuhand und Unterbeteiligung (2012)).

Wertenbruch, Johannes, Beschlussfassung und Pflichtverletzungen im Stimmrechtskonsortium, NZG 2009, 645–649 (zit. als *Wertenbruch*, NZG 2009).

Westermann, Harm Peter, Das Emissionskonsortium als Beispiel der gesellschaftsrechtlichen Typendehnung, AG 1967, 285–292 (zit. als *Westermann*, AG 1967).

Westermann, Harm Peter, Das Konsortium als Verteidigungs- und Kampfinstrument in der GmbH, in: Harm Peter Westermann, Klaus Mock (Hrsg.), Festschrift für Gerold Bezzenberger zum 70. Geburtstag am 13. März 2000, Berlin, New York 2000, S. 449–465 (zit. als *Westermann*, FS Bezzenberger (2000)).

Westermann, Harm Peter, Das Verhältnis von Satzung und Nebenordnungen in der Kapitalgesellschaft, in: Peter Hommelhoff, Heinz Rowedder, Peter Ulmer (Hrsg.), Heidelberg Forum; Band 90; Max-Hachenburg-Gedächtnisvorlesungen, Erster Vortrag am 27. Mai 1994, Heidelberg 1994, S. 25–57 (zit. als *Westermann*, Hachenburg-Gedächtnisvorlesung 1994).

Westermann, Harm Peter, Kündigungsbeschränkungen durch Schutzgemeinschaftsvertrag, ZGR 1996, 272–285 (zit. als *Westermann*, ZGR 1996).

Westermann, Harm Peter, Vertragsfreiheit und Typengesetzlichkeit im Recht der Personengesellschaften, Berlin, Heidelberg, New York 1970 (zit. als *Westermann*, Vertragsfreiheit und Typengesetzlichkeit im Recht der Personengesellschaften (1970)).

Wicke, Hartmut, Schuldrechtliche Nebenvereinbarungen bei der GmbH - Motive, rechtliche Behandlung, Verhältnis zum Gesellschaftsvertrag, DStR 2006, 1137–1144 (zit. als *Wicke*, DStR 2006).

Wiedemann, Herbert, Die Bedeutung der ITT-Entscheidung, JZ 1976, 392–397 (zit. als *H. Wiedemann*, JZ 1976).

Wiedemann, Herbert, Die Übertragung und Vererbung von Mitgliedschaftsrechten bei Handelsgesellschaften, München, Berlin 1965 (zit. als *H. Wiedemann*, Die Übertragung und Vererbung von Mitgliedschaftsrechten bei Handelsgesellschaften (1965)).

Wiedemann, Herbert, Gesellschaftsrecht. Ein Lehrbuch des Unternehmens- und Verbandsrechts, Band II, Recht der Personengesellschaften II, München 2004 (zit. als *H. Wiedemann*, Gesellschaftsrecht II (2004)).

Wiedemann, Herbert, Gesellschaftsrecht. Unternehmens- und Verbandsrecht, Band I I, München 1980 (zit. als *H. Wiedemann*, Gesellschaftsrecht I (1980)).

Wiesner, Georg, Die Lehre von der fehlerhaften Gesellschaft, Heidelberg 1980 (zit. als *Wiesner*, Die Lehre von der fehlerhaften Gesellschaft (1980)).

Windbichler, Christine, Treuepflichtwidrige Stimmrechtsausübung und ihre rechtlichen Folgen, in: Hartwig Henze, Wolfram Timm, Harm Peter Westermann (Hrsg.), RWS-Forum 8. Gesellschaftsrecht 1995, Köln 1996, S. 23–73 (zit. als *Windbichler*, RWS-Forum 8, Gesellschaftsrecht 1995).

Winkler, Karl, Der Wortlaut des GmbH-Vertrags bei Anmeldungen zum Handelsregister, DNotZ 1980, 578–595 (zit. als *Winkler*, DNotZ 1980).

Winter, Martin, Mitgliedschaftliche Treubindungen im GmbH-Recht, München 1988 (zit. als *Winter*, Mitgliedschaftliche Treubindungen im GmbH-Recht (1988)).

Winter, Martin, Organisationsrechtliche Sanktionen bei Verletzung schuldrechtlicher Gesellschaftervereinbarungen? Eine Skizze zur Abgrenzung von Organisationsrecht und "satzungsergänzendem" Schuldrecht bei der Kapitalgesellschaft, ZHR 1990, 259–283 (zit. als *Winter*, ZHR 1990).

Winter, Martin, Satzung und schuldrechtliche Gesellschaftervereinbarungen: Die Sicht der Praxis, in: Hartwig Henze, Wolfram Timm, Harm Peter Westermann (Hrsg.), RWS-Forum 8. Gesellschaftsrecht 1995, Köln 1996, S. 131–139 (zit. als *Winter*, RWS Forum 8, Gesellschaftsrecht 1995).

Wittowski, Lutz, Diskussionsbericht zu den Referaten Zöllner und Zutt (Diskussionsleitung: Prof. Dr. Stimpel), ZHR 1991, 209–212 (zit. als *Wittowski*, ZHR 1991).

Wolff, Max, Einklagbarkeit und Erwingbarkeit von Abstimmungsverpflichtungen, JW 1929, 2115-2117 (zit. als *Wolff*, JW 1929).

Würdinger, Hans, Gesellschaften. 1. Teil: Recht der Personalgesellschaften 1, Hamburg 1937 (zit. als *Würdinger*, Gesellschaften I, Recht der Personalgesellschaften (1937)).

Zluhan, Walter, Abstimmungs-Vereinbarungen des privaten Gesellschaftsrechts, AcP 1928, 62–87 (zit. als *Zluhan*, AcP 1928).

Zöllner, Wolfgang, Die Schranken mitgliedschaftlicher Stimmrechtsmacht bei den privatrechtlichen Personenverbänden, München, Berlin 1963 (zit. als *Zöllner*, Die Schranken mitgliedschaftlicher Stimmrechtsmacht bei den privatrechtlichen Personenverbänden (1963)).

Zöllner, Wolfgang, Die Zulässigkeit von Mehrheitsregelungen in Konsortialverträgen, in: Mathias Habersack, Uwe Hüffer, Peter Hommelhoff et al. (Hrsg.), Festschrift für Peter

Ulmer zum 70. Geburtstag am 2. Januar 2003, Berlin 2003, S. 725–754 (zit. als *Zöllner*, FS Ulmer (2003)).

Zöllner, Wolfgang, Inhaltsfreiheit bei Gesellschaftsverträgen, in: Marcus Lutter, Peter Ulmer, Wolfgang Zöllner (Hrsg.), Festschrift 100 Jahre GmbH-Gesetz, Köln 1992, S. 85–125 (zit. als *Zöllner*, FS 100 Jahre GmbHG (1992)).

Zöllner, Wolfgang, Wechselwirkungen zwischen Satzung und Gesellschaftervereinbarungen ohne Satzungscharakter, in: Hartwig Henze, Wolfram Timm, Harm Peter Westermann (Hrsg.), RWS-Forum 8. Gesellschaftsrecht 1995, Köln 1996, S. 89–111 (zit. als *Zöllner*, RWS-Forum 8, Gesellschaftsrecht 1995).

Zöllner, Wolfgang, Zu Schranken und Wirkung von Stimmbindungsverträgen, insbesondere bei der GmbH, ZHR 1991, 168–189 (zit. als *Zöllner*, ZHR 1991).

Zutt, Jürg, Einstweiliger Rechtsschutz bei Stimmbindungen, ZHR 155 (1991), 190–208 (zit. als *Zutt*, ZHR 155 1991).

Zwanzger, Michael, Der mehrseitige Vertrag. Grundstrukturen, Vertragsschluss, Leistungsstörungen, Tübingen 2013 (zit. als *Zwanzger*, Der mehrseitige Vertrag. Grundstrukturen, Vertragsschluss, Leistungsstörungen (2013)).